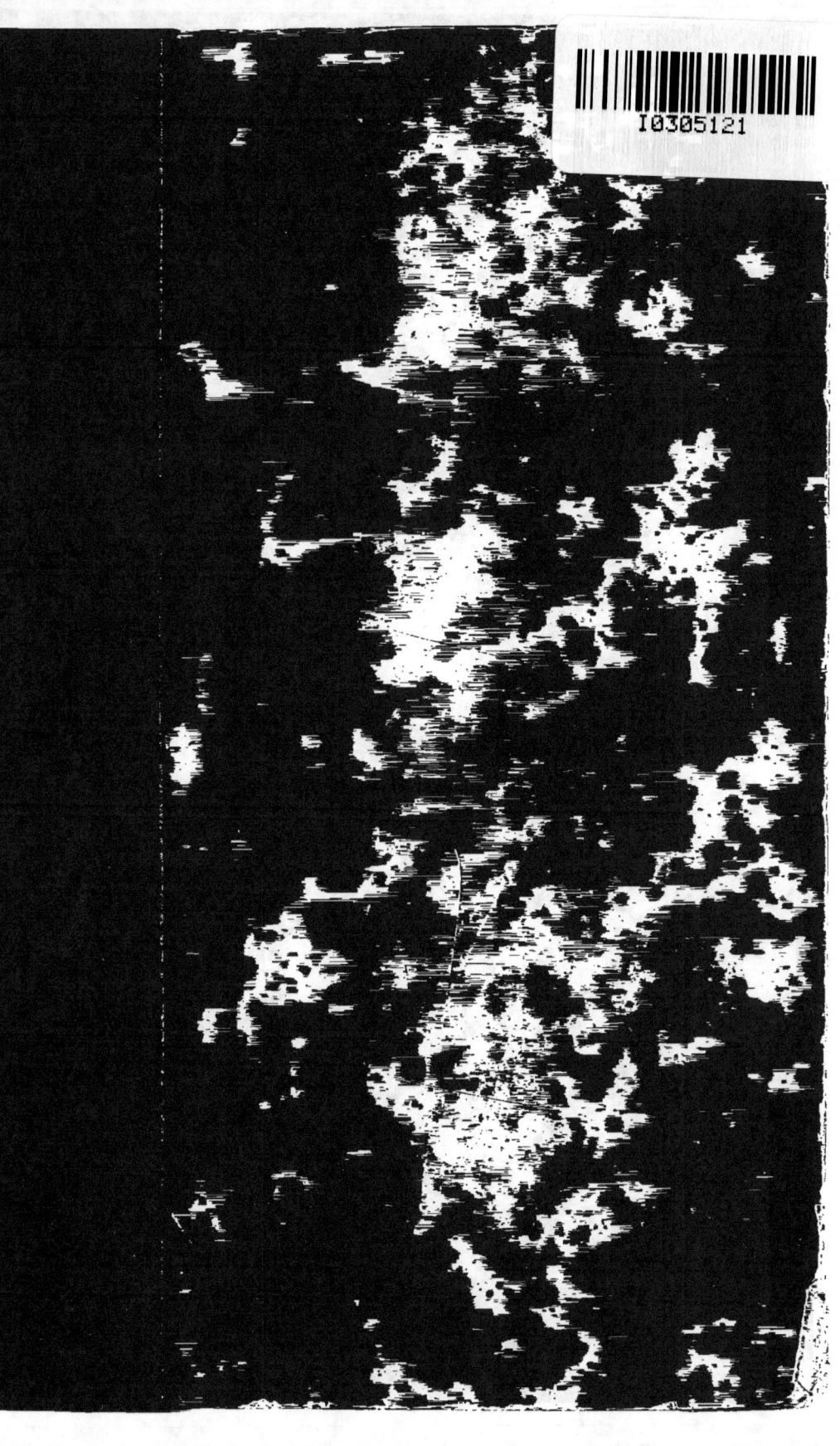

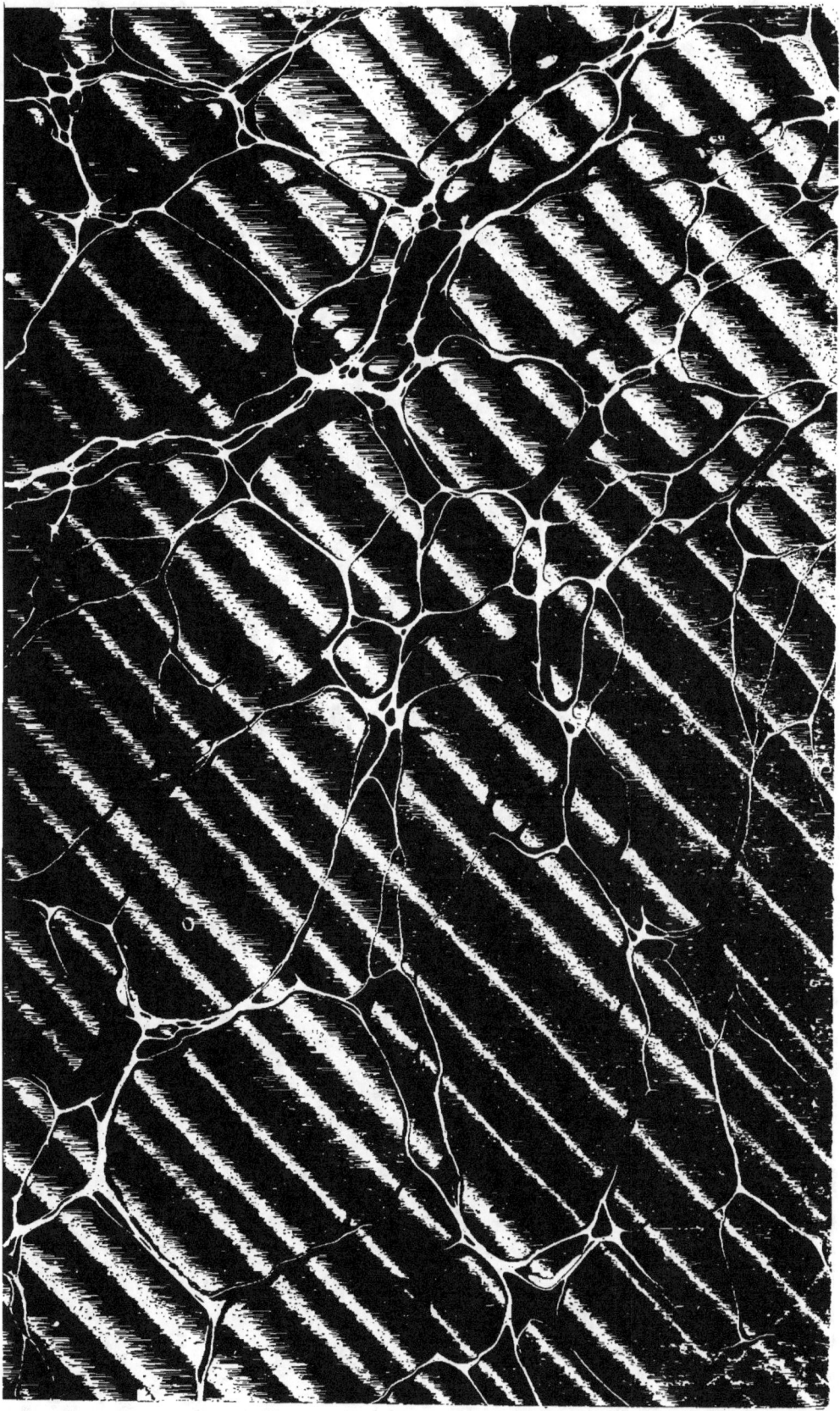

Lb 44
801
A

CORRESPONDANCE

DE

NAPOLÉON Ier

L'éditeur de cet ouvrage se réserve le droit de le traduire ou de le faire traduire en toutes les langues. Il poursuivra, en vertu des lois, décrets et traités internationaux, toutes contrefaçons ou toutes traductions faites au mépris de ses droits.

PARIS. — TYPOGRAPHIE DE HENRI PLON, IMPRIMEUR DE L'EMPEREUR, RUE GARANCIÈRE, 8.

CORRESPONDANCE

DE

NAPOLÉON Ier

PUBLIÉE

PAR ORDRE DE L'EMPEREUR NAPOLÉON III.

TOME NEUVIÈME.

PARIS

HENRI PLON, | J. DUMAINE,
ÉDITEUR DES OEUVRES DE L'EMPEREUR, | LIBRAIRE-ÉDITEUR DE L'EMPEREUR,
RUE GARANCIÈRE, 8 | RUE DAUPHINE, 30.

MDCCCLXII.

L'éditeur se réserve le droit de traduction en toutes langues.

CORRESPONDANCE

DE

NAPOLÉON PREMIER.

7130. — DÉCISION.

Paris, 1er vendémiaire an XII (24 septembre 1803).

Mademoiselle Robespierre, rue Jacob, n° 26, demande des secours.

Le grand juge lui fera donner 600 francs une fois payés, et 150 francs par mois.

BONAPARTE.

Archives de l'Empire.

7131. — AU CITOYEN GAUDIN, MINISTRE DES FINANCES.

Paris, 1er vendémiaire an XII (24 septembre 1803).

Le citoyen Perrier, qui est chargé d'établir une fonderie à Liége, aurait besoin de cinquante à soixante arbres. Je vous prie d'écrire à l'inspecteur des forêts du département de les lui fournir. Il les payera leur valeur.

BONAPARTE.

Archives de l'Empire.

7132. — ARRÊTÉ.

Paris, 1er vendémiaire an XII (24 septembre 1803).

ARTICLE 1er. — Les places de Bruxelles, Louvain, Diest, Tirlemont, Gand (son château excepté), Hulst, Axel, Terneuse, Yzendick, Philippine, Damme, Dendermonde, Alost, Oudenarde, Bruges, Courtray, Menin, Warneton, Furnes, Mons, Ath, Tournay (excepté la citadelle), Libre-sur-Sambre[1], Namur, Liége, Huy, Maseyck, Hasselt, Malines et Lierre sont supprimées et ne seront plus mises au rang des places et postes de guerre.

En conséquence, les fortifications et les terrains militaires desdites places seront vendus en numéraire et dans la forme prescrite par les lois sur l'aliénation des domaines nationaux.

[1] Charleroi.

Art. 2. — Le produit de la vente des fortifications et terrains militaires sera versé au trésor public, avec l'affectation spéciale des fortifications militaires.

Art. 3. — Un officier du génie, nommé par le premier inspecteur général de ce corps, un ingénieur des ponts et chaussées, nommé par le conseiller d'État spécialement chargé de ce département, se réuniront, dans le courant de vendémiaire, au maire de chacune des villes ci-dessus désignées, à l'effet d'indiquer dans chaque ville les objets qui doivent être vendus, en former des lots et rédiger le cahier des charges relatives à la vente, à la démolition des ouvrages, à l'aplanissement et mise en culture du terrain.

Le travail de ces commissaires sera successivement adressé au ministre de la guerre, pour être par lui soumis à l'approbation du Gouvernement. Ce travail devra être terminé avant le 15 brumaire.

Art. 4. — Les commandants d'armes, adjudants et secrétaires des places des villes ci-dessus désignées cesseront leurs fonctions du jour où les ventes des fortifications et terrains militaires seront ouvertes dans chaque place, et au 1er germinal dans celles où elles n'auraient pas été ouvertes avant cette époque.

Art. 5. — La même commission désignera, dans le rapport qu'elle fera sur les places de Bruxelles, Louvain, Gand, Bruges, Malines et Liége, les casernes et autres bâtiments militaires accessoires qui, dans ces six places, leur paraîtront nécessaires et les plus propres aux garnisons indiquées ci-après pour chacune desdites places :

NOMS DES PLACES.	FORCE ET NATURE DES GARNISONS.	
	INFANTERIE.	CAVALERIE.
Bruxelles	3 bataillons.	4 escadrons.
Louvain	"	4 idem.
Gand	3 bataillons.	"
Bruges	4 idem.	"
Malines	1 idem.	"
Liége	3 idem.	"

Art. 6. — Tous les bâtiments affectés au service militaire, dans les villes dénommées dans l'article 1er, sauf ceux qui seront réservés en exécution de l'article 5, ceux que les villes se chargeront d'entretenir à leurs frais et de tenir à la disposition du ministre de la guerre, avec les effets et ustensiles nécessaires au casernement, et ceux qui, sur la demande des ministres, seront spécialement réservés par le

Gouvernement pour un service public, seront vendus ainsi qu'il a été dit des fortifications et terrains militaires. Le produit desdites ventes sera de même versé au trésor public, avec l'affectation spéciale des fortifications militaires.

Art. 7. — Les ministres de la guerre, de l'administration de la guerre, de l'intérieur et du trésor public sont chargés, chacun en ce qui le concerne, de l'exécution du présent arrêté.

BONAPARTE.

Dépôt de la guerre.

7133. — AU GÉNÉRAL SOULT,
COMMANDANT LE CAMP DE SAINT-OMER.

Paris, 3 vendémiaire an XII (26 septembre 1803).

Citoyen Général Soult, je reçois vos lettres des 1er et 2 vendémiaire. J'approuve fort le parti que prend le général Marescot de faire travailler par enrochement.

Je ne crois pas que les pièces de 24 sur affûts de siége puissent jamais rester sur la laisse de basse mer ; il serait plus possible qu'elles restassent sur des affûts marins.

La première partie de la flottille commence à se mettre en mouvement ; il est parti vingt bateaux de Granville ; il en est parti de Saint-Malo, de Brest et de Lorient.

Faites-moi connaître si vous aurez quelque part à Boulogne un emplacement pour manœuvrer huit ou dix bataillons.

Indépendamment des douze mortiers de Douai, on va vous faire partir d'ici six mortiers qui portent à plus de 2,000 toises.

Les 24e légère et 10e, embarquées au Havre et Granville, vous arrivent.

Si les douze mortiers à plaque sont prêts, pourquoi Faultrier ne vous les envoie-t-il pas ? Vous les placerez alors comme vous le jugerez convenable ; mais songez que douze ou quinze mortiers à grande portée ne sont pas trop pour Boulogne ; nous aurons là de grands combats.

BONAPARTE.

Archives de l'Empire.

7134. — A MADAME VEUVE WATRIN.

Paris, 3 vendémiaire an XII (26 septembre 1803).

Le grand juge, Madame, vous fera remettre 12,000 francs. Le ministre de la guerre a dû vous remettre un brevet de pension de 3,000 francs. Ce sont là de faibles marques de l'intérêt que je prends à votre position et de la mémoire que je conserve des services rendus par votre mari sur le champ de bataille, et je saisirai toutes les occasions qui s'offriront de vous être utile.

BONAPARTE.

Archives de l'Empire.

7135. — AU CITOYEN TALLEYRAND,
MINISTRE DES RELATIONS EXTÉRIEURES.

Paris, 5 vendémiaire an XII (28 septembre 1803).

Je vous prie, Citoyen Ministre, d'expédier un courrier à Constantinople avec une lettre en chiffre à notre agent à Alep, pour lui faire connaître que, si la prise de la Mecque et de Djeddah se confirme, il prenne les moyens d'écrire au chef des Wahabites. Il lui écrira d'abord simplement que le consul Bonaparte désire savoir si les Français qui pourraient naviguer dans la mer Rouge, ou se trouver dans les pays qu'il occuperait, seraient protégés par lui, et si, dans le cas où ils viendraient en Syrie et en Égypte, ils seraient sûrs d'être préservés du pillage et d'être considérés comme amis.

Sur sa réponse, il écrira et tâchera de se procurer des renseignements sur la force et la situation de cette nouvelle secte.

Vous écrirez au citoyen Rousseau pour lui faire connaître que je désirerais ouvrir des correspondances avec la Perse; que je suis mécontent qu'il n'écrive pas plus souvent; qu'il doit écrire au moins une fois par semaine.

Par le retour du courrier, il vous enverra un mémoire détaillé sur la Perse.

Demandez au général Brune de faire prendre des renseignements à Constantinople sur ceux qui commandent en Perse, sur la situation de cette puissance; et même, s'il y a sûreté, qu'il envoie complimenter celui qui y commande. Le général Brune ouvrira les voies pour un ministre que je désirerais avoir à Ispahan.

BONAPARTE.

Si les Wahabites marchaient sur la Syrie ou sur l'Égypte, il est nécessaire que notre agent à Alep soit autorisé à nous expédier un bâtiment exprès, soit..... soit grec, qui débarquerait, soit à Tarente, soit à Venise. Je mets de l'insistance à être prévenu avant tout le monde de la véritable force de cette secte.

Archives de l'Empire.

7136. — AU GÉNÉRAL BERTHIER, MINISTRE DE LA GUERRE.

Paris, 5 vendémiaire an XII (28 septembre 1803).

Je vous prie, Citoyen Ministre, de donner ordre au général commandant la 14e division militaire, et au directeur du génie de Cherbourg, de rétablir à Agon la batterie qui y était autrefois. Ils prendront des mesures pour qu'elle le soit avant le 10 vendémiaire.

J'approuve que le détachement de la demi-brigade helvétique, qui est à l'île d'Yeu, rentre à la Rochelle. J'approuve également que le détachement de cette demi-brigade, qui est à l'île d'Aix, rentre à son corps; mais il faut qu'au lieu des trois compagnies que vous tenez à l'île d'Aix, vous y ayez quatre compagnies de cent hommes chacune, c'est-à-dire quatre cents hommes. Donnez ordre que les canonniers de la marine qui sont à l'île d'Aix et à l'île d'Yeu rentrent à Rochefort, et faites-les remplacer.

Le meilleur moyen pour garantir Granville n'est pas de faire des batteries flottantes, parce que les Anglais les enlèveraient, vu la supériorité de leurs forces, et qu'il faudrait un système de batteries qui deviendrait coûteux. Je pense qu'il faut établir six pièces de 36 sur des affûts qui permettent de tirer sur l'angle de 45 degrés. On tirera des obus et des boulets avec ces pièces, et l'on exercera fréquemment les canonniers à pointer et à tirer de cette manière. C'est, en second lieu, six mortiers à plaques qu'il faudrait placer là. Ces mortiers, qui porteraient la bombe à 2,000 toises, et les pièces de 36, garantiraient la ville. En attendant, vous pouvez expédier pour ce point deux des mortiers qui sont à Paris.

BONAPARTE.

Archives de l'Empire.

7137. — AU GÉNÉRAL BERTHIER.

Paris, 5 vendémiaire an XII (28 septembre 1803).

J'approuve, Citoyen Ministre, la proposition du général Sebastiani de placer la batterie de Saint-Valery à Cayeux, et de supprimer celle du Tréport. Je n'approuve pas la suppression des pièces de 4, des batteries mobiles, parce qu'une circonstance peut arriver qu'une division de la flottille ne pût pas doubler un cap et s'échouât, et qu'alors les Anglais enverraient des péniches pour l'enlever; les pièces de 4, pouvant se porter plus rapidement que toute autre, seraient d'un grand secours pour les repousser.

Quant à l'instruction des canonniers, il faut que le général Sebastiani soit sans cesse sur la côte, ne couche jamais au Havre, fasse faire tous les jours le service à quatre batteries, en désignant un point en mer et y faisant placer un blanc ou signal quelconque. S'il n'est pas familiarisé avec l'arme de l'artillerie, il peut prendre un capitaine en résidence au Havre, qu'il mènera partout avec lui, et les canonniers seront bientôt instruits. Les trois cents hussards qu'il a peuvent aussi servir les batteries à cheval; ils peuvent se porter rapidement sur les batteries; le général Sebastiani doit les former à ce service. Il doit veiller à ce qu'il y ait des cartouches d'infanterie à toutes les batteries, et à ce que les hussards en aient toujours avec eux, de manière à pouvoir protéger, même avec leurs carabines, les bâtiments échoués à terre. Il doit rappeler aux hussards qu'un soldat français doit être cavalier, fantassin, canonnier; qu'il est là pour se prêter à tout.

Le général Sebastiani doit se rendre en poste, en toute diligence, sur les points que l'ennemi attaquerait, encourager les habitants et user de tous ses moyens. Lorsque vous lui avez ordonné d'établir les batteries de Fécamp à Saint-Valery et du Havre à Fécamp, vous avez dû ajouter que ces dispositions seraient soumises aux renseignements qu'il prendrait sur les lieux; qu'il est donc le maître de disposer les batteries mobiles d'une manière différente.

Quant à l'observation qu'il fait que les divisions de la flottille partiront de nuit et arriveront la nuit, ce ne serait pas connaître la mer. Ces divisions ne feraient pas la moitié du chemin la nuit, seraient surprises par le jour, et mettraient la moitié de la journée à doubler le cap. Il faut que les postes soient avertis de leur départ, et que les canonniers se tiennent en alerte. Lorsque les batteries mobiles ne pourront pas se porter assez rapidement, l'artillerie à cheval s'y portera avec les hussards, qui aideront au service de l'artillerie. Enfin, faites sentir au général Sebastiani que c'est un système nouveau, qu'il doit pourvoir à tout et dans toutes les hypothèses.

BONAPARTE.

Archives de l'Empire.

7138. — AU GÉNÉRAL BERTHIER.

Paris, 5 vendémiaire an XII (28 septembre 1803).

Le général Davout, Citoyen Ministre, me mande, en date du 2 vendémiaire, que le général commandant l'artillerie de son corps d'armée n'est pas encore arrivé. Je ne conçois pas d'où vient cette négligence : aussi l'artillerie est-elle dans le plus grand désordre. Il y a six pièces de 36 arrivées de Luxembourg, mais sans affûts et sans boulets; vous avez ordonné qu'on en construisît à Bruges, mais il n'y a à Bruges ni arsenal ni ouvriers. Ces pièces de 36 ne pourront donc servir à rien. J'ai ordonné qu'on plaçât trois pièces de 36 sur l'angle de 45 degrés : l'ouvrier qui devait les arranger n'était pas encore arrivé.

Les mortiers qu'on envoie de Strasbourg à Ostende ne contiennent que vingt et une livres de poudre : on les dit de la plus mauvaise qualité.

L'artillerie n'a à Ostende ni lances à feu, ni fusées à bombes, ni fusées à obus, enfin rien de ce qui est nécessaire.

Huit mortiers à la Gomer ont été envoyés à Ostende. On leur a donné des crapauds qui ne leur conviennent pas, beaucoup trop légers, ce qui les empêche de servir.

Donnez ordre sur-le-champ que les officiers d'artillerie partent; que le premier inspecteur d'artillerie se rende à l'arsenal de l'armée et sur les côtes depuis la Somme jusqu'à l'Escaut, et prenne des mesures pour pourvoir à tout.

Je ne reçois d'état de situation ni du personnel, ni du matériel, ni de l'attelage de cette armée, de manière que je ne puis rien diriger; il me semble que j'avais ordonné qu'il y eût à Ostende vingt-quatre pièces de canon attelées. Faites-moi connaître pourquoi cet ordre n'a pas été exécuté.

Je ne puis trop vous répéter qu'il devient très-essentiel de placer trois pièces de canon pouvant tirer sur tout angle, même de 45 degrés, au Havre, à Cherbourg. Ces points sont journellement attaqués par des bâtiments qui se mettent à la portée du canon.

BONAPARTE.

Archives de l'Empire.

7139. — AU GÉNÉRAL DAVOUT, COMMANDANT LE CAMP DE BRUGES.

Paris, 5 vendémiaire an XII (28 septembre 1803).

Citoyen Général Davout, j'ai reçu vos dernières lettres. On m'assure que vous avez mis une demi-brigade dans l'île de Cadzand. Si cela est, je désire que vous la retiriez, car ces troupes tomberont malades. Si les Anglais tentaient une attaque sur l'île de Walcheren, vous seriez à temps de venir à son secours. Je vous recommande par-dessus tout la santé des troupes. Si on les place dans des lieux malsains, l'armée se fondra et se réduira à rien. C'est là la première de toutes les considérations militaires. Vous voyez ce que nous coûte la malheureuse situation de l'île de Walcheren; mais, comme c'est une île, cette considération m'a obligé à y mettre beaucoup de troupes ; et il est douteux si, en donnant cet ordre, je n'ai pas fait une faute, car vous voyez qu'elles sont toutes malades.

BONAPARTE.

Comm. par Mme la maréchale princesse d'Eckmühl.
(En minute aux Arch. de l'Emp.)

7140. — AU CITOYEN MELZI,
VICE-PRÉSIDENT DE LA RÉPUBLIQUE ITALIENNE.

Paris, 6 vendémiaire an XII (29 septembre 1803).

Citoyen Melzi, j'ai reçu votre lettre du 20 septembre. Vous trouverez ci-joint celle que vous désirez que j'écrive à Trivulzi. J'approuve que vous employiez Teulié dans le corps d'armée que vous envoyez au camp de Saint-Omer. Le général Pino paraît désirer qu'on y joigne la seconde demi-brigade. Je vous laisse là-dessus le maître de faire ce que vous jugerez à propos. Je vous ai dit la raison qui me porte à désirer d'avoir un corps italien au camp de Saint-Omer. Vous sentez facilement que ce n'est pas pour avoir 5 ou 6,000 hommes de plus ; mais j'y suis porté par deux principaux motifs : le premier est que l'Angleterre apprendra à connaître l'existence de la République ; le second est de donner de l'orgueil et la fierté militaire à la jeunesse italienne, ce qui lui manque seulement pour battre un égal nombre d'Autrichiens. Je ne désire pas que ce corps soit très-bien armé. Je préfère que les bonnes armes restent en Italie. Je les ferai, au camp, armer à neuf. Ainsi, pourvu qu'ils aient l'apparence d'être armés, cela me suffit ; il faut, au contraire, qu'ils soient parfaitement équipés.

Vous recevrez une lettre pour la Consulte. Elle sentira qu'au milieu des grandes occupations que j'ai dans ce moment, j'ai pu tarder à lui témoigner combien j'apprécie la preuve qu'elle me donne de ses sentiments.

BONAPARTE.

Archives de l'Empire.

7141. — AU COMTE DE RUMFORD,
ASSOCIÉ ÉTRANGER DE L'INSTITUT NATIONAL.

Paris, 6 vendémiaire an XII (29 septembre 1803).

J'ai reçu votre mémoire du 15 septembre ; je l'ai lu avec attention. Les aspérités des corps non polis sont des montagnes par rapport aux molécules extrêmement ténues du calorique. Leur surface totale étant de beaucoup plus grande que celle du même corps poli, et l'étendue de la surface servant de mesure pour le nombre des issues ou des accès du calorique, il s'ensuit que ce nombre doit être plus grand, et que, par conséquent, les changements de température doivent être plus rapides pour un corps non poli que pour un corps qui l'est. Voilà les idées que je m'étais faites et que votre mémoire m'a confirmées. C'est par un grand nombre d'expériences faites avec précision, en vue d'arriver à la vérité, et avec le talent que vous mettez à celles que vous faites, qu'on avance peu à peu et qu'on arrive à des théories simples et utiles à tous les états de la vie. Croyez, je vous prie, au désir que j'ai de vous donner, dans toutes les circonstances, des preuves de l'estime particulière que je fais de votre personne.

BONAPARTE.

Archives de l'Empire.

7142. — AU CITOYEN REGNIER,
GRAND JUGE, MINISTRE DE LA JUSTICE.

Paris, 7 vendémiaire an XII (30 septembre 1803).

Je crois, Citoyen Ministre, qu'il est convenable que d'Avaray ne reste pas à Paris. Faites-le arrêter, de manière à pouvoir saisir ses papiers, et, si l'on n'y trouve rien (parce que cet homme doit être sur le qui-vive), vous l'enverrez à soixante lieues de Paris, dans une petite ville où il soit en surveillance.

Envoyez un homme adroit à Besançon pour se lier avec Courvoisier, pour connaître ses liaisons et tâcher de découvrir comment on pourrait saisir sa correspondance avec les ennemis de l'État.

BONAPARTE.

Archives de l'Empire.

7143. — AU GÉNÉRAL BERTHIER, MINISTRE DE LA GUERRE.

Paris, 7 vendémiaire an XII (30 septembre 1803).

Tous les chevaux du train d'artillerie français qui avaient servi à l'expédition de Hollande doivent être revenus à Deventer. Donnez ordre que ces chevaux soient renvoyés à Douai. La Hollande n'en a pas besoin d'un si grand nombre.

Il me paraît important de donner au général Bertrand toute la direction des ouvrages à Boulogne, et de donner l'argent qui sera nécessaire, afin de lever tous les obstacles.

BONAPARTE.

Archives de l'Empire.

7144. — AU GÉNÉRAL SOULT,
COMMANDANT LE CAMP DE SAINT-OMER.

Paris, 7 vendémiaire an XII (30 septembre 1803).

Citoyen Général Soult, je reçois vos lettres des 4, 5 et 6 vendémiaire. J'ai lu avec le plus vif intérêt les détails des deux petits engagements qui ont eu lieu. J'espère que vous allez bientôt recevoir les divisions du Havre, Saint-Malo, Granville et Brest, qui sont en mouvement. On m'assure que les vivres qui sont sur la flottille sont mauvais, et que les biscuits que fait faire la guerre sont mauvais. Faites vérifier ces faits. Nous aurons assez de l'intempérie et d'autres inconvénients à combattre, sans celui de la mauvaise nourriture.

L'argent ne manquera point. Faites-moi connaître si on a touché les 160,000 francs demandés. Les 50,000 francs que vous demandez seront également payés. Toutes les mesures seront donc prises pour que rien ne retarde les opérations.

Vous devez faire camper la 46ᵉ dans sa division, et vous ferez fournir des garnisons indistinctement et par piquet.

J'imagine que vous n'allez pas tarder à recevoir aussi la 36ᵉ. La 4ᵉ de ligne doit, à l'heure qu'il est, être arrivée. Tout est en marche pour Saint-Omer et pour compléter vos divisions. Il faut actuellement, s'il n'y a pas d'inconvénient très-majeur, que les bateaux sortent tous les jours avec leur garnison et apprennent à nager et à faire l'exercice du canon. Vous devez avoir à Boulogne huit divisions et plusieurs compagnies des 5ᵉ et 1ᵉʳ régiments d'artillerie. Toutes les fois que vous ferez sortir les bateaux, mettez-y un bon pointeur et un autre canonnier. Vous devez avoir 1,000 canonniers de terre à Boulogne.

BONAPARTE.

Archives de l'Empire.

7145. — ARRÊTÉ.

Paris, 8 vendémiaire an XII (1ᵉʳ octobre 1803).

ARTICLE 1ᵉʳ. — Il sera élevé à Paris, au centre de la place Vendôme, une colonne à l'instar de celle érigée à Rome en l'honneur de Trajan.

ART. 2. — Cette colonne aura 2 mètres 73 centimètres de diamètre sur 20 mètres 78 centimètres de hauteur. Son fût sera orné, dans son contour ou spirale, de 108 figures allégoriques en bronze, ayant chacune 97 centimètres de proportion, et représentant les départements de la République.

ART. 3. — La colonne sera surmontée d'un piédestal terminé en demi-cercle, orné de feuilles d'olivier et supportant la statue pédestre de Charlemagne.

Art. 4. — Le ministre de l'intérieur est chargé de l'exécution du présent arrêté.

BONAPARTE.

Extrait du *Moniteur*.
(En minute aux Arch. de l'Emp.)

7146. — ARRÊTÉ.

Paris, 8 vendémiaire an XII (1er octobre 1803).

Article 1er. — Une écharpe d'honneur sera décernée au citoyen Letourneur, maire de Granville, pour la bonne conduite qu'il a tenue pendant le bombardement.

Art. 2. — Les citoyens Boissel-Dubuisson et Maillard, tous deux adjoints du maire, dont le premier s'est retiré à la campagne et le second a offert sa démission pendant que l'ennemi était encore en présence, sont destitués, des lâches ne pouvant rester à la tête d'une commune telle que Granville.

Art. 3. — Le ministre de l'intérieur est chargé de l'exécution du présent arrêté.

BONAPARTE.

Archives de l'Empire.

7147. — ARRÊTÉ.

Paris, 8 vendémiaire an XII (1er octobre 1803).

Article 1er. — Il sera fait, dans les domaines publics du duché de Parme, une réserve d'une valeur de deux millions de francs, pour être répartie entre les militaires et les autres personnes qui, ayant souffert dans leur fortune par l'effet des lois portées pendant la révolution, seront jugés susceptibles de participer à ces indemnités.

Art. 2. — Le montant de cette réserve sera mis à la disposition du ministère des finances.

Art. 3. — Il sera envoyé dans le duché de Parme un administrateur de l'enregistrement et des domaines, lequel procédera, d'ici au 1er frimaire, à la formation de cette réserve, ainsi qu'à l'estimation de chacun des biens qui y seront compris.

Art. 4. — La valeur en capital de chaque domaine se composera de vingt années du produit annuel, d'après les baux s'il en existe, ou d'après l'estimation qui en sera faite par experts, à défaut de baux existants.

Art. 5. — Les personnes qui, en vertu du présent arrêté, auront obtenu des indemnités, recevront un acte passé par-devant notaire, par lequel le ministre des finances leur cédera et transportera, au nom de la République, la propriété d'une quantité de biens représentant le capital de l'indemnité qui aura été accordée à chacun d'eux.

Art. 6. — Le ministre de la guerre et le ministre des finances sont chargés de l'exécution du présent arrêté.

BONAPARTE.

Archives de l'Empire.

7148. — DÉCISION.

Paris, 8 vendémiaire an XII (1er octobre 1803).

Rapport sur des emprunts de guerre faits en Égypte, et dont le payement est réclamé par des capitaines grecs.

Le ministre de la guerre leur fera donner à chacun 3,000 fr., en leur faisant connaître qu'ils n'ont aucun droit à une liquidation, et qu'ils aient à quitter sur-le-champ Paris.

BONAPARTE.

Archives de l'Empire.

7149. — DÉCISION.

Paris, 8 vendémiaire an XII (1er octobre 1803).

Le ministre directeur de l'administration de la guerre soumet au Premier Consul un projet d'arrêté portant organisation des hôpitaux militaires et du service de santé.

Cela est l'inverse de ce que j'avais désiré ; car le grand défaut de notre organisation est de ne voir l'armée qu'en temps de paix, tandis que c'est toujours en temps de guerre qu'il la faut voir. Il me paraît donc convenable d'attacher les officiers de santé aux corps, en décidant que, partout où seraient les corps, les officiers de santé les soigneraient à l'hôpital.

BONAPARTE.

Archives de l'Empire.

7150. — A L'AMIRAL BRUIX,
COMMANDANT LA FLOTTILLE DE BOULOGNE.

Paris, 8 vendémiaire an XII (1er octobre 1803).

Citoyen Amiral Bruix, je vous fais mon compliment sur le bon résultat de votre voyage. Ces deux petits engagements et leur issue sont un véritable succès. Votre lettre de Dunkerque, du 5 messidor, m'a prouvé que vous aviez tout prévu, que tout était le résultat de vos combinaisons, et vous voyez que tout a réussi. Il doit y avoir à Dunkerque encore deux divisions prêtes à partir ; faites-nous-les arriver de même.

Dans ce moment, on ne pourrait point vous donner de canons de 24 pour la prame qui est à Calais. Faites-la armer de canons de 18, car je préfère conserver les pièces de 24 pour les bateaux canonniers.

La division qui est en relâche à Fécamp, celles du Havre, de Granville, de Saint-Malo et de Brest, qui sont en mouvement, ne devront pas tarder à vous arriver.

On a établi à Ostende un payeur, comme vous le désiriez.

J'ai été fort surpris d'apprendre que la solde de la flottille était arriérée. J'ai donné des ordres pour qu'elle fût acquittée sans délai.

BONAPARTE.

Archives de l'Empire.

7151. — AU CITOYEN REGNIER,
GRAND JUGE, MINISTRE DE LA JUSTICE.

Paris, 10 vendémiaire an XII (3 octobre 1803).

Je désire que vous fassiez arrêter, Citoyen Ministre, les nommés Lapommeraye et Montfort, anciens militaires, demeurant près de l'Odéon. Lapommeraye est un chouan amnistié qui a servi dans l'armée de Condé. Faites saisir en même temps leurs papiers. Faites-les interroger séparément, au secret, sur ce qu'ils vont faire et sur les personnes qu'ils voient chez une dame Grolier, demeurant rue Saint-Honoré, vis-à-vis la caserne de la Garde, et chez une dame Marcorelle.

BONAPARTE.

Archives de l'Empire.

7152. — AU CITOYEN REGNIER.

Paris, 10 vendémiaire an XII (3 octobre 1803).

Je suis instruit, Citoyen Ministre, que madame de Staël est arrivée à Maffliers, près Beaumont-sur-Oise. Faites-lui connaître, par le moyen d'un de ses habitués et sans causer d'éclat, que si, le 15 vendémiaire, elle se trouve là, elle sera reconduite à la frontière par la gendarmerie. L'arrivée de cette femme, comme celle d'un oiseau de mauvais augure, a toujours été le signal de quelque trouble. Mon intention n'est pas qu'elle reste en France.

BONAPARTE.

Archives de l'Empire.

7153. — AU CITOYEN CRETET,
CONSEILLER D'ÉTAT, CHARGÉ DES PONTS ET CHAUSSÉES.

Paris, 10 vendémiaire an XII (3 octobre 1803).

Je vous envoie une lettre confidentielle du citoyen Forfait, et dont vous prendrez seul connaissance. Son objet me paraît d'une telle importance que je désire que vous en confériez avec le citoyen Cachin, sans lui laisser soupçonner d'où viennent ces observations. S'il reste des doutes, vous vous rendrez vous-même sur les lieux, afin d'être bien sûr que la direction qu'on donne aux travaux de Cherbourg est celle qu'ils doivent avoir.

BONAPARTE.

Archives de l'Empire.

7154. — AU GÉNÉRAL BERTHIER, MINISTRE DE LA GUERRE.

Paris, 10 vendémiaire an XII (3 octobre 1803).

Je vous prie, Citoyen Ministre, de faire connaître au général Chasseloup que je n'ai pas approuvé l'idée de transférer à Casal le lycée d'Alexandrie. Des raisons de politique, faciles à saisir, me font désirer de voir ce lycée dans une place de guerre. Il faut d'ailleurs s'attacher les habitants d'Alexandrie et en franciser le plus possible la population. Du reste, je conçois facilement qu'il est bon d'avoir à Casal et à Valence des casernes pour y loger les troupes, et même y tenir en cantonnement une espèce d'armée; mais je me refuse au système des petites places sur le Pô.

J'approuve donc qu'on dispose des casernes à Casal et à Valence pour le logement des troupes; mais c'est à Alexandrie qu'il faut tout faire, tout à Alexandrie. On n'y travaille pas assez; les travaux n'avanceront pas cet hiver; cependant l'hiver est la saison la plus favorable dans le climat du Piémont.

BONAPARTE.

Archives de l'Empire.

7155. — AU CONTRE-AMIRAL DECRÈS,
MINISTRE DE LA MARINE ET DES COLONIES.

Saint-Cloud, 10 vendémiaire an XII (3 octobre 1803).

Je désire, Citoyen Ministre,

1° Que vous fassiez mâter à Paris une chaloupe canonnière, comme le sont les corvettes de pêche d'Ostende;

2° Que vous fassiez installer un bateau canonnier pour servir d'écurie, et de manière à pouvoir porter seize à vingt chevaux;

3° Que vous fassiez finir une caïque en dix jours;

4° Que vous fassiez mâter quatre péniches de quatre manières différentes, en se servant des différentes mâtures et voilures en usage sur les différents points des côtes de l'Océan;

5° Que vous fassiez faire, dans le plus court délai, un modèle d'affût à coulisse et châssis pour pièces de 4 de campagne en bronze;

6° Que vous en fassiez faire pour des obusiers de 6 pouces, pour des obusiers de 8 pouces et pour des pièces de 8 de campagne; des affûts à châssis et coulisse;

7° Que l'on installe les deux péniches qui sont à Paris, une avec deux pièces de 4 et une avec un obusier de 6 pouces et un petit obusier de 4 pouces 6 lignes (que vous appelez de 12);

8° Que l'on installe une chaloupe canonnière avec deux obusiers de 8 pouces sur le travers; une avec deux pièces de 8, et une troisième avec deux caronades anglaises de 36.

Il faudrait que toutes ces installations fussent faites dans le plus court délai, afin de savoir à quoi nous en tenir, et pouvoir mettre sur-le-champ en construction un grand nombre d'affûts à coulisse de pièces de 4, de pièces de 8 et d'obusiers de 8 pouces, et d'être sûrs enfin de pouvoir armer toutes nos péniches.

La flottille doit avoir 700 péniches, ce qui suppose 1,400 pièces ou obusiers; nous devons avoir plus de 300 chaloupes canonnières, ce qui suppose plus de 600 caronades ou pièces : ce qui fait 2,000 caronades ou pièces. Il nous sera facile d'y pourvoir, si nous nous servons indistinctement de pièces de 4, de pièces de 8, de caronades de 4 pouces 6 lignes (que vous connaissez sous le nom de caronades de 12), et d'obusiers de 6 pouces et de 8 pouces, que nous avons en grande quantité; mais il devient urgent d'arrêter les modèles, pour mettre en construction cette grande quantité d'affûts.

Nous devons avoir dans la flottille 3 à 400 demi-péniches. On pourrait placer sur chacune, ou un obusier de 4 pouces 6 lignes, ou une pièce de 3. La terre pourra aisément vous procurer 300 de ces pièces de 3 en bronze, de montagne ou autrichiennes, qui ne pèseront que 2 ou 300 livres, c'est-à-dire moitié du poids des pièces de 4, et très-courtes.

BONAPARTE.

Archives de l'Empire.

7156. — AU CITOYEN REGNIER,
GRAND JUGE, MINISTRE DE LA JUSTICE.

Saint-Cloud, 11 vendémiaire an XII (4 octobre 1803).

Je vous envoie, Citoyen Ministre, une lettre qui donne des renseignements conformes à d'autres que j'ai déjà reçus sur Lyon, où il paraît qu'il y a un grand nombre de fous tenant encore à la secte des convulsionnaires et des flagellants. Je désire que, sans nommer l'individu qui m'écrit cette lettre, vous ordonniez au commissaire de police de faire suivre les individus dont il est question, et de se concerter avec le commandant de la gendarmerie pour faire arrêter ces prêtres et sectaires un jour qu'ils seront rassemblés, et leur faire subir un interrogatoire séparément, afin de parvenir à découvrir et à déraciner ce brigandage.

BONAPARTE.

Archives de l'Empire.

7157. — AU GÉNÉRAL BERTHIER, MINISTRE DE LA GUERRE.

Saint-Cloud, 11 vendémiaire an XII (4 octobre 1803).

Vous donnerez l'ordre, Citoyen Ministre, au général de brigade Sebastiani de se rendre dans le département du Morbihan, pour y prendre le commandement des côtes depuis Brest jusqu'à l'embouchure de la Vilaine. Il sera sans cesse sur les côtes, faisant faire l'exercice chaque jour à deux ou trois batteries, et exerçant les canonniers garde-côtes. Il aura tout le 1er régiment de hussards, savoir : trois escadrons à 200 hommes à cheval, qu'il répartira sur les points les plus importants de cette côte. Le 4e escadron et le dépôt de ce régiment resteront à Pontivy. Il aura de plus trois compagnies du 7e régiment de chasseurs, avec lesquelles il garnira la partie des côtes du Finistère qui est sous son inspection. Sa mission aura là un double but : le premier, de surveiller les côtes et de tendre des piéges aux Anglais qui voudraient les piller; de surveiller tous les hommes suspects qui rôdent sur ces côtes et correspondent avec les Anglais; le second, de protéger le passage de la flottille, de se rendre en personne et de réunir sur-le-champ une grande force de cavalerie sur tous les points où des bâtiments de la flottille relâcheraient. Il aura à sa disposition deux pièces de 4, deux pièces de 8, deux pièces de 12 et deux obusiers, attelés, avec approvisionnement, et servis par une compagnie du régiment d'artillerie qui est à Rennes.

Ce général correspondra avec le général qui est à Rennes, les préfets maritimes de Brest, de Lorient, de Rochefort, pour être instruit des mouvements des flottilles. Il rendra compte, tous les jours, au ministre de la guerre du lieu où il se trouve et de ce qu'il a fait. Son séjour habituel sera Lorient. Pour lui donner les moyens de faire parvenir ses lettres et subvenir aux frais de sa mission du Havre, vous lui ferez donner une gratification de 5,000 francs.

Vous donnerez l'ordre au général de brigade Lemarois, que je mets à cet effet à votre disposition, de se rendre sur les côtes pour y prendre le commandement et l'inspection, depuis la pointe de Brest jusqu'à Cancale, limite de la 13e division militaire. Il aura sous ses ordres le 20e régiment de chasseurs, dont trois escadrons, forts de 500 hommes, seront répartis sur les côtes, et le 4e escadron et le dépôt seront à Rennes, et trois compagnies du 7e régiment de chasseurs pour garnir les côtes du Finistère qui sont sous son commandement. Il résidera habituellement à Saint-Malo. Il sera continuellement sur les côtes, et fera exercer par jour au moins trois batteries, et les compagnies de canonniers garde-côtes. Sa cavalerie sera répartie sur la côte en petits détachements, qui feront des patrouilles de nuit, pour surprendre les péniches ennemies qui débarquent et se répandent dans l'intérieur. Il protégera la marche de la flottille et réunira promptement une grande force de cavalerie sur les anses où des divisions de la flottille seraient forcées de relâcher, et où elles n'auraient pas une protection assurée. Il correspondra directement avec vous, avec le général commandant la division, avec le préfet maritime de Brest, le commandant de la marine à Saint-Malo, le chef de brigade Lahoussaye et le général de brigade Sebastiani, pour être instruit de tous les mouvements de la flottille et pouvoir se porter sur son passage. Il aura également deux pièces de 4, deux pièces de 12, deux pièces de 8 et deux obusiers, attelés, qu'il distribuera sur la côte et réunira lorsqu'il sera nécessaire pour protéger le passage de la flottille. Ces pièces seront servies par une compagnie du régiment d'artillerie qui est à Rennes.

Vous donnerez les ordres nécessaires au directeur d'artillerie à Rennes, pour organiser ces deux divisions et les faire atteler de chevaux achetés dans le pays. Les sommes pour l'achat et le harnachement des chevaux seront payées sur des ordonnances d'urgence.

En conséquence des dispositions ci-dessus, le 20e régiment de chasseurs se rendra d'abord à Saint-Malo, où le général Lemarois lui donnera ses ordres pour les mouvements.

Vous donnerez l'ordre au 16e régiment de chasseurs, qui est à Rouen, de se rendre à Caen, pour y remplacer le 20e. Le 16e régiment fournira trois escadrons, forts de 450 hommes au moins, qui, sous les ordres du chef de brigade Lahoussaye, garniront la côte depuis Cancale jusqu'à Honfleur.

Les escadrons du 3e régiment de hussards qui sont dans la 14e division militaire se rendront en conséquence à Rouen.

Le général de brigade Dupas se rendra au Havre; vous lui donnerez une instruction semblable à celle du général Sebastiani, qu'il remplace.

Vous donnerez ordre au général de brigade Paulet, commandant le département de la Vendée, d'établir son quartier général aux Sables-d'Olonne, et d'être perpétuellement sur les côtes de son département. Le 4e régiment de chasseurs fournira deux escadrons, forts au moins de 300 hommes, pour garnir la côte, depuis Bourgneuf exclusivement jusqu'auprès de Marans.

Vous lui ferez comprendre qu'en qualité d'inspecteur des côtes il doit correspondre avec le général de la division, et aussi, tous les jours, avec vous. Il doit, tous les jours, faire faire l'exercice du canon et inspecter trois ou quatre batteries. Sa mission a le double but d'empêcher les péniches anglaises de correspondre avec les côtes, de leur tendre des embûches et de les surprendre; d'inspecter les compagnies garde-côtes, et de veiller à ce que les postes soient complets et les batteries approvisionnées.

Il doit y avoir des détachements sur tous les points abordables de la côte, et surtout à Notre-Dame-de-Mont, à Saint-Jean-de-Mont, à Beauvoir, à Bouin et à Noirmoutiers. Il doit correspondre avec le préfet maritime de Rochefort et le général Lacoste, inspecteur des côtes du département de la Loire-Inférieure, pour protéger le passage de la flottille, afin que dans tous les lieux il réunisse des détachements de cavalerie et s'y rende en personne.

Vous donnerez ordre à deux escadrons du 7e *bis* de hussards, qui est à Saumur, complétés à 300 hommes, de se rendre à Machecoul, où le général Lacoste leur donnera des ordres pour être répartis depuis Bourgneuf jusqu'à l'embouchure de la Vilaine. Vous donnerez à ce général des instructions pareilles et pour le même but.

Le général chargé de l'inspection des côtes de la Vendée et celui des côtes de la Loire-Inférieure auront chacun deux pièces de 4 et deux pièces de 8. Ces huit pièces seront servies par une seule compagnie d'artillerie et attelées de cent chevaux. Elles s'organiseront à Nantes. Vous chargerez le directeur de l'artillerie de Nantes d'acheter ces chevaux et de les harnacher.

Ces cinq officiers généraux et supérieurs auront chacun un capine d'artillerie qui sera fourni par le directeur d'artillerie de la résidence de Rennes et de Nantes. Ce capitaine les accompagnera partout et sera chargé de montrer la manœuvre aux batteries et de les faire exécuter en présence du général.

Les sous-officiers et soldats des 1er, 3e et 7e *bis* de hussards, des 4e, 7e, 16e et 20e de chasseurs, employés sur les côtes, seront exercés à la manœuvre du canon. Il leur sera accordé une gratification de 20 centimes par jour, qui sera payée, tous les dix jours, sur des feuilles visées par l'officier général et sur les fonds que le ministre de la guerre mettra à cet effet à sa disposition.

Dites à ces officiers généraux que mon intention est que, tous les dix jours, ils voient toutes leurs batteries; qu'il faut par conséquent qu'ils soient continuellement sur les côtes; qu'ils doivent vous rendre compte, au moins tous les deux jours, tant de ce qui se passe à la côte que de ce qu'ils apprendront, soit de la mer, soit par les vigies, et user de la plus grande et de la plus active surveillance.

BONAPARTE.

Archives de l'Empire.

7158. — AU GÉNÉRAL BERTHIER.

Saint-Cloud, 11 vendémiaire an XII (4 octobre 1803).

Je vous prie, Citoyen Ministre, de donner ordre à deux bataillons de la 6e demi-brigade d'infanterie légère, complétés à 750 hommes, officiers non compris, de se rendre à Montreuil-sur-Mer (département du Pas-de-Calais); le 3e bataillon et le dépôt continueront à rester à Givet;

A la 69e demi-brigade, de compléter ses deux premiers bataillons à 650 hommes chacun, officiers non compris, pour se rendre à Montreuil (département du Pas-de-Calais).

Donnez ordre au général Partouneaux de porter son quartier général à Étaples, et de reconnaître le campement qu'il doit faire occuper à ces deux demi-brigades, du moment qu'elles arriveront. Il restera provisoirement sous les ordres du général Soult. Vous donnerez ordre que ces deux demi-brigades partent avec leurs capotes.

Donnez ordre au chef d'état-major du général Ney de se rendre à Montreuil avec le commissaire ordonnateur et les généraux commandant l'artillerie et le génie.

Donnez ordre à la 9e demi-brigade de ligne de se tenir prête à faire partie de l'expédition et de faire faire en conséquence des capotes.

BONAPARTE.

Dépôt de la guerre.

7159. — AU GÉNÉRAL SOULT,
COMMANDANT LE CAMP DE SAINT-OMER.

Saint-Cloud, 11 vendémiaire an XII (4 octobre 1803).

Citoyen Général Soult, vous devez avoir en ce moment deux bâtiments de grande espèce ou prames à Boulogne. Chacun de ces bâtiments doit porter 50 chevaux. Voyez le général Bruix pour les y faire placer, afin de voir comment ils tiendront. Il est aussi indispensable que chaque bateau canonnier porte deux chevaux; on peut, s'il le faut, au lieu de vingt-sept fusils de rechange n'en porter que dix, au lieu de deux cents boulets de 24 n'en mettre que cent, au lieu de deux cents coups à tirer par pièce de campagne n'en mettre que cent; on peut même diminuer de quelque chose les rations de biscuit et les cartouches; mais nécessairement ils doivent porter deux chevaux.

Sur les péniches, il doit y avoir quelque coffre ou caisse ferrée pour pouvoir contenir des cartouches; au moins cinq paquets par homme.

Le général Marmont doit, à l'heure qu'il est, être arrivé à Boulogne. Il vous fournira toute l'artillerie dont vous aurez besoin.

BONAPARTE.

Archives de l'Empire.

7160. — AU CONTRE-AMIRAL DECRÈS,
MINISTRE DE LA MARINE ET DES COLONIES.

Saint-Cloud, 11 vendémiaire an XII (4 octobre 1803).

Par l'état de la situation de notre flottille, il résulte que nous avons 29 prames, 300 chaloupes canonnières, 475 bateaux canonniers, 536 péniches et 27 caïques; dans ce nombre sont compris les 185 bateaux de l'ancienne flottille. Il n'y a pas assez de prames en construction, et surtout point assez de péniches; dans les 536 sont comprises les 100 qui se construisent à Lille, qui ne se commencent pas. Il serait de la plus grande nécessité de faire activer ces péniches.

Faites-moi connaître si ces résultats sont conformes aux vôtres, et les mesures que l'on pourrait prendre pour faire mettre promptement en construction les prames, péniches et caïques qui nous manquent.

Il me semble que vous m'aviez rendu compte qu'il y avait à Brest et en d'autres lieux 10 prames de nouvelle construction; cependant il n'y en a d'armées qu'à Dunkerque. Il serait cependant assez important de faire armer les autres.

Il paraît qu'il manque à Boulogne beaucoup de choses nécessaires. Il faudra surtout beaucoup de rames, car la division de la flottille qui arrive de Dunkerque en a beaucoup perdu.

Il faut aussi que vous donniez l'ordre au citoyen Forfait de se rendre à Boulogne, après avoir fait sa visite à Nantes. Il devra y être rendu pour le 25 du mois au plus tard.

BONAPARTE.

Archives de l'Empire.

7161. — A L'AMIRAL BRUIX,
COMMANDANT LA FLOTTILLE DE BOULOGNE.

Saint-Cloud, 11 vendémiaire an XII (4 octobre 1803).

Citoyen Amiral Bruix, vous devez avoir, à l'heure qu'il est, une prame à Boulogne et une à Calais. Faites embarquer 50 chevaux sur chacune de ces prames, et faites-les aménager comme elles doivent l'être.

Il est nécessaire que chaque bateau canonnier porte deux chevaux; mais l'on peut très-bien, au lieu de deux cents coups à tirer, n'en mettre que cent, et diminuer ainsi sur plusieurs autres objets. Le citoyen Forfait prétend que les nouveaux bateaux présenteront plus de facilités que les anciens. Comme l'équipage d'artillerie de campagne n'est composé que de 160 pièces, il n'y aura besoin que de 160 bâtiments portant ces pièces. Si donc elles ne pouvaient être placées sur les anciens, les nouveaux pourraient les porter, vu que le citoyen Forfait assure qu'ils ont été arrangés pour cela.

Faites-moi connaître votre situation. Faites sortir, tous les jours, toute la portion de la flottille que vous avez à Boulogne; je n'ajoute pas lorsque le temps le permet, parce qu'en fait de marine c'est toujours entendu.

Je désirerais aussi que, toutes les fois que la flottille sort, vous fissiez tirer sur un tonneau placé sur le bord de la mer, afin d'exercer l'équipage et les soldats à cette manœuvre.

Le général Marmont doit être rendu de vos côtés.

Les longues nuits arrivent. Choisissez deux ou trois capitaines de corsaires hardis et entreprenants, qui puissent, avec des péniches, se porter de nuit sur la côte d'Angleterre, saisir quelques bateaux de la côte et même quelques paysans qui puissent donner des renseignements sur ce qui se fait dans les différents points.

On doit à Boulogne connaître parfaitement les côtes opposées. Faites rédiger un mémoire des renseignements que vous obtiendrez depuis la Tamise jusqu'à Portsmouth, dans lequel on fera connaître, lieue par lieue, la nature de la plage, les lieux où l'on pourrait effectuer le débarquement la mer étant stable, les villages et points qui sont sur la côte, leur position, les moyens qu'ils peuvent présenter. Envoyez-moi le plus tôt possible ce mémoire.

BONAPARTE.

Archives de l'Empire.

7162. — DÉCISION.

Saint-Cloud, 11 vendémiaire an XII (4 octobre 1803).

Brizard, ex-sergent, demande une place dans les douanes d'Anvers.

Je recommande au citoyen Collin de faire placer ce citoyen aussi avantageusement que ses facultés morales peuvent le permettre. C'est un brave homme.

BONAPARTE.

Archives de l'Empire.

7163. — AU CITOYEN BARBÉ-MARBOIS,
MINISTRE DU TRÉSOR PUBLIC.

Saint-Cloud, 12 vendémiaire an XII (5 octobre 1803).

Vous devez avoir un million en réserve. Les camps de Saint-Omer, de Bruges, ont des besoins pressants. Les ministres de la guerre et de l'administration de la guerre ont pourvu à leurs besoins par des ordonnances délivrées dans les quinze premiers jours de vendémiaire; mais ces ordonnances, en suivant la marche de la trésorerie, ne peuvent être soldées que dans l'espace d'un mois à dater de la signature; il est cependant indispensable qu'elles le soient sur-le-champ. Je désire donc que toutes les ordonnances que ces ministres auraient délivrées et délivreront pour le service de ces trois camps, dans les quinze premiers jours de vendémiaire, soient soldées sur-le-champ; en conséquence, que vous fassiez partir dans la journée de demain 500,000 francs du million de réserve, ce qui couvrira sur-le-champ toutes ces dépenses. Ces 500,000 francs seront restitués au million en réserve aux époques où les ordonnances des ministres auraient dû être soldées, c'est-à-dire dans les derniers quinze jours de vendémiaire et la première quinzaine de brumaire, de manière qu'au 15 brumaire il y ait en réserve les mêmes sommes destinées par le projet de service.

BONAPARTE.

Archives de l'Empire.

7164. — DÉCISION.

Saint-Cloud, 12 vendémiaire an XII (5 octobre 1803).

Le ministre du trésor public demande des ordres pour le payement des hautes et doubles payes attribuées aux brevets d'honneur. Il pense que, d'après une première décision, elles ne doivent plus être payées sur les fonds de la solde, d'après de simples revues.

Les soldats qui ont reçu des fusils, baguettes, grenades et trompettes d'honneur, cesseront de toucher la haute paye à dater du 1er vendémiaire. On la leur payera cependant jusqu'au 1er brumaire, mais comme avance à retenir sur les 250 francs qu'ils recevront comme légionnaires.

Quant aux sabres d'honneur, les militaires qui en sont décorés continueront à recevoir le double traitement jusqu'au 1er nivôse.

Le ministre donnera avis de cette décision au grand chancelier.

BONAPARTE.

Archives des finances.

7165. — ARRÊTÉ.

Saint-Cloud, 12 vendémiaire an XII (5 octobre 1803).

ARTICLE 1er. — Il sera formé une compagnie de guides-interprètes qui sera employée à l'armée d'Angleterre.

ART. 2. — Cette compagnie sera composée ainsi qu'il suit : 1 capitaine, 2 lieutenants, 2 sous-lieutenants, 1 maréchal des logis en chef, 4 maréchaux des logis, 1 fourrier, 8 brigadiers, 96 guides, 2 tambours; total : 117.

ART. 3. — Le recrutement de cette compagnie se fera par la voie des enrôlements volontaires à Paris, et dans les ports de mer, depuis Ostende jusqu'à Saint-Malo.

Pour y être admis, il faudra n'avoir pas plus de trente-cinq ans, être bien constitué, savoir parler et traduire l'anglais, avoir habité l'Angleterre et en connaître la topographie, et produire des certificats d'anciens services et de bonne conduite.

Les Irlandais qui sont en France et les jeunes gens de la conscription qui ne font pas partie de l'armée pourront être admis dans cette compagnie, s'ils réunissent d'ailleurs les conditions ci-dessus exigées.

ART. 4. — Les officiers de cette compagnie seront nommés par le Premier Consul, sur la proposition du ministre de la guerre. Les sous-officiers le seront par le ministre de la guerre.

Art. 5. — L'uniforme sera composé ainsi qu'il suit : habit-veste de couleur vert-dragon, doublure rouge, revers, parements et retroussis écarlates, boutons blancs à la hussarde, veste de drap blanc, boutons blancs, culotte de peau blanche, bottes à l'américaine, éperons noirs bronzés.

L'équipement sera en buffleterie blanche, à l'exception de la giberne.

L'armement sera composé de mousquetons garnis de leurs baïonnettes et de sabres du modèle de ceux des dragons.

Art. 6. — La solde de cette compagnie sera payée conformément à l'arrêté du 22 ventôse an VIII. Les masses le seront sur le pied de celles fixées pour les dragons.

Il y aura un lieutenant de première classe et un de deuxième.

Art. 7. — Le conseil d'administration sera composé ainsi qu'il est prescrit par l'arrêté du 15 germinal dernier pour les compagnies isolées.

Art. 8. — Les ministres de la guerre et du trésor public, et le ministre directeur de l'administration de la guerre, seront chargés, chacun en ce qui le concerne, de l'exécution de cet arrêté.

BONAPARTE.

Archives de l'Empire.

7166. — AU CITOYEN REGNIER,
GRAND JUGE, MINISTRE DE LA JUSTICE.

Saint-Cloud, 12 vendémiaire an XII (5 octobre 1803).

Je vous envoie, Citoyen Ministre, un rapport du général Moncey, dont il vous aura sans doute envoyé la copie. Prenez toutes les mesures pour qu'on poursuive et parvienne à connaître l'auteur de la lettre et tous les hommes qui correspondent avec l'ennemi.

Desol, un des principaux agents de Georges, se trouve à Paris. Je vous envoie un rapport que m'a remis Nogaret. Ce qu'il y a de plus clair, c'est que Desol se trouve à Paris. Faites tout pour le faire arrêter.

BONAPARTE.

Archives de l'Empire.

7167. — AU GÉNÉRAL MONCEY.

Saint-Cloud, 12 vendémiaire an XII (5 octobre 1803).

La capture faite est extrêmement importante. Donnez des ordres que ces individus soient mis au secret, interrogés avec sévérité, afin de parvenir à découvrir l'auteur de la lettre. J'attendrai le rapport ultérieur que vous me ferez pour récompenser le gendarme et les officiers.

BONAPARTE.

Archives de l'Empire.

7168. — AU GÉNÉRAL DAVOUT, COMMANDANT LE CAMP DE BRUGES.

Saint-Cloud, 12 vendémiaire an XII (5 octobre 1803).

Citoyen Général Davout, j'ai reçu votre lettre du 7 vendémiaire. Je vous prie de vous concerter avec le contre-amiral Émériau, pour que la portion de la flottille qui est déjà armée à Ostende reste en rade tant que le temps le permettra. Vous ferez mettre sur chaque bâtiment la garnison qu'il doit avoir, et vous veillerez à ce que les soldats s'amarinent et s'exercent au tir du canon. Il serait étonnant que vous n'ayez pas une division de corvettes de pêche capable de tenir la mer.

Je ne pense pas que les plates-formes de la laisse de basse mer puissent résister au mauvais temps. Prenez toutes les mesures convenables pour activer l'établissement des batteries qui doivent être placées à l'extrémité de l'estacade. Vous devez, à l'heure qu'il est, avoir reçu un mortier, et avoir des pièces sur l'angle de 45 degrés.

Le ministre de la guerre a dû vous envoyer l'état de la flottille. Chaque corvette de pêche doit porter deux chevaux. Faites-les embarquer sur plusieurs bâtiments, et faites-les aménager comme ils doivent l'être, d'après les états que vous avez reçus, afin de voir comment tout cela se comporte.

BONAPARTE.

Comm. par Mme la maréchale princesse d'Eckmühl.
(En minute aux Arch. de l'Emp.)

7169. — DÉCISION.

Saint-Cloud, 12 vendémiaire an XII (5 octobre 1803).

Le grand juge, ministre de la justice, propose de faire demander, par le ministre des relations extérieures, au Gouvernement helvétique, de consentir à la mise en jugement, devant le tribunal spécial du département du Bas-Rhin, du nommé Martin Wetzel, domicilié à Bâle, prévenu de complicité dans la fa-

Le faire juger à Strasbourg.

MOTIFS.

Un délit contre la banque de Vienne a été commis en France. Le Gouvernement est le maître de le faire poursuivre ou de ne

brication de faux billets de la banque de Vienne.

point s'en occuper; mais, lorsqu'il en ordonne la poursuite, c'est comme si le délit avait été commis contre le Gouvernement français. Il est, en effet, impossible de concevoir qu'un gouvernement puisse faire condamner ses sujets pour un délit commis contre un gouvernement étranger, à moins qu'il ne le considère comme commis à son égard, soit pour raisons politiques, soit parce que, dans l'état de l'Europe, contrefaire des billets de la banque de Vienne ou de celle de France serait attenter également à l'un ou à l'autre gouvernement. Le Suisse arrêté en France comme complice du délit commis en France doit être poursuivi et jugé en France, quoique sa coopération dans le délit ait été exécutée en Suisse, parce qu'il est de principe que le délit est indivisible.

BONAPARTE.

Archives de l'Empire.

7170. — DÉCISION.

Saint-Cloud, 12 vendémiaire an XII (5 octobre 1803).

Rapport sur l'acquittement, par le tribunal criminel de Loir-et-Cher, de dix-sept accusés que le commissaire du Gouvernement a fait réintégrer dans la maison d'arrêt, jusqu'à décision ultérieure de l'autorité suprême.

Demander l'opinion du président et faire venir la procédure. En attendant, les condamnés seront retenus en prison comme y ayant contre eux de nouvelles charges. On avisera ensuite aux moyens de porter l'affaire devant un autre tribunal.

BONAPARTE.

Archives de l'Empire.

7171. — AU GÉNÉRAL SOULT,
COMMANDANT LE CAMP DE SAINT-OMER.

Saint-Cloud, 13 vendémiaire an XII (6 octobre 1803).

Citoyen Général Soult, j'ai reçu votre croquis sur la petite rivière de Wimereux. Il m'a confirmé dans l'idée qu'il doit y avoir là quelque chose à faire. J'écris donc à l'amiral Bruix d'en faire faire le projet d'un port par le citoyen Sganzin. Ne pourrait-on y mettre à l'abri de l'ennemi que quarante à cinquante bâtiments, ce serait toujours une grande conquête. Faites-moi connaître si l'air y est sain, et quels sont les bâtiments près de ce ruisseau qui pourraient servir à des établissements militaires.

Je suis fort de votre opinion, qu'il vous faut encore dix-huit mortiers. Nous vous en ferons autant qu'il nous sera possible. J'en ferai fondre de nouveaux qui, j'espère, porteront encore plus loin.

Tous vos projets pour le cap Grisnez, Calais, Ambleteuse et la rivière de la Canche me paraissent parfaitement entendus. Tout ce que vous me dites sur la manière de placer les pièces à la laisse de basse mer me paraît également bien entendu ; j'en verrai le plan avec grand plaisir.

Toutes les fois que vous m'écrirez, envoyez-moi la situation des troupes de votre camp. La 4e doit être arrivée.

Faites-moi connaître le nombre de malades que vous avez eu, corps par corps, depuis le 1er fructidor jusqu'au 1er vendémiaire. Si la 43e a des malades, faites-la remplacer par la 22e de ligne, qui est à Calais, et faites remplacer la 22e de ligne par la 75e, qui est à Saint-Omer. La 43e se rendrait alors à Boulogne pour camper dans sa division.

Deux demi-brigades se rendent à Montreuil, de là à Étaples. Le général Partouneaux et l'ordonnateur du camp de Compiègne s'y rendent à cet effet. Ils seront sous vos ordres jusqu'à ce que l'état-major de ce camp se trouve parfaitement organisé.

Il faut exercer les soldats à nager. Il faut donc que tous les jours, en se relevant toutes les trois heures, les soldats s'exercent sur les péniches et les bateaux canonniers, lorsqu'ils peuvent aller en rade, et, lorsqu'ils ne peuvent y aller, dans le port. Dès après-demain je commence à faire nager la Garde sur six péniches. Chaque détachement y restera deux heures, de manière qu'on exercera toute la Garde à pied chaque jour.

Un petit sloop français a été pris par une chaloupe anglaise entre Nieuport et Dunkerque. Il n'y avait que trois gendarmes et deux hommes de la 108e sur le rivage, qui n'ont pu faire un feu suffisant pour le défendre. J'avais cependant ordonné qu'il y eût toujours sur la côte des piquets de cavalerie et des pièces mobiles; mais il paraît qu'ils restent en ville. Faites-moi connaître où se placent les piquets et les pièces mobiles; tout cela doit se correspondre, pour être à même de se porter partout. La prise de ce sloop, quelque peu importante qu'elle soit, est un malheur, parce qu'elle prouve peu de surveillance. J'en écris au général Davout. Si 30 hommes avaient pu se trouver là avec leurs carabines, la chaloupe anglaise, qui a eu deux hommes tués par ces cinq seuls hommes, aurait abandonné son projet.

Faites-moi connaître si la solde est au courant, et si ce qu'on distribue aux soldats est de bonne qualité.

BONAPARTE.

Archives de l'Empire.

7172. — AU GÉNÉRAL DAVOUT, COMMANDANT LE CAMP DE BRUGES.

Saint-Cloud, 13 vendémiaire an XII (6 octobre 1803).

Citoyen Général Davout, un sloop français a été pris entre Nieuport et Dunkerque par une chaloupe anglaise, montée par 14 hommes. Ce sloop s'était échoué à terre; mais, trois gendarmes et deux hommes de la 108e s'étant seuls trouvés là pour le défendre, la chaloupe anglaise les a forcés et s'est emparée du sloop. Vous n'avez donc point sur la côte, comme il a été ordonné, des patrouilles de cavalerie correspondant entre elles, et des batteries mobiles disséminées sur tous les points, pour pouvoir se porter partout où il sera nécessaire. Si ces patrouilles et ces batteries mobiles ne sont pas ainsi organisées, donnez ordre qu'elles le soient sans délai, de manière que des hommes à cheval soient continuellement placés sur les côtes, correspondent entre eux et portent partout la protection nécessaire.

Envoyez-moi l'état de situation de vos troupes et le nombre de malades que vous avez eu, compagnie par compagnie, depuis le 1er fructidor jusqu'au 1er vendémiaire, et distinguez les officiers des soldats.

L'air de Gravelines est très-mauvais; tenez-y peu de monde. On me dit que la 25e y est tout entière; elle se perdra là. Envoyez-la à Dunkerque, et vous ne laisserez à Gravelines que 100 hommes, qu'on relèvera fréquemment.

Les bâtiments armés doivent faire, tous les jours, leur tournée en rade, et ne point rester inutiles dans le port.

Apprenez-moi bientôt qu'une ou deux divisions de corvettes de pêche sont en rade, et que les soldats s'exercent, tous les jours, à la nage sur des péniches, soit en rade, soit dans le port.

Faites-moi connaître si la solde est au courant, et si ce qu'on distribue aux soldats est de bonne qualité.

BONAPARTE.

Comm. par Mme la maréchale princesse d'Eckmühl.
(En minute aux Arch. de l'Emp.)

7173. — A L'AMIRAL BRUIX,
COMMANDANT LA FLOTTILLE DE BOULOGNE.

Saint-Cloud, 13 vendémiaire an XII (6 octobre 1803).

Citoyen Amiral Bruix, le 7 vendémiaire, entre Nieuport et Dunkerque, une chaloupe anglaise, montée par 14 hommes, s'est emparée d'un sloop venant de Flessingue. Il ne s'est trouvé à terre, pour protéger son échouage, que trois gendarmes et deux soldats de la 108e. J'avais ordonné qu'il y eût des piquets de cavalerie et des batteries mobiles sur toute la côte. Il me paraît que ce service ne se fait pas comme il doit se faire. J'avais également ordonné que le bateau canonnier qui est à Nieuport se tînt à la mer pour éloigner toute chaloupe ou péniche ennemie; mais il paraît qu'il reste dans le port, de manière que cela ne produit aucun résultat. Je n'entends pas dire non plus que la flottille de corvettes de pêche qui est à Ostende tienne la rade. Il n'est pas possible qu'elle ne soit pas en état de sortir. Donnez ordre qu'une division armée de pièces de 24 sorte tous les jours, se tienne en rade et fasse l'exercice.

Faites-moi connaître les points où l'on a placé des piquets de cavalerie, ainsi que des pièces mobiles, et comment le service s'y fait.

Une division de la flottille, partie de Brest, a eu un engagement avec les Anglais à la hauteur de Perros. Je n'ai pas encore de détails; mais il paraît que l'ennemi a été repoussé et que la division a continué sa route. Cette flottille était composée de bâtiments de nouveau modèle; les marins assurent qu'ils sont supérieurs aux anciens, qu'ils tiennent davantage, et qu'ils dérivent moins. Le citoyen Forfait me mande de Saint-Malo qu'il a navigué avec plusieurs de ces bateaux de nouveau modèle, nouvellement mis à l'eau; qu'il en a été très-satisfait, et qu'il espère qu'ils présenteront beaucoup plus d'avantages que les anciens.

Le général Soult m'a envoyé un croquis sur la rivière de Wimereux. Au 1er brumaire, lorsque Boulogne sera achevé, mon intention est de faire là un petit port, capable de contenir une ou deux divisions de la flottille. Le rapport que j'en reçois est que l'eau est constamment à six pieds de hauteur dans cette rivière. Il doit être facile de procurer une chasse, puisque le torrent a beaucoup de rapidité. Il paraît que le flux monte jusqu'au moulin de Wimereux dans les mortes eaux, et dans les vives eaux jusqu'au moulin de Wimille.

BONAPARTE.

Archives de l'Empire.

7174. — AU CITOYEN CHAPTAL, MINISTRE DE L'INTÉRIEUR.

Saint-Cloud, 15 vendémiaire an XII (8 octobre 1803).

La ville d'Aoste a fait des pertes assez considérables lors du passage de l'armée de réserve. Je désire que vous me fassiez un rapport sur ce qu'on pourrait faire pour l'indemniser.

Je désire également qu'il me soit fait un projet pour savoir ce qu'il y a à faire pour les eaux minérales situées près de Saint-Didier, dans la vallée d'Aoste, étant urgent de les mettre en bon état.

Désirant faire quelque chose qui soit avantageux à la vallée d'Aoste, je désirerais qu'on présentât dix enfants des principaux habitants de cette vallée, pour être élevés dans les prytanées ou les différents lycées en France.

BONAPARTE.

Archives de l'Empire.

7175. — AU CITOYEN BARBÉ-MARBOIS,
MINISTRE DU TRÉSOR PUBLIC.

Saint-Cloud, 15 vendémiaire an XII (8 octobre 1803).

Je vous avais écrit pour faire payer une ordonnance de 160,000 fr. destinée au génie de Boulogne, par urgence au 1er vendémiaire. Non-seulement cette urgence n'a pas été soldée, mais encore, le 13 vendémiaire, où elle devait être soldée, elle ne l'était pas. Les travaux du génie allaient être suspendus si le général Soult n'avait prêté 30,000 francs à Boulogne.

Les ordonnances pour les hôpitaux sont également arriérées dans leur payement. Faites-moi connaître en réponse si vous avez envoyé 500,000 francs que les ministres de la guerre et de l'administration de la guerre auraient tirés pour le camp de Saint-Omer.

Faites-en passer 300,000 francs en or, sur la réserve, dans la journée ; 100,000 francs resteront entre les mains du payeur de Boulogne, qui les tiendra à la disposition du général Soult, qui les appliquera au service le plus pressant ; 200,000 seront à la disposition de l'amiral Bruix pour les dépenses de la marine. L'emploi en sera régularisé par les ordonnateurs de la marine et de la guerre, et l'état qui sera donné par ces généraux sera envoyé par les payeurs dès que les payements seront consommés, afin de pouvoir les régulariser.

BONAPARTE.

Archives de l'Empire.

7176. — AU GÉNÉRAL BERTHIER, MINISTRE DE LA GUERRE.
Saint-Cloud, 15 vendémiaire an XII (8 octobre 1803).

La situation de la ville d'Aoste, Citoyen Ministre, est très-importante sous le point de vue militaire. Je pense qu'il faudrait y avoir des casernes pour y tenir régulièrement un bataillon et un escadron de cavalerie, non-seulement pour répandre quelque argent dans cette vallée, qui est misérable, mais encore pour nous attacher et familiariser avec la langue française cette portion de la 27e division militaire, qui peut être d'une si grande importance pour nos opérations militaires.

BONAPARTE.

Archives de l'Empire.

7177. — AU GÉNÉRAL BERTHIER.
Saint-Cloud, 15 vendémiaire an XII (8 octobre 1803).

Dans l'état des bouches à feu, Citoyen Ministre, disponibles dans les directions d'artillerie, que vous m'avez remis au 1er fructidor, il n'est pas question des pièces de 3 de montagne, autrichiennes ou piémontaises, que nous pourrions avoir. Il n'est pas question non plus de pièces à la Rostaing. Je désirerais connaître l'état de toutes ces pièces que nous pourrions avoir dans nos arsenaux. Nous en avons beaucoup pris aux Autrichiens. J'aurais besoin de quatre cents de ces pièces de 3 autrichiennes ou de montagne, et de trois cents pièces à la Rostaing, si toutefois ce nombre en existe. Je vous prie de m'en faire passer l'état.

Je désirerais avoir à Saint-Cloud un obusier de 8 pouces. S'il y en a à Paris, faites-en remettre un à l'artillerie de la Garde; s'il n'y en avait ni à Paris ni à Vincennes, faites venir en diligence celui qui est à la Fère.

Faites remettre également dans la journée de demain à l'artillerie de la Garde une de ces charrettes que l'on construit à Paris, afin que j'en voie le modèle.

BONAPARTE.

Archives de l'Empire.

7178. — AU GÉNÉRAL BERTHIER.

Saint-Cloud, 15 vendémiaire an XII (8 octobre 1803).

Je vois, Citoyen Ministre, par le rapport du général Laroche, qu'on a placé à Granville un mortier de 10 pouces, qui est arrivé de Cherbourg, et que la portée de ce mortier, d'après l'expérience, a été de 2,000 toises. Je désire connaître dans quelle année ce mortier a été fondu. Je ne connais que les mortiers à plaque et des galiotes qui portent à 2,000 toises, et je ne pense pas qu'il ait été fait de galiotes de 10 pouces.

BONAPARTE.

Archives de l'Empire.

7179. — AU GÉNÉRAL DEJEAN,
MINISTRE DIRECTEUR DE L'ADMINISTRATION DE LA GUERRE.

Saint-Cloud, 15 vendémiaire an XII (8 octobre 1803).

Le général Soult m'écrit, Citoyen Ministre, 1° que les hôpitaux sont dans le plus mauvais état à Boulogne;

2° Qu'il n'y a aucun moyen d'évacuer les malades de Boulogne sur les hôpitaux;

3° Qu'aucune couverte n'est encore arrivée à Boulogne, ce qui l'a obligé de prendre celles du casernement;

4° Que les biscuits faits à Saint-Omer sont de la plus mauvaise qualité.

Il est bien instant de prendre des mesures efficaces pour remédier à tous ces objets.

BONAPARTE.

Dépôt de la guerre.

7180. — AU GÉNÉRAL SOULT,
COMMANDANT LE CAMP DE SAINT-OMER.

Saint-Cloud, 15 vendémiaire an XII (8 octobre 1803).

Citoyen Général Soult, vous avez bien fait de prendre des couvertures partout où vous en avez trouvé, puisque, depuis six mois que toutes les dispositions sont ordonnées, on a eu l'ineptie de vous en laisser manquer. On m'assure qu'il doit vous en arriver 20,000.

Je donne des ordres pour que ce qui vous arrive relativement au génie n'ait plus lieu; qu'une somme de 100,000 francs parte aujourd'hui, afin que lorsque les besoins paraissent urgents, vous la mettiez à la disposition des différents chefs de service.

Vous savez combien les évacuations des hôpitaux ont d'inconvénients. Nous n'avons pas à craindre ici que nos hôpitaux soient enlevés ; il faut donc que les malades restent à Boulogne le plus possible. Il faudrait un second hôpital aux environs. Il n'y a rien de nuisible aux malades comme de les faire voyager, et puis ce sont des hommes qui, éloignés de leurs corps, sont perdus.

Faites rentrer la 43e, et faites faire le service d'Ambleteuse par la 22e de ligne. La 75e, qui est à Saint-Omer, peut remplacer la 22e de ligne à Calais.

Nous nous exerçons ici depuis trois jours à nager sur des péniches. Toute la Garde y aura bientôt passé et saura bientôt nager.

Je vous enverrai, par le prochain courrier, l'instruction que nous avons dressée pour cet objet.

Je vous envoie un ordre pour la flottille ; mettez-le à exécution sur-le-champ.

BONAPARTE.

Archives de l'Empire.

7181. — A L'AMIRAL BRUIX,
COMMANDANT LA FLOTTILLE DE BOULOGNE.

Saint-Cloud, 15 vendémiaire an XII (8 octobre 1803).

Citoyen Amiral Bruix, je reçois votre lettre. Le ministre de la marine pourvoit sans doute à vos besoins. Je donne ordre qu'on vous expédie 200,000 francs pour pouvoir de suite solder les ordonnances de la marine et subvenir aux besoins les plus pressants de la descente.

Je ne conçois pas que vous n'ayez pas une grande quantité de boulets à Boulogne. Vous avez un moyen de vous en procurer indépendamment des dispositions générales faites par le ministre de la marine, c'est de faire venir de Dunkerque la moitié de ce qui y existe. Vous pouvez les faire venir par terre, si la mer n'est pas sûre.

Je pense qu'il est préférable que les bateaux de l'ancienne flottille aient des chevaux plutôt que des pièces de campagne ; mais deux chevaux sont une condition de rigueur.

Je partage votre opinion sur les garnisons à bles.

Je vous recommande de faire beaucoup nager les soldats sur les péniches. Tous les hommes de la Garde apprennent à nager ; 75 hommes par péniche nagent deux ou trois heures par jour. Je pense que vous avez des péniches à Boulogne. Il faut que, tant sur les péniches que sur les bateaux canonniers, les soldats nagent dans le port, lorsqu'ils ne pourront aller en rade.

Si le bateau canonnier de la ville de Brest, qui est à Calais, n'était pas assez fort pour recevoir de gros canons, on en mettrait de petit calibre, et il pourrait toujours recevoir des chevaux, ce qui est la chose importante.

J'ai lu les différents ordres du jour de la flottille. Les louanges sont les seuls mobiles dans les grandes affaires. Dans les derniers événements, les chefs ont plus fait que les équipages et les troupes, qui n'en sont pas venus aux mains. Il ne faut pas que les soldats pensent que la gloire est si facile à acquérir.

Les sections de la flottille qui sont parties du Havre, de Granville, de Cherbourg, de Saint-Malo, doivent se rendre à Boulogne; mais celles qui partiraient, ayant à leur bord des troupes des 9ᵉ légère, 32ᵉ, 39ᵉ et 64ᵉ, doivent se rendre à Étaples; voyez donc d'organiser ce port, et écrivez dans les différents ports qu'on vous instruise, à mesure que les différentes divisions arrivent, quelles sont les troupes qu'elles ont à bord.

Toutes celles qui auraient à leur bord des troupes des 10ᵉ et 24ᵉ légères doivent se rendre à Boulogne, ainsi que celles qui sont à Dunkerque.

Vous trouverez ci-joint un ordre pour la flottille que vous ferez exécuter sur-le-champ.

BONAPARTE.

Pour être législateur, il faut être porté par un collège d'arrondissement; il ne me sera donc pas possible d'engager le Sénat à nommer Nielly [1]. Je ferai avec plaisir ce qui pourra être avantageux à ce général, qui a des qualités, mais qui n'a pas les qualités administratives nécessaires à un préfet.

Archives de l'Empire.

7182. — ORDRE DU JOUR
POUR LA FLOTTILLE DE BOULOGNE.

Saint-Cloud, 15 vendémiaire an XII (8 octobre 1803).

La 2ᵉ division, composée de la 24ᵉ légère, 4ᵉ, 43ᵉ, 46ᵉ et 57ᵉ de ligne, et de dix compagnies du 5ᵉ d'artillerie à pied, sera attachée à la flottille de chaloupes canonnières.

Le 1ᵉʳ bataillon de la 24ᵉ légère sera attaché à la 1ʳᵉ section de la 1ʳᵉ division.

Le 2ᵉ bataillon de la 24ᵉ sera attaché à la 2ᵉ section de la 1ʳᵉ division.

[1] Contre-amiral, préfet maritime à Dunkerque.

Le 1er bataillon de la 4e de ligne sera attaché à la 3e section de la 1re division.
Le 2e bataillon de la 4e sera attaché à la 4e section de la 2e division.
Le 1er bataillon de la 43e sera attaché à la 2e section de la 2e division.
Le 2e de la 43e sera attaché à la 3e section de la 2e division.
Le 1er bataillon de la 46e sera attaché à la 1re section de la 3e division.
Le 2e bataillon de la 46e sera attaché à la 2e section de la 3e division ;
Le 1er bataillon de la 57e, à la 3e section de la 3e division ;
Le 2e de la 57e, à la 1re section de la 4e division.

Chaque compagnie sera attachée à une chaloupe canonnière, et lui fournira perpétuellement 21 hommes de garnison.

Le 5e d'artillerie fournira 4 hommes de garnison par chaloupe canonnière, ce qui portera la garnison à 25 hommes.

La 1re division, composée de la 10e légère, de la 14e de ligne, 28e de ligne, 36e et 55e, et les dix compagnies du 1er régiment d'artillerie à pied, seront attachées à la flottille des bateaux canonniers et serviront également chaque bataillon à une section, ce qui pourvoira au service de dix sections, c'est-à-dire de trois divisions et d'une section. Chaque compagnie sera attachée à un bateau et fournira 21 hommes de garnison. L'artillerie fournira 4 hommes de garnison.

Les officiers de marine commandant les divisions et sections de chaloupes canonnières et de bateaux canonniers, ainsi que les équipages, seront toujours les mêmes. Ils seront fixés dans le plus court délai, et l'on ne pourra, sous aucun prétexte, y rien changer.

L'amiral attachera trois péniches à la 1re division et trois à la 2e, commandées chacune par un capitaine de frégate, et qui seront chargées d'exercer le soldat à la nage. On placera dans chaque péniche 64 hommes aux avirons et deux canonniers aux deux pièces. Les troupes s'exerceront à la nage par bataillon, et de manière que tous les jours chaque soldat y ait été exercé deux heures. Les trois premières leçons seront données dans le port ; après quoi on ira en rade.

Toutes les fois que les chaloupes canonnières devront sortir du port et qu'un plus grand nombre de troupes sera jugé nécessaire, chaque compagnie fournira un renfort.

Il sera destiné à Dunkerque deux péniches, pour exercer à la nage la division de Dunkerque. Il en sera destiné trois à Calais et quatre à Ostende pour le même objet.

On exercera les canonniers, pendant qu'ils manœuvreront sur les chaloupes canonnières, bateaux canonniers et péniches, à tirer sur des tonneaux placés sur le rivage, et de manière que les boulets ne soient point perdus.

BONAPARTE.

Archives de l'Empire.

7183. — AU GÉNÉRAL BERTHIER, MINISTRE DE LA GUERRE.

Saint-Cloud, 16 vendémiaire an XII (9 octobre 1803).

Donnez ordre au général Dupas, au citoyen Lahoussaye, aux généraux Lemarois, Sebastiani, Lacoste et Paulet, de visiter les ports de leur arrondissement, de voir le nombre de bateaux prêts, et si le nombre de garnisons désignées s'embarquent sans délai.

La 64e, qui est en marche pour Dieppe, doit fournir des garnisons aux bâtiments disponibles à Fécamp, Saint-Valery-en-Caux et Tréport. Le général Dupas fera la distribution de cette demi-brigade en garnisons, et fera que les différents bateaux partent le plus tôt possible pour les différents points de réunion. Je ne puis que faire la même observation au citoyen Lahoussaye. Un bataillon de la 43e doit fournir des garnisons à tout ce qui sera prêt, soit à Cherbourg, Caen et Granville. Ce chef de brigade répartira les garnisons le plus tôt possible sur ces bateaux. Enfin que le général Lemarois envoie un petit détachement, soit de la 39e, soit de la 32e, pour mettre garnison sur les bâtiments qui sont prêts à partir à Lannion. Faites-moi un rapport qui fasse connaître le nombre de garnisons fournies et celles disponibles.

BONAPARTE.

Archives de l'Empire.

7184. — AU CONTRE-AMIRAL DECRÈS,
MINISTRE DE LA MARINE ET DES COLONIES.

Saint-Cloud, 17 vendémiaire an XII (10 octobre 1803).

J'ai lu avec attention, Citoyen Ministre, les pièces contenues dans les huit cartons que vous m'avez envoyés. Il en résulte les observations suivantes :

Il n'y aurait encore d'arrêté par la commission que

10 bâtiments à Bruges, valant	121,300 francs.
35 à Ostende, valant	440,456
14 à Lorient, valant	98,000
39 à Dunkerque, valant	906,049
39 dans le 3e arrondissement, valant . .	255,882
11 dans le 5e arrondissement.	»
146	1,821,687

Cela ne ferait donc que 146 bâtiments. Sur ces 146 bâtiments, 81 sont destinés à faire partie de la flottille de guerre. Il ne resterait donc que 65 bâtiments pour faire partie de la flottille de transport. Mais j'ai lieu de croire que votre registre et les états que vous m'avez envoyés sont infidèles. Je n'y vois point portés les 60 bâtiments de Blankenberghe, ni les bâtiments de Nieuport; aucun bâtiment du Havre. Je vois dans la correspondance du contre-amiral Lacrosse qu'il y avait plus de 40 bâtiments au Havre, 14 à Fécamp et 25 à Saint-Valery-en-Caux, achetés par la commission.

Faites dresser pour jeudi des états par arrondissement de tous les bâtiments de la flottille de transport qui ont été achetés, de leur prix, de l'état où ils sont et de ce qui s'oppose à leur départ pour Boulogne.

Je vois par votre correspondance que vous avez donné l'ordre dans les 4e et 5e arrondissements de cesser tout envoi de bâtiments. Vous êtes donc assuré que nous avons le nombre nécessaire dans les 1er, 2e et 3e arrondissements.

Je vois par la correspondance du citoyen Daugier qu'on pourrait se procurer facilement 100 doubles chaloupes, armant seize avirons, ayant plus de stabilité que la péniche, quoique ayant quelque infériorité pour la vitesse. Il faudrait ordonner l'achat de ces 100 doubles chaloupes et en faire acheter un pareil nombre dans le 5e arrondissement. Ces 200 doubles chaloupes, réunies aux 350 chaloupes de Terre-Neuve, de Saint-Malo, nous seront de la plus grande utilité.

Je vois, dans les lettres du capitaine Jacob des 19 prairial et 13 messidor, que le 5e arrondissement procurera facilement une centaine de doubles chaloupes pontées ou non pontées.

Je vois, dans la correspondance du préfet maritime de Toulon, que des bâtiments de 16 pieds de large et tirant 5 pieds d'eau peuvent passer par le canal de Languedoc. Je désirerais donc que ce préfet maritime nous fît passer 150 doubles chaloupes ou doubles felouques allant à l'aviron. Il y a dans la Méditerranée de ces bâtiments qui vont à la rame extrêmement vite. Ces 150 doubles chaloupes nous mettront à même de nous passer de quelques péniches, et il n'y aura aucune partie de nos côtes étrangère à cette importante expédition.

Je vois, dans la correspondance du commissaire de Saint-Malo, qu'il a fait préparer un très-beau canot de 37 pieds de long. Faites-le diriger sur Boulogne.

Donnez ordre également que les 7 péniches et les 7 caïques préparées pour mon service dans les différents ports partent pour se rendre à Boulogne.

Il me paraît nécessaire de donner provisoirement à chaque péniche des numéros particuliers; à leur arrivée dans les ports d'Ostende et de Boulogne, elles prendront les numéros des différentes chaloupes et bateaux auxquels elles seront attachées.

Je vois dans la correspondance du capitaine Kersaint que, indépendamment des 22 bateaux canonniers de l'ancienne flottille qui sont partis de Granville et des 13 prêts à partir de Saint-Malo, il y en avait 13 autres qu'on réparait au 24 fructidor.

Dans l'état de situation que vous envoie de sa division le capitaine Saint-Haouen, je vois qu'il y a 7 bateaux canonniers armés de mortiers. Je désirerais savoir de quelle espèce de mortiers sont armés ces bateaux. L'épreuve faite par le préfet Nielly n'est pas du tout satisfaisante, car son procès-verbal porte qu'il a tiré avec trois livres de poudre, ce qui veut dire qu'il a tiré avec des mortiers cylindriques à petite portée, et avec ces mortiers on ne pourra jamais atteindre l'ennemi.

Si donc l'on devait conserver ces bateaux armés de mortiers, il faudrait qu'ils pussent servir.

BONAPARTE.

Archives de l'Empire.

7185. — AU GÉNÉRAL SOULT,
COMMANDANT LE CAMP DE SAINT-OMER.

Saint-Cloud, 18 vendémiaire an XII (11 octobre 1803).

Citoyen Général Soult, vous trouverez ci-joint la lettre du ministre du trésor public. Je ne conçois pas comment, le 14, l'ordonnance de 160,000 francs n'était pas payée. Le payeur doit être sévèrement puni, ayant reçu 130,000 francs le 4 vendémiaire.

Faites-moi connaître si toutes les ordonnances que les ministres de la guerre et de l'administration de la guerre ont tirées sont soldées. Vous verrez par la lettre du ministre du trésor public que j'ai fait envoyer des fonds pour les solder par urgence.

Il y a dans ce moment à l'eau et prêts à partir de différents points, depuis Bayonne jusqu'à Ostende, plus de 200 chaloupes canonnières et bateaux canonniers de différentes constructions. J'espère qu'avant le 1er frimaire nous aurons une grande portion de la flottille rendue dans les différents points de réunion.

BONAPARTE.

Archives de l'Empire.

7186. — AU GÉNÉRAL SOULT.

Saint-Cloud, 18 vendémiaire an XII (11 octobre 1803).

Citoyen Général Soult, vous trouverez ci-joint un exercice que j'ai rédigé moi-même après avoir exercé deux ou trois fois la Garde sur la Seine. Faites-le transcrire à l'ordre, pour que chaque capitaine en fasse une copie. Avant de le faire imprimer, j'attendrai que vous en ayez fait usage dans les ports huit ou dix jours, afin de voir si l'expérience ne demandera pas quelques changements.

J'ai vu avec grand plaisir les batteries que vous faites faire sur les rochers. Cela me paraît bien entendu.

Ce que vous me dites relativement à la possibilité de placer 60 bataillons dans votre camp nous sera fort utile. Je me consolerai facilement, si nous n'avons pas le fort de la Crèche pour l'époque demandée; je serais très-fâché que celui de l'Heurt nous manquât.

Je ne conçois pas comment votre régiment de hussards n'est pas arrivé. N'auriez-vous pas pu y suppléer sur les côtes par quelques chasseurs, afin d'être certain que tout secours sera porté?

Il est nécessaire que les deux escadrons que vous avez placés sous les ordres du général Margaron, depuis Boulogne jusqu'à la Somme, s'exercent à la manœuvre du canon, afin qu'ils puissent rapidement se porter aux batteries des côtes, les renforcer, les servir avec plus de rapidité et surtout plus de courage que ne peuvent le faire des troupes non aguerries.

Votre batterie mobile du côté de Wissant n'est pas assez forte. Vous devez avoir des pièces de 12 de votre équipage de campagne; vous avez des obusiers de 8 pouces; envoyez-en là huit ou dix, car vous devez être certain qu'il vous arrivera quelque événement; des traîneurs des divisions qui sortiront de Calais ou de Dunkerque ne pourront pas doubler les caps Grisnez ou Blancnez, et échoueront hors la portée des batteries; et, si vous n'avez pas là, à l'heure même, des hommes qui puissent se porter à leur secours, et des pièces de canon, ces bâtiments seront infailliblement pris. Vous devez rendre responsables les deux officiers généraux et supérieurs que vous avez chargés de la défense de la côte depuis Calais jusqu'à la Somme, du moindre bâtiment qui serait pris; car alors des détachements de cavalerie et d'artillerie peuvent se porter rapidement sur un point où un bateau poursuivi échouerait, et alors il devient impossible de s'en emparer. C'est ce qui vient d'arriver à Dieppe : un sloop s'est échoué; le général Sebastiani s'y est porté avec 60 hommes et de l'artillerie; les péniches ont lâché prise, et le sloop est rentré à Dieppe.

Les deux officiers inspecteurs doivent faire faire l'exercice au moins à quatre batteries par jour; doivent avoir vu, tous les jours, les batteries, et les faire manœuvrer au moins deux heures. Celui que vous avez chargé de la surveillance de la côte de Calais à Boulogne doit s'établir dans la chapelle du cap Grisnez et être jour et nuit à cheval. Faites-moi connaître si les batteries mobiles peuvent passer le long de l'estran, depuis l'embouchure de la Somme jusqu'à Étaples.

Faites connaître au général Margaron que je ne compte pour rien le dire des gens du pays; qu'il doit s'y porter; qu'il y a quelque chemin à trouver ou quelque falaise; et s'il y a un chemin à faire, on le fait faire sur-le-champ.

J'ai trouvé que tous vos régiments étaient faibles; comment la 55e n'a-t-elle que 1,500 hommes? Elle peut facilement en avoir 1,800. Ordonnez-leur donc à tous de faire venir de leurs dépôts ce qui leur manquerait pour être à 1,600 hommes, officiers non compris, c'est-à-dire à près de 1,700 hommes, tout compris.

Faites-moi connaître, des 207 malades que vous avez eus en fructidor et des 188 que vous avez eus en vendémiaire, combien il en restait au 15 vendémiaire, combien sont rentrés à leurs corps, combien évacués, et combien sont morts.

Dans les baraquements, on ne saurait porter trop d'attention à la santé des troupes; dès qu'il y a plus de malades dans l'un que dans l'autre, il faut en savoir la raison, qui n'est souvent que dans la mauvaise qualité des fournitures.

Ma grande crainte est que, devant passer l'hiver ainsi, nous n'ayons beaucoup de malades.

Je compte venir vous voir d'ici à quelques jours, et je désire que tous les corps se trouvent tous à 1,700 hommes.

Je ne vois point d'inconvénient à placer à Ambleteuse deux demi-brigades au lieu d'une.

Quant à Wimereux, faites vos préparatifs pour le campement; j'attends, pour ordonner là un port, que l'ingénieur Sganzin m'ait fait connaître son projet.

BONAPARTE.

Archives de l'Empire.

7187.

ANNEXE A LA PIÈCE N° 7186.

INSTRUCTIONS POUR LES ÉQUIPAGES DES PÉNICHES.

Une péniche se divise, dans le sens de sa longueur, en quatre parties :
L'arrière,
Les bancs d'arrière,
Les bancs d'avant,
L'avant.

L'arrière est la partie de la péniche où se trouve la chambre, c'est-à-dire depuis le gouvernail jusques et non compris le banc de cette chambre, où s'assoient les nageurs.

Les bancs d'arrière sont ceux à compter de la chambre jusques et compris celui du grand mât.

Les bancs d'avant sont ceux à compter de l'avant jusques et non compris celui du grand mât.

L'avant est la partie de la péniche, vers l'étrave, qui a un petit pont et sur laquelle on n'arme pas d'avirons.

Une péniche se divise, dans le sens de sa largeur, en tribord et bâbord.

Le côté de *tribord* est celui de la droite du patron, qui, placé au gouvernail, regarde l'avant de la péniche.

Le côté de *bâbord* est le côté gauche du même homme, lorsqu'il regarde la péniche.

Une péniche est armée de quinze avirons à bâbord et de quinze avirons à tribord.

Elle peut en avoir un moindre ou plus grand nombre, selon sa longueur.

L'aviron est composé de trois parties :
1° La poignée,
2° Le manche,
3° La pelle.

La poignée est l'extrémité de l'aviron la plus mince et qui est arrondie pour être saisie par les deux mains du nageur.

Le manche est la partie de l'aviron équarrie et qui se trouve en dedans de la péniche lorsque l'aviron est armé.

La pelle est la partie de l'aviron qui se trouve en dehors de la péniche lorsque l'aviron est armé.

Chaque aviron est garni d'un cercle en cordage, qu'on nomme

estrope, et qui sert à le fixer à une cheville de fer qui est sur le côté de la péniche. Cette cheville s'appelle *tolet*.

Une péniche a quatre mâts :

1° Le *grand mât*, c'est celui qui est à peu près au centre;

2° Le *mât de misaine*, c'est celui qui est élevé à l'avant;

3° Le *tape-cul*, c'est celui qui est à l'extrémité de la chambre;

4° Le *beaupré*, c'est un mât presque horizontal qui se place et se déplace en avant du mât de misaine.

Une péniche a autant de voiles que de mâts, c'est-à-dire quatre voiles :

1° La *grande voile*, c'est celle qui s'adapte au grand mât;

2° La *misaine*, c'est celle qui s'adapte au mât de misaine;

3° Le *tape-cul*, c'est celle qui s'adapte au mât d'arrière;

4° Le *foc*, c'est la voile qui s'adapte au beaupré.

On appelle *vergue* la pièce de bois sur laquelle est lacée chaque voile; chaque vergue prend le nom du mât auquel elle s'applique.

Le foc est la seule voile qui n'ait point de vergue.

Hisser veut dire élever.

Amener veut dire faire descendre.

Amarrer veut dire attacher.

Larguer veut dire lâcher.

Pour hisser une voile, on pèse sur un cordage qui est le long du mât de cette voile et qui s'appelle *drisse*. Quand la voile est hissée, la drisse s'amarre au pied du mât.

On appelle *amure* le coin de la voile qui est fixé au pied du mât.

On dit aussi *amurer*, pour dire de tirer sur le cordage qui fixe le coin d'une voile au pied du mât.

On appelle *écoute* le cordage qui sert à étendre la voile dans le sens de la longueur de la péniche.

On appelle *border* l'action de tirer sur l'écoute pour étendre la voile.

On appelle *cargue* le cordage qui sert à replier la voile. Il est au pied du mât de cette voile.

Carguer une voile, c'est tirer sur la corde qui la fait replier.

Le foc n'a point de cargue; pour le faire descendre, il suffit de larguer la drisse.

Pour carguer une voile, il faut larguer son écoute.

Lorsqu'une péniche est dans le port, ses avirons sont rangés en nombre égal, tribord et bâbord, de manière à être serrés dans le plus petit espace de chaque bord, les pelles tournées vers le gouvernail, et les pelles les plus en arrière ne dépassant pas le dernier banc des nageurs; les poignées les plus en avant ne doivent pas dépasser le premier banc des nageurs.

On appelle *gaffe* une pique de fer armée d'un crochet, emmanchée à une longue perche qui sert à accrocher l'endroit où on aborde, ou à arrêter la vitesse du bâtiment et le choc qu'il éprouve en abordant la plage ou un autre bâtiment.

Une péniche a trois gaffes; dans la navigation, elles sont rangées deux à tribord et une à bâbord, sur les côtés de la péniche.

Lorsque les troupes se présentent pour s'embarquer, elles se placent sur deux rangs, en bataille sur le rivage.

COMMANDEMENTS.

1° EMBARQUEZ.

A ce commandement, les officiers commandant les détachements qui doivent s'embarquer font faire par flanc à droite, se mettent à la tête, et les quinze premières files entrent dans le bateau par deux, en longeant le côté de bâbord.

L'officier commandant en second se porte à la tête de la seizième file et entre en longeant le côté de tribord.

Les hommes marchent ainsi jusqu'au banc le plus en arrière des deux côtés.

Les deux officiers entrent dans la chambre et se placent, le premier à tribord, pour commander le côté de tribord, et le deuxième à bâbord, pour commander le côté de bâbord. Deux sergents se mettent près d'eux, de chaque côté.

Lorsque les deux premiers hommes des files sont parvenus aux derniers bancs de l'arrière, des deux côtés, ils font halte et descendent en arrière du banc dans le fond de la péniche.

Les tambours entrent dans la chambre.

S'il y a un troisième officier, il reste de l'avant.

Les deux premiers sous-officiers restent de l'avant et saisissent les gaffes, les tiennent debout, le fer en haut, et ils sont chargés de cette partie si importante de la manœuvre.

Le troisième sous-officier se tient à l'arrière, armé également d'une gaffe destinée au service.

Les avirons du premier rang de bâbord et de tribord sont toujours servis par des sous-officiers, sergents-majors et caporaux, qui ont rang après ceux destinés aux gaffes.

Les avirons après le grand mât sont servis également par les sous-officiers.

Cependant, lorsqu'il y aura quelques sous-officiers qui seront plus aptes au service, le commandant pourra les désigner; mais ce ne sera que rarement, parce que c'est là le poste d'honneur.

A mesure que les hommes de chaque file arrivent au banc d'arrière qui n'est pas occupé, ils font halte et descendent en arrière de ce banc dans le fond de la péniche.

Le patron reste au gouvernail et commande les manœuvres.

Un matelot se met près du grand mât, et un autre près du mât de misaine.

Les canonniers se mettent à leurs pièces.

2° PRÉPAREZ-VOUS A NAGER.

A ce commandement, tous les hommes ôtent leurs sacs, qu'ils placent sur les râteliers pratiqués le long de bâbord et de tribord.

Au commandement, *les deux rangs, gardez vos fusils*, les rangs les plus près du côté de la péniche gardent leurs fusils entre leurs jambes.

3° PRENEZ LES GAFFES.

A ce commandement, les sous-officiers prennent leurs gaffes en saisissant le fer de la gaffe du côté où ils se trouvent, tirent à eux jusqu'à ce qu'ils puissent la placer debout, le fer en haut et le bas touchant le pied.

4° POUSSEZ AU LARGE.

A ce commandement, les hommes qui tiennent les gaffes les allongent, le fer en avant, et poussent les péniches au large. A mesure qu'ils s'éloignent du premier point d'appui, ils en prennent un second, tant qu'ils trouvent fond.

5° BORDEZ LES AVIRONS.

Ce commandement contient quatre temps :

Le premier consiste à saisir l'aviron qui se trouve sous la main, à le tirer en arrière, jusqu'à ce qu'il soit assez balancé pour pouvoir mettre la pelle en dehors de la péniche, devant soi;

Le deuxième, à mettre la pelle en dehors de la péniche, la poignée en dedans, le collet du manche de l'aviron près du tolet;

Le troisième, à soulever l'aviron et engager l'estrope dans le tolet;

Le quatrième, à s'asseoir sur le banc, la face à l'arrière, les pieds appuyés sur la traverse qui est au-dessous, et tenant fixement l'aviron dans une position horizontale.

Pour cela, le nageur qui tient la poignée appuiera dessus comme sur un levier, et celui de côté appuiera fortement les deux mains sur le manche, en se tenant carrément en face de la chambre.

6° NAGEZ.

A ce commandement, tous les hommes qui tiennent la poignée des avirons portent ensemble le corps et les bras en avant à eux; ils appuient sur la poignée, de manière que la pelle ne plonge pas dans l'eau avant qu'ils aient développé en avant tout leur avant-bras.

Lorsque l'avant-bras est développé, ils laissent élever insensiblement la poignée de l'aviron, de manière à plonger la pelle dans l'eau d'environ 7 pouces, et en même temps ils ramènent l'aviron en arrière, en tirant fortement sur la poignée.

Nota. Pour qu'une péniche soit bien nagée, il est essentiel que les deux nageurs qui sont sur le banc le plus en arrière nagent ensemble et par un mouvement bien mesuré.

Chacun des autres nageurs doit avoir l'œil sur l'aviron qui est immédiatement devant lui, afin d'en bien suivre le mouvement avec le sien.

Aucun nageur ne doit donc aller ni plus vite ni plus doucement que celui qui est devant lui; il doit s'attacher à emboîter la nage, comme on emboîte le pas en marchant en troupe.

7° SCIEZ.

A ce commandement, les nageurs portent le corps et la poignée de l'aviron en arrière, de manière à plonger la pelle dans l'eau, du côté de l'arrière de la péniche; ils appuient ensuite sur l'aviron, dans le sens opposé à celui de la nage, et continuent ce mouvement, qui fait rétrograder la péniche.

8° CONTRETENEZ.

A ce commandement, les nageurs plongeront la pelle de l'aviron dans l'eau, en appuyant fortement sur l'aviron, de manière qu'il soit immobile.

9° LÈVE RAMES.

A ce commandement, les hommes s'arrêtent, baissent le manche des avirons, de manière qu'ils soient horizontaux et ne touchent pas l'eau.

10° NAGE TRIBORD OU BABORD.

A ce commandement, le bord nommé nage seul.

11° SCIE TRIBORD OU BABORD.

A ce commandement, le bord nommé scie seul.

12° NAGE BABORD OU TRIBORD, ET SCIE TRIBORD OU BABORD.

A ce commandement, le bâbord nage et le tribord scie.

13° NAGE FORT.

A ce commandement, les hommes qui sont à côté du nageur qui tient la poignée portent les deux mains sur le bras de l'aviron, et secondent, par un mouvement simultané, l'effort de celui qui tient la poignée.

Ils ne doivent s'attacher qu'à suivre son mouvement, sans lenteur et sans précipitation.

Nota. Toutes les fois que ce commandement n'aura pas été fait, l'aviron ne sera manœuvré que par l'homme qui tient la poignée.

14° DÉFIE D'AVANT.

A ce commandement, les sous-officiers chargés des gaffes les allongent en portant le fer en avant, et les posent sur l'objet qui est devant eux, de manière à repousser le bâtiment en arrière et à prévenir le choc qu'ils éprouveraient en abordant, et, à mesure que la vitesse du bâtiment diminue, ils diminuent de force sur le manche de la gaffe.

15° ABORDEZ.

A ce commandement, les hommes qui tiennent les gaffes manœuvrent le bâtiment et tirent à eux, afin de faire arriver le bâtiment.

16° CHANGEZ DE PLACE.

A ce commandement, les hommes de chaque rang changent entre eux, et celui qui tenait la poignée de l'aviron ne l'abandonne que lorsque celui qui le remplace l'a bien saisie.

17° LES RANGS DE DEHORS.

Prenez vos armes; chargez vos armes; feu à volonté, etc.; bâbord, feu; tribord, feu; banc de l'avant de bâbord, feu; banc de l'avant de tribord, feu.

Pour opérer ce mouvement, on doit avoir levé rames.

18° PRÉPAREZ-VOUS A L'ABORDAGE.

A ce commandement, tous les rangs prennent leurs fusils entre leurs jambes; les matelots prennent leurs pistolets et sabres d'abordage.

19° A L'ABORDAGE.

A ce commandement, les hommes du rang de dehors se mettent debout sur les bancs, sautent dans le bâtiment ennemi. Ceux qui sont à tribord, si l'abordage se fait à bâbord, ou à bâbord, si l'abordage se fait à tribord, se portent sur les bancs pour sauter dans le bâtiment ennemi.

20° LAISSE ALLER.

A ce commandement, celui qui tient la poignée de l'aviron s'efface un peu vers le côté de la péniche, en s'inclinant vers le centre, de manière à faire passer devant lui le manche. L'aviron ne doit être abandonné par le nageur qu'avec une grande précaution.

Pendant ce mouvement, l'homme du même banc qui est sur le côté de la péniche s'est fortement incliné vers celui qui tenait la poignée, et c'est lorsque celui-ci a vu que son camarade ne peut être atteint, non plus que les hommes qui sont derrière lui, qu'il laisse aller la poignée à elle-même. Aussitôt qu'elle est abandonnée, l'aviron tourne sur son estrope et se range de lui-même en dehors et le long de la péniche, le manche en avant et la pelle en arrière.

21° RENTREZ LES AVIRONS, REMETTEZ LES GAFFES.
(Pour sauter dans le bâtiment ennemi.)

A ce commandement, les nageurs soulèveront leurs avirons de manière à dégager l'estrope du tolet. Lorsqu'elle sera dégagée, ils haleront l'aviron à eux, en l'appuyant sur le côté de la péniche jusqu'à ce qu'il s'y trouve balancé, de manière à pouvoir pousser aisément le manche en avant et sur le côté de la péniche; ce qu'ils feront aussitôt, jusqu'à ce que la pelle soit rentrée.

Les sous-officiers qui tiennent les gaffes auront soin de les saisir au milieu du manche et de les faire rentrer en dedans, le long du côté de la péniche, en mettant toujours le fer de la gaffe du côté où est leur place.

22° PRÉPAREZ-VOUS A DÉBARQUER.

A ce commandement, les hommes reprennent leurs fusils et remettent leurs sacs.

23° BABORD DESCENDEZ, A DROITE MARCHE.

Toutes les descentes, à droite marche.

BONAPARTE.

Archives de l'Empire.

7188. — AU CONTRE-AMIRAL DECRÈS,
MINISTRE DE LA MARINE ET DES COLONIES.

Saint-Cloud, 18 vendémiaire an XII (11 octobre 1803).

Il est nécessaire, Citoyen Ministre, d'établir un ordre particulier pour les garnisons que doivent avoir les péniches, lorsqu'elles vont de port en port. Il faudrait que ces bâtiments ne partissent jamais qu'avec des chaloupes canonnières ou des bateaux canonniers; et alors il suffirait de mettre dix hommes de plus sur les chaloupes ou bateaux canonniers, lesquels formeraient ce qui serait nécessaire pour faire marcher la péniche.

Ce qu'il me paraît le plus nécessaire de fournir à l'armement de la péniche, ce sont des barils d'eau; sans quoi, si cet approvisionnement n'était pas fourni sur toute la côte, nous aurions, je crois, de la difficulté pour nous en procurer au point de réunion.

Du reste, il n'est point nécessaire que les péniches, non plus que les chaloupes et bateaux canonniers, aient, pour partir, tous les objets qu'indiquent les états; par exemple, le bateau canonnier n'a pas besoin d'avoir la pièce de campagne qu'il ne doit prendre qu'au point de réunion; également, ils n'ont point besoin de fusils de rechange, et il suffit qu'ils aient assez de cartouches pour en fournir cent à chacun des 25 ou 26 hommes qui s'y trouvent.

Je donne l'ordre au ministre de la guerre de faire diriger sur Boulogne cent cinquante pièces de 3 avec les boulets nécessaires. Je donne également l'ordre qu'il mette, à Dunkerque, vingt-sept pièces de 3 à la disposition de la marine, et qu'il en envoie cinquante à Ostende. Ces pièces serviront à armer les demi-péniches. Il faut ordonner à Dunkerque qu'on commande les affûts tournants pour ces petites pièces. La guerre fournira également une centaine de pièces à la Rostaing.

Il serait convenable qu'on établît à bord des péniches une tente pour mettre à couvert les hommes qui y seraient placés; car, comme l'observe le préfet maritime de Rochefort, il serait impossible que ces hommes traversassent dans la mauvaise saison cent lieues de côtes sans aller tous à l'hôpital en chemin.

BONAPARTE.

Archives de l'Empire.

7189. — AU CONTRE-AMIRAL DECRÈS.

Saint-Cloud, 18 vendémiaire an XII (11 octobre 1803).

Donnez l'ordre, Citoyen Ministre, que les bateaux canonniers appelés *l'Ostende*, *le Ferme*, qui sont à Ostende, se rendent à Boulogne;

Aux bateaux canonniers 1, 2, 3, 4, qui sont à Flessingue, de se rendre de suite à Boulogne. Les bateaux de Nieuport seront remplacés par une corvette de pêche, armée.

Les bateaux canonniers, par leur construction, ne peuvent pas être de service, ni à Ostende, ni à Flessingue. Les bateaux hollandais e les corvettes de pêche y feront le service de préférence.

Je vois avec peine que l'on met des pièces de 18 sur les bateaux canonniers, qui doivent avoir du 24.

Donnez l'ordre que les sept bateaux canonniers de la 1re division, et qui sont armés avec un mortier de la petite portée, le soient avec un mortier à grande portée.

BONAPARTE.

Archives de l'Empire.

7190. — AU CONTRE-AMIRAL DECRÈS.

Saint-Cloud, 18 vendémiaire an XII (11 octobre 1803).

Nos constructions me paraissent tellement bien aller dans les ports, que je pense qu'il est inutile d'en continuer de nouvelles dans l'intérieur. Faites-moi un rapport, vendredi, sur toutes les constructions qu'ont proposé de faire les différentes communes et associations de citoyens, afin de désigner, par un arrêté général, le lieu où ils doivent verser les sommes qui y étaient destinées, étant tout à fait inutile de permettre qu'on commence des constructions qui ne seraient jamais finies et qui coûteraient fort cher, pendant qu'elles peuvent être faites si rapidement et si bien dans les ports.

BONAPARTE.

Archives de l'Empire.

7191. — DÉCISION.

Saint-Cloud, 18 vendémiaire an XII (11 octobre 1803).

Le ministre de la marine transmet une lettre de l'amiral Bruix qui demande six lettres de marque.	Mon intention est conforme à la lettre de l'amiral. On peut d'abord lui en adresser trois, pour de petits bâtiments, très-bons marcheurs, destinés à aller sur les côtes d'Angleterre et nous amener des prisonniers anglais, afin d'être au fait de ce qui se passe en Angleterre.

BONAPARTE.

Archives de l'Empire.

7192. — NOTES POUR LE MINISTRE DE LA GUERRE.

Saint-Cloud, 19 vendémiaire an XII (12 octobre 1803).

D'après le rapport du général Dejean, cinquante soldats ont été fournis pour charretiers. Écrire aux généraux commandant en chef les camps que cette mesure est très-mauvaise.

Le ministre de la guerre fera connaître au général Ney que, par l'acte de médiation, il a été stipulé que le Premier Consul retirerait les troupes françaises après la tenue de la diète. La diète a terminé ses séances, et le Premier Consul est dans l'intention de retirer les troupes ; mais, avant qu'il leur soit ordonné de se mettre en marche, il a désiré que le général Ney fût consulté sur cet objet.

BONAPARTE.

Archives de l'Empire.

7193. — ARRÊTÉ.

Saint-Cloud, 19 vendémiaire an XII (12 octobre 1803).

ARTICLE 1er. — Il sera construit, sans délai, à Saint-Germain, pour protéger le havre de Saint-Germain, département de la Manche, une batterie composée de trois pièces de gros canon.

ART. 2. — Il sera établi une autre batterie de deux grosses pièces de canon à Surtainville.

ART. 3. — Ces pièces seront en batterie et prêtes à faire feu avant le 5 brumaire.

ART. 4. — Le ministre de la guerre est chargé de l'exécution du présent arrêté.

BONAPARTE.

Archives de l'Empire.

7194. — AU GÉNÉRAL DAVOUT,
COMMANDANT LE CAMP DE BRUGES.

Saint-Cloud, 19 vendémiaire an XII (12 octobre 1803).

Citoyen Général Davout, je désire que vous vous fassiez rendre compte de la prise du sloop, que je regarde comme un événement important, vu que, si les ordres avaient été exécutés, il n'aurait pas été pris. Tenez constamment six escadrons de cavalerie sur l'estran, depuis Ostende jusqu'à Calais, afin que tout bâtiment qui s'échouerait sur la plage soit sur-le-champ protégé par un grand nombre d'hommes qui le mettraient à l'abri des insultes des péniches anglaises.

L'officier général ou supérieur que vous avez nommé inspecteur de la côte doit être tout le jour à cheval; il doit, toutes les semaines, avoir fait faire l'exercice à toutes les batteries de côte; il doit même exercer la cavalerie aux manœuvres du canon, afin que des compagnies puissent se porter aux batteries attaquées, augmenter le nombre des servants. Choisissez de préférence de vieux soldats, qui ont nécessairement plus de sang-froid et de courage que de nouvelles levées. C'est par de semblables mesures que, sur la côte de Normandie, nous n'avons plus d'exemple de semblables événements; des pièces de canon et des détachements de cavalerie sont en mesure de se porter au galop sur tous les points attaqués.

J'ai appris par votre lettre qu'il n'y avait encore aucune division de corvettes de pêche à Ostende. Il n'y a pas d'excuse à tant de lenteur. Concertez-vous avec le général Émériau pour que, au 1er brumaire, cinquante-quatre corvettes soient armées et en état de tenir la mer.

Veillez à ce que les corps de garde et les signaux des garde-côtes soient organisés et dans le meilleur état. Si vous n'avez point d'avirons, que le général Émériau voie si le commerce peut en procurer; qu'il en achète sur-le-champ. Qu'il fasse, s'il le faut, ralentir les péniches et les petits bâtiments. Il faut que, le 1er brumaire, il y ait cinquante-quatre bateaux de pêche installés avec des pièces de 24. Il n'y a qu'à établir des coulisses sur chaque bateau, si l'on croit des coulisses indispensables.

Berthier part demain pour faire une tournée sur la côte. Faites manœuvrer un peu vos troupes; qu'elles soient exercées aux manœuvres que le général Bessières a dû vous envoyer. Établissez-les sur les carrés qui ont été donnés. A ma prochaine revue, je ferai manœuvrer les troupes en grand, quelque temps qu'il fasse.

BONAPARTE.

Archives de l'Empire.

7195. — AU CONTRE-AMIRAL DECRÈS,
MINISTRE DE LA MARINE ET DES COLONIES.

Saint-Cloud, 19 vendémiaire an XII (12 octobre 1803).

Je vous renvoie, Citoyen Ministre, les états et la correspondance que vous m'avez envoyés.

J'y vois que le préfet maritime de Brest propose d'arranger les coulisses des bateaux de manière que les affûts marins puissent servir sans recourir à de nouveaux affûts, ce qui n'est qu'une différence de trois pouces.

J'y vois que la commission dit qu'elle n'a reçu aucun ordre pour l'expédition des bateaux de Terre-Neuve. Ils seraient cependant bien utiles à Boulogne. Donnez ordre qu'on en expédie le plus possible.

Je vois dans la correspondance du capitaine Jacob que, dans le 5ᵉ arrondissement, il y a onze bâtiments de commerce d'achetés. Donnez ordre qu'on les fasse partir de suite pour Boulogne.

BONAPARTE.

Archives de l'Empire.

7196. — A L'AMIRAL BRUIX,
COMMANDANT LA FLOTTILLE DE BOULOGNE.

Saint-Cloud, 19 vendémiaire an XII (12 octobre 1803).

Citoyen Amiral Bruix, j'ai reçu un projet du génie pour faire à Wimereux un port pareil à celui d'Ambleteuse; mais, pour des opérations de cette nature, ma confiance repose plus spécialement sur vous et sur Sganzin. Envoyez-m'en un projet avec l'estimation. Si Sganzin a trop d'ouvrage, le génie, qui a un grand nombre d'officiers sur la côte, pourra s'en charger.

Faites-moi connaître si vous êtes dans la pensée qu'Étaples, Boulogne, Ambleteuse et Wimereux sont soumis au même vent, qu'il y règne en général le même temps, et que de ces quatre ports on pourra sortir à la fois par un même vent et dans les mêmes circonstances. Enfin, pour vous rendre mon idée, je me figure que ces quatre ports me produisent le même effet que s'ils étaient à un quart de lieue de Boulogne. Si, dans cette manière de voir, je me trompe, faites-le-moi sentir, et faites-moi connaître si un temps pourrait offrir des chances favorables pour sortir d'un de ces ports, qui ne le fussent pas pour les autres.

Les Hollandais étant sur le point d'avoir à l'eau 100 chaloupes canonnières et 250 bateaux plats de haut bord, je compte les réunir aux corvettes de pêche d'Ostende, et ne faire de cela qu'une seule opération, ce qui me mettrait à même de réunir à Boulogne, Étaples, Ambleteuse et Wimereux, au moins les quatre cinquièmes des forces de toutes les flottilles dont je vous ai envoyé l'état.

J'ai envoyé à Soult un exercice pour apprendre à nager. Je le ferai imprimer dès que j'aurai toutes les observations des ports qu'il vous donnera lieu de faire. Rédigez-moi un pareil projet d'exercice pour un bateau canonnier et pour une chaloupe canonnière.

J'ai été fâché de voir que le capitaine Saint-Haouen ait eu une autre destination. Il avait appris à connaître le personnel et le matériel de sa division. En général, il est nécessaire de ne pas changer, à moins de mécontentement, les officiers et les hommes qui sont ensemble, comme je fais pour les bataillons.

Nos constructions s'achèvent partout. Je compte, au 1er frimaire, réunir à Boulogne 2,000 ouvriers, partie de nos ports et partie de l'intérieur. Faites-moi connaître où vous les placerez et les lieux où ils travailleront. Je n'ai pas besoin de vous dire ce que nous en ferons. Ils seront constamment employés aux aménagements et aux réparations des nombreuses avaries qu'éprouveront les bâtiments; car, lorsque je serai sur la côte, il faudra que le temps soit bien gros pour qu'une division ne sorte pas.

Nous avons à Lorient, Nantes et Bordeaux, une grande quantité de bâtiments de toute espèce; faites-moi connaître les difficultés et les retards que pourront apporter ces difficultés, dans la saison où nous sommes, à doubler la pointe de Brest.

La division de Granville vient de doubler le cap de la Hague.

Dans les états de situation qui m'ont été remis de la division du capitaine Saint-Haouen, qui est, je crois, la 1re, j'ai vu qu'il y avait sept bateaux canonniers armés de mortiers. On m'assure que les bois qui soutiennent ces mortiers ont besoin d'être renouvelés tous les trois mois; s'ils sont à petite portée, ils ne vont pas à plus de 1,000 ou 1,100 toises, ce qui est très-peu de chose. Il faudrait voir si l'on ne pourrait pas y substituer, ou des mortiers à la Gomer, qui iraient à 1,500 toises, ou même des mortiers à plaque, qui iraient à 2,000.

Je désirerais aussi que vous me fissiez connaître si une opération peut être combinée entre Ostende et Flessingue, c'est-à-dire si des vents qui permettent à des bâtiments de la nature de ceux de la flottille de sortir de l'Escaut leur permettraient aussi de sortir d'Ostende.

Il me paraît que, de l'embouchure de l'Escaut aux côtes d'Angleterre, il y a un tel éloignement, qu'on ne peut se servir de péniches ni de bateaux canonniers. Voici comme je conçois cette seconde opération; je voudrais composer cette expédition de deux bonnes frégates françaises que nous y avons, d'un vaisseau et de deux frégates hollandaises, que les Hollandais pourront nous procurer, de 100 chaloupes canonnières hollandaises de la force des nôtres, de 108 corvettes de pêche d'Ostende, armées d'une pièce de 24, et, s'il est nécessaire, de 54 de nos chaloupes canonnières, de 250 bateaux plats hollandais et de 100 bateaux de pêche de notre flottille de transport; ce qui porterait fort bien une armée de 40,000 hommes. Elle partirait un soir avec un temps opportun, disparaîtrait dès lors aux croisières que l'ennemi aurait pu placer, et qui ne peuvent d'ailleurs, dans le mois de janvier, serrer la côte, extrêmement dangereuse pour de gros bateaux; notre flottille ne leur permettrait pas de le faire avec des petits.

Ayant fait, dans la nuit, douze ou quinze lieues au large, ayant quatre frégates et un vaisseau de guerre et des bâtiments, armés de cinq à six cents pièces de canon, il me semble que cette flottille aurait de grandes chances pour arriver où l'on voudrait; bien entendu qu'on voudrait deux ou trois points différents, selon les vents qui viendraient à régner le lendemain de son départ.

Pour cette opération, faut-il que tout parte de Flessingue ou d'Ostende, ou la moitié doit-elle partir de Flessingue et la moitié d'Ostende, sauf à faire la jonction à un point déterminé? Peut-on se flatter qu'un armement aussi considérable, dans une rade aussi mauvaise que celle d'Ostende, ne courra point de danger, ou que, en s'enfermant dans ce port, il pourra en sortir dans le temps convenable? Enfin les glaces ne feraient-elles pas courir de grandes chances à toute cette expédition? Enfin quel est le maximum des bâtiments qu'on pourrait placer à Boulogne, Ambleteuse, Wimereux et Étaples?

BONAPARTE.

Archives de l'Empire.

7197. — AU CITOYEN PORTALIS, CONSEILLER D'ÉTAT,
CHARGÉ DE TOUTES LES AFFAIRES CONCERNANT LES CULTES.

Saint-Cloud, 19 vendémiaire an XII (12 octobre 1803).

Le Premier Consul désire, Citoyen, que vous invitiez M. l'archevêque de Paris à faire venir chez lui l'abbé de Damas, afin de savoir pourquoi cet ecclésiastique ne porte pas l'habit de son état.

Par ordre du Premier Consul.

Archives de l'Empire.

7198. — AU GÉNÉRAL BERTHIER, MINISTRE DE LA GUERRE.

Saint-Cloud, 19 vendémiaire an XII (12 octobre 1803).

Le chef de brigade Lahoussaye, Citoyen Ministre, a très-bien fait de ne point souffrir qu'on disposât de l'artillerie mobile pour tout autre service que celui de la côte. Recommandez-lui de veiller à ce que la batterie qu'il demande à l'entrée du havre de Saint-Germain soit placée sans délai, et qu'il soit ajouté à la batterie de Surtainville deux autres pièces de 36.

Donnez ordre qu'il soit placé un poste d'infanterie à cet endroit.

BONAPARTE.

Dépôt de la guerre.

7199. — AU CITOYEN TALLEYRAND,
MINISTRE DES RELATIONS EXTÉRIEURES.

Saint-Cloud, 20 vendémiaire an XII (13 octobre 1803).

J'ai été fort surpris d'apprendre, Citoyen Ministre, que le ministre d'Espagne a eu l'indécence de disputer le pas au ministre de France à Florence. Faites-moi connaître si le général Clarke a écrit quelque chose à ce sujet. Mon intention est que, sous quelque prétexte que ce soit, il ne laisse subsister une si ridicule prétention.

Derville, chargé d'affaires de la République à Lucques, paraît avoir demandé de l'argent et avoir fait plusieurs autres demandes tellement ridicules qu'il a eu l'affront d'essuyer un refus dont probablement il ne s'est pas plaint. Il a demandé une *diaria*, une maison, voiture, etc. Je n'ai pas besoin de vous faire observer l'inconvenance d'une pareille conduite. Faites-le venir sur-le-champ à Paris pour en rendre compte.

BONAPARTE.

Archives des affaires étrangères.

7200. — DÉCISION.

Saint-Cloud, 21 vendémiaire an XII (14 octobre 1803).

Chanson intitulée : *Invitation à partir pour l'Angleterre*. Cette chanson est copiée sur papier du grand juge.	Il est convenable de connaître l'auteur de cette chanson ; quoiqu'elle paraisse faite dans des intentions louables, l'autorité de police ne doit être étrangère à aucun mouvement.

BONAPARTE.

Archives de l'Empire.

7201. — ARRÊTÉ.

Saint-Cloud, 21 vendémiaire an XII (14 octobre 1803).

ARTICLE 1er. — Un buste en marbre de Jean Bart sera placé dans la grande salle de l'hôtel de ville de Dunkerque, patrie de ce brave marin.

ART. 2. — Le ministre de l'intérieur est chargé de l'exécution du présent arrêté.

BONAPARTE.

Archives de l'Empire.

7202. — DÉCISION.

Saint-Cloud, 21 vendémiaire an XII (14 octobre 1803).

Le ministre de la guerre annonce que l'ambassadeur hollandais Schimmelpenninck demande, au nom de son Gouvernement, à recruter 400 hommes dans le Hanovre.

Le ministre de la guerre autorisera non-seulement le recrutement de 400 hommes pour la Hollande, mais d'un plus grand nombre encore.

Archives de l'Empire.

BONAPARTE.

7203. — DÉCISION.

Saint-Cloud, 21 vendémiaire an XII (14 octobre 1803).

Le ministre de la marine fait un rapport au sujet de la construction des navires offerts par les communes et par différentes associations de citoyens.

Le ministre écrira dans les dépôts à Liége, Strasbourg, Colmar, Namur, que, vingt-quatre heures après la réception du présent ordre, on ait à dresser procès-verbal des bâtiments qui sont sur le chantier en bois debout, et de ceux qu'on a le projet d'y mettre.

Les premiers seront achevés dans le plus court délai, et il est défendu d'en mettre d'autres. On mentionnera les matériaux reconnus déjà existants dans le port et qui seraient suffisants pour achever les constructions commencées : le surplus sera envoyé dans les ports aux prix courants. Le ministre fera sentir, dans sa lettre, que les bateaux qui ne seraient pas en bois debout seraient faits trop tard, et que le Gouvernement a dans les ports tout ce qu'il faut pour y pourvoir.

Archives de l'Empire.

BONAPARTE.

7204. — AU CITOYEN REGNIER,

GRAND JUGE, MINISTRE DE LA JUSTICE.

Saint-Cloud, 22 vendémiaire an XII (15 octobre 1803).

Vous trouverez ci-joint, Citoyen Ministre, des interrogatoires qu'a fait subir le préfet de police à quatre brigands qu'il a fait arrêter. Des renseignements que j'ai d'ailleurs me portent à penser que ces misérables tiennent à Paris à des comités qui correspondent avec des agents de l'Angleterre et cherchent à les agiter dans leur sens.

Faites mettre les deux individus les plus compromis par ces rapports en galbanum à Bicêtre, au secret. Faites-les interroger sur les comités où ils se réunissent; faites-les interroger aussi de différentes manières pour connaître les individus qui composent ces comités et sur ceux qui cherchent à les agiter. Je désire que cette affaire soit suivie avec un peu d'intelligence. Faites observer la conduite de l'ancien tribun Alexandre.

Faites réunir par la police secrète les renseignements qu'on pourrait avoir dans les bureaux sur les individus de cette classe, et sur les individus déportés par le sénatus-consulte du 14 nivôse, qui sont rentrés en France. Quelques-uns sont rentrés par la voie de l'Angleterre avec des Anglais.

BONAPARTE.

Archives de l'Empire.

7205. — AU GÉNÉRAL BERTHIER, MINISTRE DE LA GUERRE.

Saint-Cloud, 22 vendémiaire an XII (15 octobre 1803).

Je vous prie, Citoyen Ministre, de faire connaître au colonel Lahoussaye qu'il doit inspecter et faire exercer, tous les jours, les canonniers garde-côtes, et qu'il doit même exercer la cavalerie à la manœuvre du canon, afin qu'elle puisse aider à toutes les batteries où elle se trouvera.

BONAPARTE.

Archives de l'Empire.

7206. — ARRÊTÉ.

Saint-Cloud, 22 vendémiaire an XII (15 octobre 1803).

ARTICLE 1er. — Il sera établi à Boulogne dans la caserne, à Ostende dans une des casernes, et à Montreuil également dans une caserne, des dépôts de convalescence.

ART. 2. — Tous les hommes sortant de l'hôpital, avant de rentrer à leurs corps et de baraquer, resteront une ou plusieurs semaines dans ces dépôts.

ART. 3. — Ils feront ordinaire entre eux. Il leur sera fourni une ration de vin et, selon la nature des maladies qu'ils auraient eues, les remèdes qui pourront achever leur convalescence.

ART. 4. — Le dépôt de convalescence à Boulogne sera capable de contenir mille hommes. Le dépôt d'Ostende en contiendra cinq cents, et le dépôt de Montreuil en contiendra huit cents.

Art. 5. — Il sera nommé un chef de bataillon spécialement chargé de la direction et du commandement de chacun de ces dépôts.

Chaque corps faisant partie des camps fournira un nombre d'officiers proportionné au nombre des soldats qu'il aura, pour la police du dépôt, savoir : un capitaine pour cent, un lieutenant pour vingt-cinq.

Art. 6. — Des médecins des hôpitaux ou des corps feront le service de ces dépôts.

Art. 7. — Les ministres de la guerre et de l'administration de la guerre sont chargés de l'exécution du présent arrêté.

BONAPARTE.

Archives de l'Empire.

7207. — AU CONTRE-AMIRAL DECRÈS,
MINISTRE DE LA MARINE ET DES COLONIES.

Saint-Cloud, 22 vendémiaire an XII (15 octobre 1803).

Je vous renvoie votre correspondance, Citoyen Ministre. Mon intention n'est pas de donner de l'avancement aux officiers qui ne sont rentrés que depuis quatre mois, à moins d'actions d'éclat, et qu'ainsi les citoyens Lostanges et Pinières ne peuvent être avancés dans ce moment ; mais j'approuve qu'on les mette en évidence pour qu'ils se distinguent.

BONAPARTE.

Archives de l'Empire.

7208. — AU CONTRE-AMIRAL DECRÈS.

Saint-Cloud, 23 vendémiaire an XII (16 octobre 1803).

Le citoyen Forfait pense, Citoyen Ministre, que les péniches et même les bateaux canonniers de Rochefort, Bordeaux et Nantes, peuvent arriver à Paris en les faisant passer par le canal de Briare. Ce projet serait bien avantageux, puisqu'il mettrait les bâtiments à l'abri de tout danger.

Il faudrait que les bâtiments du 5e arrondissement en partissent avec leurs équipages et tout équipés ; car, sans cela, nous ne saurions où avoir des matelots. Faites-moi connaître ce que vous pensez de ce projet ; il me paraît infaillible pour les péniches. Je vous renvoie votre correspondance d'aujourd'hui.

BONAPARTE.

Archives de l'Empire.

7209. — AU CITOYEN REGNIER,
GRAND JUGE, MINISTRE DE LA JUSTICE.

Saint-Cloud, 24 vendémiaire an XII (17 octobre 1803).

Il reste sur l'an XI, Citoyen Ministre, 96,000 francs. Je désire que vous les employiez à prendre, sous le nom de deux personnes différentes, 80 actions de la banque. Ces actions seront pour vous; vous choisirez deux hommes instruits et qui aient votre confiance, de manière qu'ils puissent faire partie du conseil général de la Banque, et qu'ils puissent parler et soutenir les intérêts du Gouvernement dans cette association.

BONAPARTE.

Archives de l'Empire.

7210. — AU CONTRE-AMIRAL DECRÈS,
MINISTRE DE LA MARINE ET DES COLONIES.

Saint-Cloud, 24 vendémiaire an XII (17 octobre 1803).

Il paraît, Citoyen Ministre, que les petits ports de la Manche ne peuvent contenir que très-peu de bâtiments, et les pratiques pensent qu'il faudrait répartir les bâtiments de la flottille par sections de neuf. Fixez votre attention sur cet objet, et décidez ce que vous croirez le mieux pour le service.

BONAPARTE.

Archives de l'Empire.

7211. — AU CITOYEN REGNIER,
GRAND JUGE, MINISTRE DE LA JUSTICE.

Saint-Cloud, 25 vendémiaire an XII (18 octobre 1803).

Un nommé Primavesi, qui demeure hôtel d'Alsace, rue des Bons-Enfants, est un agent de l'Angleterre. Le motif ostensible de son séjour à Paris est la poursuite de liquidations sur des émigrés; mais le but réel est de s'entendre avec les agents de l'Angleterre et de réunir des armes. Comme il part demain, il serait convenable de le faire arrêter demain à la pointe du jour.

Faites prendre des renseignements chez le restaurateur Bertrand, palais du Tribunat, et chez un restaurateur rue Baillif, n° 5, où il dîne souvent.

Vous ferez interroger Primavesi sur les personnes qu'il voit, sur un nommé Joly, sur un chevalier Montemorin, etc. On lui demandera quels sont les individus par lesquels il faisait faire des achats d'armes, et avec quels agents de l'Angleterre il correspond ici pour les dernières fournitures d'armes.

Il est certain que cet homme a des correspondances avec des Anglais.

BONAPARTE.

Archives de l'Empire.

7212. — AU GÉNÉRAL MONCEY,
PREMIER INSPECTEUR GÉNÉRAL DE LA GENDARMERIE.

Saint-Cloud, 25 vendémiaire an XII (18 octobre 1803).

Citoyen Général Moncey, vous ferez partir pour Verneuil six brigades de gendarmerie d'élite à pied et six à cheval, qui resteront dans les environs de cette ville, jusqu'à ce que les brigands qui y ont attaqué des courriers soient arrêtés.

BONAPARTE.

Archives de l'Empire.

7213. — AU CONTRE-AMIRAL DECRÈS,
MINISTRE DE LA MARINE ET DES COLONIES.

Saint-Cloud, 25 vendémiaire an XII (18 octobre 1803).

Je vous renvoie, Citoyen Ministre, votre correspondance. Je vois dans le rapport du général Levavasseur qu'il pense que l'obusier de 6 pouces peut très-bien être placé sur une péniche. Donnez l'ordre, dans ce cas, qu'on rectifie le modèle d'affût, après l'expérience faite, et désignez dans les ports l'armement que doit avoir chaque péniche. Je désirerais que les deux tiers des péniches fussent armées avec des pièces de 4 et un obusier de 4 pouces 6 lignes, et qu'un tiers le fût avec un obusier de 6 pouces et un obusier de 4 pouces 6 lignes. La marine fera faire les affûts, et la terre fournira les pièces.

Il y a quelques ports où la terre ne pourra fournir ni pièces de 4 ni obusiers. Le port fera embarquer l'affût, et la pièce sera fournie dans des relâches qui seront désignées.

Ordonnez de faire faire l'expérience de la pièce de 4 qui a été placée sur une péniche.

D'après une lettre que je reçois du général Berthier, Étaples ne va pas. Il n'y a encore aucune espèce d'approvisionnement, ni ouvriers de marine, ni contre-maîtres, ni garde-magasins, enfin rien de ce qui est nécessaire pour l'organisation d'un port.

Il paraît qu'Ostende ne va pas mieux.

BONAPARTE.

Archives de l'Empire.

7214. — AU CITOYEN REGNIER,
GRAND JUGE, MINISTRE DE LA JUSTICE.

Saint-Cloud, 26 vendémiaire an XII (19 octobre 1803).

Citoyen, le Premier Consul me charge de vous inviter à faire connaître par le préfet de police aux imprimeurs et libraires que l'intention du Premier Consul est qu'on ne publie un ouvrage dédié soit à lui, soit à sa femme, sans que l'auteur ait obtenu la permission de la dédicace.

Par ordre du Premier Consul.

Archives de l'Empire.

7215. — AU GÉNÉRAL BERTHIER, MINISTRE DE LA GUERRE.

Saint-Cloud, 26 vendémiaire an XII (19 octobre 1803).

Le général Davout, Citoyen Ministre, fera fournir des garnisons aux péniches qui, d'Ostende, de Dunkerque et de Flessingue, doivent se rendre à Boulogne. Le général Soult en fera fournir à celles qui doivent s'y rendre de Calais.

Donnez ordre au général Lemarois de faire fournir dix hommes par péniche et dix hommes par caïque, qui doivent partir de Saint-Malo, par la 32e ou la 39e. Un bataillon de la 32e a eu ordre de se rendre à Saint-Malo.

Vous donnerez ordre au général Dupas d'en faire fournir, par la 9e et la 10e légères, à celles qui partiront des différents points de son arrondissement.

BONAPARTE.

Archives de l'Empire.

7216. — AU GÉNÉRAL BERTHIER, MINISTRE DE LA GUERRE.

Saint-Cloud, 27 vendémiaire an XII (20 octobre 1803), 4 heures du matin.

On ne peut se dissimuler qu'une grande partie des prisonniers anglais désertent avant d'être rendus à leurs dépôts. Il n'y a encore rien d'organisé pour ce service, qui se fait extrêmement mal.

BONAPARTE.

Archives de l'Empire.

7217. — AU CITOYEN REGNIER,
GRAND JUGE, MINISTRE DE LA JUSTICE.

Saint-Cloud, 27 vendémiaire an XII (20 octobre 1803).

Un grand nombre d'arrestations a eu lieu, depuis un mois, de prévenus d'espionnage sur la côte. Il n'y a pas de doute qu'il n'y en ait beaucoup. Je désire que vous donniez l'ordre qu'ils soient conduits sous bonne et sûre escorte, savoir : ceux qui seraient pris depuis l'Escaut jusqu'à la baie de Cancale, à Rouen; et ceux qui seraient saisis sur les côtes depuis Saint-Malo jusqu'aux Pyrénées, à Nantes.

Présentez-moi un projet d'arrêté pour former deux commissions extraordinaires, composées de cinq militaires chacune, à Rouen et à Nantes, pour juger tous les individus, soit français, soit anglais, prévenus d'espionnage et de correspondance avec l'ennemi sur les côtes; revêtir cette commission de pouvoirs pour condamner à mort les individus qui seraient convaincus de ces délits.

BONAPARTE.

Archives de l'Empire.

7218. — ARRÊTÉ.
Saint-Cloud, 28 vendémiaire an XII (21 octobre 1803).

ARTICLE 1er. — Il sera ouvert un port à l'embouchure du Wimereux, capable de contenir 150 bâtiments de la flottille nationale.

ART. 2. — Il sera formé un chenal par des chaussées en fascinage, pour conduire de la laisse de basse mer à ce port.

ART. 3. — Le port, le chenal et les jetées en fascinage seront en tout conformes au plan annexé au présent arrêté.

ART. 4. — Le génie militaire est chargé de l'exécution, qui devra être terminée au 15 frimaire prochain.

ART. 5. — Il est affecté aux travaux une somme de 250,000 fr.

ART. 6. — Le général commandant le camp de Saint-Omer fera fournir les travailleurs nécessaires et facilitera les moyens d'exécution.

ART. 7. — Les ministres de la guerre et du trésor public sont chargés, chacun en ce qui le concerne, de l'exécution du présent arrêté.

BONAPARTE.

Archives de l'Empire.

7219. — ARRÊTÉ.
Saint-Cloud, 29 vendémiaire an XII (22 octobre 1803).

ARTICLE 1er. — Il est accordé à la commune de Valenciennes un secours de 60,000 francs, pour servir exclusivement à réparer les dégâts que le bombardement souffert par cette commune en 1793 a faits dans ses établissements publics.

ART. 2. — Ce secours lui sera compté par douzièmes, et les 5,000 francs auxquels chaque douzième s'élève seront imputés, chaque année, sur le fonds de non-valeurs.

Les ministres de l'intérieur, des finances et du trésor public, sont chargés, chacun en ce qui le concerne, de l'exécution du présent arrêté.

BONAPARTE.

Archives de l'Empire.

7220. — AU GÉNÉRAL BERTHIER, MINISTRE DE LA GUERRE.

Saint-Cloud, 29 vendémiaire an XII (22 octobre 1803).

Écrivez au général Lacoste qu'il ne doit pas escorter la flottille avec tous ses moyens; il suffit, comme il le propose, que la moitié de son artillerie et de sa cavalerie fasse le service sur une rive de la Loire, et l'autre moitié sur l'autre rive. Il faut que le général Lacoste visite si toutes les batteries sont armées et bien approvisionnées, et s'il y avait quelque point où la côte ne soit pas suffisamment armée.

Donnez l'ordre au général Paulet de prendre aux Sables deux compagnies d'infanterie, d'en placer une à l'île de Noirmoutiers, et l'autre, comme il le propose, dans l'île de Bouin; et, comme l'île de Bouin est très-importante à surveiller, le général Paulet y laissera à demeure son aide de camp.

Vous donnerez l'ordre que, le 15 brumaire, les batteries de la pointe de l'Aiguillon, de la Tranche et du havre de la Conchette soient établies et armées.

Donnez l'ordre au 3ᵉ escadron du 4ᵉ régiment de chasseurs d'être à la disposition du général Paulet, qui le placera depuis la pointe de l'Aiguillon jusqu'à la Charente, et à cet effet cette partie de côte sera aussi sous son inspection.

Donnez l'ordre au général Chabran de se transporter sur la portion de côte depuis la Charente jusqu'à la Gironde; vous lui donnerez les mêmes instructions qu'aux autres généraux.

Il aura sous ses ordres deux escadrons du 24ᵉ régiment de chasseurs, qui seront à cet effet complétés en tout à 300 hommes. Faites-lui fournir deux pièces de 4, deux de 12 et deux obusiers; elles seront servies par une des compagnies du régiment qui fait le service du camp de Bayonne. Le matériel et l'attelage pourront être pris aussi à ce camp.

Donnez l'ordre au général Chabran de dresser procès-verbal des fortifications de l'île d'Aix, et, conjointement avec le directeur d'artillerie et celui du génie, de faire un plan de défense de campagne pour mettre cette île à l'abri d'un coup de main.

Faites-lui connaître qu'il veille aussi à l'armement de la batterie des Saumonards (île d'Oleron); il serait nécessaire d'avoir là au moins quinze mortiers à plaque.

Qu'il fasse tirer les mortiers de 12 pouces de l'île d'Aix et des Saumonards, pour savoir s'ils se croisent; il fera aussi tirer les mortiers à plaque, pour savoir de combien ils se croisent.

BONAPARTE.

Archives de l'Empire.

7221. — AU CITOYEN MELZI,
VICE-PRÉSIDENT DE LA RÉPUBLIQUE ITALIENNE.

Paris, 30 vendémiaire an XII (23 octobre 1803).

Je n'ai reçu qu'avec une vive peine votre lettre du . . octobre. A quarante-cinq ans, quelques accès de goutte ne doivent point vous faire envisager les choses aussi en noir. J'ai toujours entendu dire que c'était un brevet de vie, et qu'on le portait quarante ans.

Si la division Pino est prête, il serait convenable que les premiers détachements pussent passer le Simplon au 1er frimaire; ce qui permettrait d'espérer qu'elle arriverait dans la première quinzaine de nivôse au camp.

BONAPARTE.

Archives de l'Empire.

7222. — AU GÉNÉRAL BERTHIER, MINISTRE DE LA GUERRE.

Paris, 30 vendémiaire an XII (23 octobre 1803).

Donnez l'ordre, Citoyen Ministre, que la division du général Pino, dont l'état de situation vous sera envoyé, composée de 6,000 hommes, commence à passer le Simplon le 1er frimaire. Elle passera par bataillon et autres détachements, et sans que chaque étape puisse avoir plus de 1,000 hommes; ainsi elle mettra six ou sept jours à passer. Elle ira à marches ordinaires et se reposera tous les trois jours. Tous les détachements séjourneront trois jours à Genève et trois jours à Troyes; elle se dirigera sur Saint-Omer.

BONAPARTE.

Archives de l'Empire.

7223. — AU CITOYEN BARBÉ-MARBOIS,
MINISTRE DU TRÉSOR PUBLIC.

Saint-Cloud, 3 brumaire an XII (26 octobre 1803).

Je vous ai écrit, Citoyen Ministre, il y a quinze jours, de faire passer 100,000 écus à Boulogne, dont 200,000 francs à la disposition de l'amiral Bruix et 100,000 francs à celle du général Soult.

Ces sommes, destinées aux services les plus urgents, doivent être ordonnancées par les ordonnateurs des parties. Cet ordre n'a pas été exécuté. Faites le plus tôt possible.

BONAPARTE.

Archives de l'Empire.

7224. — AU CITOYEN TALLEYRAND,
MINISTRE DES RELATIONS EXTÉRIEURES.

Saint-Cloud, 3 brumaire an XII (26 octobre 1803).

Je prie le ministre des relations extérieures de m'apporter demain une note assez décidée pour demander le désarmement de la Calabre. Cette note devra être remise à M. de Gallo.

BONAPARTE.

Archives des affaires étrangères.
(En min. aux Arch. de l'Emp.)

7225. — DÉCISION.

Saint-Cloud, 3 brumaire an XII (26 octobre 1803).

Rapport du ministre de la guerre sur la demande du grand bailli du Valais, tendant à rendre justiciables des tribunaux valaisans les militaires français qui traversent isolément le territoire de cette république.

Renvoyé au ministre des relations extérieures, pour négocier avec le grand bailli l'établissement d'un tribunal mi-parti.

Par ordre du Premier Consul.

Archives de l'Empire.

7226. — DÉCISION.

Saint-Cloud, 6 brumaire an XII (29 octobre 1803).

Rapport du ministre de la guerre sur le compte rendu par le général Lorge de la proposition, qui lui est faite par le gouverneur de Wesel, de passer une convention pour l'échange des déserteurs prussiens et français.

Un traité de cette nature est contraire à nos principes.

BONAPARTE.

Dépôt de la guerre.

7227. — AU CITOYEN LOUIS D'AFFRY.

Saint-Cloud, 6 brumaire an XII (29 octobre 1803).

Citoyen Landamman, la Diète, dont vous m'annoncez par votre lettre du 1er octobre que les travaux sont terminés, a offert un bon exemple à celles qui la suivront. Le traité d'alliance et la capitulation militaire qui ont été signés ont cimenté l'union entre la France et la Suisse.

En pensant aux rapports heureux qui vont désormais unir les deux peuples, je me plais à me rappeler le souvenir des services que vous avez rendus à votre pays avant et pendant la session de la Diète que vous avez présidée. Ce souvenir sera toujours pour moi un puissant motif d'intérêt pour votre bonheur et pour celui de votre famille.

Je fais retirer le peu de troupes françaises qui sont encore en Suisse, me confiant dans l'esprit de modération qui paraît avoir déjà rapproché les opinions et réuni tous les esprits à l'acte de médiation.

BONAPARTE.

Archives de l'Empire.

7228. — A L'AMIRAL BRUIX,
COMMANDANT LA FLOTTILLE DE BOULOGNE.

Saint-Cloud, 6 brumaire an XII (29 octobre 1803).

Citoyen Amiral Bruix, je reçois votre lettre du 3 brumaire. Je vois avec plaisir que votre port commence à se garnir à Boulogne. Le Havre, Cherbourg, Granville, Saint-Malo ont des divisions nombreuses en partance, et qui vont vous arriver d'un moment à l'autre. Par là votre force sera doublée. En attendant, c'est avec bien de la satisfaction que j'apprends la bonne volonté des troupes, et l'ardeur avec laquelle elles s'exercent aux manœuvres nautiques.

BONAPARTE.

Archives de l'Empire.

7229. — AU CITOYEN REGNIER,
GRAND JUGE, MINISTRE DE LA JUSTICE.

Saint-Cloud, 7 brumaire an XII (30 octobre 1803).

Sachez qui a fait l'article politique du dernier numéro du *Mercure,* surtout la première partie, relative aux affaires de France. Faire savoir à l'auteur que s'il lui arrive d'écrire quelque chose de louche dans les temps où nous sommes, il sera sévèrement réprimé.

BONAPARTE.

Archives de l'Empire.

7230. — DÉCISION.

Saint-Cloud, 7 brumaire an XII (30 octobre 1803).

Le ministre de la guerre annonce qu'il a donné l'ordre de ne point défalquer les 5,000 Bataves formant la gar-	Cette décision paraît fort bonne. Les garnisons ne doivent avoir rien

nison de l'île de Walcheren des 9,000 que la Batavie s'est engagée à fournir pour la descente.

de commun avec les troupes actives.

BONAPARTE.

Dépôt de la guerre.

7231. — DÉCISION.
Saint-Cloud, 7 brumaire an XII (30 octobre 1803).

Rapport du général Junot sur les hôpitaux du Val-de-Grâce et de Saint-Denis.

Renvoyé au ministre Dejean; pour faire à l'hôpital du Val-de-Grâce les changements convenables. Cet hôpital va mal.

BONAPARTE.

Archives de l'Empire.

7232. — AU GÉNÉRAL DAVOUT,
COMMANDANT LE CAMP DE BRUGES.

Saint-Cloud, 7 brumaire an XII (30 octobre 1803).

Citoyen Général Davout, j'ai reçu votre lettre du 5 brumaire. J'ai vu, par le rapport du général de brigade Seras, que les Anglais avaient eu le temps de piller et de dégréer le bâtiment qui était échoué entre Gravelines et Calais. Dans la situation actuelle de la côte, jamais un pareil événement ne serait arrivé depuis Bordeaux au Havre; des piquets de cavalerie seraient arrivés pour secourir le bâtiment. Voilà la seconde fois que des bâtiments échoués sur cette côte ne sont pas secourus; la faute en est à celui que vous avez chargé de sa surveillance. Chargez deux généraux de brigade de l'inspection de la côte, l'un depuis Calais jusqu'à Dunkerque, l'autre de Dunkerque à l'Escaut; que des piquets de cavalerie soient disposés de manière à se croiser sans cesse, et que des pièces soient placées avec des attelages, de manière qu'au premier signal elles puissent arriver, dans le moins de temps possible, aux endroits où les bâtiments seraient échoués.

Ces deux généraux inspecteurs doivent être toujours à cheval, inspecter les canonniers garde-côtes, faire manœuvrer les batteries de côte, escorter sur l'estran les divisions de la flottille, lorsqu'elles se mettront en mouvement. Faites-moi connaître les noms de tous les postes que vous avez placés, et les endroits où vous aurez établi des pièces mobiles.

Je ne vois pas d'inconvénient à ce que vous vous serviez de Sandos-Laroche comme agent secret; qu'il aille à Emden, et de là en

5.

Angleterre, où il recueillera des renseignements sur tous les points. Il sera payé au retour, en raison de l'importance des avis qu'il donnera. Vous pouvez lui faire donner, en attendant, 50 à 60 louis pour les frais de son voyage.

BONAPARTE.

Je vous envoie une description de l'Angleterre qui vient de paraître.

Comm. par Mme la maréchale princesse d'Eckmühl.
(En minute aux Arch. de l'Emp.)

7233. — AU CONTRE-AMIRAL DECRÈS,
MINISTRE DE LA MARINE ET DES COLONIES.

Saint-Cloud, 7 brumaire an XII (30 octobre 1803).

Je désire, Citoyen Ministre, que vous réunissiez à Rochefort et Brest les moyens de transport pour l'expédition d'Irlande. Le transport de 1,500 chevaux et de 3,000 hommes à Brest, indépendamment de ce qui sera embarqué sur les bâtiments d'État, armés en guerre ou en flûte, me paraît suffisant.

Je désirerais avoir à Rochefort de quoi transporter 500 chevaux et 2,000 hommes. Ces moyens, ainsi que les différentes escadres, me paraîtraient devoir être prêts au 1er pluviôse.

BONAPARTE.

Archives de l'Empire.

7234. — A L'AMIRAL BRUIX,
COMMANDANT LA FLOTTILLE DE BOULOGNE.

Saint-Cloud, 7 brumaire an XII (30 octobre 1803).

Citoyen Amiral Bruix, le général Davout m'instruit que dans le courant du mois de brumaire il aura quarante-deux corvettes de pêche installées et armées; que le surplus de ces corvettes de pêche se trouve à Dunkerque. Veuillez donner l'ordre que celles de ces corvettes de pêche qui sont armées en guerre, pour en compléter le nombre à quatre-vingt-un, soient sur-le-champ désignées, et qu'on procède à l'installation de l'artillerie.

Il m'instruit également qu'il aura la première division composée de vingt-sept écuries. Faites-moi connaître si les bâtiments sont désignés pour les trois autres divisions. Faites-moi connaître aussi pourquoi les bâtiments achetés à Malines, Anvers et autres villes de la Belgique, ne sont pas encore rendus à Ostende.

Dans le premier arrondissement, il a dû être mis à l'eau, dans le courant de vendémiaire, treize bâtiments de première espèce, deux de seconde et quarante de troisième; et dans le courant de brumaire, il y en aura vingt de première espèce, dix-neuf de seconde espèce et cent trente-trois de troisième. Faites-moi connaître quand les bâtiments mis à l'eau le 1er brumaire seront armés et en partance pour Boulogne.

J'ai vu hier l'installation d'un bâtiment de première espèce à la Râpée. Il m'a paru qu'il pouvait porter beaucoup plus que ne le porte l'état de la flottille. D'abord, on pourrait très-bien placer un caisson sur chaque bâtiment de première espèce ou chaloupe canonnière, et une charrette sur chaque bâtiment de deuxième espèce ou bateau canonnier, enfin un plus grand nombre de cartouches et de munitions d'artillerie, de manière à diminuer de beaucoup le nombre de transports d'artillerie que nous avons crus nécessaires.

BONAPARTE.

Archives de l'Empire.

7235. — AU GÉNÉRAL BERTHIER, MINISTRE DE LA GUERRE.

Saint-Cloud, 8 brumaire an XII (31 octobre 1803).

Prévenez, Citoyen Ministre, le général Augereau qu'une convention a été signée à Paris avec l'Espagne, qui a mis d'accord les deux Gouvernements. Il est néanmoins nécessaire que son armée reste dans la même situation, hormis la destination donnée aux 44e et 63e demi-brigades et la cavalerie, jusqu'à ce que les ratifications aient été échangées et que le traité ait commencé à recevoir son exécution; mais immédiatement après, son armée, devant recevoir une autre destination, devra faire un mouvement, mais en conservant dans son intégrité son organisation et son administration actuelles. Je désire connaître si l'on peut compter sur le bataillon piémontais, s'il est en état de faire la guerre, et si l'on peut en espérer de grands services.

BONAPARTE.

Archives de l'Empire.

7236. — AU GÉNÉRAL BERTHIER.

Saint-Cloud, 8 brumaire an XII (31 octobre 1803).

Vous avez, Citoyen Ministre, dans les directions de Douai, Saint-Omer, Lille, Bruxelles, Maëstricht et Bruges, 527 pièces de 4 de campagne et 193 obusiers de 6 pouces de campagne. Donnez l'ordre qu'il en soit fourni, dans le plus court délai, 220 pièces de 4 et

100 obusiers à la marine, pour l'armement des péniches, savoir :

A Dunkerque,	60 pièces de 4 et	30 obusiers,
A Calais,	60	30
A Boulogne,	10	10
A Saint-Omer,	50	20
A Ostende,	28	5
A Anvers,	5	2
A Bruges,	5	2
A Condé,	2	1

220 pièces de 4 et 100 obusiers.

Vous avez, dans les directions du Havre, de Cherbourg, de Rennes et de la Fère, 335 pièces de 4 et 27 obusiers de 6 pouces. Donnez ordre qu'il en soit fourni, dans le plus court délai, 80 pièces de 4 et 27 obusiers, savoir :

Au Havre,	30 pièces de 4 et	12 obusiers,
A Dieppe,	5	»
A Rouen,	5	1
A Cherbourg,	2	»
A Saint-Malo,	20	8
A Granville,	4	»
A Paris,	14	6

80 pièces de 4 et 27 obusiers.

Il sera tiré 20 obusiers de Strasbourg.

Vous avez, dans les directions de Nantes, La Rochelle et Bayonne, 447 pièces de 4 et 50 obusiers de campagne. Faites fournir à la marine :

A Nantes,	20 pièces de 4 et	6 obusiers,
A Rochefort,	20	2
A Bordeaux,	50	20
A Bayonne,	20	3

110 pièces de 4 et 31 obusiers.

Vous avez, dans les directions de Lille, Maëstricht, Douai, Saint-Omer et Bruges, 252 obusiers de 8 pouces. Donnez l'ordre qu'il en soit fourni 200 à la marine, pour l'armement des bateaux de première espèce, savoir :

100 à Boulogne,
30 à Dunkerque.
30 à Calais,
6 à Bergues,
2 à Anvers,
12 à Ostende,
20 à Étaples,
_____
200

Vous avez, dans les directions du Havre, Cherbourg, la Fère et Rennes, 10 obusiers de 8 pouces. Donnez ordre qu'on les mette à la disposition de la marine au Havre.

Faites venir de Strasbourg, Metz et Grenoble, pour le Havre, 120 obusiers de 8 pouces, qui, joints aux 10 qui y sont envoyés, feront 130 obusiers de 8 pouces.

Dans le nombre des obusiers sont compris les 100 qui avaient été précédemment demandés à l'artillerie; bien entendu que rien n'y est compris de ce qui forme l'équipage d'artillerie de l'armée de terre, cette nouvelle demande n'étant que pour le service de la mer.

Les pièces de 4, les obusiers de 6 et de 8 pouces seront fournis sans affûts, mais avec les écouvillons. Vous ferez fournir 100 obus et 50 mitrailles à tirer par pièce, les fusées nécessaires pour les obus, ainsi que la quantité de roche à feu nécessaire, devant tous être tirés avec de la roche à feu.

Indépendamment de cet armement, la guerre fournira à Boulogne une réserve de 6,000 obus chargés et de 3,000 mitrailles de 8 pouces, et d'autant de 6 pouces, et de 20,000 cartouches à balles et boulets de 4. Tous les obus seront chargés de roche à feu.

BONAPARTE.

Archives de l'Empire.

7237. — AU GÉNÉRAL BERTHIER.

Saint-Cloud, 8 brumaire an XII (31 octobre 1803).

Je vous prie, Citoyen Ministre, de donner ordre au général Augereau d'envoyer le premier bataillon de la 44ᵉ demi-brigade de ligne à Bordeaux et le deuxième à Bayonne. Ces bataillons seront destinés à fournir des garnisons aux bâtiments qui doivent être prêts à partir de ces deux ports, à raison de 25 hommes par bateau de première et de deuxième espèce et de 10 hommes par péniche.

Donnez-lui également l'ordre d'envoyer le premier bataillon de la

63ᵉ à Rochefort, pour mettre garnison sur les bâtiments de la flottille qui s'arment dans ce port. Le deuxième bataillon restera à Bordeaux, pour fournir les garnisons nécessaires aux bateaux qui partiront de ce port lorsque le bataillon de la 44ᵉ sera parti.

BONAPARTE.

Dépôt de la guerre.

7238. — AU CITOYEN MONGE, EN MISSION A LIÉGE.

Saint-Cloud, 8 brumaire an XII (31 octobre 1803).

Nous sommes au 8 brumaire et je n'entends pas dire qu'on ait fondu encore aucune pièce. Tirez-moi d'inquiétude. Combien aurai-je de pièces de 24 au 30 brumaire? C'est surtout de ces pièces dont j'ai besoin.

BONAPARTE.

Archives de l'Empire.

7239. — AU CONTRE-AMIRAL DECRÈS,
MINISTRE DE LA MARINE ET DES COLONIES.

Saint-Cloud, 8 brumaire an XII (31 octobre 1803).

Le ministre de la guerre, Citoyen Ministre, a ordre de vous faire fournir quatre cent dix pièces de 4, cent cinquante obusiers de 6 pouces et trois cent trente de 8 pouces, sans affûts, avec écouvillons, cent coups à tirer en obus et boulets et cinquante mitrailles, et la roche à feu nécessaire. Le ministre de la guerre les fournira, conformément au tableau ci-joint[1].

Je vois que les préfets vous demandent des renseignements pour l'armement des péniches. Je désire que vous me présentiez demain un projet d'arrêté pour fixer définitivement cet armement. Il me semble que nous nous étions arrêtés à l'idée que le tiers serait d'obusiers de 6 pouces et deux tiers de pièces de 4.

Envoyez-moi les noms des prames armées et en construction dans les différents ports, ainsi que des différents bâtiments, soit chaloupes, soit bateaux canonniers. Marquez par un signe ceux de l'ancienne flottille. Je vous prie d'en faire un petit livret de six pouces de long, pareil au dernier que vous m'avez envoyé.

BONAPARTE.

Archives de l'Empire.

[1] Voir la lettre au ministre de la guerre de la même date, n° 7236.

7240. — AU CITOYEN REGNIER,
GRAND JUGE, MINISTRE DE LA JUSTICE.

Saint-Cloud, 9 brumaire an XII (1er novembre 1803).

Il serait important d'avoir auprès de Drake, à Munich, un agent secret qui tiendrait note de tous les Français qui se rendraient dans cette ville.

J'ai lu les rapports que vous m'avez envoyés, qui m'ont paru assez intéressants. Il ne faut pas se presser pour les arrestations; lorsque l'auteur aura donné tous les renseignements, on arrêtera un plan avec lui, et on verra ce qu'il y a à faire.

Je désire qu'il écrive à Drake, et que, pour lui donner confiance, il lui fasse connaître qu'en attendant que le grand coup puisse être porté, il croit pouvoir promettre de faire prendre sur la table même du Premier Consul, dans son cabinet secret, et écrites de sa propre main, des notes relatives à sa grande expédition, et tout autre papier important; que cet espoir est fondé sur un huissier du cabinet qui, ayant été membre des Jacobins, ayant aujourd'hui la garde du cabinet du Premier Consul, et honoré de sa confiance, se trouve cependant dans le comité secret; mais que l'on a besoin de deux choses : la première, promesse qu'on aura 100,000 livres sterling, si véritablement on. . . . .[1] et que l'on remette ces pièces de si grande importance écrites de la main même du Premier Consul; la seconde, qu'on enverra un agent français et du parti royaliste pour pouvoir fournir des moyens de se cacher audit huissier, qui nécessairement serait arrêté si jamais des pièces de cette importance disparaissent.

Si la police cherchait à le trouver chez les hommes du parti, il ne trouverait sûreté qu'en passant, de gîte en gîte, chez les hommes du parti opposé que la police ne pourrait jamais soupçonner.

Que, du reste, on copie la note des propositions de l'huissier, telle qu'il l'a faite.

On pourrait ajouter que le même huissier promet de communiquer au parti plusieurs notes qu'il pourra soustraire, mais qui probablement seront d'un intérêt médiocre, vu qu'il ne pourra les prendre que dans les cartons des minutes de ce qui est dicté à Meneval. On joindra à tout cela des détails; on aura soin de dire que le Premier Consul est, du reste, environné d'hommes dont il est sûr, et que cette circonstance seule peut rendre possible la surprise de ses secrets. Mais, comme il est facile de concevoir le mouvement que la

---

[1] Un mot illisible.

police se donnera, cet individu, qui, du reste, est bien traité, ne se prêtera jamais s'il n'est sûr d'échapper.

Écrire à Drake ou à Londres, comme l'agent le jugerait. La condition serait d'avoir 100,000 livres sterling à Paris, ou de connaître les banquiers qui doivent payer, et enfin, les agents du parti royaliste et les maisons où l'on pourrait se réfugier pour gagner les pays étrangers.

Je désirerais qu'on fît cette question à l'agent : A-t-il vu en Angleterre et sur sa route ce même mouvement militaire qui existait en 1790 en France ? et qu'il comparât le mouvement qui se fait aujourd'hui en Angleterre à celui de 1790, et l'impression que tous les deux ont faite sur ce voyageur.

BONAPARTE.

Archives de l'Empire.

7241.

NOTE ANNEXÉE A LA PIÈCE PRÉCÉDENTE.

Saint-Cloud, 9 brumaire an XII (1er novembre 1803).

Bonaparte n'écrit presque jamais ; il dicte, tout en se promenant dans son cabinet, à un jeune homme de vingt ans appelé Meneval, qui est le seul individu non-seulement qui entre dans son cabinet, mais encore est le seul qui approche des trois pièces qui suivent et approchent le cabinet. Ce jeune homme a succédé à Bourrienne, que le Premier Consul connaissait depuis son enfance, mais qu'il a renvoyé pour s'être trouvé mêlé dans des affaires d'argent. Meneval n'est point de nature à ce qu'on puisse espérer rien de lui, et, d'ailleurs, il ne l'oserait, parce que le soupçon, au moindre dérangement qu'il y aurait dans le cabinet, tomberait d'abord sur lui. Mais les notes qui tiennent aux plus grands calculs, le Premier Consul ne les dicte pas, mais les écrit lui-même. Il a sur sa table un grand portefeuille divisé en autant de compartiments que de ministères. Ce portefeuille, fait avec soin, est fermé par le Premier Consul même. C'est la seule clef qu'il garde, et, toutes les fois que le Premier Consul sort de son cabinet, Meneval est chargé de placer ce portefeuille dans une armoire à coulisse, sous son bureau, et vissée au plancher. Ce portefeuille peut être enlevé ; mais il n'y a point à se cacher ; Meneval, ou l'huissier de cabinet qui seul allume le feu et approprie l'appartement, peut être seul soupçonné ; il faudrait donc que l'huissier disparût. Dans ce portefeuille doit être tout ce que le Premier Consul a écrit depuis plusieurs années ; car ce portefeuille est le seul qui voyage sans cesse avec lui et qui va sans cesse de

Paris à la Malmaison et Saint-Cloud. Toutes les notes secrètes sur ses opérations militaires doivent s'y trouver; et, puisque l'on ne peut arriver à détruire son autorité qu'en confondant ses projets, on ne doute pas que la soustraction de ce portefeuille ne les confondît tous.

Archives de l'Empire.

7242. — AU CITOYEN TALLEYRAND,
MINISTRE DES RELATIONS EXTÉRIEURES.

Saint-Cloud, 10 brumaire an XII (2 novembre 1803).

Je désire, Citoyen Ministre, que vous demandiez la suppression de la *Gazette générale* qui paraît à Ratisbonne. L'auteur de cette feuille, gagé par les Anglais, n'oublie aucune circonstance pour insulter à la République.

Je vous prie de recommander au citoyen Otto de tenir note des Français qui viendraient à Munich et qui seraient supposés y avoir des relations avec Drake, qui est l'agent de toute la correspondance intérieure des Anglais.

BONAPARTE.

Archives des affaires étrangères.
(En minute aux Arch. de l'Emp.)

7243. — AU CITOYEN TALLEYRAND.

Saint-Cloud, 10 brumaire an XII (2 novembre 1803).

Je vous envoie, Citoyen Ministre, un numéro du *Mercure universel*. Il faut se prononcer net et demander sa suppression. Si les Anglais continuent à publier à Ratisbonne des diatribes contre la France, je ne puis regarder l'électeur archichancelier comme ami de la France. La tournure française de cette feuille prouve qu'elle est dirigée contre la France et rédigée par un émigré.

BONAPARTE.

Archives des affaires étrangères.
(En minute aux Arch. de l'Emp.)

7244. — NOTE POUR LE GÉNÉRAL SOULT.

Saint-Cloud, 10 brumaire an XII (2 novembre 1803)[1].

1° Avoir soin que chaque soldat ait son épinglette; qu'il y ait un nombre suffisant de tire-bourres;

2° Que les régiments aient de très-bonnes haches bien acérées, et non des haches de parade;

[1] Date présumée.

3° Que, quand le soldat s'embarquera, il ait avec lui son sac et son bidon, et soit fourni de quatre haches, quatre pelles et quatre pioches par compagnie;

4° Désigner les hommes qui doivent les porter, pour que chaque compagnie ait toujours des outils partout où elle se trouve; les chariots et caissons n'arrivent jamais à temps;

5° Portez la même attention pour la cavalerie, et qu'elle ait les outils de pionniers nécessaires.

BONAPARTE.

Archives de l'Empire.

7245. — AU CONSUL CAMBACÉRÈS.

Boulogne, 13 brumaire an XII (5 novembre 1803).

J'ai été vendredi à une heure au milieu du port de Boulogne, où je suis arrivé tout à fait à l'improviste.

J'ai mis le plus grand intérêt à visiter tous les travaux et tous les préparatifs de cette grande expédition, puisque à minuit j'y étais encore.

J'ai été toute la journée en rade, où nous avons plus de cent bâtiments embossés. Nous avons engagé une vive canonnade avec les ennemis, qui avaient une douzaine de bâtiments, dont plusieurs vaisseaux à deux ponts. Une frégate a été démâtée. Nous les avons vus porter du secours à une frégate où nous avons tout lieu de croire qu'une bombe est tombée à bord; et, l'ennemi ayant pris le large, une division de caïques, portant une pièce de 24, s'est mise à leur poursuite, en les suivant d'un grand nombre de coups de canon. Nous n'avons eu, de notre côté, qu'un homme qui a eu la jambe emportée d'un coup de canon. Un canot portant cinq hommes d'équipage a reçu un boulet qui l'a coulé, mais il a été relevé, et les cinq hommes composant son équipage ont été sauvés. Je suis baraqué au milieu du camp et sur le bord de l'Océan, où, d'un coup d'œil, il est facile de mesurer la distance qui nous sépare de l'Angleterre.

BONAPARTE.

Comm. par M. le duc de Cambacérès.

7246. — ORDRE.

Quartier général, Boulogne, 14 brumaire an XII (6 novembre 1803).

La garnison d'une chaloupe canonnière sera portée à 30 hommes, officier et tambour compris.

Toutes les fois que la flottille devra passer la nuit en rade, il sera fourni à chaque bâtiment 10 hommes de renfort; ces détachements seront toujours pris dans le corps et fournis par les compagnies qui fournissent la garnison ordinaire du bateau.

Toutes les fois que la flottille rentrerait dans le port, le supplément rentrerait au corps; cela leur compterait comme un détachement.

Tant que les caïques et péniches seront indépendantes, les garnisons en seront relevées tous les cinq jours.

Il y aura deux généraux de brigade d'artillerie chargés de l'inspection et du commandement des batteries de la rade de Boulogne : l'un commandera les batteries de la gauche, et l'autre les batteries de la droite.

Le général Foucher commandera les batteries de la gauche, et son quartier général sera placé sur la hauteur, entre le fort de l'Heurt et le port. Il aura sous ses ordres un chef de brigade et deux officiers en résidence, le nombre de canonniers nécessaire pour servir toutes les pièces, et un secours d'auxiliaires d'infanterie fourni par l'armée, à raison de trois hommes par bouche à feu.

Toutes les fois que, par des raisons de service, il s'absentera du camp, il s'assurera que le chef de brigade est présent pour le remplacer.

Jusqu'à ce qu'un général de brigade soit arrivé, le colonel chef de l'état-major sera chargé des batteries de la droite, et sera logé entre la tour d'Ordre et le fort de la Crèche. Il aura sous ses ordres deux officiers en résidence. Il ne pourra point s'absenter des batteries de la droite qu'il ne soit remplacé par un autre chef de brigade.

Un régiment d'artillerie à pied fera le service des batteries de la gauche, et un autre fera le service des batteries de la droite.

Toutes les fois que la flottille sera en rade, les pièces de 24 légères et les obusiers de 6 pouces qui se trouvent à Boulogne se porteront sur la laisse de basse mer. Un officier général ou supérieur dirigera ces batteries et les fera porter rapidement sur les points où elles seront le plus utiles pour protéger la flottille.

BONAPARTE.

Archives de l'Empire.

7247. — AU CONSUL CAMBACÉRÈS.

Boulogne, 15 brumaire an XII (7 novembre 1803).

J'ai passé la journée de dimanche à visiter les nouveaux ports d'Ambleteuse et Wimereux, et à faire manœuvrer les troupes qui s'y trouvent. Les travaux marchent.

Après le combat que nous avons eu, l'ennemi a disparu; il paraît qu'il est allé se ravitailler en Angleterre.

J'ai été visiter aujourd'hui dans le plus grand détail tous les ateliers de la marine; cela est aussi pitoyable qu'il est possible de l'imaginer. Je viens de transformer une caserne en arsenal de la marine. Il faut que j'ordonne tout dans le plus petit détail.

J'ai passé plusieurs heures à inspecter les troupes homme à homme, et à m'assurer par moi-même de la situation des différentes parties.

J'ai encore ici de la besogne pour plusieurs jours.

BONAPARTE.

Comm. par M. le duc de Cambacérès.
(En minute aux Arch. de l'Emp.)

7248. — ORDRE DU JOUR.

Boulogne, 15 brumaire an XII (7 novembre 1803).

La caserne sera mise par l'administration de la terre à la disposition de la marine.

Les lits et fournitures appartenant au casernement seront placés dans une aile du bâtiment, jusqu'à ce qu'ils en soient tirés pour une autre destination.

Les grains qui sont dans les greniers seront évacués dans le plus court délai.

1° Dans la journée de demain, le conseiller d'État Forfait, l'ingénieur en chef Sganzin, et le chef de l'administration du port, désigneront les emplacements où il doit être construit des hangars, et distribueront les différents appartements de la caserne aux différents magasins et ateliers de la marine. Il n'y sera fait, du reste, aucun changement considérable.

2° Il sera fait une ouverture au pont en forme de pont tournant, de manière que tous les bâtiments de la flottille puissent arriver tout mâtés vis-à-vis de l'arsenal, et là être armés et radoubés.

3° Le premier inspecteur général d'artillerie fera venir en toute diligence dix forges de Douai et quatorze de campagne. Quatre seront données aux ateliers d'artillerie de la marine, ce qui, joint aux quatre qu'il leur a remises ce matin, feront huit, et dix seront remises à l'arsenal de la marine. Ces forges seront garnies de tous leurs ustensiles. Elles devront être remises le 20 au plus tard.

BONAPARTE.

Archives de l'Empire.

7249. — AU GÉNÉRAL DEJEAN,
MINISTRE DIRECTEUR DE L'ADMINISTRATION DE LA GUERRE.

Boulogne, 15 brumaire an XII (7 novembre 1803).

Un grand nombre de demi-brigades, Citoyen Ministre, n'ont pas reçu l'habillement de l'an XI. La 72° prétend n'avoir pas reçu même celui de l'an X; aussi est-elle, dans la force du terme, entièrement nue. Pourvoyez à cette demi-brigade, qui est dans une situation bien fâcheuse.

BONAPARTE.

Dépôt de la guerre.

7250. — AU CONSUL CAMBACÉRÈS.

Boulogne, 16 brumaire an XII (8 novembre 1803).

Je reçois votre lettre du 14. J'ai passé la journée d'hier à faire manœuvrer les troupes.

Tout individu né Français qui se trouve arrêté et qui réclame l'assistance d'un ambassadeur doit être traité plus sévèrement, et l'on ne doit faire aucune réponse aux ambassadeurs.

Je suis ici pour plusieurs jours, car j'ai encore beaucoup de choses à faire et à voir.

BONAPARTE.

Comm. par M. le duc de Cambacérès.
(En minute aux Arch. de l'Emp.)

7251. — AU CITOYEN LAVALLETTE,
COMMISSAIRE CENTRAL PRÈS L'ADMINISTRATION DES POSTES.

Boulogne, 16 brumaire an XII (8 novembre 1803).

Je vois avec peine qu'il est envoyé de Paris aux étrangers un grand nombre de bulletins contraires au gouvernement. Ordinairement ces bulletins ne circulaient pas.

BONAPARTE.

Archives de l'Empire.

7252. — AU CITOYEN TALLEYRAND,
MINISTRE DES RELATIONS EXTÉRIEURES.

Boulogne, 16 brumaire an XII (8 novembre 1803).

Je vous renvoie, Citoyen Ministre, toutes vos dépêches. Faites connaître au citoyen Laforest que j'ai lu avec intérêt sa dépêche du 29 vendémiaire.

Il est convenable de prévenir l'ambassadeur turc qu'il est très-probable que les Anglais, qui évidemment fomentent les beys, s'empareront de l'Égypte.

Donnez ordre à Rome et à Naples de faire arrêter Vernègues, Lamaisonfort et Lescour, et de saisir en même temps leurs papiers. Cette capture est très-importante.

Toutes ces intriguailleries de Naples sont pitoyables. Je n'y vois cependant pas encore très-clair, mais certainement il n'est pas probable que Lechi, qui est très-révolutionnaire, qui connaît la puissance de la France et ce dont M. Acton est capable, ait proposé un projet aussi fou que celui de se révolter contre la France et de mettre un fils du roi de Naples sur le trône de Milan. Je ne vois pas, d'un autre côté, ce que M. Acton peut gagner, si ce n'est de mettre de la division entre les Italiens et les Français, de perdre Lechi, et de nous engager à arrêter une seconde fois Moliterno. D'ailleurs, comment cela s'arrange-t-il avec l'armement de la Calabre?

Écrivez à Alquier que je n'ai fait que rire de cette prétendue conjuration; que j'ai plus de troupes en Italie qu'il n'en faut pour conquérir toute l'Italie, et que je n'en avais pas davantage lorsque j'y ai fait la guerre à l'Empereur; mais que ce qui est important, c'est qu'à l'extrémité de la Calabre on n'arme point les paysans, et que, si le roi de Naples se montre de cette manière, avant de passer en Angleterre, on pourrait bien s'assurer de Naples.

Quant à votre budget, quand vos fonds seront dépensés, on vous en accordera sur les fonds communs.

Archives des affaires étrangères. BONAPARTE.
(En minute aux Arch. de l'Emp.)

7253. — A L'AMIRAL BRUIX,
COMMANDANT LA FLOTTILLE DE BOULOGNE.

Boulogne, 16 brumaire an XII (8 novembre 1803).

Citoyen Amiral Bruix, vous avez fait placer sur une péniche un obusier prussien que le général Marmont vous a fait remettre. Il faudrait installer cet obusier de manière à pouvoir le tirer sur l'angle de 45 degrés; et, comme sa chambre contient quatre livres de poudre, il est convenable de faire essayer si une péniche a la force nécessaire pour pouvoir supporter de pareils obusiers. L'artillerie de terre en a cinquante de cette espèce.

J'ai fait placer à Paris un obusier de 6 pouces sur une péniche; la péniche a parfaitement résisté, mais la chambre de nos obusiers français ne contient que près de deux livres de poudre.

Archives de l'Empire. BONAPARTE.

7254. — A L'AMIRAL TRUGUET.

Boulogne, 16 brumaire an XII (8 novembre 1803).

Citoyen Truguet, Conseiller d'État, Général en chef de l'armée navale, j'ai reçu votre lettre du bord de *l'Alexandre*. J'accueille avec grand plaisir les bons pressentiments que vous avez.

Nous commençons ici à être en bonnes dispositions. Notre flottille, qui est déjà composée de plus de cent bâtiments de guerre, reste embossée au milieu de la rade, sans que les Anglais osent l'attaquer que de loin. Lord Keith, qui paraît commander, avait plusieurs vaisseaux de 64. Il n'a osé s'en approcher qu'à la portée du canon. Il a essuyé des avaries assez considérables.

BONAPARTE.

Archives de l'Empire.

7255. — AU CONSUL CAMBACÉRÈS.

Boulogne, 17 brumaire an XII (7 novembre 1803).

J'ai passé une portion de la nuit dernière à faire faire aux troupes des évolutions de nuit, manœuvres que des troupes instruites et bien disciplinées peuvent quelquefois faire avec avantage contre des levées en masse.

Une flottille vient de nous arriver du Havre; elle est composée de vingt-cinq bâtiments. Nous attendons à chaque instant une autre division venant du côté du Havre, aussi composée de vingt-cinq bâtiments qui ont mouillé à Saint-Valery-sur-Somme.

La mer étant très-mauvaise, l'amiral a fait rentrer la flottille dans le port. Les vents du sud, devenus très-violents, ont contraint six bateaux canonniers à se réfugier à Calais. On craint qu'un bateau affalé par les vents sur la côte d'Angleterre n'ait été pris par l'ennemi.

BONAPARTE.

Comm. par M. le duc de Cambacérès.
(En minute aux Arch. de l'Emp.)

7256. — AU CITOYEN TALLEYRAND,
MINISTRE DES RELATIONS EXTÉRIEURES.

Boulogne, 17 brumaire an XII (9 novembre 1803).

Je reçois, Citoyen Ministre, les deux dépêches de Saint-Pétersbourg et de Lisbonne. Il faudrait entrer en explication avec M. de Lucchesini, pour savoir positivement ce que se propose la cour de Berlin. Craint-elle une alliance avec la cour de Vienne? Ou bien veut-elle, par ce traité, ouvrir les ports de l'Elbe et du Weser? C'est cette question qu'il faut avant tout éclaircir : et d'abord, a-t-il le pouvoir de signer? S'il dit oui, vous lui direz que vous ne doutez pas que le Premier Consul ne s'ouvre davantage; s'il dit non, tout cela se classe dans le parlage ordinaire et journalier.

BONAPARTE.

Archives des affaires étrangères.
(En minute aux Arch. de l'Emp.)

7257. — AU CITOYEN TALLEYRAND.

Boulogne, 17 brumaire an XII (9 novembre 1803).

Je vous renvoie, Citoyen Ministre, votre correspondance. Je ne vois aucune difficulté de ratifier la convention de la Suisse.

Le roi de Suède me paraît fort incertain de ce qu'il doit faire.

BONAPARTE.

Archives des affaires étrangères.
(En minute aux Arch. de l'Emp.)

7258. — AU GÉNÉRAL BERTHIER, MINISTRE DE LA GUERRE.

Boulogne, 17 brumaire an XII (9 novembre 1803).

Je désire, Citoyen Ministre, que vous fassiez arrêter un Anglais d'un grade équivalant à celui de général de brigade, soit de terre, soit de mer, et que vous le fassiez retenir en arrestation, en lui faisant connaître qu'il lui sera fait le même traitement qu'éprouvera le général Boyer. Vous en ferez l'objet d'un article de journal.

BONAPARTE.

Archives de l'Empire.

7259. — AU GÉNÉRAL BERTHIER.

Boulogne, 17 brumaire an XII (9 novembre 1803).

Je vous renvoie, Citoyen Ministre, la lettre du général Saint-Cyr. Ce qui me paraît le plus simple dans cette affaire, c'est, du moment que cette entreprise sera avancée, de faire arrêter l'individu qui a servi d'intermédiaire entre M. Acton et le général Lechi, de le faire mettre au secret, et de l'interroger sans rien laisser percer sur le général Lechi; car tout ceci paraît être une misérable intrigue napolitaine pour nous détourner les yeux de l'armement de la Calabre.

BONAPARTE.

Archives de l'Empire.

7260. — AU GÉNÉRAL BERTHIER.

Boulogne, 17 brumaire an XII (9 novembre 1803).

J'ai fait manœuvrer, Citoyen Ministre, une partie des troupes. La 72ᵉ m'a paru ne pouvoir fournir qu'un seul bataillon. Je l'ai formé à

800 hommes, et j'ai renvoyé le second à Hesdin. Il sera remplacé par un bataillon de la 19e de ligne, qui sera à cet effet formé à 600 hommes. Donnez l'ordre qu'il lui soit fourni des capotes et des souliers, et qu'il se rende à Ambleteuse.

J'ai été extrêmement content de la manière dont les troupes sont campées. Une division de la flottille vient de nous arriver du Havre ; nous en attendons à chaque instant une autre de Saint-Valery.

Donnez ordre à la compagnie d'ouvriers qui est à Metz de se rendre à Douai, et ordonnez au général Marmont d'envoyer à Boulogne une de celles qui sont à Douai, pour être attachée à l'arsenal de la marine.

Donnez ordre au bataillon du 5e régiment d'artillerie, qui ne fait pas partie de l'armée, de se rendre à Douai pour y tenir garnison.

Donnez ordre au 10e régiment de chasseurs de compléter ses trois escadrons au complet de guerre, et de se rendre à Saint-Omer pour faire partie de l'armée.

Il vous a été demandé soixante pièces de 24, à Paris ; je crois qu'il y en a vingt de prêtes ; donnez ordre qu'elles soient sur-le-champ dirigées sur le Havre. Donnez également l'ordre au Havre de mettre à la disposition de la marine toutes les pièces de 24 qui seraient dans cette place.

Un des deux bataillons de sapeurs destinés à faire partie de l'expédition est arrivé à Boulogne ; donnez ordre que l'autre s'y rende, pour être dirigé sur Ambleteuse.

Donnez ordre également que les quatre compagnies de mineurs que vous destinez pour l'expédition se rendent à Saint-Omer, ainsi qu'un équipage de mines.

La marine a besoin de 50 chevaux ; j'ai ordonné à l'artillerie de terre de les lui donner. Provisoirement je les ai fait remettre.

L'exploitation des forêts de Boulogne, pour le service de la marine, exigerait 200 chevaux ; ordonnez au général Songis de fournir 200 chevaux de la Garde, et de les diriger sur Boulogne, pour être remis aux ingénieurs de la marine. La marine en fera payer à la Garde le montant, qui lui servira à se remplacer.

BONAPARTE.

Archives de l'Empire.

7261. — AU CITOYEN MONGE, A LIÉGE.

Boulogne, 17 brumaire an XII (9 novembre 1803).

Je suis à Boulogne depuis plusieurs jours, où tout commence à prendre un aspect redoutable. Mais nous avons besoin de canons. C'est aujourd'hui le 17 brumaire. Faites-moi connaître le nombre de canons qui sont disponibles à Liége, et enfin positivement sur quoi je puis compter. C'est à cet effet que je vous envoie le présent courrier, qui attendra votre réponse. Faites-moi connaître aussi si on pourrait se procurer à Liége des chaînes pour attacher des corps-morts et des ancres.

BONAPARTE.

Archives de l'Empire.

7262. — AU CITOYEN FLEURIEU.
Boulogne, 17 brumaire an XII (9 novembre 1803).

Citoyen Fleurieu, Conseiller d'État, chargé par intérim du portefeuille de la marine, il est nécessaire que vous fassiez envoyer à Boulogne des erminettes, haches et fers de rabots. On y a besoin d'une grande quantité d'outils de toute espèce, nécessaires aux menuisiers, forgerons et autres ouvriers employés dans un port.

Vous aurez reçu l'arrêté par lequel j'ai établi l'arsenal de la marine dans la caserne de Boulogne.

Vous avez beaucoup d'affûts de 24 inutiles à Paris, et l'on a ici des pièces sans affût; envoyez-nous-en une cinquantaine. Envoyez ici des affûts tournants de 4 et des affûts d'obusiers; et, à mesure que vous aurez moins besoin de contre-maîtres, dirigez-en sur Boulogne, où il en faut un grand nombre. Envoyez-nous en général ici le plus d'objets de toute espèce que vous pourrez.

BONAPARTE.

Archives de la marine.

7263. — AU CITOYEN FLEURIEU.
Boulogne, 17 brumaire an XII (9 novembre 1803).

La division du Havre, Citoyen Ministre, arrive ce matin. Elle est composée de vingt à vingt-cinq bâtiments. Elle n'a pas mouillé du Havre ici. On nous mande que celle de Saint-Valery part de ce port. Nous l'attendons ce soir.

Les vents du sud étant devenus très-violents, l'amiral a fait rentrer la flottille. Six bâtiments ont dérivé et ont été obligés de se réfugier à Calais. Un bateau plat a dérivé sur les côtes d'Angleterre. Je présume qu'il a été pris par la croisière ennemie.

Je viens de requérir dans les départements du Nord et de la Somme 300 ouvriers charpentiers et menuisiers.

Voyez à ce que nous ne manquions d'aucun des outils nécessaires.

BONAPARTE.

Archives de la marine.
(En minute aux Arch. de l'Emp.)

7264. — A L'AMIRAL BRUIX,
COMMANDANT LA FLOTTILLE DE BOULOGNE.

Boulogne, 17 brumaire an XII (9 novembre 1803).

Citoyen Amiral Bruix, je donne ordre au préfet du Nord de vous fournir 200 charpentiers de maisons ou menuisiers, et au préfet de la Somme de vous en fournir 100. Ces ouvriers vous seront adressés.

Il est indispensable qu'on triple l'activité actuelle des travaux d'Ambleteuse. J'ai demandé au préfet du Nord d'envoyer à Boulogne 200 tombereaux, et à celui de la Somme, 100. Ces tombereaux sont destinés à accélérer les travaux d'Ambleteuse. L'armée fournira 2,500 ouvriers. Il faut aussi qu'on porte une nouvelle activité au déblayement du port de Boulogne et qu'on y double les ouvriers.

Il faut pourvoir au logement de tous ces individus. Le seul moyen qui paraîtrait convenable serait de les placer dans des bâtiments en forme de caserne. Il faudrait en avoir assez pour pouvoir y loger un millier d'hommes.

BONAPARTE.

Archives de l'Empire.

7265. — DÉCISION.

Boulogne, 17 brumaire an XII (9 novembre 1803).

Rapport du ministre de la guerre, tendant à empêcher la communication des bateaux pêcheurs avec les vaisseaux ennemis. | Renvoyé au ministre de la marine, pour prescrire les mesures nécessaires pour empêcher que l'ennemi ne puisse, par le moyen des pêcheurs, connaître nos mouvements et espionner la côte.

BONAPARTE.

Archives de l'Empire.

7266. — A L'AMIRAL BRUIX,
COMMANDANT LA FLOTTILLE DE BOULOGNE.

Boulogne, 17 brumaire an XII (9 novembre 1803).

Citoyen Amiral Bruix, l'artillerie de terre a dû remettre aujourd'hui trois forges à l'arsenal; il faut les mettre sur-le-champ en activité. L'entrepreneur a ici beaucoup de bons ouvriers, et peut en fournir à l'arsenal, moyennant des conscrits qu'on peut lui donner en échange.

Je donne ordre à l'artillerie de terre de vous fournir une compagnie d'ouvriers qui serviront à faire des affûts à l'artillerie de la marine. La terre vous fournira également trois artificiers. Faites-moi connaître les objets dont vous avez besoin et que l'on peut vous procurer.

L'officier d'artillerie m'a dit qu'il avait fait un marché qui commence à s'exécuter, par lequel il se procurerait des bois pour faire une centaine d'affûts. D'un autre côté, on m'a assuré que les bois provenant de la forêt de Boulogne étaient excellents pour les bordages; qu'il y a ici soixante-cinq scies en activité, ce qui pourrait vous procurer, dans cinq ou six jours, les six mille pieds de bordage que l'ingénieur avait demandés. Ces deux objets n'offriraient donc plus aucun embarras. Il ne s'agirait que d'augmenter le nombre de pieds d'arbres à couper dans la forêt, et d'activer les moyens d'exploitation. Présentez-moi, sur cet objet, un projet d'arrêté.

Je donne ordre à l'artillerie de la Garde d'envoyer 200 chevaux à Boulogne. Ces 200 chevaux seront remis à la disposition du citoyen Sganzin pour l'exploitation de la forêt de Boulogne. Il sera nécessaire de veiller à ce que l'administration de la marine se procure les voitures nécessaires et pourvoie à la conservation de ces chevaux.

BONAPARTE.

Archives de l'Empire.

7267. — AU CONSUL CAMBACÉRÈS.

Boulogne, 18 brumaire an XII (10 novembre 1803).

Je reçois votre lettre, Citoyen Consul. Il faut que vous portiez votre attention à faire mettre dans les petits journaux des articles qui tournent en ridicule les porteurs de fausses nouvelles, d'autant plus bêtes qu'ils font prendre par des vaisseaux un régiment de hussards.

BONAPARTE.

Comm. par M. le duc de Cambacérès.
(En minute aux Arch. de l'Emp.)

7268. — AU CONSUL CAMBACÉRÈS.

Boulogne, 19 brumaire an XII (11 novembre 1803).

J'ai reçu, Citoyen Consul, votre lettre du 16. L'auditeur Chabrol est venu me porter le travail du Conseil d'État.

La mer est horrible et la pluie ne cesse de tomber. J'ai passé la journée d'hier dans le port à inspecter, car il y a toujours à voir. Je n'ai, du reste, rien à vous mander. J'attends, demain ou après, le ministre de la marine. Son arrivée est nécessaire pour que je connaisse l'état des ports de Saint-Malo et du Havre, et que je puisse arrêter les dernières dispositions.

BONAPARTE.

Comm. par M. le duc de Cambacérès.
(En minute aux Arch. de l'Emp.)

7269. — AU CONSUL CAMBACÉRÈS.

Boulogne, 20 brumaire an XII (12 novembre 1803).

Je reçois, Citoyen Consul, votre lettre du 18 brumaire.

La mer continue ici à être mauvaise, et la pluie tombe par torrents. J'imagine qu'enfin la Seine doit monter.

J'ai passé toute la journée d'hier dans le port, en bateau et à cheval. C'est vous dire que j'ai été constamment mouillé. Dans la saison actuelle, on ne ferait plus rien si l'on n'affrontait pas l'eau ; heureusement que, pour mon compte, cela me réussit parfaitement, et je ne me suis jamais si bien porté.

J'attends le ministre de la marine aujourd'hui, ou au plus tard demain.

J'ai reçu les lettres que le citoyen Lebrun m'a envoyées ; elles m'ont paru fort insignifiantes. Je ne pense pas que je puisse permettre à l'abbé de Montesquiou de revenir à Paris ; il est fort bien à Menton. Il s'est constitué l'agent du comte de Lille, et, prêtre, il a constamment affecté de méconnaître le concordat, conduite naturelle dans sa position diplomatique.

Une frégate anglaise vient de se perdre corps et biens entre Boulogne et Saint-Valery. Beaucoup d'effets ont été jetés sur le rivage, parmi lesquels quelques registres anglais.

BONAPARTE.

Comm. par M. le duc de Cambacérès.
(En minute aux Arch. de l'Emp.)

7270. — AU CITOYEN REGNIER,
GRAND JUGE, MINISTRE DE LA JUSTICE.

Boulogne, 20 brumaire an XII (12 novembre 1803).

Je reçois votre lettre et vos deux projets d'arrêtés. Il n'est pas extraordinaire qu'on fasse circuler des bruits de toute espèce. Il y a tant d'oisifs et de badauds auxquels on fait accroire tout ce que l'on voudra. Rien en effet de plus piquant qu'un régiment de hussards pris par des vaisseaux de guerre.

Je désire qu'on fasse observer un nommé. . . . .[1] C'est une

---
[1] Un mot illisible.

espèce de courtier de mauvaises affaires. Je voudrais être au fait des gens qu'il voit et des affaires qu'il fait.

Je vous prie d'ordonner l'impression du code criminel, et de l'envoyer à tous les tribunaux criminels et d'appel, pour avoir leur opinion.

Vous trouverez ci-joint le rapport que m'envoie le citoyen Bigot de Préameneu.

Je n'ai point signé les deux arrêtés, parce qu'ils sont inutiles. Le général Soult fera juger les déserteurs du camp de Saint-Omer. Ceux de la 14e division, le ministre de la guerre les fera juger. Cela ne souffre aucune difficulté et ne dépasse pas les formes de l'autorité ordinaire.

BONAPARTE.

Archives de l'Empire.

7271. — AU CITOYEN TALLEYRAND,
MINISTRE DES RELATIONS EXTÉRIEURES.

Boulogne, 20 brumaire an XII (12 novembre 1803).

J'ai lu avec attention, Citoyen Ministre, les lettres du dernier portefeuille. Les notes sur d'Entraigues pourront un jour être utiles, si l'on avait en Russie la folie de vouloir le soutenir.

Quant à M. de Vernègues, qui est à Rome l'agent très-connu du comte de Lille, il faut le faire arrêter. Écrivez-en au cardinal-légat et à notre ambassadeur. Quelque qualité qu'il puisse avoir, il est impliqué dans des intrigues contre nous, et la cour de Rome ne peut se refuser à le faire arrêter.

Cet emprunt du général Mortier paraît ridicule. C'était évidemment les États de Hanovre qui devaient faire ces démarches.

De la dépêche n° 203 du citoyen Alquier, datée du 2 brumaire, il résulte que la cour de Naples a eu l'assurance de l'Angleterre de ne point faire de tentatives sur la Sicile; en ce cas, nouvelle raison de prouver que les armements de la Calabre sont contre nous. Expliquez-vous-en dans ce sens avec M. de Gallo.

BONAPARTE.

Tout va ici assez bien et prend une couleur favorable.

Archives des affaires étrangères.

7272. — AU GÉNÉRAL SOULT,
COMMANDANT LE CAMP DE SAINT-OMER.

Boulogne, 20 brumaire an XII (12 novembre 1803).

J'ai remarqué que le soldat n'avait ni épinglette, ni tire-bourre, ni son bidon portatif sur son sac.

Prendre des mesures pour que chaque homme ait son épinglette, chaque caporal son tire-bourre, et chaque homme son bidon porté sur son sac. Ces bidons doivent contenir une bouteille de vin.

BONAPARTE.

Archives de l'Empire.

7273. — AU GÉNÉRAL AUGEREAU,
COMMANDANT LE CAMP DE BAYONNE.

Boulogne, 20 brumaire an XII (12 novembre 1803).

Citoyen Général Augereau, j'ai reçu votre lettre du 7 brumaire. Je donne des ordres pour que les capotes soient accordées à tous les corps qui feront partie de l'expédition d'Irlande, dont vous aurez le commandement. Les affaires sont effectivement arrangées avec l'Espagne et le Portugal; mais il n'en est pas moins utile que les troupes restent encore quelques jours dans leur position actuelle.

Des mesures viennent d'être prises contre la désertion qui, en effet, désole l'armée.

Je désire que vous fassiez dresser un état nominatif, et par arrondissement communal, de tous les déserteurs, afin que je puisse prendre des mesures pour leur arrestation simultanée, comme je l'ai fait pour le camp d'ici.

Le général Donzelot est un bon officier; mais il faut, pour sa gloire, qu'il soit fait général de division sur le champ de bataille.

Je donne ordre pour qu'il soit expédié une lettre de marque comme vous le désirez. Envoyez-moi une demande où soit le nom du patron qui doit commander ce corsaire.

Je suis ici depuis dix jours, et j'ai lieu d'espérer que, dans un temps raisonnable, j'arriverai au but que l'Europe attend. Nous avons six siècles d'outrages à venger.

BONAPARTE.

Archives de l'Empire.

7274. — AU GÉNÉRAL MONCEY.

Boulogne, 20 brumaire an XII (12 novembre 1803).

Citoyen Général Moncey, Premier Inspecteur général de la gendarmerie, vous trouverez ci-joint l'état de tous les déserteurs, depuis le 15 thermidor an XI au 17 brumaire an XII. Mon intention est qu'ils soient arrêtés et ramenés, de brigade en brigade, à leurs corps. Je désire que vous fassiez dresser l'état par départements, et que vous l'envoyiez aux préfets et commandants de gendarmerie, avec l'ordre de se mettre sur-le-champ en campagne et de les arrêter simultanément.

Écrivez aux préfets que je vous ai chargé de me faire connaître chaque semaine le nombre d'hommes arrêtés et reconduits aux corps. Ils en donneront avis aux maires et sous-préfets, afin qu'on porte la plus grande sévérité dans l'exécution de cette mesure. Il sera accordé 12 francs à la gendarmerie pour chaque homme qui sera arrêté et reconduit au corps.

BONAPARTE.

Archives de l'Empire.

7275. — A L'AMIRAL BRUIX,
COMMANDANT LA FLOTTILLE DE BOULOGNE.

Boulogne, 20 brumaire an XII (12 novembre 1803).

Citoyen Amiral Bruix, je désire que demain on arrime une chaloupe canonnière et un bateau canonnier, tels qu'ils doivent l'être. Réunissez à cet effet chez vous le citoyen Forfait, le général Marmont et le commissaire ordonnateur de l'armée, afin de décider les objets qui doivent y être placés, et que chacun fournisse ce qui regarde son service. Avant mon départ, je désire voir cette chaloupe canonnière et un bateau canonnier portant les canons, cartouches, vivres, effets, chevaux et, en général, tout ce qu'ils doivent porter.

BONAPARTE.

Archives de l'Empire.

7276. — A L'AMIRAL BRUIX.

Boulogne, 20 brumaire an XII (12 novembre 1803).

Citoyen Amiral Bruix, j'ordonne au préfet de l'Ourthe de vous fournir 100 forgerons; à celui de Sambre-et-Meuse, de vous en fournir 50; au préfet de l'Aisne, de vous fournir 25 forgerons, 50 charpentiers et 25 menuisiers; au préfet de Jemmapes, de vous en fournir autant; ce qui, joint aux 200 charpentiers et menuisiers demandés dans le département du Nord, et aux 100 demandés dans le département de la Somme, vous produira 650 ouvriers, dont 200 forgerons et 450 charpentiers et menuisiers.

J'ai demandé 200 voitures au département du Nord et 100 au département de la Somme. Je viens d'en demander 150 au département de l'Aisne et 150 à celui de Jemmapes; ce qui portera le nombre des voitures à 600.

Le général commandant la 16e division militaire a ordre de vous fournir 4,000 brouettes.

L'artillerie a eu ordre de vous fournir 18 forges; elle doit vous en fournir 4 pour le fort du citoyen Forfait; total, 22 forges.

Répartissez ces différents moyens entre vos différents ateliers; et, lorsqu'une partie sera arrivée, je me déterminerai à faire le grand bassin dont je crois que nous avons besoin.

BONAPARTE.

Archives de l'Empire.

7277. — DÉCISION.

Boulogne, 20 brumaire an XII (12 novembre 1803).

Pindray, sous-lieutenant au 55e de ligne, réclame une indemnité pour la perte de ses propriétés, qui ont été vendues pendant qu'il était au service de la République.

Le ministre des finances me fera un rapport sur cette affaire. J'ai vérifié que cet officier a été constamment à l'armée.

BONAPARTE.

Archives de l'Empire.

7278. — AU GÉNÉRAL MARESCOT,
PREMIER INSPECTEUR GÉNÉRAL DU GÉNIE.

Boulogne, 23 brumaire an XII (15 novembre 1803).

Citoyen Général Marescot, je vous prie de faire réunir à Boulogne, dans le plus court délai, 27,000 outils de pionniers; que vous les fassiez emmancher, et que vous vous assuriez qu'ils sont de bonne qualité. Ils sont destinés à être embarqués, à raison de 27 outils emmanchés par chaque bâtiment. Il est nécessaire que les outils soient répartis comme il convient, en pelles, pioches, boyaux et haches. Il faut avoir soin qu'il n'y ait que des outils de très-bon service, et les placer dans un magasin, le plus possible près du port, afin de rendre plus facile leur embarquement.

Vous devez en avoir un nombre égal, au moins, qui devront être embarqués sur la flottille de transport.

BONAPARTE.

Archives de l'Empire.

7279. — AU CONSUL CAMBACÉRÈS.

Boulogne, 24 brumaire an XII (16 novembre 1803).

Le ministre de la marine, Citoyen Consul, est arrivé avant-hier. J'ai passé ces trois jours au milieu des camps et du port. Tout commence à prendre ici le mouvement et la direction qu'il doit y avoir.

J'ai vu des hauteurs d'Ambleteuse les côtes d'Angleterre, comme on voit des Tuileries le Calvaire. On distinguait les maisons et le mouvement. C'est un fossé qui sera franchi lorsqu'on aura l'audace de le tenter.

La Seine doit être fort élevée à Paris. La pluie n'a point cessé ici. Nous avons plus de 200 bâtiments, depuis Saint-Malo, en rade ou en partance pour nous joindre. J'espère qu'une division arrivera aujourd'hui.

BONAPARTE.

Comm. par M. le duc de Cambacérès.
(En minute aux Arch. de l'Emp.)

7280. — AU CITOYEN TALLEYRAND,
MINISTRE DES RELATIONS EXTÉRIEURES.

Boulogne, 24 brumaire an XII (16 novembre 1803).

J'ai lu, Citoyen Ministre, la note du ministre de Suède. Dans le compte qu'il a rendu à sa cour, il dit que vous lui avez appris que cette affaire était passée par le canal du ministre de la guerre. Ce ministre a probablement mal entendu, et il est convenable que vous le redressiez sur ce point. Du reste, vous pouvez lui laisser pressentir que sa note m'a été envoyée, et qu'il est probable qu'il n'y sera fait aucune réponse, vu que le Premier Consul ne s'est jamais permis de rien demander au roi de Suède sur ses affaires; encore faudrait-il dire cela le plus légèrement et avec le plus de ménagement possible, car je crois qu'il y a de la gaucherie dans la note du ministre.

J'ai toujours soupçonné que le cabinet de Berlin désirait nous faire croire qu'il était très-bien avec la Russie, quoiqu'il n'y ait cependant rien d'extraordinaire entre les deux États; mais, puisque M. de Lucchesini n'a point de pouvoirs, il est tout simple que cela n'est encore que du parlage.

On pourrait faire pour *le Moniteur* quelques extraits de la nouvelle de Raguse et des autres nouvelles de la Grèce.

BONAPARTE.

Archives des affaires étrangères.
(En minute aux Arch. de l'Emp.)

7281. — AU CITOYEN TALLEYRAND.

Boulogne, 24 brumaire an XII (16 novembre 1803).

Répondez, Citoyen Ministre, au général Brune, en lui envoyant les instructions qu'il demande.

Les lettres du ministre de la République à Lucques ne me convainquent pas; elles me prouvent, au contraire, qu'il avait demandé un logement et plusieurs choses à la République de Lucques. De quel droit demandait-il un logement? L'imbécillité qu'il a eue de demander un certificat montre que c'est un homme incapable et au-dessous de sa place. Quelle opinion veut-il que la République de Lucques ait d'un ministre étranger qui lui demande un certificat, chose qu'un homme d'honneur ne demande jamais?

Les dépêches du général Beurnonville ne méritent aucune réponse.

Faites connaître au commissaire général Pichon qu'il a eu tort de donner au citoyen Jérôme le conseil de venir sur un bâtiment américain; que ce jeune officier a pris le parti qu'il devait prendre d'attendre là mes ordres et que c'était celui qu'il devait lui conseiller, si tant est qu'il voulût lui donner un conseil; car cette manière circonspecte est toujours dans l'ordre et le caractère diplomatique.

Je vous prie d'inclure dans votre dépêche une petite lettre pour le citoyen Jérôme, en cas qu'il s'y trouve, où vous lui direz que mon intention est qu'il profite du premier bâtiment qui sortira du port, pour s'y embarquer et venir en France sous pavillon français.

Demandez à Cagliari des renseignements sur les fortifications, sur les troupes, sur ce qu'il nous faudrait pour s'emparer du pays, et sur ce qu'il faudrait aux Anglais pour s'en emparer. Demandez les meilleures cartes des fortifications des villes, soit de l'île, soit des mouillages; bien entendu que tout cela doit être en chiffre.

BONAPARTE.

Archives des affaires étrangères.
(En minute aux Arch. de l'Emp.)

7282. — AU GÉNÉRAL BERTHIER, MINISTRE DE LA GUERRE.

Boulogne, 24 brumaire an XII (16 novembre 1803).

Il serait convenable, Citoyen Ministre, que l'emprunt que lève le général Mortier en Hanovre fût fait par les États de Hanovre et qu'il ne fût pas hypothéqué sur les bailliages de la souveraineté du pays, mais seulement sur les biens patrimoniaux du roi d'Angleterre.

BONAPARTE.

Archives de l'Empire.

7283. — AU CITOYEN DEJEAN,
MINISTRE DIRECTEUR DE L'ADMINISTRATION DE LA GUERRE.

Boulogne, 24 brumaire an XII (16 novembre 1803).

Je vous envoie, Citoyen Ministre, une demande du 36e régiment. Ce régiment doit fournir 1,800 hommes. Accordez-lui 200 capotes de plus. Les hommes naufragés sur les bateaux canonniers ont besoin d'être rhabillés à neuf; accordez-le-leur.

Il n'y a encore ici d'arrivé que 5,000 petits bidons. Il est nécessaire que vous en fassiez passer un grand nombre; car il en faut un pour chaque soldat.

Il n'est encore arrivé que 10,000 couvertures.

J'ai lieu d'être content des souliers que j'ai vus en magasin, des couvertures et des marmites. Je ne le suis pas également des outils de campement, qui ne sont d'aucun service. Il est vrai qu'ils sont des restes de magasins et ne valent pas le transport.

Je suis assez content du biscuit, pas mal du service du pain et de celui de la viande. Je le suis assez du fourrage, par les mesures extraordinaires qui ont été prises. Enfin je me suis aperçu d'une grande amélioration dans la qualité des fournitures. Je dois donc, comme de raison, l'attribuer au zèle que vous y avez porté.

BONAPARTE.

Dépôt de la guerre.
(En minute aux Arch. de l'Emp.)

7284. — AU CITOYEN FLEURIEU.

Boulogne, 24 brumaire an XII (16 novembre 1803).

Citoyen Fleurieu, Conseiller d'État, chargé par intérim du portefeuille de la marine, par votre lettre du 19 brumaire vous me faites connaître que je n'ai pas fixé le nombre d'affûts tournants de 4 et d'obusiers pour les péniches. Envoyez-en à Boulogne cent de 4 et cinquante d'obusiers.

J'ai passé toute la journée d'hier à présider à l'installation d'une chaloupe canonnière et d'un bateau canonnier; car ici l'arrimage est une des plus importantes manœuvres du plan de campagne, pour que rien ne soit oublié et que tout soit également réparti.

Tout commence à prendre ici une tournure satisfaisante. On est bien lent à Saint-Malo pour faire partir les convois.

Le ministre de la marine est arrivé avant-hier ici.

Écrivez au général Villeneuve qu'il fasse mesurer bien exactement la distance qu'il y a de l'île d'Aix au banc du Boyard, et du banc du

Boyard à la batterie des Saumonards, et qu'il voie le nombre et l'espèce de mortiers qui se trouvent à chacune de ces batteries.

BONAPARTE.

Archives de la marine.
(En minute aux Arch. de l'Emp.)

7285. — AU CITOYEN CHAPTAL, MINISTRE DE L'INTÉRIEUR.

Boulogne, 24 brumaire an XII (16 novembre 1803)

Les fonds n'ont pas été faits assez abondamment pour les routes de communication de Boulogne. Je vous envoie le rapport de l'ingénieur en chef. Mettez les sommes nécessaires à sa disposition. Les charrois sont ici immenses, et nous ferions les pertes les plus grandes par le retardement, si les routes n'étaient pas réparées. Je suis satisfait de l'esprit de l'armée de terre et de mer.

BONAPARTE.

Archives de l'Empire.

7286. — AU CITOYEN BARBÉ-MARBOIS,
MINISTRE DU TRÉSOR PUBLIC.

Boulogne, 25 brumaire an XII (17 novembre 1803).

Je vous remercie des nouvelles que vous m'avez envoyées de Londres. Le payeur du trésor m'a ici paru parfaitement rassuré, puisqu'il y a quatre millions en caisse.

Il fait ici des temps affreux; mais l'armée est tellement baraquée qu'elle ne s'aperçoit point du mauvais temps. Il y a beaucoup de choses à faire dans le port; mais on commence à se mettre en train, et les services m'ont paru tous parfaitement assurés.

BONAPARTE.

Archives de l'Empire.

7287. — AU CONSUL CAMBACÉRÈS.

Boulogne, 25 brumaire an XII (17 novembre 1803).

Je vois par votre lettre, Citoyen Consul, que les eaux baissent. Il pleut ici par torrents depuis huit jours.

Il nous est arrivé hier l'avant-garde d'une division de la flottille partie du Havre. Il paraît que le reste de la division est entré à Saint-Valery-sur-Somme.

BONAPARTE.

Comm. par M. le duc de Cambacérès.
(En minute aux Arch. de l'Emp.)

7288. — AU CITOYEN TALLEYRAND.

Boulogne, 25 brumaire an XII (17 novembre 1803).

Je vous renvoie, Citoyen Ministre, le portefeuille que j'ai reçu par le courrier de cette nuit.

L'affaire du général Ney ne mérite pas une grande attention. Il y a si longtemps que l'on s'occupe des moyens de nager des bâtiments sans hommes et que la solution de ce problème offre de très-grands avantages, qu'il ne paraîtrait pas probable que rien de raisonnable sur ce point fût imaginé par un montagnard suisse.

La dépêche de Prusse est d'une tout autre nature. Vous savez combien elle mérite de considération. Je ne vous dirai pas ici sous combien de points de vue différents j'envisage cette affaire. Je veux y penser encore quelques jours avant de m'engager définitivement; toutefois il faudrait savoir, en attendant, ce qu'ils entendent; et, après avoir beaucoup causé avec M. de Lucchesini pour savoir ce qu'il sait, arrivez à la grande question des pouvoirs. Est-ce le Hanovre qu'on veut nous faire évacuer? Est-ce l'Elbe que l'on veut rouvrir? Ou bien est-ce un engagement sérieux pour s'assurer une grande prépondérance en Allemagne?

BONAPARTE.

Archives des affaires étrangères.
(Eu minute aux Arch. de l'Emp.)

7289. — ORDRE DU JOUR.

Boulogne, 25 brumaire an XII (17 novembre 1803).

Le Premier Consul est satisfait de l'armée de terre du camp de Saint-Omer, et des divisions de la flottille réunies à Boulogne. Je charge l'amiral et le général en chef de faire connaître aux soldats et matelots que leur conduite justifie l'opinion que le Premier Consul a d'eux.

BONAPARTE.

Archives de l'Empire.

7290. — AU GÉNÉRAL BERTHIER.

Boulogne, 25 brumaire an XII (17 novembre 1803).

Je vous renvoie, Citoyen Ministre, votre correspondance. Je suis fâché d'apprendre que l'embaucheur hanovrien ait été condamné aux fers; il devait être fusillé comme recrutant pour l'ennemi.

BONAPARTE.

Archives de l'Empire.

7291. — AU CITOYEN PETIET, COMMISSAIRE ORDONNATEUR.

Boulogne, 25 brumaire an XII (17 novembre 1803).

Je reçois votre lettre du 23 brumaire, par laquelle vous m'annoncez la bonne situation du service des camps de Bruges. Je n'ai lieu que d'être très-satisfait des services de celui de Saint-Omer. Les fournitures m'ont paru bonnes, hormis celle des outils et effets de campement, que l'on m'assure être des restes de magasins. Faites user ces restes dans les camps actuels, mais procurez-vous pour l'embarquement la quantité de pelles, pioches et haches de très-bonne qualité.

Vous devez fournir à l'embarquement 4 pelles, 4 pioches et 4 haches par compagnie.

Je vous prie de porter aussi une attention particulière aux hôpitaux de Boulogne, car je voudrais le moins d'évacuations possible.

Enfin il est un objet sur lequel je ne vois pas qu'il ait été pris aucune mesure, c'est sur l'eau-de-vie qu'on doit embarquer. Il doit y avoir 300,000 pintes. Faites-en passer la moitié à Boulogne. Faites-moi une récapitulation de tout ce que j'ai demandé, l'endroit où cela existe, et ce qu'il y a dans ce moment-ci.

Adressez-moi ce rapport à Paris. Je compte, le mois prochain, visiter le camp d'Ostende.

BONAPARTE.

Archives de l'Empire.

7292. — AU CITOYEN CHABROL, AUDITEUR AU CONSEIL D'ÉTAT.

Saint-Cloud, 26 brumaire an XII (18 novembre 1803).

Citoyen Chabrol, je désire que vous vous rendiez à Nieuport, Ostende, Dunkerque, Calais, Terneuse et Anvers, pour vérifier si les travaux ordonnés lors de mon premier voyage, cet été, sont en pleine activité, tels que les réparations des digues et ports. Les ingénieurs vous mettront au fait des travaux qui ont été ordonnés. Je désire que, sans y mettre rien d'ostensible, vous vous assuriez qu'il n'y a aucune espèce de plainte des civils contre les militaires, et que les travaux qui leur sont requis leur sont exactement payés.

BONAPARTE.

Archives de l'Empire.

7293. — AU GÉNÉRAL DAVOUT,
COMMANDANT LE CAMP DE BRUGES.

Saint-Cloud, 26 brumaire an XII (18 novembre 1803).

Citoyen Général Davout, je suis de retour à Paris. Je ne compte voir votre armée que lorsque la flottille hollandaise sera prête à Flessingue. Le ministre de la marine, qui se rend à Ostende, prendra connaissance de ce qui s'y fait et donnera les ordres nécessaires. En attendant, envoyez-moi l'état de situation de votre armée.

BONAPARTE.

Comm. par Mme la maréchale princesse d'Eckmühl.
(En minute aux Arch. de l'Emp.)

7294. — AU CITOYEN TALLEYRAND.

Saint-Cloud, 27 brumaire an XII (19 novembre 1803).

Je vous renvoie votre correspondance, Citoyen Ministre. Je vous prie de faire mettre dans *le Moniteur* quelques détails sur la guerre que soutiennent actuellement aux Indes les Anglais contre les Mahrattes.

Je vous envoie une lettre qui vous mettra au fait des affaires de Russie. Il paraît que nous voilà débarrassés de ce Markof.

BONAPARTE.

Archives des affaires étrangères.
(En minute aux Arch. de l'Emp.)

7295. — AU GÉNÉRAL BERTHIER.

Saint-Cloud, 27 brumaire an XII (19 novembre 1803).

Je reçois, Citoyen Ministre, votre rapport du 24 brumaire, sur les hommes, partis et arrivés aux corps, de la conscription de l'an IX et de l'an X. J'y vois que 63,000 hommes sont partis, et que 49,000 hommes seulement sont arrivés aux corps. Voilà donc une différence de 14,000 hommes entre les hommes partis et arrivés; cela mériterait attention. Qu'entend-on par *partis* dans les états?

BONAPARTE.

Archives de l'Empire.

7296. — AU GÉNÉRAL BERTHIER.

Saint-Cloud, 27 brumaire an XII (19 novembre 1803).

Il serait convenable, Citoyen Ministre, d'écrire au général Mortier qu'on est prévenu que des agents anglais travaillent quelques parties du Hanovre, et surtout le duché de Lauenburg, et même les troupes qui s'y trouvent. Recommandez-lui de porter une surveillance particulière sur cet objet; et, s'il y a dans son armée des hommes qui ne méritent pas sa confiance et qui, sous prétexte de se rallier à tel ou tel général, tentent de fomenter du trouble, qu'il les renvoie en France.

BONAPARTE.

Archives de l'Empire.

7297. — AU GÉNÉRAL BERTHIER.

Paris, 29 brumaire an XII (21 novembre 1803).

Il est temps, Citoyen Ministre, que vous me proposiez la formation des bataillons irlandais. Je désire que vous me remettiez l'état des Irlandais qui sont ici et qui comptent s'embarquer pour l'expédition, et que vous régliez leur grade et leur manière d'être dans cette expédition.

BONAPARTE.

Archives de l'Empire.

7298. — AU CITOYEN MONGE, A LIÉGE.

Paris, 29 brumaire an XII (21 novembre 1803).

Je n'ai jamais eu le projet de laisser tomber la fonderie de Liége; mais aussi j'ai toujours pensé qu'à la fin de brumaire Perrier coulerait des pièces de 24; nous en manquons, et il ne nous en fournit pas. Il dit qu'il coulera le 20 frimaire; mais voilà déjà trois mois qu'il me promet et ne tient pas, et vous sentez que pour moi les excuses ne sont rien, parce que j'avais toujours pensé avoir au 30 brumaire 300 pièces de canon. Tout ce qu'il fournira en nivôse, même en pluviôse, pourra être fait par un service urgent; après, il finira sa commande, mais avec le temps. Qu'il nous fasse donc enfin des canons.

BONAPARTE.

Archives de l'Empire.

7299. — AU CITOYEN FLEURIEU.

Paris, 29 brumaire an XII (21 novembre 1803).

Citoyen Fleurieu, Conseiller d'État, chargé par intérim du portefeuille de la marine, il me paraît convenable de donner des ordres pour que toutes les caïques qui se rendent à Boulogne s'y rendent sans canons, mais avec leurs affûts; elles seront armées dans cette ville.

Donnez également des ordres dans les différents ports pour que chaque bateau canonnier, et surtout chaque péniche et chaque caïque, ait une tente capable de mettre à l'abri de la pluie les soldats embarqués.

BONAPARTE.

Archives de la marine.

7300. — AU CITOYEN REGNIER,
GRAND JUGE, MINISTRE DE LA JUSTICE.

Paris, 30 brumaire an XII (22 novembre 1803).

Je vous prie de pousser toujours la correspondance avec Drake comme vous le jugerez convenable. Il m'est impossible de donner à cette affaire une attention suivie. Faites-moi bientôt connaître les mesures à prendre pour arrêter tous les individus qui se trouvent compromis déjà dans ces affaires.

BONAPARTE.

Archives de l'Empire.

7301. — A L'AMIRAL BRUIX,
COMMANDANT LA FLOTTILLE DE BOULOGNE.

Paris, 30 brumaire an XII (22 novembre 1803).

Citoyen Amiral Bruix, toutes les flottilles de Saint-Malo ont passé Cherbourg; la flottille de Cherbourg elle-même est partie. Je désire que vous ôtiez des quatre premières divisions de bateaux canonniers tous ceux qui seraient de nouvelle construction, et que vous les remplaciez par des bateaux d'ancienne construction, qui vous viennent de Granville; il y en a vingt-deux.

Votre 4ᵉ division n'est encore composée que de vingt-deux bateaux; vous la compléterez avec ceux venant de Granville.

La 5ᵉ division actuelle, toute composée de bateaux de nouvelle construction, formera la 6ᵉ division; et vous formerez la 5ᵉ avec le surplus des bateaux que vous aurez d'ancienne construction. Il y en a d'ailleurs encore quelques-uns à Dunkerque et à Anvers, et je pense que vous en aurez assez pour compléter les cinq premières divisions, c'est-à-dire cent trente-cinq bateaux.

Par tous les renseignements qui me reviennent ici, il s'ensuit qu'au 1ᵉʳ nivôse vous aurez, rendus à Boulogne ou en partance dans les différents ports depuis Saint-Malo jusqu'à Flessingue, 8 prames, 150 chaloupes canonnières, 350 bateaux canonniers, 354 bateaux de Terre-Neuve, 300 péniches, 40 caïques.

Les constructions des chantiers de Paris sont très-avancées. On fera partir ces bâtiments armés et équipés pour le Havre, afin qu'ils vous arrivent sur-le-champ.

Un très-beau canot, qui m'est destiné, est parti de Saint-Malo : vous le ferez remettre aux matelots de la Garde. Vous ferez remettre également aux matelots de la Garde les péniches et caïques destinées pour mon service particulier, qui arriveront des différents ports.

Vous ferez remettre également à la Garde quatre paquebots de Calais.

Je désire que sur chacune de mes caïques (il doit vous en arriver sept) vous fassiez mettre un canon de 24 de bronze, léger; sur chacun des quatre paquebots, un obusier de 8 pouces; et sur chacune de mes péniches, un bon obusier.

Dès qu'il vous sera arrivé des bateaux de Terre-Neuve, je vous prie de me faire connaître si vous pensez que ces bâtiments puissent porter des hommes pendant la traversée.

Les divisions de la flottille avaient été divisées en trois sections, parce que nos régiments sont eux-mêmes divisés en trois bataillons; mais, comme nous n'embarquons que deux bataillons, et pour vous ménager d'ailleurs des capitaines de vaisseau dont vous pourriez avoir besoin, je vous prie de me faire connaître si vous pensez qu'il y ait des inconvénients notables à former les divisions de quatre sections. Comme un régiment de deux bataillons s'embarquerait à bord de deux sections, deux régiments s'embarqueraient à bord d'une division; ce qui fait une brigade d'infanterie par division.

BONAPARTE.

Archives de l'Empire.

7302. — AU GÉNÉRAL PINO.

Paris, 30 brumaire an XII (22 novembre 1803).

Citoyen Général Pino, il ne faut s'occuper dans ce moment que des affaires d'Angleterre; l'Italie n'a rien à craindre. Les troubles intérieurs que quelques malveillants pourraient y exciter ne tourneraient qu'à leur confusion et à leur perte.

Le poste de campement de votre division est déjà marqué, et j'apprendrai avec plaisir son arrivée à Genève, d'où vous aurez soin de m'envoyer l'état de situation de chaque corps.

BONAPARTE.

Archives de l'Empire.

7303. — DÉCISION.

Paris, 1er frimaire an XII (23 novembre 1803).

Le ministre fera faire l'état de tous les déserteurs et conscrits n'ayant pas rejoint, par arrondissement et sous-préfecture, avec le nom des père et mère, et l'indication de la commune où ils demeurent.

Cet état sera remis au Premier Consul le 15 frimaire.

Le ministre enverra en même temps à chaque sous-préfet l'état de ces hommes, et leur fera connaître qu'ils seront personnellement responsables. Il l'enverra également au premier inspecteur, qui l'adressera aux capitaines pour faire arrêter ces hommes; il annoncera qu'il y aura 12 francs de gratification pour chaque déserteur ou conscrit livré au corps.

BONAPARTE.

Archives de l'Empire.

7304. — ARRÊTÉ.

Paris, 1er frimaire an XII (23 novembre 1803).

ARTICLE 1er. — Les Anglais prisonniers de guerre seront renfermés dans la ville de Verdun, dans le château de Bitche et dans les citadelles de Charlemont et de Valenciennes.

ART. 2. — Un général de brigade de gendarmerie sera chargé du commandement de la ville de Verdun, et de la police et de la surveillance spéciales des prisonniers anglais.

Un chef d'escadron de gendarmerie sera chargé de la surveillance des dépôts des prisonniers anglais au château de Bitche et dans les citadelles de Charlemont et de Valenciennes.

ART. 3. — Il sera pris, dans les réserves des légions de gendarmerie, des brigades, à raison d'une brigade pour cinquante prisonniers, lesquelles seront placées dans la ville de Verdun, le château de Bitche et les citadelles de Charlemont et de Valenciennes, et aux environs de ces places, qui seront néanmoins pourvues des garnisons nécessaires.

ART. 4. — Seront réunis :

Dans la ville de Verdun, les prisonniers anglais d'un âge avancé ou ayant avec eux des femmes et des enfants, et ceux qui sont revêtus de grades;

Dans le château de Bitche, ceux qui ont donné lieu à des plaintes sur leur conduite relative à leur détention;

Dans les citadelles de Charlemont et de Valenciennes, tous ceux qui sont matelots ou soldats.

ART. 5. — Aucun Anglais ne pourra résider à Paris ou à une distance moindre de trente lieues de cette ville.

Ceux qui, sous quelque prétexte que ce soit, se trouveront à une distance moindre de dix lieues des côtes, seront arrêtés et traités comme prévenus d'espionnage. Ceux qui seront trouvés à une distance moindre de dix lieues des frontières de terre seront considérés comme ayant voulu s'échapper, et traités en conséquence.

ART. 6. — Le ministre de la guerre est seul chargé de l'exécution du présent arrêté.

BONAPARTE.

Archives de l'Empire.

7305. — AU GÉNÉRAL DEJEAN,
MINISTRE DIRECTEUR DE L'ADMINISTRATION DE LA GUERRE.

Paris, 1er frimaire an XII (23 novembre 1803).

Je désire, Citoyen Ministre, que vous fassiez donner une paire de sabots, en forme de gratification, à chaque soldat des camps de Saint-Omer, Compiègne et Montreuil. Faites toucher aux corps la somme nécessaire pour cela, ou bien chargez-en l'ordonnateur de l'armée.

BONAPARTE.

Dépôt de la guerre.
(En minute aux Arch. de l'Emp.)

7306. — AU GÉNÉRAL DAVOUT, COMMANDANT LE CAMP DE BRUGES.

Paris, 1er frimaire an XII (23 novembre 1803).

Citoyen Général Davout, je reçois votre lettre du 27 brumaire, par laquelle vous me rendez compte de l'arrestation du nommé Bulow. Au lieu de le retenir dans une maison particulière, il faut le mettre au secret, en prison; nommer une commission de cinq officiers pour le juger dans les vingt-quatre heures comme espion, et le faire fusiller. Cet exemple est nécessaire; nos côtes sont inondées de ces misérables.

Je donne l'ordre au ministre de la guerre de tenir 50,000 francs à votre disposition.

Faites-moi connaître si les cinquante boots achetés en Hollande sont arrivés à Flessingue.

BONAPARTE.

Comm. par Mme la maréchale princesse d'Eckmühl.
(En minute aux Arch. de l'Emp.)

7307. — AU GÉNÉRAL SOULT,
COMMANDANT LE CAMP DE SAINT-OMER.

Paris, 1er frimaire an XII (23 novembre 1803).

Citoyen Général Soult, j'ai reçu vos dernières lettres. J'ordonne au ministre Dejean de vous autoriser à vous procurer une paire de sabots pour chaque soldat. L'ordonnateur de votre division est chargé de s'en procurer.

BONAPARTE.

Archives de l'Empire.

7308. — AU GÉNÉRAL RAPP, aide de camp du premier consul.

Paris, 1er frimaire an XII (23 novembre 1803).

Vous voudrez bien vous rendre à Toulon. Vous remettrez la lettre ci-jointe au général Ganteaume; vous y prendrez connaissance de la situation de la marine, de l'organisation des équipages et du nombre des vaisseaux en rade ou qui seraient prêts à s'y rendre. Vous resterez jusqu'à nouvel ordre à Toulon. Quarante-huit heures après votre arrivée, vous m'enverrez un courrier extraordinaire avec la réponse du général Ganteaume à ma lettre. Ce courrier extraordinaire parti, vous m'écrirez chaque jour ce que vous aurez fait et vu. Vous entrerez dans le plus grand détail sur toutes les parties de l'administration. Vous irez tous les jours une ou deux heures à l'arsenal. Vous vous informerez du jour où passera le 3e bataillon de la 8e légère, qui part d'Antibes, et qui a ordre de se rendre à Saint-Omer pour l'expédition; vous vous rendrez au lieu le plus près de Toulon où il passera, pour l'inspecter, et vous me ferez connaître sa situation.

Vous irez visiter les îles d'Hyères pour voir de quelle manière elles sont gardées et armées. Vous me ferez un rapport détaillé sur tous les objets que vous verrez.

BONAPARTE.

Archives de l'Empire.

7309. — AU GÉNÉRAL GANTEAUME, préfet maritime a toulon.

Paris, 1er frimaire an XII (23 novembre 1803).

Citoyen Général, j'expédie auprès de vous le général Rapp, un de mes aides de camp; il séjournera quelques jours dans votre port et s'instruira en détail de tout ce qui concerne votre département.

Je vous ai mandé, il y a deux mois, que je désirais avoir dans le courant de frimaire 10 vaisseaux, 4 frégates et 4 corvettes, prêts à mettre à la voile à Toulon; que cette escadre fût approvisionnée de quatre mois de vivres pour 2,500 hommes de bonnes troupes d'infanterie qui s'embarqueraient à son bord. Je désire que, quarante-huit heures après la réception de cette lettre, vous me fassiez connaître, par le courrier extraordinaire que m'enverra le général Rapp, le jour précis où cette escadre pourra mettre à la voile de Toulon, ce que vous avez en rade et prêt à partir au moment de la réception de ma lettre, ce que vous aurez au 15 frimaire, ce que vous aurez au 1er nivôse. Mon vœu serait que cette expédition pût mettre à la voile au plus tard dans les premiers jours de nivôse.

Je viens de Boulogne, où il règne aujourd'hui une grande activité et où j'espère avoir, vers le milieu de nivôse, 300 chaloupes canonnières, 500 bateaux canonniers et 500 péniches réunis; chaque péniche portant un obusier de 36, chaque bateau canonnier un canon de 24, et chaque chaloupe canonnière trois pièces de 24. Faites-moi connaître vos idées sur cette flottille. Croyez-vous qu'elle nous mènera sur les bords d'Albion? Elle peut porter 100,000 hommes. Huit heures de nuit qui nous seraient favorables décideraient du sort de l'univers.

Le ministre de la marine a continué sa tournée vers Flessingue; il visitera la flottille batave, qui est composée de 100 chaloupes canonnières et de 300 bateaux canonniers, capables de porter 30,000 hommes, et la flotte du Texel, qui doit porter aussi 30,000 hommes.

Je n'ai pas besoin d'exciter votre zèle; je sais que vous ferez tout ce qui sera possible; comptez sur mon estime.

BONAPARTE.

Comm. par Mme la comtesse Ganteaume.
(En minute aux Arch. de l'Emp.)

7310. — AU CITOYEN PERREGAUX.

Paris, 2 frimaire an XII (24 novembre 1803).

Citoyen Perregaux, Président des régents de la Banque de France, j'ai compris, par la note que vous m'avez fait remettre,

1° Que la Banque avait en suspens des affaires avec le trésor public: j'ai ordonné qu'elles fussent terminées, mon intention n'étant pas, dans aucun cas, d'emprunter de l'argent de la Banque;

2° Que la Banque ne jouissait pas du capital dont elle devrait jouir: j'ai chargé le consul Lebrun de vous proposer divers moyens pour aider la Banque et la mettre à même de marcher avec plus de hardiesse et d'assurance, mon intention étant, telle que je vous l'ai communiquée il y a un an, d'aider la Banque dans toutes les circonstances.

Mais je ne saurais penser que les régents méconnussent le principe qu'ils doivent escompter les obligations lorsqu'elles sont à moins de deux mois d'échéance, et ne fussent pas pénétrés de l'obligation où ils sont de donner à leur privilège toute l'extension dont il est susceptible; l'intérêt de l'État, du commerce, des actionnaires, tout en fait une loi.

Je fonde un grand espoir dans la Banque; je l'aiderai dans toutes les circonstances; mais il faut qu'elle se pénètre de sa puissance et de son utilité.

BONAPARTE.

Comm. par M. Lefebvre, libraire.

7311. — NOTE POUR LE MINISTRE
DES RELATIONS EXTÉRIEURES.

Paris, 2 frimaire an XII (24 novembre 1803).

Il paraît que le dernier courrier d'Espagne à Azara ne dit rien et n'a pour but que de gagner du temps. Cependant je suis pressé pour avoir de l'argent; 16 millions sont échus au 1er vendémiaire. Je voudrais que le ministre du trésor public tirât pour 16 millions de lettres de change sur la trésorerie espagnole; on les confierait à un banquier qui se rendrait en poste à Madrid, où ces lettres seraient acceptées ou ne le seraient pas : si elles ne l'étaient pas, ce serait un sujet naturel de querelle avec l'Espagne; le banquier aurait soin de dire que, si les lettres de change ne sont pas acceptées dans vingt-quatre heures, il s'en va. Si, au contraire, elles le sont, elles seraient soldées dans huit jours, c'est-à-dire avant le 10 frimaire, et dès ce moment on aurait de l'argent arrivé à Paris avant la fin de frimaire. On pourrait, pour les payements réguliers de mois en mois, convenir d'un arrangement.

BONAPARTE.

Archives des affaires étrangères.
(En minute aux Arch. de l'Emp.)

7312. — AU CITOYEN TALLEYRAND,
MINISTRE DES RELATIONS EXTÉRIEURES.

Paris, 2 frimaire an XII (24 novembre 1803).

Je vous prie, Citoyen Ministre, d'envoyer copie de cette dépêche au général Brune, pour qu'il porte des plaintes sur la manière dont on se comporte avec notre agent à Latakieh.

Écrivez en chiffre au citoyen Lesseps qu'il doit se rendre au Caire; qu'il a eu tort de montrer la lettre des Mameluks au pacha du Caire; qu'il doit envoyer en France, par la voie la plus sûre, tout ce qu'il aura des beys, sans en rien communiquer aux Turcs.

Il doit faire dire principalement à Osman-Bey que j'ai reçu sa lettre; que j'en ai compris le contenu; que j'aime les Mameluks, parce qu'ils sont braves, et surtout les Mameluks de Mourad-Bey, parce qu'ils ont été avec nous et ont fait partie de l'armée française;

que mon intention était, dans toutes les circonstances, de les favoriser et de les protéger; qu'ils peuvent donc compter là-dessus. Qu'il fasse dire à la veuve de Mourad-Bey que j'ai reçu sa lettre; que j'ai donné l'ordre spécial aux agents français qui sont en Égypte de la protéger; que je veux qu'elle n'ait rien à craindre, et qu'elle n'ait besoin de rien, parce que Mourad-Bey a fini par être ami de la France, qu'il est mort dans ces sentiments, et qu'ainsi je serai toujours ami de sa famille.

BONAPARTE.

Archives des affaires étrangères.
(En minute aux Arch. de l'Emp.)

7313. — AU CITOYEN TALLEYRAND.

Paris, 2 frimaire an XII (24 novembre 1803).

Je désire, Citoyen Ministre, que vous écriviez une lettre en chiffre au citoyen Lesseps, commissaire des relations extérieures au Caire, et que vous preniez la précaution de la lui envoyer par un homme qui ira s'embarquer à Trieste, sur le premier bâtiment qui partira pour Alexandrie, de manière que vous ayez double garantie pour l'arrivée de cette lettre.

Vous direz au citoyen Lesseps de faire connaître à Ibrahim-Bey et à Osman-Bey que j'ai reçu leur lettre, et que j'en approuve le contenu; que j'ai fait parler à la Porte pour ce qui les regarde, mais qu'il est difficile d'espérer quelque chose de ce côté; que je leur veux du bien, et que je désire leur en donner des preuves; qu'en attendant qu'il soit pris un parti définitif, je serais porté à leur donner du secours, mais de manière à ne pas nous brouiller encore avec la Porte; qu'ils me fassent donc de suite connaître la nature du secours dont ils peuvent avoir besoin.

Recommandez au citoyen Lesseps de rendre ses communications plus fréquentes, en envoyant des exprès avec des lettres chiffrées, et avec les plus grandes précautions, soit par Raguse, soit par Trieste.

BONAPARTE.

Archives des affaires étrangères.
(En minute aux Arch. de l'Emp.)

7314. — AU CITOYEN TALLEYRAND.

Paris, 2 frimaire an XII (24 novembre 1803).

Je vous prie, Citoyen Ministre, d'écrire au citoyen Semonville, à la Haye, que j'ai donné ma confiance au contre-amiral hollandais Ver Huell, que j'ai nommé commandant en chef de la flottille batave; qu'il est donc convenable qu'il le soutienne auprès de son Gouvernement, et lui prête toute l'assistance dont il pourrait avoir besoin.

BONAPARTE.

Archives des affaires étrangères.
(En minute aux Arch. de l'Emp.)

7315. — AU GÉNÉRAL BERTHIER, MINISTRE DE LA GUERRE.

Paris, 2 frimaire an XII (24 novembre 1803).

Vous donnerez l'ordre au général de division Gouvion, inspecteur général de gendarmerie, de se rendre sur-le-champ à Angers, et de porter de là son quartier général à Châtillon.

Il aura immédiatement sous ses ordres une colonne d'éclaireurs, composée de trois compagnies de grenadiers du 12e régiment d'infanterie légère, qui est à Nantes, complétées chacune à 65 hommes au moins, commandée par un chef de bataillon; de quatre compagnies de grenadiers du 93e régiment, complétées également à 65 hommes et commandées par un chef de bataillon. Ces deux petits bataillons, joints à 25 gendarmes et à un escadron du 22e de chasseurs à cheval, fort au moins de 130 hommes, formeront cette colonne sous les ordres du général Gouvion.

Il aura aussi sous ses ordres trois autres colonnes qui se réuniront à Beaupreau, à Thouars et aux Herbiers.

La première, qui se réunira à Beaupreau, sera composée de 25 gendarmes, de deux compagnies du 12e régiment d'infanterie légère, complétées au moins à 65 hommes, et d'une compagnie à cheval du 28e de dragons, forte au moins de 70 hommes. Le général de brigade Girardon, commandant le département de la Mayenne, se mettra à la tête de cette colonne.

La deuxième colonne sera composée de deux compagnies, complétées à 65 hommes, du bataillon du 63e régiment qui est à Poitiers, de 25 gendarmes et d'une compagnie, complétée à 70 hommes et à cheval, du 22e régiment de chasseurs, qui est à Niort. Le général de brigade Dufresse se mettra à la tête de cette colonne, qui se réunira à Thouars.

La troisième colonne se réunira aux Herbiers, et sera composée de deux compagnies complétées à 65 hommes, d'une demi-brigade suisse, qui est à la Rochelle, de 25 gendarmes, de deux compagnies également à 65 hommes du bataillon de la 82e demi-brigade, qui est aux Sables, et d'une compagnie à cheval du 4e régiment de chasseurs, qui est à Fontenay-le-Peuple[1]. Cette troisième colonne sera com-

[1] Fontenay-le-Comte.

mandée par le chef de brigade Reynaud, adjudant du palais, auquel vous donnerez l'ordre de se rendre en poste aux Herbiers.

Ces trois colonnes d'éclaireurs seront sous les ordres du général de division Gouvion, qui dirigera toutes leurs marches et leurs opérations de manière à faire fouiller la forêt de Vezins et arrêter sans miséricorde les hommes qui faisaient partie du rassemblement qui a eu lieu dans la commune d'Yzernay, les poursuivre partout et sur quelque département qu'ils se soient réfugiés, et enfin se porter partout où le prétexte de la conscription ou toute autre raison feraient naître des troubles.

Le général Gouvion est à cet effet muni de tous les pouvoirs nécessaires; il pourra promettre telle récompense qu'il jugera convenable pour l'arrestation des brigands.

Il sera accordé à toutes les troupes faisant partie de ces quatre colonnes d'éclaireurs une indemnité pour tenir lieu de vivres de campagne.

Ces colonnes d'éclaireurs existeront jusqu'à nouvel ordre; et vous mettrez à la disposition du général Gouvion une somme pour qu'il puisse suffire; soit aux dépenses d'espionnage, soit au payement des récompenses promises, soit pour l'indemnité des vivres de campagne jusqu'à ce que ce service soit organisé.

Recommandez au général Gouvion de se concerter avec les préfets; il est d'ailleurs autorisé, d'après son grade d'inspecteur général de gendarmerie, à faire faire à la gendarmerie tous les mouvements et déplacements qu'il jugera convenables pour arrêter les troubles à leur naissance.

BONAPARTE.

Archives de l'Empire.

7316. — AU GÉNÉRAL SAVARY,
AIDE DE CAMP DU PREMIER CONSUL.

Paris, 2 frimaire an XII (24 novembre 1803).

Vous voudrez bien partir pour Mayenne et secrètement. Vous y verrez Chappedelaine, qui vous a écrit la lettre que vous m'avez remise. Vous prendrez les renseignements les plus circonstanciés. Vous irez sur les lieux mêmes où il a été rencontré par le commencement du rassemblement. De là, vous consulterez les officiers de gendarmerie, le général et le préfet, et vous acquerrez sur tout ce qui se passe toutes les informations convenables, ainsi que sur les mouvements que des malveillants voudraient faire sous le prétexte de la conscription.

Archives de l'Empire.

BONAPARTE.

7317. — DÉCISION.

Paris, 2 frimaire an XII (24 novembre 1803).

Le ministre de la guerre rend compte d'un marché passé à Liége pour une fourniture d'armes au Gouvernement batave. Il a défendu toute exportation d'armes, de peur qu'on ne les fît passer en Angleterre.

On ne saurait prendre trop de mesures pour empêcher que les Anglais ne recrutent des armes, dont ils ont le plus grand besoin.

BONAPARTE.

Archives de l'Empire.

7318. — DÉCISION.

Paris, 2 frimaire an XII (24 novembre 1803).

Rapport du ministre de la guerre sur les dispositions faites par le général Lacombe Saint-Michel pour assurer la défense des côtes de la Ligurie. Le ministre propose de faire passer 500,000 kilogrammes de poudre à Gênes, qui en manque.

Renvoyé au ministre de la guerre, pour faire filer à Gênes, pour rester en dépôt jusqu'à nouvel ordre, et entreposer, s'il est nécessaire, dans les magasins de la République italienne, trois cents milliers de poudre. Par ce moyen, ces poudres seront toujours à nous, et, si nous en avons besoin, nous les trouverons.

BONAPARTE.

Archives de l'Empire.

7319. — DÉCISION.

Paris, 2 frimaire an XII (24 novembre 1803).

Rapport du général Soult sur la demande formée par le citoyen Gravatte, chirurgien de 3e classe, d'être réintégré dans le grade de chirurgien de 2e classe.

Renvoyé au ministre de l'administration de la guerre. Mon intention est qu'il ne soit pas fait de tort aux vieux chirurgiens qui ont fait la guerre.

BONAPARTE.

Archives de l'Empire.

7320. — AU CITOYEN FLEURIEU.

Paris, 2 frimaire an XII (24 novembre 1803).

Citoyen Fleurieu, Conseiller d'État, chargé par intérim du portefeuille de la marine, je reçois un imprimé de Boulogne, où est décrit l'arrimage d'une chaloupe canonnière, d'un bateau canonnier et d'une péniche; mais je ne trouve pas que tout soit décrit avec assez d'ordre et de précision.

1° On ne dit pas le nombre d'hommes que la chaloupe canonnière doit porter. Le mot *passagers* y est seulement, mais le nombre est laissé en blanc; il faudrait mettre : passagers, 90; et garnison, 30; ce qui fait 120 hommes.

2° On ne distingue pas l'endroit où doivent être placées les 12,000 cartouches et les 1,200 pierres à feu.

3° On ne dit pas comment les passagers doivent être répartis sur les caissons, sur le pont, dans les hamacs.

4° On ne dit pas combien la péniche doit porter d'hommes. Elle doit en porter 66, dont 10 de garnison et 56 de passagers.

5° Les caissons ne sont pas désignés, ni ce qu'ils doivent porter; il doit y avoir 12,000 cartouches.

Je vous prie de faire rédiger de nouveau cette instruction, et de faire ajouter, à la fin de l'installation de chaque bâtiment, une table de tout ce qu'il doit porter, en indiquant par qui les objets doivent être fournis, pour l'usage des garde-magasins, etc.

Faites connaître au ministre de la guerre qu'il doit faire fournir un tonneau de lest en boulets à chaque bâtiment, et indiquez-lui les ports où vous avez de ces bâtiments en armement. Prévenez les commissaires de marine que, toutes les fois que la terre ne sera pas en mesure, ils fournissent des boulets de la marine.

BONAPARTE.

Archives de la marine.
(En minute aux Arch. de l'Emp.)

7321. — AU CONTRE-AMIRAL VER HUELL,
COMMANDANT EN CHEF LA FLOTTILLE BATAVE.

Paris, 2 frimaire an XII (24 novembre 1803).

Je reçois votre lettre du 28 brumaire. Je vois avec peine qu'il n'y a encore qu'un petit nombre de bâtiments à Flessingue, et j'attends votre deuxième dépêche pour connaître ce qu'il y a à Rotterdam et dans les autres chantiers. J'ai causé avec Schimmelpenninck, qui va écrire par un courrier à son Gouvernement pour lui faire sentir l'importance de vous seconder de tous ses moyens. Je vous prie de continuer à prendre des renseignements sur les boots qu'on a achetés pour nous. Donnez des ordres pour qu'ils partent le plus tôt possible. On m'assure qu'il y en a eu quarante-trois d'achetés. Il faudrait d'abord qu'ils partent tous pour Flessingue. J'attends donc votre second courrier.

BONAPARTE.

Archives de l'Empire.

7322. — AU CITOYEN TALLEYRAND,
MINISTRE DES RELATIONS EXTÉRIEURES.

Paris, 3 frimaire an XII (25 novembre 1803).

Vous trouverez ci-joint, Citoyen Ministre, le mémoire d'un négociant de Dunkerque qui a perdu, par la violation qu'ont faite les Anglais du territoire du Danemark, un bâtiment chargé d'une riche cargaison. Faites des démarches telles que le Danemark restitue la valeur de ce bâtiment.

BONAPARTE.

Archives des affaires étrangères.
(En minute aux Arch. de l'Emp.)

7323. — AU CITOYEN MELZI.

Paris, 3 frimaire an XII (25 novembre 1803).

Citoyen Melzi, Vice-Président de la République italienne, je ne puis que blâmer la conduite d'Aldini, et je ne conçois pas en effet comment un membre du Conseil législatif peut s'absenter de Milan sans votre permission; je crains que ce ne soit là un peu la faute de la Constitution. Le Conseil législatif devrait, comme à Paris, être tout entier dans la main du Gouvernement. Faites venir Aldini à Paris; dites-lui que j'approuve tout ce que vous avez fait dans une circonstance aussi urgente.

Parme et Plaisance conviennent bien à la République italienne; mais ils sont l'objet d'une négociation qui fixe déjà l'attention de toute l'Europe. C'est un moyen de paix, et je ne pourrais me décider à commettre la précipitation de réunir aujourd'hui ce pays que par une compensation qui m'aidât véritablement à soutenir la guerre. Cette compensation ne pourrait se trouver que dans une somme d'argent assez considérable, et je connais assez la situation de la République italienne pour croire qu'elle pût trouver difficilement cette somme. Cependant, voyez. Vous savez qu'un gouvernement se forme de l'opinion publique, et marche avec ce qu'impose l'opinion publique, qui raisonne et calcule tout.

Quant au concordat, il diffère peut-être un peu de celui de la République; mais il faut avouer aussi que les circonstances sont un peu différentes. Mettez tous vos soins à vous procurer cette paix religieuse qui, une fois perdue, ne peut se recouvrer qu'avec tant de peine.

BONAPARTE.

Archives de l'Empire.

7324. — A LA CONSULTE D'ÉTAT
DE LA RÉPUBLIQUE ITALIENNE.

Paris, 3 frimaire an XII (25 novembre 1803) [1].

Citoyens Consultateurs, j'ai reçu votre lettre du 27 septembre. Le concordat fait avec le Saint-Siége est fondé sur des bases raisonnables. Il est discuté depuis deux ans. Je désire qu'il soit pour la République un objet de tranquillité intérieure. Il est plus facile de prévenir des discussions religieuses que de les apaiser quand le mal est fait.

BONAPARTE.

Archives d'État à Milan.

7325. — AU CORPS LÉGISLATIF
DE LA RÉPUBLIQUE ITALIENNE.

Paris, 3 frimaire an XII (25 novembre 1803).

Citoyens Législateurs, j'ai reçu votre message du 20 octobre. J'ai été sensible aux sentiments que vous m'exprimez.

Les lois rendues dans votre dernière session ont puissamment contribué à consolider l'état de prospérité où est la République. J'attends les mêmes résultats de cette session; et il n'est aucun moment, dans quelque circonstance que je puisse me trouver, où le bonheur et la prospérité de la République italienne ne soient l'objet de ma pensée et de ma sollicitude.

BONAPARTE.

Archives d'État à Milan.

7326. — AU GÉNÉRAL BERTHIER, MINISTRE DE LA GUERRE.

Paris, 3 frimaire an XII (25 novembre 1803).

Je vous envoie, Citoyen Ministre, un projet d'arrêté sur lequel je vous prie de me faire connaître votre opinion. Vous me le présenterez définitivement avec la répartition des conscrits par départements. Faites faire un travail, en même temps, pour organiser la Garde en conséquence de cela.

Un chevron distinguerait les anciens soldats.

Chaque compagnie serait composée de 120 hommes, dont 60 seraient recrutés par l'armée et 60 par la conscription.

On établirait indépendamment deux compagnies de dépôt, l'une pour les chasseurs, l'autre pour les grenadiers. On pourrait porter à 150 hommes chaque compagnie de dépôt; ce qui porterait la force de la Garde à 5,000 hommes.

[1] Dans l'original : 25 novembre 1803, an II de la République italienne.

Quant à l'administration, la Garde sortant des régiments serait payée comme elle l'est aujourd'hui : les conscrits n'auraient que 10 sous par jour, à peu près comme l'infanterie qui est en garnison à Paris ; mais ils se trouveraient également payés, moyennant la haute paye qu'ils auraient de chez eux.

Après cinq ans de service dans la Garde, un conscrit pourrait être admis à faire partie des premières escouades, mais seulement jusqu'à concurrence de moitié des places vacantes, l'autre moitié devant toujours être remplacée par les corps de l'armée.

Ce dernier règlement est moins pressé ; on peut se donner le temps de le faire. L'important est de s'occuper du premier, afin de faire sur-le-champ l'appel, et d'être à même d'en faire marcher dans deux mois une partie avec la Garde.

BONAPARTE.

Archives de l'Empire.

7327.

PROJET D'ARRÊTÉ ANNEXÉ A LA PIÈCE N° 7326.

I. Il sera fait un appel de 1,200 conscrits sur l'armée de réserve de l'an IX et de l'an X, et de 1,200 sur celle des années XI et XII, pour faire partie de la Garde du Gouvernement.

II. Ces conscrits seront choisis parmi ceux jouissant par eux-mêmes ou par leur famille d'une haute paye de 10 sous par jour.

III. La répartition de ces conscrits entre les départements sera faite conformément au tableau ci-joint.

IV. Ils seront placés dans les compagnies de chasseurs et de grenadiers, à raison de 50 hommes par compagnie.

V. La moitié des hommes que devra fournir chaque département devra avoir au moins la taille de 5 pieds 5 pouces, et l'autre moitié au moins celle de 5 pieds 2 pouces.

VI. Le ministre de la guerre est chargé de l'exécution du présent arrêté.

Archives de l'Empire.

7328. — AU GÉNÉRAL BERTHIER, MINISTRE DE LA GUERRE.

Paris, 3 frimaire an XII (25 novembre 1803).

Je désire, Citoyen Ministre, que vous donniez l'ordre au commandant de l'école de Fontainebleau de faire dresser un état de quarante jeunes gens, âgés de plus de dix-huit ans, les plus instruits, sachant parfaitement le maniement des armes, et capables d'occuper une place de sous-lieutenant dans un corps.

Vous me proposeriez de les nommer sous-lieutenants dans chacun des quarante bataillons faisant partie des camps de Saint-Omer, Montreuil et Bruges.

Je désirerais également que vous fissiez dresser dans le prytanée de Saint-Cyr un état de soixante jeunes gens âgés de plus de seize ans, ayant plus de 5 pieds, et qui seraient propres à être attachés à chacun de ces quarante bataillons, en qualité de caporaux-fourriers.

Je désire accélérer le temps où cette jeunesse devra entrer dans l'armée, afin qu'elle puisse acquérir de l'expérience dans l'expédition actuelle.

BONAPARTE.

Archives de l'Empire.

7329. — ARRÊTÉ.

Paris, 3 frimaire an XII (25 novembre 1803).

ARTICLE 1er. — Il sera formé, des ouvriers des chantiers de constructions navales établis sur les bords de la Seine à Paris, quatre compagnies d'ouvriers, de 100 hommes chacune. On réunira dans chacune de ces compagnies les charpentiers de la marine et les ouvriers levés des environs de Paris.

ART. 2. — Le ministre de la marine fera une instruction pour le détail de leur organisation.

ART. 3. — Ces compagnies seront dirigées sur Boulogne et partiront de Paris : la 1re, le lundi 6 de ce mois; la 2e, le lundi 13; la 3e, le lundi 20; la 4e, le lundi 27.

Elles recevront l'assurance qu'elles ne passeront point au delà de Boulogne et ne seront point employées ailleurs.

Chaque compagnie sera accompagnée d'un chariot chargé de ses outils.

ART. 4. — Chacune de ces compagnies sera commandée par un sous-ingénieur constructeur de marine ou par un enseigne de vaisseau. Il y sera de plus attaché un élève de l'école polytechnique, ayant le traitement et faisant les fonctions d'aide-ingénieur constructeur de la marine.

ART. 5. — Le ministre de la marine est chargé de l'exécution du présent arrêté.

BONAPARTE.

Archives de l'Empire.

7330. — AU GÉNÉRAL BERTHIER, ministre de la guerre.

Paris, 4 frimaire an XII (26 novembre 1803).

Je vous prie, Citoyen Ministre, de donner ordre qu'il soit formé quatre corps d'éclaireurs : un à Alençon, un à Nogent-le-Rotrou, un au Mans et l'autre à Mayenne.

Ces quatre corps seront sous les ordres du général Lagrange, inspecteur général de gendarmerie, qui se rendra à cet effet à Alençon.

Le corps d'éclaireurs de Nogent-le-Rotrou sera commandé par le colonel Lhuillier, de la Garde.

Celui du Mans sera commandé par le général Larue, et celui de Mayenne par le général Devaux.

Celui de Nogent-le-Rotrou sera composé de 25 gendarmes, d'une compagnie de 60 hommes à cheval du 9e régiment de dragons, et de deux compagnies du 4e régiment d'infanterie légère, fortes de 65 hommes chacune au moins; total, 215 hommes.

Celui d'Alençon sera composé de 25 gendarmes, d'une compagnie de 60 hommes à cheval du 3e régiment de dragons, qui est à Versailles, de deux compagnies, de 65 hommes au moins chacune, du 2e régiment d'infanterie légère, et d'une compagnie de 60 hommes au moins du 16e régiment de chasseurs.

Celui du Mans sera composé de 25 gendarmes, d'une compagnie de 60 hommes à cheval du 16e de dragons, et de deux compagnies de la légion d'élite de gendarmerie à pied, fortes chacune au moins de 65 hommes.

Celui de Mayenne sera composé de 25 gendarmes, d'une compagnie de 60 hommes à cheval du 20e régiment de chasseurs, qui est à Rennes, et de deux compagnies, chacune de 60 hommes, du 47e régiment d'infanterie, qui est à Rennes.

Les détachements de dragons seront pris dans les escadrons de dépôt qui sont à Versailles.

Les troupes faisant partie de ces quatre corps d'éclaireurs jouiront d'une indemnité de vivres de campagne.

Le général Lagrange sera autorisé, en sa qualité de général de gendarmerie, à faire toutes les dispositions qu'il jugera convenables; il appellera, des légions de gendarmerie, quelques piquets pour aider à ses opérations, lorsque cela sera nécessaire.

Il doit tenir ces quatre corps perpétuellement en marche, cerner les bois, villages et tous les lieux où la compagnie de brigands qui a arrêté deux diligences et a paru, il y a un mois, près de Mayenne, pourrait se retrouver, et les exterminer.

Je ne doute pas que les malveillants ne profitent du prétexte de la conscription pour agiter ces départements. Le général Lagrange se portera partout où il y aurait du trouble; il se concertera avec les préfets, les maires, les évêques, les curés, les présidents des assemblées cantonales, et enfin tous les hommes marquants et attachés au Gouvernement, afin de parvenir à faire une justice exemplaire des auteurs de ce commencement de brigandage.

Vous lui ordonnerez de correspondre tous les jours avec vous; il sera traité comme le général Gouvion.

En sa qualité de général de gendarmerie, il se portera partout, ne respectera aucune limite de division, ni de département, et suivra lui-même, avec ses colonnes d'éclaireurs, les brigands partout où ils pourraient se réfugier.

BONAPARTE.

Dépôt de la guerre.

7331. — AU GÉNÉRAL BERTHIER.

Paris, 6 frimaire an XII (28 novembre 1803).

Je vous prie, Citoyen Ministre, de me présenter un rapport sur la dissolution du camp de Bayonne et sur la formation de trois cantonnements.

L'un à Toulon, composé de deux bataillons du 12e d'infanterie légère, formant 1,600 hommes; de deux bataillons du 23e de ligne, formant également 1,600 hommes; du bataillon des chasseurs d'Orient, fort de 300 hommes, et d'une compagnie du 4e régiment d'artillerie, de 80 hommes; total, 3,600 hommes, commandés par un général, un adjudant commandant, un chef de bataillon d'artillerie, un capitaine et deux lieutenants du génie et un commissaire des guerres.

L'artillerie de ce cantonnement sera composée de trois pièces de 4 et de trois pièces de 8 de campagne, avec armement, harnais et approvisionnement de 200 coups par pièce.

Chaque homme aura 100 cartouches : 30 dans la giberne et 70 dans le sac.

Le second cantonnement se réunira à Saintes, et sera composé des 3e et 12e régiments d'infanterie légère, des 26e, 70e et 79e de ligne (chacun de ces régiments fournira deux bataillons de 800 hommes chaque), de deux compagnies d'artillerie de 80 hommes chacune, de trois escadrons du 24e de chasseurs et de trois escadrons du 4e, commandés par un général de brigade de cavalerie.

Ce cantonnement sera commandé par un général de division, deux généraux de brigade, un adjudant commandant, un ordonnateur, deux commissaires des guerres, un chef de bataillon d'artillerie, un capitaine et deux lieutenants du génie.

L'artillerie sera composée de huit pièces de 4, de quatre pièces de 8, de quatre pièces de 12 et de quatre obusiers, d'un approvisionnement de 200 coups par pièce, et les chevaux nécessaires pour leur attelage.

Le troisième cantonnement se réunira à Brest. Il sera composé des 7e et 16e régiments d'infanterie légère, des 3e, 24e, 37e et 65e de ligne, des 7e et 28e régiments de chasseurs, et du 1er de hussards.

L'artillerie sera composée de huit pièces de 4, de six pièces de 8, de six pièces de 12 et de six obusiers, avec un approvisionnement de 300 coups à tirer par pièce, 200 cartouches par homme, et un approvisionnement d'infanterie proportionné.

Ce cantonnement sera commandé par un général en chef, deux généraux de division, deux généraux de brigade et un général de cavalerie.

Faites-moi un projet sur ces bases avant de rien exécuter.

BONAPARTE.

Archives de l'Empire.

7332. — AU GÉNÉRAL SOULT,
COMMANDANT LE CAMP DE SAINT-OMER.

Paris, 6 frimaire an XII (28 novembre 1803).

J'ai reçu vos dernières lettres. Je vous prie de me faire exactement connaître les travailleurs employés aux travaux du port et du bassin à Ambleteuse et à l'arsenal de l'artillerie de la marine.

Les temps, qui sont encore contraires, s'opposent sans doute à la réunion des flottilles qui sont dans tous les ports de la Normandie. C'est une raison de plus pour travailler avec la plus grande activité à mettre le port de Boulogne à même de pouvoir les contenir sans embarras.

Faites-moi connaître tout ce qui aura été fait depuis mon départ de Boulogne jusqu'au 10 frimaire, ce qui fera quatorze jours; si les magasins de la marine sont réunis à la caserne, et quel est le nombre des forgerons et ouvriers de toute espèce arrivés depuis le 20 brumaire jusqu'au 10 frimaire.

Le général Dejean m'assure qu'il y a plus de 60,000 bidons à Saint-Omer. Écrivez pour qu'on vous envoie à Boulogne la quantité nécessaire, et faites-les distribuer à la troupe, et vous chargerez la masse de linge et chaussure de leur entretien.

Les Anglais annoncent un nouveau bombardement à Boulogne, dont ils veulent s'approcher davantage. Nous ne pouvons rien désirer de plus heureux.

Faites-moi connaître le nombre de mortiers que vous avez mis en batterie depuis mon départ. On m'avait promis qu'il y aurait de plus quatre mortiers à la Gomer et quatre à plaque.

Faites-moi connaître où en sont les travaux du musoir au 10 frimaire.

BONAPARTE.

Archives de l'Empire.

7333. — AU CITOYEN CHAPTAL, MINISTRE DE L'INTÉRIEUR.

Paris, 7 frimaire an XII (29 novembre 1803).

Je désire, Citoyen Ministre, que vous fassiez faire, sur l'air du *Chant du départ*, un chant pour la descente en Angleterre.

Faites faire également plusieurs chants sur le même sujet, sur différents airs.

Je sais qu'il a été présenté plusieurs comédies de circonstance; il faudrait en faire un choix, pour les faire jouer sur différents théâtres de Paris, et surtout aux camps de Boulogne, Bruges, et autres lieux où est l'armée.

BONAPARTE.

Comm. par M. Feuillet de Conches.
(En minute aux Arch. de l'Emp.)

7334. — AU CITOYEN TALLEYRAND,
MINISTRE DES RELATIONS EXTÉRIEURES.

Paris, 7 frimaire an XII (29 novembre 1803).

Je vous prie, Citoyen Ministre, de demander un rapport au citoyen Reinhard sur l'emprunt qu'a fait le général Mortier. Je désire être instruit, dans le plus grand détail, s'il se trouve dans ce traité quelques clauses secrètes pour détourner, au profit de particuliers, une portion des fonds demandés en emprunt.

Faites connaître au ministre de la République près l'Électeur, ainsi qu'à nos différents ministres en Allemagne, que cet emprunt a été fait pour le compte du Hanovre; qu'il n'en revient rien à la France; qu'il n'a jamais été entendu qu'il fût hypothéqué sur autre chose que sur les biens patrimoniaux du roi d'Angleterre; que, quant à des propositions indiscrètes faites à des bailliages, aucun agent français n'a jamais été autorisé à des démarches de cette nature; que le Gouvernement français n'approuve point la part qu'y ont prise des officiers français, ayant, il est vrai, autorisé cet emprunt, mais pour le compte du Hanovre.

Je vous prie de m'apporter ce soir toutes les pièces que vous auriez, qui regarderaient directement ou indirectement cet emprunt.

BONAPARTE.

Archives des affaires étrangères.
(En minute aux Arch. de l'Empire.)

7335. — NOTE POUR LE MINISTRE
DES RELATIONS EXTÉRIEURES.

Paris, 7 frimaire an XII (29 novembre 1803).

Le Citoyen Talleyrand est chargé d'adresser au ministre de la République batave à Paris la note ci-après.

« Le soussigné est chargé de demander à M. Schimmelpenninck des renseignements sur les deux expéditions que, par le traité conclu entre les deux républiques, le Gouvernement batave s'est chargé d'organiser à Flessingue et au Texel, l'une par l'article 3 dudit traité, devant consister en cinq vaisseaux, cinq frégates et bâtiments de transport, capables de porter 25,000 hommes et 2,500 chevaux; l'autre, en 100 chaloupes canonnières et 250 bateaux canonniers, de manière que cette seconde expédition pût porter 36,000 hommes, avec des équipages d'artillerie, des munitions et 1,500 chevaux.

» Le Premier Consul a chargé le contre-amiral Ver Huell de commander cette seconde expédition, et de lui donner des renseignements sur la situation des choses.

» Il désire avoir des renseignements positifs sur ce qu'il peut espérer, car le terme approche, et le Premier Consul a calculé, dans ses projets, sur l'exécution de ladite convention. »

Archives des affaires étrangères.
(En minute aux Arch. de l'Emp.)

7336. — AU GÉNÉRAL BERTHIER, MINISTRE DE LA GUERRE.

Paris, 7 frimaire an XII (29 novembre 1803).

Le Général Mortier, Citoyen Ministre, a fait un emprunt dans les villes hanséatiques : cet emprunt s'est mal fait. Il n'était pas de la dignité française d'envoyer un général faire cet emprunt; c'est avilir le caractère d'un général. Si on voulait le faire ouvertement, il fallait y envoyer un officier d'un grade inférieur, accompagné d'un agent de la trésorerie; mais, ce qui valait beaucoup mieux, cet emprunt devait se faire par les États, et en leur nom, et le général Mortier n'y intervenir ostensiblement que pour le garantir.

- On a eu bien plus grand tort encore de faire un emprunt auprès de l'Électeur et de proposer des bailliages en garantie. On n'a jamais pu être autorisé à faire une pareille démarche, qui a alarmé toute l'Europe et que le Gouvernement a été obligé de désavouer.

Je ne sais à quel point les rapports qui m'ont été faits sont vrais; mais on m'a dit qu'il y a un banquier de Paris mêlé dans cet emprunt; ce qui serait inconcevable. Le trésor public et ses agents peuvent seuls intervenir dans les affaires d'argent. Vous demanderez, par le retour du courrier, au général Berthier[1] des renseignements sur cet emprunt, sur la manière dont les fonds sont versés, et les pièces originales; pour qu'il soit . . . . .[2] au ministère des relations extérieures. Ordonnez aussi que, s'il y avait des fonds réservés, ils soient versés dans la caisse du payeur.

Envoyez-moi sur-le-champ les pièces qui tendraient à donner des lumières directes ou indirectes sur cet emprunt, et que vous auriez reçues.

BONAPARTE.

Dépôt de la guerre.

7337. — AU GÉNÉRAL BERTHIER.

Paris, 7 frimaire an XII (29 novembre 1803).

Je vous prie, Citoyen Ministre, de donner ordre qu'une pièce de 4, une pièce de 8 et un obusier soient envoyés à Compiègne, avec une demi-compagnie du 1er régiment d'artillerie. Elles seront destinées à apprendre l'exercice du canon à des détachements de dragons de la division du général Baraguey d'Hilliers.

BONAPARTE.

Dépôt de la guerre.

7338. — AU CONTRE-AMIRAL VER HUELL.

Paris, 7 frimaire an XII (29 novembre 1803).

Monsieur le Contre-Amiral Ver Huell, je reçois votre courrier du 4 frimaire, et je vous expédie sur-le-champ mes réponses. Je vous prie d'observer au gouvernement batave que ce qui est relatif aux écuries n'est pas exact, parce que la convention dit qu'on doit fournir 1,500 chevaux, et vous exprimez que je n'en demande que 1,000.

[1] Léopold Berthier, chef d'état-major du général Mortier.
[2] Lacune dans l'original.

Quant aux bâtiments de transport, il n'est pas davantage exact de dire qu'il n'en soit pas question dans la convention; car il est dit au deuxième paragraphe de l'article 3 : « de sorte que cette seconde » expédition pourra porter 36,000 hommes, avec les équipages, » l'artillerie nécessaire et 1,500 chevaux. » Or je n'ai demandé pour l'artillerie que deux divisions, chacune de 27 bâtiments. Vous voyez donc que je suis resté dans les termes du traité. Il ne s'agit point ici d'arguer, mais de faire.

Je vous autorise à diminuer la flottille de bateaux canonniers, et, au lieu de dix divisions, à les porter à huit; ce qui fera donc, au lieu de 270 bateaux, 216; vous savez que, par le traité, on en devait fournir 250.

Si la République batave n'a pas de canons de 24, je vous autorise à armer vos bâtiments de canons de 18.

Quant aux vivres et matelots, je vous autorise également à promettre en mon nom que je ferai solder, tous les trois mois, toutes les avances qui seront faites pour les équipages. Si même vous pensez qu'il y ait trop de difficultés à avoir trois divisions de chaloupes canonnières, je me réduis à deux, c'est-à-dire 54. Vous savez que par le traité on devait en fournir 100.

Ce que je demande donc à la République batave se réduit à :

    54 chaloupes canonnières,
    216 bateaux canonniers,
    54 bâtiments de transport,
    54 bâtiments-écuries.

  Total, 378 bâtiments,

qui, l'un portant l'autre, ne peuvent exiger plus de 5 matelots; ce qui ferait un nombre de 1,800 matelots à peu près pour six mois, et une dépense de près de 4 ou 500,000 francs.

Après cette concession faite, nous avons le droit d'espérer que le Gouvernement batave agira avec la plus grande activité, pour que la première portion demandée soit prête au 20 frimaire, et le restant à l'époque de nivôse. Je vous prie donc d'avoir une nouvelle conférence et de m'assurer que je puis véritablement compter sur ce résultat.

J'ai compté sur l'exécution du traité de la part du Gouvernement batave, et, si de grands et vastes plans se trouvaient déconcertés par des non-exécutions, j'aurais droit de me plaindre du Gouvernement hollandais.

                BONAPARTE.

Archives de l'Empire.

7339. — AU CONTRE-AMIRAL DECRÈS,
MINISTRE DE LA MARINE ET DES COLONIES.

Paris, 7 frimaire an XII (29 novembre 1803).

Donnez ordre qu'une péniche de Paris se rende à Compiègne ; elle sera destinée à apprendre à nager aux dragons de la division Baraguey d'Hilliers, qui sont à Compiègne.

Ordre qu'une péniche de Saint-Valery-sur-Somme se rende à Abbeville, pour y apprendre à nager à des détachements de la division de dragons du général Klein.

BONAPARTE.

Archives de l'Empire.

7340. — AU CITOYEN TALLEYRAND,
MINISTRE DES RELATIONS EXTÉRIEURES.

Paris, 8 frimaire an XII (30 novembre 1803).

Je vous envoie, Citoyen Ministre, le rapport qui m'a été fait par le ministre de la guerre, avec la convention qui a été passée par ordre du général Mortier, relatifs à l'emprunt. Je vous envoie en original la lettre que j'écris au ministre de la guerre, où vous verrez mes intentions. Vous la ferez passer à ce ministre, après en avoir pris connaissance, et vous vous concerterez avec lui pour qu'il écrive, par le même courrier que vous expédierez par Hambourg, au général Mortier, auquel il notifiera mes intentions.

Faites connaître au citoyen Reinhard que je ne puis ratifier la convention ; qu'il faut que l'emprunt soit fait par les États du Hanovre, puisqu'il n'est fait que pour les soulager ; que le Hanovre choisisse, ou d'en promettre le remboursement dans dix ans, ou de l'hypothéquer sur les biens patrimoniaux du roi d'Angleterre ; et que je garantirai que ces stipulations seront fidèlement exécutées. Envoyez-lui les pouvoirs et instructions nécessaires.

Faites également connaître au citoyen Reinhard qu'il n'aurait dû rien faire sans vos ordres ; qu'il devait vous envoyer un courrier pour demander des instructions, et, jusque-là, répondre au général Mortier qu'il devait attendre. Recommandez-lui de procéder avec la plus grande circonspection, et de vous tenir instruit de la marche de cette affaire ; et, en général, je désire que vous écriviez à tous les ministres de la République, quelle que soit leur qualité, qu'ils ne doivent jamais se permettre de faire aucune démarche que par les ordres du

Gouvernement, transmis par le Premier Consul ou par le ministre des relations extérieures.

BONAPARTE.

Archives des affaires étrangères.
(En minute aux Arch. de l'Emp.)

7341. — AU GÉNÉRAL BERTHIER, MINISTRE DE LA GUERRE.

Paris, 8 frimaire an XII (30 novembre 1803).

Il m'est impossible, Citoyen Ministre, de ratifier la convention faite avec le sénat de Hambourg. Ce n'est pas par l'armée française que cet emprunt devait être fait, mais par les États de Hanovre. D'ailleurs, on devait affecter pour son remboursement les biens patrimoniaux du roi d'Angleterre. Une convention avec un gouvernement étranger devait être faite par un ministre de la République, muni de pouvoirs et d'instructions en règle. Il est donc convenable qu'elle soit transformée en une autre où les États du Hanovre soient partie contractante et la France simplement garante. Si les Hambourgeois ne voulaient pas des biens du roi d'Angleterre pour hypothèque, les États de Hanovre promettraient remboursement pour dans dix ans, et la France se portera garante de cette stipulation. Je ne ferai point de difficulté alors de ratifier ladite garantie. Si les États de Hanovre se refusent à cette démarche, la convention avec Hambourg sera nulle; car le Premier Consul ne se résoudra jamais à la ratifier, et, dès lors, il faudra avoir recours à des impositions de guerre sur l'Électorat, proportionnées aux besoins de l'armée, surcharge à laquelle les Hanovriens auront donné lieu s'ils refusent l'emprunt.

Faites connaître au général Mortier ces dispositions. Le ministre des relations extérieures envoie des pouvoirs et des notes en règle au citoyen Reinhard. Tout ce qui tient aux relations extérieures est d'une nature très-délicate; vous ne sauriez conseiller trop de circonspection. Je suis mécontent de ce que le général Mortier ne vous rend pas compte de tout, en détail, et tous les jours.

BONAPARTE.

Archives des affaires étrangères.
(En minute aux Arch. de l'Emp.)

7342. — NOTE POUR LE MINISTRE
DE L'ADMINISTRATION DE LA GUERRE.

Paris, 8 frimaire an XII (30 novembre 1803).

Le général Dejean écrira, par courrier extraordinaire, au commissaire général, pour que, sur-le-champ, on dresse le bordereau des fourrages que les départements ont fournis par réquisition ; que le décompte en soit fait aussitôt, à raison de trente sous, prix moyen de la ration. On aura soin de diminuer pour les départements où les fourrages sont à bon marché, et d'augmenter pour ceux qui sont plus éloignés et où ils sont plus chers. Ces diminutions et augmentations seront toutefois faites de manière que, dans le résultat général, la ration ne revienne pas à plus de trente sous.

Le commissaire général donnera l'assurance que tout le monde sera payé, et que, aussitôt le décompte parvenu au Gouvernement, les fonds nécessaires seront envoyés en poste, si les 200,000 francs mis à sa disposition pour cet objet et sur lesquels les payements doivent être faits sur-le-champ ne sont pas suffisants.

Le commissaire général restera à son poste jusqu'à ce que ce décompte soit dressé et afin de l'apporter lui-même. Le ministre écrira aux préfets des départements qui ont éprouvé des réquisitions, pour leur annoncer qu'aussitôt les décomptes arrivés les payements seront effectués, et les charger, en conséquence, d'inviter les cultivateurs à ne point se défaire à perte des bons de réquisition, le payement en étant assuré.

BONAPARTE.

Archives de l'Empire.

7343. — AU CITOYEN LACUÉE,
PRÉSIDENT DE LA SECTION DE LA GUERRE AU CONSEIL D'ÉTAT.

Paris, 9 frimaire an XII (1er décembre 1803).

Je vous envoie un projet pour compléter la Garde avec un appel de conscrits. Il paraît, par ce que dit le général Bessières, qu'il faudrait, au lieu d'appeler 500 hommes de l'an IX et X, en appeler 600, et au lieu de 1,000 hommes de l'an XI et XII, en appeler 1,200.

L'armée ne peut suffire au recrutement de la Garde ; elle ne peut la mettre même au pied de paix, sans s'affaiblir d'un petit nombre d'hommes extrêmement précieux, ce qui m'a donné l'idée d'appeler des conscrits. J'exige qu'ils aient dix sous de haute paye, afin de n'être pas ruineux pour le trésor public.

BONAPARTE.

Archives de l'Empire.

7344. — NOTE POUR LE MINISTRE DE LA JUSTICE.

Paris, 10 frimaire an XII (2 décembre 1803).

Faire connaître aux préfets de Maine-et-Loire, de la Vendée et des Deux-Sèvres, que mon intention n'est pas d'user d'indulgence pour les 60 conscrits qui ont paru en armes dans le canton de Beaupreau. Les nommés Forestier et Morin, ou tout autre instigateur, doivent être sur-le-champ traduits devant des commissions militaires extraordinaires, de cinq officiers, et condamnés à mort. Les autres conscrits, qui n'auraient été qu'égarés, seront arrêtés et conduits sous sûre et bonne escorte dans la citadelle de Briançon, où ils seront retenus en prison jusqu'à nouvel ordre.

BONAPARTE.

Archives de l'Empire.

7345. — AU GÉNÉRAL BERTHIER, MINISTRE DE LA GUERRE.

Paris, 10 frimaire an XII (2 décembre 1803).

L'organisation de la légion piémontaise n'avance pas, Citoyen Ministre; je désire cependant qu'elle soit promptement complète, mon intention étant de la faire participer à l'expédition. Le 1er bataillon doit être actuellement à peu près formé à Montpellier. Donnez des ordres pour la formation du 2e, qui se réunira à Auxonne. Je désire que le général Caffarelli prenne connaissance de l'état dans lequel est son organisation et se rende à Turin pour y rester jusqu'à nouvel ordre, et s'y occupe, sans délai, de son entière formation. Veillez à la bonne composition des officiers et sous-officiers, et enfin à tout ce qui peut intéresser le service pour cet objet.

BONAPARTE.

Dépôt de la guerre.
(En minute aux Arch. de l'Emp.)

7346. — DÉCISION.

Paris, 11 frimaire an XII (3 décembre 1803).

Rapport du ministre de la guerre sur une lettre du général Mortier, portant avis qu'il va payer 159,119 francs à M. le duc d'Oldenburg, pour les dégâts commis sur son territoire par le passage des troupes françaises.

Rien n'oblige le général Mortier à payer à ce duc ce qu'il ne lui doit pas. Il n'y a qu'à ne plus en parler; on s'en occupera à Paris.

BONAPARTE.

Dépôt de la guerre.

7347. — AU CONTRE-AMIRAL DECRÈS,
MINISTRE DE LA MARINE ET DES COLONIES.

Paris, 11 frimaire an XII (3 décembre 1803).

Je crois qu'il n'y a pas d'inconvénient à laisser partir Cretet avec ses ingénieurs; il y restera moins. C'est un homme qui a l'habitude de ces travaux, qui verra par lui-même et nous dira sur quoi nous pouvons compter; et, d'ailleurs, il est possible qu'il y ait des mesures économiques à prendre.

En tout, ce voyage ne peut être que très-utile; mais ne le laissez pas manquer d'argent. Je vous avoue que je vois avec peine les grands travaux qu'on fait pour les écuries et casernes. Je ne prétends pas passer à Boulogne dix ans, et les bois et ouvriers employés à ces travaux sont des moyens perdus pour la flottille. Vous verrez qu'on ne manque pas de forgerons à Boulogne.

BONAPARTE.

Archives de l'Empire.

7348. — AU CONTRE-AMIRAL DECRÈS.

Paris, 11 frimaire an XII (3 décembre 1803).

Les individus, Citoyen Ministre, atteints par le sénatus-consulte, seront traités comme déportés, les autres comme exilés. En général, faites-les bien traiter, pourvu qu'on soit sûr qu'ils ne s'échappent pas. J'approuve que vous fassiez partir la frégate *la Cybèle* et la frégate *la Gloire* avec les déportés et huit milliers de poudre pour Cayenne. Faites-y passer un officier pour commander les troupes, l'adjudant commandant Degouges étant mort. Du reste, les deux frégates se chargeront de 1,000 fusils, 250 hommes, et de la plus grande quantité de farine et de vivres qu'elles pourront porter, pour la Martinique.

Quant à l'argent, le ministre du trésor public vous remettra des traites sur la Havane pour la somme de 700,000 francs. Après avoir été à la Martinique, les frégates se porteront à la Guadeloupe, pour y remettre l'argent destiné pour cette colonie, et se rendront de là aux États-Unis d'Amérique, où elles embarqueront le citoyen Jérôme Bonaparte, lieutenant de vaisseau. Elles continueront leurs croisières et rentreront en France en prenant toutes les précautions convenables.

Il faut s'arranger de manière que les lettres de change sur la Havane ne courent pas le danger d'être prises par les Anglais, ce qui est facile, si le commandant les jette à l'eau, ainsi que les dépêches.

BONAPARTE.

Archives de l'Empire.

7349. — AU CONTRE-AMIRAL DECRÈS.

Paris, 11 frimaire an XII (3 décembre 1803).

Le contre-amiral hollandais Ver Huell, Citoyen Ministre, propose d'acheter en Hollande une centaine de bateaux baleiniers qu'il dit être extrêmement légers et pouvoir servir comme péniches. Comme nous ne saurions trop avoir de ces bâtiments, je lui écris qu'après s'en être assuré lui-même, s'il les trouve propres à faire la traversée, il en achète pour 200,000 francs. Écrivez au citoyen Semonville de tenir ces 200,000 francs à la disposition du contre-amiral Ver Huell, sur les 800,000 francs qu'il a reçus.

BONAPARTE.

Comm. par Mme la duchesse Decrès.
(En minute aux Arch. de l'Emp.)

7350. — AU CONTRE-AMIRAL VER HUELL.

Paris, 11 frimaire an XII (3 décembre 1803).

Monsieur le Contre-Amiral Ver Huell, je vous ai expédié, le 7 frimaire, un courrier pour vous faire connaître mes décisions sur les différentes demandes que vous m'avez faites. Je reçois aujourd'hui par la poste votre lettre du 6, et je vous expédie un courrier pour vous faire connaître plus rapidement mes intentions.

Vous trouverez ci-joint le procès-verbal de l'épreuve faite sur le bateau que vous avez vu à Boulogne; tout le monde en a été très-satisfait.

Donnez des ordres et veillez à ce que les quarante bâtiments achetés en Hollande soient expédiés sur-le-champ pour Boulogne. Il faudra que les équipages bataves les conduisent jusque-là. Je ne pense pas que les bâtiments puissent arriver jusqu'à Ostende par les canaux.

Vous me faites connaître que vous pourrez trouver un grand nombre de chaloupes baleinières, qui sont des bateaux fort légers. Je n'ai point l'idée de ce que peuvent être ces canots, mais je m'en rapporte entièrement à vous. Vous pouvez donc, si vous pensez qu'ils puissent servir en forme de péniches, et qu'ils soient propres au passage de Calais en Angleterre, en faire acheter jusqu'à la valeur de 200,000 francs. Je désire que vous soyez chargé de faire les marchés, et de les faire passer sur-le-champ à Ostende. J'imagine que vous les visiterez vous-même avant de les acheter, car, dans des expéditions de cette nature, il ne faut s'en rapporter qu'à soi. L'ambassadeur doit avoir plus de 200,000 francs sur les 800,000 francs du trésor public. Le ministre de la marine lui écrira de tenir 200,000 francs à votre disposition pour cet objet. Mais, comme ses dépêches n'arriveront que par la poste, vous pouvez lui en parler, si vous le croyez nécessaire. Par le retour de mon courrier, faites-moi une description de ces canots baleiniers.

Comme j'attache la plus grande importance à ce que la flottille batave soit bientôt prête à Flessingue, j'ai fait passer une note à

Schimmelpenninck. Devant bientôt me rendre dans ce pays, je serais fâché d'être obligé de dire que je ne suis pas content.

Tâchez donc de bien vous porter, car j'ai besoin de votre zèle et de vos talents.

BONAPARTE.

Archives de l'Empire.

7351. — A L'AMIRAL BRUIX,
COMMANDANT LA FLOTTILLE DE BOULOGNE.

Paris, 11 frimaire an XII (3 décembre 1803).

Citoyen Amiral Bruix, je reçois votre lettre du 10. J'ai vu avec plaisir l'arrivée des flottilles du Havre et de Saint-Valery. Je pense que vous ne devez pas tarder à en recevoir un plus grand nombre. Je ne puis trop vous recommander d'organiser l'entrée du port, et de faire placer deux ou trois corps-morts.

Les bateaux de Terre-Neuve, à ce que je vois, ne sont pas encore arrivés. On me propose, en Hollande, l'achat de cent bateaux baleiniers que l'on dit pouvoir servir de demi-péniches. Je l'ai ordonné, parce que je pense que nous ne saurions avoir trop de petits bâtiments.

Envoyez un de vos officiers à Flessingue pour faire diriger sur Boulogne, dans le plus court délai, les quarante-sept bateaux achetés en Hollande, qui tous doivent servir d'écuries. Une grande partie doit être arrivée à Flessingue. Si tous n'y sont pas, vous lui ordonnerez de se rendre à la Haye près de notre ambassadeur, qui lui dira où l'on en est et qui pressera le départ.

Je vous prie de faire mettre à la disposition de la Garde quatre paquebots tout équipés et meublés pour mon usage particulier. Je crois vous avoir dit que je désirais qu'on plaçât sur chacun un obusier de 8 pouces. Je désirerais qu'on les installât de manière à pouvoir porter chacun six chevaux, ce qui ferait vingt-quatre chevaux pour mon service.

BONAPARTE.

Archives de l'Empire.

7352. — AU CITOYEN MONGE, EN MISSION A LIÉGE.

Paris, 13 frimaire an XII (5 décembre 1803).

Les 150,000 francs d'obligations doivent être arrivés. Faites-moi connaître l'époque à laquelle on pourra avoir les neuf chaloupes canonnières.

J'ai communiqué vos observations sur les avirons au ministre de la marine, qui doit vous écrire.

Je vois avec peine que le mois de brumaire est passé et que nous n'avons pas encore de canons de Perrier.

BONAPARTE.

Archives de l'Empire.

7353. — AU CITOYEN REGNIER,
GRAND JUGE, MINISTRE DE LA JUSTICE.

Paris, 13 frimaire an XII (5 décembre 1803).

Je vous renvoie, Citoyen Ministre, votre correspondance de l'Ouest. J'ai remarqué dans la lettre du préfet de Maine-et-Loire qu'il pense qu'à la désignation des conscrits doivent s'arrêter ses fonctions. Écrivez-lui que, loin d'être terminées, elles commencent; que ces fonctions sont permanentes, non-seulement pour faire désigner les conscrits, mais pour les faire partir, pour faire rejoindre même les déserteurs, et n'en tolérer aucun dans son département.

Je désire que vous fassiez une circulaire aux préfets pour leur faire sentir l'importance de l'opération de la conscription, et que leur devoir est non-seulement de faire tirer les conscrits, mais de les faire partir et de ne pas tolérer les déserteurs.

Envoyez par un courrier extraordinaire la lettre du préfet de la Loire-Inférieure au général Gouvion, et enjoignez-lui de vérifier les faits contenus dans cette lettre, et de ne rien négliger pour en faire arrêter et punir sévèrement les auteurs.

BONAPARTE.

Archives de l'Empire.

7354. — AU CITOYEN PORTALIS, CONSEILLER D'ÉTAT,
CHARGÉ DE TOUTES LES AFFAIRES CONCERNANT LES CULTES.

Paris, 13 frimaire an XII (5 décembre 1803).

J'ai reçu l'aperçu des dépenses des cultes pour l'an XII. Vous portez tous les traitements en entier; mais ne doit-il pas y avoir une réduction produite par les pensions dont jouissent presque tous les ecclésiastiques ?

BONAPARTE.

Archives de l'Empire.

7355. — AU GÉNÉRAL BERTHIER, MINISTRE DE LA GUERRE.

Paris, 14 frimaire an XII (6 décembre 1803).

Je vous prie, Citoyen Ministre, de tenir à la disposition du général Moncey une somme de 50,000 francs pour payer aux gendarmes les 12 francs par chaque déserteur qu'ils arrêteront. Une centaine de déserteurs du camp de Saint-Omer sont déjà arrêtés; faites payer sur-le-champ aux gendarmes les gratifications qui leur reviennent.

BONAPARTE.

Archives de l'Empire.

7356. — AU CITOYEN TALLEYRAND.
NOTE POUR UNE LETTRE A S. M. L'EMPEREUR DE TOUTES LES RUSSIES.

Paris, 14 frimaire an XII (6 décembre 1803).

J'ai reçu la lettre par laquelle Votre Majesté Impériale m'apprend qu'elle a jugé à propos de rappeler auprès d'elle le comte de Markof, son ministre plénipotentiaire auprès de la République française. Il m'a fidèlement renouvelé, ainsi qu'il en avait reçu l'ordre de Votre Majesté Impériale, les assurances de l'intention où elle est de rester constamment attachée au système d'amitié et d'union qui a, depuis quelques années, été rétabli entre les deux États. Je ne doute pas qu'à son retour auprès de Votre Majesté Impériale il ne soit empressé de vous transmettre tout ce que je lui ai fait connaître de mes sentiments personnels et de ma disposition bien sincère à saisir toutes les occasions qui pourront se présenter pour resserrer davantage encore les liens de la bonne amitié qui existe si heureusement entre les deux pays. Je prie Votre Majesté Impériale d'être bien persuadée des vœux que je forme pour la gloire et la prospérité de son règne.

BONAPARTE.

Archives de l'Empire.

7357. — AU GÉNÉRAL BERTHIER.

Paris, 14 frimaire an XII (6 décembre 1803).

Je vois, Citoyen Ministre, dans le *Journal de Paris*, que le général Belliard a nommé chef de bataillon le citoyen Wautier, ci-devant capitaine dans le 6ᵉ régiment de Wallons Archiduc-Joseph; je vous prie de me faire connaître ce que cela veut dire.

BONAPARTE.

Dépôt de la guerre.

7358. — AU GÉNÉRAL RAPP, AIDE DE CAMP DU PREMIER CONSUL.

Paris, 15 frimaire an XII (7 décembre 1803).

Citoyen Général Rapp, j'ai reçu votre lettre. Suivez les instructions que vous avez de m'écrire tous les jours. Vous devez aller aux îles d'Hyères et à Marseille. Faites-moi connaître en détail ce que vous y aurez fait et vu.

Rendez-moi un compte détaillé de tous les objets qui ont rapport à l'administration. Faites-moi connaître la conduite que tient le commissaire général de police, sans consulter le général Ganteaume, avec qui il est en désunion. Voyez-le par forme de conversation, pour apprendre sa justification, et parlez-moi en grand détail de la situation du port, des bâtisses qu'on y fait, des différents approvisionnements, etc.

BONAPARTE.

Archives de l'Empire.

7359. — AU CONTRE-AMIRAL GANTEAUME,
PRÉFET MARITIME A TOULON.

Paris, 15 frimaire an XII[1] (7 décembre 1803), 11 heures du soir.

Citoyen Général Ganteaume, vous avez entrevu dans votre lettre ce que je compte faire. Je vais donc m'en expliquer avec vous. Je n'ai pas besoin de vous dire que le secret est tout.

L'Aigle doit se rendre de Cadix à Toulon. Vous ferez de nouveaux efforts, dussiez-vous démolir . . . . . .[2], pour achever *le Neptune* ou tout autre, et avoir au moins une escadre de neuf vaisseaux et cinq frégates.

J'aurai bientôt à Rochefort sept vaisseaux et trois frégates en état; j'en aurai à Brest vingt, dont plusieurs à trois ponts. Ce sont ces différentes escadres qu'il faut faire mouvoir pour arriver à la brillante expédition[3].

Voici trois idées, faites-moi connaître votre opinion :

Première idée. L'escadre de Toulon partira le 20 nivôse, arrivera devant Cadix (ou devant Lisbonne), y trouvera l'escadre de Rochefort, continuera sa route, passera, sans connaître terre, entre Brest et les Sorlingues, viendra reconnaître le cap la Hague, et passera quarante-huit heures devant Boulogne; de là continuera sa route, se rendra aux bouches de l'Escaut (il y a là mâts, cordages et tout ce qui lui est nécessaire), ou bien à Cherbourg.

Deuxième idée. L'escadre de Toulon partira le 20 nivôse, se rendra à l'île d'Aix, se joindra avec notre escadre, reprendra la mer et finira sa mission.

Troisième idée. L'escadre de Rochefort partira le 20 nivôse, arri-

---

[1] L'original, qui n'indique pas l'année, porte seulement : Paris, le 15 frimaire, à 11 heures du soir.
[2] Deux mots illisibles.
[3] *Expédition*, mot douteux, on peut lire *comparution*.

vera le 20 pluviôse à Toulon; les escadres réunies partiront en ventôse et arriveront dans germinal devant Boulogne (c'est un peu tard).

Dans tous les cas, l'expédition d'Égypte couvrira le départ de l'escadre de Toulon; tout sera mené de manière que Nelson ira tout d'abord à Alexandrie.

L'escadre de Brest aura son monde embarqué, prête à partir pour l'Irlande, de manière que Cornwallis sera obligé de serrer la côte et de rester là forcément pour la bloquer.

Première question. Laquelle de ces trois idées est la meilleure?

Deuxième question. En supposant que ce soit la première, vaut-il mieux se réunir à Cadix ou à Lisbonne?

Troisième question. Avec quatorze à seize vaisseaux et six frégates, passera-t-on entre Brest et les Sorlingues sans reconnaître la terre?

A la fin de pluviôse, je serai à Boulogne avec 130,000 hommes, 2,000 péniches, chaloupes canonnières, bateaux canonniers, ayant en batterie 2,000 pièces de 24 et plus de 1,000 obusiers . . . . .[1] frégates, cutters, chalands . . . .[2] et, si notre escadre devait se battre (ce que Dieu préserve) devant Boulogne, nous lui donnerions un très-bon et puissant secours.

Étaples, Boulogne, Wimereux, Ambleteuse sont nos quatre seuls ports, tous soumis au même vent, tous près l'un de l'autre; avec des vents favorables, nous ne demandons la présence de l'escadre que pendant douze heures.

Enfin je désire connaître l'opinion de l'amiral Ganteaume sur une autre question:

Vingt vaisseaux peuvent-ils sortir facilement de Brest? Croit-on qu'ils puissent sortir pour se rendre devant Boulogne, gagnant trois jours sur Cornwallis, ou le trompant, et celui-ci allant chercher l'armée française en Irlande?

L'amiral Ganteaume sentira que ce courrier doit avoir l'air de lui porter des ordres pour l'armement de l'Égypte, et qu'il ne le doit garder que vingt-quatre heures, car il faut que je prenne un parti.

BONAPARTE.

Comm. par M. Gobert de Neufmoulin.

7360. — AU GÉNÉRAL DAVOUT,
COMMANDANT LE CAMP DE BRUGES.

Paris, 16 frimaire an XII (8 décembre 1803).

Citoyen Général Davout, le courrier qui vous portera cette lettre

[1] Deux mots illisibles. — [2] Trois mots illisibles.

va jusqu'à la Haye. Il a ordre de revenir à Ostende pour prendre vos lettres. Faites-moi connaître, par le retour de ce courrier, le nombre de bâtiments hollandais qui se trouveront à Flessingue au 20 frimaire, l'espèce de canons dont ils sont armés, et si l'on travaille à leur nouvelle installation.

Le général Magon a reçu ordre du ministre de la marine de faire venir à Ostende tous les bâtiments qui étaient dans les canaux. Prêtez-lui tous les secours dont il aura besoin pour cet objet, et faites-moi connaître où cela en est. Envoyez-moi, par le même courrier, l'état de situation de vos garnisons sur la flottille de guerre, et l'état de situation de votre armée, corps par corps.

BONAPARTE.

Comm. par Mme la maréchale princesse d'Eckmühl.
(En minute aux Arch. de l'Emp.)

7361. — AU GÉNÉRAL MARMONT.

Paris, 16 frimaire an XII (8 décembre 1803).

Citoyen Général Marmont, Premier Inspecteur général de l'artillerie, je reçois votre état du personnel de l'artillerie. Je désire que vous y ajoutiez les renseignements suivants :

La compagnie n° 2 du 1er régiment est sur la côte : quelle côte ?

Même observation pour les compagnies n°s 10, 11 et 12 du même régiment, et pour les compagnies n°s 14, 15, 17, 18 et 19 du 5e régiment. Faites-moi connaître l'endroit positif où sont ces compagnies, et les batteries qu'elles servent.

Je vois en note que les compagnies du 1er régiment sont portées à 70 hommes : est-ce présents sous les armes ou effectifs ?

Pourquoi y a-t-il encore 28 officiers détachés hors de l'armée ?

Qu'entend-on par tailleurs, cordonniers, enfants, non disponibles ? Tout doit être disponible.

Qu'entend-on par la colonne *en détachement,* par la colonne *au dépôt et aux colonies?* Il ne doit plus y avoir de canonniers des compagnies dans les colonies.

Pourquoi y a-t-il des canonniers sur les derrières ?

Faites-moi connaître les mesures à prendre pour que chaque compagnie soit portée, officiers compris et présents sous les armes, à 80 hommes. Faites-moi, à cet effet, connaître la situation des dix compagnies de ces trois régiments qui restent au corps.

Je vois que le total du personnel de l'artillerie ne se monterait, sans comprendre les ouvriers ni les pontonniers, qu'à 2,400 hommes.

Il faut que vous me présentiez les moyens pour que l'artillerie à à pied seule présente un total de. . . . . 3,000 hommes.
L'artillerie à cheval. 800
Les pontonniers 600
Et les ouvriers 400

Total. 4,800

Je suppose que toute l'artillerie à pied, pontonniers et ouvriers, sont armés de fusils.

Dans les bataillons du train, je vois que le 8e bataillon est oublié; il est vrai que ce bataillon est à Rennes; mais le 7e, qui est à Toulouse, devrait pouvoir faire le service des camps de Brest et de Rochefort. Alors le 8e deviendrait disponible.

Il faut que vous preniez des mesures pour avoir au moins 3,500 charretiers et 2,400 chevaux en très-bon état; ainsi le personnel total de l'artillerie serait de 10,000 hommes.

Il y a une autre observation : les quatre régiments d'artillerie à cheval n'embarqueront chacun que 30 chevaux; présentez des mesures pour équiper en conséquence les canonniers à cheval et savoir où seront tenus les chevaux en attendant, et par qui ils seront soignés.

Il est temps aussi de connaître combien de bâtiments du tonnelage de 80 tonneaux vous seront nécessaires pour embarquer le gros parc; faites-moi aussi connaître l'état de tous les objets que vous aurez à embarquer, leur poids, leur distribution, soit sur les chaloupes et bateaux canonniers, soit sur les gros bâtiments de transport.

Je désire que vous m'apportiez samedi un rapport sur tous ces objets.

BONAPARTE.

Comm. par M. Lefebvre, libraire.

7362. — AU GÉNÉRAL MONCEY,
PREMIER INSPECTEUR GÉNÉRAL DE GENDARMERIE.

Paris, 16 frimaire an XII (8 décembre 1803).

Citoyen Général Moncey, j'ai reçu la *Gazette de Namur*, que vous m'avez envoyée. Recommandez à vos officiers de gendarmerie de vous envoyer les gazettes qui paraissent dans les départements où ils se trouvent, lorsqu'elles contiendraient quelques articles contraires à la tranquillité publique. Faites spécialement cette recommandation à Nantes et à Angers.

BONAPARTE.

Archives de l'Empire.

7363. — AU CONTRE-AMIRAL DECRÈS,
MINISTRE DE LA MARINE ET DES COLONIES.

Paris, 16 frimaire an XII (8 décembre 1803).

Il y a quatorze prames au Havre, Fécamp et Rouen; trois sont portées comme ne pouvant être mises à l'eau qu'au 15 ventôse; c'est évidemment trop tard. On pourrait augmenter les moyens d'ouvriers, pour qu'elles soient toutes à l'eau avant le 20 pluviôse, ou bien les suspendre et reverser les ouvriers pour accélérer les onze autres.

Je vous renvoie votre correspondance. On offre un bâtiment capable de porter trente chevaux à Saint-Malo, qui sera fort utile.

Dans les états du 3ᵉ arrondissement, je n'ai point vu qu'il fût question des bateaux de Terre-Neuve.

Actuellement que Forfait est à Paris et que nous avons des états sûrs du degré d'avancement de construction des prames, il serait peut-être convenable de prendre des mesures pour en avoir à l'eau, au 15 pluviôse, une vingtaine; cela aurait non-seulement l'avantage de nous porter mille chevaux, mais encore de pouvoir nous servir comme des espèces de batteries flottantes.

BONAPARTE.

Archives de l'Empire.

7364. — A L'AMIRAL BRUIX,
COMMANDANT LA FLOTTILLE DE BOULOGNE.

Paris, 16 frimaire an XII (8 décembre 1803).

Citoyen Amiral Bruix, j'ai lu avec attention vos observations sur la formation de la division par la réunion de deux sections. Je ne sais s'il y aurait des inconvénients à adopter deux sections par division de chaloupes canonnières, et à former la division de quatre sections pour les bateaux canonniers.

Les Anglais parlent beaucoup; nos côtes leur inspirent partout de la frayeur aujourd'hui, et je ne pense pas qu'ils aient aucun espoir dans un bombardement. Ils tenteront d'attaquer votre flottille en rade, mais la grande quantité de batteries, soit sur terre, soit sur mer, que nous avons à leur opposer, les en feront sans doute repentir.

Il me paraît enfin temps de penser à Étaples. Notre expédition est trop considérable, et nous ne pourrons jamais nous passer de ce port. Le capitaine du port pense que 300 bâtiments peuvent y tenir et en sortir aisément. Faites-moi connaître s'il y a quelques bâtiments à faire, quelques précautions à prendre. Assurez-vous si, dans les points où mouilleront ces bâtiments, ils y seront en sûreté contre les attaques de l'ennemi.

BONAPARTE.

Archives de l'Empire.

7365. — AU CONTRE-AMIRAL VER HUELL.

Paris, 16 frimaire an XII (8 décembre 1803).

Monsieur le Contre-Amiral Ver Huell, je reçois votre lettre du 12. L'armement des chaloupes canonnières dont vous m'envoyez la note ne convient pas. N'oubliez pas que ce sont des pièces de 24 que je veux sur ces bateaux, mais même sur les bateaux plats. C'est là le principal de tout : d'abord parce que je veux avoir un grand nombre de canons d'un calibre supérieur aux frégates, ensuite parce qu'il sera possible que nous nous servions de boulets creux, et que tous ceux que nous avons sont du calibre de 24.

Faites donc, sans délai, changer cette artillerie. Je retarderai exprès mon voyage de dix jours, afin de voir quelque chose à Flessingue.

Je vous prie de me faire connaître l'état de situation de ce qu'il y aura à Flessingue le 25 frimaire.

Les observations sur les chaloupes canonnières que je sacrifie sont très-vraies, mais je vous ai laissé le maître ; ainsi, si la République peut fournir trois divisions au lieu de deux, ne faites point usage de l'autorisation que je vous ai donnée.

Apprenez-moi si l'on a commencé à installer des bateaux comme ils doivent l'être ; il m'a été ici communiqué par le cabinet des observations sur l'installation des bateaux de la flottille, qui ne m'ont point paru fondées.

Apprenez-moi donc aussi que vous avez chassé votre fièvre.

BONAPARTE.

Archives de l'Empire.

7366. — AU CITOYEN PORTALIS, CONSEILLER D'ÉTAT,
CHARGÉ DE TOUTES LES AFFAIRES CONCERNANT LES CULTES.

Paris, 16 frimaire an XII (8 décembre 1803).

Citoyen Portalis, Conseiller d'État, il y a des mouvements dans la Vendée. Je suis étonné de n'avoir pas de nouvelles de l'évêque d'Orléans. Il paraît cependant qu'à la tête de ce mouvement sont Forestier et plusieurs autres individus qui avaient confiance en lui.

BONAPARTE.

Archives de l'Empire.

7367. — AU GÉNÉRAL BERTHIER, MINISTRE DE LA GUERRE.

Paris, 16 frimaire an XII (8 décembre 1803).

Il est indispensable, Citoyen Ministre, que vous fassiez connaître au général Mortier qu'il fasse former un compte de tout ce qu'a fourni le pays de Hanovre, soit en argent, soit en denrées, ainsi que de l'emploi qui en a été fait. Par le compte qui est rendu par le ministre du trésor public, il paraîtrait qu'il n'a été versé que trois millions en argent dans la caisse du payeur. On assure que la solde est arriérée.

BONAPARTE.

Archives de l'Empire.

7368. — AU GÉNÉRAL BERTHIER.

Paris, 16 frimaire an XII (8 décembre 1803).

La nouvelle donnée, Citoyen Ministre, par le général Dumuy ne s'est pas confirmée; il n'est pas vrai qu'un maréchal de logis de gendarmerie ait été tué à la Mothe-Achard.

Recommandez au général Dumuy de ne pas trop disséminer ses troupes, et de réunir, sous le commandement d'un général de brigade qui prendra pour ses mouvements des ordres du général de division Gouvion, deux colonnes composées chacune de 25 gendarmes, de 25 hommes de cavalerie et de 100 hommes d'infanterie.

Il en placera une à Saint-Jean et à Saint-Étienne sur la route des Sables, et l'autre à l'Ardrère sur la route de Montaigu.

Donnez ordre au général Paulet de former dans l'intérieur trois petites colonnes, chacune de 100 hommes, partie gendarmerie, partie cavalerie et partie infanterie; d'en donner le commandement à des officiers supérieurs très-actifs et intelligents, et de prendre des ordres, pour tous les mouvements combinés, du général Gouvion.

Prévenez le général Gouvion de ces nouvelles dispositions, et faites-lui connaître que je suis surpris de n'avoir pas encore de ses nouvelles, et de ne pas apprendre que les brigands sont balayés et que quelques sévères punitions ont rétabli la tranquillité.

Envoyez ces dépêches par un des officiers attachés à votre ministère, qui parcourra lui-même les départements de la Vendée, de la Mayenne, de Maine-et-Loire et de la Charente, vous rapportera des états de situation de toutes les troupes, et verra par ses yeux ce dont il est question.

BONAPARTE.

Archives de l'Empire.

7369. — AU CITOYEN REGNIER,
GRAND JUGE, MINISTRE DE LA JUSTICE.

Paris, 17 frimaire an XII (9 décembre 1803).

Donnez des ordres à Besançon pour que Bourmont soit mis au secret. Qu'on interroge la femme de Bourmont sur l'étranger qui est venu la voir il y a un mois. Lui faire connaître que le résultat de son interrogatoire peut avoir des conséquences, et qu'elle doit dire la vérité d'une manière claire.

BONAPARTE.

Archives de l'Empire.

7370. — DÉCISION.

Paris, 19 frimaire an XII (11 décembre 1803).

| Rapport sur un discours contre l'institution des lycées, prononcé par le citoyen Dubois, professeur de législation, lors de la rentrée de l'école centrale de Maine-et-Loire. | Renvoyé au ministre de l'intérieur, pour savoir quelles sont les écoles centrales encore existantes. Il serait peut-être convenable de les supprimer le plus tôt possible, pour finir cette lutte. |

BONAPARTE.

Archives de l'Empire.

7371. — AU GÉNÉRAL DAVOUT.

Paris, 19 frimaire an XII (11 décembre 1803).

Citoyen Général Davout, vous m'annoncez dans votre dernière lettre qu'il est arrivé de Flessingue des boots qui ont relâché à Ostende. Ces boots sont destinés pour Boulogne, où il est nécessaire de les faire passer le plus tôt possible. Rendez-moi compte si les bâtiments de la flottille qui étaient à Gand et sur les canaux sont arrivés à Ostende ; il est urgent qu'on ne perde pas de temps, car les gelées pourraient venir.

BONAPARTE.

Comm. par Mme la maréchale princesse d'Eckmühl.

7372. — A L'AMIRAL BRUIX.

Paris, 19 frimaire an XII (11 décembre 1803).

Citoyen Amiral Bruix, je reçois votre lettre du 18. J'ai jugé à propos de charger des détails de la flottille de transport un homme actif[1], qui puisse à chaque instant rendre compte de la situation de cette flottille, veiller à son chargement et à sa distribution entre les différents services.

Les instructions du ministre de la guerre vous auront fait voir que ce dont j'ai surtout besoin sont des écuries. Vous devez avoir une trentaine de bâtiments de transport à Boulogne. Mettez à la disposition de l'artillerie ceux qui ne sont pas aménagés, et veillez à ce qu'elle y établisse les ateliers pour réparer elle-même lesdites écuries.

Il serait temps de pousser les travaux de Calais et des entrepreneurs de Boulogne avec un peu plus d'activité. Je désirerais que les choses fussent arrangées de manière qu'on pût avoir la certitude que tous ces bâtiments fussent armés dans le courant de nivôse.

L'amiral Ver Huell me mande de la Haye que, sur les 46 boots que j'ai fait acheter, 26 ont été expédiés pour Boulogne. Ils relâcheront sans doute à Ostende. Donnez ordre dans ce port qu'on les fasse filer sans retard.

J'ai ordonné à cet amiral de nous acheter une centaine de chaloupes baleinières. Ce sont des chaloupes de 30 pieds de long sur 7 de large, très-pointues et extrêmement légères. Elles arment 24 avirons et vont très-vite. L'amiral Ver Huell pense que les chaloupes canonnières pourraient même les tirer à bord dans un gros temps, tant elles sont légères.

Il en a, je crois, déjà acheté une vingtaine qu'il va expédier. Je vous prie de me faire connaître ce que vous pensez de ces bateaux. Si l'on pouvait en affecter un à chaque chaloupe canonnière, les péniches seraient alors disponibles, et on s'en servirait comme bâtiments de guerre.

Je vois qu'il ne vous est pas encore arrivé de bateaux de Terre-Neuve ; il y en a cependant, je crois, plus de 200 en route.

BONAPARTE.

Je désire que vous fassiez remplir les états ci-joints, et que vous m'en envoyiez tous les samedis. Mettez-y les noms des commandants de chaque division et section jusqu'au grade d'enseigne de vaisseau.

Archives de l'Empire.

[1] Le général Combis.

7373. — AU CONTRE-AMIRAL VER HUELL.

Paris, 19 frimaire an XII (11 décembre 1803).

Citoyen Amiral Ver Huell, je reçois votre lettre du 15 frimaire. D'après la description que vous me faites de ces chaloupes baleinières, je pense qu'elles nous seront fort utiles. Faites-moi connaître la quantité que vous pourriez vous procurer d'ici au 10 nivôse, et le prix dont elles sont, l'une portant l'autre.

Je vous prie aussi de m'envoyer un plan de ces bateaux. Mais vous pouvez toujours procéder à l'achat d'une centaine.

Pressez votre armement et la nouvelle installation de vos bateaux, afin qu'au 1er nivôse je trouve la division de 27 chaloupes canonnières, les quatre divisions de bateaux canonniers, formant 108, la division d'écuries, la division de transports, dans le meilleur état, ainsi que je l'ai demandé.

Le citoyen Forfait, inspecteur général de la flottille, que je viens de voir, m'a parlé des chaloupes baleinières. Il pense qu'elles nous seront fort utiles, et que nous ne saurions en avoir trop, surtout si le prix est raisonnable. Dans tous les cas, je ne vois pas d'inconvénient à en faire acheter sur-le-champ une centaine.

BONAPARTE.

Archives de l'Empire.

7374. — AU CITOYEN CHAPTAL, MINISTRE DE L'INTÉRIEUR.

Paris, 20 frimaire an XII (12 décembre 1803).

Je désire, Citoyen Ministre, que vous regardiez comme une des fonctions les plus importantes de votre ministère de recueillir, sur les candidats présentés pour le Sénat et le Corps législatif, des renseignements sur leur probité, leur fortune, talents et opinion politique, et que vous me remettiez ces notes en même temps que la liste des présentations, afin que je puisse intervenir toutes les fois qu'il serait présenté des personnes ayant de mauvais principes et peu considérées.

BONAPARTE.

Archives de l'Empire.

7375. — AU CITOYEN TALLEYRAND,
MINISTRE DES RELATIONS EXTÉRIEURES.

Paris, 20 frimaire an XII (12 décembre 1803).

Je désire, Citoyen Ministre, que vous écriviez à M. de Bunau et au citoyen La Rochefoucauld de demander que M. d'Entraigues soit renvoyé de Dresde ; qu'il est Français, qu'il a été membre de l'Assemblée constituante, et que, depuis, il a trempé dans toutes les intrigues qui ont troublé la tranquillité de la France ; qu'aucune puissance n'a le droit de l'accréditer à l'étranger sans manquer au Gouvernement français, et qu'aucune cour ne peut le recevoir sans manquer aux égards et manifester qu'elle prend intérêt aux troubles et aux divisions qu'il pourrait exciter dans le sein de la France. Il est impossible qu'il soit dans l'intention d'aucun prince d'accorder l'impunité, au milieu de l'Allemagne, à un homme connu dans toute l'Europe et chassé de Vienne et de Naples pour son immoralité, son esprit d'intrigue et sa vénalité ; que j'ai le droit d'attendre que l'électeur de Saxe éloignera cet individu de Dresde.

BONAPARTE.

Archives des affaires étrangères.
(En minute aux Arch. de l'Emp.)

7376. — AU CITOYEN TALLEYRAND.

Paris, 20 frimaire an XII (12 décembre 1803).

M. de Coucy, Citoyen Ministre, ancien évêque de la Rochelle, est en Espagne. Il se comporte on ne peut pas plus mal. Ses mandements incendiaires contribuent à la guerre civile dans la Vendée. Envoyez un courrier extraordinaire à Madrid, avec les instructions les plus efficaces pour qu'il soit arrêté et remis à Bayonne entre les mains de la gendarmerie. Écrivez au général Beurnonville qu'il ne s'agit plus ici d'une vaine formalité ; que les mandements de ce misérable influent sur la tranquillité publique ; qu'il est évidemment stipendié par les Anglais, et que je ne saurais croire que Sa Majesté Catholique, pour un objet de cette importance, voulût se refuser à le faire mettre entre mes mains. Recommandez au général Beurnonville de mettre tous ses soins à faire réussir cette affaire, et à ce que cet évêque soit effectivement arrêté et transféré à Bayonne.

BONAPARTE.

Archives des affaires étrangères.
(En minute aux Arch. de l'Empire.)

7377. — ORGANISATION DE LA GRANDE EXPÉDITION.

Paris, 20 frimaire an XII (12 décembre 1803).

Il y aura un état-major général composé du ministre de la guerre faisant les fonctions de major général ;
De deux généraux de brigade ;
De quatre adjudants commandants ;

De seize adjoints à l'état-major, de différents grades ;
Du premier inspecteur général de l'artillerie ;
Du premier inspecteur général du génie ;
Du commissaire général Petiet, pour l'administration ;
D'un directeur général pour chaque administration ;
Du nombre de commissaires des guerres et adjoints qui sera jugé nécessaire.

Il n'y aura point de commandant général de la cavalerie.

Il est donc bien nécessaire que tous les individus qui doivent composer l'état-major général soient désignés avec le titre qu'ils doivent porter et le nombre de chevaux et domestiques qu'ils doivent embarquer.

Un général de division embarquera quatre chevaux ;
Un général de brigade en embarquera deux ;
Un adjudant commandant, un ;
Un aide de camp et un adjoint à l'état-major en embarqueront chacun un ;
Un colonel de corps en embarquera un ;
Un major, un.

Le général de division embarquera quatre palefreniers sur le même bâtiment qui portera ses chevaux, et deux domestiques sur le bâtiment qui le portera.

Un général de brigade embarquera quatre domestiques ;
Un adjudant commandant, deux ;
Un aide de camp et un adjoint, un ;
Un colonel, deux ;
Un major, un ;
Un capitaine, un.

Les lieutenants et sous-lieutenants en embarqueront un pour quatre.

Ceux qui voudront embarquer un plus grand nombre de domestiques et de chevaux devront en faire la demande, afin qu'on puisse leur indiquer les lieux où ils doivent les tenir, pour passer après l'armée.

L'armée se divise en quatre grands corps :
Le camp de Saint-Omer ;
Le camp de Bruges ;
Le camp de Montreuil ;
La réserve.

Le camp de Saint-Omer doit avoir un état-major et des adjoints ;
Un général d'artillerie ;

Un officier supérieur du génie ;
Un commissaire ordonnateur ;
Un chef pour chaque administration ;
Un inspecteur du service de santé.

Il est nécessaire de connaître et de spécifier les noms et les titres de tous ces individus.

Le camp de Saint-Omer sera composé de quatre divisions, d'une division de cavalerie et d'un parc de réserve d'artillerie.

Chaque division aura un payeur, un commissaire des guerres et un adjoint en chef pour chaque administration ;

Les brigades de boulangers qui seront nécessaires pour faire le pain pour la nourriture de la division ;

Des escouades d'ouvriers maçons, propres à construire des fours en peu de temps. Il est également nécessaire de déterminer le nombre de tous ces individus.

Un adjudant commandant sera chef de l'état-major, indépendamment des adjoints et aides de camp qui y seront attachés.

Chaque division aura un colonel ou un lieutenant-colonel d'artillerie ;
Un capitaine en second en résidence ;
Un conducteur d'artillerie ;
Un capitaine du génie ;
Un lieutenant ;
50 sapeurs.

Il y aura pour chaque division huit pièces d'artillerie.

La division de cavalerie aura quatre pièces d'artillerie légère.

Il y aura à la réserve huit pièces d'artillerie avec les approvisionnements d'infanterie, etc.

Ce qui fera pour ce corps d'armée quarante-quatre pièces d'artillerie.

Les camps de Bruges et de Montreuil seront composés chacun de trois divisions. Ils seront organisés comme le camp de Saint-Omer.

Leur train d'artillerie ne sera que de trente-six pièces de canon pour chaque camp.

La réserve sera composée de deux divisions de dragons, d'une division italienne, d'une division de cavalerie de la réserve et d'une division d'élite.

Chacune de ces divisions aura huit pièces de canon, ce qui fera quarante pièces de canon ; il y en aura huit pour le parc ; total, quarante-huit pièces de canon.

La réserve aura un état-major en tout pareil à celui des autres camps.

Le parc général de l'armée sera toujours avec la réserve.

Il est donc nécessaire que tous les ordres convenables soient donnés, pour qu'au 1er nivôse on puisse avoir l'état de l'armée ainsi organisée, partagée en divisions, avec le nombre de domestiques et de chevaux que chacune doit embarquer, la force des corps, les noms des officiers d'état-major et des administrateurs attachés à chaque division, le lieu où ils se trouvent, le temps où l'on suppose qu'ils joindront, les lieux où se trouvent les 3mes bataillons et les dépôts, et enfin les lieux où chaque corps se recrute.

Le ministre de la guerre me présentera en même temps un autre état de situation du matériel, soit des vivres, soit des charrois, soit de l'artillerie, de ce qui a été demandé, du lieu où chaque objet se trouve, enfin de ce qui manque pour arriver au complet des demandes faites par le résumé de la flottille qui a été remis au ministre de la guerre il y a trois mois.

BONAPARTE.

Dépôt de la guerre.

7378. — AU GÉNÉRAL BERTHIER, MINISTRE DE LA GUERRE.

Paris, 20 frimaire an XII (12 décembre 1803).

Je vous prie, Citoyen Ministre, de donner ordre, par un courrier extraordinaire, au général Lagrange, à Alençon, de faire partir sur-le-champ le détachement de la légion d'élite à pied, qui fait partie de la colonne d'éclaireurs de Mayenne et qui est fort de 130 hommes, pour Montaigu, où il recevra des ordres du général Gouvion.

Donnez ordre également à la colonne d'éclaireurs qui est sous les ordres du général de brigade Devaux, à Laval, de se rendre à Machecoul, département de la Loire-Inférieure, où elle prendra des ordres du général Gouvion.

Votre courrier extraordinaire continuera sa route d'Alençon à Châtillon, département des Deux-Sèvres, et portera au général Gouvion l'ordre de s'appuyer sur la côte, de se rendre avec sa colonne et celle du chef de brigade Devaux, du côté de Challans, Aizenay et Saint-Luc. Le général Gouvion donnera ordre au général Girardon de se porter avec sa colonne de Beaupreau à Montaigu, et de veiller sur toute cette partie. Vous lui direz du reste, que je désire, par le retour du courrier, connaître parfaitement la situation de cette contrée, qu'il doit connaître mon impatience sur un objet de cette importance. Vous lui enverrez la lettre ci-jointe des Sables. Vous lui direz que, si les événements étaient aussi pressants que cette lettre les présente, il pourrait donner ordre à l'adjudant commandant Brouard de faire partir quatre compagnies du bataillon qui est à l'île d'Yeu, complétées à 80 hommes, et d'avoir soin de n'y mettre que de bons sujets et des hommes éprouvés. Il pourra en demander un pareil nombre aux commandants de l'île de Ré et de Rochefort. Enfin il pourrait également demander 200 hommes du régiment suisse qui est à la Rochelle, ce qui lui ferait une augmentation de forces de 1,500 hommes.

Faites connaître au général commandant la 12e division militaire qu'il ait à faire parvenir des ordres en conséquence aux différents commandants, et à lui-même de tenir toutes les forces et tous les moyens dont il pourrait disposer à Nantes.

Je désirerais être assuré, par le retour du courrier qui vous porte cette lettre, que le courrier partira avant minuit.

BONAPARTE.

Archives de l'Empire.

7379. — AU GÉNÉRAL BERTHIER.

Paris, 20 frimaire an XII (12 décembre 1803).

Je vous prie, Citoyen Ministre, d'expédier dans la nuit un courrier extraordinaire au général Fénerolz, commandant le camp de dragons de Redon, pour lui donner l'ordre de partir avec les régiments qu'il commande, six heures après la réception du courrier, et de se diriger sur Nantes. Là il fera prendre à chaque homme cinquante cartouches, des pierres à fusil, et formera trois colonnes, chacune composée d'un régiment de dragons fort de 260 hommes à cheval et de 140 hommes à pied. Le général Dumuy joindra à chacune de ces colonnes deux compagnies du 12e d'infanterie légère, fortes chacune de 70 hommes; ce qui portera chacune des trois colonnes à plus de 550 hommes. La gendarmerie y joindra 10 ou 12 hommes de son arme.

La première colonne s'arrêtera à Nantes, de là se rendra à Palluau, d'où, avant son arrivée, elle enverra demander des ordres au général Paulet, qui se tient ordinairement aux Sables. Le général Paulet se mettra à la tête de cette colonne, y joindra les troupes qui sont sous ses ordres et des officiers des détachements de gendarmerie, et se mettra à la poursuite des brigands, en obéissant cependant aux ordres qu'il recevrait du général Gouvion.

La seconde colonne se rendra à Montaigu. Elle sera commandée par le général Fénerolz. Avant son arrivée, elle enverra demander des ordres au général Gouvion, et, si elle n'en reçoit pas au moment de son arrivée, elle prendra des renseignements des officiers de gendarmerie qui se trouvent à Montaigu et du sous-préfet de Montaigu, et se mettra à la poursuite des rassemblements armés.

La troisième colonne se rendra à Machecoul. Elle sera commandée par un des généraux de brigade qui se trouvera à portée, ou par le général de brigade Valory, s'il est encore à Nantes. Si tout est tranquille dans cet arrondissement, cette troisième colonne continuera sa marche jusqu'à Challans, et préviendra de son mouvement le général Paulet, qui se trouvera aux Sables ou à Palluau; elle prendra les ordres de ce général de brigade, mais sera toujours sous les ordres supérieurs du général Gouvion.

Vous préviendrez le général commandant la division et l'ordonnateur de cette division de prendre toutes les mesures pour que les vivres ne manquent point aux troupes. Il leur sera accordé les vivres de campagne, et, en attendant, pour se procurer de la viande, une indemnité.

Vous préviendrez le général de la division de donner l'instruction aux commandants de ces trois colonnes de se diviser par escadron, moitié à cheval et moitié à pied, afin de pouvoir faire vivre facilement les chevaux, et d'avoir soin de joindre à chaque détachement des officiers ou sous-officiers de gendarmerie connaissant bien le pays.

Vous recommanderez la plus sévère discipline.

Vous préviendrez le général Gouvion des mouvements. Les dragons ont l'avantage de servir à pied et à cheval. Ils sont tous armés de bons fusils. Comme il est inutile de s'embarrasser de caissons, il faut faire prendre à chaque dragon des cartouches de réserve à Nantes.

Les 3es et 4es escadrons des 1er, 14e et 20e régiments de dragons resteront jusqu'à nouvel ordre dans leurs cantonnements actuels.

Faites partir de Paris un des adjudants commandants attachés à votre ministère, pour faire les fonctions de chef d'état-major auprès du général Gouvion. Il emmènera avec lui quatre adjoints à l'état-major.

Faites connaître au général Dumuy que, sa présence étant nécessaire à Nantes, l'état de situation de toutes les troupes de sa division doit être envoyé au général Gouvion, et que l'ordonnateur de la division doit se rendre près de ce général pour assurer le service.

Prévenez le général Gouvion que j'espère que ce renfort de 1,500 hommes lui sera suffisant, et qu'il fera une bonne chasse à

10.

ces brigands; qu'il doit tenir note des chefs surtout, pour ne faire grâce à aucun; qu'enfin il y a sous ses ordres le général Dufresse, qui tiendra en respect le département des Deux-Sèvres, le général Girardon, commandant le département de Maine-et-Loire et environs, le général Paulet, le général Fénerolz, le chef de brigade Reynaud, et, si même il se trouve en avoir besoin, le général Lacoste, qui est sur la côte; que les généraux Paulet et Lacoste ont un certain nombre de pièces attelées; que d'ailleurs, si cela devient nécessaire, il peut faire appeler le directeur d'artillerie qui est à Nantes; qu'il doit tâcher cependant, autant que possible, de ne pas dégarnir la côte et y laisser les batteries mobiles et les détachements que j'y ai établis pour protéger le passage de la flottille.

Mettez à la disposition du général Gouvion, pour assurer le service, 50,000 francs en or; 30,000 francs seront destinés à pourvoir à la gratification de la troupe, et 20,000 pour frais de transport, de courriers et d'espionnage. Sur cette somme, il donnera 1,000 francs à chaque commandant de colonne d'éclaireurs.

Mon opinion est qu'il ne faut laisser nulle part de garnison, mais faire de toutes les forces quatre corps sous les ordres, chaque corps, d'un général de brigade, indépendamment des corps des généraux Girardon et Dufresse; que chacun de ces corps doit être partagé en trois autres, chacun de 150 à 200 hommes, infanterie, cavalerie et gendarmerie comprises. Soutenus par l'espionnage et continuellement en mouvement, ces corps doivent parvenir à étouffer la révolte dès sa naissance.

Je désire que le courrier porteur des ordres pour les mouvements des dragons, et l'instruction pour le général et l'ordonnateur de la division à Nantes, partent cette nuit. L'argent et l'instruction pour le général Gouvion pourront ne partir que demain à quatre heures après midi. Vous me ferez demander, avant leur départ, s'il n'y a point de nouveaux ordres.

Je vous prie de demander par le retour du courrier la situation de la division du général Dumuy et le lieu où se trouve chaque corps.

BONAPARTE.

Archives de l'Empire.

7380. — AU CITOYEN REGNIER,
GRAND JUGE, MINISTRE DE LA JUSTICE.

Paris, 21 frimaire an XII (13 décembre 1803).

Je vous prie, Citoyen Ministre, d'écrire au préfet de Maine-et-Loire que j'ai vu les rapports qui ont été faits; que j'ai la plus grande confiance dans le chef de légion Noireau; que j'ai la plus grande confiance dans le général Girardon, et dans lui, préfet; qu'on voit tout ici de sang-froid; que tous ces agents lui rendent justice, et qu'il doit à son tour leur rendre la justice qui leur est due, et vivre bien avec eux.

BONAPARTE.

Archives de l'Empire.

7381. — AU CITOYEN REGNIER.

Paris, 21 frimaire an XII (13 décembre 1803).

Je vous renvoie les différentes pièces de votre correspondance. Faites connaître au général Gouvion que le ministre de la guerre a dû lui envoyer de l'argent pour le seconder; que deux compagnies d'élite ont eu ordre de partir du Mans pour se rendre à Montaigu, ainsi que les colonnes d'éclaireurs du général Devaux, qui est parti de Laval, et les trois régiments de dragons qui se trouvent à Redon, sous les ordres du général Fénerolz; que ces trois corps lui présentent un total de 1,200 hommes, dont 400 à pied et 800 à cheval, tous armés de bons fusils, qui, moyennant 500 hommes d'infanterie légère qui y seront joints, seront partagés en trois colonnes d'éclaireurs; qu'il est donc nécessaire qu'il se rende dans la Vendée et la Loire-Inférieure, afin de donner à tout cela le mouvement et l'organisation convenables; que j'attends d'apprendre que la commission militaire a fait justice de quelques chefs; que ma confiance repose en lui pour être bientôt instruit que la tranquillité est rétablie.

Il paraît que les communes de Saint-Hilaire et Sallertaine ont des correspondances avec les ennemis, puisqu'elles ont fait des signaux auxquels les Anglais ont répondu. Envoyez-y des hommes adroits, pour savoir quels sont ces correspondants.

BONAPARTE.

Archives de l'Empire.

7382. — AU GÉNÉRAL BERTHIER, MINISTRE DE LA GUERRE.

Paris, 21 frimaire an XII (13 décembre 1803).

D'après l'état de situation de la force actuelle de l'artillerie, Citoyen Ministre, je reste convaincu que le 1er régiment ne peut fournir que huit compagnies à la grande armée; que le 5e ne peut en fournir que dix, et le 7e, huit. Il sera donc nécessaire de prendre quatre compagnies du 3e et quatre du 6e, ce qui fera trente-quatre compagnies. Mon intention est que chaque compagnie soit portée au grand complet de guerre, c'est-à-dire à 100 hommes ; et, à cet effet, on prendra tous les hommes disponibles dans le reste des régiments.

Je me suis convaincu également que le 2ᵉ régiment d'artillerie à cheval ne peut fournir que deux compagnies, et les 5ᵉ et 6ᵉ, deux. Pour compléter les huit compagnies, vous en ferez fournir deux par le 4ᵉ régiment. Ces huit compagnies seront également portées à 100 hommes, ce qui fera 800 hommes ; ainsi le total de l'artillerie sera donc de 4,200 hommes.

Le 5ᵉ régiment fournira également deux compagnies au camp de Saintes, et le 6ᵉ régiment en fournira aussi quatre au camp de Brest.

Les compagnies qui resteront en France, de ces régiments, se trouveront par là extrêmement affaiblies ; mais mon intention étant de faire, en ventôse, un appel de 20,000 hommes de la réserve, sur ces 20,000 hommes, 4,000 seront destinés au complément des régiments d'artillerie.

Je désire également avoir 3,500 hommes du train d'artillerie à la grande expédition. A cet effet, il serait convenable d'envoyer à Douai les trois compagnies du 8ᵉ *bis* du train, qui est à Rennes.

Les deux compagnies du 4ᵉ régiment à cheval qui partiront de Turin pourront partir à pied et sans chevaux, et les chevaux serviront à monter le reste du régiment.

Il est également nécessaire de donner à l'artillerie à cheval une paire de guêtres et une capote, devant faire longtemps le service à pied.

BONAPARTE.

Archives de l'Empire.

7383. — AU GÉNÉRAL SOULT.

Paris, 21 frimaire an XII (13 décembre 1803).

Citoyen Général Soult, le service se fait mal sur la côte de Calais. Un navire anglais, qui s'est perdu à deux lieues de cette place, a fait côte sans être aperçu ; l'équipage s'est jeté à terre et est arrivé à Calais sans qu'on en sût rien. Prenez des mesures pour que le service se fasse avec plus d'activité et de vigilance.

BONAPARTE.

Archives de l'Empire.

7384. — AU CONTRE-AMIRAL DECRÈS,
MINISTRE DE LA MARINE ET DES COLONIES.

Paris, 21 frimaire an XII (13 décembre 1803).

Ordonnez, Citoyen Ministre, au contre-amiral Villeneuve de faire éprouver les mortiers à plaque, de fer et de bronze, qui sont à l'île d'Aix et à la batterie des Saumonards, ainsi que les mortiers à la Gomer; mais, à cet effet, d'assister lui-même à ces épreuves, et de s'assurer lui-même que les mortiers sont placés sur 43 degrés, et que la poudre est pressée avec la main à mesure qu'elle y est placée, et que la chambre est tellement pleine qu'elle doit un peu déborder; alors les mortiers à la Gomer doivent aller bien près du Boyard, puisqu'il n'y a que 1,530 toises. Les mortiers à plaque devraient dépasser le Boyard d'au moins 300 toises, et les mortiers à plaque des Saumonards devraient dépasser beaucoup le banc du Boyard.

Je ne vois pas pourquoi vous avez défendu, par votre lettre du 17 frimaire, qu'on armât les péniches des différents ports. Ce sont les caïques que les grosses pièces de 24 écrasent, et rendent peu propres à cette longue traversée; il n'en est pas de même pour les péniches.

Relativement à la dépêche du 15 frimaire, du général Gantcaume, il faut attendre, avant de lui répondre, le retour du courrier que je lui ai expédié il y a plusieurs jours.

BONAPARTE.

Archives de l'Empire.

7385. — A L'AMIRAL BRUIX.

Paris, 22 frimaire an XII (14 décembre 1803).

Citoyen Amiral Bruix, je reçois vos lettres du 21. Je vois avec grand plaisir que plusieurs divisions vous arrivent. Le naufrage du bateau le 106 me fait d'autant plus de peine que nous perdons bien des braves gens. C'est sans doute le même vent qui nous a livré une frégate anglaise près Réville, au-dessus de la Hougue; elle a amené son pavillon, et 80 bateaux de Terre-Neuve se trouvaient là mouillés, dans la baie de Saint-Waast, pour amener leur conquête à la Hougue.

Presque tous les bâtiments qui étaient en construction à Paris et à Compiègne sont à l'eau et partent pour le Havre, ce qui nous mettra à même de diriger tous les ouvriers qui y travaillaient sur Boulogne et Calais. Une compagnie de 100 ouvriers doit déjà même être partie.

BONAPARTE.

Archives de l'Empire.

7386. — AU CITOYEN CHAPTAL, MINISTRE DE L'INTÉRIEUR.

Paris, 24 frimaire an XII (16 décembre 1803).

Je vous prie, Citoyen Ministre, de me faire connaître la situation des fabriques de Chollet et autres communes environnantes dans la

Vendée. On m'assure que les travaux ont cessé, ce qui peut porter les ouvriers des manufactures au brigandage.

BONAPARTE.

Archives de l'Empire.

7387. — DÉCISION.

Paris, 24 frimaire an XII (16 décembre 1803).

Proposition de nommer les citoyens Cuvelier, Saraire, Cremault, Baluet et Contant à cinq emplois d'officiers dans la compagnie des guides interprètes de l'armée d'Angleterre.

Avoir l'âge et les états de service de chacun. Ils doivent avoir été en Angleterre au moins un an, écrire et bien parler la langue anglaise. La compagnie divisée en quatre escouades. Chaque escouade sera attachée à une des armes.

BONAPARTE.

Archives de l'Empire.

7388. — DÉCISION.

Paris, 24 frimaire an XII (16 décembre 1803).

Demande d'une pension pour la veuve du général de brigade Laplume (noir), mort à Cadix, laissant neuf enfants.

Le fils, âgé de vingt ans, sera employé comme lieutenant, dans le corps noir qui est à Mantoue.

Accordé une pension de 3,000 francs à la mère.

200 francs de pension à chacun des enfants. Ceux qui sont au-dessous de quinze ans seront mis à Compiègne. Ils ne jouiront de leur pension qu'en sortant de Compiègne.

BONAPARTE.

Archives de l'Empire.

7389. — A L'ÉVÊQUE D'ORLÉANS [1].

Paris, 24 frimaire an XII (16 décembre 1803).

Monsieur l'Évêque d'Orléans, j'ai reçu la lettre du 12 que le conseiller d'État Portalis m'a remise. Je vous remercie des détails que vous me donnez sur la Vendée. J'y ai reconnu le zèle dont vous m'avez déjà donné plusieurs fois des preuves. J'ai vu avec peine la

[1] L'abbé Bernier.

désunion qui existe entre le préfet de Maine-et-Loire et le général Girardon ; mais j'ai fait connaître au préfet que mon intention était qu'ils vécussent d'accord : j'espère qu'ils s'y conformeront.

J'ai été bien aise de voir que la première opinion que je m'étais faite des troubles qui viennent d'avoir lieu était conforme à ce que vous pensiez ; mais il n'en est pas moins vrai qu'il y a quatre cents misérables sans feu ni lieu, mauvais sujets formés à l'impunité dans la licence des guerres civiles, et dont il serait urgent de débarrasser le pays. Je désirerais que vous pussiez m'en faire des listes, afin de pouvoir, aujourd'hui que j'ai dirigé sur ces points des forces assez considérables, les faire arrêter et les mettre hors d'état de recommencer leurs brigandages.

J'ai aussi lieu de croire que sept individus, qui ont débarqué dans l'anse du Repos, côte des Sables-d'Olonne, ont été vus au milieu de leur rassemblement. Des signaux de correspondance ont été faits entre la flotte anglaise et Saint-Hilaire et Sallertaine. Faites-moi connaître votre opinion sur les villages, curés, notables que vous croiriez capables de ces correspondances.

Il n'est pas moins vrai qu'il doit y avoir quelque accord parmi ces brigands, car depuis le 16 frimaire ils se sont rapidement dissipés, de manière qu'au 20 on avait peine à en trouver des traces.

BONAPARTE.

Archives de l'Empire.

7390. — AU GÉNÉRAL BERTHIER, MINISTRE DE LA GUERRE.

Paris, 24 frimaire an XII (16 décembre 1803).

Pourquoi y a-t-il, Citoyen Ministre, des prisonniers anglais à Bordeaux ? Les ordres que vous avez donnés pour la translation des prisonniers ne sont exécutés nulle part.

BONAPARTE.

Archives de l'Empire.

7391. — AU CITOYEN REGNIER,
GRAND JUGE, MINISTRE DE LA JUSTICE.

Paris, 25 frimaire an XII (17 décembre 1803).

Je vous prie, Citoyen Ministre, de faire connaître au préfet de Maine-et-Loire que je vois toujours avec peine le sens forcé qu'il donne à tout ; qu'il n'est permis de dire des choses de cette nature que lorsqu'on en a les preuves les plus évidentes ; que je ne puis que réitérer que mon intention est qu'il ne se fasse point le chevalier des rassemblements qui ont eu lieu; que, s'il n'y en avait qu'un, on pourrait, quoique avec beaucoup de circonspection, se livrer à un examen; que sa manière de voir est entièrement absurde, quand on considère la commotion générale de la Vendée et de la Loire-Inférieure.

BONAPARTE.

Archives de l'Empire.

7392. — AU CITOYEN CHAPTAL, MINISTRE DE L'INTÉRIEUR.

Paris, 25 frimaire an XII (17 décembre 1803).

Sachez, Citoyen Ministre, du citoyen Desmazières, président du collége électoral, et du citoyen Delorme, conservateur des forêts, pourquoi ils ont refusé la mission honorable de délégués du préfet pour la levée des conscrits; comment d'aussi bons citoyens ont eu moins de zèle que des émigrés nouvellement rentrés et des hommes indifférents au Gouvernement.

BONAPARTE.

Archives de l'Empire.

7393. — AU GÉNÉRAL BERTHIER, MINISTRE DE LA GUERRE.

Paris, 25 frimaire an XII (17 décembre 1803).

Nous avons, Citoyen Ministre, un grand besoin de mortiers à Boulogne, Étaples et Ambleteuse. Donnez l'ordre qu'il soit dirigé sur-le-champ sur Boulogne vingt mortiers de 12 pouces à la Gomer. Vous pouvez même les tirer, s'il est nécessaire, de Metz et de Strasbourg; mais prenez des mesures pour qu'ils soient remplacés à Strasbourg par de nouvelles fontes avant le 1er vendémiaire an XIII.

Donnez l'ordre qu'on fonde à Douai dix mortiers à la Gomer, ce qui fera trente mortiers ordinaires et à la Gomer, qui devront être rendus à Boulogne le plus tôt possible.

Les douze premiers mortiers à plaque qui seront faits auront la destination suivante :

Les quatre premiers seront destinés à défendre la flottille qui serait mouillée dans la rade d'Étaples;

Six autres seront destinés à défendre la flottille qui serait mouillée dans la rade d'Ambleteuse;

Et les deux autres, à défendre la flottille qui sera mouillée dans la rade de Wimereux.

Ordonnez que le génie, l'artillerie et la marine se concertent pour déterminer l'emplacement des batteries, en déterminant d'abord les points où pourra mouiller la flottille. Un croquis, mesuré géométriquement et sûr, sera levé, d'après les conférences qui auront eu lieu entre un général d'artillerie, un général du génie, et les commissaires de marine nommés par l'amiral, et me sera soumis pour être définitivement approuvé avant le 15 nivôse.

Je vous prie de faire compulser les différents états des arsenaux, pour savoir s'il y aurait moyen de procurer sur-le-champ dix affûts, soit de côte, soit de place, de 36 pour Boulogne, et trente affûts, de côte ou de place, de 36 pour le Havre. Au cas qu'il n'y en ait point, faites-en mettre sur-le-champ en confection à Paris, de manière qu'ils y soient disponibles au 1ᵉʳ pluviôse.

BONAPARTE.

Archives de l'Empire.

7394. — A L'AMIRAL BRUIX.

Paris, 25 frimaire an XII (17 décembre 1803).

Citoyen Amiral Bruix, j'ai reçu votre lettre. J'imagine que vous avez fait remplacer, dans la division, les bateaux qui ont péri.

Il est nécessaire de ne jamais changer les bateaux de division; cela dérange toutes les combinaisons de la terre. Je vois dans vos états des bateaux placés dans les divisions à côté l'une de l'autre, et qui n'ont pas les troupes du même régiment.

Je désire que vous commenciez à faire entrer des bateaux dans le port d'Étaples, dont il est impossible que nous nous passions.

Donnez l'ordre que les vingt-sept premiers bateaux qui nous arrivent du Havre soient dirigés sur Étaples, ainsi que les trois premières chaloupes et les trois premières péniches.

BONAPARTE.

Archives de l'Empire.

7395. — AU GÉNÉRAL DAVOUT, COMMANDANT LE CAMP DE BRUGES.

Paris, 25 frimaire an XII (17 décembre 1803).

Citoyen Général Davout, j'ai reçu votre lettre du 22. L'approvisionnement extraordinaire d'Ostende, pour la flottille de transport, consistera spécialement en avoine et en son. Tant que les bâtiments resteront dans le port ou en rade, on les fournira de foin pour les chevaux, et la traversée n'est pas assez longue pour qu'ils puissent souffrir.

On a pourvu à l'eau-de-vie et aux autres objets. Le ministre Dejean va vous envoyer des caisses pour le biscuit. Il me paraît extraordinaire que le ministre de la marine n'ait pas pourvu aux pièces à eau, sachant le nombre d'hommes qui doivent être embarqués. Dans tous les cas, je vais m'en faire rendre compte.

BONAPARTE.

Comm. par Mme la maréchale princesse d'Eckmühl.
(En minute aux Arch. de l'Emp.)

7396. — AU CITOYEN TALLEYRAND,
MINISTRE DES RELATIONS EXTÉRIEURES.

Paris, 26 frimaire an XII (18 décembre 1803).

Je vous renvoie, Citoyen Ministre, vos pièces sur la Suisse. Envoyez copie de la capitulation militaire au ministre de la guerre.

Donnez des ordres pour qu'il ne soit souffert aucun enrôleur espagnol ou suisse dans le Valais. Ils débauchent nos troupes à leur passage pour l'Italie ou à leur retour.

BONAPARTE.

Archives des affaires étrangères.

7397. — AU CONTRE-AMIRAL DECRÈS,
MINISTRE DE LA MARINE ET DES COLONIES.

Paris, 26 frimaire an XII (18 décembre 1803).

Je vous renvoie votre correspondance. J'ai remarqué le rapport du 23 frimaire du capitaine Bompart. Il dit que deux cents bâtiments peuvent rester mouillés à Étaples, en dehors, pour le moment de la partance. Il paraît que cette position est à l'abri des vents de l'est, nord-est et sud-est. Il paraît qu'elle n'est pas à l'abri des vents de l'ouest; mais, dans ce cas, la flottille qui serait mouillée pourrait rapidement remonter jusqu'à Étaples. Si je ne me trompe pas dans cet aperçu, on peut donc considérer ce mouillage comme faisant parfaitement notre affaire; puisque l'on ne peut en partir qu'avec le vent d'ouest, on ne peut courir aucun danger dans ce mouillage, puisque ce vent est favorable pour remonter. Il me semble, du reste, qu'il avait toujours été entendu qu'un grand nombre de bâtiments pouvaient facilement remonter dans la Canche. Le seul embarras était de les faire sortir dans une marée. Il serait donc convenable de faire planter là un plus grand nombre de pieux toujours en remontant.

J'approuve la conduite du général Magon, qui a mis embargo sur le bâtiment neutre pour ne pas divulguer ses opérations. Donnez ordre qu'on fasse la même chose partout, toutes les fois qu'une division de la flottille devrait sortir.

BONAPARTE.

Archives de l'Empire.

7398. — AU CITOYEN REGNIER,
GRAND JUGE, MINISTRE DE LA JUSTICE.

Paris, 27 frimaire an XII (19 décembre 1803).

Je vous renvoie votre correspondance d'aujourd'hui. Écrivez au préfet de Maine-et-Loire qu'il y a dans son département, comme dans ceux de la Vendée et de la Loire-Inférieure, un reste de sous-chefs, déserteurs et gens sans aveu, habitués au crime et à la licence, qui profitent de toutes les chances qui peuvent se présenter pour se livrer à leur penchant criminel; que ce dont on doit s'occuper aujourd'hui, au lieu d'employer son activité en vaines recherches, est de faire faire l'état de ces individus, des communes où ils demeurent, afin qu'une fois l'état dressé on puisse les forcer à entrer dans les troupes ou à vivre ailleurs. Il y a certainement dans l'arrondissement de Beaupreau une centaine de ces brigands dont on devrait ainsi se défaire. Si le préfet de Maine-et-Loire connaît le pays et a, comme il le dit, la confiance des maires, cet état sera bientôt et exactement dressé.

Demandez des états pareils dans la Vendée, la Loire-Inférieure, les Deux-Sèvres. Il faut porter sur ces listes les brigands sans biens, et surtout ceux étrangers au pays et qui n'y auraient été attirés que par la guerre civile.

BONAPARTE.

Archives de l'Empire.

7399. — AU CITOYEN REGNIER.

Paris, 27 frimaire an XII (19 décembre 1803).

Faites mettre en liberté le nommé Vassing, de Namur; mais, puisque le préfet veille si peu la gazette de cette ville, il est inutile qu'il y en ait.

BONAPARTE.

Archives de l'Empire.

7400. — AU GÉNÉRAL BERTHIER, MINISTRE DE LA GUERRE.

Paris, 27 frimaire an XII (19 décembre 1803).

Je vous prie, Citoyen Ministre, de me présenter un projet d'arrêté pour faire un appel de 10,000 conscrits de l'armée de réserve, savoir :

Pour les dragons.	5,000
Pour l'artillerie.	3,000
Et pour les sapeurs.	2,000

Les 5,000 hommes pour les dragons seront répartis entre les vingt régiments destinés à faire partie de l'expédition, à raison de 250 hommes par régiment.

Les 3,000 hommes pour l'artillerie sont destinés à compléter les régiments d'artillerie à pied et à cheval et les compagnies d'ouvriers, sur le pied de guerre.

Les 2,000 hommes pour les sapeurs sont destinés à renforcer les sapeurs d'autant, afin de suppléer à la mise sur le pied de guerre des deux bataillons de sapeurs et des huit compagnies de mineurs.

A cet effet, vous ferez un appel du quart de la réserve de tous les départements, hormis des suivants : Alpes-Maritimes, Var, Bouches-du-Rhône, Charente-Inférieure, Vendée, Loire-Inférieure, Morbihan, Finistère, Côtes-du-Nord, Ille-et-Vilaine, Manche, Calvados, Seine-Inférieure, Somme, Pas-de-Calais, Lys, Escaut, Mayenne, Orne, Sarthe, Maine-et-Loire, Deux-Sèvres, Creuse, Lozère, Ardèche.

Je vous prie de me remettre, vendredi prochain, ce projet d'arrêté avec les tableaux.

Comme le quart de la réserve fournira probablement plus de 10,000 hommes, vous pourrez faire l'appel du reste, en l'appliquant aux régiments de cavalerie qui ont le plus besoin d'hommes, comparativement surtout aux chevaux qu'ils ont.

Je vous prie de m'apporter, également vendredi, le projet d'arrêté ci-joint, rédigé définitivement d'après ces bases.

BONAPARTE.

Archives de l'Empire.

7401.

PROJET D'ARRÊTÉ ANNEXÉ A LA PIÈCE N° 7400.

Paris, 27 frimaire an XII (19 décembre 1803).

ARTICLE 1er. — Il sera créé deux corps de vélites faisant partie de la Garde du Gouvernement.

ART. 2. — Le premier corps de vélites sera à la suite du corps des grenadiers à pied, et le second à la suite des chasseurs à pied.

Il sera composé d'une partie de la conscription de chaque année.

ART. 3. — Chaque préfet désignera quatre conscrits, pris dans ceux de la réserve ou qui s'offriraient volontairement, des années IX, X, XI et XII.

La moitié des conscrits que fournira chaque département devra avoir la taille de cinq pieds six pouces, et l'autre moitié celle de cinq pieds deux pouces.

ART. 4. — Si, dans la conscription des années IX, X, XI et XII, il ne se présentait pas un nombre suffisant d'hommes ayant les qualités requises, les conscrits de l'an XIII et de l'an XIV pourront être admis, pourvu qu'ils aient la taille et dix-huit ans révolus.

Art. 5. — Les vélites devront être bien constitués et avoir par eux-mêmes ou par leurs parents une haute paye assurée de 200 francs par an.

Art. 6. — Chaque corps de vélites se divise en cinq compagnies, commandées chacune par un capitaine, un lieutenant, deux sous-lieutenants, un sergent-major, un caporal-fourrier et le nombre de sergents et de caporaux nécessaire.

Les sous-officiers seront fournis, par détachement, par les corps de grenadiers et chasseurs.

Il y aura seulement d'ajouté de plus à la Garde quatre sergents-majors, quatre caporaux-fourriers et un adjudant-major, par les grenadiers, et autant par les chasseurs.

Art. 7. — L'administration sera la même que celle des grenadiers et des chasseurs. Ils auront le même quartier-maître et le même conseil d'administration.

Les parents verseront dans la caisse de la Garde, par trimestre, d'avance, le tiers de la haute paye des conscrits; moyennant quoi ceux-ci seront traités comme la Garde et auront la même paye.

Art. 8. — Au bout de cinq ans, ils pourront entrer dans la Garde concurremment avec les autres corps de l'armée.

Art. 9. — Un de ces corps sera caserné à Fontainebleau, et l'autre à Saint-Germain.

Archives de l'Empire.

7402. — AU GÉNÉRAL BERTHIER.

Paris, 27 frimaire an XII (19 décembre 1803).

Je m'aperçois, Citoyen Ministre, qu'il y a des retards dans les payements à la trésorerie, qui, naturellement, ne doivent provenir que de l'infidélité des payeurs ou de leurs commis dans les départements. Le même jour que vous signez une ordonnance, il est convenable que vous en donniez avis au corps et au fournisseur en faveur de qui elle est délivrée, et que vous lui fassiez connaître que, si, à dater de trente jours de l'expédition de votre lettre, il n'était pas soldé, il ait à vous en prévenir sur-le-champ et à vous envoyer copie de la réponse du payeur, qui ne doit pas apporter une heure de retard dans le payement. Si l'ordonnance est adressée à Paris, vous devez alors le prévenir qu'il doit être payé dans les cinq jours; au défaut de quoi, vous m'en préviendrez sur-le-champ. Je désire que vous me fassiez, à tous les 30, un rapport qui me fasse connaître le numéro de l'ordonnance, le jour que vous l'avez signée et le jour où elle n'était pas payée.

BONAPARTE.

Archives de l'Empire.

7403. — AU GÉNÉRAL BERTHIER.

Paris, 27 frimaire an XII (19 décembre 1803).

Au 26 frimaire, Citoyen Ministre, on n'avait encore payé aucune gratification d'entrée en campagne, à Boulogne, ni aucune des gratifications que j'avais accordées au corps dans mon voyage, il y a six mois. Faites-moi un rapport mercredi sur cet objet. Je dois aller bientôt au camp, et il est fort désagréable que je sois exposé à entendre toujours les mêmes réclamations.

BONAPARTE.

Archives de l'Empire.

7404. — AU GÉNÉRAL SOULT,
COMMANDANT LE CAMP DE SAINT-OMER.

Paris, 27 frimaire an XII (19 décembre 1803).

Citoyen Général Soult, je reçois votre lettre du 26; maintenez la bonne intelligence dans le pays où vous êtes.

Le payeur de Boulogne avait 200,000 francs, mis par le ministre du trésor public à ma disposition; 50,000 ont été employés par l'inspecteur aux revues Lambert; il y a donc là une somme de 150,000 francs qui, si elle y est toujours, peut vous servir. Je ne conçois pas comment les ordonnances ne sont pas payées. Faites venir le payeur; faites-vous représenter les dates de l'annonce de l'ordonnance, de l'envoi qui en a été fait par le trésor public; sachez l'espèce de valeurs qu'il a envoyées; enfin prenez tous les renseignements convenables. Faites-moi connaître également s'il y a des ordonnances des ministres Berthier et Dejean qui ne soient pas exactement payées. Faites dresser le bordereau des numéros des ordonnances. Informez-vous du jour où le ministre les a signées, des réponses qu'ont faites les payeurs sur qui elles sont tirées, et enfin des valeurs qu'il a envoyées pour solder les ordonnances. Tous les corps de l'armée ont-ils reçu des ordonnances pour être payées? Faites-m'en un rapport général. Prenez des renseignements.

Faites-moi connaître également tout ce que les corps ont reçu pour la gratification des capotes et souliers. Faites-moi connaître le numéro, l'époque où ils ont été payés, ce qui leur revenait, et ce qui leur est encore dû.

BONAPARTE.

Archives de l'Empire.

7405. — AU CONTRE-AMIRAL DECRÈS.

Paris, 27 frimaire an XII (19 décembre 1803).

Les plaintes portées à Calais n'ont pas lieu à Dunkerque, ce qui doit être. C'est la première fois qu'il y a des officiers de marine militaire à Calais. Il faut donc, toutes les fois qu'il y a des changements de cette nature, donner des instructions pour déterminer les rapports des commandants de terre et de mer. Le commandant de Calais croirait perdre de ses prérogatives si, sans ordre, il cédait une police que ses prédécesseurs ont toujours eue.

Vous me dites que les généraux Soult et Bruix sont brouillés; je désirerais avoir des détails sur cet objet. S'ils se brouillent, c'est qu'ils le veulent, car je ne vois aucune espèce de sujet.

J'ai remarqué qu'il y avait eu plusieurs discussions à Ambleteuse. Le général voulait avoir connaissance de ce qui se passait dans le port, et la marine ne voulait pas s'y prêter. Dans une expédition comme celle de la flottille, il y a besoin d'ensemble. Il vaudrait mieux que le général Legrand fût d'accord avec le capitaine du port, puisqu'il n'y a ni arsenal, ni administration, ni même de port, et que ce poste a toujours besoin de la division du général Legrand. Je ne puis qu'être satisfait du zèle que montre la marine dans cette circonstance; mais je ne puis pas l'être du défaut d'organisation qu'il y a dans quelques points; et des bévues comme celles qui ont lieu chaque jour dans les petits ports, d'où on laisse sortir les neutres quand il y a des flottilles en appareillage, sont inconcevables. Cela n'arrive point dans les grands ports sans doute.

En général, la Loire doit être un objet d'attention toute particulière. Faites prendre des renseignements sur la manière dont la police se fait pour l'entrée et la sortie de cette rivière. Les armes sont fournies par là aux Vendéens. Je suis fâché que vous vous soyez mis en colère contre moi; mais enfin, une fois la colère passée, il n'en reste plus rien; j'espère donc que vous ne m'en gardez point de rancune.

Dans une affaire de la nature de cette expédition, soyez persuadé que, s'il y a lutte, c'est que vous avez quelque chose à ordonner, vu que le protocole ordinaire est insuffisant.

BONAPARTE.

Archives de l'Empire.

7406. — AU CONTRE-AMIRAL DECRÈS.

Paris, 27 frimaire an XII (19 décembre 1803).

Il y a à Toulon, Citoyen Ministre, quatre vaisseaux, *le Neptune*, *l'Atlas*, *le Berwick* et *l'Indomptable*, qui, à ce qu'il paraît, ne peuvent faire partie de l'expédition; ainsi l'on ne doit point considérer Toulon comme ayant un besoin urgent de canons. Je pense donc qu'il faut faire partir le plus tôt possible tous les canons qui sont au Creusot pour Paris, et qu'il serait convenable d'envoyer cet ordre par un officier de marine, qui restera là jusqu'à ce que tous les canons soient partis. Ces canons seront dirigés sur le Havre. Ordonnez au Havre que les pièces de 18 qui arrivent soient mises en batterie, en remplacement des pièces de 24 qu'on en retirerait, car c'est surtout des pièces de 24 qu'il nous faut pour la flottille.

BONAPARTE.

Archives de l'Empire.

7407. — A L'AMIRAL BRUIX,
COMMANDANT LA FLOTTILLE DE BOULOGNE.

Paris, 27 frimaire an XII (19 décembre 1803).

Citoyen Amiral Bruix, je reçois la lettre par laquelle vous m'annoncez l'arrivée de quarante voiles qui étaient mouillées dans la Somme.

Je reçois aussi le procès-verbal de la visite faite au paquebot *le Prince-de-Galles*. Vous pouvez le faire installer tel que vous l'avez projeté, en y faisant placer les meubles et l'établissant comme pour le passage. Je m'en servirai pour le passage de ma maison; dès qu'il sera arrangé, faites-le remettre aux matelots de la Garde. Faites arranger les trois autres comme vous le jugerez convenable. Ils seront destinés au passage des personnes non militaires qui doivent me suivre. Si vous pouvez y faire mettre un obusier sans inconvénient, faites-le mettre; alors on se passera des chevaux, qu'on mettra ailleurs.

Quant à la flottille de transport, il paraît que le grand objet ce sont les chevaux. Je voudrais que vous ordonnassiez que tous les bâtiments de la flottille de transport qui sont dans le bassin soient classés de la manière suivante :

1° Tout ce qui est destiné à l'artillerie, soit pour écuries, soit pour transport du gros matériel, dans un emplacement séparé;

2° Tous les bâtiments destinés pour les écuries de la cavalerie, dans un second local;

3° Tous les bâtiments de grande pêche destinés aux différents transports, dans un troisième local;

4° Dans un quatrième local, tous les bâtiments de petite pêche, et, dans un cinquième local, tous les bâtiments de moyenne pêche.

BONAPARTE.

Archives de l'Empire.

7408. — AU CONTRE-AMIRAL VER HUELL.

Paris, 27 frimaire an XII (19 décembre 1803).

Citoyen Amiral Ver Huell, je reçois votre lettre du 23. J'ai vu avec peine, dans votre précédente, le retard que nous éprouverons. J'ai ordonné qu'on eût sur cet objet une explication avec Schimmelpenninck. Continuez à le presser le plus possible. Les canaux peuvent geler d'un moment à l'autre et s'opposer à la réunion de tous nos bâtiments à Flessingue. Achetez des bateaux baleiniers le plus que vous pourrez; j'imagine que vous les achetez avec leurs avirons.

Dans la première quinzaine de nivôse, je serai probablement à Flessingue. Faites installer toutes les chaloupes qui arrivent le 24, et veillez à ce que les écuries et transports partent et y soient rendus.

J'ai une frégate à Helvoet-sluys que vous devez faire venir à Flessingue; je ne sais si les difficultés de saison où nous nous trouvons le permettront. Enfin le temps presse, la saison s'avance, et faites sentir à la Hollande que je ne désire que l'exécution d'un traité solennel. Vous avez vu dans les journaux qu'on a pris une frégate anglaise neuve. Nos divisions de chaloupes et bateaux sont en marche de tout côté. Il y a déjà à Boulogne plus du double de bâtiments que nous y avons vus.

Envoyez-moi l'état bien dressé de toutes les chaloupes, bateaux baleiniers, canonnières, écuries, bateaux de transport qui sont en rade de Flessingue prêts à appareiller.

BONAPARTE.

Archives de l'Empire.

7409. — AU CITOYEN GAUDIN, MINISTRE DES FINANCES.

Paris, 28 frimaire an XII (20 décembre 1803).

Renvoyez ce rapport [1] à une commission de conseillers d'État, composée des citoyens Bigot-Préameneu, Jollivet et Laumond, pour me présenter un projet d'arrêté fondé sur ce principe :

[1] Rapport sur des biens situés en France, appartenant à des Maisons princières d'Allemagne et séquestrés avant le traité de Lunéville, par le Gouvernement français en guerre avec l'Empire. (Voyez pièce n° 6830.)

1° Les biens des électeurs de Bavière, de Bade, de Wurtemberg, de Hesse-Cassel, du landgrave de Hesse-Darmstadt, sont définitivement réunis au domaine national et mis en vente comme les autres biens nationaux.

2° Les biens médiats et immédiats de toutes les familles qui ont été pleinement indemnisées (on nommera les familles) sont également réunis au domaine;

3° *Idem*, de tous ceux qui ont été indemnisés partiellement;

4° *Idem*, de tous les comtes d'Empire qui n'auront reçu aucune indemnité, vu que les stipulations de Ratisbonne leur en accordent en principe;

5° *Idem*, des biens appartenant aux familles désignées dans la sixième liasse (on nommera les familles) qui, étant membres de la noblesse immédiate de l'Empire et résidant en France avant la révolution, l'ont abandonnée pendant la guerre.

6° Les biens des individus désignés dans la cinquième liasse, qui ne sont ni princes ni États d'Empire, seront dégagés du séquestre et rendus aux propriétaires.

Dans les séquestres levés, la commission distinguera les biens des individus dont le séquestre aura été levé en considération desdits principes, de ceux dont le séquestre aurait été levé par d'autre autorité que par celle du Gouvernement. Les biens de ceux-là seront susceptibles d'être remis sous le séquestre.

Vous trouverez ci-joint toutes les pièces relatives à ce travail. La commission pourra s'entendre avec l'administrateur de l'enregistrement qui a été envoyé dans les départements du Rhin, et avec le citoyen Mathieu, des relations extérieures.

Il faut s'assurer que tous les membres de l'Empire sont compris dans ce travail, afin de terminer d'une seule fois tous ces objets.

BONAPARTE.

Archives de l'Empire.

7410. — AU CITOYEN BARBÉ-MARBOIS,
MINISTRE DU TRÉSOR PUBLIC.

Paris, 28 frimaire an XII (20 décembre 1803).

Par la lettre du général Bertrand, il vous aura été facile de voir que c'était le génie militaire qui était chargé du port de Wimereux, et qu'il n'a rien de commun avec le port de Boulogne, fait par le génie maritime.

Le général Bertrand cite l'ordonnance qui devait être payée le

8 frimaire, et que le payeur lui a déclaré ne devoir être payée qu'en nivôse.

Un retard de solde de 500 francs, sur 3 millions, ne donnerait lieu à aucune réclamation ; mais je me plains, moi, de ce que le 1er de hussards n'a rien reçu depuis le 1er vendémiaire jusqu'au 18 frimaire, voilà pour la 13e division militaire ; pour la 10e division, de ce que la 3e légère et la 70e n'avaient rien reçu du 1er vendémiaire au 15 frimaire, jour des réclamations. Voilà pour ce qui est relatif à la solde.

Quant aux gratifications de campagne, la réponse n'est pas plus satisfaisante. Les ordonnances doivent contenir le nom des corps. Faites-moi donc connaître les ordonnances expédiées depuis le 1er frimaire ; aucune de celles que le ministre a expédiées n'était payée au 26 frimaire.

Les lettres du quartier-maître de la 26e légère constatent que le payeur de la 2e division a déclaré qu'il n'avait idée d'aucune ordonnance pour ce corps.

La lecture des rapports qui vous sont faits m'a fait faire l'observation qu'une ordonnance signée, le 13 frimaire, par le ministre de la guerre, a été visée, le 16, au trésor public, et qu'au 28 frimaire les fonds n'en étaient pas encore faits. Il est impossible de calculer aucune opération militaire sans ces deux clauses :

1° Que le ministre du trésor public soit tenu à viser et envoyer l'ordonnance dans les cinq jours de la signature du ministre ;

2° Que, dans le mois, l'ordonnance soit acquittée ; ce qui ne veut pas dire que le ministre a envoyé les fonds, mais que le trentième jour l'argent numéraire est dans les mains du payeur de l'ordonnance. Il ne paraît pas que vous l'entendiez ainsi au trésor public.

Je vous prie donc de me faire rendre compte pourquoi le 1er de hussards (13e division) a été trois mois sans recevoir de solde ; pourquoi la 3e légère et la 70e (10e division) ont été trois mois sans recevoir leur solde : ceci est évidemment la faute du payeur, puisqu'il est impossible que le trésor public n'ait pas envoyé les fonds ; car tous les corps y auraient participé, et on n'aurait élevé aucune plainte (car ces régiments sont restés trois mois faisant la solde avec leurs fonds, sans porter aucune plainte). Enfin il est convenable de savoir pourquoi le payeur de la 16e division a dit qu'il n'avait reçu aucun ordre pour payer la 26e légère.

Je désire avoir les bordereaux des ordonnances que les ministres de la guerre, de la marine et de l'administration de la guerre ont envoyées au trésor public dans les vingt-cinq premiers jours de frimaire, et dont les fonds n'étaient pas encore faits au 28 frimaire.

Du reste, de toutes les plaintes qui reviennent il résulte que les payeurs payent mal volontiers, gardent l'argent le plus qu'ils peuvent, et font même souffrir le service; joint à cela, je crois qu'il y a trop fréquemment des rescriptions de l'agence protestées.

BONAPARTE.

Archives de l'Empire.

7411. — DÉCISION.

Paris, 29 frimaire an XII (21 décembre 1803).

Lettre du commissaire général sur l'approvisionnement de fourrages pour l'expédition d'Angleterre. Le général en chef du camp de Bruges a ordonné de s'assurer de 50,000 bottes de foin et de 40,000 boisseaux d'avoine. On demande quelles sont les intentions du Gouvernement à cet égard.

Écrire qu'il n'y a pas besoin de foin pour le passage; que le zèle du général est louable, mais que l'objet était trop important pour qu'on l'eût oublié. Il y aura 100,000 boisseaux d'avoine et autant de son.

BONAPARTE.

Archives de l'Empire.

7412. — AU CITOYEN REGNIER.

Paris, 30 frimaire an XII (22 décembre 1803).

Je vous prie, Citoyen Ministre, de me faire connaître qui a donné l'autorisation au beau-fils de M. Livingston de partir de Dieppe pour l'Angleterre.

BONAPARTE.

Archives de la marine.

7413. — AU CITOYEN REGNIER.

Paris, 30 frimaire an XII (22 décembre 1803).

La lettre de Nardon[1], du 26, est extrêmement importante. La police secrète est à même d'avoir des renseignements. On peut en écrire au général Lemarois, qui a de l'adresse et de la discrétion, en lui recommandant de ne rien dire et de surveiller ces individus.

Écrivez au citoyen Nardon que, si on m'arrête Préjean, je ferai donner 24,000 francs, et que je considérerai cela comme un véritable service.

BONAPARTE.

Archives de l'Empire.

[1] Préfet de Maine-et-Loire.

7414. — AU CITOYEN CHAPTAL, MINISTRE DE L'INTÉRIEUR.

Paris, 30 frimaire an XII (22 décembre 1803).

Je vous prie de me faire connaître si vous êtes en mesure de me donner l'état des gardes champêtres par canton, ainsi que l'état des gardes municipaux.

BONAPARTE.

Archives de l'Empire.

7415. — AU GÉNÉRAL BERTHIER, MINISTRE DE LA GUERRE.

Paris, 30 frimaire an XII (22 décembre 1803).

Je vous prie, Citoyen Ministre, de me proposer un projet d'arrêté rédigé d'après ces bases :

Il y aura dans chaque bataillon de régiments d'infanterie légère une compagnie appelée *compagnie à cheval*, ou *compagnie d'expédition*, ou *compagnie de partisans,* ou tout autre nom analogue.

Cette compagnie sera toujours la troisième du bataillon, en comptant la compagnie de grenadiers pour la première.

Elle sera composée d'hommes bien constitués, vigoureux, mais de la plus petite taille. Aucun sous-officier ni soldat ne pourra avoir plus de 4 pieds 11 pouces; les officiers ne pourront pas avoir au delà de 5 pieds.

Elle sera armée de fusils plus légers que ceux des dragons, et sera exercée au tir. Les officiers et sous-officiers seront armés de carabines rayées.

Les hommes de ces compagnies seront exercés à suivre la cavalerie au trot, en se tenant tantôt à la botte du cavalier et tantôt à la queue du cheval, à monter lestement et d'un saut en croupe du cavalier, de manière à pouvoir être ainsi rapidement transportés par la cavalerie.

Ces compagnies seront toujours complétées et entretenues sur le pied de guerre. Le nombre d'hommes d'ailleurs entrera dans le complet du régiment.

Ces principes une fois adoptés, il restera à former ces compagnies. Tous les sous-officiers et soldats d'infanterie légère qui auraient moins de 4 pieds 11 pouces y seraient admis, et il serait fait un appel de 6,000 hommes dans la conscription des années IX, X, XI et XII. Ces hommes seraient pris parmi ceux ayant été exemptés de la conscription par défaut de taille.

Faites-moi un projet sur ces bases.

BONAPARTE.

Archives de l'Empire.

7416. — AU GÉNÉRAL BERTHIER.

Paris, 30 frimaire an XII (22 décembre 1803).

Je désire, Citoyen Ministre, que vous considériez les cuirassiers, les dragons et les hussards comme formant trois armes différentes, et que vous ne me proposiez jamais des officiers de ces corps pour passer d'une arme dans une autre.

BONAPARTE.

Dépôt de la guerre.

7417. — AU GÉNÉRAL SOULT.

Paris, 30 frimaire an XII (22 décembre 1803).

Citoyen Général Soult, je reçois votre lettre avec le plan d'Étaples. J'aurais voulu qu'on y eût joint le plan de la rade; je le demande à l'amiral. L'événement de la prise d'un bateau canonnier est un malheur. Jusqu'à cette heure, nos pertes ne se sont pas montées au dixième de ce que j'avais calculé; cependant je ne sais comment un petit brick a pu s'emparer de ce bateau, où il y avait 25 hommes et un gros canon.

Je vous prie de me faire connaître si l'atelier de l'artillerie de terre destiné à la réparation des bâtiments destinés à l'artillerie est en train. J'ai ordonné que tous les pontonniers s'y rendissent. Faites-moi connaître le nombre de bâtiments qu'ils ont déjà installés et le degré d'activité qu'a cet atelier.

BONAPARTE.

Archives de l'Empire.

7418. — AU CITOYEN MONGE, EN MISSION A LIÉGE.

Paris, 30 frimaire an XII (22 décembre 1803).

Citoyen Sénateur Monge, nous sommes au 1er nivôse, et vous ne me dites rien. Je ne sais ce que fait Perrier, mais, si je ne m'étais fié que sur sa promesse, je me trouverais étrangement embarrassé. C'est dans les premiers jours de fructidor que je lui ai parlé, et je n'ai pas encore un canon. Je ne puis qu'être peu satisfait de sa conduite, ce n'était point de grands établissements qu'il me fallait, mais des canons au 15 vendémiaire.

Il ne me reste donc plus actuellement qu'à savoir quand se fondra le premier canon, combien j'en aurai au 15 nivôse et aux 1er et 15 pluviôse. Vous sentez que tout ce que j'aurais au delà ne serait probablement pas d'une grande utilité pour mon expédition.

Quant aux chaloupes canonnières, faites qu'on en achève tout de suite trois avant les glaces, puisqu'on n'en peut mener neuf de front, et qu'on les fasse partir pour Anvers avant les glaces.

BONAPARTE.

Archives de l'Empire.

7419. — AU CITOYEN PORTALIS.

Paris, 30 frimaire an XII (22 décembre 1803).

Écrivez à l'évêque d'Orléans pour lui demander des renseignements sur le nommé Lecocq, et savoir quelle espèce d'homme c'est. Lui dire que je crois Préjean dans l'Ouest; qu'il voie s'il ne peut pas le faire arrêter.

BONAPARTE.

Archives de l'Empire.

7420. — A L'AMIRAL BRUIX,
COMMANDANT LA FLOTTILLE DE BOULOGNE.

Paris, 30 frimaire an XII (22 décembre 1803).

Citoyen Amiral Bruix, je reçois votre lettre du 28 frimaire, par laquelle vous m'annoncez l'arrivée de six bateaux et de trois péniches et la prise du bateau n° 436; il paraît que l'imbécile de patron qui le commandait ne savait pas faire son point. J'y ai vu avec plaisir que, par l'activité des batteries mobiles, les cinq boots qui s'étaient échoués ont été sauvés.

Marmont m'assure qu'il a envoyé soixante ouvriers d'artillerie pour organiser son atelier à Boulogne, et qu'il y dirige un bataillon de 600 hommes, dans lequel se trouvent cent ouvriers et autant de calfats. Il est donc convenable que vous donniez à l'artillerie tous les bâtiments qui doivent lui servir, afin qu'elle ne perde pas un jour à les installer. Faites-moi connaître le nombre de ceux que vous avez donnés, ainsi que l'état des travaux que fera, tous les jours, l'artillerie.

Je pense que les boots et bâtiments qui peuvent porter plus de 15 ou 16 chevaux peuvent être sur-le-champ remis à l'artillerie, en ayant soin de garder, pour le service de l'écurie, tous les bâtiments installés, et de donner à l'artillerie tous ceux à installer, vu qu'elle a un grand nombre d'ouvriers et des moyens considérables.

Je désirerais avoir le plan des rades d'Étaples, de Wimereux et d'Ambleteuse, et connaître précisément les distances où doivent mouiller les divisions de la flottille qui sont dans ces ports, afin qu'on voie par là le degré de protection que la terre peut leur donner.

Les ordres donnés d'armer les chaloupes en belle ont fait plaisir sur la côte.

Je vous prie de me faire connaître comment le bateau n° 436 a été pris, et s'il a fait la résistance convenable.

BONAPARTE.

Archives de l'Empire.

7421. — AU CITOYEN TALLEYRAND.

Paris, 1er nivôse an XII (23 décembre 1803).

Je vous prie, Citoyen Ministre, de me faire faire un précis des campagnes qui ont eu lieu lors de la guerre de 1790 entre Gustave III et les Russes.

BONAPARTE.

Archives des affaires étrangères.
(En minute aux Arch. de l'Emp.)

7422. — AU CITOYEN MARET, SECRÉTAIRE D'ÉTAT.

Paris, 1er nivôse an XII (23 décembre 1803).

Le Premier Consul prie le Citoyen Maret de faire rechercher dans les archives du Gouvernement tout ce qu'il y aurait de la main de d'Entraigues, et, entre autres choses, les papiers contenus dans le portefeuille que le général Bonaparte a envoyé quelque temps avant le 18 fructidor.

Par ordre du Premier Consul.

Archives de l'Empire.

7423. — DÉCISION.

Paris, 2 nivôse an XII (24 décembre 1803).

Rapport du ministre de la guerre sur une note remise au citoyen Reinhard par le ministre de Prusse à Hambourg, demandant le libre passage, par le Hanovre, des marchandises expédiées de Brême, soit par terre, soit par eau, pour les provinces prussiennes de Westphalie.

Répondre au général Mortier qu'il est d'abord nécessaire de traîner en longueur, jusqu'à ce qu'il ait reçu des ordres du Gouvernement; et d'ailleurs on est trop sage en Prusse pour ne pas sentir que le général Mortier ne peut prendre sur lui une chose de cette nature sans un ordre du cabinet.

BONAPARTE.

Dépôt de la guerre.

7424. — AU CITOYEN REGNIER.

Paris, 3 nivôse an XII (25 décembre 1803).

Je vous renvoie, Citoyen Ministre, votre correspondance de l'Ouest. Écrivez au général Gouvion qu'il faut faire des exemples; que je pense qu'il doit tomber sur au moins une centaine d'individus, car il y avait bien cent coupables. Les chefs doivent être jugés à mort par la commission militaire et exécutés. Les autres, qui n'ont été qu'égarés, quoique d'ailleurs la sévérité des lois les condamne à mort, seront envoyés, par ordre de la commission, à Luxembourg, pour être employés aux travaux. L'humanité et la sûreté publique veulent qu'il y ait des exemples.

BONAPARTE.

Archives de l'Empire.

7425. — AU GÉNÉRAL PINO,
COMMANDANT LA DIVISION ITALIENNE A SAINT-OMER.

Paris, 3 nivôse an XII (25 décembre 1803).

Citoyen Pino, Général de division, j'ai pris une grande part au malheur qui vous est arrivé; tranquillisez-vous. Vous avez tout le temps de vous guérir, et songez que tous les mouvements que vous ferez pour marcher par impatience retarderont votre guérison de quinze jours.

J'imagine que vous avez appelé de Lyon ou Genève un bon chirurgien. Le général Teulié prendra le commandement de la division jusqu'à ce que vous soyez guéri. Tâchez de l'être dans pluviôse.

BONAPARTE.

Archives de l'Empire.

7426. — AU GÉNÉRAL TEULIÉ.

Paris, 3 nivôse an XII (25 décembre 1803).

Citoyen Teulié, Général commandant la division italienne faisant partie du camp de réserve, j'ai reçu votre lettre du 1er nivôse. J'ai appris avec plaisir que vous êtes satisfait de la conduite de la division.

Les troupes italiennes doivent l'exemple du bon ordre, afin de ne donner aucun prétexte à la malveillance et soutenir l'honneur du nom italien.

BONAPARTE.

Archives de l'Empire.

7427. — AU CITOYEN REGNIER,
GRAND JUGE MINISTRE DE LA JUSTICE.

Paris, 4 nivôse an XII (26 décembre 1803).

Le *Journal des Débats* a imprimé un article daté des bords du Mein, dans sa feuille du 4 nivôse, et un autre de Hambourg. Je désire savoir d'où il tient ces articles et qui le paye pour alarmer la nation et être l'écho des nouvelles que l'Angleterre veut répandre. Ordonnez-lui de démentir, d'une manière convenable, ces faux bruits. Je ne suis pas plus content de la politique du *Mercure*. Je désire savoir si les frères Bertin, qui ont été constamment payés par les Anglais, ont l'entreprise des *Débats* et du *Mercure*. Ne leur cachez pas que c'est la dernière fois que je leur fais connaître mon mécontentement, et que, s'ils suivent cette direction de chercher à alarmer la nation, d'être l'écho des intrigues anglaises, ils n'apprendront le mécontentement du Gouvernement que par la suppression de leur feuille; que je sais à quoi m'en tenir; que les frères Bertin sont toujours payés par l'Angleterre, et que l'esprit de leurs articles me le persuade; que mon intention est de ne laisser subsister de journaux que ceux qui animeraient la nation contre les Anglais, l'encourageraient à supporter avec courage les vicissitudes de la guerre; que la raison qu'ils peuvent donner qu'ils reçoivent ces articles de leurs correspondants est absurde; qu'on sait bien que les Anglais tiennent à Hambourg un dépôt de bulletins pour alarmer l'Europe.

Demandez des renseignements au préfet de la Seine-Inférieure sur un nommé Deslongs, qu'on suppose être l'espion des Anglais.

Donnez ordre à l'abbé Soyer de se rendre à Paris.

BONAPARTE.

Archives de l'Empire.

7428. — AU CITOYEN TALLEYRAND.

Paris, 4 nivôse an XII (26 décembre 1803).

Les propositions du citoyen Reinhard, Citoyen Ministre, sont inadmissibles. Le Gouvernement est maître d'envoyer qui lui plaît sans devoir en instruire qui que ce soit. Colleville a été, à ce qu'il paraît, employé par le citoyen Reinhard comme espion; il l'est aujourd'hui par le grand juge, et sa mission n'a rien de commun avec les fonctions patentes, diplomatiques et importantes du citoyen Reinhard. La conduite du citoyen Reinhard est simple. S'il suppose que Colleville est un espion envoyé à Hambourg, qu'il ne le voie point, afin de ne pas accréditer par ses liaisons l'individu; et, quand il lui reviendrait quelque chose sur des Français à Hambourg, il doit en donner franchement avis aux relations extérieures.

Dans une ville comme Hambourg, la police doit avoir non un espion, mais dix. Ces espions ne sont pas des agents du Gouvernement, ne sont pas des fonctionnaires publics, ne sont pas même à la rigueur chargés de missions : ce sont des hommes qui sont là comme Français, qu'on paye comme l'on veut, et qui écrivent ce qu'ils veulent. Le citoyen Reinhard a eu tort de se compromettre avec Colleville en l'envoyant chercher. Il devait écrire au ministre ce qu'il savait de cet individu, et s'en tenir là.

Le nommé Grémion, gendre de Thauvenay, est à Hambourg correspondant du comte de Lille. Écrivez pour le faire chasser.

BONAPARTE.

Archives des affaires étrangères.
(En minute aux Arch. de l'Emp.)

7429. — AU GÉNÉRAL BERTHIER.

Paris, 4 nivôse an XII (26 décembre 1803).

Je vous renvoie votre correspondance, Citoyen Ministre. Écrivez au général Dufresse, commandant dans le département des Deux-Sèvres, que la commission militaire qui est à Bressuire doit se pénétrer de l'importance des circonstances; qu'un bon exemple est nécessaire, et que la condamnation à mort des brigands qui ont voulu soulever les conscrits épargnera bien du sang dans une autre circonstance; qu'en général tout ce qui serait traduit devant la commission militaire et ne mériterait pas la mort, mais serait suspecté d'avoir pris part aux rassemblements, doit être retenu dans quelque forteresse, afin d'être hors d'état de nuire; que je compte sur son zèle et sur son attachement à la patrie et à moi.

BONAPARTE.

Dépôt de la guerre.

7430. — AU GÉNÉRAL DAVOUT, COMMANDANT LE CAMP DE BRUGES.

Paris, 4 nivôse an XII (26 décembre 1803).

Citoyen Général Davout, je reçois votre lettre du 30 frimaire. J'avais appris par les papiers publics le petit combat qui a eu lieu entre l'artillerie légère et les ennemis. Les troupes ont montré l'activité convenable. Aucun bâtiment qui se jette à la côte ne doit être pris.

BONAPARTE.

Comm. par Mme la maréchale princesse d'Eckmühl.
(En minute aux Arch. de l'Emp.)

7431. — AU CONTRE-AMIRAL DECRÈS,
MINISTRE DE LA MARINE ET DES COLONIES.

Paris, 4 nivôse an XII (26 décembre 1803).

J'apprends que, malgré les ordres réitérés et directs que j'ai donnés pour qu'il ne fût point formé de voûte au fort du musoir, l'ingénieur n'a pas tenu compte de mes ordres et a continué tous les préparatifs ; et, par une lettre du 1er nivôse, le général Soult me fait connaître que la charpente est prête, et sollicite des ordres pour continuer son projet. Faites connaître mon mécontentement à l'ingénieur ; que, si cette voûte existait, je l'aurais fait démolir ; que ce qui aurait été fait contradictoirement à l'ordre que j'ai donné lors de mon voyage à Boulogne sera aux frais de l'ingénieur et payé par lui. Vous ferez connaître que mon intention est qu'on suive ponctuellement l'ordre que j'ai donné.

BONAPARTE.

Archives de l'Empire.

7432. — AU CITOYEN REGNIER.

Paris, 5 nivôse an XII (27 décembre 1803).

Citoyen Ministre, écrivez aux différents préfets des départements des côtes et au préfet de police de Paris, pour leur donner l'ordre positif qu'à dater du 20 nivôse, sous quelque prétexte que ce soit, ou n'insère dans les journaux aucune nouvelle de mer, surtout rien qui puisse faire connaître les différents mouvements qui peuvent s'opérer sur nos côtes et dans nos ports.

Vous leur ferez sentir que cette prohibition est de rigueur, et que ceux qui s'en écarteraient seraient sévèrement punis ; que le Gouvernement, qui n'a pas vu d'inconvénient, jusqu'ici, à laisser connaître les mouvements des flottilles et escadres françaises, en verrait désormais beaucoup à ce qu'ils fussent précisément connus. Écrivez également aux différents préfets de police et maires des villes maritimes. La *Gazette de Bruxelles* est une de celles qui doit être prévenue le plus sévèrement sur cet objet.

BONAPARTE.

Archives de l'Empire.

7433. — AU CITOYEN REGNIER.

Paris, 5 nivôse an XII (27 décembre 1803).

Répondez au citoyen Lamagdelaine[1] qu'il serait convenable de

[1] Préfet de l'Orne.

faire une note d'une trentaine d'individus sans aveu qui auraient trempé dans les guerres civiles, et dont on débarrasserait le département.

BONAPARTE.

Archives de l'Empire.

7434. — AU GÉNÉRAL BERTHIER.

Paris, 5 nivôse an XII (27 décembre 1803).

Je partage, Citoyen Ministre, l'opinion du colonel Lahoussaye. Donnez ordre au directeur d'artillerie de Cherbourg de faire établir deux nouvelles batteries de pièces de 36, s'il y en a à Cherbourg, pour protéger le passage du cap la Hague. Elles seront placées sur les points qui seront désignés par le colonel Lahoussaye et le colonel d'artillerie. Il serait convenable que le quartier-maître des gardes-côtes se tînt à Cherbourg au lieu de se tenir à Caen, si vous n'y trouvez pas d'inconvénient.

BONAPARTE.

Archives de l'Empire.

7435. — AU CONTRE-AMIRAL DECRÈS.

Paris, 5 nivôse an XII (27 décembre 1803).

Dans les ports de Rignéville et de Dielette, il y a une grande quantité de bâtiments qui, depuis deux mois, ont eu cent occasions de sortir, et n'en ont pas profité; indépendamment des opérations militaires que cela retarde, cela a l'inconvénient extrême de fatiguer extrêmement la garnison. Je pense qu'une mission extraordinaire qu'on donnerait au général Latouche de se rendre à Saint-Malo, d'accélérer les armements, constructions et le départ des bâtiments de ce port, et de faire une inspection extraordinaire pour accélérer le départ jusqu'à Caen, pourrait être utile. Il serait peut-être utile qu'il commençât par Caen, ou qu'il pût séjourner une quinzaine à Saint-Malo, qui va bien lentement.

Je vous renvoie le rapport des grenadiers qui ont été pris dans la rade des Sables.

BONAPARTE.

Archives de l'Empire.

7436. — AU CITOYEN CHAPTAL, MINISTRE DE L'INTÉRIEUR.

Paris, 6 nivôse an XII (28 décembre 1803).

Répondez à M. de Rumford que je verrai avec intérêt son établissement en France; qu'il doit être certain d'y trouver non-seulement la protection des lois, mais même toute la faveur de l'administration.

BONAPARTE.

Archives de l'Empire.

7437. — AU GÉNÉRAL BERTHIER.

Paris, 6 nivôse an XII (28 décembre 1803).

On se plaint, Citoyen Ministre, du général Lacombe Saint-Michel dans la République italienne :

1° Pour avoir laissé sans défense la rade de Goro et les chaloupes canonnières qui étaient dans cette rade, de manière que les Anglais ont pu s'emparer des bâtiments de commerce qui s'y trouvaient ;

2° De ce qu'il ne tient aucun compte du corps d'artillerie italien, et ne cherche qu'à décourager les officiers ;

3° De ce que l'arrêté qui met à la disposition de la République italienne quatre millions de vieille artillerie n'est pas encore exécuté.

Faites-moi un rapport sur ces différents objets.

BONAPARTE.

Dépôt de la guerre.
(En minute aux Arch. de l'Emp.)

7438. — AU GÉNÉRAL CAFFARELLI.

Paris, 6 nivôse an XII (28 décembre 1803).

Citoyen Général Caffarelli, Aide de camp, dès l'instant que vous aurez pris tous les renseignements convenables sur la situation de la légion piémontaise, et que vous aurez la certitude de la prompte formation de cette légion, vous vous rendrez à Alexandrie. Vous verrez en détail les travaux qu'on y fait, de manière à pouvoir m'en rendre compte, ouvrage par ouvrage. Vous visiterez le camp de vétérans, et vous verrez ce qui s'oppose à ce qu'il soit promptement formé. De là vous vous rendrez à Paris, en passant par le Simplon. Vous prendrez note de la situation de cette route.

BONAPARTE.

Comm. par M. le comte Caffarelli.
(En minute aux Arch. de l'Emp.)

7439. — AU CONTRE-AMIRAL DECRÈS.

Paris, 6 nivôse an XII (28 décembre 1803).

Je vous renvoie votre correspondance, Citoyen Ministre. Je ne puis approuver la lettre du général Ganteaume au général Cervoni. Sans lui dire quand l'escadre devait partir, il devait seulement l'engager à faire cantonner les troupes aux environs de Toulon. Écrivez-lui-en dans ce sens.

Je désirerais avoir un petit état de la flottille de transport, avec la note de ce qu'elle nous coûte, et de ce qui a été payé.

BONAPARTE.

Archives de la marine.
(En minute aux Arch. de l'Emp.)

7440. — A L'AMIRAL BRUIX.

Paris, 6 nivôse an XII (28 décembre 1803).

Citoyen Amiral Bruix, j'ai reçu votre lettre du 5. J'ai lu avec grand intérêt l'interrogatoire que vous avez fait subir à l'équipage anglais. J'approuve toutes les expéditions que vous ferez, ayant pour but de prendre des renseignements de ce qui se fait en Angleterre. Je désirerais savoir positivement quel est le nombre des vaisseaux de guerre de 74 ou 80 mouillés constamment dans la rade des Dunes. Il me semble qu'il ne devrait pas être difficile d'avoir constamment des renseignements sur cet objet. J'y attache cependant une très-grande importance. Dites-moi tout ce que vous apprendrez là-dessus.

Nous avons eu ici un violent ouragan qui a brisé les toits et fait beaucoup de dommages. J'imagine qu'il y aura eu beaucoup d'événements sur mer. L'ouragan paraît être sud-ouest. J'espère que la flottille n'aura point éprouvé d'accident à Boulogne.

BONAPARTE.

Archives de l'Empire.

7441. — AU CONSUL CAMBACÉRÈS.

Paris, 7 nivôse an XII (29 décembre 1803).

Je pars demain, Citoyen Consul, à six heures du matin pour Boulogne. Je serai ici pour l'ouverture du Corps législatif.

Discutez samedi au Conseil d'État la loi sur les boissons, afin de préparer seulement les idées. Vous ferez également tous les préparatifs pour l'ouverture du Corps législatif, comme à l'ordinaire.

Écrivez-moi tous les soirs.

BONAPARTE.

Comm. par M. le duc de Cambacérès.
(En minute aux Arch. de l'Emp.)

7442. — AU CONTRE-AMIRAL GANTEAUME,
PRÉFET MARITIME A TOULON.

Paris, 7 nivôse an XII (29 décembre 1803).

Il devient, Citoyen Général, de la plus haute importance que l'escadre, composée de sept vaisseaux et cinq ou six frégates, parte de Toulon le 25 nivôse au plus tard, et le Premier Consul m'a même autorisé à vous faire connaître sa destination et les motifs qui rendent son départ impérieux. Il ne s'agit pas moins que de sauver la Martinique, à qui 12 ou 1500 hommes de renfort suffisent pour la rendre imprenable dans les circonstances actuelles. Nous sommes informés que l'ennemi fait embarquer, dans ce moment, 5,000 hommes pour l'attaquer. Elle a une bonne garnison, mais un secours lui est nécessaire; et, pour qu'il arrive à temps, il faut qu'il parte avant les premiers jours de pluviôse. Ainsi, quoi qu'en dise votre lettre du 28 frimaire, le Premier Consul compte que, dussiez-vous faire travailler nuit et jour, dussiez-vous dépouiller tous les autres bâtiments pour équiper l'escadre dont il s'agit, elle sera prête pour l'époque de rigueur.

Le vice-amiral Latouche est nommé au commandement de cette escadre. Il importe que son départ ne soit pas annoncé; mais, comme on ne peut le dissimuler entièrement, faites tout ce qui est convenable pour faire penser qu'elle est destinée pour la Morée. Confiez cette destination de la Morée au général Cervoni, et dites-lui que l'escadre doit toucher à Tarente, où elle prendra un convoi chargé de troupes.

Le vice-amiral Latouche va se rendre sans délai à Toulon. Si *l'Aigle* y était arrivé, il ferait, en tant qu'il lui serait possible, partie de l'escadre. Le Premier Consul lui donne une grande latitude d'autorité; il choisira, en conséquence, les officiers qui doivent servir sous ses ordres, et fera dans les commandements les changements qu'il jugera convenables. S'il est nécessaire de faire entrer des vaisseaux dans le port pour armer les autres, vous y êtes autorisé. Si cependant on pouvait les laisser sur rade, cela serait utile, ne fût-ce que pour forcer l'ennemi à une surveillance ultérieure, sur le port de Toulon, après le départ de l'escadre active; mais c'est à l'armement de celle-ci que tout doit être employé de préférence.

Je vous écris par le courrier ordinaire sur les moyens de faire une presse de matelots.

Comme je suis surchargé d'affaires, je n'ai que le temps de vous faire connaître l'esprit de ces dispositions, bien sûr que vous seconderez de toute votre activité le zèle du vice-amiral, et que vous ferez l'impossible pour remplir les vues du Premier Consul.

Par ordre du Premier Consul.

Archives de la marine.

7443. — AU CITOYEN LEBRUN, AIDE DE CAMP DU PREMIER CONSUL.

Boulogne, 10 nivôse an XII (1er janvier 1804).

Vous partirez sur-le-champ pour vous rendre à Saint-Valery-sur-Somme. Vous prendrez note de tous les bâtiments de la flottille, soit de guerre, soit de transport, qui s'y trouvent en construction, armement ou en relâche. Vous vous assurerez si tous les objets d'armement, de gréement et de l'artillerie sont là. Vous prendrez la note des ouvriers employés à chaque chaloupe, et pourquoi on n'en met pas un plus grand nombre. On ne manque pas cependant, dans ce département, d'ouvriers bourgeois, et même d'ouvriers militaires des six régiments de dragons qui sont à Amiens et Abbeville.

Prenez note de tout cela; et, si on a besoin d'ouvriers militaires, vous vous rendrez à Amiens, auprès du général Klein, pour savoir le nombre d'ouvriers qui sont dans les régiments de dragons, et si on a à Saint-Valery les outils nécessaires. Vous ferez en sorte d'être arrivé ici dans la journée de mardi.

BONAPARTE.

Archives de l'Empire.

7444. — AU CONTRE-AMIRAL DECRÈS.

Boulogne, 10 nivôse an XII (1er janvier 1804).

Je me suis aperçu aujourd'hui à l'arsenal, Citoyen Ministre, que les forgerons ne travaillaient pas, parce qu'ils manquaient de forges. J'ai donné l'ordre à l'artillerie d'en fournir quatre, qui seront rendues demain à l'arsenal, avant huit heures du matin. J'ai vu avec peine que, dans le temps où l'on avait employé une grande quantité de toiles pour 800 chevaux, on n'avait pas fait une simple tente pour mettre à couvert les ouvriers et établir un atelier de mâtures.

Je n'ai pu être que satisfait des travaux du port; je crains qu'il n'y ait pas encore assez d'ordre dans la partie des travaux qui regarde le génie maritime. Je désire que l'état exact de tous les ouvriers soit fait, et qu'ils soient répartis entre les différents bâtiments, de manière qu'ils couchent et mangent à bord, sous la surveillance des officiers commandant les divisions; ainsi, par exemple, une chaloupe canonnière a besoin, pour être installée, d'avoir un caisson tout autour. Il faut placer un nombre d'ouvriers tel que ce travail soit fait dans vingt jours; les ouvriers seront conséquemment à bord jusqu'à ce que les travaux soient finis. Quant à la demande du transport des matières, il se fera par des matelots et hommes d'équipage, ce qui épargnera le nombre d'ouvriers. La même chose pour les bateaux canonniers; un grand nombre ont besoin d'être relevés sur le derrière. Les bâtiments qui sont en réparation peuvent être traités de même. Les officiers surveilleront et les matelots aideront.

Les ouvriers qui demeureront ainsi à bord auront la ration de bord, indépendamment de la paye, et vous prescrirez aux officiers de marine de veiller à ce qu'ils travaillent, soit au jour, soit à la lumière, quatorze heures entières.

Dans l'artillerie de la marine, j'ai vu avec peine qu'il n'y avait encore aucun artifice de monté; cela est très-important. Ordonnez qu'on établisse une salle d'artifice dans le bâtiment qui est sur le bord de l'eau, et qu'on y fasse de la roche à feu et des fusées pour boulets creux de 24.

On suivra, pour les ouvriers d'artillerie, la même méthode que pour les ouvriers de la marine. Ils logeront à bord des transports où ils travailleront. Ils travailleront quatorze heures par jour, et ils auront, moyennant cela, la ration de mer; bien entendu qu'ils n'auront pas alors la ration de terre.

Demain, à huit heures, je ferai l'inspection de toute la flottille; je la verrai par division. Un commissaire de marine fera l'appel de tous les officiers et soldats qui composent l'équipage. Tout le monde se tiendra à son poste de bataille, et avec le plus grand ordre. Au moment où je mettrai le pied dans chaque bâtiment, on saluera de trois fois : *Vive la République!* et trois fois *Vive le Premier Consul!* Je serai accompagné, dans cette visite, de l'ingénieur en chef, du commissaire de l'armement, du colonel commandant l'artillerie.

Pendant tout le temps de l'inspection, les équipages et garnisons de toute la flottille resteront à leur poste, et on placera des sentinelles pour empêcher que personne ne passe sur le quai qui regarde la flottille.

Toutes les péniches qui ne sont pas armées, les caïques qui ne sont affectées à aucune division, prendront une place que leur assignera l'amiral; celles attachées à la division seront à côté des bâtiments commandant la division. Chaque bâtiment aura à ses côtés sa chaloupe.

Le vaisseau amiral, au moment où je mettrai le pied sur la première chaloupe, tirera soixante coups de canon; au défaut du vaisseau amiral, la batterie du musoir.

Officiers, matelots et garnisons seront en grand uniforme.

BONAPARTE.

Archives de l'Empire.

7445. — AU CONSUL CAMBACÉRÈS.

Étaples, 11 nivôse an XII (2 janvier 1804).

Je reçois, Citoyen Consul, votre courrier.

J'écris au citoyen Fleurieu pour qu'il prenne le portefeuille. Je suis arrivé hier matin à Étaples, d'où je vous écris dans ma baraque. Il fait un vent de sud-ouest affreux. Ce pays ressemble beaucoup au pays d'Éole.

Je monte dans l'instant à cheval, pour me rendre à Boulogne par l'estran.

BONAPARTE.

Comm. par M. le duc de Cambacérès.
(En minute aux Arch. de l'Emp.)

7446. — AU CONSUL CAMBACÉRÈS.

Boulogne, 12 nivôse an XII (3 janvier 1804).

J'ai reçu, Citoyen Consul, vos courriers des 9 et 10 nivôse.

J'ai passé mes journées d'hier et d'avant-hier en inspections et en courses dans le port.

Je vais partir pour faire une course à Ambleteuse, Wimereux; peut-être même irai-je jusqu'à Calais. Je me porte fort bien. Le temps commence à se mettre au beau.

Je vous fais mon compliment sur la présentation de votre frère le cardinal; ce sera un très-beau sénateur.

BONAPARTE.

Comm. par M. le duc de Cambacérès.
(En minute aux Arch. de l'Emp.)

7447. — AU CITOYEN REGNIER,
GRAND JUGE, MINISTRE DE LA JUSTICE.

Boulogne, 12 nivôse an XII (3 janvier 1804).

Si l'on a des soupçons que le Suisse nommé Verten soit à Turin, chargé de recruter pour les Anglais, comme le dit le rapport du 9 nivôse, il faut sur-le-champ le faire arrêter.

Si le prétendu capitaine de vaisseau suédois, Sheridan, tient des propos et paraît être un espion, le faire arrêter à Caen et l'y tenir jusqu'à nouvel ordre.

Je vous renvoie vos différentes lettres. Je désirerais que vous fissiez connaître au préfet d'Angers que je suis vraiment fatigué de la direction qu'il donne à l'esprit public de son département; qu'il est ridicule qu'il ne voie d'ennemis de l'État que dans les défenseurs de la patrie, dans la gendarmerie et les meilleurs citoyens; et que je commence à ne plus savoir que penser de cette manière de se comporter, qui devient évidemment trop ridicule pour qu'elle soit de bonne foi.

Je vous prie de donner la permission à M. Lainé de rester à Paris.

BONAPARTE.

Archives de l'Empire.

7448. — AU CONSUL CAMBACÉRÈS.

Boulogne, 13 nivôse an XII (4 janvier 1804).

Je reçois, Citoyen Consul, votre courrier du 11. Nul doute qu'il ne faille nommer l'orateur qui aura le plus tôt fait son discours pour faire l'ouverture du Corps législatif. On doit s'en tenir aux compliments d'usage, sans parler de mon voyage, ni d'autre chose. Comme l'exposé de la situation de la République ne doit être présenté qu'après l'organisation du Corps législatif et la nomination du président, ce qui occupera probablement dimanche et lundi, nous aurons le temps de le revoir.

Maret m'envoie les communications ci-jointes, pour savoir si elles peuvent paraître dans *le Moniteur*. Ce qui m'y frappe le plus, c'est le titre de commandant d'une division d'élite de l'armée d'Angleterre. Premièrement, toutes les divisions sont des divisions d'élite, et il n'en faudrait pas davantage pour mettre la mésintelligence dans les troupes; ensuite je connais une division de la réserve qui se réunit à Arras, mais je ne connais point d'armée d'Angleterre. Qu'il soit donné une épée au général Junot, il n'y a pas d'inconvénient; qu'on en fasse un récit simple pour l'annoncer, cela me paraît encore très-convenable. Hors cela, il n'y a plus que du ridicule. Ce serait ici le cas de demander ce que fera la ville de Paris pour le général qui mettra le premier le pied en Angleterre. La ville de Londres a donné une épée à Nelson après la bataille d'Aboukir. Ce n'est pas que je ne sois persuadé que le général Junot le mérite; mais, depuis qu'il commande Paris, il n'a rien fait d'extraordinaire. Comme cela est fait, il faut, pour éviter du ridicule au préfet et au général, amoindrir autant que possible cette démarche. Je désirerais que l'épée fût donnée au nom du conseil municipal plutôt qu'au nom de la ville de Paris. Le conseil municipal peut vouloir effectivement donner une épée; mais, pour la ville de Paris, cela ne serait supportable qu'à quelqu'un qui aurait sauvé la ville.

BONAPARTE.

Comm. par M. le duc de Cambacérès.
(En minute aux Arch. de l'Emp.)

7449. — AU GÉNÉRAL DAVOUT,
COMMANDANT LE CAMP DE BRUGES.

Boulogne, 13 nivôse an XII (4 janvier 1804).

Citoyen Général Davout, j'ai reçu les dépêches que vous m'avez expédiées par votre aide de camp. J'ai vu dans le journal anglais la plaisante proclamation des Écossais.

J'ai été hier à Calais; une vingtaine de matelots de Blankenberghe avaient déserté. On a dû vous en envoyer les noms. Faites-les arrêter et envoyer à Boulogne.

Je suis obligé de retourner à Paris sans voir votre armée. L'ouverture du Corps législatif nécessite mon retour. D'ailleurs je désire, étant à Ostende, aller jusqu'à Flessingue; mais je pense que la flottille batave n'est point encore en état d'être vue, et je ne voudrais pas avoir quelque chose de désagréable à leur dire.

Il paraît que ce général Sandos est un intrigant de bas étage; cependant je ne vois pas d'inconvénient à ce que vous l'envoyiez à Hambourg, d'où il passera en Angleterre, pour être envoyé à Jersey. Quand il aura quelque chose d'important à dire, il débarquera sur la côte, et il sera traité selon l'importance de l'avis qu'il donnera. Veillez surtout à ce qu'il ne voie point nos côtes.

BONAPARTE.

Comm. par Mme la maréchale princesse d'Eckmühl.
(En minute aux Arch. de l'Emp.)

7450. — NOTES POUR LE MINISTRE DE LA MARINE.

Boulogne, 13 nivôse an XII (4 janvier 1804).

1° La note ci-jointe fera connaître au ministre les demandes que fait le citoyen Sganzin, pour pouvoir travailler avec 3,000 ouvriers au port d'Ambleteuse, et être en état de finir la première moitié le 15 pluviôse. Le génie militaire fournira les brouettes et les outils. Mais j'ai appris avec étonnement que 300 brouettes, que le citoyen Sganzin avait demandées au génie militaire et que celui-ci avait accordées, n'ont pas encore été prises.

Quant aux ingénieurs, j'écris au ministre de l'intérieur pour qu'il en envoie. Mais, en attendant, il faut que le citoyen Sganzin fixe son séjour à Ambleteuse, car ce port est le grand intérêt du moment. Boulogne paraît bien marcher.

Les bois qu'il demande doivent être facilement fournis par Calais; deux ou trois chasse-marée arriveront par là à Ambleteuse. Boulogne doit avoir une grande quantité de ces bois. Je prie donc le ministre de régler définitivement cette affaire, et qu'à compter, au plus tard, du 15 nivôse, il y ait 3,000 ouvriers employés aux travaux d'Ambleteuse.

2° J'ai remis au ministre un rapport sur les constructions de Saint-Valery-sur-Somme. Les quatre chaloupes canonnières ne pourront être finies qu'à la fin de pluviôse. Il faut faire signifier aux entrepreneurs que si, au 15 pluviôse, elles ne sont pas à l'eau, on ne les prendra pas, et qu'ils seront tenus au remboursement de ce qu'ils auront reçu.

Il paraît qu'il manque des affûts de 18; il y en a à Paris; en faire envoyer de cette place.

3° Donner ordre aux deux péniches qui sont à Abbeville, de se rendre, dans le plus court délai, à Boulogne.

4° Faire former tous les ouvriers de Paris et de Compiègne en autant de compagnies qu'il y a de 100 hommes, et les diriger graduellement, de huit jours en huit jours, sur Boulogne.

Faire diriger sur Boulogne les contre-maîtres et autres formant la maistrance de tous les ouvriers qui sont à Paris et Compiègne, et surtout tous les calfats.

5° Faire connaître à Calais, à Saint-Omer et autres endroits du 1er arrondissement, que tout ce qui n'aura pas été lancé à l'eau et en armement au 15 pluviôse ne sera point reçu.

6° Faire armer la prame qui est depuis longtemps à Boulogne en état de tenir la mer, compléter son équipage, la faire tenir dans un emplacement du port d'où elle puisse sortir quand les circonstances l'exigeront. Faire conduire *l'Amiral,* bâtiment de commerce rasé, au delà du pont.

7° Donner ordre que toutes les péniches qui sont à Boulogne soient armées sur-le-champ d'un obusier et d'une pièce de 4, avec les affûts arrivés de Paris.

8° S'informer si on a fait, à Paris ou ici, des affûts pour cent pièces de 24, courtes, de bronze, que la terre doit fournir à la marine, dont dix envoyées à Saint-Omer, douze placées à la laisse de basse mer, et neuf pièces déjà rendues à la marine.

Si ces affûts ne sont pas construits, les faire le plus tôt possible. Me faire connaître s'il y a une grande différence de ces affûts aux affûts ordinaires de 24.

9° Prendre des mesures pour les constructions de Boulogne, en partant du principe général, que rien ne sera pris au delà du 15 pluviôse.

10° Faire dresser l'état général de tous les bâtiments de la flottille de transport qui seront à midi dans le port, l'espèce de tonnelage, le nombre de tonneaux, ce qu'ils peuvent porter de chevaux, et à quel usage on peut les destiner.

BONAPARTE.

Archives de l'Empire.

7451. — AU CONSUL CAMBACÉRÈS.

Boulogne, 14 nivôse an XII (5 janvier 1804).

Je reçois, Citoyen Consul, votre courrier du 12. Un convoi de cent voiles est entré à Boulogne venant de Hollande, d'Ostende et de Calais. Deux petits bateaux ayant trois hommes d'équipage ont été pris par un cutter anglais, et un bateau canonnier ayant à bord douze soldats de troupes, ayant été affalé par les courants, a soutenu un combat d'une heure contre une grosse corvette anglaise.

BONAPARTE.

Comm. par M. le duc de Cambacérès.
(En minute aux Arch. de l'Emp.)

7452. — AU GÉNÉRAL DAVOUT, COMMANDANT LE CAMP DE BRUGES.

Boulogne, 14 nivôse an XII (5 janvier 1804).

Citoyen Général Davout, le 85⁰ régiment se rend à Wimereux pour travailler au port. Il campera dans la division du général Suchet. Envoyez un des deux régiments que vous avez à Dunkerque, pour remplacer ce régiment à Calais. Vous ferez mettre pour garnison, sur les deux premières prames qui seront lancées à Dunkerque ou à Ostende, 50 hommes du 1ᵉʳ régiment de chasseurs et 50 hommes du 7ᵉ de hussards. Vous ordonnerez en conséquence que ces hommes commencent à s'exercer. Un équipage des matelots de la Garde se rend à Ostende. Le ministre de la marine donne ordre qu'il lui soit remis trois péniches et un canot.

BONAPARTE.

Comm. par Mᵐᵉ la maréchale princesse d'Eckmühl.
(En minute aux Arch. de l'Emp.)

7453. — AU GÉNÉRAL SAVARY,
AIDE DE CAMP DU PREMIER CONSUL.

Boulogne, 14 nivôse an XII (5 janvier 1804).

Vous partirez dans la journée pour Flessingue. Vous verrez les constructions qui se font dans le port et tous les bâtiments armés et en armement qui y sont.

Vous vous rendrez de là à Bruges. Vous remettrez à Flessingue la lettre ci-jointe à l'amiral Ver Huell. Vous visiterez la flottille batave dans le plus grand détail. Vous m'enverrez un rapport, de Flessingue.

Vous vous rendrez de là à Liége, de Liége à Mézières, et de Mézières à Paris. Vous visiterez la fonderie de Liége et les deux chantiers sur la Meuse de Liége et Mézières.

BONAPARTE.

Archives de l'Empire.

7454. — DÉCISION.

Boulogne, 14 nivôse an XII (5 janvier 1804).

D'Augier, desservant de Villiers-sur-Marne, offre au Premier Consul, comme un hommage de sa reconnaissance et de son respect, une messe qu'il célébrera tous les mardis.

Je prie le citoyen Portalis de remercier cet ecclésiastique et de me faire un rapport sur lui.

BONAPARTE.

Archives de l'Empire.

7455. — LE MINISTRE DE LA MARINE A L'AMIRAL BRUIX.

Boulogne, 16 nivôse an XII (7 janvier 1804).

Le Premier Consul m'a fait connaître, Citoyen, que son intention était :

1° Que, dans le plus court délai, chaque bâtiment canonnier eût une ou deux pièces de 4 ou de 8 en belle, ce dernier calibre de préférence ;

2° Que tous les bâtiments canonniers, qui sont à rames, eussent une pièce de 24 en belle, au lieu de l'avoir en coulisse ;

3° Que les corvettes de pêche, outre la pièce de 24, portassent deux pièces de 4 ou de 8 ;

4° Qu'à bord de ceux de cette espèce de bâtiments qui n'auront pas eu leur artillerie installée, les canons fussent placés en belle, et que, si toutes les corvettes étaient prêtes, la coulisse d'une seule fût démolie pour être installée ;

5° Que les caronades qu'un bâtiment neutre a apportées à Calais fussent essayées, et, si elles étaient bonnes, fussent achetées pour le compte du Gouvernement ;

6° Que toutes les péniches d'Ostende et de Dunkerque se rendissent à Boulogne à mesure qu'elles seront prêtes ;

7° Qu'il en fût de même de toutes les chaloupes canonnières qui sont dans chaque port ;

Qu'une corvette de pêche fût expédiée de Dunkerque sur Boulogne ;

8° Enfin qu'une canonnière batave fût dirigée de Flessingue sur Boulogne pour y être armée de Français.

Je vous prie donc de concourir, en ce qui vous concerne, à l'exécution de cette mesure, pour laquelle je donne moi-même des ordres.

Par ordre du Premier Consul.

Archives de la marine.

7456. — AU CITOYEN CHAMPAGNY.

Paris, 17 nivôse an XII (8 janvier 1804).

Citoyen Champagny, Ambassadeur à Vienne, j'ai connaissance des raisons du voyage du citoyen Devilliers à Vienne. Si les circonstances exigeaient qu'il eût besoin de vos secours, accordez-lui protection, et ajoutez foi à ce qu'il pourra vous dire sur les raisons de son voyage.

BONAPARTE.

Archives de l'Empire.

7457. — AU GÉNÉRAL BERTHIER, MINISTRE DE LA GUERRE.

Paris, 17 nivôse an XII (8 janvier 1804).

Donnez l'ordre, Citoyen Ministre, au général Gouvion de faire partir de la Vendée les trois régiments de dragons composant la brigade du général Fénerolz pour se rendre au camp d'Amiens.

Vous lui ordonnerez de réduire ses huit colonnes d'éclaireurs à cinq, qu'il placera, l'une à Machecoul, l'autre à Palluau, la troisième à la Roche-sur-Yon, la quatrième à Montaigu et la cinquième à Thouars ou à Bressuire.

Celle de Machecoul sera commandée par le général de brigade Devaux et composée de 25 gendarmes, d'un détachement du 20e régiment de chasseurs, et de trois compagnies du 3e bataillon du 12e régiment d'infanterie légère complétées à 70 hommes chacune.

Vous ordonnerez à cet effet que le détachement du 47e régiment qui faisait partie de cette colonne retourne à Rennes.

La colonne de Palluau sera commandée par le général de brigade Paulet, et sera composée d'un détachement de gendarmerie, d'un détachement du 4e régiment de chasseurs et de trois compagnies du 3e bataillon du 105e régiment d'infanterie de ligne. Les grenadiers ne seront point compris.

Le détachement du 12e régiment d'infanterie légère qui compose cette colonne retournera à Nantes.

La colonne de Montaigu sera commandée par le général de brigade Girardon, et sera composée d'un détachement de gendarmerie, d'un détachement de dragons, et de trois compagnies du 3ᵉ bataillon du 26ᵉ de ligne complétées à 70 hommes chaque.

La colonne de la Roche-sur-Yon sera commandée par le colonel Reynaud, adjudant du palais, et restera composée comme elle se trouve.

La colonne de Thouars ou de Bressuire restera organisée comme elle se trouve.

Le général Gouvion retiendra, pour sa garde, les compagnies du 93ᵉ d'infanterie de ligne et le détachement du 22ᵉ régiment de chasseurs, en renvoyant à Nantes tous les détachements du 12ᵉ d'infanterie légère. Par ce moyen, tout le 12ᵉ d'infanterie légère sera réuni à Nantes, hormis trois compagnies, et tout le bataillon du 82ᵉ régiment sera réuni aux Sables.

BONAPARTE.

Archives de l'Empire.

7458. — DÉCISION.

Paris, 17 nivôse an XII (8 janvier 1804).

Le ministre directeur de l'administration de la guerre transmet une lettre du secrétaire d'État du département de la guerre de la République batave, portant invitation de pourvoir à la subsistance des 48ᵉ, 50ᵉ et 84ᵉ régiments d'infanterie qui se rendent du Hanovre dans la République batave.

Écrire au ministre batave que ces troupes ne doivent pas rester en Hollande, mais que tout ce qui passera 18,000 hommes sera exactement payé par vous; et que, comme vous n'avez pas dans ce pays d'administration montée, vous l'engagez à en faire les avances, qui seront soldées tous les mois; que du reste vous ne pensez pas que ces troupes doivent rester longtemps en Hollande.

BONAPARTE.

Dépôt de la guerre.

7459. — AU CITOYEN FLEURIEU, CONSEILLER D'ÉTAT, CHARGÉ PAR INTÉRIM DU PORTEFEUILLE DE LA MARINE.

Paris, 17 nivôse an XII (8 janvier 1804).

Je vous envoie, Citoyen Ministre, une lettre de la Martinique, que je trouve, je ne sais comment, dans mes papiers. Vous y trouverez un état assez alarmant du peu de troupes qui se trouvent dans cette colonie. Il faut donc s'occuper sur-le-champ d'y envoyer des troupes. On m'a parlé d'un gros corsaire qui proposait de s'y rendre et d'y porter de la troupe. On pourrait y embarquer 100 ou 150 hommes.

BONAPARTE.

Archives de la marine.
(En minute aux Arch. de l'Emp.)

7460. — DÉCISION.

Paris, 18 nivôse an XII (9 janvier 1804).

Le ministre de la guerre rend compte que le général Morand, commandant en Corse, pour prévenir les inconvénients qui pourraient résulter de la désertion dans les montagnes de plus de 100 conscrits réfractaires condamnés à l'amende, les a admis à servir dans le bataillon de chasseurs corses.

Faire connaître au général Morand que cet exemple est funeste; qu'on peut néanmoins le tolérer dans les circonstances actuelles; qu'il faut qu'il mette plus d'activité à faire venir des conscrits du continent.

BONAPARTE.

Archives de l'Empire.

7461. — A L'AMIRAL BRUIX,
COMMANDANT LA FLOTTILLE DE BOULOGNE.

Paris, 18 nivôse an XII (9 janvier 1804).

Citoyen Amiral Bruix, j'ai reçu votre lettre du 16. Je vous recommande de porter la plus grande sévérité dans toutes les parties du service. Vous conviendrez qu'il est extraordinaire que ce ne soit que trois jours après la rentrée d'un convoi que l'on sache ce que sont devenus deux paquebots. C'est que les officiers ne font pas tout ce que les règlements veulent, et les règlements sont les fruits de l'expérience du temps. Si, au moment de son entrée dans le port, le commandant eût appelé à son bord tous les commandants des différents bâtiments pour recevoir leur rapport, se fût assuré lui-même de la situation de son convoi, et en eût rendu compte au commandant du port, on eût su à quoi s'en tenir. Personne mieux que vous ne connaît les règlements; mais il faut les faire exécuter, et punir, par de légères peines, toutes les fois qu'on y contrevient.

Je mettrais une grande importance à avoir un ou deux rapports par semaine, qui me fissent connaître le nombre des vaisseaux de guerre ou frégates que les Anglais ont aux Dunes.

BONAPARTE.

Archives de l'Empire.

7462. — AU GÉNÉRAL BERTHIER.

Paris, 20 nivôse an XII (11 janvier 1804).

Je vous envoie, ci-joint, Citoyen Ministre, une lettre du ministre de la République à Gênes. Donnez ordre que Papaccini, Bruni et Cinni, espions des Anglais à Gênes, soient arrêtés, jugés par une commission militaire composée de cinq officiers, et condamnés à être fusillés. Ordonnez que leur sentence soit imprimée à un grand nombre d'exemplaires, et publiée dans tout le Piémont et l'Italie.

Écrivez au général Verdier, commandant à Livourne, que mon intention est que les Anglais n'aient aucune communication à Livourne, que leurs bâtiments doivent être saisis et confisqués, et qu'il doit faire arrêter les individus compromis dans la correspondance de Gênes comme agents des Anglais.

Le ministre de la marine a un courrier à envoyer à Gênes; vous pouvez profiter de cette occasion.

BONAPARTE.

Archives de l'Empire.

7463. — AU GÉNÉRAL BERTHIER.

Paris, 20 nivôse an XII (11 janvier 1804).

L'équipage de campagne du camp de l'Océan, Citoyen Ministre, restera composé de cent soixante-huit pièces de canon, non compris les dix-huit pièces de l'artillerie de la Garde. Il est inutile qu'on le porte à plus de deux cents pièces, comme il paraît que c'était l'opinion du citoyen Faultrier.

BONAPARTE.

Archives de l'Empire.

7464. — DÉCISION.

Paris, 20 nivôse an XII (11 janvier 1804).

Le ministre de la guerre propose de tirer de Givet et de Mézières les boulets nécessaires à la marine pour les bâtiments de la flottille.

Les transports nous ruineraient; il ne faut point tirer de boulets de la Meuse. Que le Havre fournisse ce qu'il peut; la marine mettra le reste en lest.

BONAPARTE.

Archives de l'Empire.

7465. — DÉCISION.

Paris, 20 nivôse an XII (11 janvier 1804).

Le ministre directeur de l'adminis- Le ministre donnera l'ordre tration de la guerre fait connaître les causes du dénûment où le général Baraguey d'Hilliers a trouvé le 6ᵉ de dragons. Ce corps, sous peu de jours, sera entièrement habillé à neuf.

qu'un régiment qui ferait un grand voyage ne déplace désormais ses magasins que sur l'ordre du Gouvernement. Lorsque l'ordre de marche sera donné, les corps donneront l'état de ce qui est dans leurs magasins.

BONAPARTE.

Archives de l'Empire.

7466. — AU CITOYEN FLEURIEU, CONSEILLER D'ÉTAT, CHARGÉ PAR INTÉRIM DU PORTEFEUILLE DE LA MARINE.

Paris, 20 nivôse an XII (11 janvier 1804).

On complique beaucoup, Citoyen Ministre, ce qui est très-facile. Un simple petit affût marin, dont les dimensions seraient telles qu'on pourrait tirer l'obusier sur l'angle de 45 degrés et, en mettant des coussinets, de but en blanc, est tout ce qu'il nous faut.

Je demande donc qu'on fasse tout simplement, sans beaucoup de ferrures, un petit affût marin pour les obusiers; deux flasques, deux entretoises, il n'en faut pas davantage. Si cependant il y a beaucoup de coulisses ou de ferrures de faites, on pourrait continuer à installer une vingtaine de canonnières, comme il a été arrêté; car il y a toujours quelques chaloupes canonnières auxquelles on ne pourra pas ôter les coulisses. Mais qu'on se dépêche, et que ces cent petits affûts marins, comme je les demande, soient faits et expédiés à Boulogne avant le 10 pluviôse.

BONAPARTE.

Archives de la marine.
(En minute aux Arch. de l'Emp.)

7467. — AU CITOYEN FLEURIEU.

Paris, 20 nivôse an XII (11 janvier 1804).

On me rend compte, Citoyen Ministre, que la fonderie de Liége a commencé à fondre des pièces de 24, le 15 nivôse. Je suis donc porté à penser qu'au 30 nivôse il y en aura au moins dix de coulées. Envoyez-y un officier d'artillerie pour les éprouver, et prenez des mesures pour que, sans délai, ces pièces soient envoyées à Calais.

Je donne ordre à l'artillerie de terre de diriger sur-le-champ seize pièces de 24 sur Calais; ainsi cette place ne manquera pas. Je préfère que les canons y soient dirigés plutôt que sur Boulogne, parce que si l'on en a besoin par la suite à Dunkerque, on pourra les y faire passer par les canaux.

BONAPARTE.

Archives de la marine.
(En minute aux Arch. de l'Emp.)

7468. — AU CITOYEN DAUGIER.

Paris, 21 nivôse an XII (12 janvier 1804).

Citoyen Daugier, Capitaine de vaisseau, Commandant le bataillon des matelots de la Garde, je désire que vous partiez, dans la journée, de Paris pour vous rendre en droite ligne à Cherbourg. Vous y donnerez des ordres pour le départ des bâtiments de la flottille qui se trouvent dans ce port, et vous y resterez le temps nécessaire pour lever tous les obstacles et accélérer les expéditions. Vous m'enverrez un rapport détaillé de tout ce que vous aurez trouvé et de tout ce que vous aurez fait.

Vous vous rendrez dans tous les ports de la Déroute où vous saurez qu'il y a des bâtiments de la flottille; vous en presserez le départ, et vous donnerez des instructions pour que des bâtiments ne restent pas des mois entiers dans ces ports, notamment à Diélette.

Vous remplirez la même mission qu'à Cherbourg, à Granville et à Saint-Malo. Vous m'écrirez de ces deux ports.

Vous remplirez la même mission à Lorient, Nantes, Rochefort, Bordeaux et Bayonne.

La saison s'avance; tout ce qui ne serait pas rendu à Boulogne dans le courant de pluviôse ne pourrait plus nous servir. Il faut donc que vous activiez et disposiez les travaux en conséquence.

Vous vous assurerez que les dispositions qui ont été faites pour fournir des garnisons sont suffisantes dans chaque port.

BONAPARTE.

Archives de l'Empire.

7469. — AU CITOYEN LOUIS D'AFFRY.

Paris, 22 nivôse an XII (13 janvier 1804).

Citoyen Landamman Louis d'Affry, j'ai reçu votre lettre du 2 janvier. J'ai appris avec grande peine que votre magistrature était terminée. J'aurais fort désiré que, dans les circonstances actuelles, elle eût pu se continuer. J'espère que l'avoyer Watteville marchera sur vos traces.

Dans le travail sur la capitulation militaire, j'aurai égard à toutes vos recommandations et spécialement à tout ce qui vous touche de près. Je désire que vous vous regardiez toujours comme un des principaux intéressés à maintenir l'accord entre la Suisse et la France, et je verrai toujours avec plaisir ce que vous aurez à me marquer d'intéressant. J'ai vu avec plaisir tout ce que vous m'avez dit du général Ney, et je suis fort aise qu'il ait acquis votre confiance. Veuillez croire à l'estime et à la considération que je vous porte.

BONAPARTE.

Archives de l'Empire.

7470. — AU CITOYEN MELZI.

Paris, 22 nivôse an XII (13 janvier 1804).

Citoyen Melzi, Vice-Président de la République italienne, j'ai reçu vos lettres des 28 et 29 décembre. Comme vous, je ne conçois rien à toutes ces intrigues de Naples. J'ai vu avec plaisir le chef de brigade Fontanelli. Je lui accorde ma confiance puisqu'il a la vôtre; mais, dans la place importante que je lui accorde en lui faisant faire le service près de moi[1], je compte que vous me le garantissez. Il ne m'est point revenu de plaintes sur la division italienne; la première colonne arrive samedi; je ne pourrai la voir que dimanche prochain.

BONAPARTE.

Archives de l'Empire.

7471. — AU CITOYEN TASCHER.

Paris, 22 nivôse an XII (13 janvier 1804).

Citoyen Tascher, Officier de la Garde, vous partirez dans la journée de demain pour Rome. Vous descendrez chez le cardinal Fesch, ambassadeur de la République, qui vous présentera au Pape, auquel vous remettrez en main propre la lettre ci-jointe. Vous resterez à Rome jusqu'à ce que Sa Sainteté vous ait remis sa réponse. Dans tous les cas, vous y resterez huit ou dix jours pour voir cette ville.

BONAPARTE.

Comm. par M. le comte de Tascher.

7472. — A S. S. LE PAPE.

Paris, 22 nivôse an XII (13 janvier 1804).

Très-saint Père, j'ai fait communiquer à la diète de Ratisbonne le dernier bref que m'a adressé Votre Sainteté, et lui ai fait connaître le vif intérêt que je prenais à ce qu'il ne fût rien fait que de concert

[1] En qualité d'aide de camp.

avec elle pour les affaires de religion, afin que Votre Sainteté n'eût, dans cette circonstance, à éprouver aucun sujet d'affliction ni de douleur. J'aurai soin de suivre cette première démarche, et elle peut compter sur tout mon appui et ma bonne volonté. Il suffira qu'elle fasse prévenir le cardinal Caprara, afin qu'il me fasse connaître l'état des choses et les démarches à faire.

J'ai éprouvé une grande consolation de voir terminé le concordat de la République italienne, et Votre Sainteté doit rester persuadée du désir que j'ai de chercher toutes les occasions de rendre heureux et prospère son pontificat.

Je n'ai qu'à me louer, en général, de la marche du clergé en France. Les évêques, les chapitres, les curés et les églises ont déjà un état décent, et mon intention est d'affecter le montant des pensions ecclésiastiques, qui est de 20 millions, à l'entretien du clergé, de sorte qu'à mesure des extinctions qui auront lieu par mort des pensionnaires, je me trouverai à même d'accroître l'aisance et le bien-être des ministres de la religion; et, indépendamment de ce fonds général, mon intention est de commencer, cette année, de faire donner un traitement aux succursaux et vicaires. Nous en avons ici 40,000. Les frais de casuel qui leur avaient été accordés ne sont pas d'un revenu assez considérable ni assez assuré.

J'ai pensé qu'il n'était pas possible, dans la situation actuelle des choses, d'établir un séminaire par diocèse; mais j'ai l'intention de faire établir d'abord un grand séminaire par archevêché; les frais seront moindres, et par là ils pourront être entretenus avec la décence convenable.

Je recommande le cardinal Caselli à Votre Sainteté; il a été honoré de sa confiance, et je ne puis oublier la bonhomie et la pureté des principes que je lui ai reconnus dans les discussions théologiques que j'ai eues avec lui.

Je prie Votre Sainteté d'avoir quelque bonté pour madame Paulette[1], et de lui donner quelquefois ses conseils.

J'ai dans ce moment un grand nombre de pétitions des catholiques d'Irlande, qui sont sous une oppression vraiment intolérable et bien incompatible avec ces principes de philosophie dont se targuent les Anglais. Je désirerais connaître si Votre Sainteté y a quelques renseignements et quelques fils, et de quelle manière elle influe sur lesdits catholiques. Je ne pense pas qu'ils soient tout à fait privés de correspondance avec le Saint-Siége.

BONAPARTE.

[1] Pauline Bonaparte.

Je charge de cette lettre le citoyen Tascher, officier de la Garde, créole de la Martinique. Je prie Votre Sainteté de le recevoir avec bonté.

Archives de l'Empire.

7473. — AU CARDINAL FESCH.

Paris, 22 nivôse an XII (13 janvier 1804).

Monsieur le cardinal Fesch, Ambassadeur de la République, j'envoie à Rome le citoyen Tascher, parent de ma femme, pour que vous le présentiez au Pape. Il est chargé d'une lettre de moi à Sa Sainteté. Je crois même qu'il lui en remettra une de ma femme, en réponse à une qu'elle en a reçue l'année passée, ainsi qu'un rochet qu'elle lui a fait faire. Vous ne le présenterez pas comme parent de ma femme, mais comme officier de la Garde, en en disant assez cependant pour qu'il soit bien traité. Je l'autorise à rester à Rome huit ou dix jours; après quoi il s'en retournera ici.

BONAPARTE.

Comm. par M. Ducasse.
(En minute aux Arch. de l'Emp.)

7474. — AU CARDINAL FESCH.

Paris, 22 nivôse an XII (13 janvier 1804).

Monsieur le Cardinal Fesch, j'ai été satisfait d'apprendre l'arrestation de Vernègues. Il est convenable qu'il soit remis sans délai aux premiers postes français à Rimini, et conduit, sous bonne et sûre escorte, à Paris. On ne doit attacher aucune importance à la démarche qui a été faite par les Russes; d'abord, parce qu'elle n'est pas approuvée par l'empereur; mais il sera possible que quelques intrigants de ce cabinet, gagnés par l'Angleterre, veuillent se mêler de ce qui ne les regarde pas. Le moyen d'éviter les discussions est de le faire partir sur-le-champ. La Russie est hors de la sphère de l'Europe, et, indépendamment que Vernègues est Français, cette affaire ne peut en rien la regarder.

BONAPARTE.

Comm. par M. Ducasse.
(En minute aux Arch. de l'Emp.)

7475. — AU GÉNÉRAL BERTHIER, MINISTRE DE LA GUERRE.

Paris, 22 nivôse an XII (13 janvier 1804).

Faites venir MM. Emmet, Thompson et autres chefs irlandais-unis; faites-leur connaître, 1° que j'ai lu le mémoire ci-joint avec la plus grande attention; que je ne puis faire aucune proclamation avant d'avoir touché le territoire d'Irlande; mais que le général commandant l'expédition sera muni de lettres scellées, par lesquelles je déclarerai que je ne ferai point la paix avec l'Angleterre sans admettre l'indépendance de l'Irlande, toutefois que l'armée aura été jointe par un corps considérable d'Irlandais-unis; que l'Irlande sera en tout traitée comme l'Amérique dans la guerre passée;

2° Que tout individu qui s'embarquera avec l'armée française, faisant partie de l'expédition, sera commissionné Français; et, s'il était arrêté et ne fût pas traité comme prisonnier de guerre, la représaille serait faite sur les prisonniers anglais;

3° Que tout corps formé au nom des Irlandais-unis sera considéré comme faisant partie de l'armée française; si l'expédition venait à ne pas réussir, la France entretiendrait un certain nombre de brigades irlandaises, et donnerait des pensions à tout individu qui aurait fait partie du gouvernement et des autorités du pays; ces pensions pourraient être réglées d'après les pensions données en France aux conditions équivalentes, lorsque les individus ne sont pas employés; que je désirerais qu'il se formât un comité d'Irlandais-unis, et que je ne vois pas d'inconvénient à ce qu'ils fassent des proclamations et instruisent leurs compatriotes de l'état des choses. On ferait mettre ces proclamations dans *l'Argus* et dans les autres journaux d'Europe, afin d'éclairer les Irlandais sur le parti à tenir et sur les espérances à concevoir.

Si le comité voulait faire une narration de toutes les tyrannies exercées en Irlande, on l'insérerait dans *le Moniteur*.

BONAPARTE.

Archives de l'Empire.

7476. — NOTE POUR LE MINISTRE
DES RELATIONS EXTÉRIEURES.

Paris, 22 nivôse an XII (13 janvier 1804).

Répondre que la lettre a été mise sous les yeux du ministre, qui a eu lieu d'être surpris.

Le Gouvernement français ne peut reconnaître dans aucune puissance belligérante le droit de faire des modifications au droit des gens et de la guerre établi entre toutes les nations policées depuis tant de siècles. Les 25,000 sujets de Sa Majesté Britannique qui ont été pris les armes à la main dans les États de Hanovre, commandés par un de ses fils, et après avoir essayé de résister, et par suite de la proclamation de Sa Majesté le roi de la Grande-Bretagne, qui avait même ordonné une levée en masse, sont prisonniers de guerre et doivent être échangés. Le droit des gens et de la guerre ne connaît pas de distinction métaphysique, et il est tout à fait nouveau que, dans le temps où Sa Majesté forme des soldats hanovriens qui ont passé en Angleterre, le roi veuille proposer un cartel d'échange tout en sa faveur et contraire au droit de la guerre. Le ministre ne peut que déplorer ces mesures arbitraires, qui aggravent pour l'humanité un état déjà trop déplorable. La faute n'en sera pas attribuée au Gouvernement français, mais à la violation du droit des gens et des usages que veut établir Sa Majesté Britannique.

BONAPARTE.

Archives de l'Empire.

7477. — DÉCISION.

Paris, 22 nivôse an XII (13 janvier 1804).

Les Anglais refusent tout autre officier que le capitaine Brenton en échange du citoyen Jurien. Il faut donc ou renvoyer Brenton ou donner un passe-port à Jurien.

Échanger le capitaine Jurien pour le colonel Smith, qui s'est sauvé. Si les Anglais n'y consentent pas, ils renverront le colonel Smith, et alors le citoyen Jurien retournera en Angleterre. Écrire, en conséquence et dès à présent, au citoyen Jurien qu'il est échangé.

BONAPARTE.

Archives de l'Empire.

7478. — DÉCISION.

Paris, 22 nivôse an XII (13 janvier 1804).

Le ministre de la guerre propose d'accorder aux citoyens Bastide des lettres de marque pour deux corsaires, sur lesquels 160 hommes de troupes seraient portés gratuitement à la Martinique.

Le ministre de la guerre fournira deux compagnies, chacune de 80 hommes, pris dans le bataillon colonial qui est dans la 14ᵉ division militaire. Ils seront embarqués à Saint-Malo sur deux corsaires; chaque bâtiment sera aussi obligé de porter trois cents fusils.

BONAPARTE.

Archives de l'Empire.

7479. — AU GÉNÉRAL DAVOUT, COMMANDANT LE CAMP DE BRUGES.

Paris, 22 nivôse an XII (13 janvier 1804).

Citoyen Général Davout, j'ai reçu vos lettres. Je ferai remettre avant la fin du mois à madame Davout ce qui vous est nécessaire pour vous mettre à jour pour votre terre.

On a accordé aux convalescents tout ce qu'ils pouvaient désirer. J'ai reçu tous vos états, que je n'ai pu encore lire. J'attendrai le retour du ministre de la marine pour savoir les mesures qu'il aura prises et qui resteraient à prendre pour se procurer des matelots. La saison s'avance.

BONAPARTE.

Comm. par Mme la maréchale princesse d'Eckmühl.
(En minute aux Arch. de l'Emp.)

7480. — AU CITOYEN FLEURIEU, CONSEILLER D'ÉTAT, CHARGÉ PAR INTÉRIM DU PORTEFEUILLE DE LA MARINE.

Paris, 22 nivôse an XII (13 janvier 1804).

Le Premier Consul, Citoyen Ministre, a lieu d'être surpris de ce que les bureaux du ministre ne peuvent pas rendre un compte aussi simple que celui qui avait été demandé. Il est persuadé que tous les états existent, mais qu'on ne prend pas la peine de les dépouiller.

Il désire que vous fassiez dresser un état des bâtiments qui ont été mis en construction pour la flottille, par arrondissement maritime et par port. Chaque bâtiment, avec son numéro, sera désigné dans la 1re colonne. La 2e colonne présentera l'état de la construction faite; la 3e, ce qui est dû aux constructeurs pour le travail fait; la 4e, ce qui a été payé sur ce travail; la 5e, ce qui restait à payer; la 6e, ce qui aurait été payé de trop.

On entend par payé de trop tout ce qui l'aurait été pour des bâtiments dont la quille ne serait qu'élongée ou dont la construction ne s'approcherait pas du quart payé d'avance à l'entrepreneur. On fera, à cet égard, les observations nécessaires pour apprécier l'excédant de ce qu'on a payé sur le travail effectué.

Le ministre de la marine, dans sa tournée, a arrêté la construction d'un grand nombre de bâtiments, parce qu'il s'est aperçu qu'il y avait des malversations. Ces bâtiments seront compris dans la colonne du trop payé.

Une partie du gréement a été fournie par les entrepreneurs; l'autre l'a été par les ports. On notera ce que les entrepreneurs ont fourni; ce qui l'a été par les ports entrera dans la dépense des ports.

Je me suis empressé, Citoyen Ministre, de vous adresser ces notes pour ne pas retarder la rédaction de ces états, qui iront jusqu'au 1ᵉʳ nivôse.

Par ordre du Premier Consul.

Archives de la marine.

7481. — DÉCISION.

Paris, 24 nivôse an XII (15 janvier 1804).

Le général Morand adresse au Premier Consul une carte de la Corse, avec l'indication des nouvelles routes projetées pour l'an XII.

Renvoyé au citoyen Cretet. Il faut, avant d'ordonner aucune espèce de travail, faire achever la route d'Ajaccio à Bastia ; les autres travaux se feront après.

BONAPARTE.

Archives de l'Empire.

7482. — EXPOSÉ DE LA SITUATION DE LA RÉPUBLIQUE.
MESSAGE AU SÉNAT CONSERVATEUR.

Paris, 25 nivôse an XII (16 janvier 1804).

La République a été forcée de changer d'attitude, mais elle n'a point changé de situation ; elle conserve toujours, dans le sentiment de sa force, le gage de sa prospérité. Tout était calme dans l'intérieur de la France, lorsqu'au commencement de l'année dernière nous entretenions encore l'espérance d'une paix durable. Tout est resté calme, depuis qu'une puissance jalouse a rallumé les torches de la guerre ; mais, sous cette dernière époque, l'union des intérêts et des sentiments s'est montrée plus pleine et plus entière ; l'esprit public s'est développé avec plus d'énergie.

Dans les nouveaux départements que le Premier Consul a parcourus, il a entendu, comme dans les anciens, les accents d'une indignation vraiment française ; il a reconnu, dans leur haine contre un gouvernement ennemi de notre prospérité, mieux encore que dans les élans de la joie publique et d'une affection personnelle, leur attachement à la patrie, leur dévouement à sa destinée.

Dans tous les départements, les ministres du culte ont usé de l'influence de la religion pour consacrer ce mouvement spontané des esprits. Des dépôts d'armes, que des rebelles fugitifs avaient confiés à la terre pour les reprendre dans un avenir que leur forgeait une coupable prévoyance, ont été révélés au premier signal du danger, et livrés aux magistrats pour en armer nos défenseurs.

Le Gouvernement britannique tentera de jeter, et peut-être il a déjà jeté sur nos côtes, quelques-uns de ces monstres qu'il a nourris pendant la paix, pour déchirer le sol qui les a vus naître; mais ils n'y retrouveront plus ces bandes impies qui furent les instruments de leurs premiers crimes; la terreur les a dissoutes ou la justice en a purgé nos contrées; ils n'y retrouveront ni cette crédulité dont ils abusèrent, ni ces haines dont ils aiguisèrent les poignards. L'expérience a éclairé tous les esprits; la sagesse des lois et de l'administration a réconcilié tous les cœurs.

Environnés partout de la force publique, partout atteints par les tribunaux, ces hommes affreux ne pourront désormais ni faire des rebelles, ni recommencer impunément leur métier de brigands et d'assassins.

Tout à l'heure une misérable tentative a été faite dans la Vendée: la conscription en était le prétexte; mais citoyens, prêtres, soldats, tout s'est ébranlé pour la défense commune; ceux qui, dans d'autres temps, furent des moteurs de troubles, sont venus offrir leurs bras à l'autorité publique, et, dans leurs personnes et dans leurs familles, des gages de leur foi et de leur dévouement.

Enfin, ce qui caractérise surtout la sécurité des citoyens, le retour des affections sociales, la bienfaisance se déploie tous les jours davantage; de tous côtés on offre des dons à l'infortune, et des fondations à des établissements utiles.

La guerre n'a point interrompu les pensées de la paix, et le Gouvernement a poursuivi avec constance tout ce qui tend à mettre la constitution dans les mœurs et dans le tempérament des citoyens, tout ce qui doit attacher à sa durée tous les intérêts et toutes les espérances.

Ainsi le Sénat a été placé à la hauteur où son institution l'appelait: Une dotation telle que la constitution l'avait déterminée l'entoure d'une grandeur imposante.

Le Corps législatif n'apparaîtra plus qu'environné de la majesté que réclament ses fonctions; on ne le cherchera plus vainement hors de ses séances. Un président annuel sera le centre de ses mouvements, et l'organe de ses pensées et de ses vœux dans ses relations avec le Gouvernement. Ce corps aura enfin cette dignité qui ne pouvait exister avec des formes mobiles et indéterminées.

Les colléges électoraux se sont tenus partout avec ce calme, avec cette sagesse qui garantissent les heureux choix.

La Légion d'honneur existe dans les parties supérieures de son organisation et dans une partie des éléments qui doivent la composer. Ces éléments, encore égaux, attendent d'un dernier choix leurs fonctions et leurs places. Combien de traits honorables ont révélé l'ambition d'y être admis! Que de trésors la République aura dans cette institution pour encourager, pour récompenser les services et les vertus!

Au Conseil d'État, une autre institution prépare au choix du Gouvernement des hommes pour toutes les branches supérieures de l'administration : des auditeurs s'y forment dans l'atelier des règlements et des lois; ils s'y pénètrent des principes et des maximes de l'ordre public. Toujours environnés de témoins et de juges, souvent sous les yeux du Gouvernement, souvent dans des missions importantes, ils arriveront aux fonctions publiques avec la maturité de l'expérience et avec la garantie que donnent un caractère, une conduite et des connaissances éprouvés.

Des lycées, des écoles secondaires s'élèvent de tous côtés, et ne s'élèvent pas encore assez rapidement au gré de l'impatience des citoyens. Des règlements communs, une discipline commune, un même système d'instruction y vont former des générations qui soutiendront la gloire de la France par des talents, et ses institutions par des principes et des vertus.

Un prytanée unique, le prytanée de Saint-Cyr, reçoit les enfants des citoyens qui sont morts pour la patrie; déjà l'éducation y respire l'enthousiasme militaire.

A Fontainebleau, l'école spéciale militaire compte plusieurs centaines de soldats qu'on ploie à la discipline, qu'on endurcit à la fatigue, qui acquièrent, avec les habitudes du métier, les connaissances de l'art.

L'école de Compiègne offre l'aspect d'une vaste manufacture, où cinq cents jeunes gens passent de l'étude dans les ateliers, des ateliers à l'étude. Après quelques mois ils exécutent, avec la précision de l'intelligence, des ouvrages qu'on n'en aurait pas obtenus après des années d'un vulgaire apprentissage; et bientôt le commerce et l'industrie jouiront de leur travail et des soins du Gouvernement.

Le génie, l'artillerie n'ont plus qu'une même école et une institution commune.

La médecine est partout soumise au nouveau régime que la loi lui a prescrit. Dans une réforme salutaire, on a trouvé les moyens de simplifier la dépense et d'ajouter à l'instruction.

L'exercice de la pharmacie a été mis sous la garde des lumières et de la probité.

Un règlement a placé, entre le maître et l'ouvrier, des juges qui terminent leurs différends avec la célérité qu'exigent leurs intérêts et leurs besoins, et aussi avec l'impartialité que commande la justice.

Le code civil s'achève; et, dans cette session, pourront être soumis aux délibérations du Corps législatif les derniers projets de lois qui en complètent l'ensemble.

Le code judiciaire, appelé par tous les vœux, subit en ce moment les discussions qui le conduiront à sa maturité.

Le code criminel avance ; et, du code de commerce, les parties que paraissent réclamer le plus impérieusement les circonstances sont en état de recevoir le sceau de la loi dans la session prochaine.

De nouveaux chefs-d'œuvre sont venus embellir nos musées ; et, tandis que le reste de l'Europe envie nos richesses, nos jeunes artistes vont encore, au sein de l'Italie, échauffer leur génie à la vue de ses grands monuments, et respirer l'enthousiasme qui les a enfantés.

Dans le département de Marengo, sous les murs de cette Alexandrie qui sera un des plus puissants boulevards de la France, s'est formé le premier camp de nos vétérans ; là, ils conserveront le souvenir de leurs exploits et l'orgueil de leurs victoires ; ils inspireront à leurs nouveaux concitoyens l'amour et le respect de cette patrie qu'ils ont agrandie, et qui les a récompensés ; ils laisseront dans leurs enfants des héritiers de leur courage, et de nouveaux défenseurs de cette patrie dont ils recueilleront les bienfaits.

Dans l'ancien territoire de la République, dans la Belgique, d'antiques fortifications, qui n'étaient plus que d'inutiles monuments des malheurs de nos pères ou des accroissements progressifs de la France, seront démolies. Les terrains qui avaient été sacrifiés à leur défense seront rendus à la culture et au commerce ; et, avec les fonds que produiront ces démolitions et ces terrains, seront construites de nouvelles forteresses sur nos nouvelles frontières.

Sous un meilleur système d'adjudication, la taxe d'entretien des routes a pris de nouveaux accroissements : des fermiers d'une année étaient sans émulation ; des fermiers de portions trop morcelées étaient sans fortune et sans garantie. Des adjudications triennales, des adjudications de plusieurs barrières à la fois, ont appelé des concurrents plus nombreux, plus riches et plus hardis.

Le droit de barrière a produit, en l'an XI, quinze millions ; dix de plus ont été consacrés dans la même année à l'entretien et au perfectionnement des routes.

Les routes anciennes ont été entretenues et réparées ; d'autres routes ont été liées à d'autres routes par des constructions nouvelles. Dès cette année, les voitures franchissent le Simplon et le mont Cenis.

On rétablit au pont de Tours trois arches écroulées.

De nouveaux ponts sont en construction à Corbeil, à Roanne, à Nemours; sur l'Isère, sur le Roubion, sur la Durance, sur le Rhin.

Avignon et Villeneuve communiqueront par un pont entrepris par une association particulière.

Trois ponts avaient été commencés à Paris, avec des fonds que des citoyens avaient fournis : deux ont été achevés en partie avec les fonds publics, et les droits qui s'y perçoivent assurent, dans un nombre déterminé d'années, l'intérêt et le remboursement des avances.

Un troisième, le plus intéressant de tous (celui du Jardin des Plantes), est en construction et sera bientôt terminé. Il dégagera l'intérieur de Paris d'une circulation embarrassante, se liera avec une place superbe, depuis longtemps décrétée, qu'embelliront les plantations et les eaux de la rivière d'Ourcq, et sur laquelle aboutiront, en ligne droite, la rue Saint-Antoine et celle de son faubourg.

Le pont seul formera l'objet d'une dépense que couvriront rapidement les droits qui y seront perçus. La place et tous ses accessoires ne coûteront à l'État que l'emplacement et les ruines sur lesquelles elle doit s'élever.

Les travaux du canal Saint-Quentin s'opèrent sur quatre points à la fois. Déjà une galerie souterraine est percée dans une étendue de mille mètres; deux écluses sont terminées, huit autres s'avancent, d'autres sortent des fondations; et cette vaste entreprise offrira, dans quelques années, une navigation complète.

Les canaux d'Arles, d'Aigues-Mortes, de la Saône et de l'Yonne, celui qui unira le Rhône au Rhin, celui qui, par le Blavet, doit porter la navigation au centre de l'ancienne Bretagne, sont tous commencés, et tous seront achevés dans un temps proportionné aux travaux qu'ils exigent.

Le canal qui doit joindre l'Escaut, la Meuse et le Rhin, n'est déjà plus dans la seule pensée du gouvernement; des reconnaissances ont été faites sur le terrain; des fonds sont déjà prévus pour l'exécution d'une entreprise qui nous ouvrira l'Allemagne, et rendra à notre commerce et à notre industrie des parties de notre propre territoire que leur situation livrait à l'industrie et au commerce des étrangers.

La jonction de la Rance à la Vilaine unira la Manche à l'Océan, portera la prospérité et la civilisation dans les contrées où languissent l'agriculture et les arts, où les mœurs agrestes sont encore étrangères à nos mœurs. Dès cette année, des sommes considérables ont été affectées à cette opération.

Le desséchement des marais de Rochefort, souvent tenté, souvent abandonné, s'exécute avec constance. Un million sera destiné cette année à porter la salubrité dans ce port, qui dévorait nos marins et ses habitants. La culture et les hommes s'étendront sur des terrains voués depuis longtemps aux maladies et à la dépopulation.

Au sein du Cotentin, un desséchement non moins important, dont le projet est fait, dont la dépense largement calculée sera nécessairement remboursée par le résultat de l'opération, transformera en riches pâturages d'autres marais d'une vaste étendue, qui ne sont aujourd'hui qu'un foyer de contagion toujours renaissante. Les fonds nécessaires à cette entreprise sont portés dans le budget de l'an XII. En même temps un pont sur la Vire liera le département de la Manche au département du Calvados, supprimera un passage dangereux et souvent funeste, et abrégera de quelques myriamètres la route qui conduit de Paris à Cherbourg.

Sur un autre point du département de la Manche, un canal est projeté, qui portera le sable de la mer et la fécondité dans une contrée stérile, et donnera aux constructions civiles et à la marine des bois qui périssent sans emploi à quelques myriamètres du rivage.

Sur tous les canaux, sur toutes les côtes de la Belgique, les digues minées par le temps, attaquées par la mer, se réparent, s'étendent et se fortifient.

La jetée et le bassin d'Ostende sont garantis des progrès de la dégradation ; un pont ouvrira une communication importante à la ville, et l'agriculture s'enrichira d'un terrain précieux, reconquis sur la mer.

Anvers a vu arrêter tout à coup un port militaire, un arsenal et des vaisseaux de guerre sur le chantier. Deux millions assignés sur la vente des domaines nationaux situés dans les départements de l'Escaut et des Deux-Nèthes sont consacrés à la restauration et à l'agrandissement de son ancien port. Sur la foi de ce gage, le commerce fait des avances, les travaux sont commencés, et, dans l'année prochaine, ils seront conduits à leur perfection.

A Boulogne, au Havre, sur toute cette côte que nos ennemis appellent désormais une côte de fer, de grands ouvrages s'exécutent ou s'achèvent.

La digue de Cherbourg, longtemps abandonnée, longtemps l'objet de l'incertitude et du doute, sort enfin du sein des eaux, et déjà elle est un écueil pour nos ennemis et une protection pour nos navigateurs. A l'abri de cette digue, au fond d'une rade immense, un port se creuse, où, dans quelques années, la République aura ses arsenaux et des flottes.

A la Rochelle, à Cette, à Marseille, à Nice, on répare avec des fonds assurés les ravages de l'insouciance et du temps. C'est surtout dans nos villes maritimes, où la stagnation du commerce a multiplié les malheurs et les besoins, que la prévoyance du Gouvernement s'est attachée à créer des ressources dans des travaux utiles ou nécessaires.

La navigation intérieure périssait par l'oubli des principes et des règles; elle est désormais soumise à un régime tutélaire et conservateur. Un droit est consacré à son entretien, aux travaux qu'elle exige, aux améliorations que l'intérêt public appelle : placée sous la surveillance des préfets, elle a encore, dans les chambres de commerce, des gardiens utiles, des témoins et des censeurs de la comptabilité des fonds qu'elle produit, enfin des hommes éclairés qui discutent les projets formés pour la conserver ou pour l'étendre.

Le droit de pêche dans les rivières navigables est redevenu ce qu'il dut toujours être, une propriété publique. Il est confié à la garde de l'administration forestière, et des adjudications triennales lui donnent, dans des fermiers, des conservateurs encore plus actifs, parce qu'ils sont plus intéressés.

L'année dernière a été une année prospère pour nos finances; les régies ont heureusement trompé les calculs qui en avaient d'avance déterminé les produits. Les contributions directes ont été perçues avec plus d'aisance. Les opérations qui doivent établir les rapports de la contribution foncière, de département à département, marchent avec rapidité. La répartition deviendra invariable : on ne verra plus cette lutte d'intérêts différents qui corrompait la justice publique, et cette rivalité jalouse qui menaçait l'industrie et la prospérité de tous les départements.

Des préfets, des conseils généraux ont demandé que la même opération s'étendît à toutes les communes de leur département, pour déterminer entre elles les bases d'une répartition proportionnelle. Un arrêté du Gouvernement a autorisé ce travail général, devenu plus simple, plus économique par le succès du travail partiel. Ainsi, dans quelques années, toutes les communes de la République auront chacune, dans une carte particulière, le plan de leur territoire, les divisions, les rapports des propriétés qui le composent; et les conseils généraux et les conseils d'arrondissement trouveront, dans la réunion de tous ces plans, les éléments d'une répartition juste dans ses bases et perpétuelle dans ses proportions.

La caisse d'amortissement remplit avec constance, avec fidélité, sa destination. Déjà propriétaire d'une partie de la dette publique, chaque jour elle accroît un trésor qui garantit à l'État une prompte libération : une comptabilité sévère, une fidélité inviolable ont mérité aux administrateurs la confiance du Gouvernement et leur assurent l'intérêt des citoyens.

La refonte des monnaies s'exécute sans mouvement, sans secousse : elle était un fléau quand les principes étaient méconnus ; elle est devenue l'opération la plus simple, depuis que la foi publique et les règles du bon sens en ont fixé les conditions.

Au trésor, le crédit public s'est soutenu au milieu des secousses de la guerre et des rumeurs intéressées.

Le trésor public fournissait aux dépenses des colonies, soit par des envois directs de fonds, soit par des opérations sur le continent de l'Amérique. Les administrateurs pouvaient, si les fonds étaient insuffisants, s'en procurer par des traites sur le trésor public, mais avec des formes prescrites et dans une mesure déterminée.

Tout à coup une masse de traites (quarante-deux millions) a été créée à Saint-Domingue, sans l'aveu du Gouvernement, sans proportion avec les besoins actuels, sans proportion avec les besoins à venir.

Des hommes sans caractère les ont colportées à la Havane, à la Jamaïque, aux États-Unis : elles y ont été partout exposées sur les places à de honteux rabais, livrées à des hommes qui n'avaient versé ni argent ni marchandises, ou qui ne devaient en fournir la valeur que quand le payement en aurait été effectué au trésor public. De là, un avilissement scandaleux en Amérique, et un agiotage plus scandaleux en Europe.

C'était pour le Gouvernement un devoir rigoureux d'arrêter le cours de cette imprudente mesure, de sauver à la nation les pertes dont elle était menacée, de racheter surtout son crédit par une juste sévérité.

Un agent du trésor public a été envoyé à Saint-Domingue, chargé de vérifier les journaux et la caisse du payeur général, de constater combien de traites avaient été créées, par quelle autorité et sous quelle forme ; combien avaient été négociées et à quelles conditions ; si pour des versements réels, si sans versements effectifs, si pour éteindre une dette légitime, si pour des marchés simulés.

Onze millions de traites, qui n'étaient pas encore en circulation, ont été annulés ; des renseignements ont été obtenus sur les autres.

Les traites dont la valeur intégrale a été reçue ont été acquittées avec les intérêts du jour de l'échéance au jour du payement ; celles qui ont été livrées sans valeur effective sont arguées de faux, puisque les lettres de change portent *pour argent versé*, quoique le procès-verbal de payement constate qu'il n'a rien été versé; et elles seront soumises à un sévère examen. Ainsi le Gouvernement satisfera à la justice qu'il doit aux créanciers légitimes, et à celle qu'il doit à la nation, dont il est chargé de défendre les droits.

La paix était dans les vœux comme dans l'intérêt du Gouvernement. Il l'avait voulue au milieu des chances encore incertaines de la guerre; il l'avait voulue au milieu des victoires. C'est à la prospérité de la République qu'il avait désormais attaché toute sa gloire. Au dedans, il réveillait l'industrie, il encourageait les arts; il entreprenait ou des travaux utiles, ou des monuments de grandeur nationale. Nos vaisseaux étaient dispersés sur toutes les mers et tranquilles sur la foi des traités.

Ils n'étaient employés qu'à rendre nos colonies à la France et au bonheur; aucun armement dans nos ports, rien de menaçant sur nos frontières.

Et c'est là le moment que choisit le Gouvernement britannique pour alarmer sa nation, pour couvrir la Manche de vaisseaux, pour insulter notre commerce par des visites injurieuses, nos côtes et nos ports, les côtes et les ports de nos alliés, par la présence de forces menaçantes.

Si, au 17 ventôse de l'an XI, il existait aucun armement imposant dans les ports de France et de Hollande, s'il s'y exécutait un seul mouvement auquel la défiance la plus ombrageuse pût donner une interprétation sinistre, nous sommes les agresseurs; le message du roi d'Angleterre et son attitude hostile ont été commandés par une légitime prévoyance, et le peuple anglais a dû croire que nous menacions son indépendance, sa religion, sa constitution.

Mais si les assertions du message étaient fausses, si elles étaient démenties par la conscience de l'Europe comme par la conscience du Gouvernement britannique, ce Gouvernement a trompé sa nation; il l'a trompée pour la précipiter, sans délibération, dans une guerre dont les terribles effets commencent à se faire sentir en Angleterre, et dont les résultats peuvent être si décisifs pour les destinées futures du peuple anglais.

Toutefois, l'agresseur doit seul répondre des calamités qui pèsent sur l'humanité.

Malte, le motif de cette guerre, était au pouvoir des Anglais; c'eût été à la France d'armer pour en assurer l'indépendance, et c'est la France qui attend en silence la justice de l'Angleterre! et c'est l'Angleterre qui commence la guerre, et qui la commence sans la déclarer!

Dans la dispersion de nos vaisseaux, dans la sécurité de notre commerce, nos pertes devaient être immenses. Nous les avions prévues, et nous les eussions supportées sans découragement et sans faiblesse; heureusement elles ont été au-dessous de notre attente. Nos vaisseaux de guerre sont rentrés dans les ports de l'Europe; un seul, qui depuis longtemps était condamné à n'être plus qu'un vaisseau de transport, est tombé au pouvoir de l'ennemi.

De 200 millions de francs que les croiseurs anglais pouvaient ravir à notre commerce, plus des deux tiers ont été sauvés; nos corsaires ont vengé nos pertes par des prises importantes, et les vengeront par de plus importantes encore.

Tabago, Sainte-Lucie étaient sans défense et n'ont pu que se rendre aux premières forces qui s'y sont présentées; mais nos grandes colonies nous restent, et les attaques que les ennemis ont hasardées contre elles ont été vaines.

Le Hanovre est en notre pouvoir; 25,000 hommes des meilleures troupes ennemies ont posé les armes et sont restés prisonniers de guerre. Notre cavalerie s'est remontée aux dépens de la cavalerie ennemie, et une possession chère au roi d'Angleterre est, entre nos mains, le gage de la justice qu'il sera forcé de nous rendre.

Chaque jour le despotisme britannique ajoute à ses usurpations sur les mers. Dans la dernière guerre, il avait épouvanté les neutres en s'arrogeant, par une prétention inique et révoltante, le droit de déclarer des côtes entières en état de blocus. Dans cette guerre, il vient d'augmenter son code monstrueux du prétendu droit de bloquer des rivières, des fleuves.

Si le roi d'Angleterre a juré de continuer la guerre jusqu'à ce qu'il ait réduit la France à ces traités déshonorants que souscrivirent autrefois le malheur et la faiblesse, la guerre sera longue. La France a consenti, dans Amiens, à des conditions modérées; elle n'en reconnaîtra jamais de moins favorables; elle ne reconnaîtra surtout jamais, dans le Gouvernement britannique, le droit de ne remplir de ses engagements que ce qui convient aux calculs progressifs de son ambition, le droit d'exiger encore d'autres garanties après la garantie de la foi donnée. Eh! si le traité d'Amiens n'est point exécuté, où seront, pour un traité nouveau, une foi plus sainte et des serments plus sacrés?

La Louisiane est désormais associée à l'indépendance des États-Unis d'Amérique. Nous conservons là des amis que le souvenir d'une commune origine attachera toujours à nos intérêts, et que des relations favorables de commerce uniront longtemps à notre prospérité.

Les États-Unis doivent à la France leur indépendance; ils nous devront désormais leur affermissement et leur grandeur.

L'Espagne reste neutre.

L'Helvétie est rassise sur ses fondements, et sa constitution n'a subi que les changements que la marche du temps et des opinions lui a commandés. La retraite de nos troupes atteste la sécurité intérieure et la fin de toutes ses divisions. Les anciennes capitulations ont été renouvelées, et la France a retrouvé ses premiers et ses plus fidèles alliés.

Le calme règne dans l'Italie; une division de l'armée de la République italienne traverse en ce moment la France pour aller camper avec les nôtres sur les côtes de l'Océan. Ces bataillons y trouveront partout des vestiges de la patience, de la bravoure et des grandes actions de leurs ancêtres.

L'empire ottoman, travaillé par des intrigues souterraines, aura, dans l'intérêt de la France, l'appui que d'antiques liaisons, un traité récent et sa position géographique lui donnent droit de réclamer.

La tranquillité, rendue au continent par le traité de Lunéville, est assurée par les derniers actes de la diète de Ratisbonne. L'intérêt éclairé des grandes puissances, la fidélité du Gouvernement à cultiver avec elles les relations de bienveillance et d'amitié, la justice, l'énergie de la nation et les forces de la République en répondent.

BONAPARTE.

Extrait du *Moniteur*.

7483. — AU CONTRE-AMIRAL DECRÈS.

Paris, 25 nivôse an XII (16 janvier 1804).

Je donne ordre, Citoyen Ministre, que les 1er et 4e équipages de la Garde se rendent à Rouen et au Havre. Un équipage étant composé de 140 matelots, je pense que chaque équipage pourra monter une section de la flottille des chaloupes canonnières, c'est-à-dire neuf chaloupes et neuf péniches. Ces deux équipages serviraient donc dix-huit chaloupes et dix-huit péniches. Donnez ordre que les mousses et novices soient fournis par le port. Ils ne doivent point faire partie de la Garde.

Mon intention est qu'on choisisse les meilleurs bâtiments, et que toutes les chaloupes soient armées de quatre pièces de 24, en belle, et d'un obusier de 8 pouces, et les péniches d'un obusier de 6 pouces ou d'une pièce de 4.

Je donne ordre au commandant de l'artillerie de la Garde d'y expédier trente-six canonniers; deux seront attachés à chaque chaloupe canonnière.

Mon intention étant que ces bâtiments partent ensemble, vous me ferez connaître quand ils partiront du Havre, afin que j'y envoie des garnisons de grenadiers de la Garde.

BONAPARTE.

Archives de l'Empire.

7484. — DÉCISION.

Paris, 27 nivôse an XII (18 janvier 1804).

Le ministre de la guerre propose de faire rayer du tableau de la conscription militaire un étranger de l'âge de vingt ans, qui habite la France depuis plusieurs années, et qui y est marié avec une Française.

Cette proposition est fondée sur les dispositions de l'article 3 de la Constitution, de l'article 13 du titre Ier du Code civil, et de l'article 15, titre III, de la loi du 19 fructidor an VI.

La conscription donne lieu à un grand nombre de questions. Il faudrait ou un règlement, ou une loi qui les levât toutes.

Tout individu qui possède en France doit être soumis à la loi de la conscription, qu'il soit natif ou non. Si, au moment de la conscription, il habite en France, ou s'il y a habité, depuis l'âge de quinze ans, plus d'une année de suite, il sera soumis à la conscription personnellement. Dans le cas où il n'aurait jamais habité, il doit être traité dans la conscription comme s'il était infirme et incapable, et il devrait être racheté par une contribution.

BONAPARTE.

Archives de l'Empire.

7485. — DÉCISION.

Paris, 27 nivôse an XII (18 janvier 1804).

Rapport et projet de loi sur les peines à infliger aux enfants qui se marient sans le consentement de leurs parents.

Ajouter trois sommations, de deux mois en deux mois. Proposer de régler, par un arrêté, les formes de la publication.

BONAPARTE.

Archives de l'Empire.

7486. — DÉCISION.

Paris, 27 nivôse an XII (18 janvier 1804).

Rapport et projet de loi tendant à   Ajouter une disposition pour attribuer au tribunal criminel du département de la Seine, exclusivement à tous autres tribunaux, la connaissance du crime de contrefaçon du timbre national, la fabrication et l'émission de faux billets de la Banque.

BONAPARTE.

Archives de l'Empire.

7487. — AU GÉNÉRAL BERTHIER.

Paris, 27 nivôse an XII (18 janvier 1804).

Je ne suis pas satisfait, Citoyen Ministre, du degré d'activité qui règne dans l'atelier de l'artillerie de terre à Boulogne pour l'installation des bâtiments de transport en écuries. Mon intention est que tous les ouvriers en bois qui se trouvent à la Fère et à Douai se rendent sur-le-champ à Boulogne, de manière que les installations de plus de 200 bâtiments qui vont être mis à la disposition de l'artillerie puissent se suivre sans aucun retard.

Je désire connaître le nombre d'obusiers de 6 et de 8 pouces, et de pièces de 24, que vous avez fait remettre à la marine, de ceux qui sont en mouvement pour lui être remis, ainsi que les ports où seront faites les remises.

BONAPARTE.

Archives de l'Empire.

7488. — DÉCISION.

Paris, 27 nivôse an XII (18 janvier 1804).

Le ministre de la guerre soumet au Premier Consul une demande en grâce adressée par le général Morand, en faveur de plus de cent conscrits du département du Liamone, condamnés, comme réfractaires, à 1,600 francs d'amende.

Que ces hommes se rendent à Antibes. Il leur sera ensuite fait grâce par une décision générale.

BONAPARTE.

Archives de l'Empire.

7489. — NOTES POUR LE MINISTRE DE LA GUERRE.

Paris, 28 nivôse an XII (19 janvier 1804).

Envoyer en courrier un officier d'état-major au général Saint-Cyr, avec une somme en or, pour faire confectionner du biscuit, sans cependant que la somme passe 2,000 louis, avec un ordre de faire confectionner sur-le-champ à Tarente 500,000 rations de biscuit; confier au général Saint-Cyr que des escadres françaises, non-seulement de Toulon, mais même des autres ports, vont se rendre à

14.

Tarente, portant des troupes qui, avec les siennes, lui feront 30,000 hommes environ; que malgré les soins qu'on a mis à approvisionner ces escadres, elles auront besoin de ravitaillement, et surtout de biscuit; qu'il doit faire mettre toutes les batteries en bon état, pour protéger les bâtiments, quoique l'on pense que les armements que l'on fait nous feront avoir la supériorité pendant un mois dans la Méditerranée.

Ordre à un régiment de dragons qui est à Alexandrie de se rendre à Gênes, dans les faubourgs.

Au citoyen Saliceti : que l'intention du Gouvernement étant de faire embarquer quatre bataillons, formant 2,400 hommes, à Gênes, il est nécessaire qu'il fasse connaître, par le retour du courrier, s'il y aurait des bâtiments de transport en nombre suffisant; il faut qu'il prenne les bâtiments le plus grands possible et qui puissent contenir l'eau et les vivres pour deux mois de navigation.

Même ordre à Livourne pour le général Verdier : lui faire connaître que l'intention du Gouvernement est d'embarquer 3,000 hommes à Livourne; que ces 3,000 hommes seront pris :
Deux bataillons complets, dans la garnison actuelle de Livourne;
Quatre bataillons, dans celle de l'île d'Elbe, qu'on doit ordonner au général commandant en Italie de faire passer à Livourne;
Qu'il faut qu'il fasse choisir, dans le port de Livourne, les plus gros transports possible, et qu'il fasse confectionner sur-le-champ 200,000 rations de biscuit, qui doivent être prêtes le 25 pluviôse.
Envoyer à cet effet 1,000 louis à l'ordonnateur.

Ordre au citoyen Saliceti de faire confectionner 200,000 rations de biscuit. Ces rations doivent être prêtes au 25 pluviôse. Le général Dejean a ordre de lui envoyer l'argent nécessaire.

Ordre à l'île d'Elbe de tenir un bataillon du 20ᵉ régiment, un bataillon de la légion italienne et un bataillon helvétique prêts à partir et à s'embarquer pour une expédition.

Faire connaître à Livourne que l'on doit choisir des bâtiments pour contenir des vivres et de l'eau pour une navigation de deux mois et pouvoir aller de conserve avec une escadre.

Envoyer l'aide de camp Bruyères à Livourne avec 1,000 louis; il ira visiter le port, pour s'assurer s'il y a des bâtiments assez grands.

Il passera à Rome, où il ne séjournera point; ensuite il ira à Naples, d'où il écrira pour faire connaître la situation de l'escadre dans la Méditerranée; de là il se rendra à Tarente.

BONAPARTE.

Archives de l'Empire.

7490. — AU CITOYEN REGNIER,
GRAND JUGE, MINISTRE DE LA JUSTICE.

Paris, 29 nivôse an XII (20 janvier 1804).

Écrivez au citoyen Delaunay, président du tribunal criminel, que lui et son tribunal aient pour le préfet la considération qu'ils doivent avoir, et que je ne souffrirai pas qu'il se forme un parti quelconque qui lui soit contraire; que même je verrais avec plaisir qu'ils voulussent finir des querelles trop légèrement allumées et vivre en bonne intelligence.

BONAPARTE.

Archives de l'Empire.

7491. — AU GÉNÉRAL RAPP, EN MISSION A TOULON.

Paris, 29 nivôse an XII (20 janvier 1804).

Citoyen Rapp, j'ai reçu vos différentes lettres. Les événements arrivés aux deux frégates sont des événements qui arrivent souvent en mer, souvent par la faute des officiers de quart, quelquefois par des circonstances qui ne dépendent pas des officiers.

Je ne puis concevoir comment le Neptune n'a pu être prêt, puisque les mâture, gréement, canons, qui manquaient ont été expédiés pour suppléer à ce qui manque. Je ne puis actuellement penser qu'il soit possible de joindre nos deux vaisseaux, l'*Atlas* et *le Berwick*, à ceux qui sont déjà prêts. Les matelots ne peuvent empêcher; en établissant la presse, on en aura plus qu'on ne voudra.

Dites (ce que dit Ganteaume) si *le Neptune*, *l'Atlas* et *le Berwick*, puis les deux vaisseaux, pourront être prêts.

BONAPARTE.

Archives de l'Empire.

7492. — AU CONTRE-AMIRAL DECRÈS.

Paris, 29 nivôse an XII (20 janvier 1804).

J'approuve, Citoyen Ministre, que vous donniez l'ordre au vaisseau qui est à Cadix d'attendre de nouveaux ordres et de se mettre en rade, de manière à pouvoir appareiller toutes les fois qu'il en recevrait l'ordre.

Quant au Ferrol, demandez des renseignements pour savoir si *la Poursuivante* et *l'Observateur* pourraient partir, et si trois vaisseaux pourraient se trouver équipés de manière à faire une course en Amérique ; mais si l'escadre trouve le moment favorable, elle doit appareiller, non pour Rochefort, mais pour Lorient, où l'on est sûr de ne point trouver de croisière. Faites connaître que si, par des circonstances de mer ou de guerre, l'escadre était poussée vers le sud, elle pourrait se rendre à Cadix.

BONAPARTE.

Archives de l'Empire.

7493. — DÉCISION.

Paris, 30 nivôse an XII (21 janvier 1804).

Rapport du grand juge concernant les nommés Desol de Grisolles, Picot, Lebourgeois, Piogé, dit Sans-Pitié, et Querelle.

Je prie le consul Cambacérès de rédiger un projet d'arrêté pour traduire ces individus devant une commission militaire. Je crois nécessaire de faire un exemple. J'ai des renseignements secrets qui me font croire que Querelle n'était venu ici que pour assassiner. Sans-Pitié et Desol y étaient dans le même dessein.

BONAPARTE.

Archives de l'Empire.

7494. — AU GÉNÉRAL DAVOUT, COMMANDANT LE CAMP DE BRUGES.

Paris, 30 nivôse an XII (21 janvier 1804).

Les mesures que le ministre de la marine a prises doivent vous avoir procuré des ouvriers en nombre suffisant pour pouvoir expédier promptement tous les bâtiments armés et pour mettre à même de tenir la mer tous les bâtiments qui sont à Ostende.

Le ministre de la marine prend des mesures pour presser le pays, comme on a fait en Bretagne et dans plusieurs parties de la France ;

secondez-le de tous vos moyens, et faites-moi connaître, toutes les semaines, le résultat que vous aurez obtenu.

BONAPARTE.

Comm. par Mme la maréchale princesse d'Eckmühl.

7495. — A L'AMIRAL BRUIX,
COMMANDANT LA FLOTTILLE DE BOULOGNE.

Paris, 30 nivôse an XII (21 janvier 1804).

J'ai reçu, Citoyen Général, les différentes lettres que vous m'avez écrites. Je n'entrerai dans aucun détail sur les objets que vous y traitez, l'état de votre santé étant en ce moment le seul dont je puisse m'occuper. Je désire donc que vous soyez bientôt dans le cas de m'apprendre que vous êtes rétabli.

BONAPARTE.

Archives de l'Empire.

7496. — AU CITOYEN TALLEYRAND.

Paris, 30 nivôse an XII (21 janvier 1804).

Le Premier Consul me charge, Citoyen Ministre, de vous donner connaissance du mécontentement que la conduite de l'évêque de Quimper lui fait éprouver. L'anéantissement de l'esprit public dans le département du Finistère est le résultat affligeant de la mauvaise administration de cet évêque, qui, avec des intentions qu'on veut croire pures, a fait autant de mal que s'il avait été l'ennemi du Gouvernement. L'un de ses grands vicaires qui vient de mourir était en correspondance réglée avec l'Angleterre.

C'est à votre seule recommandation que l'abbé André a dû son élévation à l'épiscopat. Le Premier Consul désire que vous obteniez, de la déférence qu'il doit avoir pour vos conseils, que cet évêque donne sa démission. Dans l'état où il a mis son diocèse, et d'après l'opinion qu'on a dû y prendre de son caractère, il ne peut plus y faire aucun bien.

Le Premier Consul croit qu'il serait convenable de faire partir sur-le-champ, pour Quimper, le frère de l'évêque, le citoyen André se trouvant plus que personne en mesure de faire comprendre à ce prélat ce que sa situation actuelle exige impérieusement.

Par ordre du Premier Consul.

Archives de l'Empire.

7497. — AU CITOYEN REGNIER.

Paris, 3 pluviôse an XII (24 janvier 1804).

Les lettres de Drake paraissent fort importantes. Je désirerais que Méhée, dans son prochain bulletin, dît que le comité avait été dans la plus grande joie de la pensée que Bonaparte voulait s'embarquer à Boulogne; mais qu'on a aujourd'hui la certitude que les préparatifs de Boulogne sont de fausses démonstrations qui, quoique coûteuses, le sont beaucoup moins qu'elles ne le paraissent au premier coup d'œil; que les chaloupes canonnières sont des espèces de bricks et sont construites de manière à pouvoir être utiles au commerce; que ces bricks sont armés de quatre pièces de 24;

Que les bateaux plats, armés d'une pièce de 24 et d'une pièce de 18, sont faits de manière à pouvoir être vendus comme bateaux pour la pêche;

Que les péniches dont on a fait construire 400 sont, dans tout état de choses, des chaloupes utiles, même à une escadre de gros vaisseaux;

Qu'enfin les prames ou bâtiments, qui portent douze pièces de 24, et dont on a fait construire soixante, sont faits de manière à pouvoir servir en tout temps de grosses bagares pour l'approvisionnement des ports;

Qu'ainsi donc ce soin qu'on prend d'utiliser les bâtiments de la flottille pour des usages ordinaires fait voir que ces préparatifs ne sont que des menaces, et que ce n'est pas un établissement fixe qu'on voudrait conserver; qu'il ne fallait point se le dissimuler : que le Premier Consul était trop rusé et se croyait trop bien établi aujourd'hui pour tenter une opération douteuse où une masse de forces serait compromise.

Le véritable projet, autant qu'on en peut juger par ses relations intérieures, est l'expédition de l'Irlande, qui se ferait à la fois par l'escadre de Brest et l'escadre du Texel; qu'on arme à Brest, à ce qu'assure un individu qui en arrive, des vaisseaux dans le port et qu'on ne met point en rade; quinze doivent être en rade et dix dans le port; ils doivent faire une sortie contre les croisières anglaises qu'on espère alors surprendre, puisque Cornwallis, qui n'est pas inférieur à ce nombre, est disséminé sur plusieurs points, parce qu'il croit n'avoir à craindre que les vaisseaux qui sont en rade;

Le général Augereau est arrivé à Brest;

Des cadres de bataillons irlandais ont été formés et sont à Morlaix; il y a déjà plus de 200 officiers, et O'Connor, Emmet, Thompson et autres Irlandais ont ici des conférences fréquentes par le canal de d'Alton, Irlandais d'origine.

On ne dit rien sur l'expédition du Texel, quoiqu'on sache qu'elle est prête, et on fait beaucoup de bruit des camps de Saint-Omer, d'Ostende et Flessingue : la grande quantité de troupes réunies en forme de camps ont un but politique; Bonaparte est bien aise de les avoir sous la main, de les tenir armées en guerre, et de faire un quart de conversion pour retomber en Allemagne, s'il croit nécessaire à ses projets de faire la guerre continentale.

Une autre expédition est celle de la Morée, qui est décidément arrêtée. Bonaparte a 40,000 hommes à Tarente; l'escadre de Toulon va s'y rendre; il espère trouver une armée auxiliaire de Grecs très-considérable.

Il faut toujours continuer l'affaire du portefeuille; dire que, pour s'accréditer, l'huissier vient de présenter plusieurs morceaux de lettres écrites de la main même de Bonaparte; que l'on peut donc tirer le plus grand parti de cet homme, mais qu'il veut beaucoup d'argent; le projet est effectivement de livrer ce portefeuille, dans lequel le Premier Consul mettra tous les renseignements qu'on désire qu'ils croient. Mais, pour qu'ils attachent une grande importance à ce portefeuille, il faut qu'ils avancent de l'argent, au moins 50,000 livres sterling.

BONAPARTE.

Archives de l'Empire.

7498. — A S. S. LE PAPE.

Paris, 3 pluviôse an XII (24 janvier 1804).

Très-saint Père, j'ai reçu la lettre de Votre Sainteté, du 14 décembre. Je la remercie de l'accueil qu'elle a bien voulu faire à ma recommandation pour M. de Clermont-Tonnerre. J'ai fait écrire à Tunis pour engager le bey à ménager les États de Votre Sainteté; il a promis de donner quelques instructions, sur lesquelles cependant il n'est pas prudent de se fier. Lorsque la paix sera rétablie sur les mers, il sera possible d'insister avec plus de force, pour qu'il laisse non-seulement les États, mais le pavillon de l'Église en repos; car c'est une chose affligeante et même un déshonneur pour la chrétienté que de misérables brigands, qui habitent de beaux pays où ils pourraient vivre tranquilles, insultent comme ils le font à tous les pavillons. Enfin, espérons qu'un jour viendra où ils cesseront.

BONAPARTE.

Archives de l'Empire.

7499. — AU GÉNÉRAL SOULT,
COMMANDANT LE CAMP DE SAINT-OMER.

Paris, 3 pluviôse an XII (24 janvier 1804).

Citoyen Général Soult, dans votre lettre du 29 nivôse, je vois que, sur les bâtiments servant d'écuries, il y aura des emplacements où l'on mettra des selles et des équipages, non-seulement de la cavalerie, mais encore de dragons. Il doit y avoir à Boulogne une grande quantité de bâtiments de transport; je suis étonné qu'on n'ait pu en remettre que quarante-huit au général Faultrier. Voyez, je vous prie, le citoyen Combis pour cet objet, et faites fournir de suite à l'artillerie tout ce qui se trouverait à Boulogne de bâtiments non classés et propres à porter un certain nombre de chevaux.

Les obusiers de 6 pouces et les canons de 4, que vous a demandés le préfet maritime, doivent exister à Dunkerque et à Calais. Faultrier peut faire venir de Saint-Omer tous ceux qui s'y trouvent, et les lui remettre. Il doit y en avoir cinquante.

BONAPARTE.

Archives de l'Empire.

7500. — LE MINISTRE DU TRÉSOR PUBLIC
AUX RÉGENTS DE LA BANQUE DE FRANCE.

Paris, 4 pluviôse an XII (25 janvier 1804).

Le Premier Consul, Messieurs, a pris connaissance des statuts de la Banque de France, que sa députation lui a présentés le 1er de ce mois. Le paragraphe premier de l'article 5 lui a paru contraire à l'institution de la Banque, dont les fonctions sont d'escompter et non pas de faire des avances. On pourrait croire que cet article a été rédigé dans l'intérêt et par l'inspiration du Gouvernement. Il a voulu que je vous déclarasse positivement que son intention était que, dans quelques circonstances que pût se trouver le trésor public, il ne fût rien demandé à la Banque, ni à titre d'emprunt, ni à titre d'avances, et que cette détermination s'appliquait également à tous les établissements publics.

Mais le Premier Consul a toujours pensé que les effets appartenant au Gouvernement, tels que les obligations et autres effets organisés de la même manière, doivent de plein droit être escomptés à la Banque, lorsqu'ils n'ont plus qu'un ou deux mois à parcourir pour atteindre à leur échéance. La signature du receveur, celle du caissier du trésor public, l'obligation de la part de la caisse d'amortissement de rembourser, en cas de non-payement, sont au-dessus de toutes les garanties exigées pour les effets de capitaux. Vous voudrez bien donc me déclarer positivement si les effets de cette nature seront escomptés sans difficulté.

Quant aux obligations qui seraient à plus de deux mois d'échéance, l'escompte ne doit en être fait que de gré à gré, et quand la Banque ne trouvera point l'emploi de ses fonds dans les effets de commerce.

La loi qui établit le privilége de la Banque a eu pour objet de faciliter les transactions publiques et particulières. L'exercice de ce privilége doit être fait avec toute la confiance que justifie la solidité de son institution.

Cet établissement est encore près de sa naissance, et cette considération a justifié son économie dans les secours qu'il a jusqu'ici donnés au commerce. Sans doute, il ne peut pas escompter des effets douteux ; mais le vœu du Premier Consul est que la Banque trouve elle-même son intérêt à toujours avoir une centaine de millions de ses billets en circulation, et, si le commerce n'en fournissait pas l'emploi jusqu'à concurrence d'environ cette somme, il pourrait y être en partie suppléé par un escompte d'obligations appartenant au trésor public, quand cette opération devrait donner quelque perte au trésor public même.

Au reste, le Premier Consul m'a chargé de déclarer aux régents de la Banque qu'il donnerait toujours à cet établissement tout l'appui qui pourrait dépendre du Gouvernement, soit en prenant toutes les mesures que la justice et l'intérêt public pourraient autoriser, soit même en prenant les actions encore invendues, s'il arrivait qu'elles fussent au-dessous du pair.

Le Premier Consul n'a fait des sacrifices, n'a pris tant de soins pour fonder et consolider la Banque que pour amener la réduction de l'intérêt, sans laquelle ni le commerce ni les manufactures ne peuvent prospérer.

Ce résultat ne peut être atteint qu'en multipliant, autant qu'il sera possible, les escomptes, et il attend du zèle de messieurs les régents de la Banque qu'ils seconderont ses vues de tout leur pouvoir.

Par ordre du Premier Consul.

Archives des finances.

7501. — AU GÉNÉRAL BERTHIER.

Paris, 4 pluviôse an XII (25 janvier 1804).

Le ministre Dejean, Citoyen Ministre, par l'état ci-joint qu'il me remet, paraît croire qu'il y aura, cette année, 40,000 conscrits qui entreront dans les corps au-dessus du complet de paix. Il a été autorisé à faire ces calculs par l'ordre qui a été donné d'augmenter le complet des corps de 100 hommes par bataillon et de les porter au grand complet de guerre; mais il est de fait que cela ne se réalisera pas, parce qu'un grand nombre de corps ne reçoivent pas assez de conscrits, même pour être portés au grand complet de paix; que les corps qui ont reçu l'ordre d'être complétés sur le pied de guerre n'en reçoivent point suffisamment pour cela, et que même plusieurs ont reçu des dépôts coloniaux des hommes tout habillés.

Je désire donc que vous me fassiez faire un état présentant la situation des corps à l'époque de la dernière revue, en ayant soin de n'y pas comprendre les hommes qui ont été effacés des contrôles ou auxquels l'inspecteur aurait accordé la retraite, qui, à l'heure qu'il est, ne sont plus aux corps, et le nombre de conscrits accordés à chaque corps sur la conscription de l'an XI et de l'an XII.

Par ce moyen, il sera facile de voir la situation de l'effectif des corps dans le courant de l'année, et de calculer quels sont ceux qui, se trouvant au-dessus du complet de paix, auront besoin d'un secours extraordinaire pour la masse d'habillement.

BONAPARTE.

Archives de l'Empire.

7502. — AU GÉNÉRAL BERTHIER.

Paris, 6 pluviôse an XII (27 janvier 1803).

Il est nécessaire d'abord de présenter les notes recueillies sur les individus qui peuvent occuper la place de colonel des régiments suisses. Il faudra commencer par en nommer un, et quand ce régiment commencera à se former, on organisera les autres; car on ne peut les organiser tous ensemble; cela nous entraînerait dans de trop grandes dépenses, sans que cela fût d'aucun service. Mon intention est de détruire les trois régiments qui sont actuellement à notre service, et d'en répartir les officiers entre les quatre nouveaux régiments. Il est convenable cependant de les diviser en trois classes : 1° ceux susceptibles d'être conservés pour les nouveaux corps; 2° ceux à admettre au traitement de retraite ou de réforme; 3° ceux qui sont mauvais et n'offrent aucune ressource. Le bataillon de Saint-Domingue ne comptera pas. Cependant, pour rendre ce travail plus facile, il faudrait négocier avec le citoyen Marescalchi pour que la République italienne prît à son service le régiment qui est en Italie. Quant aux garnisons, le premier régiment qu'on organisera pourrait se réunir à Nancy.

A mesure qu'on organisera un nouveau régiment, il faut détruire un ancien.

J'attends toujours le projet que je vous avais demandé.

BONAPARTE.

Archives de l'Empire.

7503. — AU GÉNÉRAL SOULT,
COMMANDANT LE CAMP DE SAINT-OMER.

Paris, 6 pluviôse an XII (27 janvier 1804).

Citoyen Général Soult, j'ai lu avec attention les états du citoyen Combis que vous m'avez envoyés. Le ministre de la marine lui transmettra les nouvelles mesures que j'ai prises pour rendre plus simple son travail. J'ai décidé qu'on ne fera plus de distinction de grande, de petite et moyenne pêche; que tous les bâtiments qui sont au-dessus de 30 tonneaux seraient convertis en écuries; que de tout ce qui serait de moins de 30 et de plus de 10 tonneaux, deux cents seraient destinés, savoir : cinquante bâtiments à l'embarquement de la grosse artillerie, et cent cinquante de 25 à 10 tonneaux, aux bataillons, aux généraux, commissaires, etc., selon la destination qui sera donnée au moment de l'embarquement.

Il résulte de ces nouvelles dispositions que le directeur de la flottille de transport peut donc remettre au général Faultrier, pour être installés en écuries :

1° Les dix-huit bâtiments portés dans la première feuille de l'état que vous m'avez envoyé, comme bâtiments de grande pêche;

2° Huit bâtiments, qui ont plus de 30 tonneaux, faisant partie des vingt-quatre bâtiments portés dans la deuxième feuille de l'état comme bâtiments de moyenne pêche;

3° Trois bâtiments portés pour le service de l'état-major comme bâtiments de moyenne pêche;

4° Douze bâtiments portés parmi les quatorze destinés pour les administrations, etc., du port, de plus de 30 tonneaux;

5° Quatre bâtiments de ceux portés pour le service de l'artillerie, qui passent 30 tonneaux;

Enfin huit bâtiments parmi ceux non classés; total, cinquante-trois bâtiments, qui, avec les sept écuries pour la cavalerie et les quarante-trois bâtiments déjà installés comme écuries, forment un total de cent trois, qu'il classera et numérotera comme écuries.

Tenez la main à ce que l'artillerie installe sur-le-champ ces bâtiments, et faites-vous remettre par le général Combis un travail sur ces nouvelles bases. Ce sont les moyens de transport des chevaux qui nous retarderont, et ce n'est pas à vous qu'il faut dire que, dans une expédition où je ne puis rien hasarder après les hasards de mer, je ne puis me passer d'un nombre compétent de chevaux.

Le citoyen Faultrier, par les instructions qu'il a, sait que les bateaux canonniers doivent porter deux chevaux d'artillerie. Si tous les bâtiments qui sont à Boulogne n'étaient pas installés pour porter ces deux chevaux, que le général Faultrier fournisse des moyens à la marine, car autant de bateaux sans deux chevaux, autant de ressources de moins pour l'artillerie.

Le directeur de la flottille de transport doit avoir un état des mouvements de tous les bâtiments en route des différents ports pour Boulogne. Je désire qu'il me présente un travail pour la distribution des écuries. Tout ce qui tirerait plus de sept pieds d'eau devrait s'arrêter à Calais. Quant à ceux qui tireraient moins de sept pieds d'eau, il faut qu'il les classe selon leur tirant d'eau, parce que cela influera sur le port qu'ils devront occuper et leur ordre d'appareillage au moment de l'expédition.

Par ces nouvelles dispositions que je viens d'ordonner, et par les états de la flottille de transport, je dois avoir au moins quatre cents bâtiments pour écuries, ce qui, j'espère, pourra me porter 7,000 chevaux. Les bateaux canonniers en porteront 800, les corvettes de pêche 160, la flottille proprement dite de transport, 300; cela fera un total de 8,000.

C'est au directeur actuellement à faire son travail en grand, à les numéroter et à les classer, et alors je désignerai les régiments qui doivent s'y embarquer, afin qu'il puisse y placer des officiers et des garnisons, tant pour surveiller les bâtiments que pour s'exercer à la manœuvre de l'embarquement et du débarquement des chevaux.

BONAPARTE.

Archives de l'Empire.

7504. — AU CONTRE-AMIRAL DECRÈS.

Paris, 6 pluviôse an XII (27 janvier 1804).

Vous trouverez ci-joint différents projets de classement de la flottille de transport, faits par le directeur général de cette flottille. Il affecte quatre cent quatre bâtiments au service des bataillons, de l'état-major et de l'artillerie, sans comprendre les écuries. J'ai pensé que l'état de la flottille de transport, tel qu'il a été arrêté, est plus fort qu'il n'est nécessaire; qu'il faut disposer pour écuries tout ce qui peut l'être. Je désire donc que l'état de la flottille de transport qui avait été arrêté soit formé de cette manière :

Cent cinquante bâtiments de petite pêche, du port, de moins de 25 tonneaux et de plus de 10 tonneaux, seront disposés de manière à recevoir deux chevaux. Il en sera donné un, soit par bataillon, soit aux généraux, soit aux commissaires ordonnateurs et des guerres, selon les dispositions et les ordres qui seront donnés. Le directeur n'aura donc qu'à faire arranger ces bâtiments de manière à tenir deux chevaux, à veiller à ce que les équipements soient en état et qu'ils aient à bord l'eau et les vivres nécessaires pour les hommes qu'ils peuvent porter; qu'ils aient leurs numéros, afin qu'au moment de l'embarquement on les affecte aux différents services.

Cinquante bâtiments seront choisis parmi les bâtiments de la flottille de transport de moins de 30 tonneaux, pour être affectés au service de l'artillerie; ils seront remis au général Faultrier, qui y fera faire toutes les dispositions convenables.

Tous les autres bâtiments de la flottille de transport, montant à plus de quatre cents bâtiments, seront installés en écuries. On y placera le plus de chevaux possible.

On tiendra note de ceux dans lesquels il restera le plus de place, indépendamment des écuries, pour y placer les selles et les bagages. Ainsi le travail du directeur devient simplifié. Plus de distinction entre petite, grande et moyenne pêche. Tout ce qui est au-dessus de 30 tonneaux doit être installé en écuries; tout ce qui a moins, jusqu'au nombre de deux cents, doit être, ceux de 30 à 25 tonneaux, destinés à l'artillerie, et cent cinquante de 25 à 10 tonneaux; aux bagages de l'armée et de l'état-major, selon l'ordre qui sera donné au moment de l'embarquement.

BONAPARTE.

Archives de l'Empire.

7505. — DÉCISION.

Paris, 6 pluviôse an XII (27 janvier 1804).

Le ministre du trésor public demande une décision relativement aux traites de Saint-Domingue, tirées à l'ordre (soit collectif, soit individuel) de Dar et Brocar, et dont il a provisoirement suspendu le visa.

Quand les lettres de change des colonies sont tirées pour argent versé, elles ne sont valables que dans le cas où la correspondance du payeur atteste que le versement de fonds a été effectué.

Lorsque les lettres sont tirées pour service fait, ce service doit être constaté par l'ordonnateur, c'est-à-dire par le préfet colonial;

s'il ne l'est point, les lettres ne sont pas valables. Or ici l'ordonnateur déclare, par sa lettre du.... que le service n'a pas été fait.

Répondre dans ce sens aux porteurs.

Archives de l'Empire.

BONAPARTE.

7506. — AU GÉNÉRAL BERTHIER.

Paris, 8 pluviôse an XII (29 janvier 1804).

Vous donnerez ordre, Citoyen Ministre, au général commandant la 15e division militaire que les 406 hommes du 64e régiment qui sont à Dieppe se rendent au Havre pour mettre garnison sur les premiers bâtiments qui partiront de ce port.

Vous donnerez ordre au général commandant le camp d'Amiens de fournir un officier et 25 hommes par chaque escadron de tous les régiments qui sont à Amiens, qui se rendront à Saint-Valery-sur-Somme pour mettre garnison sur les bâtiments qui sont dans ce port. Il est convenable qu'ils s'y rendent de suite, afin de s'exercer aux manœuvres et à la nage.

Vous donnerez l'ordre que les bataillons de guerre du 96e régiment partent de Paris, l'un le 11, et l'autre le 12, pour se rendre au Havre, où ils fourniront des garnisons sur les bâtiments qui leur seront désignés par le préfet maritime.

Vous donnerez ordre au 3e régiment de hussards d'envoyer au Havre 150 hommes à pied, qui mettront garnison sur les trois premières prames prêtes à partir de ce port.

BONAPARTE.

Ces 150 hommes du 3e de hussards sont ceux qui ont été choisis pour être des 300 hommes à pied des escadrons de guerre. Si les circonstances le permettent, ils seront portés à 250; alors ils formeront les garnisons de cinq prames. Arrivés au Havre, indépendamment de la nage, on les exercera au tir des fusils, afin qu'alors ils puissent s'en servir de préférence à des carabines.

Prévenir le ministre de la marine qu'il mette dans les prames 50 fusils, pour servir à la garnison, ainsi qu'aux pontonniers qui serviront de garnison.

Si les deux bataillons de la 96e fournissent 1,500 hommes, ils partiront comme il en a été donné l'ordre ci-dessus; s'ils ne fournissent pas 1,500 hommes, on fera partir seulement le 1er bataillon, que l'on complétera à cet effet à 800 hommes, officiers compris; le 2e bataillon ne partira que lorsque, par la conscription, il pourra être à 700 hommes, officiers compris.

Comm. par M. Barthés, libraire.
(En minute aux Arch. de l'Emp.)

7507. — AU CITOYEN PORTALIS,
CHARGÉ DE TOUTES LES AFFAIRES CONCERNANT LES CULTES.

Paris, 8 pluviôse an XII (29 janvier 1804).

Citoyen Portalis, Conseiller d'État, je désire que vous écriviez à l'évêque d'Orléans que, mon intention étant d'avoir à Paris un agent qui connût parfaitement les chouans, j'ai pensé que le nommé Barbot, ancien chef de chouans, pourrait servir. Il jouirait très-secrètement à Paris d'un traitement, et serait à même d'y découvrir les hommes suspects de l'Ouest qui seraient ici.

BONAPARTE.

Archives de l'Empire.

7508. — AU GÉNÉRAL SOULT,
COMMANDANT LE CAMP DE SAINT-OMER.

Paris, 9 pluviôse an XII (30 janvier 1804).

Citoyen Général Soult, je reçois votre lettre du 7 pluviôse. J'attends le rapport que vous devez m'envoyer sur la flottille de transport, d'après les nouvelles dispositions que j'ai prises; car je désire mettre promptement sur ceux qui doivent servir d'écuries des garnisons de cavalerie, afin de les accoutumer au détail de l'embarquement et débarquement des chevaux.

J'imagine que vous avez fait rentrer le détachement du 9e léger à son corps, et que vous avez fait fournir des garnisons à la division de bateaux canonniers qui se réunit à Étaples, par les régiments du camp de Montreuil.

Je n'ai pas encore reçu le rapport de la marine sur le boot que vous pensez pouvoir servir de chaloupe canonnière. Si les Hollandais y mettent trois pièces de 24, nous pourrions bien y mettre trois pièces de 36, et, comme nous en avons à Calais, je ne serais pas fâché d'avoir des bâtiments qui portassent de ce calibre.

Je vois avec peine que, le 7 pluviôse, le général Faultrier n'avait encore rien fait pour les bateaux, relativement au recul des pièces de campagne. Je désire beaucoup que vous poussiez ce travail avec la plus grande activité.

Voyez le préfet maritime pour les pièces de 4 en bronze; elles ne doivent servir qu'à armer les péniches. Faites-en venir à Boulogne la quantité nécessaire. Quant aux pièces de 6 et de 8 en fer, voyez si l'artillerie en a dans les places voisines; mais la marine doit avoir un grand nombre de ces pièces à Dunkerque.

Ordonnez que toutes les pièces d'artillerie qui doivent être mises à la disposition de la marine par la terre soient, par les soins de la terre, transportées et mises en ordre dans la cour de l'arsenal. Je vous prie également de voir pourquoi les quarante canonnières ne sont pas encore mises en belle; pourquoi elles sont portées comme n'ayant que deux pièces de canon de 24, quand elles devraient en avoir trois.

J'ai donné ordre au général Lacrosse de se rendre à Boulogne, pour y prendre le commandement. Je pense qu'il mettra à Boulogne la même activité qu'il a mise au Havre.

Je vous prie de me faire connaître combien d'obusiers de 8 pouces ont été remis par la terre et sont actuellement existants à Boulogne, Calais et Dunkerque.

Deux frères Michelon sont employés dans les fourrages de l'armée des côtes. On a des raisons de soupçonner qu'ils sont espions des Anglais. S'ils sont dans votre arrondissement, faites-les arrêter et saisir leurs papiers; s'ils sont dans l'arrondissement du camp de Bruges, écrivez-en dans ce sens au général Davout.

BONAPARTE.

Archives de l'Empire.

7509. — AU CONTRE-AMIRAL DECRÈS.

Paris, 9 pluviôse an XII (30 janvier 1804).

Je vois avec peine, Citoyen Ministre, que quarante chaloupes canonnières, qui sont à Boulogne, ne sont pas encore établies en belle, et que plusieurs ne sont armées que de deux pièces de 24. Donnez des ordres pour qu'elles soient armées de trois pièces de 24, et pour qu'on prenne des mesures pour les mettre promptement en belle. Le citoyen Forfait m'a assuré qu'on faisait, pour ôter les coulisses, des travaux trop considérables, qui pouvaient être simplifiés.

Faites-moi connaître combien d'affûts d'obusiers de 8 pouces on a fait partir de Paris pour Boulogne, et ceux qu'on pourra faire partir d'ici au 20 pluviôse.

Quatre équipages de la Garde, formant 560 hommes, 560 bons matelots, sans comprendre les mousses ni les novices que la marine peut fournir, doivent pouvoir facilement servir trente-six chaloupes canonnières et trente-six péniches, à raison de douze hommes par chaloupe canonnière, et de quatre hommes de la Garde par péniche.

Une division de chaloupes canonnières a été mise à la disposition de la Garde, au Havre, où il y a deux équipages de rendus. Je désirerais que le Havre pût fournir neuf autres chaloupes canonnières, et l'on prendrait à Calais, Dunkerque ou Ostende les neuf autres. L'équipage qui est à Ostende y fournirait. Quant à l'équipage de la Garde qui est à Boulogne, il serait destiné au service de mes péniches et des chaloupes canonnières que j'ai fait faire.

Le 5e équipage de la Garde, qui est à Paris, pourra partir pour le Havre quand il sera nécessaire. Ordonnez donc au Havre de disposer neuf autres canonnières et neuf autres péniches, et faites-moi connaître quand cette nouvelle section sera prête.

Vous ordonnerez que les trente-six chaloupes canonnières que doit monter la Garde soient toutes armées en belle; qu'elles aient trois pièces de canon de 24 et un obusier de 8 pouces. Si, cependant, on pouvait en armer quelques-unes avec affût tournant, à l'instar de celles de Paris, il n'y aurait pas d'inconvénient.

Les péniches doivent être toutes armées d'un obusier de 6 pouces.

BONAPARTE.

Archives de l'Empire.

7510. — AU CITOYEN REGNIER.

Paris, 10 pluviôse an XII (31 janvier 1804).

Desol a été mal interrogé; Desmarets l'a fait trop légèrement. Dès l'instant qu'il lui a laissé apercevoir qu'il n'y avait d'autre chose à craindre que la dénonciation de Querelle, on lui a rendu de la confiance.

D'Hozier doit être mis au secret et subir un long interrogatoire.

Il faut savoir si Lenoble, dont il a été question, et qui a acheté les 20 kilogrammes de poudre, a été arrêté.

BONAPARTE.

Archives de l'Empire.

7511. — AU GÉNÉRAL BERTHIER.

Paris, 10 pluviôse an XII (31 janvier 1804).

Je vous prie, Citoyen Ministre, de donner ordre au corps des gardes du général Murat, qui est à Milan, de se rendre à Fontainebleau. Le général en chef de l'armée d'Italie prendra pour sa garde trois compagnies d'élite de trois régiments de chasseurs et de hussards de l'armée d'Italie. Ces trois compagnies continueront à faire partie de leurs corps et à y être payées. Par ce moyen, cela n'occasionnera pas de surcroît de dépenses.

Lorsque le corps des gardes sera arrivé à Fontainebleau, le général Bessières sera chargé d'en passer la revue et de choisir pour la Garde tous les hommes qui seraient susceptibles d'y entrer et qui seraient reconnus avoir toutes les qualités pour cela.

Je vous prie de me faire un rapport sur la garde du général Mortier à Hanovre.

Donnez ordre au général Kellermann de se rendre à Hanovre, pour y prendre le commandement de la cavalerie, et au général Nansouty de revenir à Paris; vous lui ferez connaître qu'il sera employé à l'armée des côtes.

BONAPARTE.

Archives de l'Empire.

7512. — AU GÉNÉRAL DAVOUT, COMMANDANT LE CAMP DE BRUGES.

Paris, 10 pluviôse an XII (31 janvier 1804).

Citoyen Général Davout, j'ai reçu votre lettre du 3 pluviôse. Vous pouvez assurer la chambre de commerce d'Ostende qu'elle peut être tranquille, que l'arrêté du 24 messidor sera exécuté; que cette disposition du ministre des finances n'a sans doute eu pour but qu'une régularisation, et qu'il prendra, au reste, des mesures pour faire disparaître toute inquiétude.

Vous avez le temps d'étudier le port d'Ostende. Vous y avez des officiers du génie de terre et du génie maritime. Il paraît que, les terres devant être mises en vente, on ne tardera pas à entreprendre les travaux de l'écluse de chasse. Faites traiter la question de savoir s'il est possible de faire entrer à Ostende, sans des dépenses extraordinaires, de grosses frégates, et de les faire entrer et sortir, même aux mortes eaux. Je ne pense pas que, dans aucun cas, on puisse y faire entrer des vaisseaux de 74. Étudiez aussi le port de Nieuport, et faites voir ce qu'il serait possible d'y faire.

Faites-moi connaître si le ministre de la marine a donné des ordres pour que toutes les écuries tirant plus de sept pieds d'eau se rendissent à Calais, et toutes les corvettes de pêche à Dunkerque.

La flottille qui doit transporter votre corps d'armée se divise en trois parties, chacune correspondant à une division.

Les deux 1res seront formées par la flottille batave.

La 3e sera formée par la flottille de corvettes de pêche armées en guerre.

Les deux parties de la flottille batave se composent de la manière suivante :

La première, de la 1re division de chaloupes canonnières, composée de deux sections, ou bataillons formés chacun de 9 chaloupes, total 18 chaloupes;

Et des deux 1res divisions de la flottille de bateaux canonniers, composées chacune de quatre sections, ou bataillons formés chacun de 9 bateaux canonniers, total 72 bateaux.

Les cinq régiments formant la 1re division de l'armée s'embarqueront, savoir : le 1er régiment, sur la 1re division de chaloupes canonnières; les deux autres brigades, sur les deux 1res divisions de bateaux canonniers.

Une brigade est composée de quatre bataillons. Une division de la flottille de bateaux canonniers est également composée de quatre sections ou bataillons.

Le bataillon d'infanterie est composé de neuf compagnies; la section, ou bataillon, est également composée de 9 bateaux canonniers. Chaque compagnie sera donc affectée à un bateau canonnier.

La deuxième partie de la flottille batave sera composée de la 2e division de chaloupes canonnières, formant deux sections de 18 chaloupes; des 3e et 4e divisions de bateaux canonniers, formant chacune 4 bataillons, c'est-à-dire 72.

La 2e division de votre armée s'embarquera sur cette aile, chaque brigade sur chaque division de bateaux canonniers, chaque bataillon sur chaque section, et chaque compagnie sur chaque bateau.

Ainsi donc il faudrait que la flottille batave se trouvât être, au 1er ventôse, au moins de deux divisions ou 36 chaloupes canonnières, et de quatre divisions ou 144 bateaux canonniers. Elle devrait être du double, d'après les engagements pris par la Hollande. Dans tous les cas, si elle est plus forte, il sera fourni de nouvelles troupes; si elle est moins forte, il sera fourni un supplément par la flottille française.

La flottille de corvettes de pêche embarquera la 3e division de l'armée. Elle est composée de neuf sections ou bataillons; ainsi il y aura une section de trop.

Les garnisons doivent être fournies, dès aujourd'hui, par les bataillons de l'armée, qui doivent monter les chaloupes. On fournira un officier et 20 hommes pour chaque bateau canonnier; un officier et 30 hommes pour chaque chaloupe canonnière, et un officier et 20 hommes pour chaque corvette de pêche. Par ce moyen, chaque compagnie pourra renouveler trois et quatre fois sa garnison. Le service doit se faire par régiment, bataillon et compagnie, de manière que le capitaine sache que le bâtiment où est sa garnison est celui où doit s'embarquer sa compagnie.

La flottille batave doit avoir 100 bateaux de transport, dont une partie formée en écuries. C'est sur ces écuries que s'embarquera la brigade de cavalerie attachée au corps d'armée. Ce sont aussi ces transports qui porteront les bagages des bataillons et de l'état-major.

Il est donc nécessaire que vous organisiez vos garnisons de cette manière.

Faites-moi connaître si les corvettes de pêche, écuries et bateaux de transport ont eu des ordres de départ : les corvettes de pêche pour Dunkerque, les bâtiments tirant plus de sept pieds d'eau pour Calais, et les autres pour Boulogne.

Les deux prames que l'on suppose avoir de l'arrondissement d'Ostende serviront également à embarquer des chevaux de la brigade de cavalerie.

BONAPARTE.

Comm. par Mme la maréchale princesse d'Eckmühl.
(En minute aux Arch. de l'Emp.)

7513. — AU CITOYEN REGNIER,
GRAND JUGE, MINISTRE DE LA JUSTICE.

Paris, 11 pluviôse an XII (1er février 1804).

Il serait convenable, Citoyen Ministre, de faire venir à Paris, pour l'attacher à la police, afin de surveiller les chouans, le nommé Mounier, ancien chef de chouans, qui, dans le mois de frimaire, a donné des preuves d'attachement au Gouvernement, de manière à ne pouvoir rester dans son département sans se compromettre.

Écrivez au colonel de gendarmerie Noireau de le faire passer secrètement à Paris. On lui fera très-secrètement un traitement convenable pour qu'il puisse surveiller ici les chouans, et en rendre compte.

BONAPARTE.

Archives de l'Empire.

7514. — DÉCISION.

Paris, 11 pluviôse an XII (1er février 1804).

Le citoyen Lacuée propose d'organiser militairement les gardes champêtres et plusieurs classes d'employés, et de les rattacher au service de la gendarmerie.

Je prie le ministre de l'intérieur de lire avec attention ce rapport, dont il sentira tous les avantages, afin d'en conférer avec le citoyen Lacuée, pour faire tout ce qui sera possible pour le réaliser.

BONAPARTE.

Archives de l'Empire.

7515. — AU CITOYEN MARESCALCHI,
MINISTRE DES RELATIONS EXTÉRIEURES DE LA RÉPUBLIQUE ITALIENNE.

Paris, 11 pluviôse an XII (1er février 1804).

Le citoyen Fontanelli sera traité comme aide de camp chef de brigade. Il sera payé sur la même caisse que le bataillon de grenadiers de la République italienne, pour ce qui est proprement dit traitement. Il recevra du citoyen Estève, sur les fonds de ma maison, la gratification que j'accorde à mes aides de camp.

Je vous prie de faire connaître au citoyen Melzi que j'ai vu avec douleur le peu de patriotisme et de conduite de plusieurs des membres du Corps législatif, qui le conduit à se servir de la Consulte d'État comme moyen unique et extraordinaire qui lui reste d'empêcher le désordre de s'introduire dans la République; que ses mesures sont contraires au texte de la Constitution; qu'il faudrait tâcher de prendre tous les moyens de conciliation qui pourraient empêcher d'y avoir recours, et dans les prochaines élections surtout s'assurer de bons choix.

BONAPARTE.

Archives de l'Empire.

7516. — AU GÉNÉRAL DAVOUT.

Paris, 11 pluviôse an XII (1er février 1804).

Citoyen Général Davout, j'ai vu hier madame Davout, qui m'a appris que vous n'étiez pas entièrement rétabli, mais que vous étiez en pleine convalescence. Ménagez-vous, car le temps approche où les mouvements vont commencer. Vous me répondrez par le retour de mon courrier, qui va à Flessingue. Vous pourrez, par là, être instruit de la situation de la flottille batave aux 14 et 15 pluviôse. Comme je vais donner ordre à la première partie de se mettre en mouvement, il est convenable que vous en expédiiez les garnisons.

BONAPARTE.

Comm. par Mme la maréchale princesse d'Eckmühl.
(En minute aux Arch. de l'Emp.)

7517. — AU GÉNÉRAL SOULT.

Paris, 11 pluviôse an XII (1er février 1804).

Citoyen Général Soult, votre lettre du 10 ne me parle point de la quantité d'eau qui entre à chaque marée dans les ports. Je désire beaucoup que ce travail soit fait avec soin et exactitude, et qu'un rapport vous soit fait tous les jours.

Nous voilà au 10 pluviôse. J'attendais que vous me diriez que le bassin de Boulogne était fini. Faites-moi connaître positivement où en étaient les travaux au 10 pluviôse, et où ils en seront au 1er ventôse. Faites-moi un rapport sur Wimereux et Ambleteuse; où en étaient les travaux au 10 pluviôse, où on compte qu'ils seront au 1er ventôse. Le temps commence enfin à me presser.

Dans l'état actuel d'Ambleteuse, combien pourrait-on y faire entrer de chaloupes canonnières? Dans l'état actuel de Wimereux, combien pourrait-on y faire entrer de chaloupes canonnières?

Le temps ne tardera probablement pas à se radoucir. Est-on prêt à continuer les travaux au fort en bois? Car je continue à attacher de l'importance à ce travail. Vous me dites qu'on a essayé un mortier de 8 pouces sur une péniche. Était-il à la Gomer? Dans ce cas, quelle quantité de poudre avait-on mise dans la chambre, et à quelle distance allait la bombe?

Les obusiers de 5 pouces 6 lignes qui sont à Saint-Omer, et dépendants de l'équipage de campagne, doivent être embarqués sur les bateaux canonniers, et sur leur rouage. Il n'est donc point possible de les employer sur les péniches. Ils doivent l'être, comme les pièces de 12, 6 et 4 de l'équipage de campagne, afin de pouvoir les débarquer à l'instant même.

Dans le premier état de situation de la flottille de guerre que vous m'enverrez, ayez soin de bien spécifier les chaloupes canonnières qui sont armées en belle, et les bateaux canonniers qui porteront deux chevaux, et dont l'installation est faite pour porter les deux chevaux, et ceux qui doivent également les porter, et dont elle n'est pas faite. Notez les bateaux destinés à porter des pièces de l'équipage de campagne, et ceux destinés simplement à porter une pièce de marine sur l'arrière.

Le coup de vent ayant cessé depuis deux jours, j'ai l'espoir qu'il doit vous être arrivé un grand nombre de bateaux.

Le général Lacrosse doit être arrivé à Boulogne.

BONAPARTE.

Archives de l'Empire.

7518. — AU CONTRE-AMIRAL VER HUELL,
COMMANDANT LA FLOTTILLE BATAVE.

Paris, 12 pluviôse an XII (2 février 1804).

Monsieur le Contre-Amiral Ver Huell, je vois avec peine que vous n'êtes pas secondé comme vous devez l'être, et je crains qu'il n'y ait dans tout ceci un peu d'intrigue.

Quant à présent, voici les dispositions que j'ai arrêtées pour votre flottille.

Vous la diviserez en deux parties ; la première sera composée de :

1° une division de chaloupes canonnières ; je crois vous avoir dit que chaque division de chaloupes canonnières est de deux sections, chaque section, de 9 chaloupes ; total de la division, 18 chaloupes ;

2° deux 1res divisions de bateaux canonniers, chacune composée de quatre sections, chaque section, de 9 chaloupes ; total de chaque division, 36 ; des deux divisions, 72.

Vous attacherez à cette première partie 10 bâtiments de la flottille de transport ; chaque bâtiment attaché à un bataillon pour l'embarquement de ses bagages, et 5 autres bateaux pour l'embarquement des bagages de l'état-major de la division.

La deuxième partie sera composée comme la première ; la troisième partie, lorsqu'il y aura possibilité de la former, sera formée de même.

Je donne ordre au général Davout de faire fournir les garnisons sur la première partie par la 1re division de son armée, et à la deuxième partie par la 2e division. Chaque brigade de sa division sera attachée à une section de bateaux canonniers. Un régiment sera attaché à la division de chaloupes canonnières.

Chaque compagnie s'embarquera sur chaque chaloupe ; chaque bataillon, sur une section.

Chaque compagnie fournira de suite un officier et 20 hommes sur le bateau canonnier qui doit embarquer la compagnie, et 30 hommes sur les chaloupes canonnières.

Je désire que vous vous concertiez avec le général Davout pour que la troisième partie puisse partir de Flessingue, avec cette simple garnison, au 20 pluviôse.

Un bâtiment hollandais a péri, corps et biens, sur la côte de Boulogne. On a trouvé un chapeau avec le n° 27. Faites des recherches pour savoir quel est ce bâtiment ; je le crois parti de Flessingue.

Faites-moi connaître également quand la deuxième et la troisième partie seront prêtes.

BONAPARTE.

Archives de l'Empire.

7519. — AU CITOYEN REGNIER.

Paris, 13 pluviôse an XII (3 février 1804).

Faire arrêter le nommé Victor Leloutre, venu d'Angleterre, ayant des relations avec Georges, qui s'est présenté au palais ayant des lettres de recommandation de la Martinique, et que le général Noguès, qui le connaît, a démasqué.

BONAPARTE.

Archives de l'Empire.

7520. — AU CITOYEN GAUDIN.

Paris, 13 pluviôse an XII (3 février 1804).

Je désirerais, Citoyen Ministre, connaître si les sénateurs ont pris possession des sénatoreries auxquelles il a été nommé, et quelle est la situation des biens dans chacune des sénatoreries.

BONAPARTE.

Archives de l'Empire.

7521. — AU CITOYEN BARBÉ-MARBOIS.

Paris, 13 pluviôse an XII (3 février 1804).

Je désire savoir, Citoyen Ministre, de quelle manière on peut connaître à la Bourse de Paris le cours des fonds anglais, et s'il ne serait pas convenable de le publier dans les gazettes, en y joignant l'observation que, vu la dépréciation du papier de banque, on doit leur ôter huit pour cent. Il faut voir les gazettes qui ont coutume de coter le cours anglais, afin d'y faire ajouter cette observation. C'est en répétant souvent une chose de cette nature qu'on la fait connaître dans toute l'Europe.

BONAPARTE.

Archives de l'Empire.

7522. — AU CITOYEN MONGE, EN MISSION A LIÉGE.

Paris, 13 pluviôse an XII (3 février 1804).

Citoyen Monge, Sénateur, je désire comme vous que vous reveniez à Paris. Je connais votre zèle, et, s'il vous eût été possible de procurer des pièces dont on avait besoin, cela serait fait. Il me reste l'idée que Perrier a voulu faire la chose trop en grand, ou bien qu'elle n'était pas faisable. J'aurais voulu qu'il ne l'eût pas promis. J'imagine que vous vous occuperez, avant de partir, de tout ce qui est relatif à votre sénatorerie. Je vous verrai ici avec grand plaisir.

BONAPARTE.

Archives de l'Empire.

7523. — DÉCISION.

Paris, 13 pluviôse an XII (3 février 1804).

| Le général Caffarelli rend compte des | Renvoyé au ministre des fi- |

difficultés qu'éprouve l'établissement d'un camp de vétérans dans la 27e division militaire (Turin), par le manque de maisons, d'outils aratoires et de bestiaux. Il propose d'envoyer sur les lieux un homme ferme pour la démarcation des terrains, et de réunir le dépôt de ces militaires au couvent de Bosco. nances, pour faire lever tous les obstacles et me faire un rapport qui me fasse connaître pourquoi ce camp n'est pas établi.

BONAPARTE.

Archives de l'Empire.

7524. — LE MINISTRE DES RELATIONS EXTÉRIEURES
AU CITOYEN SALICETI,
MINISTRE PLÉNIPOTENTIAIRE DE LA RÉPUBLIQUE A GÊNES.

Paris, 14 pluviôse an XII (4 février 1804).

Les circonstances où la guerre actuelle place la Ligurie lui font un besoin de s'unir plus étroitement à la cause de la France.

L'intention du Premier Consul est que vous négociiez sans délai avec le Gouvernement ligurien une convention formelle par laquelle ce Gouvernement s'engage à fournir 4,000 matelots propres au service, âgés de vingt ans au moins, et ayant cinq années de navigation. Il est nécessaire que cette mesure soit prise par une détermination du Sénat, et qu'on la mette promptement à exécution par tous les moyens qui pourront se concilier avec un bon choix de matelots, de manière que les 4,000 matelots puissent être prêts à partir dans un mois.

Lorsque cette levée sera le résultat des engagements pris avec la France par la Ligurie, elle éprouvera sans doute moins d'obstacles.

Achevez de fixer les indécisions de ce Gouvernement; rappelez-lui que la République batave fournit dans la guerre actuelle des matelots et des vaisseaux; que la République italienne joint ses troupes à celles de la France; que la Ligurie ne peut pas espérer de se tenir à l'écart dans une cause qui l'intéresse elle-même directement.

L'Angleterre n'a pas reconnu la République ligurienne; elle a mis le blocus devant Gênes; elle exerce d'autres actes d'hostilité, qui font à la Ligurie un devoir de s'unir à son premier allié, et qui rendraient dangereuse pour elle toute autre mesure.

La France, qui a constamment défendu le territoire et l'indépendance de cette république, ne pourrait se croire obligée à continuer de diriger ses efforts vers ce but qu'autant que la Ligurie consentirait et s'engagerait, par un traité, à concourir à sa propre défense et au succès de la cause commune.

Vous voudrez bien insérer dans la convention que vous êtes chargé de conclure, qu'en compensation des engagements pris par la Ligurie la France prend aussi celui de ne pas faire la paix avec l'Angleterre sans obtenir que la République ligurienne soit reconnue.

Ainsi le résultat des efforts de ce Gouvernement sera d'assurer complétement son existence politique, soit par les forces de la France pendant la guerre, soit par une stipulation formelle au moment de la paix.

Dans toutes les circonstances, le Premier Consul s'est attaché à établir l'indépendance de la Ligurie. Il n'a jamais regretté d'avoir suivi ce système, parce qu'il a pensé que la Ligurie, par intérêt et par inclination, remplirait toujours les obligations d'alliée de la France. La circonstance présente est décisive, et l'attente du Premier Consul ne peut pas être trompée.

J'insiste de nouveau sur la nécessité de faire un choix de matelots qui soient tous en état de servir, et sur le zèle et la fidélité desquels on puisse entièrement compter.

Veuillez m'informer du succès des nouvelles démarches que le Premier Consul vous charge expressément de faire pour obtenir cette levée.

J'ai fait connaître au citoyen Ferrari les intentions du Premier Consul, et j'ai prié ce ministre plénipotentiaire de concourir, par ses propres démarches, à l'adoption d'une mesure dont les circonstances actuelles doivent montrer à son Gouvernement la nécessité.

Par ordre du Premier Consul.

Archives de l'Empire.

7525. — AU GÉNÉRAL SOULT,
COMMANDANT LE CAMP DE SAINT-OMER.

Paris, 14 pluviôse an XII (4 février 1804).

Citoyen Général Soult, je reçois votre lettre du 12. J'ai lu avec attention les états que vous m'avez envoyés. Je pense, vu que vous avez à Boulogne 22 bâtiments destinés à la grosse artillerie, que vous devez les remettre au général Faultrier, et les visiter ensemble pour voir s'ils suffiront pour l'embarquer. Ce sera à lui à voir s'il y aura assez de place dans chaque bâtiment pour mettre les deux chevaux. Si cela est possible, vous sentez qu'il faut le faire.

Vous avez 50 bâtiments pour le service des bataillons, qui ne fourniront que 90 chevaux, 5 ne portant point de chevaux. Toute règle générale admet des exceptions; toutes les fois que les travaux à faire pour mettre des chevaux sur des bâtiments les affaibliraient, on fait bien de les laisser comme ils sont.

Enfin je vois que vous avez de quoi embarquer 1,600 chevaux sur les écuries. Les 21 bâtiments qui exigent trop de travail pour être convertis en écuries peuvent être, par exception et sans égard pour leur tonnelage, classés pour l'artillerie, et, par contre, on peut classer pour écuries ceux qui seraient susceptibles d'être convertis en écuries. Voyez le général Combis, pour qu'il les classe de cette manière et fasse les exceptions nécessaires au principe général. Il fera passer ce travail, ainsi classé, au ministre, afin qu'il soit définitivement arrêté.

Il faut donc,

1° Que le directeur de la flottille de transport mette une partie des écuries dont il m'a envoyé l'état à la disposition de l'artillerie, jusqu'à concurrence de 500 chevaux. Ces écuries portant 500 chevaux auront un officier pour les commander, et seront organisées, de concert avec le général Faultrier, de manière qu'il y ait à bord de ces bâtiments cinq soldats du train en garnison, pour s'y exercer à la manœuvre de l'embarquement et du débarquement des chevaux. Lorsque le reste des écuries sera arrivé, on complétera la division de la flottille des écuries destinées à l'artillerie, jusqu'au nombre de 1,200 chevaux; ce qui, avec les 800 chevaux que l'artillerie embarque sur les bateaux canonniers, complète le nombre que l'artillerie doit transporter.

2° Ordonnez qu'on mette des écuries capables de transporter 300 chevaux à la disposition de la brigade de cavalerie attachée à votre armée. Elle doit embarquer 600 chevaux, 100 sur les deux prames. Il restera donc des écuries pour 200 chevaux, qu'on leur donnera lorsque le nombre des écuries se complétera.

3° Destinez des écuries pour 500 chevaux, pour l'embarquement des chevaux de la Garde.

Vous ferez mettre des détachements de chasseurs ou de hussards sur les écuries destinées à porter leurs chevaux, à raison de quatre hommes par bâtiment. On fera la même chose pour la Garde, et ordonnez que, tous les jours, on fasse la manœuvre de l'embarquement et du débarquement. Faites également embarquer et débarquer, tous les jours, plusieurs chevaux sur les prames, car ce n'est qu'à force d'embarquer et débarquer que cette manœuvre se fera facilement. Il sera bon que les colonels ou chefs d'escadron assistent à cette manœuvre, pour la simplifier s'il y a lieu.

Il faut laisser à Boulogne les écuries qui s'y trouvent, quand même elles tireraient plus de six pieds d'eau, comme il sera bon de fixer à Calais toutes celles qui viendraient du nord et tireraient plus de sept pieds d'eau.

Cela ne pourra être que lorsqu'on aura des idées plus positives sur les ports d'Ambleteuse, Étaples et Wimereux, qu'on pourra décider si l'on pourra faire venir toutes les grosses écuries qu'on aurait provisoirement réunies à Calais.

Il y a vingt-neuf obusiers de 8 pouces à Dunkerque, qui y sont inutiles ; faites-les venir à Boulogne. Cinquante obusiers de 8 pouces vont être envoyés de Paris à Boulogne ; ainsi on pourra en mettre sur 50 chaloupes canonnières. Il y a à Dunkerque cent six pièces de 4, qui y sont inutiles. Je désirerais, puisqu'il y a à Étaples 18 bateaux ou péniches, qu'on s'en servît, toutes les fois que le temps le permettra, pour reconnaître le mouillage et surtout la position d'appareillage. Qu'on fasse faire la manœuvre du débarquement des pièces dès qu'il y aura des bateaux canonniers installés avec des pièces de campagne.

J'ai nommé Songis premier inspecteur de l'artillerie, et Marmont général en Hollande. Je remplace Songis par Mortier.

BONAPARTE.

Archives de l'Empire.

7526. — AU GÉNÉRAL BERTHIER.

Paris, 15 pluviôse an XII (5 février 1804).

Ordonnez, Citoyen Ministre, au général de division d'artillerie Éblé de se rendre à l'armée de Hanovre, pour y prendre le commandement de l'artillerie ;

Au général de brigade Tirlet de se rendre en Hollande, pour commander l'artillerie du camp d'Utrecht.

Le général Dulauloy rentrera en France, pour y être chargé de détails d'artillerie.

Vous ferez connaître au général Marmont, commandant le camp d'Utrecht, les troupes qui doivent s'embarquer. Il devra s'embarquer sur la flotte portant l'expédition du Texel. Le général Victor restera en Hollande pour y commander les troupes françaises et bataves. Jusqu'au moment de l'embarquement, le général Marmont aura le commandement général en Hollande, en sa qualité de général en chef.

Donnez ordre au général Mortier de se rendre sur-le-champ à Paris, pour y prendre son service près de moi. Il laissera le commandement au général Dessolle, en attendant que j'aie nommé un général en chef pour commander cette armée.

BONAPARTE.

Archives de l'Empire.

7527. — DÉCISION.

Paris, 16 pluviôse an XII (6 février 1804).

Le ministre de la guerre propose d'accorder une gratification d'un mois de solde aux sous-officiers et soldats qui ont montré le plus de dévouement lors du naufrage de quelques bâtiments de la flottille sur les côtes de la Vendée.

Il ne faut pas accoutumer les troupes à recevoir de l'argent pour des actions de courage; il suffit de leur écrire des lettres de satisfaction.

BONAPARTE.

Dépôt de la guerre.

7528. — AU CONTRE-AMIRAL DECRÈS,
MINISTRE DE LA MARINE ET DES COLONIES.

Paris, 16 pluviôse an XII (6 février 1804).

Donnez ordre que tous les bâtiments destinés pour la flottille continuent leur chemin; et je n'approuve pas que huit bateaux de première espèce arrivés à Audierne aient reçu contre-ordre. Le moindre contre-ordre dans les opérations de la flottille dérangerait tout. Nous ne saurions plus où nous en sommes.

BONAPARTE.

Archives de l'Empire.

7529. — DÉCISION.

Paris, 18 pluviôse an XII (8 février 1804).

Proposition de remplacer, au 1er régiment d'artillerie à pied, le colonel Pernety, destiné pour la direction de Paris.

Le citoyen Pernety restera à son régiment. Le commandement d'un régiment est la première place pour un colonel.

BONAPARTE.

Archives de l'Empire.

7530. — AU CITOYEN REGNIER.

Paris, 18 pluviôse an XII (8 février 1804).

Citoyen, le Premier Consul a jeté les yeux sur le projet de code criminel, correctionnel et de police, dont il a ordonné la communication aux tribunaux d'appel.

Il a pensé que les chapitres 18, 19 et 20, relatifs à la manière de procéder contre les auteurs ou complices de crimes contre la Constitution, à la mise en jugement des ministres, à la haute cour, traitent d'objets de haute politique, qui ne peuvent être soumis à l'examen et aux observations des tribunaux d'appel, ni livrés sans inconvénients à la discussion, avant un examen préalable de la part du Gouvernement. Le Premier Consul désire, en conséquence, que ces trois chapitres ne se trouvent pas dans les exemplaires dont il a ordonné la distribution aux tribunaux, et que vous suspendiez l'envoi du projet pour ne lui donner cours qu'après qu'il aura été cartonné.

Il juge convenable que vous profitiez de ce délai nécessaire pour faire rédiger un chapitre sur le jugement et la punition des délits qui auraient pour objet d'attenter à la vie du chef de l'État.

Par ordre du Premier Consul.

Archives de l'Empire.

7531. — AU CITOYEN REGNIER.

Paris, 20 pluviôse an XII (10 février 1804).

Le Premier Consul désire, Citoyen Ministre, que vous écriviez au premier inspecteur de la gendarmerie nationale, aux préfets, aux commissaires du Gouvernement près les tribunaux criminels et correctionnels et aux commissaires de police, une circulaire par laquelle vous leur transmettrez les instructions suivantes :

Tout colporteur, soit ecclésiastique, soit laïque, de mandements publiés par les évêques rebelles à la religion et à la patrie, doit être poursuivi avec la plus grande activité. Ces évêques soudoyés par les ennemis de l'État, ne cherchant qu'à rallumer la discorde, sont, ainsi que les colporteurs de leurs écrits séditieux, les ennemis de l'ordre public. Tout ecclésiastique qui n'est point dans la communion de son évêque doit être exactement surveillé et dénoncé au grand juge.

Les principes du Gouvernement sont de reconnaître les religions anciennement établies : c'est conformément à ces principes qu'il ne peut tolérer ni la secte des théophilanthropes, ni les ecclésiastiques qui ne sont ni réunis à la communion de leur évêque, ni soumis au concordat.

Le Premier Consul est informé, Citoyen, que cinq ecclésiastiques appartenant à cette catégorie ont colporté dans le diocèse de Blois une circulaire de l'ancien évêque réfugié en Espagne. Il me charge de vous faire connaître l'intention où il est que des mandats d'arrêt soient décernés sur-le-champ contre ces cinq ecclésiastiques, dont le citoyen Portalis vous fera connaître les noms. Ces individus seront ensuite envoyés à Rimini. On prendra des précautions pour qu'en les arrêtant on saisisse les exemplaires de la circulaire. Le Premier Consul désire qu'en même temps que vous transmettrez ces ordres vous fassiez connaître au préfet de Loir-et-Cher la surprise avec laquelle le gouvernement a vu que ces manœuvres ont échappé à sa surveillance, et que l'on n'en a pas été informé par lui.

Par ordre du Premier Consul.

Archives de l'Empire.

7532. — NOTE POUR LE CITOYEN RÉAL[1].

Paris, 20 pluviôse an XII (10 février 1804).

La maison à côté de l'hôtel d'Orléans, rue des Petits-Augustins, à droite en entrant, est une espèce d'hôtel sans enseigne, très-suspect. Bourmont, avant le 3 nivôse, s'y rendait tous les jours. On est fondé à penser qu'il y avait là des amas d'armes. Le maître de la maison était connu pour un forcené chouan. Après le 3 nivôse, il s'attendait à une visite domiciliaire. Je désire qu'il soit fait une visite dans cette maison; que les individus qui pourraient y demeurer soient examinés; et que le maître, s'il est le même qu'au 3 nivôse, soit arrêté et conduit en prison.

BONAPARTE.

Archives de l'Empire.

7533. — AU CITOYEN BARBÉ-MARBOIS.

Paris, 20 pluviôse an XII (10 février 1804).

Le ministre du trésor public répondra à la Banque que le Premier Consul n'entend jamais donner plus d'un demi pour cent, et que le gain que la Banque ferait au delà serait un gain illicite, que désavoueraient les actionnaires sensés et qui porterait atteinte aux effets, qui sont la base de toutes les opérations de la place;

Que d'ailleurs les obligations ont l'inappréciable avantage de ne faire courir à la Banque aucun risque, avantage que ne peut présenter aucun effet de commerce, quelque solide qu'il soit, et de quelques signatures qu'il se trouve revêtu;

Que les administrateurs de la Banque doivent considérer qu'ils iraient contre leur institution, lorsqu'ils chercheraient à faire hausser l'escompte et à décrier un effet tel que les obligations, et que tout le commerce s'en ressentirait.

Le Premier Consul a vu avec la plus grande peine, dans le dernier état de situation de la Banque, que, dans un moment où il était forcé par les besoins du trésor public et le retard de quelques effets de

[1] Conseiller d'État, chargé du premier arrondissement de la police générale.

commerce à faire escompter des obligations à trois quarts, la Banque avait 50 millions dans ses coffres et 26 millions seulement en circulation.

Enfin il y a en France beaucoup de manufacturiers, beaucoup de négociants qui ont besoin d'escompter ; et le Premier Consul ne pourra reconnaître les sentiments dont les régents de la Banque se disent animés que quand il verra l'escompte constamment ouvert aux manufacturiers et aux négociants, et la Banque occupée à pratiquer les moyens qui peuvent tendre à maintenir l'argent à un bas intérêt.

BONAPARTE.

Archives des finances.

7534. — AU CITOYEN TALLEYRAND.

Paris, 20 pluviôse an XII (10 février 1804).

Je désire, Citoyen Ministre, que vous passiez une note à M. d'Hervas, par laquelle vous lui ferez connaître que je n'ai pu voir qu'avec indignation qu'un envoyé d'Espagne s'obstine à protéger M. de Coucy, ancien évêque de la Rochelle, et M. de Thémines, ancien évêque de Blois, rebelles au Pape comme au Gouvernement, fomentant perpétuellement le désordre dans leurs anciens diocèses par des circulaires contraires à la fois à la religion et à l'État ; que j'exige qu'il envoie un courrier extraordinaire à Madrid pour demander leur arrestation et leur extradition en France ; que le Premier Consul ne peut penser que Sa Majesté Catholique veuille encourager sous ce titre la rébellion en France ; que cette conduite serait d'autant plus extraordinaire qu'elle est contraire à tout traité et à la conduite de la France envers l'Espagne.

Vous écrirez, par le même courrier extraordinaire qu'expédiera M. d'Hervas, au général Beurnonville qu'il parle dans ce sens au prince de la Paix ; que je verrai par là si le ministère espagnol veut ou non vivre en bonne intelligence avec moi. Il lui dira que, s'il veut fomenter des troubles en France, il a affaire à un homme qui saura bien en porter en Espagne ; que j'attends que ces deux hommes soient arrêtés, leurs papiers saisis, et qu'ils me soient livrés. Cependant, après beaucoup de difficultés, je pourrai consentir qu'ils ne soient point envoyés en France, si on veut les envoyer dans les présides espagnoles d'Afrique.

BONAPARTE.

Archives des affaires étrangères.
(En minute aux Arch. de l'Emp.)

7535. — AU CONTRE-AMIRAL DECRÈS.

Paris, 20 pluviôse an XII (10 février 1804).

Recommandez à Boulogne d'avoir soin des bateaux de Terre-Neuve et surtout de leur mâture et de leur voilure. Faites-leur installer le plus grand nombre d'avirons qu'ils peuvent porter, et ordonnez qu'on s'en procure le nombre nécessaire pour cette espèce de bâtiments.

Ces bâtiments peuvent porter 25 hommes, et, dans des temps calmes et de très-petits vents, peuvent être d'une certaine ressource.

Je vous prie de me faire connaître le nombre de prames qui sont en armement, afin que j'y destine des garnisons de cavalerie. Enfin il est nécessaire que vous donniez l'ordre de faire partir de Paris le plus possible d'obusiers de 6 et 8 pouces, ainsi que de pièces de 4, pour Boulogne. L'artillerie de terre me mande que cent obusiers de 8 pouces arrivent, et je vous ai fait connaître déjà l'importance que j'attache à ce que chaque chaloupe canonnière porte un de ces obusiers.

BONAPARTE.

Archives de l'Empire.

7536. — AU CITOYEN RÉAL.

La Malmaison, 23 pluviôse an XII (13 février 1804), 5 heures.

Citoyen Réal, Conseiller d'État, je vous envoie la lettre du général Savary. Renvoyez-la au général Moncey, avec la lettre ci-jointe, par laquelle je lui donne l'ordre de faire partir sur-le-champ, en poste, un officier et deux brigades de la légion de gendarmerie d'élite pour Gournay, un officier et deux brigades pour Forges, un officier et 30 gendarmes à cheval pour se rendre en toute hâte à Lyons.

Je donne ordre également qu'on fasse partir 50 dragons et un officier de Beauvais pour Gournay, où ils se rendront à marches forcées.

Je donne ordre également que l'on fasse partir 50 hommes à cheval pour Vernon, 50 pour Limay et 50 pour Meulan.

Ces détachements sont destinés à prêter main-forte à la gendarmerie et à se porter à la rencontre des brigands dans les bois, ou le long de la Seine, pour les saisir au moment où ils voudraient la passer.

Je serai ce soir, à dix heures, aux Tuileries.

Ci-joint des renseignements qui peuvent avoir des conséquences.

BONAPARTE.

Comm. par M. Léonor Fresnel.

7537. — AU GÉNÉRAL MONCEY.

La Malmaison, 23 pluviôse an XII (13 février 1804).

Vous ferez partir sur-le-champ, en poste, un officier et deux brigades de la gendarmerie d'élite pour Gournay, un officier et deux brigades pour Forges, un officier et 30 gendarmes à cheval pour se rendre en toute hâte à Lyons.

J'envoie l'ordre à Beauvais d'en faire partir 50 dragons et un officier pour Gournay, où ils se rendront à marches forcées.

Je donne ordre également que l'on fasse partir 50 hommes à cheval pour Vernon, 50 pour Limay et 50 pour Meulan.

Ces détachements sont destinés à prêter main-forte à la gendarmerie et à se porter avec elle à la rencontre des brigands.

Je serai ce soir, à dix heures, aux Tuileries.

BONAPARTE.

Extrait des *Recherches historiques sur le procès du duc d'Enghien*, par Nougarède de Fayet, petit-fils de Bigot de Préameneu, ancien ministre de Napoléon Ier.

7538. — AU GÉNÉRAL MONCEY.

La Malmaison, 23 pluviôse an XII (13 février 1804).

Citoyen Général Moncey, Premier Inspecteur général de la gendarmerie, par la lettre ci-jointe du général Savary, vous verrez qu'on a vu dans les forêts de Lyons, de Gournay et de Neufchâtel, des bandes de brigands. Faites partir sur-le-champ en poste, de manière qu'ils y arrivent avant la journée de demain, un officier et deux brigades de la légion d'élite, qui se rendront à Gournay, un autre officier et deux brigades, qui se rendront à Forges. Ils prendront les mesures convenables pour se procurer des chevaux de réquisition à la journée. Vous donnerez aux officiers l'argent et les autorisations nécessaires.

Faites partir dans la nuit un officier et 30 gendarmes à cheval, qui se rendront en toute hâte à Lyons. J'ai donné l'ordre au ministre de la guerre de faire partir de Beauvais un officier et 50 dragons pour Gournay.

Prévenez de nouveau le capitaine de gendarmerie de l'Eure et le général du département qu'il paraît que les brigands fileront de forêt en forêt pour traverser la Seine et se jeter dans le département de l'Eure, et qu'ils erreront dans les forêts de Lyons, Gournay et Forges.

Le chef d'escadron de gendarmerie Lacour aura sans doute été prévenu par Savary, et aura pu se mettre en mouvement avec les 100 dragons sous ses ordres.

BONAPARTE.

Archives de l'Empire.

7539. — AU GÉNÉRAL MONCEY.

La Malmaison, 23 pluviôse an XII (13 février 1804).

Citoyen Général Moncey, Premier Inspecteur général de la gendarmerie, je reçois votre lettre. Je vous ai écrit à six heures pour ordonner le départ de deux détachements de la gendarmerie d'élite, chacun composé d'un officier et deux brigades, pour se rendre en poste à Forges et Gournay, ainsi que le départ de 30 gendarmes pour se rendre sur leurs chevaux à Lyons.

Faites partir, dans la nuit, en poste, 20 gendarmes d'élite à pied, qui se rendront à Dieppe. Vous prendrez, à cet effet, deux diligences.

Apportez-moi ce soir, à dix heures, aux Tuileries, la note de toute la gendarmerie qui a été envoyée, afin que je désigne plusieurs officiers supérieurs pour coordonner ces mouvements. Je vous ai écrit d'écrire dans l'Eure. Certainement ils chercheront à traverser l'Eure pour se jeter dans l'Orne. Il y a là un général zélé qui a quelques troupes; qu'il les forme en colonnes pour se concerter avec la gendarmerie, et se mette en correspondance avec les piquets qui peuvent se trouver sur la rive droite de la Seine. Envoyez à Rouen 10 gendarmes d'élite et un officier pour aider la gendarmerie dans cette ville.

BONAPARTE.

Archives de l'Empire.

7540. — AU GÉNÉRAL BERTHIER.

La Malmaison, 23 pluviôse an XII (13 février 1804).

Donnez ordre, Citoyen Ministre, par un courrier extraordinaire, qu'un officier et 50 hommes du dépôt du 14e régiment de dragons, qui doit être à Beauvais, se rendent à Gournay à marches forcées, d'où ils se mettront à la poursuite d'une bande de brigands qui se trouve entre Gournay et Forges, et donneront main-forte à la gendarmerie.

Avant de donner cet ordre, vérifiez si ce dépôt est arrivé à Beauvais. Le général Lucotte veillera à ce que ce détachement ne manque de rien.

Écrivez au général commandant à Rouen de tenir un fort poste de cavalerie à Pont-de-l'Arche, qui puisse se porter le long de la rivière de la Seine si les brigands tentaient de la passer, ou dans les bois à leur rencontre, et donner main-forte à la gendarmerie.

Donnez ordre au gouverneur de Paris de faire partir 50 hommes à cheval pour Vernon, 50 pour Limay et 50 pour Meulan.

Ces détachements de cavalerie prêteront main-forte à la gendarmerie, soit pour marcher à la rencontre des brigands qui sont dans les forêts de Gournay, soit pour les saisir au moment où ils voudraient passer la Seine.

Prévenez le général Moncey de ces mouvements.

BONAPARTE.

Archives de l'Empire.

7541. — AU GÉNÉRAL SOULT,
COMMANDANT LE CAMP DE SAINT-OMER.

La Malmaison, 23 pluviôse an XII (13 février 1804), 8 heures du soir.

Nous sommes depuis huit jours à la poursuite de 40 brigands, composés de Georges et de sa bande, qui ont débarqué, en trois fois différentes, entre le Tréport et Dieppe.

Une troisième bande doit débarquer, composée de 20; comme nous avons arrêté tous les hommes qui doivent leur faire des signaux, Savary les attend à Biville.

Il est cependant nécessaire que vous doubliez les postes sur la côte, afin que, s'il arrivait, ce que je ne pense pas, qu'ils ne pussent pas débarquer, à cause des vents, aux points où on les attend, qu'ils ne débarquassent pas sur les côtes de votre armée.

Faites arrêter sur-le-champ les matelots et équipages du pêcheur qui a communiqué avec les Anglais; je me reproche d'avoir négligé, dans le temps, de le faire arrêter.

. . . . [1]
. . . . Faites arrêter l'agent que le nommé [2] . . . . . avait, de son propre mouvement, envoyé à Boulogne.

Ayez une conférence secrète avec le maire et autres; tous ceux que, dans le fond de leur conscience, ils croient avoir des conférences avec l'Angleterre, faites-les arrêter sur-le-champ.

Plus de treize de ces premiers brigands sont arrêtés; une bande est dans les forêts de Gournay, d'Eu, de Forges et de Lyons. Enfin ce misérable Pichegru est venu avec Georges et ses brigands dans Paris; nous savons où ils ont couché dimanche. Des dépositions

---

[1] Deux lignes illisibles. — [2] Un mot illisible.

d'hommes arrêtés compromettent même des généraux aujourd'hui plus marquants. Si cela se confirme, j'en ferai bonne justice.

J'ai cru devoir vous faire connaître sur-le-champ les premiers soupçons, afin que cela puisse vous mettre sur les traces de quelque intrigue que ce soit, s'il y en a dans votre armée.

N'ayant pas le temps d'écrire à Davout, faites-lui passer ces mêmes renseignements.

A l'obscurité qui règne dans une des parties de ma dépêche, vous devez sentir que je ne tiens pas encore à cette dernière partie pour prononcer.

La police me fait espérer que, dans la fin de cette journée, elle aura Lajolais, Pichegru et Georges.

BONAPARTE.

Archives de l'Empire.

7542. — AU GÉNÉRAL DAVOUT, COMMANDANT LE CAMP DE BRUGES.

Paris, 24 pluviôse an XII (14 février 1804).

Citoyen Général Davout, je donne ordre au général Ver Huell de faire partir pour Ostende la première partie de la flottille batave. Dès l'instant qu'elle sera arrivée, vous y ferez fournir les garnisons par les corps qui sont désignés dans l'instruction que je vous ai envoyée. Les corvettes de pêche doivent avoir eu l'ordre de partir pour Dunkerque. Une partie de vos écuries devrait être aussi rendue à Boulogne ou à Calais. Toutefois, voilà déjà deux divisions de votre armée dont les moyens d'embarquement sont assurés. Il me semble que la seconde partie de la flottille batave pourra aussi bientôt partir. Il paraît que Dunkerque a besoin de garnisons. Les garnisons qui débarqueront de la première partie de la flottille batave seront envoyées sur-le-champ à Dunkerque. Il ne doit être mis aucun soldat sur les bâtiments de transport. Ces soldats ne peuvent rien ajouter à la défense de ces bâtiments, et, s'il arrive que les événements de mer les font tomber au pouvoir de l'ennemi, c'est ajouter à ce malheur la perte de plusieurs braves gens.

Nous avons découvert ici une trame ourdie avec beaucoup de mystère. Georges et une trentaine de brigands de sa bande étaient cachés à Paris depuis plusieurs mois. Pichegru était avec eux depuis quinze jours. Une partie est arrêtée; on est à la poursuite de l'autre partie. Leur ligne de communication de Paris au Tréport est saisie, et il y a quelque probabilité d'avoir dans les mains Pichegru et Georges. D'autres individus sont évidemment compromis. J'attends que cela s'éclaircisse davantage pour en faire une sévère justice. On m'assure qu'il y a dans votre armée quelques officiers du 1er régiment de chasseurs qui nourrissent des sentiments de faction. Il y en a qui prétendent même que le colonel est un homme sur lequel le Gouvernement ne doit pas exclusivement compter.

BONAPARTE.

Comm. par Mme la maréchale princesse d'Eckmühl.
(En minute aux Arch. de l'Emp.)

7543. — AU CITOYEN REGNIER.

Paris, 25 pluviôse an XII (15 février 1804).

Il est nécessaire, Citoyen Ministre, en même temps que vous ferez arrêter le général Moreau, de faire mettre les scellés sur ses papiers, tant à Paris qu'à Grobois, afin de faire procéder à leur dépouillement.

BONAPARTE.

Archives de l'Empire.

7544. — AU CITOYEN LAVALLETTE.

Paris, 25 pluviôse an XII (15 février 1804).

Citoyen Lavallette, Commissaire du Gouvernement près les postes, on m'assure qu'un des directeurs de la poste recevait les lettres du général Moreau. Arrêtez ses paquets et faites-les ouvrir pour en tirer les lettres adressées à ce général, qui, à l'heure qu'il est, doit être arrêté.

BONAPARTE.

Archives de l'Empire.

7545. — AU CONTRE-AMIRAL VER HUELL,
COMMANDANT LA FLOTTILLE BATAVE.

Paris, 25 pluviôse an XII (15 février 1804).

Monsieur le Contre-Amiral Ver Huell, vous partirez au premier temps favorable avec la première partie de votre flottille, et vous vous rendrez à Ostende. Là, vous mettrez la flottille sous les ordres d'un capitaine de vaisseau qui ait votre confiance, et vous retournerez à Flessingue pour organiser la seconde partie. Faites-moi connaître quand elle sera prête.

Les garnisons de la première partie de la flottille seront mises en règle à Ostende, et elle se chargera des vivres qu'on doit y mettre pour la traversée. On fera faire aussi là l'arrimage, de la manière conforme à l'instruction. En cas que le ministre de la marine ne vous l'ait pas envoyée, j'en joins ici un exemplaire.

Je désirerais bien que la seconde partie pût ne pas tarder à partir.

BONAPARTE.

Archives de l'Empire.

7546. — AU CITOYEN REGNIER.

Paris, 26 pluviôse an XII (16 février 1804).

Je désire, Citoyen Grand Juge, que vous lanciez un mandat d'arrêt contre le général Souham et contre le général Liébert, comme prévenus de conspiration contre l'État avec les généraux Moreau, Pichegru et le brigand Georges.

Vous voudrez bien lancer un mandat d'amener contre madame Souham.

Arrivés à Paris, vous les ferez mettre au secret et interroger sur leurs relations avec le général Moreau et Pichegru, et particulièrement sur ce qui a été tramé à leur dernier voyage et sur les papiers trouvés sur l'agent David.

BONAPARTE.

Le général Moncey chargera un officier de gendarmerie de toutes ces arrestations. On fera mettre les scellés sur les papiers.

L'officier de gendarmerie se rendra chez le ministre de la guerre, qui lui remettra des ordres qui leur feront connaître qu'ils cessent de commander les divisions militaires où ils sont employés; que, dans une heure de la réception de l'ordre, ils cesseront de commander, et qu'ils remettront le commandement au plus ancien général de brigade, qui conservera ce commandement jusqu'à ce que les généraux de division qui remplaceront les généraux Souham et Liébert soient arrivés.

Archives de l'Empire.

7547. — AU CITOYEN REGNIER.

Paris, 26 pluviôse an XII (16 février 1804).

Faites partir demain, Citoyen Ministre, madame Damas pour se rendre dans une petite commune à son choix, à trente ou quarante lieues de Paris, en Bourgogne ou en Lorraine, où elle restera en surveillance.

BONAPARTE.

Archives de l'Empire.

7548. — RÉPONSE DU PREMIER CONSUL
AU GÉNÉRAL DE BRIGADE CÉSAR BERTHIER.

Paris, 26 pluviôse an XII (16 février 1804).

Le Premier Consul, après avoir remercié l'orateur des sentiments qu'il venait de lui exprimer au nom de l'état-major de la division militaire de Paris, a dit,

« Que les soldats de la République, qui avaient reçu du Peuple français l'honorable mission de le défendre contre ses ennemis, mission dont les armées s'étaient acquittées avec autant de gloire que de bonheur, avaient plus de droit que les autres citoyens de s'indigner des trames que notre plus cruel ennemi avait formées jusqu'au sein de la capitale; que, quels que soient les services rendus par des citoyens, ils n'en sont que plus coupables, lorsqu'ils oublient leurs devoirs envers leur patrie, et qu'ils ourdissent contre elle des trames criminelles; que les circonstances actuelles offriront à la postérité deux inconcevables exemples : qu'il a été trois jours sans pouvoir croire à des trames aussi noires qu'insensées, mais qu'il avait été forcé de se rendre à l'évidence des faits et de ne plus arrêter la marche de la justice; que jamais, sous son gouvernement, des hommes quels qu'ils soient, quels que soient les services qu'ils aient rendus, ne fausseront leurs serments et ne pratiqueront impunément des liaisons avec les ennemis de la France; mais que, dans les circonstances actuelles, l'union de tous les Français était un spectacle consolant pour son cœur; que ce n'était pas à eux qu'il avait besoin de répéter que ces attentats, si souvent renouvelés contre sa personne, ne pourront rien, n'eût-il autour de lui que le corps le moins nombreux de l'armée. »

Extrait du *Moniteur*.

7549. — AU CITOYEN CRETET,
DIRECTEUR GÉNÉRAL DES PONTS ET CHAUSSÉES.

Paris, 26 pluviôse an XII (16 février 1804).

Citoyen Cretet, Conseiller d'État, je désirerais connaître ce qu'il y a de fait de la route qui traverse la Corse, d'Ajaccio à Bastia, depuis vendémiaire an XII; ce qu'on compte y dépenser dans l'an XII, et ce qu'il faut faire encore pour qu'une voiture puisse, sans dételer, se rendre de l'une à l'autre de ces villes.

Je désire également que vous donniez l'ordre de travailler cette année à rendre très-praticables pour les voitures les routes depuis le mouillage des Sanguinaires, golfe d'Ajaccio, jusqu'à la ville, et depuis Ajaccio jusqu'au petit port de Provenzale; enfin qu'on travaille pour achever le pont d'Ucciani, et qu'on fasse le devis et projet de deux ponts en bois les plus économiques possible sur les rivières de Liamone et Gravone, de manière que les routes d'Ajaccio à Vico et de Vico à Sartène ne soient jamais interceptées par le débordement de ces deux rivières.

BONAPARTE.

Archives de l'Empire.

7550. — RÉPONSE DU PREMIER CONSUL
AU VICE-PRÉSIDENT DU SÉNAT.

Paris, 28 pluviôse an XII (18 février 1804).

Depuis le jour où je suis arrivé à la suprême magistrature, un grand nombre de complots ont été formés contre ma vie. Nourri dans les camps, je n'ai jamais mis aucune importance à des dangers qui ne m'inspirent aucune crainte.

Mais je ne puis me défendre d'un sentiment profond et pénible, lorsque je songe dans quelle situation se trouverait aujourd'hui ce grand peuple, si le dernier attentat avait pu réussir; car c'est principalement contre la gloire, la liberté et les destinées du Peuple français que l'on a conspiré.

J'ai, depuis longtemps, renoncé aux douceurs de la condition privée; tous mes moments, ma vie entière sont employés à remplir les devoirs que mes destinées et le Peuple français m'ont imposés.

Le Ciel veillera sur la France et déjouera les complots des méchants.

Les citoyens doivent être sans alarmes : ma vie durera tant qu'elle sera nécessaire à la nation. Mais ce que je veux que le Peuple français sache bien, c'est que l'existence sans sa confiance et sans son amour serait pour moi sans consolation et n'aurait plus aucun but.

Extrait du *Moniteur*.

7551. — AU CITOYEN REGNIER,
GRAND JUGE, MINISTRE DE LA JUSTICE.

Paris, 28 pluviôse an XII (18 février 1804).

Il faut dépayser la femme Pocheton, tenant auberge au Mans, et faire tenir son auberge par une personne sûre.

BONAPARTE.

Archives de l'Empire.

7552. — DÉCISION.

Paris, 29 pluviôse an XII (19 février 1804).

Le ministre de la guerre transmet des propositions faites par le chevalier d'Hervas, au nom du gouvernement toscan, sur le séjour des troupes françaises dans ce royaume.

Le citoyen Talleyrand répondra qu'il faut que la reine d'Étrurie paye la solde du peu de troupes qui sont en Toscane; que la ville de Livourne soit en état de siége; que ces mesures sont fondées sur ce que l'Angleterre n'a point reconnu le royaume d'Étrurie.

BONAPARTE.

Archives de l'Empire.

7553. — AU GÉNÉRAL SOULT,
COMMANDANT LE CAMP DE SAINT-OMER.

Paris, 29 pluviôse an XII (19 février 1804).

Citoyen Général Soult, je reçois vos lettres des 24, 25 et 27. Je vois avec plaisir que vos deux généraux de division sont rentrés. Ne laissez séjourner à Boulogne aucun étranger, de quelque nation qu'il soit. Chassez arbitrairement tout ce qui vous est suspect, en leur faisant dire que, si on les retrouve à tant de distance des côtes, ils seront traités comme prévenus d'espionnage.

Savary vient de saisir à Abbeville et au Tréport une correspondance d'espionnage tenue par des misérables, et quelques lettres de change anglaises.

Nous avons assigné à Faultrier cinquante bâtiments pour l'artillerie; mais il y en a trente et un du port de plus de 30 tonneaux et qui ne peuvent servir d'écuries.

J'ai vu avec plaisir l'action de la péniche commandée par l'enseigne de la Garde. J'ai vu avec grand plaisir que le convoi d'Ostende était arrivé, et que la croisière ennemie avait pris le large. J'aurais voulu plus de détails pour connaître si ce sont les batteries de côte ou les bâtiments qui ont repoussé l'ennemi.

Concertez-vous avec Combis pour réunir dans un même local les bâtiments-écuries. Nous sommes au 1er ventôse, et je n'oublie pas que vous m'avez promis qu'au 1er ventôse le bassin serait entièrement fini.

Je dois actuellement vous dire qu'il ne faut pas attacher aux affaires de Paris plus d'importance qu'elles n'en méritent. Moreau, égaré par je ne sais quelle passion, s'était décidé à faire venir à

Paris Pichegru ; Lajolais avait été l'intermédiaire. Pichegru est arrivé ; Georges et quarante brigands s'étaient introduits avec lui. Moreau a vu quatre fois Pichegru et Georges. Moreau a été arrêté ; quinze ou seize brigands ont été également arrêtés ; les autres sont en fuite. On a saisi une quinzaine de chevaux et des uniformes dont on devait se servir pour m'attaquer sur la route de Paris à la Malmaison ou de la Malmaison à Saint-Cloud, avec mon piquet, qui est de 20 hommes ordinairement, comme vous savez.

J'ai fait lire les interrogatoires au Sénat et au Conseil d'État, qui en ont été indignés. Moreau sera traduit devant les tribunaux. Moreau, interrogé, a montré la plus grande consternation. C'est un ingrat et un traître de plus que le Peuple français a à punir. Du reste, l'union règne entre toutes les autorités, toutes les troupes, tous les citoyens. Tout le monde a été peiné de tant d'extravagance et de tant de folie.

Je vous envoie l'état des obusiers de 6 et de 8 pouces, et des pièces de 4 pour péniches, qui doivent être arrivés à Boulogne. Faites-moi connaître si tout est arrivé.

BONAPARTE.

Archives de l'Empire.

7554. — AU GÉNÉRAL DAVOUT, COMMANDANT LE CAMP DE BRUGES.

Paris, 29 pluviôse an XII (19 février 1804).

Citoyen Général Davout, je reçois votre lettre du 25. Remerciez le général Matthieu Dumas des renseignements qu'il me donne. On est sur la trace de Pichegru ; mais c'est toujours à quelques jours de distance. Les interrogatoires de Moreau sont faibles et d'un homme trahi par sa conscience. Avant peu de jours, cette affaire sera remise aux tribunaux ordinaires. Elle aura de l'éclat. Les preuves sont très-fortes et ressortent de tous côtés. Il est prouvé, comme l'évidence, que Moreau a vu quatre fois Pichegru et deux fois Georges ; qu'il savait depuis longtemps l'existence de Georges et de sa bande à Paris. Il a tout nié, même d'avoir jamais eu des nouvelles de Pichegru depuis le 18 fructidor.

J'ai vu avec grand plaisir ce que vous me dites de la flottille batave. Je pense donc que la première partie pourra bientôt venir vous joindre. Il sera bien essentiel alors que vous organisiez sur-le-champ les garnisons comme elles doivent l'être. Ainsi, d'après ce que vous me dites, la deuxième partie de la flottille batave pourra bientôt vous arriver aussi. L'amiral Ver Huell, qui doit venir à Ostende avec la première partie de la flottille, ne doit y rester qu'un moment ; il doit retourner prendre la seconde partie. Vous lui ferez connaître que sa flottille sera réunie dans un seul port et formera une aile de l'armée. Pendant qu'il sera à Ostende, il doit commander dans la rade et dans le port selon son rang d'ancienneté; s'il est plus ancien que le général Magon, il le commandera. Quand sa flottille sera réunie dans le port, il y commandera en chef. C'est à vous et à vos généraux à bien traiter les officiers bataves. Il n'y a aucune difficulté à faire fournir au général Ver Huell les avirons qu'il demande, et à le favoriser le plus possible.

Parlez-moi des bateaux baleiniers; je n'entends pas dire qu'il en soit beaucoup arrivé.

BONAPARTE.

Comm. par Mme la maréchale princesse d'Eckmühl.
(Eu minute aux Arch. de l'Emp.)

7555. — AU CITOYEN REGNIER,
GRAND JUGE, MINISTRE DE LA JUSTICE.

Paris, 30 pluviôse an XII (20 février 1804).

La saison étant venue plus rigoureuse, il serait convenable de faire distribuer 150,000 francs aux comités de bienfaisance, afin d'augmenter les secours pour le pauvre.

BONAPARTE.

Archives de l'Empire.

7556. — AU GÉNÉRAL MURAT.

Paris, 30 pluviôse an XII (20 février 1804).

Citoyen Général en chef Murat, Gouverneur de Paris, l'évêque d'Orléans vous adressera un nommé Piquantin, de la Vendée. Vous l'emploierez près de vous comme agent secret, et vous lui ferez un traitement raisonnable par mois. Vous lui promettrez 2,000 francs pour chaque chouan qu'il ferait arrêter de ceux compris dans la procédure actuelle, et une plus forte somme s'il faisait arrêter Georges ou quelqu'un des chefs de sa bande. Il vous verra très-secrètement, et de manière qu'il ne soit pas compromis. Il devra vous faire un rapport tous les jours.

BONAPARTE.

Archives de l'Empire.

7557. — AU CONTRE-AMIRAL DECRÈS.

Paris, 30 pluviôse an XII (20 février 1804).

Je vous prie de m'apporter demain un arrêté pour que les déserteurs de la flottille soient traités comme les déserteurs de l'armée de terre.

Le général Magon n'a pas reçu l'ordre de faire filer les corvettes de pêche d'Ostende sur Dunkerque; veuillez le lui donner sur-le-champ.

Écrivez au général Lacrosse que, dans l'apostille du préfet, du 28, je vois que les embarcations anglaises ont manqué de prendre le bateau du pilote à Boulogne, qui venait au secours des bâtiments échoués, qui devaient être dès lors bien près de la côte. Pourquoi n'avoir pas fait sortir quelques canonnières ou péniches pour protéger l'entrée de ces convois?

BONAPARTE.

Archives de l'Empire.

7558. — AU GÉNÉRAL DAVOUT, COMMANDANT LE CAMP DE BRUGES.

Paris, 1er ventôse an XII (21 février 1804).

Citoyen Général Davout, je reçois votre lettre du 28 pluviôse. Je vois avec plaisir qu'indépendamment des 60 bâtiments partis d'Ostende 30 autres partent. De tous côtés les armements se préparent.

Établissez une grande surveillance pour empêcher que les matelots ne désertent. Punissez-les sévèrement. Je vais prendre demain un arrêté pour qu'ils soient traités comme les déserteurs de l'armée de terre.

Je crois vous avoir déjà dit que les garnisons des 81 corvettes de pêche doivent être fournies par la division de Dunkerque.

Faites-moi connaître le nombre d'écuries que les Hollandais peuvent vous fournir. Il faut qu'ils vous en fournissent au moins pour les 600 chevaux de vos deux régiments de cavalerie. Les chevaux qui seront embarqués sur les corvettes de pêche seront des chevaux d'artillerie. La prame de Gand et les deux d'Anvers, qui doivent être prêtes, pourront aussi embarquer des chevaux. Indépendamment des bâtiments de transport que la flottille batave doit vous fournir, savoir, un bâtiment par bataillon pour les gros équipages, il faut qu'il y en ait quelques-uns pour porter la grosse artillerie. Causez de tout cela avec l'amiral Ver Huell, et faites-moi connaître ce qu'il espère avoir pour le 15 ventôse.

BONAPARTE.

Comm. par Mme la maréchale princesse d'Eckmühl.
(En minute aux Arch. de l'Emp.)

7559. — AU GÉNÉRAL JUNOT,
COMMANDANT LES GRENADIERS DE LA RÉSERVE, A ARRAS.

Paris, 1er ventôse an XII (21 février 1804).

Citoyen Général Junot, je vous prie de me faire connaître si vos capotes sont arrivées, la situation réelle de vos bataillons, s'ils ont leurs bidons, leurs épinglettes, leurs deux paires de souliers dans le sac et enfin tout ce qui leur est nécessaire pour la campagne.

BONAPARTE.

Archives de l'Empire.

7560. — AU CITOYEN REGNIER.

Paris, 2 ventôse an XII (22 février 1804).

La commune de Saint-Jean-de-Mont, Citoyen Ministre, est le principal village du Marais, département de la Vendée. Je désirerais qu'il y eût un commissaire de police auquel on alloucrait 3,000 francs de traitement, et qui exercerait son influence sur tout le Marais.

Je désire également qu'il y ait à demeure, dans cette commune, une brigade de gendarmerie. Un juge de paix y serait également très-nécessaire. Faites-moi un rapport sur ce dernier objet.

BONAPARTE.

Archives de l'Empire.

7561. — AU CITOYEN CHAPTAL, MINISTRE DE L'INTÉRIEUR.

Paris, 2 ventôse an XII (22 février 1804).

Mon intention, Citoyen Ministre, est qu'il y ait une école secondaire à Saint-Jean-de-Mont, principale commune du Marais, département de la Vendée. Faites choisir la meilleure maison qu'on y trouvera, nommez des instituteurs, et prenez des mesures pour mettre cette école en pleine activité avant deux mois. On y entretiendra, aux frais de l'État, cinquante jeunes gens du Marais et autres communes du département de la Vendée, dont la pension sera payée à raison de 400 francs. On leur enseignera à lire, à écrire, et les premiers principes du latin, de la géographie et de l'histoire.

BONAPARTE.

Archives de l'Empire.

7562. — AU CITOYEN TALLEYRAND,
MINISTRE DES RELATIONS EXTÉRIEURES.

Paris, 2 ventôse an XII (22 février 1804).

Les Espagnols ne payent point leurs subsides, Citoyen Ministre;

ils devraient avoir payé au 1ᵉʳ ventôse 36 millions, et ils n'en ont pas payé 15. Je désire que vous ayez une explication à ce sujet avec le chargé d'affaires. J'ai compté sur cet argent pour le service.

BONAPARTE.

Archives des affaires étrangères.

7563. — NOTE
POUR LE PREMIER INSPECTEUR GÉNÉRAL DE L'ARTILLERIE [1].

Paris, 4 ventôse an XII (24 février 1804).

Le Premier Consul a ordonné qu'un certain nombre d'obusiers de 8 pouces soit fourni à la marine : combien doit-il en être fourni ? combien en a-t-on fourni ? combien croit-on qu'on en pourra fournir dans le courant de ventôse ? dans quels ports ? Ces obusiers sont destinés à être placés sur les chaloupes canonnières.

Avec chaque obusier, la terre devait fournir une certaine quantité d'obus ; combien en existe-t-il à Boulogne ?

Le Premier Consul a demandé un certain nombre d'obusiers de 6 pouces pour armer les péniches : combien en a-t-il été fourni ? dans quels ports ? combien pourra-t-on en fournir encore dans le mois ?

Combien y a-t-il d'obus de six pouces à Boulogne ? Il faut qu'il puisse en être fourni au moins 100 par obusier.

Le Premier Consul a demandé un certain nombre de pièces de 4 pour armer les péniches : combien en a-t-il été fourni ? dans quels ports ?

Le Premier Consul a demandé un certain approvisionnement de cartouches de 4, à boulets et à balles, pour le service des péniches : qu'a-t-on demandé ? qu'y a-t-il de fait ?

L'artillerie doit fournir un certain nombre de pièces de 24, de 16 ou de 18 à la marine : combien en a-t-elle fourni ? combien a-t-elle à en fournir ? combien pourra-t-elle en fournir par mois ? dans quels ports a-t-elle fourni ?

Le Premier Consul avait demandé un certain nombre de pièces de 3 qui pesassent moins de 400 livres : combien en a-t-on fourni ? Il a demandé depuis des boulets : les a-t-on fournis ?

Le Premier Consul avait ordonné que l'on construisît un certain nombre d'affûts de côte de 36 ; il avait ordonné qu'ils fussent faits à la Fère ou à Paris : combien y en a-t-il de faits ? Cela intéresse l'expédition, attendu qu'il y a au Havre un grand nombre de pièces

[1] Le général Songis.

de 36 que l'on mettrait sur la côte, ce qui permettrait de retirer les pièces de 24.

Quelle quantité de poudre compte-t-on embarquer? Où est-elle?

Quel est le nombre d'outils qu'on se propose d'embarquer?

État d'installation de la flottille d'après les nouveaux essais, comparé à celui envoyé par le ministre.

Quelle est la quantité de boulets creux que l'on a à Boulogne?

A-t-on des fusées pour obus de 6 et de 8 pouces?

BONAPARTE.

Archiv de l'Empire.

7564. — PROJET DE SÉNATUS-CONSULTE.

Paris, 5 ventôse an XII (25 février 1804).

ARTICLE 1er. — Les fonctions du jury seront suspendues pendant le cours de l'an XII et de l'an XIII, dans tous les départements de la République, pour le jugement des crimes de trahison, d'attentat contre la personne du Premier Consul, et autres contre la sûreté intérieure et extérieure de la République.

ART. 2. — Les tribunaux criminels seront à cet effet organisés conformément aux dispositions de la loi du 23 floréal an X, sans préjudice du pourvoi en cassation.

ART. 3. — Le présent sénatus-consulte sera transmis par un message aux Consuls de la République.

Le projet de sénatus-consulte ci-dessus sera présenté au Sénat demain, 6 du courant, par les citoyens Regnaud de Saint-Jean-d'Angely et Bigot de Préameneu, conseillers d'État, orateurs du Gouvernement.

BONAPARTE.

Archives de l'Empire.

7565. — AU CITOYEN PORTALIS.

Paris, 5 ventôse an XII (25 février 1804).

Je vous prie, Citoyen Conseiller d'État, de faire donner 20,000 francs à l'évêque de Coutances, dont 10,000 pour lui, et 10,000 pour son diocèse.

Faites faire un état de ce qui peut être nécessaire aux différentes églises de Paris, jusqu'à la concurrence de 50,000 francs.

Faites donner 10,000 francs à l'évêque de Meaux.

BONAPARTE.

Archives de l'Empire.

7566. — AU GÉNÉRAL BERTHIER.

Paris, 5 ventôse an XII (25 février 1804).

Le département du Finistère, Citoyen Ministre, formera l'arrondissement de l'armée d'Irlande, et sera directement sous les ordres du général en chef Augereau.

Donnez l'ordre que deux bataillons des 7e et 16e régiments d'infanterie légère, deux du 37e, deux du 24e, un du 70e, un du 65e et un du 47e régiment de ligne, chaque bataillon complété à 800 hommes, officiers compris, se rendent sur-le-champ à Brest pour former le camp.

Faites-moi connaître l'état de situation, au 1er ventôse, des 70e, 65e et 47e régiments, afin que je voie s'ils peuvent former un second bataillon de 7 à 800 hommes.

Vous préviendrez le général Augereau qu'il cantonnera les troupes soit à Brest, soit dans les environs, de la manière qu'il jugera la plus convenable, ayant soin cependant de les réunir le plus possible et de les tenir nécessairement dans le département du Finistère.

BONAPARTE.

Archives de l'Empire.

7567. — DÉCISION.

Paris, 7 ventôse an XII (27 février 1804).

Rapport du citoyen Français (de Nantes) sur les octrois et sur les additions et suppléments dont ils sont susceptibles.	Renvoyé au citoyen Lebrun. Il paraît nécessaire de mettre les octrois et la perception du droit de passe dans les attributions du même ministère que les droits réunis. Je prie le citoyen Lebrun de voir tous les arrêtés relatifs aux ministères des finances et de l'intérieur, et de me proposer un projet d'arrêté pour partager différemment leurs attributions. BONAPARTE.

Archives de l'Empire.

7568. — NOTE POUR LE CITOYEN DENON.

Paris, 7 ventôse an XII (27 février 1804) [1].

Demander à Denon des projets de monuments pour être placés sur les champs de bataille

De Dego ;

Mondovi, à la redoute ;

Pont de Lodi, où il y avait un saint ;

Valeggio, sur la hauteur ;

Lonato, Castiglione, Rivoli, Ronco, la Favorite, Marengo.

Dans la maison de Cherasco, où la paix a été signée avec le roi de Sardaigne, une table de marbre avec une inscription ;

Dans la maison de Tolentino, la même chose, pour la paix avec le Pape ;

Dans celle de Mombello, la même chose ; on rappellerait le traité de Campo-Formio.

Le minimum de chacun, dix mille francs.

Le maximum, vingt mille francs.

Celui de Marengo seul serait d'un ordre supérieur.

Sur chacun, une table de marbre avec la véritable relation de la bataille, que l'on ferait faire avec soin.

Mettre également des tables de marbre sur les portes de Mantoue, pour faire connaître les détails du siège de Wurmser et la généreuse capitulation qui lui fut accordée.

Faire faire par la République ligurienne un monument à Montenotte, qui ne coûte pas plus de dix mille francs.

Demander à Denon trois portraits en pied par Gros :

Un pour Lyon, avec *Comices de Lyon ;*

Un pour Rouen, avec *Voyage à Rouen ;*

Un pour le tribunal d'appel de Paris, avec *Code civil.*

Envoyer en Italie celui de David.

Avoir pour la nouvelle école militaire des tableaux de bataille.

Remettre au Premier Consul les tableaux de la bataille du mont Thabor et de Marengo, qui se trouvaient au dernier salon. Cette bataille de Marengo est une autre que celle de Lejeune.

Faire faire un grand tableau pour l'acte de médiation donné aux Cantons suisses, avec beaucoup de députés, dont dix-neuf en costumes.

BONAPARTE.

Archives de l'Empire.

[1] Date présumée.

7569. — DÉCISION.

Paris, 7 ventôse an XII (27 février 1804).

On soumet au Premier Consul un aperçu des dépenses de l'opéra des Bardes.

Ces dépenses paraissent bien fortes, surtout cet opéra devant n'être donné qu'en été.

BONAPARTE.

Archives de l'Empire.

7570. — AU CONTRE-AMIRAL DECRÈS,
MINISTRE DE LA MARINE ET DES COLONIES.

Paris, 7 ventôse an XII (27 février 1804).

Voici la réponse aux demandes du citoyen Combis, directeur de la flottille de transport.

Pour combien de jours embarquera-t-on de vivres pour l'équipage d'un bateau? Dix jours de vivres de mer sont plus que suffisants. Quant aux passagers, on portera pour chaque homme qui s'embarquera du biscuit pour trente jours.

Sur les bâtiments d'artillerie et sur ceux affectés aux troupes, on ne mettra que le nombre de passagers nécessaire; il est à présumer que ce nombre montera à dix.

BONAPARTE.

Archives de l'Empire.

7571. — ORDRE.

Paris, 8 ventôse an XII (28 février 1804).

Le Premier Consul ordonne qu'à sept heures du soir les barrières de Paris seront fermées. Tout ce qui se présentera pour entrer entrera librement; on ne laissera rien sortir jusqu'à demain à six heures du matin. Sont exceptés du présent ordre les seuls courriers de la malle, qui seront chargés de faire connaître que les barrières n'ont été fermées la nuit que pour empêcher Georges et une quarantaine de brigands de s'échapper.

Le gouverneur de Paris et le préfet de police feront exécuter sur-le-champ le présent ordre.

Par ordre du Premier Consul.

Archives de l'Empire.

7572. — LE SECRÉTAIRE D'ÉTAT AU CITOYEN DUBOIS,
PRÉFET DE POLICE.

Paris, 8 ventôse an XII (28 février 1804).

L'intention du Premier Consul, Citoyen Préfet, est que sur-le-champ toutes les petites barrières de Paris soient fermées et que personne ne puisse y passer, soit à pied, soit à cheval, soit en voiture.

Il y aura à chacune des trente-six grandes barrières un agent de police avec deux gendarmes. Toutes les personnes qui sortiront de Paris, soit à pied, soit à cheval, soit en voiture, hommes ou femmes, sans aucune exception, seront tenues de descendre au corps de garde, où on les confrontera avec le signalement de Georges et des quinze brigands qui ont pu être signalés. On portera à l'exécution de ces dispositions la surveillance et la sévère exactitude pour qu'aucun de ces misérables ne puisse échapper. Les mêmes précautions seront prises pour les batelets, bateaux, coches et trains de bois, à la sortie de la rivière, soit en remontant, soit en descendant. A cet effet, il sera établi des batelets avec un agent de police et deux ou trois gendarmes ou soldats, qui s'assureront qu'aucun batelet, bateau, coche ou train de bois ne remonteront ni redescendront la rivière pour sortir de Paris, sans avoir passé au corps de garde et subi la vérification du signalement.

Le Premier Consul donne des ordres au gouverneur de Paris pour qu'il y ait des sentinelles à vue le long de toutes les murailles, afin qu'on ne puisse les escalader. Il faudra surveiller spécialement les murs qui servent de clôture à des maisons ou jardins, tels que Monceaux et autres maisons, soit publiques, soit particulières.

Les brigands sont tous à Paris; ils sont nombreux; il faut les y enfermer, afin de les avoir tous.

Par ordre du Premier Consul.

Archives de l'Empire.

7573. — AU GÉNÉRAL MURAT, GOUVERNEUR DE PARIS.

Paris, 8 ventôse an XII (28 février 1804).

Vous trouverez ci-joint deux ordres que j'ai donnés aux matelots de la Garde et à trois détachements, chacun de 60 hommes, de la Garde à cheval.

Les matelots de la Garde et la Garde à cheval fourniront le même détachement jusqu'à nouvel ordre. Il faut que les sentinelles d'infanterie et de cavalerie soient en vue, de manière que rien ne puisse échapper.

Affectez trois officiers supérieurs à la surveillance des barrières et des murailles, en leur donnant les mêmes arrondissements que j'ai donnés aux capitaines de la Garde à cheval. Recommandez bien que les malles des postes qui sortiront soient bien fouillées; cochers, postillons, courriers même, ainsi que le derrière des voitures coutenant les paquets, doivent être examinés avec la plus grande attention. Demain au jour, lorsque les voitures pourront sortir de Paris, que tout soit examiné avec la plus grande attention, et le moins qu'un homme soit suspect ou n'ait pas ses papiers en règle, qu'on lui interdise la sortie et qu'il soit envoyé à la préfecture de police.

BONAPARTE.

Archives de l'Empire.

7574. — ORDRE.

Paris, 8 ventôse an XII (28 février 1804).

Deux officiers de la marine de la Garde seront commandés sur-le-champ de service. Ils auront chacun 15 matelots de la Garde avec eux. Un se rendra à la Rapée avec son détachement, l'autre aux Bons-Hommes. Ils feront monter quatre nacelles par leur équipage à chaque station, et resteront toute la nuit en rivière pour empêcher aucun batelet de sortir pendant la nuit. Ils laisseront entrer librement dans Paris tout ce qui se présentera pour entrer. Tout ce qui se présenterait pour sortir, ils l'amarineront et le mèneront au corps de garde de l'enceinte qui donne sur la rivière. Ils seront demain, à six heures du matin, relevés par un autre détachement.

BONAPARTE.

Archives de l'Empire.

7575. — ORDRE AU GÉNÉRAL BESSIÈRES,
COMMANDANT LES TROUPES A CHEVAL DE LA GARDE DES CONSULS.

Paris, 8 ventôse an XII (28 février 1804).

Il sera commandé trois capitaines de la Garde à cheval, six lieutenants ou sous-lieutenants et 180 cavaliers.

Un capitaine prendra la surveillance de toutes les murailles, depuis Chaillot jusqu'à la barrière de la porte Saint-Denis;

Le second capitaine, depuis la barrière de la porte Saint-Denis jusqu'à la Rapée;

Le troisième, depuis la Rapée jusqu'à la barrière des Douanes, près l'École Militaire.

Chaque capitaine aura sous ses ordres deux lieutenants ou sous-lieutenants et 60 hommes; il distribuera ces 60 hommes par petits postes, le long de la muraille, en plaçant des factionnaires partout où la garnison de la place n'en aurait pas mis, et de manière à veiller toutes les murailles pour que personne ne puisse se sauver de Paris pendant la nuit.

Ils seront prévenus qu'un détachement de matelots de la Garde doit croiser sur la rivière, tant du côté des Bons-Hommes que du côté de la Rapée, afin d'empêcher aucun bateau de sortir.

Les chevaux resteront sellés toute la nuit.

Les postes seront relevés à six heures du matin par un pareil nombre d'hommes.

Le gouverneur de Paris et le préfet de police ont reçu des ordres pour que personne ne puisse sortir la nuit de Paris par les barrières, hormis les malles de la poste.

Le général de service recommandera aux capitaines de la Garde de se concerter avec les officiers de la garnison qui commandent les détachements, et de veiller spécialement aux lieux où les brigands pourront se porter pour escalader les murailles et se sauver de Paris.

Ils auront soin de prendre le mot d'ordre, et d'avoir des cartouches et leurs armes en bon état.

BONAPARTE.

Comm. par M. le duc d'Istrie.
(En minute aux Arch. de l'Emp.)

7576. — DÉCISION.

Paris, 8 ventôse an XII (28 février 1804)[1].

Le ministre de la marine soumet un rapport du contre-amiral Missiessy sur la témérité d'un canot ennemi qui, dans la nuit du 2 au 3, s'est approché à une portée et demie du vaisseau *le Républicain*, et ne s'est retiré qu'après qu'on eût envoyé deux canots armés à sa poursuite.

Lui écrire qu'ayant été rendu compte au Premier Consul, il a vu avec peine que, par un clair de lune tel que celui qui avait lieu cette nuit, on a pris assez peu de précautions pour ne pas prévenir un pareil incident, qui est tout entier sous la responsabilité du commandant de l'armée; qu'il ait à multiplier les bivouacs, de manière que rien ne puisse entrer dans la rade sans qu'il puisse en être averti d'avance, et qu'il puisse arrêter, etc.

Archives de la marine.

BONAPARTE.

7577. — AU GÉNÉRAL SOULT,
COMMANDANT LE CAMP DE SAINT-OMER.

Paris, 10 ventôse an XII (1er mars 1804).

Vous savez sans doute que Pichegru a été arrêté hier. Il n'a pu se

[1] Date présumée.

servir ni de ses pistolets ni de son poignard. Il s'est battu une demi-heure avec trois ou quatre gendarmes d'élite à coups de poing. Le plaisir qu'a éprouvé le peuple de Paris de cette arrestation fait son éloge. J'ai fait fermer les barrières de Paris et investir les murailles de sentinelles. J'ai fait rendre une loi qui condamne à mort tout individu qui recélerait Georges et ses compagnons. Il est dit dans la loi qu'ils sont soixante, parce que des dépositions le portent; pour moi, je ne pense pas qu'ils soient plus de trente à quarante. J'ai d'ailleurs lieu d'être satisfait de la contenance de Paris et de toute la France.

Je ne puis concevoir comment les quatre chaloupes d'Étaples ne sont pas encore armées, et comment vous en avez encore à Boulogne une en armement et deux en construction. Faites-moi connaître quand elles seront finies.

Je vous prie de me faire connaître si les matelots sont complets sur la flottille de transport, car il serait très-malheureux d'avoir là des bâtiments et pas de matelots.

Je désire également que, dans le premier état que vous m'enverrez de la flottille, vous fassiez porter les bateaux destinés à porter des pièces de campagne, et les chaloupes canonnières qui ne seraient pas encore installées en belle. Faites-moi aussi connaître comment sont installées les 50 péniches qui sont à Boulogne.

Les corps ont quelques malades; d'un autre côté, les malades qu'ils avaient à leur arrivée au camp doivent avoir rejoint leurs dépôts. Les conscrits doivent aussi commencer à arriver. Je désire donc que vous fassiez appeler les chefs de corps, que vous leur demandiez le nombre d'hommes qu'ils pourraient tirer des dépôts, afin de compléter leurs bataillons à 800 hommes.

Causez avec le général Lacrosse pour savoir si les chaloupes et bateaux canonniers sont, à l'heure qu'il est, installés conformément à l'ordre qui a été donné. Allez vous-même visiter les magasins de biscuit, et voyez celui qui y est depuis le plus de temps, afin de vous assurer s'il est gâté. Allez aux caves, et goûtez quelques pièces de vin prises au hasard; faites-en autant pour l'eau-de-vie. Il ne faut pas attendre au dernier moment où l'on s'apercevrait qu'une partie des vivres serait gâtée, ce qui serait sans remède.

J'imagine que les ambulances de l'armée sont organisées, et qu'il y a existant, de médecins, chirurgiens et administrateurs, le nombre suffisant.

Faites passer au général Davout la nouvelle relative à Pichegru.

BONAPARTE.

Archives de l'Empire.

7578. — AU CONTRE-AMIRAL DECRÈS.

Paris, 10 ventôse an XII (1er mars 1804).

Je vous prie, Citoyen Ministre, de faire exécuter le plus promptement possible les dispositions suivantes :

Il sera formé une flottille de péniches composée de huit divisions, chacune composée de quatre sections, ou bataillons ; chaque section, ou bataillon, composée de neuf péniches.

Chaque division de péniches sera commandée par un officier ayant le grade de capitaine de frégate, ou au moins de lieutenant de vaisseau.

Les sections, ou bataillons, seront organisés de manière que seulement il y en ait trois qui portent des obusiers de 6 pouces, et six qui portent des pièces de 4.

La flottille de péniches se trouvera ainsi composée de 288.

Les 72 péniches actuellement à Boulogne ou Calais formeront les deux premières divisions.

Le commandant de la flottille désignera, dans le port de Boulogne, le lieu où devront se tenir toutes les péniches.

BONAPARTE.

Archives de l'Empire.

7579. — AU CITOYEN RÉAL, CONSEILLER D'ÉTAT [1].

Paris, 11 ventôse an XII (2 mars 1804).

Le citoyen Réal doit faire arrêter, ce soir, deux principaux agents des intrigues qui se trament ici. Il serait nécessaire de saisir en même temps leurs papiers.

La Rochefoucauld demeure rue du Faubourg-Saint-Denis, n° 16, à gauche, maison un peu enfoncée, chez un boucher dont la femme est sœur de la femme de chambre de madame La Rochefoucauld. Il doit y avoir là des papiers. Il est bon de les faire saisir en même temps que se fera l'arrestation au rendez-vous où ils doivent être.

BONAPARTE.

Comm. par M. Léonor Fresnel.

7580. — DÉCISION.

Paris, 11 ventôse an XII (2 mars 1804).

| Le ministre de la guerre propose d'établir un poste français à Meppen, en donnant les explications convenables | Accordé. Vous écrirez au général de l'armée de Hanovre qu'il aura l'air de le faire sans ordre, |

---

[1] Chargé du 1er arrondissement de la police générale.

7581. — DÉCISION.

Paris, 11 ventôse an XII (2 mars 1804).

Le ministre de la guerre rend compte que la compagnie franche du Liamone se rend à Paris; il prie le Premier Consul de lui désigner une destination.

Ils seront dirigés sur Sens. On leur donnera là six jours de repos; et, comme ils auront probablement besoin de souliers, on leur en fera trouver là 80 paires. On les fera marcher de manière qu'ils aient, tous les trois jours, séjour. On les dirigera de là sur le camp d'Ambleteuse, où ils feront partie du 3ᵉ bataillon du 3ᵉ régiment d'infanterie légère, qui se trouve à ce camp. Le ministre donnera également ordre à Antibes, au dépôt de ce bataillon, qu'on le passe en revue, et qu'on fasse partir tout ce qui est disponible pour la même destination.

BONAPARTE.

Archives de l'Empire.

7582. — AU GÉNÉRAL SOULT,
COMMANDANT LE CAMP DE SAINT-OMER.

Paris, 11 ventôse an XII (2 mars 1804).

Citoyen Général Soult, je reçois votre lettre du 8 ventôse. Je désire que vous mettiez des écuries pour 400 chevaux à la disposition des deux régiments de la brigade de cavalerie du camp de Montreuil.

Je vous prie également de me faire connaître combien il y a d'écuries à Calais qui ne doivent point venir à Boulogne parce qu'elles tirent trop d'eau, pour que j'en dispose également pour la réserve de cavalerie, afin que toute la cavalerie de l'armée ait déjà une partie des écuries qui lui sont nécessaires. Par ce moyen il ne restera plus, à mesure que les écuries arriveront, qu'à compléter ce que chacun doit avoir.

Par l'état que vous m'avez envoyé, il résulte que nous aurions des écuries pour 6,188 chevaux. Il faut ajouter 1,000 chevaux qui seront embarqués sur les bateaux canonniers ou sur les corvettes armées en guerre, et 1,000 chevaux que fournira la flottille batave. Nous aurions donc 8,188 chevaux.

Nos besoins se composent :
De 2,000 pour l'artillerie;
1,600 pour la Garde, compris 300 pour l'artillerie;
600 pour votre brigade de cavalerie;
600 pour celle de Montreuil;
600 pour celle de Bruges;
1,800 pour la réserve de cavalerie.

Total, 7,200 chevaux.

Il en resterait donc un millier pour l'état-major, ce qui est plus que suffisant, et les chevaux des administrations, ambulances, etc.

J'ai donné l'ordre au ministre de la marine pour la formation d'une flottille de péniches.

Faites-moi connaître si l'on a pris des mesures pour construire l'écluse de chasse, ainsi que les dégradations que la mer a faites, au 15 ventôse, soit au fort en bois dit Fort-Rouge, soit aux forts de l'Heurt et de la Crèche, et si tout se prépare pour qu'au premier beau temps on puisse reprendre et terminer ces ouvrages.

BONAPARTE.

Archives de l'Empire.

7583. — AU CONTRE-AMIRAL DECRÈS.

Paris, 11 ventôse an XII (2 mars 1804).

Je suis instruit, Citoyen Ministre, que Nelson a écrit à l'amiral Latouche pour lui proposer un échange de prisonniers. Je désire savoir quelle réponse il lui a faite. Dans tous les cas, faites-lui connaître que tout échange est impossible; que le roi d'Angleterre n'a voulu établir aucun échange, ayant persisté à y mettre des conditions inusitées et arbitraires.

Mon intention est de ne recevoir aucun parlementaire à Toulon, et j'attends que ces dispositions seront sévèrement exécutées. Les parlementaires des Anglais ne sont que des espionnages. D'ailleurs, vous leur avez, je crois, désigné la Ciotat. C'est donc là qu'ils doivent se rendre.

BONAPARTE.

Archives de l'Empire.

7584. — NOTE POUR LE CITOYEN RÉAL.

Paris, 12 ventôse an XII (3 mars 1804).

Un nommé Valcour, qui est un des agents ordinaires de l'armée de Condée, doit être dans une campagne près de Thionville. Voyez d'ailleurs Fouché. Expédiez en poste un officier intelligent avec trois gendarmes d'élite pour l'arrêter.

BONAPARTE.

Archives de l'Empire.

7585. — NOTE POUR LE CITOYEN RÉAL.

Paris, 13 ventôse an XII (4 mars 1804).

Le bailli de Crussol a été capitaine des gardes du comte d'Artois. Il va chez madame Grolier, qui peint et voit des artistes. Il ne serait pas inutile d'avoir un agent introduit dans cette société. Il serait bon aussi d'avoir un historique de la conduite de ce Crussol, et de savoir depuis quand il a quitté l'armée des princes.

BONAPARTE.

Archives de l'Empire.

7586. — DÉCISION.

Paris, 13 ventôse an XII (4 mars 1804).

Caffarelli, préfet maritime, fait connaître l'impression produite à Brest par l'arrestation du général Moreau.	Il n'y aurait pas d'inconvénient d'écrire à Caffarelli d'ordonner au frère de Moreau, lieutenant de vaisseau, de se rendre à Morlaix, dans sa famille, et d'y rester jusqu'à nouvel ordre.

BONAPARTE.

Archives de l'Empire.

7587. — DÉCISION.

Paris, 13 ventôse an XII (4 mars 1804).

Rapport du citoyen Cretet sur les ports de Dielette et Carteret (Manche)[1].	Il serait bien plus convenable que l'ingénieur de Cherbourg, Cachin, se rendît sur les lieux. Mon intention serait d'avoir à Carteret un port capable de contenir une flottille d'une centaine de chaloupes et bateaux canonniers,

[1] Pièce n° 7807.

pouvant porter 8 à 10,000 hommes, force plus que suffisante pour s'emparer des îles Jersey.

BONAPARTE.

Archives de l'Empire.

7588. — AU GÉNÉRAL SOULT,
COMMANDANT LE CAMP DE SAINT-OMER.

Paris, 13 ventôse an XII (4 mars 1804).

Citoyen Général Soult, je vous laisse le maître de mettre en liberté les trois marins de Boulogne ; mais recommandez-leur bien de ne plus se laisser prendre par les Anglais, car l'expérience a prouvé que les pêcheurs ne sont pris que lorsqu'ils le veulent bien, et que cela est très-suspect.

Faites-moi donner des renseignements sur le capitaine Lostanges, de l'honneur duquel la marine est parfaitement sûre.

BONAPARTE.

Archives de l'Empire.

7589. — AU CONTRE-AMIRAL DECRÈS.

Paris, 13 ventôse an XII (4 mars 1804).

Je désire, Citoyen Ministre, que vous fassiez connaître, par une lettre officielle, au général Truguet, que le Gouvernement l'autorise à prendre le titre d'amiral. Faites-lui connaître également que la somme de 5,000 fr. sera mise chaque mois à sa disposition pour les dépenses extraordinaires que ce nouveau titre exigera, ainsi que pour les dépenses secrètes qui seront nécessaires, soit pour surveiller son escadre, soit pour avoir des nouvelles des escadres ennemies.

BONAPARTE.

Archives de l'Empire.

7590. — AU GÉNÉRAL BERTHIER.

Paris, 14 ventôse an XII (5 mars 1804).

Le bataillon des vélites, Citoyen Ministre, placé à Saint-Germain, est près d'une trop grande ville. D'ailleurs, d'un moment à l'autre, il est probable que le château de Saint-Germain sera utilisé pour d'autres établissements. Je désirerais donc que les vélites fussent placés soit au château d'Écouen, soit à celui de Villers-Cotterets, ou dans tout autre château de ce genre, pourvu cependant qu'il soit éloigné de Paris de plus de trois lieues et moins de douze. Faites faire les recherches et proposez-moi l'emplacement convenable.

BONAPARTE.

Archives de l'Empire.

7591. — AU CITOYEN MELZI.

Paris, 15 ventôse an XII (6 mars 1804).

Citoyen Melzi, Vice-Président de la République italienne, j'ai chargé Marescalchi de vous instruire de tout ce qui se passe ici. Vous devez ajouter une pleine foi au rapport qui m'a été fait par le grand juge. Il n'y a rien de plus que cela. Cette affaire en serait à peine une pour moi, sans la part qu'y a le général Moreau, qui s'est rendu complice de ces misérables, chose que j'ai été trois jours sans pouvoir me la persuader. Mais les preuves se sont multipliées tellement qu'il ne m'a plus été possible d'arrêter le cours de la justice. Paris et la France ne sont qu'une famille, n'ont qu'un sentiment, une opinion.

Faites-en part à la Consulte d'État. N'ajoutez aucune croyance à tous les faux bruits qu'on pourrait répandre. Je n'ai couru aucun danger réel, car la police avait les yeux sur toutes ces machinations. J'ai eu la consolation de ne pas trouver un seul homme, de tous ceux que j'ai placés dans cette immense administration, dont j'aie à me plaindre. Moreau est le seul; mais il était depuis longtemps éloigné du Gouvernement.

BONAPARTE.

Archives du gouvernement à Milan.
(En minute aux Arch. de l'Emp.)

7592. — LE SECRÉTAIRE D'ÉTAT AU GÉNÉRAL BERTHIER.

Paris, 15 ventôse an XII (6 mars 1804).

Le Premier Consul, Citoyen Ministre, désire avoir sous les yeux la correspondance du général en chef de l'armée de Rhin-et-Moselle en l'an V. Dans les correspondances militaires du Directoire qui sont aux archives du Gouvernement, il ne reste que quelques pièces de celles dont il s'agit. Le dossier de cette armée a passé, après le 18 fructidor, dans le cabinet du ministre Scherer, et la plus grande partie des pièces qui le composaient n'a pas été rendue; elle doit se retrouver dans vos bureaux.

Je vous prie, Citoyen Ministre, de donner des ordres pour qu'on remette au porteur tout ce qu'on pourra recueillir, dans vos bureaux ou au dépôt de la guerre, de la correspondance du général en chef de l'armée de Rhin-et-Moselle en l'an V; cette recherche est urgente.

Par ordre du Premier Consul.

Dépôt de la guerre.

7593. — DÉCISION.

Paris, 16 ventôse an XII (7 mars 1804).

Le ministre de la guerre soumet au Premier Consul des renseignements transmis par le général Leval, commandant la 5e division militaire, et un rapport du commandant d'armes de Huningue sur un mouvement des Autrichiens dans le canton de Schaffhouse.

Envoyer sur-le-champ un adjudant général pour se rendre à Fribourg, à Schaffhouse, et dans toutes les possessions autrichiennes en Souabe; de là, parcourir le Tyrol, aller jusqu'à Salzburg et Passau. S'il voyait des mouvements extraordinaires de troupes, il en préviendrait par un courrier, et continuerait sa route.

BONAPARTE.

Archives de l'Empire.

7594. — AU GÉNÉRAL SOULT,
COMMANDANT LE CAMP DE SAINT-OMER.

Paris, 16 ventôse an XII (7 mars 1804).

Dans *le Moniteur* ci-joint, vous verrez le nom des brigands jusqu'à ce moment à notre connaissance; hormis Georges, tous les plus importants sont déjà arrêtés.

Une lettre d'Angleterre à Munich, que nous avons arrêtée, charge à Paris de faire des adresses aux armées pour qu'on prenne la défense de Moreau et Pichegru; et des fonds considérables sont déjà envoyés dans ce pays pour arriver à cet objet.

J'ai ordonné au général Moncey de prescrire au commandant de la gendarmerie de votre camp d'arrêter tous les marchands ou individus qui, sous quelque figure que ce soit, tiendraient des propos. Portez-y une attention particulière; les Anglais envoient partout des agents; ils font des sacrifices considérables pour arriver à leurs fins. Ayez une commission militaire composée d'hommes énergiques, et faites des exemples. Vous êtes à Boulogne inondé d'espions.

J'imagine que vous recevrez, par les vents qui règnent ces jours-ci, un grand nombre de bâtiments. Je brûle d'apprendre que vous avez plus de 100 chaloupes canonnières dans votre port.

Instruisez-vous si chaque péniche, bateau ou chaloupe canonnière a des grappins pour l'abordage.

J'ai renvoyé tous les criminels dont il est question au tribunal criminel de la Seine, qui commence la procédure. Sous quinze jours cela sera terminé.

Nous avons d'assez bonnes nouvelles des Indes, où les Anglais éprouvent beaucoup d'échecs. Nos frégates corsaires font des prises immenses.

Je désire beaucoup que tous les bataillons soient au moins à 800 hommes; dès que les conscrits seront habillés, je pense que les chefs de corps feront bien de les faire venir. Je pense qu'ils pourront mieux s'instruire au camp qu'ils ne pourront le faire au dépôt.

Nous attendons les nouvelles d'Angleterre; la mort du roi ou sa folie sera un nouveau sujet de calamité pour le pays.

Il doit être arrivé un certain nombre de caïques à Boulogne; faites-moi connaître combien il y en a d'arrivées.

BONAPARTE.

Archives de l'Empire.

7595. — AU GÉNÉRAL SOULT.

Paris, 16 ventôse an XII (7 mars 1804).

En vous écrivant de mettre à la disposition du camp de Montreuil des écuries pour 400 chevaux, je ne songeais pas qu'il n'y avait encore qu'un régiment; n'en mettez donc que pour 300 chevaux.

Dans votre prochaine lettre, faites-moi connaître quand l'écluse de chasse pourra être finie.

Je ne sais pourquoi on retire les sommes à votre disposition et qui sont très-utiles par la manière dont vous les employez pour que le service ne cesse pas.

Je désirerais que vous fissiez vérifier si les pièces de 16 en bronze que nous avons peuvent aller sur les affûts marins de 18.

J'attendrai, pour faire la distribution entre les différents ports des bâtiments-écuries et autres, que j'aie reçu un croquis sur la situation de ces ports.

BONAPARTE.

Archives de l'Empire.

7596. — DÉCISION.

Paris, 17 ventôse an XII (8 mars 1804).

Rapport du grand juge sur la division marquée des nobles et des roturiers, à Turin, dans les bals du carnaval.	Renvoyé au ministre de l'intérieur, pour faire connaître com-

bien cette division me déplaît et est contraire aux principes du Gouvernement.

BONAPARTE.

Archives de l'Empire.

7597. — DÉCISION.

Paris, 17 ventôse an XII (8 mars 1804).

Mémoire du citoyen Lepaultre sur le commerce, les manufactures, le régime intérieur d'une partie de la Russie, et sur les villes et ports de la mer Noire et de la mer d'Azof.

Renvoyé au ministre de l'intérieur pour prendre connaissance de ce mémoire, qui paraît fort important.

BONAPARTE.

Archives de l'Empire.

7598. — AU GÉNÉRAL DESSOLLE.

La Malmaison, 17 ventôse an XII (8 mars 1804).

Citoyen Général Dessolle, commandant l'armée de Hanovre par intérim, j'ai reçu votre lettre du 10 ventôse. Je suis bien aise que, dans ces circonstances, vous vous trouviez avoir le commandement de l'armée de Hanovre. Vos sentiments pour la République et pour moi me sont connus depuis bien des années. Je désire que vous exerciez la plus grande surveillance pour arrêter les espions et agents anglais dont vous devez être inondé. Une correspondance de Drake, ministre anglais à Munich, que j'ai interceptée, me démontre que les Anglais mettent tout en œuvre pour faire des dupes de vos côtés.

Dans tous les cas, si, dans cette circonstance fâcheuse, vous perdez des hommes qui vous aimaient, restez persuadé que j'ai toujours pensé que j'avais auprès de vous la priorité et l'ancienneté. Rien n'égale la profonde bêtise de toute cette trame, si ce n'est sa méchanceté. Le cœur humain est un abîme qui trompe tous les calculs; les regards les plus pénétrants ne peuvent le sonder.

Tous les jours nous faisons des arrestations. Je crois avoir la certitude que Georges est encore à Paris avec plusieurs hommes de sa bande. Je doute qu'il échappe encore longtemps à la police.

BONAPARTE.

Archives de l'Empire.

7599. — DÉCISION.

Paris, 17 ventôse an XII (8 mars 1804).

Le citoyen Lebrun, aide de camp du

Je prie le ministre de la marine

Premier Consul, demande des instructions concernant le service des marins de la Garde qui sont à Rouen.

de donner des ordres pour le service des marins de la Garde. Il n'est pas juste qu'ils soient sous les ordres de tout le monde; ils ne doivent connaître que leurs officiers.

BONAPARTE.

Archives de la marine.

7600. — AU CONTRE-AMIRAL DECRÈS.

Paris, 18 ventôse an XII (9 mars 1804).

J'ai lu votre rapport sur les approvisionnements du Nord. Il n'y a pas les documents nécessaires pour établir le compte en argent et en matière des trois individus qui ont géré cette affaire. Je pense qu'il convient de le faire examiner par une commission du Conseil d'État.

Les dépenses à faire cette année sont bien considérables. Il serait peut-être bon de ne dépenser que 1,500,000 francs, si c'est possible, pour le dernier semestre, et l'on pourrait fournir les sept autres dans les premiers mois de l'an XIII.

BONAPARTE.

Archives de l'Empire.

7601. — DÉCISION.

Paris, 18 ventôse an XII (9 mars 1804).

Le ministre de l'intérieur propose de nommer le citoyen Vauquelin professeur au Muséum d'histoire naturelle.

Refusé, attendu que le Premier Consul ne veut pas que trois places soient réunies sur la même tête, et que le citoyen Vauquelin en occupe deux; s'il veut renoncer à l'une d'elles, le Premier Consul verra avec plaisir la désignation d'un savant aussi distingué.

BONAPARTE.

Archives de l'Empire.

7602. — AU GÉNÉRAL DEJEAN.

Paris, 18 ventôse an XII (9 mars 1804).

Il faut faire faire, Citoyen Ministre, des drapeaux pour les troupes des camps de Saint-Omer, Montreuil, Bruges, pour l'infanterie de ligne seulement. La cavalerie et l'infanterie légère en ont eu. Faites-les garder en dépôt à Saint-Omer jusqu'à mon arrivée. Mon intention est de les donner moi-même aux corps.

BONAPARTE.

Archives de l'Empire.

7603. — AU GÉNÉRAL SOULT.

Paris, 18 ventôse an XII (9 mars 1804).

J'ai reçu votre lettre du 16 ventôse. Les deux profils des ports d'Ambleteuse et Wimereux me paraissent clairs. Je désire en avoir de pareils tous les quinze jours. Faites-m'en faire de pareils pour Boulogne et Étaples.

Je désire qu'on puisse, à Ambleteuse, dans le premier compartiment, creuser un emplacement pour quatre ou cinq bricks, et qu'on creuse pour mettre cette petite portion au niveau du fond de l'entrée des jetées.

J'ai donné les ordres qu'on commençât sur-le-champ l'écluse de chasse; faites-moi connaître si on s'en occupe.

Il n'est pas dit de quel calibre sont les obusiers dont vous me parlez. Je désire savoir si toutes les chaloupes ont un obusier de 8, et, dans le cas contraire, pourquoi elles n'en ont pas.

Vous mettez que les caïques n'ont qu'une pièce de 12; ce doit être une erreur; ce sont des pièces de 24 dont elles doivent être armées.

BONAPARTE.

Archives de l'Empire.

7604. — AU GÉNÉRAL MONCEY,
PREMIER INSPECTEUR GÉNÉRAL DE LA GENDARMERIE.

Paris, 18 ventôse an XII (9 mars 1804).

Citoyen Général Moncey, il paraît que des brigands ont cherché à se rembarquer au Havre, et qu'il se passe quelque chose d'extraordinaire sur cette côte. Il est convenable d'y envoyer un officier intelligent.

BONAPARTE.

Archives de l'Empire.

7605. — AU GÉNÉRAL RAPP, EN MISSION A TOULON.

Paris, 18 ventôse an XII (9 mars 1804).

Citoyen Général Rapp, je désire que vous preniez des renseignements détaillés qui me fassent connaître le temps où les quatre vaisseaux désarmés et en radoub pourront être réunis à l'escadre qui est en rade. Ces renseignements une fois pris, vous vous rendrez à Marseille pour y observer l'esprit des troupes et des habitants. Vous vous arrêterez un jour à Toulouse et à Lyon pour le même objet. Vous reviendrez en toute diligence à Paris.

BONAPARTE.

Archives de l'Empire.

7606. — AU GÉNÉRAL DAVOUT, COMMANDANT LE CAMP DE BRUGES.

Paris, 18 ventôse an XII (9 mars 1804).

Citoyen Général Davout, je reçois votre lettre du 16 ventôse. J'ai fait connaître à l'amiral Ver Huell que je n'approuvais pas que les bateaux canonniers passassent par les canaux. Il n'y a pas d'inconvénient de faire suivre cette route aux bateaux de transport. J'imagine que d'Ostende à Flessingue vous avez établi des détachements de cavalerie mobile; la côte doit en être couverte, de manière que, si un bâtiment venait à échouer, il fût sur-le-champ protégé. Vous devez aussi avoir des batteries mobiles d'artillerie légère, d'une pièce au moins par lieue, pour pouvoir protéger un bâtiment qui serait coupé et poursuivi. C'est par là que, sur les côtes de Bretagne, de Normandie et du Boulonnais, nous avons conservé un grand nombre de bâtiments, et plus que tout cela l'honneur attaché à notre pavillon, en déconcertant l'ennemi, qui voit nos expéditions et nos mouvements sans pouvoir les empêcher.

Il est convenable que toutes les fois que vous attendrez des convois de Flessingue, et qu'en général la mer sera bonne, une portion de vos chaloupes canonnières, bateaux canonniers et péniches, soit en rade pour protéger leur arrivée.

Voilà le moment où la guerre va s'engager entre votre rade et les Anglais. Il faut ne point épargner les boulets et les bombes, et, dès l'instant que l'ennemi est à portée, faire tirer avec la plus grande activité. Les canonniers de vos côtes sont quelquefois en retard. Je crois que vous n'avez point de pièces de canon de 24 légères. Dans ce cas, vous pourrez toujours vous servir avantageusement de six pièces de 12 et de six obusiers. Je ne sais si vous avez des obusiers que nous appelons *prussiens*, qui vont plus loin que les autres et dont la chambre contient quatre livres de poudre. Ces douze pièces d'artillerie seraient partagées à droite et à gauche du port, et seraient destinées à se porter sur la laisse de basse mer, pour protéger les bâtiments en rade ou dont on signalerait l'arrivée.

Faites lever un plan de la rade, et faites-y tracer la ligne d'embossage que doit prendre la flottille toutes les fois qu'elle sortira pour s'exercer ou pour protéger l'arrivée de bâtiments. Ayez soin que la distance des batteries de la laisse de basse mer aux mortes et vives eaux y soit exactement marquée.

Les corvettes de pêche doivent rester à Dunkerque. S'il y a un malentendu, écrivez au commandant de la marine à Dunkerque. Dès qu'elles seront toutes réunies là, allez en passer la revue, formez-en les garnisons, et faites-les aller plusieurs fois en rade.

Le général Dumas méprise sans doute cette lettre anonyme, quoique signée, qu'il a reçue.

Nous arrêtons tous les jours, à Paris, quelques brigands subalternes, de ceux portés sur la liste qui a été imprimée.

Le procès de Moreau, Pichegru, etc., s'instruit au tribunal criminel de la Seine. Les preuves sont très-nombreuses.

Je désire que vous m'envoyiez un profil où vous ferez marquer le montant de la mer aux moyennes, vives et mortes eaux, dans les ports d'Ostende et de Nieuport.

BONAPARTE.

À 9 heures du soir.

Georges vient d'être arrêté, à sept heures du soir, sur la place de l'Odéon. Ce brigand a tiré quatre coups de pistolet, qui heureusement n'ont blessé qu'un homme. Il a été pris vivant et sans avoir aucun mal. Il était déguisé en fort de la halle, et allait à un rendez-vous pour avoir des renseignements sur la possibilité de franchir les murailles des barrières, qui, comme vous le savez, sont investies de sentinelles à cinquante pas de distance. Des brigands s'y sont présentés et ont été pris ou fusillés. Nous gardons le blocus encore quelques jours pour quatre ou cinq brigands d'une certaine importance.

Cette nouvelle est déjà sue dans Paris et fait sur le peuple un plaisir touchant. Faites-la passer à Marmont et Monnet.

Comm. par Mme la maréchale princesse d'Eckmühl.
(En minute aux Arch. de l'Emp.)

7607. — AU CONTRE-AMIRAL VER HUELL,
COMMANDANT LA FLOTTILLE BATAVE.

La Malmaison, 18 ventôse an XII (9 mars 1804).

Monsieur le Contre-Amiral Ver Huell, j'ai reçu votre lettre du 15 ventôse. J'ai appris avec plaisir votre arrivée à Ostende; je vous fais mon compliment sur la manœuvre hardie qui vous y a conduit.

Je n'approuve point qu'on fasse passer les bateaux canonniers par les canaux où passent les transports. Il faut que les bâtiments de guerre s'accoutument à la mer. Je désire donc qu'ils passent tous, dans des temps favorables et de la manière dont vous le déciderez, par mer.

Faites vérifier si, sur le rivage d'Ostende à Cadzand, il y a des batteries mobiles, afin que, s'il arrivait que des bâtiments échouassent sur la côte, ils fussent protégés, et que, dans aucun cas, l'armement et les hommes ne soient perdus.

J'apprends avec plaisir qu'on vous a fourni les matelots nécessaires; armez promptement votre seconde partie, car partout tout se prépare.

BONAPARTE.

Archives de l'Empire.

7608. — AU GÉNÉRAL BERTHIER.

Paris, 19 ventôse an XII (10 mars 1804).

Vous voudrez bien, Citoyen Ministre, donner ordre au général Ordener, que je mets à votre disposition, de se rendre dans la nuit, en poste, à Strasbourg. Il voyagera sous un autre nom que le sien; il verra le général de la division.

Le but de sa mission est de se porter sur Ettenheim, de cerner la ville, d'y enlever le duc d'Enghien, Dumouriez, un colonel anglais et tout autre individu qui serait à leur suite. Le général de la division, le maréchal des logis de gendarmerie qui a été reconnaître Ettenheim, ainsi que le commissaire de police, lui donneront tous les renseignements nécessaires.

Vous ordonnerez au général Ordener de faire partir de Schelestadt 300 hommes du 26e de dragons, qui se rendront à Rheinau, où ils arriveront à huit heures du soir.

Le commandant de la division enverra quinze pontonniers à Rheinau, qui y arriveront également à huit heures du soir, et qui, à cet effet, partiront en poste ou sur les chevaux de l'artillerie légère. Indépendamment du bac, il se sera assuré qu'il y ait là quatre ou cinq grands bateaux, de manière à pouvoir passer d'un seul voyage les 300 chevaux.

Les troupes prendront du pain pour quatre jours, et se muniront de cartouches. Le général de la division y joindra un officier de gendarmerie et une trentaine de gendarmes.

Dès que le général Ordener aura passé le Rhin, il se dirigera droit sur Ettenheim, marchera droit à la maison du duc et à celle de Dumouriez. Après cette expédition terminée, il fera son retour sur Strasbourg.

En passant à Lunéville, le général Ordener donnera ordre que l'officier de carabiniers qui a commandé le dépôt à Ettenheim se rende à Strasbourg en poste pour y attendre ses ordres.

Le général Ordener, arrivé à Strasbourg, fera partir bien secrètement deux agents, soit civils, soit militaires, et s'entendra avec eux pour qu'ils viennent à sa rencontre.

Vous donnerez ordre que le même jour et à la même heure, 200 hommes du 26ᵉ de dragons, sous les ordres du général Caulaincourt, auquel vous donnerez des ordres en conséquence, se rendent à Offenburg, pour y cerner la ville et arrêter la baronne de Reich, si elle n'a pas été prise à Strasbourg, et autres agents du Gouvernement anglais dont le préfet et le citoyen Méhée, actuellement à Strasbourg, lui donneront les renseignements.

D'Offenburg, le général Caulaincourt dirigera des patrouilles sur Ettenheim, jusqu'à ce qu'il ait appris que le général Ordener a réussi. Ils se prêteront des secours mutuels.

Dans le même temps, le général de la division fera passer 300 hommes de cavalerie à Kehl, avec quatre pièces d'artillerie légère, et enverra un poste de cavalerie légère à Willstett, point intermédiaire entre les deux routes.

Les deux généraux auront soin que la plus grande discipline règne; que les troupes n'exigent rien des habitants. Vous leur donnerez, à cet effet, 12,000 francs à chacun.

S'il arrivait qu'ils ne pussent pas remplir leur mission, et qu'ils eussent l'espoir, en séjournant trois ou quatre jours et en faisant faire des patrouilles, de réussir, ils sont autorisés à le faire.

Ils feront connaître aux baillis des deux villes que, s'ils continuent à donner asile aux ennemis de la France, ils s'attireront de grands malheurs.

Vous ordonnerez que le commandant de Neuf-Brisach fasse passer 100 hommes sur la rive droite, avec deux pièces de canon.

Les postes de Kehl, ainsi que ceux de la rive droite, seront évacués dès l'instant que les deux détachements auront fait leur retour.

Le général Caulaincourt aura avec lui une trentaine de gendarmes. Du reste, le général Caulaincourt, le général Ordener et le général de la division tiendront un conseil et feront les changements qu'ils croiront convenables aux présentes dispositions.

S'il arrivait qu'il n'y eût plus à Ettenheim ni Dumouriez ni le duc d'Enghien, on rendrait compte, par un courrier extraordinaire, de l'état des choses, et on attendrait de nouveaux ordres.

Vous ordonnerez de faire arrêter le maître de poste de Kehl, et autres individus qui pourraient donner des renseignements.

BONAPARTE.

Dépôt de la guerre.
(En minute aux Arch. de l'Emp.)

7609. — AU GÉNÉRAL NEY,
COMMANDANT LE CAMP DE MONTREUIL.

Paris, 19 ventôse an XII (10 mars 1804).

Citoyen Général Ney, je reçois votre lettre du 18 ventôse.

J'ai appris avec plaisir votre arrivée, et j'ai lu avec intérêt votre ordre du jour.

Convenez avec le général Soult du point de séparation de la côte, entre Étaples et Boulogne, qui sera du ressort de chaque armée, afin que, s'il arrive des accidents et des bateaux échoués qui ne seraient point protégés par des batteries mobiles, on sache l'officier qui en est responsable. Établissez le service comme vous l'entendrez pour que, depuis Saint-Valery-sur-Somme, la côte soit surveillée par des piquets de cavalerie et d'artillerie légère.

Exigez que les généraux de brigade ou les officiers que vous chargez de cette inspection soient continuellement à cheval, et que tout bâtiment qui échouerait sur la côte soit, à l'heure même, protégé et soustrait aux croisières ennemies.

Faites-moi faire un profil du fond d'Étaples, de la baie, depuis le point vis-à-vis la ferme Guilbert jusqu'à l'extrémité du banc aux Chiens, et faites-y coter les vives, moyennes et mortes eaux, à toutes les cent toises.

Faites exercer à la nage, sur des péniches et même sur des bateaux canonniers, votre division. Votre division de trente-six bateaux canonniers sera bientôt complète. Vous avez dans la baie un bel espace. Faites-moi connaître combien un bateau canonnier et une péniche peuvent parcourir d'espace dans une demi-heure, à la rame, sans voile et au moment du flot.

Je n'ai pas besoin de vous dire de faire manœuvrer beaucoup vos troupes. La dernière fois que je les ai vues, il m'a paru qu'elles en avaient besoin. J'avais fait des instructions pour former des carrés dans toute espèce de direction.

J'avais ordonné une route d'Étaples à Boulogne par Neufchâtel; faites-moi connaître si elle est finie, afin que l'armée puisse, par cette route, se porter rapidement sur Boulogne.

Par le plan que vous m'avez envoyé, je vois que les sondes sont marquées dans le mouillage d'appareillage, pour le banc aux Chiens, à 3 et 4. Je ne puis croire que ce soient des pieds; ce serait trop peu de chose; si c'étaient des mètres, ce serait plus que je ne croyais. L'officier du génie a oublié de marquer si ces cotes sont en pieds ou en mètres.

Il est difficile, jusqu'à ce que les ports d'Ambleteuse, Wimereux et Boulogne soient entièrement achevés, de déterminer la partie de votre corps d'armée qui s'embarquera à Étaples et celle qui s'embarquera à Boulogne.

Je crois donc, dans cette incertitude, qu'il ne faudrait faire aucun changement de campement, parce que cela vous coûterait du bois et des transports; et, lorsque les bateaux seront arrivés et que l'expédition approchera, nous pourrons, avec des tentes, les faire placer où nous voudrons.

Le grand embarras est l'embarquement des chevaux, puisqu'il nous en faut près de 8,000. L'artillerie a fait des chariots extrêmement légers, qui équivalent aux chevaux que vous voulez attacher à vos bataillons; cependant il est vrai de dire que des mulets portant quelques caisses de cartouches ont souvent de grands avantages. Vous avez parfaitement senti cela en voulant employer des hussards et des chasseurs; et, dans ce cas, je préférerais des paniers, de simples sacs goudronnés, dans lesquels on jetterait des cartouches.

Vous devez avoir de mauvais fusils. On a toujours tardé dans l'idée que la mauvaise saison et le temps ne peuvent que les dégrader; mais, quinze jours avant l'embarquement, nous ferons distribuer des fusils à tout le monde.

J'ai ordonné la rentrée du 27ᵉ de ligne à votre camp. Du moment que les travaux de Boulogne seront plus avancés, et qu'une seconde division de bateaux sera arrivée à Étaples, je ferai rentrer vos détachements.

La police a saisi hier Georges. Ce brigand était dans un cabriolet. Il a tué un inspecteur de police et a grièvement blessé l'autre. Le peuple s'est porté en foule et l'a arrêté lorsqu'il s'échappait.

Dans tout ce que vous avez à faire relativement à la flottille, ménagez l'amour-propre de la marine; vous voyez dans ce moment combien nous avons besoin d'eux.

BONAPARTE.

Archives de l'Empire.

7610. — AU CITOYEN RÉAL,
CHARGÉ DU 1er ARRONDISSEMENT DE LA POLICE GÉNÉRALE.

La Malmaison, 20 ventôse an XII (11 mars 1804).

Citoyen Réal, Conseiller d'État, je vous prie d'envoyer la dernière lettre écrite par Drake, au citoyen Maret, afin qu'il la fasse imprimer à la suite du recueil des pièces relatives à cette affaire. Il est nécessaire d'y joindre deux notes : l'une qui fasse connaître que l'aide de camp du général supposé n'est autre chose qu'un officier envoyé par le préfet de Strasbourg ; l'autre, pour faire connaître que l'histoire de l'huissier est une pure invention de l'agent ; qu'il n'y a pas un huissier ni employé près du Gouvernement dont les sentiments d'honneur ne les mettent au-dessus de l'or corrupteur de l'Angleterre.

BONAPARTE.

Comm. par M. Léonor Fresnel.
(En minute aux Arch. de l'Emp.)

7611. — AU CITOYEN RÉAL.

Paris, 21 ventôse an XII (12 mars 1804).

Le Premier Consul fait prévenir le citoyen Réal qu'il va passer quelques jours à la Malmaison ; il y sera ce soir.

Par ordre du Premier Consul.

Nougarède de Fayet, *Le duc d'Enghien.*

7612. — AU CITOYEN RÉAL.

La Malmaison, 21 ventôse an XII (12 mars 1804).

Le Premier Consul me charge de vous prévenir, Citoyen Conseiller d'État, qu'il vous attend ce soir à la Malmaison, de neuf à dix heures. Une chaise vous attendra au pont de Neuilly, pour que vous puissiez y arriver avec plus de facilité.

Par ordre du Premier Consul.

Nougarède de Fayet, *Le duc d'Enghien.*

7613. — ORDRE.
LE MINISTRE DE LA GUERRE AU CITOYEN CAULAINCOURT.

Paris, 21 ventôse an XII (12 mars 1804).

Le Premier Consul ordonne au citoyen Caulaincourt, son aide de camp, de se rendre en poste à Strasbourg.

Il y accélérera la construction et la mise à l'eau des bâtiments légers qu'on y construit pour la marine.

Il prendra des renseignements près du préfet et du citoyen Méhée, pour faire arrêter les agents du Gouvernement anglais qui sont à Wissembourg et à Offenburg, notamment la baronne de Reich, si elle n'est pas déjà arrêtée.

Le chef de bataillon Rosey, envoyé près des ministres anglais et qui a toute leur confiance, lui donnera tous les renseignements nécessaires sur les complots formés contre la tranquillité de l'État et la sûreté du Premier Consul.

Le citoyen Caulaincourt fera connaître aux baillis des villes de la rive droite qu'ils peuvent s'attirer de grands malheurs en donnant asile aux personnes qui cherchent à troubler la tranquillité en France; et il se concertera avec le général commandant la 5e division militaire pour employer, au besoin, une force suffisante pour l'exécution du présent ordre.

Il rendra un compte particulier au Premier Consul du résultat de la mission du chef de bataillon Rosey.

Par ordre du Premier Consul.

Nougarède de Fayet, *Le duc d'Enghien.*

7614. — AU GÉNÉRAL SOULT.

La Malmaison, 21 ventôse an XII (12 mars 1804).

Citoyen Général Soult, le 72e ne me paraît pas encore assez fort pour avoir un second bataillon au camp. Je vois que son premier bataillon n'est en réalité que de 750 hommes. Il faudra qu'il le complète, car je tiens spécialement à ce que les bataillons, à l'embarquement, soient plutôt à 800 hommes qu'à moins. Il ne faut point perdre de vue que j'ai aussi besoin de troupes en France, et qu'il m'est facile d'en former promptement, lorsque je laisse beaucoup de cadres d'officiers et sous-officiers. Si les préparatifs m'obligent à retarder encore l'expédition, et que les circonstances me permettent de les porter à 900 hommes, je le préférerais, en diminuant même quelques cadres de l'armée.

Je donne ordre à la 1re légère italienne de se rendre à Calais. Elle y sera casernée. Je vous recommande de porter une attention particulière à son instruction et de l'exercer à toute espèce de service.

Je ne me souviens plus de l'ordre que j'ai donné pour la formation des détachements de la 1re division de dragons à Saint-Valery. Faites-moi connaître de combien d'hommes ils sont, par régiment. Il faut les laisser embarquer pour garnisons.

J'approuve ce que vous avez fait relativement à la commission militaire.

Je ne suis pas assez gardé à mon quartier général. Il me faudrait des casernes ou baraques de quoi contenir trois compagnies de grenadiers. Faites choisir à cet effet une maison dans le village pour cet objet, assez à portée du village et sans cependant être trop près. S'il n'y en a pas, faites faire trois baraques en planches contenant chacune trois compagnies de grenadiers, établies sur le derrière de la maison, à peu près à cent cinquante pas. Voyez si dans le village on peut se procurer de quoi loger 50 hommes de cavalerie, outre le piquet que j'ai coutume d'y tenir.

Nul doute que vous n'ayez une bande d'assassins organisée à Boulogne. Soyez donc inflexible et faites-les saisir et fusiller. Vous avez des gendarmes d'élite. Ils doivent se déguiser en bourgeois et courir la ville. Quand j'y serai, je ferai venir des agents de Paris; à présent j'en ai besoin partout. Ces misérables Anglais nous portent la corruption sur toute la côte.

Depuis l'arrestation de Georges, nous avons arrêté des brigands subalternes; mais nous avons encore quelques brigands à arrêter : Villeneuve, Saint-Vincent et Barco. Paris est toujours cerné, et le sera jusqu'à ce que ces brigands soient arrêtés. Je vous dirai, pour vous seul, que j'ai espoir de prendre Dumouriez. Ce misérable est près de nos frontières.

BONAPARTE.

Archives de l'Empire.

7615. — AU GÉNÉRAL DAVOUT.

La Malmaison, 21 ventôse an XII (12 mars 1804).

Citoyen Général Davout, il y a à Anvers, à Gand et à Ostende, des prames en armement. Faites-m'en connaître les noms et le nombre. J'ai donné des ordres pour leur faire fournir des garnisons de cavalerie. Désignez les détachements que vous pourrez fournir pour les garnisons de ces prames. Puisque l'on doit y embarquer des chevaux, c'est la cavalerie qui doit en fournir les garnisons. Si la nécessité des préparatifs retarde encore quelque temps l'expédition, je ne mets pas en doute que vous aurez des combats à Ostende. Quelques-unes de ces prames vous serviront beaucoup pour appuyer votre ligne d'embossage. J'ai ordonné que, si l'on n'a pas de suite des pièces de 24 pour armer les deux prames de Flessingue, on y pourvoie de celles de la frégate. Faites-moi connaître comment vous en ferez fournir aux autres. Il ne faut pas dégarnir la côte, surtout la rade d'Ostende, car il faut beaucoup de pièces de canon pour protéger l'embossage de votre ligne.

Depuis l'arrestation de Georges, nous avons arrêté quelques brigands subalternes. Nous avons encore à prendre Villeneuve, Saint-Vincent et Barco, ce qui nous oblige à maintenir encore le blocus de Paris. Écrivez au général Monnet que, s'il arrive des individus de Londres, il prenne des renseignements sur Dumouriez. On le dit sur les frontières; si ce qu'on m'assure est vrai, il sera possible de l'avoir sous peu de jours dans nos mains. Vous devez avoir autour de vous beaucoup d'espions; ne les épargnez pas.

Je désirerais que vos bataillons pussent être portés à 800 hommes; les dépôts des corps ont dû recevoir des conscrits. Dès qu'ils auront des vestes et des culottes, et qu'ils marcheront au pas, on pourrait en faire venir aux corps, en nombre suffisant pour les compléter.

Quoique je vous demande des nouvelles de la mer, il faut néanmoins vous concerter avec les officiers de marine; nous en avons besoin, il faut qu'ils soient contents.

Le Corps législatif se terminera le 30 ou dans les premiers jours de germinal. Je compte qu'à cette époque les affaires de la conspiration seront finies. J'aurai bien du plaisir à vous voir. Je désire fort passer la revue des neuf bataillons de corvettes de pêche qui sont en rade de Dunkerque, et des vingt bataillons de la flottille batave qui sont à Ostende. Je désire aussi que, pour lors, les écuries et les bateaux de transport destinés pour Boulogne et Calais soient partis.

BONAPARTE.

Comm. par Mme la maréchale princesse d'Eckmühl.
(En minute aux Arch. de l'Emp.)

7616. — AU GÉNÉRAL MARMONT,
COMMANDANT LE CAMP D'UTRECHT.

La Malmaison, 21 ventôse an XII (12 mars 1804).

Citoyen Général Marmont, j'ai reçu avec plaisir votre lettre du 16, par laquelle vous m'annoncez que, dans le courant de germinal, vous pourrez être prêt. Envoyez-moi l'état de situation de votre armée et celui au juste de chaque corps; envoyez-le-moi sous le format d'un petit livret in-12. Faites-moi connaître le nombre de conscrits que vous avez déjà reçus et la situation de vos hôpitaux.

Trois chaloupes canonnières de Liége doivent avoir descendu la Meuse; faites reconnaître où elles sont.

Ayez l'œil sur tout ce qui se fait en Hollande. Si vous trouvez des espions, faites-les traduire devant une commission militaire, et faites-les fusiller; vous devez en avoir, ces misérables Anglais nous en inondent.

Familiarisez-vous avec les détails des grandes manœuvres d'infanterie. La saison va bientôt commencer de faire exercer vos troupes; et vous en sentez toute l'importance, surtout dans la guerre, où les premiers moments seront les plus chauds et décisifs. Il faut donner le ton aux officiers pour que tous s'en occupent.

Nous avons arrêté quelques brigands subalternes depuis l'arrestation de Georges. Nous avons encore trois chefs, Villeneuve, Saint-Vincent, Burban dit Barco. Paris est toujours cerné jusqu'à ce que ces misérables soient arrêtés. Je vous prie de recueillir et d'aller aux enquêtes, dans le pays où vous êtes, pour savoir ce qu'on dit de Dumouriez; on dit qu'il est sur le continent.

Voyez beaucoup le soldat, et voyez-le en détail. La première fois que vous arriverez au camp, bordez la haie par bataillon, et voyez huit heures de suite les soldats un à un; recevez leurs plaintes, inspectez leurs armes, et assurez-vous qu'il ne leur manque rien. Il y a beaucoup d'avantages à faire ces revues de sept à huit heures; cela accoutume le soldat à rester sous les armes, lui prouve que le chef ne se livre point à la dissipation et s'occupe entièrement de lui; ce qui est pour le soldat un grand motif de confiance. Laissez-les donc dans la croyance qu'avant l'embarquement je me rendrai au camp, et que je viendrai les voir manœuvrer et leur donner des drapeaux.

BONAPARTE.

Comm. par M. Charavay.
(En minute aux Arch. de l'Emp.)

7617. — ARRÊTÉ.

Paris, 22 ventôse an XII (13 mars 1804).

TITRE Ier.

ORGANISATION DES COMPAGNIES DE VOLTIGEURS.

ARTICLE 1er. — Il y aura, dans chaque bataillon des régiments d'infanterie légère, une compagnie qui portera la dénomination de *Compagnie de voltigeurs*.

ART. 2. — Cette compagnie sera composée d'hommes bien constitués, vigoureux et lestes, mais de la plus petite taille. Les sous-officiers et soldats qui y seront admis ne pourront avoir plus de 1 mètre 598 millimètres (4 pieds 11 pouces), les officiers plus de 1 mètre 625 millimètres (5 pieds).

Art. 3. — Cette compagnie sera constamment entretenue au pied de guerre et composée ainsi qu'il suit : 1 capitaine, 1 lieutenant, 1 sous-lieutenant, 1 sergent-major, 4 sergents, 1 fourrier, 8 caporaux, 104 voltigeurs, 2 instruments militaires; total, 123.

Au lieu de tambours, cette compagnie aura pour instruments militaires des petits cors de chasse appelés *cornets*.

Art. 4. — Les officiers de ces compagnies seront pris sur la totalité du régiment, dans leur grade respectif, sur la présentation de trois sujets faite au ministre de la guerre par le colonel. Ces officiers seront remplacés dans leurs compagnies primitives. Ainsi le nombre des officiers sera augmenté, par bataillon, d'un capitaine, d'un lieutenant et d'un sous-lieutenant.

Art. 5. — Le nombre des sous-officiers de chaque bataillon sera augmenté de même d'un sergent-major, de quatre sergents, d'un fourrier et de huit caporaux; mais la force du bataillon, aux trois officiers près, restera telle qu'elle est fixée par l'arrêté d'organisation pour l'an XII. A cet effet, la force de chaque compagnie d'infanterie légère, celle des carabiniers exceptée, sera diminuée de quinze hommes.

TITRE II.

ARMEMENT, HABILLEMENT ET INSTRUCTION DES VOLTIGEURS.

Art. 6. — Les voltigeurs seront armés d'un sabre d'infanterie et d'un fusil très-léger, modèle de dragon.

Les officiers et sous-officiers auront, au lieu de fusil, une carabine rayée.

Art. 7. — Les voltigeurs seront vêtus comme l'infanterie légère; ils porteront les marques distinctives de leurs corps respectifs; un collet de drap chamois.

Art. 8. — Les voltigeurs étant spécialement destinés à être transportés rapidement par les troupes à cheval dans les lieux où leur présence sera nécessaire, ils seront exercés à monter lestement et d'un saut en croupe d'un homme à cheval, et à en descendre avec légèreté; à se former rapidement, et suivre à pied un cavalier marchant au trot.

Les voltigeurs seront aussi particulièrement exercés à tirer avec promptitude et beaucoup de justesse.

TITRE III.

PREMIÈRE FORMATION DES COMPAGNIES DE VOLTIGEURS.

Art. 9. — Les officiers et sous-officiers des compagnies de voltigeurs seront nommés de suite; les officiers, ainsi qu'il a été dit article 4. Le Premier Consul nommera leurs remplaçants, et les prendra soit dans le corps, soit au dehors.

Les sous-officiers seront nommés par le colonel sur la présentation, qui lui sera faite par le capitaine des voltigeurs, de trois sujets pour chaque place, mais toujours avec les conditions relatives à la taille.

Art. 10. — Il sera choisi, par chaque capitaine de voltigeurs, quarante-huit soldats sur la totalité du bataillon, à raison de six par compagnie; ils ne pourront être pris que parmi les douze hommes les plus petits de chaque compagnie; ils formeront le noyau et la tête des compagnies.

Art. 11. — Les compagnies de voltigeurs seront complétées de suite avec des conscrits des années XI et XII, pris parmi ceux qui ont été exemptés de marcher par défaut de taille, mais dont la constitution sera forte et robuste. Le contingent de chaque département sera déterminé d'après les bases fixées par l'arrêté du 29 fructidor an XI.

Art. 12. — En l'an XIII et suivants, il sera désigné à chaque département un contingent particulier pour les compagnies de voltigeurs. Ce contingent sera pris parmi les individus de la classe qui auront moins de 1 mètre 598 millimètres. Ceux qui seront désignés seront remboursés des sommes qu'ils ont été tenus de payer en exécution de l'arrêté du 29 fructidor an XI.

TITRE IV.

SOLDE DES COMPAGNIES DE VOLTIGEURS.

Art. 13. — La solde des compagnies de voltigeurs sera la même que celle des compagnies de carabiniers.

Art. 14. — Le ministre de la guerre est chargé de l'exécution du présent arrêté.

BONAPARTE.

Archives de l'Empire.

7618. — A S. S. LE PAPE.

La Malmaison, 22 ventôse an XII (13 mars 1804).

Très-saint Père, le sénateur Lucien Bonaparte, mon frère, désire séjourner à Rome pour se livrer à l'étude des antiques et de l'histoire. Je prie Votre Sainteté de l'accueillir avec cette bonté qui lui est toute particulière, et de croire au désir que j'ai de lui être agréable.

BONAPARTE.

Archives de l'Empire.

7619. — AU GÉNÉRAL BRUNE.

La Malmaison, 23 ventôse an XII (14 mars 1804).

Citoyen Général Brune, Ambassadeur à Constantinople, Jaubert est porteur d'une lettre pour l'empereur. Elle est en français et en turc; ainsi l'empereur la pourra lire sans la montrer à personne. Jaubert vous montrera la copie. Procurez-lui les moyens de la remettre lui-même, ou, dans tous les cas, faites comme vous jugerez à propos, pourvu que l'empereur sache que cette lettre est de moi et qu'elle n'est que pour lui. Il y a plusieurs jours que j'ai fait venir l'ambassadeur aux Tuileries; j'ai causé avec lui dans le sens de ma lettre. Il y a huit jours qu'il a dû expédier son courrier pour en rendre compte. Faites savoir à l'empereur que, quand il fera sa réponse, il vous la fasse passer directement. Vous pourrez éviter la curiosité publique en disant que c'est une petite lettre relative aux affaires de la conspiration. Vous aurez vu les détails relatifs à cette dernière affaire, et le rapport du grand juge. Quand vous lirez ceci, le tribunal criminel de la Seine aura prononcé.

J'ai reçu votre lettre et l'ai lue avec grand intérêt. Ajoutez foi à ce que j'ai écrit à l'empereur. Je désire soutenir l'empire; je désire qu'il puisse reprendre un peu d'énergie; et profitez de ma lettre pour, toutes les fois qu'il sera nécessaire, communiquer avec l'empereur; il pourra vous désigner un homme de sa confiance particulière.

Dans la position actuelle de l'Europe, ma direction est toute sur l'Angleterre. J'ai à Boulogne 1,000 canonnières et bateaux qui porteront 100,000 hommes et 10,000 chevaux.

Nous avons des nouvelles des Indes; notre escadre y est arrivée heureusement et s'est réunie à l'escadre hollandaise. Elles font le plus grand mal à l'Angleterre. Ceylan est en pleine révolte, le roi fou, et l'Angleterre très-agitée.

La mission que vous avez est très-importante; soit que je marche sur Londres, soit que je fasse la paix, elle aura encore une plus grande importance.

Éclairez-nous le plus possible sur les affaires de la Perse.

Croyez à l'estime que je vous porte et au désir que j'ai de vous en donner des preuves dans toutes les circonstances.

BONAPARTE.

Archives de l'Empire.

7620. — AU CITOYEN RÉAL,
CHARGÉ DU 1er ARRONDISSEMENT DE LA POLICE GÉNÉRALE.

La Malmaison, 24 ventôse an XII (15 mars 1804).

Citoyen Réal, Conseiller d'État, je reçois un courrier de Strasbourg. C'est dans la nuit du 23 au 24 que l'expédition a dû se faire. Il paraît certain que Dumouriez était à Ettenheim depuis un mois.

Vous trouverez ci-joint le rapport fait par l'envoyé de Méhée à Drake, une lettre de change, une lettre en encre sympathique écrite par Drake au général républicain, une note des individus arrêtés à Strasbourg, parmi lesquels le célèbre Demougé, qu'on a fait partir pour Paris, et la baronne de Reich, qui paraît avoir été arrêtée à Offenburg; un paquet intitulé *Carte pour servir à avoir de l'or*.

Expédiez sur-le-champ un courrier à Strasbourg, pour que les individus portés dans la note comme dangereux, et qui ne sont point arrêtés, le soient sur-le-champ. Ordonnez l'arrestation du curé de Saint-Laurent, chez lequel demeurait la baronne de Reich. Il est impossible qu'il ne soit pas coupable, puisqu'il donnait asile à cette misérable. Du reste, pour cette dernière arrestation, ordonnez à l'officier de gendarmerie de prendre des renseignements locaux du préfet.

Écrivez au général Caulaincourt que j'ai reçu sa lettre; que, si l'on capturait soit le duc d'Enghien, soit Dumouriez, il les expédie, dans deux voitures différentes, sous bonne et sûre garde, et les dirige sur Paris.

Faites appeler, dans la journée de demain, le commandant de Vincennes; demandez-lui des renseignements sur les individus qui demeurent à Vincennes, sur la situation de ce château et sur l'endroit où l'on pourrait mettre des prisonniers.

Méhée est parti depuis deux jours de Strasbourg; il a passé par Bade et Fribourg. Faites-moi connaître s'il est à Paris à l'heure qu'il est.

BONAPARTE.

Il est nécessaire de garder quelque secret sur tout ceci.

Comm. par M. Léonor Fresnel.

7621. — DÉCISION.

La Malmaison, 24 ventôse an XII (15 mars 1804).

| Rapport du général Moncey sur l'ar- | Savoir si cet émigré a une sur- |

restation du citoyen Leroux, chirurgien à Boulogne, et de l'émigré d'Avaugour, qui a une ressemblance parfaite avec le brigand Guillemot.

veillance du grand juge, qui peut seul l'autoriser à rester. Un passe-port d'un agent de la République ne peut pas l'autoriser à revenir.

BONAPARTE.

Archives de l'Empire.

7622. — DÉCISION.

La Malmaison, 25 ventôse an XII (16 mars 1804).

Le citoyen Lavallette transmet la réclamation des maîtres de poste des environs de Paris contre la mesure de surveillance qui ne permet pas de sortir de Paris après sept heures du soir, cette mesure leur causant un préjudice notable.

Renvoyé au grand juge, pour autoriser la sortie des relais en prenant toutes les précautions nécessaires.

BONAPARTE.

Archives de l'Empire.

7623. — AU GÉNÉRAL SOULT,
COMMANDANT LE CAMP DE SAINT-OMER.

La Malmaison, 25 ventôse an XII (16 mars 1804).

Citoyen Général Soult, j'ai appris, par votre lettre du 22, la prise d'une caïque aux environs du cap Grisnez.

Je ne conçois pas trop pourquoi les ingénieurs prétendent ne pouvoir construire le barrage ni l'écluse sans qu'on leur donne en entier le pont de service; qu'ils fassent le calcul des voitures qui peuvent passer chaque jour sur ce pont, et ils verront qu'il peut en passer deux cents fois plus qu'ils n'en ont. Les ports de Wimereux, d'Ambleteuse, et l'achèvement du bassin, me mettent en état de me passer de la portion du port sur lequel ils fondent leur seconde objection. Causez de cela avec eux, et faites-moi connaître si je puis compter qu'ils finiront promptement. C'est moins l'écluse que le barrage qui m'intéresse; par le barrage, le port acquerra une grande amélioration.

Je pense que, quand une pièce de 16 pourra être placée sur les bateaux canonniers, il ne faut point la mettre, parce qu'elle ne pourrait point faire feu. Je n'ai pas besoin de pièces de 16.

Je vois avec peine qu'on perd à Boulogne l'habitude de sortir du port. Le temps est très-beau depuis quinze jours, et l'on n'est pas sorti une seule fois. Je charge le ministre de la marine d'écrire à cet effet au contre-amiral Lacrosse.

J'ai promu au grade de chef de brigade le chef de bataillon Duclos-Guyot, et les capitaines Plagnol et Calmet à la 1re classe.

Je ne sais si, dans le temps, je vous ai répondu que j'approuvais la gratification que vous proposiez d'accorder aux officiers qui ont fait les fonctions de surveillants aux ports de Wimereux et d'Ambleteuse. Faites dresser l'état des sommes nécessaires, et envoyez-le au ministre de la guerre, qui les ordonnancera.

BONAPARTE.

Archives de l'Empire.

7624. — DÉCISION.

La Malmaison, 25 ventôse an XII (16 mars 1804).

Le ministre de la guerre rend compte de l'arrestation, faite par ordre du général Soult, de l'équipage d'un bâtiment danois entré à Calais après avoir été visité par un cutter anglais.

Le général Soult a bien fait; il faut que ce bâtiment ne sorte plus.

BONAPARTE.

Archives de l'Empire.

7625. — AU CONTRE-AMIRAL VER HUELL,
COMMANDANT LA FLOTTILLE BATAVE.

La Malmaison, 25 ventôse an XII (16 mars 1804).

Contre-Amiral Ver Huell, j'ai vu avec plaisir votre manœuvre. Je ne vous fais point un reproche de vous être abordé, quand même nous eussions éprouvé la perte de plusieurs bâtiments. Si votre division avait marché éparpillée et loin l'une de l'autre, elle n'aurait pas couru ce risque; mais en marchant ainsi elle n'eût point marché comme des bâtiments de guerre.

Vous avez eu un combat. Faites-moi un rapport sur les individus de la flottille qui se sont distingués, afin que je leur accorde des récompenses d'honneur.

Vous savez que, sur les chaloupes canonnières de Boulogne, j'ai fait mettre un obusier de 8 pouces, jetant un obus de 45 livres. J'ai, à l'heure qu'il est, 900 bâtiments à Boulogne, et 900 en route, partis de tous les ports de l'Océan depuis Bayonne, et qui viennent au rendez-vous. Je ne sais si la République batave pourrait vous fournir une cinquantaine de péniches. Cependant, comme cela n'est point dans le traité, je ne veux pas l'exiger. Voyez ce qu'on pourrait obtenir là-dessus.

J'ai ordonné qu'arrivés à Ostende vos équipages soient nourris à mon compte.

BONAPARTE.

Archives de l'Empire.

7626. — AU GÉNÉRAL BERTHIER.

La Malmaison, 26 ventôse an XII (17 mars 1804).

Je n'ai pu voir qu'avec peine, Citoyen Ministre, la prise de la patache de l'Écluse par deux péniches. Comment, à l'entrée d'un fleuve comme l'Escaut, n'y a-t-il pas quelques batteries pour la protéger, et comment cette patache n'est-elle pas elle-même sous la protection d'une batterie ?

Je vous prie de me faire connaître depuis quel temps le sous-inspecteur aux revues Garrau sert en cette qualité, et si le comité central des revues en est content.

BONAPARTE.

Archives de l'Empire.

7627. — AU GÉNÉRAL DAVOUT, COMMANDANT LE CAMP DE BRUGES.

Paris, 26 ventôse an XII (17 mars 1804).

Citoyen Général Davout, j'ai appris avec plaisir l'arrivée du contre-amiral Ver Huell et la bonne manœuvre qu'il a faite. J'aurais préféré que les bateaux canonniers vinssent par mer ; mais, puisque le trajet était à demi fait, vous avez eu raison de le faire continuer.

J'ai vu avec peine vos discussions avec le général Magon. Il ne faut point oublier que la marine ne fait point partie de l'armée, que c'est, dans l'État, une organisation et un ministère à part, et qu'il y faut une manière d'être tout à fait différente ; car, dans tous les pays du monde et dans tous les siècles, les marins et les soldats de terre ont été enclins à être mal ensemble. D'ailleurs, si les marins croyaient être commandés par des officiers de terre, ils perdraient confiance et finiraient par se dégoûter. Quand je me suis adressé à vous, ç'a toujours été dans la pensée que vous y influassiez par l'ascendant naturel que vous devez avoir sur Magon.

J'ai vu avec peine que deux péniches de Sidney Smith aient enlevé la patache de l'Écluse. Il n'y a donc pas un poste d'infanterie ou de cavalerie pour protéger cette patache ? Faites-moi un rapport détaillé là-dessus. C'est un petit échec que nous n'aurions pas dû éprouver. Les officiers d'état-major chargés de l'inspection de la côte ne sont donc pas toujours à cheval ? Si cette patache a été prise hors de la portée du canon de terre, ce n'est point leur faute ; mais, si elle a été prise près de terre, la faute en est certainement à eux.

Il ne faut pas s'embarrasser si la flottille batave ne peut sortir d'Ostende qu'en deux marées ; je ne vois cependant pas d'inconvénient, si la marine le juge nécessaire, à jeter un ou deux corps-morts. Mais Ostende, et cela pour vous seul, n'est pas un point d'où je veuille partir pour aller en Angleterre ; et, comme la flottille partira de là pour aller mouiller dans un des ports de France, il m'importe moins qu'elle puisse sortir dans une marée ou dans deux.

BONAPARTE.

Comm. par Mme la maréchale princesse d'Eckmühl.
(En minute aux Arch. de l'Emp.)

7628. — AU CONTRE-AMIRAL DECRÈS.

Paris, 27 ventôse an XII (18 mars 1804).

Donnez l'ordre, Citoyen Ministre, que la seconde division de bateaux canonniers, qui est dans le port de Boulogne, se rende à Ambleteuse pour rester en station dans ce port.

Donnez ordre à la 4e division de bateaux canonniers, qui est à Boulogne, de se rendre à Wimereux pour y rester également en station.

Vous ferez connaître au général Lacrosse que mon intention est que, dans toutes les marées, il y ait constamment en rade une cinquantaine de bâtiments, à Wimereux huit ou dix, et à Ambleteuse un égal nombre, afin d'exercer les troupes et les équipages et accoutumer les commandants à bien étudier les courants des rades. Je désirerais qu'il y eût une section, qui se relèverait, des bateaux canonniers d'Étaples qui se rendraient au mouillage d'appareillage.

Je désire que le général Lacrosse fasse exercer, dans la baie d'Étaples, les chaloupes et bateaux canonniers, et qu'il soit tenu note de la vitesse qu'on peut avoir avec le jusant, avec le flot, et au moment de la marée.

BONAPARTE.

Archives de l'Empire.

7629. — AU CITOYEN BARBÉ-MARBOIS.

La Malmaison, 27 ventôse an XII (18 mars 1804).

Citoyen Ministre du trésor public, c'est par votre lettre que j'ai appris les entrevues qu'on supposait avoir eu lieu entre Pichegru et vous. Si je l'eusse appris par toute autre voie, je vous en eusse fait part sur-le-champ. J'ai la consolation, dans cette malheureuse affaire, de ne pas trouver un seul homme de ceux que j'avais placés dans les autorités, que j'avais le moindrement approchés de moi, directement ou indirectement même prévenu. Bien plus, ma maison se compose de plus de 600 domestiques; plusieurs ont servi à Versailles; on a voulu en tenter quelques-uns, mais leur contenance a toujours été telle que directement ni indirectement aucun ne se trouve prévenu.

Quant à vous, ministre de la République, allié d'un Consul, et en qui je me plais à avoir autant de confiance, c'eût été le comble du délire et de la folie de la part des agents de l'étranger de vous laisser rien pénétrer de leurs projets.

Quant aux bruits qu'on peut répandre, ils ne prouvent qu'une chose, qu'il est fort heureux pour une nation d'être gouvernée. Ces bruits sont l'aliment du reste des factions, qui les convertiraient en listes de proscriptions si elles parvenaient à le pouvoir.

Au reste on a poussé la bêtise jusqu'à compromettre tous les ambassadeurs et même celui de Vienne, dont on connaît la prudence et la circonspection, qui a été portée par sa cour au point de n'avoir voulu jamais qu'aucun prince restât dans ses États.

Je puis dire aujourd'hui ce que le grand juge a dit avec mon approbation, il y en a de moins marquants que ceux dont les noms sont dans *le Moniteur*.

BONAPARTE.

Barthélemy, il est vrai, a été compromis, mais c'est encore sur le compte de banque.

Archives de l'Empire.

7630. — AU CITOYEN TALLEYRAND.

La Malmaison, 27 ventôse an XII (18 mars 1804).

Je vous envoie, Citoyen Ministre, le rapport de l'officier de gendarmerie qui a été envoyé à Carlsruhe. Il y a dans ce rapport des choses qui me font penser que le baron d'Edelsheim n'est pas notre ami. Proposez-moi l'envoi à Bade d'un agent sur lequel nous puissions compter, et rappelez celui qui y est.

Par les lettres du duc d'Enghien, je vois que Champagny se trouve, dans des maisons de Vienne, à dîner avec le comte Esterhazy, lequel est habillé en uniforme de général français, et revêtu du cordon bleu. Écrivez-lui-en, et, si ce fait est vrai, témoignez-lui-en mon mécontentement.

Écrivez à Francfort et à Hambourg qu'on dresse l'état des émigrés résidant dans ces villes, leur âge, leur qualité, prénoms, et, s'il se peut, le département dont ils sont ; et qu'on vous envoie, sous quinzaine, ledit état. Il faudrait peut-être demander à Munich l'arrestation de l'évêque de Châlons.

BONAPARTE.

Archives des affaires étrangères.
(En minute aux Arch. de l'Emp.)

7631. — AU CITOYEN RÉAL.

La Malmaison, 28 ventôse an XII (19 mars 1804).

Citoyen Réal, Conseiller d'État, je vous envoie les papiers du duc d'Enghien. J'ai gardé le paquet de sa correspondance avec le comte de Lille, qui ne contient rien d'important que deux lettres de bonne année, et une relative aux prétendues propositions qui leur ont été faites par la Prusse pour qu'ils renoncent à leurs droits au trône.

Il est question, dans le procès-verbal, d'un portefeuille rouge où il y aurait des lettres de la duchesse de Bourbon sa mère. Ce portefeuille ne m'a pas été envoyé.

Je vous transmets aussi un rapport de Fribourg, que Caulaincourt m'envoie.

Je désire deux choses : la première, que vous fassiez mettre dans tous les journaux un article qui fasse connaître que l'Angleterre, au moment où elle envoyait Georges sur nos côtes, prenait à solde tous les émigrés qui se trouvaient en Allemagne ; la deuxième, que vous envoyiez deux agents adroits, l'un à Munich, l'autre à Fribourg, qui prendraient les noms de tous les émigrés qui s'y trouvent, avec leur âge et le département dont ils sont, afin que ces notes puissent nous servir à arrêter enfin notre liste d'émigrés.

Je vous envoie aussi une note relative à un employé de la poste qui a été arrêté, et une autre relative à un passage d'un journal qui s'imprime à Wissembourg et qu'il faut faire supprimer.

Il faut donner la consigne aux frontières de ne laisser rentrer aucun Français, même avec des passe-ports de nos ministres en pays étrangers. Ils ne pourront passer qu'avec des passe-ports du ministre des relations extérieures et du grand juge ; et ceux qui seraient soupçonnés d'avoir émigré seront mis en dépôt jusqu'à ce qu'on en ait rendu compte au grand juge.

Caulaincourt me mande que le général Desnoyers, qui assurait n'avoir pas quitté Strasbourg depuis dix mois, arrivait de Leipzig depuis peu avec une grande quantité d'argent.

Enfin je vous prie de consulter Méhée sur notre agent près l'électeur de Bade, nommé Massias, pour savoir s'il est ou non marié, et quelles sont les preuves de suspicion contre lui.

Il paraît que le citoyen Bœll, président du tribunal de Wissembourg, et Meyer, juge, sont les rédacteurs de la gazette de cette ville. Caulaincourt me mande qu'il n'y a qu'un cri contre eux dans le département; que le préfet en a déjà écrit plusieurs fois au grand juge; que le général de la division et la gendarmerie en sont mécontents. Expédiez, par un courrier, l'ordre de les faire arrêter. Comme ils sont juges, faites signer le mandat d'arrêt par le grand juge, en le motivant sur l'article de la constitution. Faites en même temps saisir leurs papiers, et faites-les conduire dans la citadelle de Strasbourg.

Le sous-préfet de Wissembourg paraît aussi très-mauvais. Faites prendre des renseignements sur son compte.

Caulaincourt me mande qu'il faut éloigner au plus tôt les prisonniers de Strasbourg, surtout l'abbé Wemborn, qui a du crédit parmi le clergé. On peut sans inconvénient les faire filer sur Paris.

Je vous recommande de prendre en secret avec Desmarêts connaissance de ces papiers. Il faut empêcher qu'il ne soit tenu aucun propos sur le plus ou moins de charges que portent ces papiers.

Si Desmarêts croit pouvoir présenter les noms de cinq ou six cents personnes qui seraient aujourd'hui à l'étranger, pour maintenir sur la liste, il faudrait me la présenter; mais il faudrait savoir ce qu'ils ont de biens et mettre bien leurs prénoms.

BONAPARTE.

Comm. par M. Léonor Fresnel.

7632. — AU GÉNÉRAL MURAT, GOUVERNEUR DE PARIS.

La Malmaison, 28 ventôse an XII (19 mars 1804).

Citoyen Général Murat, j'ai reçu votre lettre. Si le duc de Berry était à Paris logé chez M. de Cobenzl, et M. d'Orléans logé chez le marquis de Gallo, non-seulement je les ferais arrêter cette nuit et fusiller, mais je ferais aussi arrêter les ambassadeurs et leur ferais subir le même sort, et le droit des gens ne serait en rien compromis. Mais, comme il est de toute impossibilité que ces ministres, sous peine de risquer leur tête, se fussent portés à une démarche aussi insensée, et comme, bien loin d'autoriser cette conduite, le cabinet de Vienne ne veut autoriser le séjour d'aucun prince français à Vienne, je ne veux faire aucune perquisition chez eux. Vous ferez bien de faire arrêter celui qui vous a donné cet avis, qui ne peut être qu'un misérable. Tout le monde sait, hormis les badauds, que les maisons des ambassadeurs ne sont point des asiles pour les crimes d'État. Ne vous laissez donc pas amuser par de pareilles folies. Rejetez cela bien loin, et ne souffrez pas que devant vous on dise cela. Quant à la seconde partie, le prince Charles, vous sentez vous-même combien cela est horriblement absurde. Le prince Charles est un homme brave et loyal auquel je suis particulièrement attaché, et Cobenzl et Gallo sont des hommes qui, bien loin de cacher des individus qui conspireraient contre moi, seraient les premiers à m'en donner avis.

Mon intention n'est pas même qu'il y ait aucune surveillance extraordinaire autour de leurs maisons.

Il n'y a pas d'autre prince à Paris que le duc d'Enghien, qui arrivera demain à Vincennes. Soyez certain de cela, et ne souffrez même pas qu'on vous dise le contraire.

BONAPARTE.

Archives de l'Empire.

7633. — AU CITOYEN TALLEYRAND.

La Malmaison, 29 ventôse an XII (20 mars 1804).

Je vous envoie, Citoyen Ministre, l'extrait d'un journal qui s'imprime en Hollande. Demandez sur-le-champ la suppression de ce journal.

BONAPARTE.

Archives des affaires étrangères.
(En minute aux Arch. de l'Emp.)

7634. — AU GÉNÉRAL SOULT,
COMMANDANT LE CAMP DE SAINT-OMER.

La Malmaison, 29 ventôse an XII (20 mars 1804).

Citoyen Général Soult, par l'état du premier inspecteur d'artillerie, vous devez avoir treize mortiers à semelle à Boulogne et quatre à Étaples. Quoique le nombre de treize mortiers à grande portée pour Boulogne soit déjà raisonnable, je croyais cependant que vous en aviez davantage. Je désire savoir combien vous avez de mortiers à la Gomer; de ces derniers, une quarantaine ne serait point de trop.

Le fort Rouge doit être armé de douze pièces de 36; faites-moi connaître combien il en existe à Boulogne et si les affûts sont prêts. Je ne sais pas si Sganzin a persisté dans son projet de placer à ce fort deux mortiers. Si l'on pouvait y mettre deux mortiers à grande portée, ils tiendraient l'ennemi éloigné de plus de 2,500 toises du port.

J'avais désiré que l'on plaçât aussi deux mortiers à plaque sur le musoir; faites-moi connaître s'ils existent.

Je vous prie de me faire également connaître si l'on a placé sur l'est de la jetée de Boulogne les deux mortiers pour compléter la défense de la rade.

J'ai donné ordre au ministre de la marine de faire passer la 4e division de bateaux canonniers à Wimereux, et la 2e à Ambleteuse. J'ai choisi exprès ces deux divisions, parce que ce sont des bateaux d'ancienne construction.

Je désire savoir si l'on a changé la plate-forme des pièces sur les bateaux canonniers, de manière qu'on puisse les diriger dans tous les sens.

Je n'aurais voulu rien décider sur les cinquante-deux bâtiments destinés à l'embarquement de la cavalerie d'Étaples; cependant, si cela était indispensablement nécessaire pour exécuter le barrage et l'écluse de chasse, votre bassin, avec les nouvelles dimensions, devrait contenir bien des bâtiments. Je ne voudrais pas non plus trop embarrasser Ambleteuse, parce qu'il serait possible que j'y fisse venir une partie de la flottille batave. Faites-moi connaître le nombre des bâtiments qui sont au delà du pont.

Quant aux péniches, j'attendrai, pour en disposer, qu'il y ait quatre divisions bien formées à Boulogne.

Cinq jours d'eau sont suffisants pour les écuries; mais bien entendu que, tous les jours, tant que la flottille restera dans le port, on remplacera l'eau qui aura été consommée.

Le ministre donnera des ordres pour la disposition des citernes. Si les embarcations ne peuvent pas suffire, on verra à se servir des bateaux de Terre-Neuve, dans lesquels on mettra des barriques pleines d'eau.

La pensée que les Anglais aient tâché d'empester le continent, en jetant sur les côtes des balles de coton venant du Levant, fait horreur.

BONAPARTE.

Archives de l'Empire.

7635. — AU GÉNÉRAL NEY, COMMANDANT LE CAMP DE MONTREUIL.

La Malmaison, 29 ventôse an XII (20 mars 1804).

Citoyen Général Ney, je suis instruit que les Anglais ont vomi des ballots de coton sur nos côtes. On a pensé que ces ballots pouvaient être empoisonnés. Donnez-moi sur ce fait tous les détails qu'on pourrait avoir. Il sera triste de penser qu'ils aient poussé si loin l'oubli de tous les principes.

BONAPARTE.

Archives de l'Empire.

7636. — ARRÊTÉ.

Paris, 29 ventôse an XII (20 mars 1804).

ARTICLE 1er. — Le ci-devant duc d'Enghien, prévenu d'avoir porté les armes contre la République, d'avoir été et d'être encore à la solde de l'Angleterre, de faire partie des complots tramés par cette dernière puissance contre la sûreté intérieure et extérieure de la République, sera traduit à une commission militaire, composée de sept membres nommés par le général gouverneur de Paris, et qui se réunira à Vincennes.

ART. 2. — Le grand juge, le ministre de la guerre et le général gouverneur de Paris sont chargés de l'exécution du présent arrêté.

BONAPARTE.

Archives de l'Empire.

7637. — AU GÉNÉRAL MURAT, GOUVERNEUR DE PARIS.

La Malmaison, 29 ventôse an XII (20 mars 1804), 4 heures du soir.

Général, d'après les ordres du Premier Consul, le duc d'Enghien doit être conduit au château de Vincennes, où les dispositions sont faites pour le recevoir. Il arrivera probablement cette nuit à cette destination. Je vous prie de faire les dispositions qu'exige la sûreté de ce détenu, tant à Vincennes que sur la route de Meaux par laquelle il vient. Le Premier Consul a ordonné que le nom de ce détenu et tout ce qui lui serait relatif fût tenu très-secret. En conséquence, l'officier chargé de sa garde ne doit le faire connaître à qui que ce soit; il voyage sous le nom de Plessis. Je vous invite à donner, de votre côté, les instructions nécessaires pour que les intentions du Premier Consul soient remplies.

Par ordre du Premier Consul.

Archives de l'Empire.

7638. — AU CITOYEN HAREL,
COMMANDANT DU CHATEAU DE VINCENNES.

La Malmaison, 29 ventôse an XII (20 mars 1804), 4 heures et demie.

Un individu dont le nom ne doit pas être connu, Citoyen Commandant, doit être conduit dans le château dont le commandement vous est confié; vous le placerez dans l'endroit qui est vacant, en prenant les précautions convenables pour sa sûreté. L'intention du Gouvernement est que tout ce qui lui sera relatif soit tenu très-secret, et qu'il ne lui soit fait aucune question sur ce qu'il est et sur les motifs de sa détention. Vous-même devrez ignorer qui il est. Vous seul devrez communiquer avec lui, et vous ne le laisserez voir à qui que ce soit, jusqu'à nouvel ordre de ma part. Il est probable qu'il arrivera cette nuit. Le Premier Consul compte, Citoyen Commandant, sur votre discrétion et votre exactitude à remplir ces différentes dispositions.

Par ordre du Premier Consul.

Archives de l'Empire.

7639. — AU CITOYEN RÉAL, CONSEILLER D'ÉTAT.

La Malmaison, 29 ventôse an XII (20 mars 1804)[1].

Je vous envoie la lettre de Caulaincourt. Il paraît que le duc d'Enghien est parti le 26 à minuit. Ainsi il ne peut pas tarder à arriver. Je viens de prendre l'arrêté dont vous trouverez ci-joint copie. Rendez-vous sur-le-champ à Vincennes pour faire interroger le prisonnier.

Voici l'interrogatoire que vous ferez :

1° Avez-vous porté les armes contre votre patrie?

2° Avez-vous été à la solde de l'Angleterre?

3° Avez-vous voulu offrir vos services à l'Angleterre pour combattre contre l'armée qui marchait sous les ordres du général Mortier pour conquérir le Hanovre?

4° N'avez-vous pas eu des correspondances avec les Anglais et ne vous êtes-vous pas mis à leur disposition, depuis la présente guerre, pour toutes les expéditions qu'on voudrait faire contre la France, à l'extérieur ou à l'intérieur, et n'avez-vous pas oublié tous les sentiments de la nature jusqu'à appeler le peuple français votre plus cruel ennemi?

5° N'avez-vous pas proposé de lever une légion et de faire déserter les troupes de la République, en disant que votre séjour pendant deux ans près des frontières vous avait mis à même d'avoir des intelligences parmi les troupes qui sont sur le Rhin?

6° Est-il à votre connaissance que les Anglais ont repris à leur solde et donneront encore des traitements aux émigrés cantonnés à Fribourg, à Offenbach, à Offenburg et sur la rive droite du Rhin?

7° N'aviez-vous pas des correspondances avec les individus composant ces rassemblements, et n'êtes-vous pas à leur tête?

[1] Date présumée.

8° Quelles sont les correspondances que vous avez en Alsace? Quelles sont celles que vous avez à Paris? Quelles sont celles que vous avez à Breda et dans l'armée de Hollande?

9° Avez-vous connaissance du complot tramé par l'Angleterre et tendant au renversement du gouvernement de la République, et, le complot ayant réussi, ne deviez-vous pas entrer en Alsace et même vous porter à Paris, suivant les circonstances?

10° Connaissez-vous un nommé Vaudrecourt, qui a été commissaire des guerres et a fait la guerre contre la République?

11° Connaissez-vous un nommé La Rochefoucauld, tous deux arrêtés par suite d'une conspiration contre l'État?

Il sera nécessaire que vous conduisiez l'accusateur public, qui doit être le major de la gendarmerie d'élite, et que vous l'instruisiez de la suite rapide à donner à la procédure.

BONAPARTE.

Comm. par M. Léonor Fresnel.

7640. — AU GÉNÉRAL DAVOUT, COMMANDANT LE CAMP DE BRUGES.

La Malmaison, 30 ventôse an XII (21 mars 1804).

Citoyen Général Davout, suivant le rapport du premier inspecteur général de l'artillerie, vous auriez à Ostende quatorze mortiers à grande portée. Ce nombre est trop considérable; il faudrait pouvoir en céder six à Dunkerque; huit doivent vous suffire pour Ostende, sauf à avoir un grand nombre de mortiers à la Gomer, qui portent à 1,400 toises.

Depuis le commencement de la guerre, nous n'avons rien fait pour le port de Dunkerque. Mon intention est de faire construire deux forts en bois sur la laisse de basse mer; mais il faudra tout l'été pour faire ces constructions. En attendant, je désire qu'on place au fort Risban et au fort Blanc douze à quinze mortiers, dont six à grande portée et huit ou neuf à la Gomer. Cet armement protégerait la rade, puisque le banc qui borde cette rade n'est éloigné du fort Risban que de 1,200 toises. Faites-vous rendre compte de l'armement de ces deux forts, lorsque vous irez à Dunkerque, et faites-y placer autant de pièces de 36 et de 24 qu'il sera possible d'en placer.

BONAPARTE.

Comm. par Mme la maréchale princesse d'Eckmühl.
(En minute aux Arch. de l'Emp.)

7641. — DÉCISION.

La Malmaison, 1er germinal an XII (22 mars 1804).

Le citoyen Dumolard demande une préfecture[1].

Je prie le citoyen Lebrun de voir le citoyen Dumolard. Je désirerais l'employer, et je saisirai avec plaisir ce moment-ci pour que tout le monde reste persuadé que, dans les affaires, je mets, autant qu'il m'est possible, de côté toute prévention passée, et que je ne me défie point des citoyens contre lesquels je n'ai aucune preuve positive.

BONAPARTE.

Archives de l'Empire.

7642. — LE SECRÉTAIRE D'ÉTAT AU CITOYEN TALLEYRAND.

Paris, 1er germinal an XII (22 mars 1804).

Le Premier Consul me charge, Citoyen Ministre, de vous faire connaître les dispositions suivantes :

Le grand juge donnera connaissance au Sénat, demain samedi, des pièces de la correspondance de M. Drake. Les originaux de ces pièces seront vraisemblablement envoyés à une commission qui fera lundi son rapport.

Aussitôt que ce rapport aura été fait, le ministre des relations extérieures enverra un exemplaire des pièces imprimées à chaque ambassadeur, ministre ou agent diplomatique. A cet envoi sera jointe une note dans laquelle on fera connaître que les originaux ont été adressés à l'électeur de Bavière, et où l'on exprimera que le corps diplomatique verra sans doute avec douleur que l'on profane le caractère sacré d'ambassadeur pour en faire un ministère d'embauchage, de complots et de corruption.

Le ministre des relations extérieures enverra, par un courrier, au citoyen Otto, une centaine d'exemplaires de la correspondance, et une note pour M. de Montgelas, dans laquelle on fera connaître que, le Premier Consul ne pouvant considérer M. Drake comme revêtu du caractère de ministre, il demande qu'il soit sur-le-champ chassé de Munich.

Le ministre fera connaître en même temps au citoyen Otto, ainsi

[1] Voir pièce 1970.

qu'à M. Cetto, que le Premier Consul, dans une circonstance aussi importante, attend de l'amitié qui existe entre les deux puissances que l'Électeur fera saisir les papiers de M. Drake.

Le Premier Consul, Citoyen Ministre, en achevant de dicter ces dispositions, m'a chargé d'y ajouter la demande de l'arrestation de l'évêque de Châlons, ainsi que des deux individus sous l'adresse desquels passait la correspondance.

Par ordre du Premier Consul.

Archives des affaires étrangères.

7643. — AU CONTRE-AMIRAL DECRÈS.
La Malmaison, 1er germinal an XII (22 mars 1804).

Par la lettre ci-jointe de Lafond, il me paraît qu'on va désorganiser la flottille à Boulogne ; tout doit rester à Boulogne, hormis les bateaux canonniers dont le départ a été ordonné pour Ambleteuse et Wimereux. Il est surtout nécessaire que les chaloupes canonnières restent à Boulogne, ainsi que toutes les péniches.

BONAPARTE.

Archives de l'Empire.

7644. — AU CITOYEN TALLEYRAND.
La Malmaison, 2 germinal an XII (23 mars 1804).

Je vous envoie, Citoyen Ministre, une lettre qu'il est bon que vous lisiez. Je désire que, dans le même style et par le même canal, vous fassiez sentir combien la conduite de M. de Markof est fautive, puisque l'individu qu'il réclamait était impliqué dans ces affaires qui sont suivies depuis longtemps, et que d'Entraigues et Vernègues ne tendent qu'au même but ; qu'il n'est pas digne de l'Empereur, après avoir reconnu un gouvernement, vivant en bonne intelligence avec lui, et après avoir donné même des marques d'estime au chef, d'accréditer dans des pays étrangers des hommes qui abusent de ce caractère à ce point ; que cela ne veut pas dire que Sa Majesté n'est pas le maître d'employer dans ses États comme il l'entend des individus quels qu'ils soient.

Je vous renvoie vos deux notes. Je ne vois pas d'inconvénient à faire mettre dans *le Moniteur* la lettre de M. d'Edelsheim.

BONAPARTE.

Archives des affaires étrangères.
(En minute aux Arch. de l'Emp.)

7645. — AU GÉNÉRAL MONCEY,
PREMIER INSPECTEUR GÉNÉRAL DE GENDARMERIE.

La Malmaison, 2 germinal an XII (23 mars 1804).

Citoyen Général Moncey, je vous prie de me rendre compte comment les deux prêtres dont j'avais ordonné l'arrestation à la Rochelle ont été relâchés, et pourquoi les sept dont j'avais ordonné l'arrestation dans le diocèse de Blois n'ont pas été arrêtés.

BONAPARTE.

Archives de l'Empire.

7646. — AU CONTRE-AMIRAL DECRÈS.

La Malmaison, 2 germinal an XII (23 mars 1804).

Les îles qui environnent la rade de Brest ne sont point fortifiées comme l'exigerait l'importance de cette rade. Ce n'est pas sans doute dans un moment comme celui-ci qu'il faut faire des constructions ; mais je désire qu'on en fasse le projet, afin qu'au premier moment de paix on commence la construction des ouvrages. Faites-moi un rapport détaillé,

1° Sur les îles qui environnent Brest où l'on a l'habitude de tenir garnison ;

2° Sur les batteries et fortifications établies pour protéger lesdites garnisons et faire qu'un petit nombre puisse résister à un grand.

3° Quelles sont les îles ou rochers qui ne sont pas occupés et dont l'occupation serait utile pour protéger soit l'arrivage, soit la sortie de la rade ?

Une fois les idées éclaircies sur cette opération, je me ferai faire un rapport par le génie de terre sur l'espèce de fortification à y établir.

BONAPARTE.

Archives de l'Empire.

7647. — AU CITOYEN REGNIER,
GRAND JUGE, MINISTRE DE LA JUSTICE.

La Malmaison, 6 germinal an XII (27 mars 1804).

Il est nécessaire que les interrogatoires soient suivis avec la plus grande activité, pour découvrir la ligne des brigands de Paris à Rennes, et qu'ont suivie probablement les sept individus arrêtés près Fougères.

Il faut aussi bien savoir de Vauricourt le nom du maître de forges de Normandie, ami de Georges ; il me vient à l'idée que ce pourrait être Hyde lui-même, qui a des forges de ce côté.

Faites-moi un rapport sur ce misérable qui donnait à Rouen des passe-ports au nom du comte de Lille.

Voici une note qui ne doit être communiquée à personne ; il y est question du gîte de plusieurs brigands. Il faudrait envoyer le même officier de gendarmerie qui a été avec Querelle pour une reconnaissance.

BONAPARTE.

Archives de l'Empire.

7648. — AU CITOYEN REGNIER.

La Malmaison, 6 germinal an XII (27 mars 1804).

Faites-moi remettre, dans le courant de germinal, l'état des dépenses secrètes du préfet de police pour les six premiers mois de l'an XII. Mon intention est de couvrir, tous les mois, ces dépenses secrètes par un arrêté, comme les vôtres et celles des relations extérieures. Le préfet de police doit donc se faire donner des reçus des individus auxquels il fait des payements motivés.

BONAPARTE.

Archives de l'Empire.

7649. — AU CITOYEN REGNIER.

La Malmaison, 6 germinal an XII (27 mars 1804).

Je désire, Citoyen Ministre, que vous adressiez une circulaire aux commissaires du Gouvernement près les tribunaux criminels, pour leur faire connaître que mon intention est que tout prêtre qui ne serait pas dans la communion de son évêque, et qui, dès lors, serait rebelle à l'État et au Pape, vous soit signalé, afin qu'il soit réprimé par tous les moyens de rigueur ; que je n'approuve pas les principes de tolérance dont ont paru animés quelques préfets, qui ont pensé que c'étaient des querelles d'opinion étrangères à l'autorité civile ; que le Gouvernement ne reconnaît que la religion catholique, apostolique et romaine, dont sont, seuls, les prêtres qui sont dans la communion des évêques établis par le concordat, et, enfin, les différentes religions réformées telles qu'elles sont établies depuis plusieurs siècles ; que toute nouvelle religion que voudraient établir des prêtres qui se sépareraient de la communion de leurs évêques serait considérée comme secte nouvelle, que le Gouvernement ne veut pas plus tolérer que les théophilanthropes.

BONAPARTE.

Archives de l'Empire.

7650. — AU GÉNÉRAL BERTHIER, MINISTRE DE LA GUERRE.

La Malmaison, 7 germinal an XII (28 mars 1804).

Voici l'état, que m'envoie le général Soult, des mortiers qui arment la côte de Boulogne. Il s'ensuit que la rade de Boulogne, qui commence depuis la Crèche jusqu'au cap d'Alpreck, n'est armée que de onze mortiers à plaque et dix-neuf à la Gomer, ce qui fait trente mortiers.

Je n'estime pas que cela soit suffisant.

Je désirerais que vous ordonnassiez qu'on fît partir de suite les deux premiers mortiers à plaque que vous aurez disponibles, pour les batteries du musoir de Boulogne. Vous ordonnerez que ces mortiers soient placés entre la première batterie et la batterie haute.

Je désirerais aussi que six autres mortiers à grande portée et à semelle soient dirigés sur Boulogne, pour être placés sur les forts de l'Heurt et de la Crèche ; et, en attendant que ces deux forts soient en état, on les placera sur le monticule.

Dirigez aussi sur Boulogne une douzaine de mortiers à la Gomer.

BONAPARTE.

Archives de l'Empire.

7651. — AU GÉNÉRAL SOULT,
COMMANDANT LE CAMP DE SAINT-OMER.

La Malmaison, 7 germinal an XII (28 mars 1804).

Citoyen Général Soult, mon intention est que les deux premiers mortiers à semelle que vous recevrez soient placés sur la batterie du musoir ; mais pour cela il ne faut rien déranger à ce qui existe. Il n'y a aucun inconvénient à les mettre derrière les pièces de la première batterie. Les observations de Sganzin me paraissent très-fortes. Il faudra se contenter, sur le fort en bois, de deux mortiers à la Gomer.

J'ordonne aussi au ministre de vous envoyer six mortiers à semelle, dont trois seront placés sur le fort de l'Heurt et trois sur le fort de la Crèche ; et, en attendant que ces forts soient en état, vous les placerez comme vous l'entendrez.

Vous avez des écuries qui ne sont pas encore disponibles. Vous en avez pour 183 chevaux à Calais. Complétez le nombre de 600 avec les écuries que vous avez à Boulogne.

Le ministre de la marine donne ordre qu'on réunisse à Calais tout ce qui est encore à Dunkerque, Ostende et Gravelines, pour compléter le nombre de 1,800 ; et ces bâtiments-là, vous les donnerez à la réserve de cavalerie qui est à Saint-Omer. Donnez les 600 qui vous restent à Boulogne à l'artillerie, qui, par ce moyen, en aura 1,100.

Faites pousser les travaux de l'Heurt et de la Crèche avec toute l'activité possible, ainsi que le fort en bois.

BONAPARTE.

Archives de l'Empire.

7652. — AU CONTRE-AMIRAL DECRÈS,
MINISTRE DE LA MARINE ET DES COLONIES.

La Malmaison, 7 germinal an XII (28 mars 1804).

Mon intention est qu'on réunisse à Calais des écuries pour 1,800 chevaux. On y réunira d'abord toutes les écuries qui sont actuellement à Calais, et toutes celles qui sont encore à Ostende, Dunkerque et Gravelines. Selon les états qui m'ont été remis, cela devrait compléter au moins le nombre de 1,800. Dans tous les cas, le directeur de la flottille de transport m'en rendra compte, si cela ne suffisait pas.

Ces écuries sont destinées à porter les chevaux de la cavalerie de réserve commandée par le général Bourcier.

Vous donnerez l'ordre à l'amiral, à Boulogne, de faire partir pour Étaples les écuries destinées à porter les chevaux de la division de cavalerie du camp de Montreuil. Vous me ferez connaître quel est le numéro que porte la division des bateaux canonniers de Montreuil, pourquoi elle n'est pas complète à trente-six, et si les bâtiments qui doivent la compléter sont désignés.

Vous ordonnerez également qu'il soit réuni à Étaples une division de chaloupes canonnières, qui fera la 5e division, et qui sera composée de quatre chaloupes canonnières qu'on armera à Étaples, et de quatorze autres, lesquelles seront envoyées à Étaples au fur et à mesure qu'il en arrivera, lorsque cependant les quatre divisions de Boulogne seront complétées, c'est-à-dire qu'il y aura à Boulogne soixante et douze chaloupes canonnières.

Il est nécessaire aussi que vous me fassiez connaître de quelle manière on pourra compléter la division de chaloupes canonnières qui est à Wimereux, qui n'est composée que de bâtiments d'ancienne construction. Si l'on attend encore à Boulogne d'anciens bâtiments, on pourra attendre, pour la compléter, qu'ils arrivent; sans quoi il faudra la compléter avec de nouveaux bâtiments.

Ainsi nos préparatifs s'étendent depuis Flessingue jusqu'à Étaples.

La troisième partie de la flottille batave est à Flessingue. Les première et seconde parties, avec des écuries pour 1,000 chevaux et des bâtiments de transport pour les bataillons, doivent être réunies à Ostende.

Les quatre-vingt-une corvettes de pêche de guerre doivent être réunies à Dunkerque.

Des écuries pour 1,800 chevaux, destinées à la cavalerie de la réserve, doivent être réunies à Calais.

Ambleteuse, Wimereux et Boulogne doivent pouvoir contenir des écuries pour l'artillerie de la Garde et la division de cavalerie du camp de Boulogne. Étaples doit contenir, de ce moment, la 5e division de chaloupes canonnières, une de bateaux canonniers et les écuries nécessaires à l'embarquement de la cavalerie du camp d'Étaples.

Mon intention, du reste, est que de Boulogne on ne fasse aucun mouvement sur Wimereux, Étaples ou Ambleteuse, que par ordre.

Il est nécessaire surtout de laisser beaucoup de place à Ambleteuse et Wimereux, puisque, dans une sortie de la flottille, la partie qui se trouverait sous le vent serait obligée d'aller mouiller dans ces ports.

Quant aux prames et péniches, je n'ai pas encore des idées assez claires sur le nombre que nous en aurons ; mais je vous prie de bien recommander que toutes les prames aient le nombre d'avirons qu'elles peuvent armer.

Il n'y a point assez de boulets de 36 à Boulogne ; envoyez-en 2,000. On pourra les embarquer au Havre ou ailleurs sur les bâtiments de la flottille.

BONAPARTE.

Archives de l'Empire.

7653. — AU CITOYEN PORTALIS.

La Malmaison, 9 germinal an XII (30 mars 1804).

Citoyen Portalis, Conseiller d'État, un curé des environs d'Abbeville a été arrêté comme favorisant l'espionnage. Un autre curé de Strasbourg a été arrêté comme logeant la baronne de Reich. Le prêtre Ottmann, de Marseille, qui a demeuré à Gibraltar, est également suspect. Je vous ai aussi envoyé, il n'y a pas longtemps, une note sur quelques prêtres dissidents du département du Pas-de-Calais, correspondant avec l'infâme ex-évêque d'Arras. Je désirerais que vous me fissiez connaître quelles seraient les formes canoniques à employer pour les dégrader, afin qu'ils puissent être livrés à toute la rigueur de la justice, car je pense qu'il faut un exemple qui frappe tout le clergé. Je ne suis pas plus content du vicaire de Saint-Sulpice, parent de Barco ; c'est un homme également à dégrader.

Je désire que vous adressiez une circulaire aux évêques, pour leur faire connaître que les évêques rebelles à l'État et au Pape, retirés à Londres et vendant leur conscience à l'or de nos ennemis, font imprimer toutes sortes de libelles contre le concordat et contre l'État; qu'ils doivent veiller à ce qu'aucun prêtre de leur diocèse n'entretienne avec eux des correspondances, et vous donner sur-le-champ connaissance de ceux qui ne seraient pas de leur communion; que mon intention est de punir avec sévérité ces ennemis de la religion et de l'État.

Je vous prie de faire rechercher dans vos papiers les plaintes qui vous auraient été adressées par des évêques sur des individus rebelles au concordat.

BONAPARTE.

Archives des cultes.
(En minute aux Arch. de l'Emp.)

7654. — DÉCISION.

La Malmaison, 10 germinal an XII (31 mars 1804).

Le ministre de l'intérieur propose d'ouvrir un crédit de 1,045,000 francs pour les communications militaires des départements de la Somme, du Pas-de-Calais, du Nord et de la Lys.

Il est impossible d'accorder un million pour les quatre départements du Nord. La route qu'il paraît convenable d'entretenir est celle de Paris à Boulogne, par Chantilly, Clermont, Amiens, Abbeville.

Après celle-ci, la plus importante est celle de Boulogne à Calais et de Boulogne à Saint-Omer; enfin les routes militaires de Boulogne à Étaples par Neufchâtel, d'Étaples à Montreuil, de Marquise à Ambleteuse, et du port de Wimereux au grand chemin.

Présenter de suite un travail général.

BONAPARTE.

Archives de l'Empire.

7655. — AU CITOYEN TALLEYRAND.

La Malmaison, 10 germinal an XII (31 mars 1804).

Voici, Citoyen Ministre, des lettres de Russie. Je vous prie de faire une réponse à la note du chargé d'affaires de Russie à Rome, laquelle sera adressée au Pape par le cardinal Fesch. Vous direz que l'indépendance des puissances de l'Europe est évidemment attaquée par la Russie, puisqu'elle veut se donner une juridiction sur des sujets qui ne sont pas nés Russes et bouleverser le droit public du monde tout aussi bien que le droit de la nature; que les émigrés sont des hommes condamnés à la mort par les lois de leur pays, et considérés dans tous les pays comme des individus morts civilement; que des émigrés, cependant, soient employés en Russie, nous n'y avons jamais trouvé à redire; mais ce dont nous nous plaignons, c'est que la Russie prétende les protéger et les accréditer au milieu des intrigues qu'ils trament sur nos frontières; que jamais la France ne consentira à admettre des principes aussi erronés.

Pour M. de Vernègues, cela est d'autant plus extraordinaire qu'il a été constamment en Italie chargé de toutes les intrigues comme soi-disant représentant du comte de Lille, et c'est là où le ministre russe qui est aujourd'hui à Rome l'a connu. Puisqu'ils aiment l'idéologie, il faut tourner la question sous tous les points de vue, dire que c'est une conduite imprudente, qu'on ne peut définir, de vouloir inquiéter un gouvernement ami par les intrigues d'hommes qui y ont leur intérêt naturel; qu'on a de la peine à reconnaître dans ce procédé la politique et la générosité d'un grand empire.

Faites une lettre au cardinal Caprara en lui envoyant une copie de cette note.

Envoyez au cardinal Fesch un courrier pour lui faire connaître qu'il doit absolument exiger qu'on livre M. de Vernègues; que les principes de la cour de Russie sont subversifs de nos droits et de notre indépendance, et que nous ne souffrirons jamais d'aucune puissance qu'on se mêle de discuter nos droits intérieurs.

Je désire que vous écriviez à l'ambassadeur de la République à Rome, pour que l'abbé Bonnevie retourne en France à son poste.

BONAPARTE.

Archives de l'Empire.

7656. — AU CITOYEN TALLEYRAND.

La Malmaison, 10 germinal an XII (31 mars 1804).

Je vous envoie, Citoyen Ministre, une lettre de Hanovre qui me paraît extravagante. Il y a cependant des faits qui doivent passer toujours avant les conjectures. N'en parlez point à M. Lucchesini, mais tâchez de pénétrer s'il sait qu'il se fait des mouvements de troupes; et portez une attention particulière à toutes les pièces de votre correspondance de Hambourg, Cassel ou Berlin. Si la Prusse rassemble des troupes, c'est probablement pour se mettre en mesure d'en imposer à l'Empereur.

BONAPARTE.

Comm. par M. Lebert, de Colmar.
(En minute aux Arch. de l'Emp.)

7657. — AU GÉNÉRAL BERTHIER.

La Malmaison, 10 germinal an XII (31 mars 1804).

Je désire, Citoyen Ministre, que vous fassiez témoigner ma satisfaction au 18ᵉ de ligne, aux détachements des 32ᵉ, 96ᵉ, 4ᵉ léger, au 1ᵉʳ de cuirassiers, aux détachements des 11ᵉ de cuirassiers, 3ᵉ et 27ᵉ de dragons qui ont fait le service extraordinaire des barrières.

Vous leur ferez donner un demi-mois de solde en gratification, sans que cette dépense puisse passer 60,000 francs. Ces quinze jours de gratification seront du traitement ordinaire des troupes sans y comprendre le supplément qu'elles ont à Paris. Il est inutile de donner aucune publicité à cette mesure.

BONAPARTE.

Archives de l'Empire.

7658. — AU CONTRE-AMIRAL VER HUELL,
COMMANDANT LA FLOTTILLE BATAVE.

La Malmaison, 10 germinal an XII (31 mars 1804).

Monsieur le Contre-Amiral Ver Huell, j'ai reçu votre lettre du 4 germinal. J'ai vu avec peine que la chaloupe canonnière que vous avez placée entre le Schouwen et le Nord-Beveland avait été surprise. Je suis instruit d'ailleurs que la canonnière n'avait ni garnison d'infanterie, ni filets d'abordage. Les canonnières doivent avoir 30 hommes de garnison, soit Bataves, soit Français; et, si en même temps elle eût eu ses filets d'abordage, il eût été difficile à l'ennemi de l'enlever.

J'ai vu aussi avec peine que la seconde chaloupe canonnière était loin de la première. L'audace des Anglais est connue. Elles doivent être près l'une de l'autre et se faire éclairer, même par des canots.

J'ai vu cependant avec plaisir que la chaloupe nous est restée. Écrivez à la Haye pour faire construire une cinquantaine de bâtiments armés d'un obusier et d'une pièce de 4. C'est, à mon sens, la meilleure manière de défendre les canaux.

BONAPARTE.

Archives de l'Empire.

7659. — AU CITOYEN REGNIER.

Paris, 14 germinal an XII (4 avril 1804).

Je vous envoie, Citoyen Ministre, l'état des employés aux postes des frontières du Rhin. D'après ce que vous m'avez dit, il paraît qu'ils ont été travaillés. Il est donc convenable que vous fassiez prendre les informations nécessaires pour avoir des renseignements exacts sur ceux dont la conduite et la moralité ne seraient pas à l'abri de tout soupçon.

BONAPARTE.

Archives de l'Empire.

7660. — AU CITOYEN REGNIER.

Paris, 14 germinal an XII (4 avril 1804).

Je vous envoie des lettres du commissaire de police de Bordeaux. C'est la seconde fois que ce commissaire m'adresse directement des rapports; je ne sais pourquoi. Faites-lui connaître qu'il faut qu'ils soient directement envoyés au ministre. Faites-lui connaître également que ce ne serait que dans le cas qu'il aurait à faire des plaintes contre le ministre qu'il pourrait s'adresser directement à moi.

BONAPARTE.

Archives de l'Empire.

7661. — AU CITOYEN REGNIER.

Paris, 14 germinal an XII (4 avril 1804).

Je vois, Citoyen Ministre, dans le bulletin de police du 13 germinal, l'arrestation de Fenouillot. Si c'est celui dont il est question dans le mémoire de Montgaillard comme compromis dans la trahison de Pichegru de l'an V, il faut le faire venir à Paris.

Le frère Dubrieux, qui a été arrêté le 8 de ce mois, est évidemment un homme de la bande de Georges. Il faut le joindre au procès. Les nommés Fagedel et Heliot, venant de l'étranger après plusieurs années d'absence, paraissent en règle; mais il faut savoir si la qualité de négociants qu'ils prennent est réelle. Il faut pour cela écrire à Cahors. Si c'était un émigré, n'importe de quelle époque, il faudrait le retenir en prison.

BONAPARTE.

Archives de l'Empire.

7662. — AU CITOYEN REGNIER.

Paris, 14 germinal an XII (4 avril 1804).

Mon intention, Citoyen Ministre, est que les 11,000 francs qui ont été trouvés sur Saint-Vincent et sur son frère Armand Gaillard soient, immédiatement après le procès, remis à la municipalité de Mériel, pour être employés à des travaux publics le plus avantageux à ladite commune.

Vous ferez remettre 12,000 francs au général Moncey pour l'individu de la gendarmerie qui a fait découvrir et prendre Charles d'Hozier, conformément à la promesse que j'avais autorisé le premier inspecteur à faire dans l'ordre du jour de la gendarmerie.

Vous me présenterez un rapport qui me fasse connaître celui qui a fait découvrir Georges, afin de lui faire remettre les 48,000 francs qui ont été promis à celui qui le ferait arrêter.

Tout ce qui aura été trouvé sur Tamerlan sera remis, immédiatement après le procès, aux gendarmes d'élite et de département qui ont concouru à l'arrestation de Tamerlan, Saint-Vincent et Gaillard.

Vous me ferez également un rapport qui me fasse connaître le montant de toutes les sommes saisies sur les brigands, et vous m'en présenterez un projet de distribution, soit entre les agents de la police, soit entre les gendarmes qui ont contribué à leur arrestation. Les 100,000 francs donnés pour l'arrestation de Pichegru et les 48,000 francs donnés pour l'arrestation de Georges ne doivent point être compris dans ces sommes.

BONAPARTE.

Archives de l'Empire.

7663. — AU CITOYEN CHAPTAL.

Paris, 14 germinal an XII (4 avril 1804).

Mon intention, Citoyen Ministre, est que, dimanche prochain, vous me présentiez le sous-préfet de Pontoise et les municipalités de Mériel, Frépillon et Villiers-Adam, ainsi que le nommé Étienne Cousin, vigneron, et ceux qui ont le plus contribué à l'arrestation des brigands Saint-Vincent et Armand Gaillard.

Vous ordonnerez au maire de Mériel de réunir le conseil municipal pour délibérer sur l'emploi des 11,000 francs qui ont été trouvés sur ces brigands, mon intention étant qu'ils servent à l'établissement d'un monument d'utilité publique pour la commune. A cette occasion, je désire que vous me fassiez connaître ce que je puis faire, soit pour les communes, soit pour les différents individus, voulant, dimanche, leur accorder des grâces. Quant à Étienne Cousin, qui a eu l'échalas coupé dans la main par un coup de pistolet, mon intention est de le faire admettre comme légionnaire dans la Légion d'honneur.

BONAPARTE.

Archives de l'Empire.

7664. — NOTE POUR LE MINISTRE DE L'INTÉRIEUR.

Paris, 14 germinal an XII (4 avril 1804).

Écrire au préfet d'Ille-et-Vilaine que les réclamations qu'il a faites contre les arrestations ordonnées par le premier inspecteur général de gendarmerie nationale ne sont point fondées; qu'il est précisément de principe que les arrestations, dans certains cas que le préfet ne peut apprécier, doivent se faire sans le concours de l'autorité locale; que, si le citoyen Monnier avait eu une plus longue habitude de l'administration, il aurait remarqué que les tribunaux décernent les mandats d'arrêt et les font exécuter par la gendarmerie, sans que l'autorité locale, mais même le Gouvernement, en aient aucune connaissance.

BONAPARTE.

Archives de l'Empire.

7665. — AU CITOYEN TALLEYRAND.

Paris, 14 germinal an XII (4 avril 1804).

Je lis dans les journaux, Citoyen Ministre, l'extrait d'une note de Champagny, où il est dit que la réussite du complot ne rétablissait que l'anarchie; ce qui sous-entend que, si elle avait pu rétablir les Bourbons, elle était légitime. Faites voir à la *Gazette de France* et dans les autres journaux, d'où ils ont tiré cette pièce; et si elle est véritablement de Champagny, rappelez-le aux principes et faites-lui sentir combien cela est absurde et indigne d'un homme de son rang et de sa sagacité.

BONAPARTE.

Archives des affaires étrangères.
(En minute aux Arch. de l'Emp.)

7666. — NOTE POUR LE MINISTRE DE LA GUERRE.

Paris, 14 germinal an XII (4 avril 1804).

L'article 6 de l'arrêté du 30 nivôse an XII, concernant la formation de deux corps de vélites, établit que les vélites recevront la même solde que la Garde, avec cette différence, toutefois, que la pension de 200 francs fournie par les parents de chaque vélite entrera dans la caisse du corps et viendra pour autant à la décharge du trésor public.

En conséquence, la solde desdits vélites doit être payée de la même manière que celle de la Garde, sauf la retenue que fera le trésor public du douzième de la pension de 200 francs par mois et pour chaque vélite présent au drapeau.

BONAPARTE.

Archives de l'Empire.

7667. — DÉCISION.

Paris, 14 germinal an XII (4 avril 1804).

Le général Dessolle demande si l'on peut considérer comme de bonne prise les marchandises d'un bâtiment suédois appartenant à un Anglais et qui a été forcé de relâcher à Cuxhaven.

Ce vaisseau sera considéré comme de bonne prise.

BONAPARTE.

Archives de l'Empire.

7668. — A M. EDWARD LIVINGSTON.

Paris, 15 germinal an XII (5 avril 1804).

Monsieur Edward Livingston, Président de l'Académie des arts de New-York, j'ai appris avec intérêt, par votre lettre du 24 décembre 1803, la formation de la société littéraire de New-York ; et, puisqu'il a été agréable à votre Académie que je sois un de ses membres, faites-lui connaître que j'accepte avec plaisir et que je suis reconnaissant de la bonne opinion qu'elle veut bien avoir de moi.

BONAPARTE.

Archives de l'Empire.

7669. — AU CITOYEN TALLEYRAND,
MINISTRE DES RELATIONS EXTÉRIEURES.

Paris, 15 germinal an XII (5 avril 1804).

Vous recevrez, Citoyen Ministre, dans la journée de demain, un second rapport du grand juge sur la dernière lettre qu'on vient de recevoir de Drake et sur la mission d'un officier du 9ᵉ de ligne[1] qui a eu de longues conférences avec Spencer Smith, lequel lui a remis 113,000 francs de lettres de change. Il est urgent que les deux lettres de Londres trouvées à Abbeville et que je vous ai envoyées, qui constatent que Spencer Smith devait avoir un abbé français pour

[1] Rosey, capitaine adjudant-major.

secrétaire, qu'il l'a effectivement à Stuttgard, et qu'il était là pour y remplacer Wickham, paraissent avec le rapport qui sera fait au nom du grand juge; faites-le rédiger. Il faudra ensuite que vous ordonniez des démarches à Stuttgard, pour faire chasser Spencer Smith.

BONAPARTE.

Archives des affaires étrangères.
(En minute aux Arch. de l'Emp.)

7670. — AU GÉNÉRAL BERTHIER, MINISTRE DE LA GUERRE.

Paris, 15 germinal an XII (5 avril 1804).

Vous demandez une gratification pour Lejeune, officier du génie, auteur des batailles de Lodi et de Marengo. Je préférerais que ces batailles fussent gravées aux frais du Gouvernement et vendues à son compte.

BONAPARTE.

Archives de l'Empire.

7671. — DÉCISION.

Paris, 15 germinal an XII (5 avril 1804).

Le ministre de la guerre rend compte que le 79e, par les incorporations qui doivent avoir lieu, aura un excédant de 292 hommes. Quelle sera la destination de cet excédant?	Je n'ajoute pas grande foi à tous ces calculs. Quand les hommes seront arrivés, s'ils sont vraiment au-dessus du complet de corps, on m'en rendra compte, et il sera facile de voir alors ce qu'il y aura à faire.

BONAPARTE.

Archives de l'Empire.

7672. — AU GÉNÉRAL BERTHIER.

Paris, 16 germinal an XII (6 avril 1804).

On tient trop de troupes, Citoyen Ministre, à Mantoue. La saison va devenir très-mauvaise. Il me semble qu'il suffirait d'y laisser un bataillon de troupes françaises avec le bataillon noir et des troupes italiennes.

Dans la mauvaise saison, il faut tenir peu de troupes à Legnago, où l'air est aussi très-malsain. Brescia, Vérone, Salo, Come, Bergame, Bologne, sont de véritables postes pour tenir des troupes.

Je désire que vous écriviez au général Saint-Cyr que, les deux bataillons liguriens n'étant qu'à 800 hommes, il en fasse former un seul bataillon. Les officiers du second bataillon seront envoyés à

Gênes pour le compléter. Un bataillon ne peut être moins de 800 hommes.

Écrivez au général Marmont que je n'ai pas approuvé la manière dont on a placé, l'année dernière, les troupes dans la Batavie; on a détruit tous les corps par les maladies. Il faut que le général Marmont place le plus de troupes bataves possible dans l'île de Walcheren, et très-peu de Français.

BONAPARTE.

Archives de l'Empire.

7673. — DÉCISION.

Paris, 16 germinal an XII (6 avril 1804).

Rapport du ministre de la guerre sur l'avis, donné par le général Dessolle, de l'établissement, à Warendorf, d'un camp de revue d'environ 20,000 hommes, pour le 4 mai.

Il faut répondre que je ne crois point à l'existence d'aucun camp de ce côté, parce que ce n'est point l'année; que, dans tous les cas, il faut se contenter de rendre compte de tous les mouvements que feront les Prussiens; qu'on ne peut être mieux que nous ne le sommes avec la Prusse, et qu'il faut témoigner d'autant moins de méfiance qu'elle n'en a pas témoigné du voisinage d'une armée de 30,000 hommes.

BONAPARTE.

Archives de l'Empire.

7674. — A PAULINE BORGHÈSE.

Paris, 16 germinal an XII (6 avril 1804).

Madame et chère Sœur, j'ai appris avec peine que vous n'aviez pas le bon esprit de vous conformer aux mœurs et aux habitudes de la ville de Rome; que vous montriez du mépris aux habitants, et que sans cesse vous avez les yeux sur Paris. Quoique occupé de grandes affaires, j'ai cependant voulu vous faire connaître mes intentions, espérant que vous vous y conformerez.

Aimez votre mari et sa famille, soyez prévenante, accommodez-vous des mœurs de la ville de Rome, et mettez-vous bien dans la tête que, si à l'âge que vous avez vous vous laissez aller à de mauvais conseils, vous ne pouvez plus compter sur moi.

Quant à Paris, vous pouvez être certaine que vous n'y trouverez aucun appui, et que jamais je ne vous y recevrai qu'avec votre mari. Si vous vous brouillez avec lui, la faute serait à vous, et alors la France vous serait interdite. Vous perdriez votre bonheur et mon amitié.

BONAPARTE.

Comm. par M. Armand.

7675. — AU CITOYEN REGNIER.

Paris, 17 germinal an XII (7 avril 1804).

Vous trouverez ci-joint, Citoyen Ministre, un rapport du citoyen Portalis, relatif à des mouvements que se sont donnés plusieurs prêtres rebelles au moment même où se tramait une conspiration contre nous; mais ces renseignements du citoyen Portalis sont bien loin d'être complets. Je sais que dans la Vendée il y a un certain nombre de prêtres qui ont refusé de reconnaître le concordat, et je me rappelle que l'évêque de la Rochelle en avait dénoncé neuf ou dix.

Dans le diocèse de Liége, il faut également prendre des renseignements et faire arrêter dix des principaux. Prenez aussi des mesures pour faire arrêter les prêtres qui sont portés dans les rapports du citoyen Portalis. Je veux bien encore être indulgent et consentir à ce que ces prêtres soient transportés à Rimini; mais je désire que vous me fassiez connaître la peine qu'encourt un prêtre en place qui se sépare de la communion de son évêque et qui abjure un serment prêté. Dieu le punira dans l'autre monde, mais César doit le punir aussi dans celui-ci.

Quand vous aurez recueilli tous les renseignements, faites dresser un état général de tous les prêtres qui, dans cette circonstance, se sont mal comportés.

BONAPARTE.

Archives de l'Empire.

7676. — AU CITOYEN PORTALIS.

Paris, 17 germinal an XII (7 avril 1804).

Je désirerais un rapport qui me fasse connaître si les curés qui, après avoir prêté serment au concordat, l'abjurent en donnant leur démission, sont sujets à des peines.

Je vous envoie, avec deux notes, le projet d'arrêté sur le traitement des prêtres; après quoi je vous prie de le porter à la première séance du Conseil d'État.

BONAPARTE.

Archives de l'Empire.

7677. — AU CONTRE-AMIRAL DECRÈS,
MINISTRE DE LA MARINE ET DES COLONIES.

Paris, 17 germinal an XII (7 avril 1804).

Je vous envoie votre correspondance de l'Inde. Il me paraît qu'il faut pourvoir à l'approvisionnement de l'île de France par le moyen de l'Amérique; rédigez en conséquence deux notes, qui seront envoyées au citoyen Talleyrand, l'une sur le cap de Bonne-Espérance, l'autre sur Batavia, soit pour des changements de garnisons, soit pour des augmentations de troupes, et pour démontrer la mauvaise situation de ces colonies. Enfin expédiez un ou deux millions de lettres de change sur Batavia ou sur le Rio de la Plata.

BONAPARTE.

Archives de l'Empire.

7678. — AU CARDINAL FESCH.

La Malmaison, 20 germinal an XII (10 avril 1804).

Monsieur le Cardinal Fesch, je vous envoie une lettre pour madame Paulette[1]. Je n'ajoute foi qu'à la moitié de ce qui est contenu dans votre lettre; cependant il est fâcheux pour moi de penser que madame Borghèse ne sente pas l'importance dont il est pour son bonheur de s'accoutumer aux mœurs de Rome et de se faire, de l'estime de cette grande ville, une récompense qui doit être douce à un cœur aussi bien né que le sien. Toutefois, je lui fais connaître mes intentions d'une manière très-simple et très-précise; j'espère qu'elle s'y conformera, et l'arrivée de sa mère, d'ailleurs, lui donnera un conseil naturel qui lui sera profitable. Dites-lui donc de ma part que déjà elle n'est plus belle, qu'elle le sera beaucoup moins dans quelques années, et que, toute sa vie, elle doit être bonne et estimée. Il est juste aussi que son mari ait quelque égard à l'habitude qu'elle a de vivre dans Paris, et qu'il lui laisse la liberté à laquelle nos femmes sont accoutumées dans ce pays. Elle devait se faire une étude de plaire à la famille de son mari et à tous les grands de Rome, et établir un ton de société digne du rang qu'elle occupe, et non ces mauvaises manières que le bon ton réprime, même dans les sociétés les plus légères de la capitale.

BONAPARTE.

Archives de l'Empire.

[1] Voir pièce n° 7674.

7679. — AU GÉNÉRAL JUNOT,
COMMANDANT LES GRENADIERS DE LA RÉSERVE, A ARRAS.

Saint-Cloud, 20 germinal an XII (10 avril 1804).

Citoyen Général Junot, j'ai ordonné au général Dupas de retourner sous vos ordres. Je désire que vous le traitiez bien et que vous oubliiez le passé. C'est un bon soldat qui, dans l'occasion, vous sera utile. Il m'est revenu quelques plaintes sur la division. Vous devez vous étudier à ne pas mécontenter les chefs de corps et de bataillon, n'en pas exiger trop ; il ne faut pas se fâcher quand ils ne répondent pas à votre attente, puisque vous êtes là pour les instruire.

BONAPARTE.

Archives de l'Empire.

7680. — AU CITOYEN REGNIER,
GRAND JUGE, MINISTRE DE LA JUSTICE.

Saint-Cloud, 22 germinal an XII (12 avril 1804).

Faites arrêter, Citoyen Ministre, le nommé Letellier, dont il est question dans le bulletin de police du 21 germinal.

Donnez ordre qu'il soit fait une liste des prêtres des Deux-Sèvres que le général Dufresse a dénoncés ; prenez des renseignements du préfet, et faites-les arrêter si les renseignements du préfet confirment ceux du général.

Il aurait fallu charger quelques officiers de gendarmerie intelligents d'interroger avec soin les receleurs des brigands qui ont été arrêtés dans l'Orne, afin de découvrir toute la ligne des brigands de Paris à Rennes.

Faites arrêter Gasté de la Pallue, dont il est question dans le rapport du même jour, ainsi que le nommé Degrume, cité dans le même article. Il faudrait savoir ce que c'est que ce Gasté de la Pallue.

BONAPARTE.

Archives de l'Empire.

7681. — AU GÉNÉRAL MONCEY,
PREMIER INSPECTEUR GÉNÉRAL DE LA GENDARMERIE.

Saint-Cloud, 20 germinal an XII (10 avril 1804).

Je désire que vous vous fassiez rendre compte du nombre des officiers qui composent la garde nationale de Caen, et que vous demandiez des notes sur leur attachement au Gouvernement, leur moralité, et la part qu'ils ont eue à la chouannerie et à la guerre civile ; le nom de tous les membres du conseil général et de préfecture, avec des notes sous le même point de vue; le nom de tous les maires de Caen, et des notes dans le même sens.

BONAPARTE.

Archives de l'Empire.

7682. — AU CITOYEN CHAPTAL, MINISTRE DE L'INTÉRIEUR.

Saint-Cloud, 24 germinal an XII (14 avril 1804).

Le plan de joindre le Rhin au Rhône est sans doute un grand projet; mais il y a bien de l'inconvénient à faire beaucoup espérer à l'opinion, et ensuite à tenir peu. On dit que cette dépense monterait à 13 millions; on peut hardiment la porter à 15. Il faudrait donc quinze ans si l'on pouvait y dépenser un million par an. Il serait nécessaire de proposer aux trois départements les plus bénéficiés par ce canal de s'imposer pour 5 ou 6 centimes; ce qui produirait une somme qui pourrait être augmentée chaque année, selon les besoins et les circonstances, par des fonds généraux; car, avec les fonds généraux du trésor public, nous ne pourrons jamais sensiblement travailler à ce canal. Écrivez donc sur cet objet aux différents conseils de départements. Ce qui n'empêche pas que, d'ici à ce que les fonds soient faits par les départements et rentrés, on n'accorde quelques fonds pour pousser la navigation du Doubs jusqu'à Besançon. Il faudrait d'abord être bien sûr que ce projet est ce qu'il y a de meilleur pour la navigation du Doubs; il y a des ingénieurs qui seraient d'avis qu'on ôtât tous les barrages.

BONAPARTE.

Archives de l'Empire.

7683. — AU GÉNÉRAL SOULT,
COMMANDANT LE CAMP DE SAINT-OMER.

Saint-Cloud, 24 germinal an XII (14 avril 1804).

Citoyen Général Soult, j'ai reçu votre dernière lettre. Les conseils généraux des départements, les colléges électoraux et tous les grands corps de l'État demandent que l'on mette enfin un terme aux espérances des Bourbons, en plaçant la République à l'abri des secousses des élections et de l'incertitude de la vie d'un homme. Mais, jusqu'à cet instant, je ne me suis encore décidé à rien; cependant je désire que vous m'instruisiez en grand détail de l'opinion de l'armée sur une mesure de cette nature. Vous sentez que je n'y serais porté que dans le seul but de l'intérêt de la nation, car le Peuple français m'a fait si grand et si puissant que je ne puis plus rien désirer.

21.

Vous devez prévenir le colonel du 4ᵉ régiment que je l'ai nommé général de brigade. J'envoie, pour le remplacer comme colonel, mon frère Joseph ; il a, dans les premières campagnes de la révolution, servi comme chef de bataillon ; il a à cœur, comme moi, de devenir militaire ; car, dans les temps où nous vivons, ce n'est pas assez de servir l'État par ses conseils dans les négociations les plus difficiles ; il faut encore pouvoir, si les circonstances le veulent, le servir avec son épée. Mais, comme il faut que j'informe déjà le Sénat de cette mesure, il faut tenir cela secret. Je pense que Joseph sera à Boulogne avant le 1ᵉʳ du mois prochain ; il doit y faire son métier avec la plus grande rigueur. Seulement, au moment de son arrivée, vous pourrez le recevoir avec tous les honneurs dus à un grand officier de la Légion d'honneur, à un sénateur et à une personne qui m'est si chère. Il descendra pour cela à mon quartier général. Mais, ces honneurs une fois rendus, il devra mettre son habit de colonel et être subordonné comme le veut la loi militaire.

J'ai nommé capitaine dans le même corps Stanislas Girardin, qui était capitaine lorsqu'il est entré au Corps législatif. Je désire que vous me fassiez connaître le meilleur capitaine du 4ᵉ, que je veux faire entrer dans la Garde, afin que cela ne fasse aucun tort à l'avancement du corps. Faites connaître au général Suchet que j'ai accordé à son frère la place qu'il m'a demandée.

Je désire beaucoup être débarrassé de ce procès, ce qui sera, j'espère, sous dix jours, pour venir vous voir.

Berthier, je crois, part demain.

BONAPARTE.

Archives de l'Empire.

7684. — AU GÉNÉRAL NEY, COMMANDANT LE CAMP DE MONTREUIL.

Saint-Cloud, 24 germinal an XII (14 avril 1804).

Citoyen Général Ney, je reçois avec plaisir les rapports que vous m'envoyez. Je prends beaucoup d'intérêt à l'état de la crue des eaux de la baie d'Étaples. Avant de construire un fort sur le banc des Chiens, il faut que les deux forts de Boulogne soient achevés ; nous verrons d'ailleurs cela plus amplement à mon prochain voyage, qui, j'espère, ne tardera pas.

J'ai nommé votre beau-frère, sur la demande que vous m'en avez faite, à la place d'administrateur des droits réunis ; et j'ai été fort aise de trouver cette occasion de vous donner une nouvelle preuve de mon estime.

Quoique Cayeux ne soit pas de l'arrondissement de votre armée, puisque vous êtes instruit qu'il y a des communications avec l'ennemi, il n'y a pas d'inconvénient à ce que vous y envoyiez des gendarmes d'élite et même un agent secret. Dans la guerre passée, Cayeux a été un rendez-vous de mauvais sujets.

J'ai peine à me persuader que l'abbé Ratel, qui est des environs de Boulogne, n'ait pas eu part à l'incendie du magasin de Montreuil. Prenez des informations pour connaître les individus qui sont à Étaples, Montreuil et aux environs, qui ont des liaisons de parenté et de connaissance avec ce misérable.

BONAPARTE.

Archives de l'Empire.

7685. — AU CONTRE-AMIRAL DECRÈS.

Saint-Cloud, 24 germinal an XII (14 avril 1804).

J'ai lu le rapport du ministre de la République à Gênes, du 7 germinal. Il n'en résulte pour moi rien de clair.

Je désirerais que vous chargeassiez un officier de marine, qui eût l'habitude de ces travaux,

1° De se rendre à Gênes, d'y visiter les constructions qui s'y font, pour s'assurer qu'elles sont bonnes, car de mauvais vaisseaux ne servent de rien ;

2° De voir si l'arsenal actuel est bien situé, si l'opération de jeter les bâtiments à l'eau se fera sans difficulté, enfin si l'on a pourvu à tout, surtout à ce qui est relatif à l'opération de mâter (il faudrait lui communiquer mon projet, mais dans le plus grand secret, afin qu'il puisse faire sa mission avec plus de succès).

Je voudrais pouvoir tenir à Gênes, en temps de paix, une escadre de six vaisseaux de guerre, de quatre frégates, et dès lors pouvoir les radouber, les refondre, les remâter et les armer ; et cette escadre, je voudrais l'armer en grande partie avec des matelots génois. A cet effet, il faut donc, 1° savoir si l'on peut se servir de la darse comme bassin ; 2° reconnaître le mouillage d'une escadre, soit dans le port de Gênes, soit dans la rade.

Et, comme cette affaire devra être un objet de négociation avec Gênes, il faut bien en savoir les éléments, afin de tout prévoir dans ladite négociation. Il faudrait que tous nos magasins fussent dans un ensemble qui formât une petite ville dans Gênes.

L'amiral Rosily pourrait être très-bon pour cette mission, qui doit être faite dans la saison actuelle, pour être à même de bien vérifier la sonde et de procurer toutes les lumières propres à détruire tout préjugé sur cet objet. Ce général pourrait être aussi chargé de faire un rapport sur Villefranche et le golfe de la Spezzia.

BONAPARTE.

Archives de l'Empire.

7686. — AU CONTRE-AMIRAL VER HUELL,
COMMANDANT LA FLOTTILLE BATAVE.

Saint-Cloud, 24 germinal an XII (14 avril 1804).

Monsieur le Contre-Amiral Ver Huell, Commandant en chef la flottille batave, nous n'avons pu nous entendre pour le cartel d'échange avec l'Angleterre. Elle a refusé d'y comprendre les prisonniers hanovriens. Le temps est arrivé de ne recevoir les modifications que l'Angleterre veut faire au droit commun, ni en temps de paix ni en emps de guerre. Vous ne sauriez trop vous méfier des commodores anglais ; tous ces parlementaires qu'ils envoient n'ont pour but que l'espionnage.

Apprenez-moi bientôt que la seconde partie de la flottille est arrivée à Ostende.

BONAPARTE.

Archives de l'Empire.

7687. — AU CITOYEN REGNIER,
GRAND JUGE, MINISTRE DE LA JUSTICE.

Saint-Cloud, 26 germinal an XII (16 avril 1804).

Citoyen Grand Juge, je vous ai fait connaître mes intentions relativement aux prêtres dissidents et qui sont encore dans la communion des évêques rebelles à la religion et à la patrie. Je suis cependant instruit que le préfet de Loir-et-Cher continue à professer des principes opposés, qu'il a longtemps protégé Habert, correspondant de M. de Thémines, évêque rebelle, et qu'il avait placé des sœurs hospitalières à Vendôme, qu'il a érigées en communauté et autorisées à ne pas être dans la communion de l'évêque d'Orléans, et qu'enfin il a placé là un foyer de rébellion contre le concordat. On assure même qu'il a souffert qu'on renvoyât un novice parce qu'il était dans les principes du concordat. Faites-vous rendre compte de ce fait, et faites-moi connaître quel caractère je dois donner à la conduite de ce préfet : est-ce irréflexion ou rébellion contre mes ordres ? Faites-moi aussi connaître si les prêtres dissidents de Loir-et-Cher sont arrêtés, et donnez ordre que ces sœurs hospitalières soient remises dans la communion de l'évêque, ou que sur-le-champ elles soient chassées.

BONAPARTE.

Archives de l'Empire.

7688. — AU CITOYEN GAUDIN, MINISTRE DES FINANCES.

Saint-Cloud, 26 germinal an XII (16 avril 1804).

Je désire, Citoyen Ministre, que, dans le courant de la semaine, vous preniez des mesures pour mettre un terme au scandale qu'offre dans le public la succession de la Tour-d'Auvergne.

De retour de mon voyage dans le département de l'Eure, il y a dix-huit mois, j'eus l'éveil sur l'immense fraude qui existait au détriment du Gouvernement. J'ai depuis tenu plusieurs conseils; mais, je dois l'avouer, l'intérêt et la friponnerie ont été plus puissants que la justice et ma volonté.

La France a encore le scandale de voir une province entière être devenue le revenu d'un faiseur d'affaires, ce qui ne peut avoir été que par la négligence de l'administration. Je veux enfin que cela finisse.

Je désire que vous en manifestiez l'intention dans vos bureaux et dans ceux de l'enregistrement, et que ceux qui auraient été d'intelligence avec ces faiseurs d'affaires sachent que le Gouvernement ne veut plus être trompé.

Je vous envoie un relevé que j'ai fait faire des différents actes relatifs à cette affaire. La Tour-d'Auvergne n'a, je crois, plus d'héritiers; j'avais chargé l'enregistrement de mettre d'abord le séquestre sur ses biens, et j'avais entendu qu'au plus tard dans un mois il eût fait entrer la nation en jouissance de la propriété.

L'enregistrement a mis le séquestre; mais les questions auxquelles il aurait pu donner lieu n'ont pas été présentées, et il paraît que le fermier, de son propre droit, a reconnu héritier qui il a voulu.

Cet état d'incertitude est très-avantageux aux faiseurs d'affaires, qui, par là, sont soustraits aux recherches de la nation comme à celles des héritiers réels; et je vois avec peine que vous n'avez pas été instruit et que vous n'avez pas réprimé des abus aussi criants.

Dans l'arrêté de l'an VIII, comme dans les actes des années suivantes, les bois ont toujours été exceptés, et cependant je suis instruit que l'on a poussé l'impudence jusqu'à affranchir les fermiers de toute forme et de toute règle sur leur exploitation; aucunes formes légales voulues pour la vente des biens nationaux n'ont été exécutées, de manière qu'ils ont pu évaluer à leur profit les coupes de bois, comme ils l'ont voulu.

Mon intention est que les fermiers soient tenus de traiter de clerc à maître.

Quant au fond de la question, s'il n'y a plus d'héritiers, il est naturel que cette succession rentre dans la loi des forêts et domaines nationaux ; s'il y a des héritiers, il est juste qu'ils soient mis en possession, au terme de la dernière loi du Corps législatif ; car, si les biens qu'a échangés la maison de Bouillon n'existent plus, il est constant que c'est par son refus d'obéir à la loi et de se remettre en possession des biens de Sedan.

Dans tout état de cause, je veux que les héritiers de cette ancienne et illustre maison, s'il en existe, aient promptement ce que la dernière loi veut qu'il leur soit donné ; mais, dans aucun cas, je n'entends que des faiseurs d'affaires adroits, astucieux, qui ont poussé l'impudence jusqu'à faire entendre le cri de l'immoralité à la tribune nationale, lèvent la tête et volent l'État bannière déployée.

BONAPARTE.

Archives de l'Empire.

7689. — AU GÉNÉRAL LANNES.

Saint-Cloud, 26 germinal an XII (16 avril 1804).

Citoyen Général Lannes, Ministre plénipotentiaire de la République à Lisbonne, je suis content du traité que vous avez fait. Nous y perdons des sommes considérables, puisque l'Espagne s'était engagée à nous faire donner des subsides par le Portugal pendant tout le temps de la guerre ; mais cela paraît se compenser par les avantages acquis à notre commerce, et tous les sacrifices qui seront faits à notre commerce seront toujours dans mon goût et dans l'intérêt public.

Dans les affaires diplomatiques, il faut marcher doucement et avec réserve, et ne rien faire de ce qui n'est pas contenu dans les instructions, parce qu'il est impossible à un agent isolé de pouvoir apprécier l'influence de ses opérations sur le système général. L'Europe forme un système, et tout ce qu'on fait dans un point rejaillit sur les autres ; il faut donc du concert.

J'ai vu avec plaisir que vous ayez fait insérer le rapport du grand juge dans la *Gazette de Lisbonne*. Je vous sais gré de l'attention que vous portez à soutenir notre dignité et notre influence à Lisbonne. N'ajoutez aucune espèce de confiance aux bruits qu'on vous ferait parvenir. Le pays ici va au mieux, et le petit nombre des malveillants sont dans une parfaite impuissance.

J'ai vu ici avec plaisir M. d'Aranjo. Il m'a paru dans des sentiments tels qu'on peut les désirer.

Vous resterez encore quelque temps à Lisbonne ; mais, soyez tranquille, on ne frappera pas de grands coups que vous n'y soyez.

BONAPARTE.

Mille choses aimables et respectueuses à madame Lannes.

Comm. par M. le duc de Montebello.

7690. — AU CITOYEN TALLEYRAND.

Saint-Cloud, 27 germinal an XII (17 avril 1804).

Je prie le ministre des relations extérieures d'écrire particulièrement à Hambourg, Francfort et dans les autres villes d'Allemagne, pour se procurer adroitement des renseignements sur les auteurs de ces bulletins par ceux qui les reçoivent, et de faire des recherches sur l'écriture de ceux qui habituellement en envoient.

BONAPARTE.

Archives des affaires étrangères.

7691. — AU GÉNÉRAL MARMONT,
COMMANDANT LE CAMP D'UTRECHT.

Saint-Cloud, 27 germinal an XII (17 avril 1804).

Citoyen Général Marmont, je réponds à votre lettre du 28 ventôse. Si le nouveau chef du 28ᵉ régiment de ligne ne répondait pas dans trois mois aux espérances que j'en ai conçues, on le changerait. Je vais m'occuper de donner un nouveau chef au 11ᵉ de ligne ; cela remédiera à tout. Vous ferez passer au ministre de la guerre des renseignements plus détaillés sur le colonel du 8ᵉ de chasseurs ; j'en avais une opinion différente de celle que vous m'en donnez.

Je tremble à votre idée de former des camps en Hollande ; les maladies nous ont fait bien du mal l'année passée, et je préfère laisser entrer les Anglais, pour les en chasser après, à perdre toutes nos troupes à l'hôpital. La frégate qui est à l'embouchure de la Meuse ne partira point.

Continuez à m'instruire de la situation de l'esprit de la Hollande. On m'a promis que les écrivassiers de ce pays seraient plus discrets. Envoyez un officier d'état-major pour faire descendre les chaloupes de la Meuse. Faites mettre sur chacune une garnison et faites-les diriger sur Helvoet-Sluys, où le capitaine de la frégate doit les équiper, et, quand vous saurez que les six de Strasbourg et de Liége sont arrivées, vous leur donnerez la même direction. Quoique cela ne soit point du ressort de la terre, vous devez vous en occuper. Cela augmentera d'autant la protection de vos côtes, et quelques chaloupes canonnières françaises vous seront fort utiles.

BONAPARTE.

Archives de l'Empire.

7692. — AU CONTRE-AMIRAL DECRÈS.

Saint-Cloud, 27 germinal an XII (17 avril 1804).

Le général Marmont m'instruit que les trois chaloupes canonnières de Liége sont à Dordrecht. Écrivez-lui de prendre des mesures pour les faire descendre jusqu'à Helvoet-Sluys, et ordonnez au capitaine de la frégate de les faire sur-le-champ armer. Les canons doivent avoir été fournis de ceux de Liége. Il pourra, en attendant, en fournir de la frégate.

Faites-moi connaître les ordres que vous donnez à celles construites à Colmar, Mézières et autres endroits sur la Meuse et sur le Rhin. Il sera fort utile à la frégate d'en avoir cinq ou six sous sa direction, puisque, par ce moyen, cette flottille pourra servir dans l'occasion à accompagner l'expédition du Texel, commandée par le général Marmont, soit à défendre l'entrée des canaux de la Hollande. Je désire savoir où nous en sommes des constructions du Rhin et de la Meuse.

BONAPARTE.

Archives de l'Empire.

7693. — MESSAGE AU SÉNAT CONSERVATEUR.

Saint-Cloud, 28 germinal an XII (18 avril 1804).

Citoyens Sénateurs, le sénateur Joseph Bonaparte, grand officier de la Légion d'honneur, m'a témoigné le désir de partager les périls de l'armée campée sur les côtes de Boulogne, afin d'avoir part à sa gloire.

J'ai cru qu'il était du bien de l'État et que le Sénat verrait avec plaisir, qu'après avoir rendu à la République d'importants services, soit par la solidité de ses conseils dans les circonstances les plus graves, soit par le savoir, l'habileté, la sagesse, qu'il a déployés dans les négociations successives du traité de Mortefontaine, qui a terminé nos différends avec les États-Unis d'Amérique, de celui de Lunéville, qui a pacifié le continent, et, dans ces derniers temps, de celui d'Amiens, qui avait rétabli la paix entre la France et l'Augleterre, le sénateur Joseph Bonaparte fût mis en mesure de contribuer à la vengeance que se promet le Peuple français pour la violation de ce dernier traité, et se trouvât dans le cas d'acquérir de plus en plus des titres à l'estime de la nation.

Ayant déjà servi sous mes yeux dans les premières campagnes de la guerre et donné des preuves de son courage et de ses bonnes dispositions pour le métier des armes, dans le grade de chef de bataillon, je l'ai nommé colonel commandant le 4e régiment de ligne, l'un des corps les plus distingués de l'armée et que l'on compte parmi ceux qui, toujours placés au poste le plus périlleux, n'ont jamais perdu leurs étendards et ont très-souvent ramené ou décidé la victoire.

Je désire, en conséquence, que le Sénat agrée la demande que lui fera le sénateur Joseph Bonaparte de pouvoir s'absenter de ses délibérations pendant le temps où les occupations de la guerre le retiendront à l'armée.

BONAPARTE.

Archives de l'Empire.

7694. — AU CITOYEN MELZI,
VICE-PRÉSIDENT DE LA RÉPUBLIQUE ITALIENNE.

Saint-Cloud, 28 germinal an XII (18 avril 1804).

Citoyen Melzi, je consens avec plaisir à ce que Cicognara retourne chez lui et soit de nouveau employé pour le service de la République. S'il a commis quelques fautes, je dois me souvenir des services qu'il a rendus dès la naissance de la République, où il a fait preuve de courage et de dévouement.

BONAPARTE.

Archives de l'Empire.

7695. — AU GÉNÉRAL BERTHIER.

Saint-Cloud, 28 germinal an XII (18 avril 1804).

Je désire, Citoyen Ministre, que vous écriviez au général Gardanne qu'il m'est revenu beaucoup de plaintes sur les vexations qu'il exerce envers les habitants du pays; qu'il ait à se comporter d'une manière digne de l'armée, et à ne me faire entendre désormais aucune plainte. On doit s'étudier à se faire aimer en Italie, et non à se faire haïr.

Demandez au général Jourdan des renseignements sur le citoyen Berthelot, chef de la 1re demi-brigade de ligne, qui, à ce qu'il paraît, s'abandonne au jeu, conduite indigne d'un officier qui, père de famille et ayant 2,000 enfants à soigner, leur doit l'emploi de tout son temps et l'exemple d'une bonne conduite.

Donnez l'ordre au général Jourdan de confier la place de Vérone à un commandant sûr, et de prendre des mesures pour que les commandants particuliers ne se livrent point à ces petites vexations qui, isolées, sont peu de chose, mais, en masse, peuvent indisposer les habitants du pays.

Quant aux commandants des places, il me paraît convenable que le général Jourdan donne la note de celles où il faut mettre des commandants français, ce qui ne devrait avoir lieu que pour les places où il y a des troupes françaises. Dans les autres, le ministre de la guerre de la République italienne doit nommer des commandants italiens.

BONAPARTE.

Archives de l'Empire.

7696. — AU GÉNÉRAL BERTHIER.

Saint-Cloud, 28 germinal an XII (18 avril 1804).

Le vice-président et le ministre de la guerre de la République italienne, Citoyen Ministre, pensent que le projet du général Chasseloup pour Mantoue entraînerait la République italienne dans des dépenses gigantesques. Ils parlent d'un barrage du lac de Mantoue qu'ils croient devoir coûter vingt ans de travail et soixante millions, et qu'ils estiment même de peu d'utilité pour la défense de la place. Il paraît que la confiance se trouve un peu affaiblie à Milan envers le général Chasseloup. Je pense qu'il est convenable que le comité des fortifications envoie sur les lieux une commission d'un général et d'un officier, qui se concertera avec le vice-président, le ministre de la guerre et le général Chasseloup, donnera une nouvelle confiance au Gouvernement italien, et dissipera les préjugés qu'il peut s'être formés.

BONAPARTE.

Archives de l'Empire.

7697. — DÉCISION.

Saint-Cloud, 28 germinal an XII (18 avril 1804).

Mme Souham proteste de l'innocence de son mari et réclame sa liberté.	S'il n'est pas survenu dans la procédure d'autres charges contre le général Souham, on pourrait le faire sortir et le renvoyer dans son pays, ou dans quelque ville,

à plus de trente lieues de Paris, jusqu'à ce que les affaires soient entièrement terminées.

BONAPARTE.

Archives de l'Empire.

7698. — AU CITOYEN REGNIER.

Saint-Cloud, 29 germinal an XII (19 avril 1804).

Donnez ordre, Citoyen Ministre, que M. d'Hauteville, ancien ministre du roi de Sardaigne, qui est à Turin, se rende en surveillance à Cahors.

Faites éloigner de Calais les demoiselles Monsigny et Lange, qui se servaient d'un oratoire desservi par des prêtres en correspondance avec des évêques rebelles; faites-les mettre en surveillance à quarante lieues de la côte.

Je suis surpris d'apprendre que mademoiselle de Cicé a quitté Aix; elle n'est sortie de prison qu'à condition qu'elle ne rentrerait pas à Paris. Il paraît cependant convenable, si elle est revenue à Paris sans permission, de la faire arrêter.

BONAPARTE.

Archives de l'Empire.

7699. — EXTRAIT D'UNE LETTRE DE DECRÈS [1]
RAPPORTANT LES PAROLES DU PREMIER CONSUL A L'OCCASION DU MARIAGE DE JÉRÔME BONAPARTE.

Saint-Cloud, 30 germinal an XII (20 avril 1804).

Jérôme a tort de penser qu'il trouvera en moi des sentiments qui se prêtent à sa faiblesse; le titre auquel je lui appartiens ne comporte pas de condescendance paternelle, car, n'ayant point sur lui les droits d'un père, je ne puis en éprouver le sentiment; un père s'aveugle, se plaît lui-même à s'aveugler, parce que son fils et lui s'identifient; ils se sont tant donné et ont tant reçu l'un de l'autre qu'ils ne font qu'un; mais moi, que suis-je à Jérôme? Quelle identité peut exister entre nous? Seul instrument de ma destinée, je ne dois rien à mes frères; dans ce que j'ai fait pour la gloire, ils ont trouvé de quoi faire eux-mêmes récolte abondante; mais pour cela il ne faut pas qu'ils abandonnent le champ où il y a à recueillir; il ne faut pas qu'ils m'y laissent isolé et privé de l'aide et des soins que j'ai le droit d'attendre d'eux. Ils cessent d'être quelque chose pour moi s'ils

[1] Adressée au citoyen Pichon, commissaire de la République française aux États-Unis.

ne servent pas près de ma personne et s'ils prennent une route opposée à la mienne.

Si j'exige autant de ceux de mes frères qui ont déjà rendu tant de services, si je livre à un entier abandon celui qui, dans la maturité de l'âge, a voulu se soustraire à mes intentions, à quoi doit s'attendre Jérôme, tout jeune encore, et qui n'est connu que par l'oubli de ses devoirs? Certes, s'il ne fait rien pour moi, j'y vois l'arrêt du destin qui a décidé que je ne devais rien faire pour lui!.....

Archives de l'Empire.

7700. — AU CITOYEN TALLEYRAND.

Saint-Cloud, 30 germinal an XII (20 avril 1804).

Je vous envoie, Citoyen Ministre, une lettre du général Saint-Cyr. Faites connaître à Alquier que, le jour où il entrerait dans le royaume de Naples un corps de l'Albanie, je déclarerai la guerre au roi de Naples. Donnez-lui ordre de prendre toutes les mesures pour faire cesser les menées dont se plaint le général Saint-Cyr, et de s'en expliquer ouvertement.

Faites connaître au général Saint-Cyr les ordres que vous donnez, et qu'on s'oppose par tous les moyens à l'arrivée des Albanais.

BONAPARTE.

Archives des affaires étrangères.
(En minute aux Arch. de l'Emp.)

7701. — AU CITOYEN REGNIER.

Saint-Cloud, 1er floréal an XII (21 avril 1804).

Je vois, Citoyen Ministre, dans le dernier rapport, que le château de Vaubadon (Calvados) a toujours été le refuge des chouans. Je désire savoir à qui appartient ce château, dans quelle situation sont les maîtres, leur âge, leurs biens, ce qu'ils ont fait, s'ils ont émigré, enfin tout ce qui peut mettre à même de prendre un parti sur eux.

Donnez ordre que les deux dominicains Coucourdan et Roux, prêtres rebelles à l'Église et à l'État, soient envoyés au fort Urbain pour y être retenus.

BONAPARTE.

Archives de l'Empire.

7702. — AU GÉNÉRAL BERTHIER.

Saint-Cloud, 1er floréal an XII (21 avril 1804).

Il y a en Hanovre, Citoyen Ministre, six compagnies du 8e régiment d'artillerie à pied qui ensemble n'ont sous les armes que 350 hommes. Il serait convenable de faire partir des dépôts assez de monde pour compléter ces compagnies au moins à 80 hommes. On enverra à cet effet, des régiments, des conscrits de l'année, dès qu'ils seront habillés.

Je vois avec peine que le 45° régiment de ligne n'est encore que de 1,500 hommes. Le département de la Lys a dû cependant lui fournir, cette année, 700 hommes. Faites-vous rendre compte, par le capitaine de recrutement de ce régiment dans la Lys, du nombre positif d'hommes qui sont partis au 1er floréal, et demandez au commandant de ce corps à Osnabrück un état exact de la situation de ce régiment, de sa tenue et de l'état de son habillement; il faut nécessairement qu'il soit mis au niveau des autres.

Le 28° régiment de ligne doit aussi fixer votre attention. Ce régiment est extrêmement faible. Il devait recevoir 740 conscrits du Calvados et n'en a encore que très-peu reçu, quoique cependant l'état des conscrits partis des départements porte qu'il en est parti du Calvados plus de 700.

Le 58° mérite également toute votre attention.

Écrivez aux trois préfets des départements où ces trois régiments se recrutent, et aux trois chefs qui les commandent, qu'ils sont les plus faibles de l'armée.

BONAPARTE.

Archives de l'Empire.

7703. — NOTE POUR LE GRAND TRÉSORIER
DE LA LÉGION D'HONNEUR [1].

Saint-Cloud, 1er floréal an XII (21 avril 1804).

La proposition contenue dans la lettre du grand trésorier de la Légion d'honneur peut être discutée. S'il est question des suppléments qui auraient été affectés à la Légion d'honneur dans les quatre départements du Rhin, elle ne serait point admise; s'il n'était question que de la dotation de la cohorte de ces quatre départements, elle pourrait l'être, vu que le but de l'institution de la Légion d'honneur est qu'elle ait des biens. Ainsi je m'explique : mon intention est que chaque cohorte soit propriétaire; mais, comme on n'a pu trouver assez de biens en France pour la dotation de la Légion, et qu'on a été obligé de lui former un supplément dans les quatre départements du Rhin, je ne serais pas éloigné de vendre le supplément et de le placer sur le grand-livre.

[1] Le général Dejean.

La proposition de donner en tiers consolidé le tiers en sus ne me paraîtrait point raisonnable au premier coup d'œil : on aurait, je crois, le droit d'exiger au moins le double; c'est-à-dire que, pour 600,000 francs de rente, on devrait en avoir au moins 1,200,000 sur le grand-livre. Mais on sent qu'une opération de cette nature doit être très-avantageuse.

BONAPARTE.

Archives de l'Empire.

7704. — AU CONTRE-AMIRAL DECRÈS.

Saint-Cloud, 1er floréal an XII (21 avril 1804).

Il me paraît tout à fait convenable qu'une cérémonie imposante soit faite pour mettre la première pierre de l'arsenal d'Anvers; mais il me paraît aussi assez convenable de ne point démolir de bâtiment sous le prétexte de la régularité. Il suffit de ne rien bâtir contre le plan général de régularité; insensiblement le reste s'établit. Lorsqu'on a à démolir, on démolit ce qui n'est pas régulier. Mais je dois vous répéter ce que je vous ai dit dernièrement, je ne puis être satisfait des travaux d'Anvers, puisqu'il n'y a qu'un vaisseau sur le chantier et 500 ouvriers. Je désirerais qu'avant le 1er messidor il y eût au moins 3 vaisseaux de 74 sur le chantier, et qu'avant le 1er vendémiaire an XIII il y en eût 6, et qu'avant le 1er nivôse an XIII il y en eût 9; et tout cela ne peut se faire avec la petite quantité d'ouvriers que vous y avez. Il y a beaucoup d'ouvriers en Provence qui ne sont pas occupés; il va beaucoup y en avoir du côté de Bayonne et de Bordeaux; ainsi donc réunissez 3,000 ouvriers à Anvers. Marchandises du Nord, bois, fer, tout arrive là facilement. La guerre n'est pas un obstacle pour construire à Anvers. Si nous étions trois ans en guerre, il faudrait là construire 25 vaisseaux. Partout ailleurs cela est impossible. Il nous faut une marine, et nous ne pourrons être censés en avoir une que lorsque nous aurons 100 vaisseaux. Il faut les avoir en cinq ans. Si, comme je le pense, on peut construire des vaisseaux au Havre, il faut en mettre 2 en construction. Il faut aussi s'occuper d'en mettre 2 nouveaux à Rochefort et 2 autres à Toulon. Je crois que les 2 nouveaux qu'on mettra en construction à Rochefort et à Toulon, il faut les faire tous les 4 à trois ponts.

Je désirerais aussi avoir mes idées fixées sur le port de Dunkerque. Je désire que vous me fassiez une petite note, pour savoir combien la mer monte à la laisse de basse mer.

La flottille va bientôt être construite partout. Il faut donc qu'à Nantes, Bordeaux, Honfleur, Dieppe, Saint-Malo, etc., on donne de l'occupation à cette grande quantité d'ouvriers. Il faut donc mettre en construction des frégates, des bagares, des bricks. Il faut, sous le point de vue d'esprit public, que les ouvriers des côtes ne meurent point de faim, et que les départements qui bordent la mer, qui ont été les moins attachés à la révolution, s'aperçoivent aussi que le temps viendra où la mer sera aussi notre domaine. Saint-Domingue nous coûtait deux millions par mois; les Anglais l'ont prise; il faut mettre ces deux millions par mois rien que pour des constructions. Mon intention est d'y mettre la même activité que pour la flottille, hormis que, n'étant point pressé, on y mettra plus d'ordre. Je ne suis point pressé sur l'époque, mais je demande que l'on commence beaucoup.

Je vous prie de me présenter la semaine prochaine un rapport qui me fasse connaître la situation actuelle de notre marine, de nos constructions, ce qu'il faudrait construire, dans quels ports, et ce que cela coûterait par mois, en partant du principe que j'aime mieux que vous mettiez dix-huit mois à faire un vaisseau et que vous en fassiez le tiers de plus.

Quant aux vaisseaux, je voudrais les construire sur le même plan, les frégates sur le modèle de *l'Hortense* ou de *la Cornélie*, qui paraissent très-bonnes; pour les vaisseaux, prendre les meilleurs vaisseaux, et partout faire des vaisseaux de 80 et à trois ponts, hormis à Anvers, où il me paraît plus prudent de commencer d'abord par des vaisseaux de 74.

BONAPARTE.

Archives de l'Empire.

7705. — AU CONTRE-AMIRAL DECRÈS.

Saint-Cloud, 1er floréal an XII (21 avril 1804).

Les croisières anglaises abordent les bâtiments neutres au moment où ils se disposent à entrer dans les ports français. Ils prennent deux hommes de l'équipage et mettent en place deux espions, qui restent ainsi dans les ports français pendant tout le temps que le bâtiment neutre y séjourne. Il est nécessaire que, par une circulaire, vous fassiez connaître cette manœuvre à tous les commandants des ports; que vous recommandiez qu'on fasse une revue des équipages des bâtiments neutres qui arrivent, et que, si on découvre un Anglais ou un homme suspect, on l'arrête. Qu'on arrête également les hommes de l'équipage et qu'on les interroge séparément, pour découvrir la vérité. Tout capitaine de bâtiment convaincu d'avoir introduit des espions en France serait traité comme complice d'espionnage, et le bâtiment confisqué. Il serait peut-être même convenable de faire imprimer cette circulaire.

BONAPARTE.

Archives de l'Empire.

7706. — AU GÉNÉRAL SAINTE-SUZANNE.

Saint-Cloud, 1er floréal an XII (21 avril 1804).

Citoyen Général Sainte-Suzanne, j'ai accordé au citoyen Bulach, votre beau-père, la permission de jouir de son fief sur la rive droite du Rhin, et, en considération des pertes que vous avez faites par suite des différentes suppressions de la révolution, je vous ai accordé un des domaines de l'État de Parme à la disposition du Gouvernement.

Je vous prie de voir dans ces dispositions le désir que j'ai de vous prouver la reconnaissance nationale pour les bons et grands services que vous avez rendus à la patrie.

BONAPARTE.

Archives de l'Empire.

7707. — AU CONTRE-AMIRAL DECRÈS.

Saint-Cloud, 1er floréal an XII (21 avril 1804).

Le département de l'Ourthe fournit 9 chaloupes canonnières; il paraît qu'elles sont presque toutes finies.

De Mézières, 4 chaloupes canonnières, de 310 à 313, sont également parties. Nous avons ou sommes sur le point d'avoir 13 chaloupes canonnières à Dordrecht.

De Strasbourg, 4 chaloupes et 2 péniches sont parties également pour Dordrecht.

De Colmar, 4 chaloupes sont également parties pour Dordrecht.

Nous avons donc 21 chaloupes canonnières et 2 péniches à Dordrecht, et 6 autres chaloupes canonnières sont en construction à Colmar. Il est indispensable de faire vérifier la situation de ces 6 chaloupes canonnières, afin d'en arrêter tout ce qui ne serait pas encore avancé et d'être certain que le reste sera promptement disponible.

Des 21 chaloupes canonnières qui sont à Dordrecht, il faudrait en diriger 10 à Rotterdam, ainsi que les deux péniches; le capitaine de *la Libre* les ferait armer. Le général Marmont ferait fournir des garnisons, et la frégate, les officiers et les équipages; et, pour que la frégate ne reste pas totalement désarmée, il sera bon de faire sur le Rhin, la Meuse et la Moselle une levée de 300 matelots, qu'on enverra partie à Flessingue et partie à Rotterdam ou Helvoet-Sluys.

Les 11 autres chaloupes seront dirigées de Dordrecht sur Flessingue, où elles seront le plus promptement possible armées.

La division de chaloupes canonnières d'Helvoet-Sluys armée, on décidera si elle doit rejoindre la première partie à Flessingue, ou s'en servir pour assurer la navigation de Hambourg en Hollande, derrière la rangée de petites îles qui existent.

BONAPARTE.

Archives de l'Empire.

7708. — A S. S. LE PAPE.

Saint-Cloud, 2 floréal an XII (22 avril 1804).

Très-saint Père, je remercie Votre Sainteté du chapeau de cardinal qu'elle a bien voulu donner à l'archevêque de Bologne.

Pour sortir de l'embarras où me jettent les observations que Votre Sainteté a faites sur les affaires de Milan, j'ai pris le parti d'attirer directement à moi tout ce qui est relatif au concordat de la République italienne, et j'ai ordonné que celui qui est chargé de ces affaires à Milan se rendît à Paris. Je verrai à les terminer avec le cardinal-légat. Je prie donc Votre Sainteté de lui donner tous ses pouvoirs à cet effet. Elle sait le plaisir que j'éprouve à faire quelque chose qui lui soit agréable.

Je remercie Votre Sainteté des choses aimables qu'elle me dit relativement à l'arrivée de ma mère à Rome. Le climat de Paris est beaucoup trop humide et trop froid pour elle. Mon premier médecin lui a conseillé de se fixer dans les pays chauds plus analogues à son climat naturel. Quelque parti qu'elle prenne, je ne cesserai de la recommander à Votre Sainteté.

Je suis avec un respect filial, de Votre Sainteté, le très-dévoué fils.

BONAPARTE.

Archives de l'Empire.

7709. — AU CITOYEN REGNIER,
GRAND JUGE, MINISTRE DE LA JUSTICE.

Saint-Cloud, 4 floréal an XII (24 avril 1804).

Je désire, Citoyen Ministre, que vous envoyiez en poste un brigadier de gendarmerie d'élite à Blois, pour y arrêter le prêtre Habert, rebelle. Vous lancerez le mandat d'arrêt contre ce dernier directement. L'officier que vous enverrez ne devra s'adresser, pour l'arrêter, ni au préfet, ni au commissaire de police.

BONAPARTE.

Archives de l'Empire.

7710. — NOTE POUR LE MINISTRE DE LA MARINE.

Saint-Cloud, 4 floréal an XII (24 avril 1804).

Le Havre n'est pas propre à faire des armements en temps de guerre; mais la paix viendra, et l'on pourra choisir son moment pour faire sortir, en temps opportun, les vaisseaux que l'on aura construits au Havre, et pour faire leur armement en rade.

Par ordre du Premier Consul.

Archives de la marine.

7711. — AU CITOYEN CRETET,
CONSEILLER D'ÉTAT, CHARGÉ DES PONTS ET CHAUSSÉES.

Saint-Cloud, 4 floréal an XII (24 avril 1804).

Citoyen Cretet, Conseiller d'État, je vois avec plaisir, par votre lettre, que les fonds sont faits pour les ponts. Faites donc travailler à celui du jardin des plantes avec la plus grande activité; que nous puissions y passer au mois de nivôse prochain. Vous pourriez ne point vous presser de rendre les 500,000 francs à la caisse d'amortissement, et les employer d'abord à presser les travaux des quais Desaix et Bonaparte avec toute l'activité possible. Vous rembourseriez la caisse d'amortissement avec la rentrée des fonds affectés à ces deux quais.

Je verrai avec grand plaisir, à mon premier voyage à Ostende, que l'on ait déjà commencé l'écluse de chasse.

Je désirerais une petite note de ce qu'on fera dans cette campagne sur les derniers projets arrêtés dans mon dernier voyage, et en général sur tous les travaux neufs entrepris.

BONAPARTE.

Archives de l'Empire.

7712. — AU GÉNÉRAL SOULT.

Saint-Cloud, 4 floréal an XII (24 avril 1804).

Citoyen Général Soult, je vous prie de vous informer particulièrement pourquoi le 19ᵉ de ligne est toujours faible. Il paraîtrait qu'il n'est qu'à 1,700 hommes. Il me semble cependant l'avoir bien avantagé dans la conscription depuis plusieurs années. Voyez s'il ne donnerait pas des congés et s'il n'y aurait point de vice d'administration.

BONAPARTE.

Archives de l'Empire.

7713. — MESSAGE AU SÉNAT CONSERVATEUR.

Saint-Cloud, 5 floréal an XII (25 avril 1804).

Sénateurs, votre adresse du 6 germinal dernier n'a pas cessé d'être présente à ma pensée; elle a été l'objet de mes méditations les plus constantes.

Vous avez jugé l'hérédité de la suprême magistrature nécessaire pour mettre le Peuple français à l'abri des complots de nos ennemis et des agitations qui naîtraient d'ambitions rivales. Plusieurs de nos institutions vous ont, en même temps, paru devoir être perfectionnées pour assurer, sans retour, le triomphe de l'égalité et de la liberté publique, et offrir à la nation et au Gouvernement la double garantie dont ils ont besoin.

Nous avons été constamment guidés par cette grande vérité : que la souveraineté réside dans le Peuple français, en ce sens que tout, tout sans exception, doit être fait pour son intérêt, pour son bonheur et pour sa gloire. C'est afin d'atteindre ce but que la suprême magistrature, le Sénat, le Conseil d'État, le Corps législatif, les colléges électoraux et les diverses branches de l'administration sont et doivent être institués.

A mesure que j'ai arrêté mon attention sur ces grands objets, je me suis convaincu davantage de la vérité des sentiments que je vous ai exprimés, et j'ai senti de plus en plus que, dans une circonstance aussi nouvelle qu'importante, les conseils de votre sagesse et de votre expérience m'étaient nécessaires pour fixer toutes mes idées.

Je vous invite donc à me faire connaître votre pensée tout entière.

Le Peuple français n'a rien à ajouter aux honneurs et à la gloire dont il m'a environné; mais le devoir le plus sacré pour moi, comme le plus cher à mon cœur, est d'assurer à ses enfants les avantages qu'il a acquis par cette révolution qui lui a tant coûté, surtout par le sacrifice de ce million de braves morts pour la défense de ses droits.

Je désire que nous puissions lui dire, le 14 juillet de cette année : Il y a quinze ans, par un mouvement spontané, vous courûtes aux armes, vous acquîtes la liberté, l'égalité et la gloire. Aujourd'hui ces premiers biens des nations, assurés sans retour, sont à l'abri de toutes les tempêtes; ils sont conservés à vous et à vos enfants : des institutions conçues et commencées au sein des orages de la guerre intérieure et extérieure, développées avec constance, viennent de se terminer, au bruit des attentats et des complots de nos plus mortels ennemis, par l'adoption de tout ce que l'expérience des siècles et des peuples a démontré propre à garantir les droits que la nation avait jugés nécessaires à sa dignité, à sa liberté et à son bonheur.

BONAPARTE.

Archives de l'Empire.

7714. — MESSAGE AU SÉNAT CONSERVATEUR.

Saint-Cloud, 5 floréal an XII (25 avril 1804).

Sénateurs, j'ai nommé le sénateur Scrurier gouverneur des Invalides.

Je désire que vous pensiez que les fonctions de cette place ne sont point incompatibles avec celles de sénateur.

Rien n'intéresse aussi vivement la patrie que le bonheur de ces 8,000 braves couverts de tant d'honorables blessures et échappés à tant de dangers. Eh! à qui pouvait-il être mieux confié qu'à un vieux soldat qui, dans les temps les plus difficiles, et en les conduisant à la victoire, leur donna toujours l'exemple d'une sévère discipline et de cette froide intrépidité, première qualité du général? En voyant leur gouverneur assis parmi les membres d'un corps qui veille à la conservation de cette patrie à la prospérité de laquelle ils ont tant contribué, ils auront une nouvelle preuve de ma sollicitude pour tout ce qui peut rendre plus honorable et plus douce la fin de leur glorieuse carrière.

BONAPARTE.

Archives de l'Empire.

7715. — DÉCISION.

Saint-Cloud, 5 floréal an XII (25 avril 1804).

Le ministre du trésor public soumet à l'approbation du Gouvernement le traité passé avec la maison Hope et compagnie d'Amsterdam, le 1er du courant, pour régler définitivement les termes et les conditions de l'anticipation à faire par cette maison sur le payement des deux derniers tiers du fonds américain créé pour prix de la cession de la Louisiane.

Ajourné par le motif développé en la note ci-jointe.

BONAPARTE.

Archives de l'Empire.

7716.

NOTE ANNEXÉE A LA PIÈCE PRÉCÉDENTE.

Saint-Cloud, 5 floréal an XII (25 avril 1804).

Je pense que je dois être payé au jour où est arrivé en Europe, officiellement, l'échange des ratifications, si toutefois les Américains ont daté l'inscription sur leur grand-livre, ou du moment de leur ratification, ou dans les trois mois de la ratification.

Mais je reconnais que, si les Américains n'ont inscrit sur leur grand-livre qu'à la date de la prise de possession ou dans les trois mois, c'est une discussion à élever avec les États-Unis et qui ne concerne pas la maison Hope.

Et, en effet, il serait tout à fait extraordinaire que, si l'échange des ratifications avait tardé à arriver en Europe d'un an, supposition qui est évidemment poussée à l'extrême pour la rendre plus sensible, la maison Hope dût en profiter; de sorte que la maison Hope aurait joui, pendant cette année, de l'intérêt de soixante-quatre millions à six pour cent, ce qui fait 3,600,000 francs; et que, de son côté, la France aurait été payée six mois plus tard, ce qui lui aurait produit le même dommage, et que, si au lieu d'un an la différence avait été de trois mois, le dommage serait de 900,000 francs. Il est de la nature de cette affaire qu'elle parte du moment où les Américains ont inscrit, puisqu'on touche les intérêts.

On a vendu à la maison Hope le fonds américain et la jouissance du fonds américain, même pendant les deux ans que la maison Hope met à payer les cinquante-deux millions. Mais, en lui accordant la jouissance pendant ces deux ans, on n'a jamais pu entendre de l'accorder pendant trois; et elle en jouirait pendant trois, s'il y avait un an de différence entre le moment d'où date l'inscription des fonds sur le grand-livre américain et celui où se fait le premier payement au trésor public de France par la maison Hope.

Le premier coup d'œil porte donc à penser que ces deux points doivent être fixés, et que le point de départ doit commencer en Amérique du moment de l'inscription.

BONAPARTE.

Archives de l'Empire.

7717. — AU CITOYEN REGNIER.

Saint-Cloud, 7 floréal an XII (27 avril 1804).

Si Carrier et sa femme, Citoyen Ministre, dont il est question dans le rapport du 6 floréal, ne sont coupables de rien, il faut les envoyer en surveillance dans une petite commune de l'intérieur, et qu'ils n'en sortent plus.

Faites arrêter l'émigré Silly dont il est question dans le rapport du 5 floréal, et faites une enquête sévère sur ce qui le concerne et sur les biens qu'il a au soleil. Mon intention n'est pas de me payer de mauvaises raisons. S'il a reçu de l'argent de l'Angleterre, il faut que le séquestre soit réapposé sur ses biens et qu'il soit chassé de France, comme ayant violé le serment qui constitue son amnistie.

Il faudrait faire un rapport détaillé sur cette affaire, afin de la faire passer au Conseil d'État. Une chose que l'on a le droit d'exiger au moins des hommes qui ont porté les armes contre la France, est qu'ils cessent d'entretenir des intelligences avec ses ennemis.

La dépêche ci-jointe du général Jourdan vous paraîtra intéressante. Il faudrait envoyer un courrier extraordinaire à Turin et à Milan. Si l'individu dont la lettre fait mention est Brulart, il faut le faire arrêter. Il faudrait envoyer à Turin et à Milan des gens qui le connussent.

BONAPARTE.

Archives de l'Empire.

7718. — AU CITOYEN TALLEYRAND.

Saint-Cloud, 7 floréal an XII (27 avril 1804).

Je n'aime point, Citoyen Ministre, à m'occuper de l'intérieur des gouvernements des pays alliés; mais la marche incroyable que prend aujourd'hui l'opinion en Hollande a attiré toute ma sollicitude, et je ne puis plus rester indifférent à tout ce qui se passe. L'armée hollandaise est mécontente, la plus grande partie du peuple l'est également.

Voici les faits qui m'ont été mis sous les yeux. Je vous prie de m'en faire un rapport :

1° Que le tiers de la population de la Hollande est catholique, et sans contredit la partie la plus attachée à la France, et que cependant elle n'a aucun membre dans le gouvernement, aucun représentant dans le corps législatif ni dans aucune autorité départementale ou municipale;

2° Que le conseil asiatique est entièrement composé d'amis de l'Angleterre; qu'il y a deux mois on a retiré arbitrairement de ce conseil six membres, les seuls ennemis de l'Angleterre et partisans avoués de la France et de la Hollande, qui ont été remplacés par des hommes connus pour leur attachement à la cause anglaise, ayant toute leur fortune dans les fonds anglais; on cite parmi ces derniers un nommé Van Stratten qui, lors de son débarquement en 1799, a levé des contributions en son nom et était le chef de la police du duc d'York; cet homme est appelé à présider à son tour ce conseil; sa seule signature peut mettre les colonies à la disposition de l'Angleterre;

3° Le conseil d'Amsterdam, par un règlement du 6 mars, vient d'ôter les places marquées dans les églises aux autorités civiles, militaires et politiques, qui les avaient obtenues depuis l'entrée des Français, de sorte qu'on voit dans le même jour les amnistiés et les hommes qui ont embrassé la cause de l'Angleterre reprendre les honneurs, et ceux qui ont toujours soutenu la cause de la France déshonorés et chassés;

4° Qu'il se fait, depuis trois mois, dans les administrations départementales et municipales, des changements tous en faveur des Anglais, tous réunis dans ce point de crier contre l'alliance de la France.

Si, dans un pareil état de choses, la paix survenait, et que les troupes françaises évacuassent la Hollande, nous aurions sur nos frontières un gouvernement tout ennemi, quoique cependant il soit de fait que la plus grande partie de la nation, que tout ce qui a énergie, crédit et force, est favorable au système français.

Mon intention est donc d'intervenir dans les affaires de ce pays. Je désire d'abord être certain de la vérité des faits ci-dessus, et que vous me fassiez connaître ce qu'il y a à faire pour assurer en Hollande aux amis de la France de l'influence et de la considération.

Les deux questions qui se présentent sont :

1° Si la Hollande ne peut pas vivre avec la constitution qu'elle a, quel amendement ou quel changement y a-t-il à y faire?

2° Quels sont les hommes qui pourraient occuper les principales places? Et, à cet effet, je désire connaître quelle était la constitution de la Hollande avant l'entrée des Français, et quelle est sa constitution actuelle.

Soit qu'on fasse ou non des changements à la constitution, il paraît qu'il faut en faire parmi les gouvernants. Dans ce cas, je désire avoir la liste de tous les hommes qui composent les grandes autorités et qui ont la grande influence, et connaître ce qu'ils ont fait, les places qu'ils ont occupées et où ils ont été avant et depuis l'entrée des Français. Les noms que je désire connaître sont ceux des membres du gouvernement, des ministres, des membres du corps législatif, du conseil asiatique, des municipalités d'Amsterdam, Rotterdam et autres grandes villes, des autorités départementales; et, par contre, les noms des hommes sages qui ont eu des emplois depuis l'entrée des Français et qui sont aujourd'hui sans emploi.

Je désire aussi connaître l'opinion du citoyen Schimmelpenninck sur la situation actuelle de sa patrie, sur les différents hommes qui la gouvernent, et sur les faits contenus dans cette lettre. Il faut bien se garder de laisser pénétrer que je me suis occupé de ces objets;

cela porterait l'alarme dans le gouvernement. Parlez-en confidentiellement, de vous au citoyen Schimmelpenninck, comme de choses tellement évidentes qu'elles finiront par éveiller l'attention du Premier Consul.

BONAPARTE.

Archives des affaires étrangères.
(En minute aux Arch. de l'Emp.)

7719. — DÉCISION.

Saint-Cloud, 7 floréal an XII (27 avril 1804).

Verneilh, ex-préfet du Mont-Blanc, justifie ses opérations relatives à la conscription.

Je prie le citoyen Lacuée de lire avec attention cette lettre. Le fait est que les conscrits de ce département ne rejoignent pas. Mon intention est de sévir contre les maires et la gendarmerie, car il faut que ces conscrits rejoignent.

BONAPARTE.

Archives de l'Empire.

7720. — AU GÉNÉRAL DAVOUT, COMMANDANT LE CAMP DE BRUGES.

Saint-Cloud, 7 floréal an XII (27 avril 1804).

Citoyen Général Davout, les prames ne doivent pas être armées avec des pièces de 24 courtes, mais avec des pièces de 24 et de 18 ordinaires.

Je donne ordre au contre-amiral Ver Huell de se rendre le plus tôt possible à Ostende avec la seconde partie de sa flottille.

BONAPARTE.

Comm. par Mme la maréchale princesse d'Eckmühl.
(En minute aux Arch. de l'Emp.)

7721. — AU GÉNÉRAL MARMONT,
COMMANDANT LE CAMP D'UTRECHT.

Saint-Cloud, 7 floréal an XII (27 avril 1804).

Citoyen Général Marmont, j'ai reçu votre lettre du 4 floréal; je l'ai lue avec toute l'attention qu'elle mérite. J'y ai trouvé des détails que j'ignorais; je n'en ai pas cependant trouvé autant que j'aurais voulu. Dans l'ordre de mon travail, je prends toujours en considération un fait, jamais un tableau.

Je vous prie de me transmettre les noms de tous ces hommes en place, soit dans le gouvernement ou dans les administrations départementales ou municipales, avec des notes qui me fassent connaître ce qu'ils ont fait depuis l'entrée des Français, et où ils ont été depuis.

BONAPARTE.

Archives de l'Empire.

7722. — AU CONTRE-AMIRAL DECRÈS.

Saint-Cloud, 7 floréal an XII (27 avril 1804).

Je crois être instruit que les Anglais viennent d'envoyer des espions à Toulon. Écrivez au commissaire de police et au préfet maritime de mettre une nouvelle activité à les découvrir.

Beaucoup de personnes pensent qu'une vingtaine de chaloupes canonnières réunies pourraient très-bien passer de vive force, dans un temps convenable, d'Audierne à Brest. Pour mon compte, je partage cette opinion. S'il y a un officier habile et qui organise bien sa division, elle peut partir.

BONAPARTE.

Archives de l'Empire.

7723. — NOTE POUR LE GÉNÉRAL DUROC,
GOUVERNEUR DU PALAIS.

Saint-Cloud, 8 floréal an XII (28 avril 1804).

Je désire que la maison du prince Charles, près Bruxelles, soit achetée; que sur-le-champ on fasse travailler à toutes les réparations pour la mettre dans le meilleur état. Je vous autorise à dépenser jusqu'à 500,000 francs pour l'achat de la maison et de toutes les dépendances nécessaires pour que ma maison puisse y loger. Je vous autorise à dépenser une somme de 150,000 francs pour les arrangements à y faire par les architectes, et une somme de 350,000 francs pour la meubler : total, un million, que le citoyen Estève tiendra à votre disposition.

Je désirerais que cette maison fût prête à me recevoir à la fin de juillet. Il est bien entendu que l'on arrangera le plus simplement possible tous les grands appartements, cette somme étant très-modique, sauf, une autre année, à la meubler avec les grandes soieries de Lyon.

Dans cette somme ne sont point compris les tapisseries et autres gros meubles de Paris et de Saint-Cloud dont on pourrait disposer et qu'on pourrait y envoyer.

Je désire cependant que, dans cette somme de 350,000 francs, 20,000 francs soient affectés pour une bibliothèque.

Au reste, le bibliothécaire demandera au ministre de l'intérieur tous les livres dont on pourra disposer dans les dépôts.

Le général Duroc connaît ma manière de vivre, cela le guidera pour la disposition des logements. L'appartement de ma femme doit être distinct, comme à Paris et à Saint-Cloud.

Mon cabinet, mon salon, le salon des ministres doivent être séparés des appartements de ma femme.

Il y aura trois tables.

Je désire que mon cabinet soit au milieu d'une bibliothèque et, comme à Saint-Cloud et à la Malmaison, de plain-pied dans un jardin.

Le parc, si petit qu'il soit, doit être divisé en deux : un pour les gens de la maison, un autre pour ceux qui forment la société ; et s'il était possible, comme à la Malmaison, d'en avoir un séparé et attenant à mon cabinet, ne fût-il que de deux arpents, cela serait très-convenable.

BONAPARTE.

Bibliothèque impériale.

7724. — AU CITOYEN REGNIER,
GRAND JUGE, MINISTRE DE LA JUSTICE.

Saint-Cloud, 8 floréal an XII (28 avril 1804).

Vous trouverez ci-joint un arrêté qui fixe le traitement du citoyen Réal. Vous lui ferez remettre, tous les mois, 5,000 francs sur les fonds des jeux, pour subvenir aux dépenses extraordinaires et petits frais de police dont il ne devra aucun compte.

Vous ne remettrez, tous les mois, au préfet de police que 15,000 francs pour les frais de police, dont 3,000 par mois seront pour les petits frais de police et 12,000 francs dont l'emploi devra être appuyé de pièces justificatives, autant que le comportent les dépenses secrètes. Ceci sera ainsi réglé, à compter du 1er germinal, tant pour l'un que pour l'autre.

BONAPARTE.

Archives de l'Empire.

7725. — AU CITOYEN PORTALIS.

Saint-Cloud, 8 floréal an XII (28 avril 1804).

Citoyen Portalis, Conseiller d'État, je prends part à tout ce qui vous arrive d'heureux. Je nommerai avec plaisir votre petit-fils. Je désire que cela lui porte bonheur, et pour cela je ne fais qu'un souhait pour lui, c'est qu'il ait votre cœur et votre tête.

BONAPARTE.

Archives de l'Empire.

7726. — AU CITOYEN GAUDIN.

Saint-Cloud, 8 floréal an XII (28 avril 1804).

Je vous prie de faire donner 100,000 francs de plus cette année, comme l'année passée, au prince de Conti.

BONAPARTE.

Archives de l'Empire.

7727. — AU GÉNÉRAL BERTHIER.

Saint-Cloud, 8 floréal an XII (28 avril 1804).

Ce qui me porte, Citoyen Ministre, à beaucoup me méfier de l'exactitude de l'état de situation du 15 germinal, indépendamment de l'observation que je vous ai faite sur le 9e régiment de ligne, qui, certainement, n'est pas de 2,900 hommes, c'est que je vois à Paris le 4e d'infanterie légère porté à 1,608 hommes présents et 254 aux hôpitaux ; le bataillon d'élite est porté comme déduit, ce qui ferait 2,400 hommes : il y a erreur. Vous sentez cependant combien il est important que les états qui me sont remis ne contiennent pas d'erreurs de cette espèce. Il faut faire en sorte de ne me donner que des résultats sûrs. On doit s'être aperçu que je lis ces états de situation avec autant de goût qu'un livre de littérature. Faites-moi remettre un état où la situation de chaque corps soit vérifiée.

BONAPARTE.

Dépôt de la guerre.

7728. — AU GÉNÉRAL BERTHIER.

Saint-Cloud, 8 floréal an XII (28 avril 1804).

Je vous prie, Citoyen Ministre, de faire faire une revue extraordinaire pour constater la situation, au 1er germinal, des 10e, 19e, 28e, 45e, 47e, 56e, 58e et 106e de ligne, et des 3e, 12e, 21e et 24e légers. On aura soin de mettre le nombre d'hommes de ces corps présents dans chaque ville où ils se trouvent, les malades aux hôpitaux, les absents et depuis quel temps, ceux inhabiles à porter les armes, le nombre de conscrits qu'ils ont reçus et qu'ils ont à recevoir sur l'an XI et l'an XII. Ces régiments sont les plus faibles de l'armée. Je désire savoir positivement dans quelle situation ils sont, afin de les faire recruter.

BONAPARTE.

Archives de l'Empire.

7729. — AU GÉNÉRAL BERTHIER.

Saint-Cloud, 8 floréal an XII (28 avril 1804).

Donnez ordre, Citoyen Ministre, que le 23e régiment de chasseurs rentre en France ; il sera placé dans la 26e division militaire. Prévenez-en le général Dessolle, et écrivez-lui de veiller à ce que l'armée soit le moins possible à charge au pays et de régler tout ce qui est relatif aux fournitures que doit faire le pays, afin qu'il n'y ait point de plaintes. Il est revenu que le général Pacthod exigeait des dépenses extrêmement considérables pour sa table.

BONAPARTE.

Dépôt de la guerre.
(En minute aux Arch. de l'Emp.)

7730. — AU GÉNÉRAL SOULT,
COMMANDANT LE CAMP DE SAINT-OMER.

Saint-Cloud, 8 floréal an XII (28 avril 1804).

J'ai donné l'ordre au ministre de la marine que tous les bâtiments de transport soient armés d'avirons autant qu'ils en peuvent porter. Faites-moi connaître ce qu'il en est, le nombre qu'il en faudra, et combien de jours de travail il faudra pour installer ces avirons.

BONAPARTE.

Archives de l'Empire.

7731. — AU CONTRE-AMIRAL DECRÈS.

Saint-Cloud, 8 floréal an XII (28 avril 1804).

Je signe aujourd'hui un arrêté relatif aux constructions. Je n'admettrai aucune espèce d'excuse. Faites-vous rendre compte deux fois par semaine des ordres que vous donnez, et veillez à leur exécution : s'il faut des mesures extraordinaires, faites-le-moi connaître. Je n'admettrai aucune raison valable, car avec une bonne administration je ferais trente vaisseaux de ligne en France en un an, si cela était nécessaire. Dans un pays comme la France, on doit faire tout ce que l'on veut. Il ne vous échappera pas que mon projet est de commencer beaucoup de constructions, hormis à Brest, où je ne veux plus rien construire. Mon intention est d'avoir à l'eau, avant vendémiaire an XIV, vingt-six vaisseaux de guerre : bien entendu que ladite mise à l'eau dépendra surtout du cas où d'ici à ce temps-là nous aurions la paix. Mais désormais tous les vaisseaux de 74 doivent être faits à Anvers. C'est à Anvers que doit être notre grand chantier.

C'est là seulement que devient possible en peu d'années la restauration de la marine française.

Avant l'an XV nous devons avoir cent vaisseaux de guerre.

BONAPARTE.

Archives de l'Empire.

7732. — AU CONTRE-AMIRAL DECRÈS.

Saint-Cloud, 8 floréal an XII (28 avril 1804).

Je désire que vous me fassiez connaître quand *le Lion* ira en rade à Rochefort, et pourra se joindre à l'escadre de l'amiral Villeneuve ; quand *le Neptune*, *l'Atlas* et *le Berwick* iront en rade de Toulon et porteront cette escadre à dix vaisseaux. Il faudrait former à Lorient les équipages de *la Ville-de-Milan* ; je désire donner une destination à cette frégate.

Faites porter sur l'état de situation de la marine l'état des hommes présents et manquants au complet des équipages des frégates *la Libre* et *la Furieuse*.

BONAPARTE.

Archives de l'Empire.

7733. — AU CONTRE-AMIRAL DECRÈS.

Saint-Cloud, 8 floréal an XII (28 avril 1804).

Je désire que vous donniez l'ordre que toute la flottille de corvettes de pêche armées en guerre, qui est à Dunkerque, soit sur-le-champ armée d'avirons, si elle ne l'est pas. Comme je crois ces bateaux de la même longueur que les bateaux canonniers, ils doivent en porter le même nombre. Donnez ordre que toute la flottille de transport soit armée d'avirons ; dans tous il y aura beaucoup de monde à bord, et dès lors il y aura des forces pour nager. Qu'avec la plus grande activité on travaille à cette installation. Bateaux canonniers, prames, péniches, bateaux de Terre-Neuve, de transport, tout doit être armé de rames autant que possible et s'en servir. Donnez le même ordre pour la flottille batave qui est à Ostende ; tout doit aller à la rame. Voulant faire sortir bientôt les corvettes de pêche de Dunkerque, je désire connaître le jour où ils auront leurs rames et avirons à bord à Dunkerque.

BONAPARTE.

Archives de l'Empire.

7734. — AU VICE-AMIRAL MARTIN.

Saint-Cloud, 9 floréal an XII (29 avril 1804).

Citoyen Vice-Amiral Martin, Préfet maritime de Rochefort, je mets une grande importance à ce que *le Lion* soit le plus tôt possible en rade sous les ordres de l'amiral Villeneuve. Portez votre sollicitude à faire une levée de matelots à Bordeaux et Rochefort, pour faire entrer le plus tôt possible ce vaisseau en rade ; je désire qu'il y soit rendu avant le 20 floréal.

J'ai donné des ordres pour accélérer les constructions et en mettre deux nouveaux à trois ponts sur le chantier. J'ai confiance en votre activité et en votre zèle pour l'intérêt de la patrie ; j'espère donc que vous lèverez tous les obstacles pour remplir ce que j'attends de votre part.

BONAPARTE.

Archives de l'Empire.

7735. — AU CITOYEN TALLEYRAND.

Paris, 12 floréal an XII (2 mai 1804).

J'ai vu M. de Cobenzl, Citoyen Ministre ; j'ai été satisfait de la lettre qu'il m'a lue, et surtout des passages qui m'ont paru relatifs soit au duc d'Enghien, soit à ce qui se prépare en France.

Quant aux affaires d'Allemagne, je lui ai dit que j'étais satisfait de la déclaration qu'il m'a faite que de nouvelles troupes n'arriveraient pas en Souabe, et qu'on se bornerait aux régiments qui s'y trouvaient ; que, quant à l'ordre équestre, tout devait rester dans le *statu quo*, et que la commission formée en résultat de la délibération du conseil aulique avait terminé son travail et ne se réunirait plus. Il a ajouté que l'Empereur désirait qu'en intervenant dans les affaires de Ratisbonne je l'aidasse à finir les affaires des votes, désirant qu'il y eût autant de protestants que de catholiques. Je lui ai dit que je n'avais point présenté la demande qui avait été faite par l'Empereur, mais que vous m'en feriez un rapport demain, et que je proposerais des modifications par lesquelles je consentirais à soutenir l'Empereur à la diète.

Je désire donc que vous m'apportiez demain un rapport sur ces votes, pour que nous voyions ce qu'il y a à faire.

BONAPARTE.

Archives de l'Empire.

7736. — AU CITOYEN REGNIER.

Saint-Cloud, 16 floréal an XII (6 mai 1804).

Je désirerais que vous me fissiez faire un dictionnaire par ordre alphabétique de tous les agents qu'ont employés les étrangers ou les Bourbons pour troubler la tranquillité de la France, et dont les noms sont compromis ou cités dans les différentes procédures ou pièces officielles imprimées depuis la révolution.

BONAPARTE.

Archives de l'Empire.

7737. — RÉPONSE DU PREMIER CONSUL
A UNE DÉPUTATION DU COLLÉGE ÉLECTORAL DU DÉPARTEMENT DE LA VENDÉE.

Château des Tuileries, 16 floréal an XII (6 mai 1804).

Ces sentiments que vous exprimez me sont d'autant plus précieux que votre département a été le théâtre de plus de désastres, et que vous avez éprouvé plus de malheurs.

Lorsque les affaires de l'État me permettront de visiter vos contrées, je désire que les vestiges de la guerre aient disparu et que je puisse voir vos habitations relevées, votre agriculture prospérant, et vos cœurs réunis par l'oubli du passé, l'amour du présent et les espérances de l'avenir.

Je regarderai toujours comme un devoir, et il sera cher à mon cœur, d'accorder une protection particulière à vos contrées. Je compte aussi, en retour, sur la sincérité des sentiments que vous m'exprimez au nom de vos concitoyens.

Extrait du *Moniteur*.

7738. — AU GÉNÉRAL BERTHIER.

Saint-Cloud, 16 floréal an XII (6 mai 1804).

Vous aurez sans doute écrit au général Cervoni votre mécontentement des entreprises faites dernièrement par les Anglais sur nos côtes. Ordonnez-lui de faire ses dispositions pour que cela n'arrive pas davantage, et de prendre ses mesures pour l'approvisionnement des îles d'Hyères, sous sa responsabilité.

Donnez ordre que le nommé Hunt, ministre anglican attaché à lord Elgin, à Orléans, soit arrêté et conduit au fort de Bitche, où il sera à la disposition du commandant.

BONAPARTE.

Archives de l'Empire.

7739. — AU CITOYEN REGNIER.

Saint-Cloud, 18 floréal an XII (8 mai 1804).

Donnez l'ordre que toutes les pièces relatives à M. Taylor, sur l'insurrection qu'il voulait faire dans les quatre départements du Rhin, vous soient envoyées sur-le-champ et mises en règle, pour pouvoir faire chasser ce ministre de Hesse-Cassel.

L'article du bulletin du 17 floréal, relatif à l'*Ordre de la Foi*, m'a paru un roman ; il faudrait entrer dans plus de détails sur leur établissement à Beauvais, Lyon et Paris. Il faudrait savoir où se trouve le nommé Varin, qu'on dit être leur chef. Faites demander des renseignements au citoyen Portalis avant de me faire un rapport sur cette affaire ; il doit en avoir connaissance.

BONAPARTE.

Archives de l'Empire.

7740. — DÉCISION.

Saint-Cloud, 19 floréal an XII (9 mai 1804).

Le général d'artillerie Levavasseur propose au Premier Consul d'autoriser la fabrication d'un nouveau mortier dont il adresse le plan.

Renvoyé au ministre de la marine. Je ne vois pas d'inconvénient à autoriser cet essai ; des recherches pour arriver à la plus grande portée possible des bombes ne peuvent être qu'extrêmement utiles.

BONAPARTE.

Archives de l'Empire.

7741. — DÉCISION.

Saint-Cloud, 21 floréal an XII (11 mai 1804).

Une commission spéciale de la classe d'histoire et de littérature ancienne de l'Institut national présente un rapport sur les travaux de diplomatie demandés par le Premier Consul [1].

J'approuve beaucoup le plan de travail proposé par la classe d'histoire et de littérature ancienne, et je verrai avec plaisir qu'il soit exécuté.

[1] On lit dans le procès-verbal de la séance du 4 ventôse an XII (24 février 1804) : « En même temps le bureau instruit la classe que, dans cette audience, le Premier Consul a montré le désir qu'elle s'occupât d'organiser un travail relatif à la diplomatie, et dont il pût résulter un code français de diplomatie, digne, par la manière dont il serait rédigé, d'être dorénavant un modèle volontairement et unanimement suivi par toutes les puissances, et capable d'assurer ainsi un nouvel avantage, un nouveau degré de supériorité à la langue française

> Je désire que toutes les mesures nécessaires soient prises, afin que ces travaux se poursuivent avec l'activité et le succès dont le zèle que témoigne la classe ne me permet pas de douter.
>
> BONAPARTE.

Extrait des registres de la classe d'histoire et de littérature ancienne de l'Institut national.

7742. — AU CONTRE-AMIRAL DECRÈS,
MINISTRE DE LA MARINE ET DES COLONIES.

Saint-Cloud, 21 floréal an XII (11 mai 1804).

D'après les renseignements que j'ai de Rochefort, je suis fondé à penser qu'avant le 1er prairial le vaisseau *le Lion* sera en rade de Rochefort. Je désirerais qu'avant la fin de ce mois la frégate *l'Armide* fût aussi en rade; et, comme il pourrait y avoir difficulté à trouver des équipages pour cette frégate, je désire que vous augmentiez de 200 hommes les garnisons d'infanterie sur les 5 vaisseaux et les 2 frégates qui sont en rade de Rochefort, et que vous en ôtiez 200 matelots pour former l'équipage de cette frégate.

Dans les états de situation que vous me remettez, je désire que vous fassiez mettre le nombre d'hommes d'infanterie qui sont à bord de chaque vaisseau, et de quel régiment ils sont. Il est temps de mettre de l'ordre dans ce service.

Par ce moyen, dans le courant du mois prochain, nous aurions à Rochefort 5 vaisseaux de guerre et 4 frégates. Comme de raison, je comprends dans ce nombre la frégate qui est au bas de la rivière de Bordeaux.

Donnez l'ordre, à Lorient, que *la Ville-de-Milan* soit mise sur-le-champ en rade, mon intention étant qu'elle soit prête à mettre à la voile avant le 15 prairial. A cet effet, donnez l'ordre de faire faire le service du cabotage par les invalides de la marine, et de retirer du cabotage les meilleurs matelots pour l'armement de la frégate.

Donnez l'ordre que la frégate *le Président* soit mise à l'eau sur-le-champ. Mon intention est qu'on prenne les meilleurs matelots des

---

sur toutes les langues de l'Europe. La classe arrête que, dans sa prochaine séance, elle s'occupera sans retard des moyens de répondre aux vues du Premier Consul, et elle invite chacun de ses membres à lui communiquer leurs idées sur cet objet. »

caboteurs pour former son équipage. Faites connaître au préfet maritime, à Lorient, que je désire qu'au 14 juillet le vaisseau *l'Algésiras* soit mis à l'eau.

Faites connaître au préfet maritime, à Rochefort, que mon intention est qu'au 14 juillet le vaisseau *l'Achille* soit mis à l'eau.

Faites connaître également au préfet maritime de Toulon qu'au 14 juillet un des deux vaisseaux neufs soit mis à l'eau.

A Saint-Malo, il faut qu'au 14 juillet la frégate *la Piémontaise* soit mise à l'eau; qu'à Dunkerque, le 14 juillet, la frégate *l'Amphitrite* soit mise à l'eau, et qu'à Anvers le brick *le Phaéton* soit lancé au 14 juillet. S'il est nécessaire, à Lorient, Rochefort et Toulon, on doit employer tous les moyens pour remplir ces ordres.

Quant à Toulon, je ne puis qu'être mécontent de voir que *le Neptune* n'est pas encore en rade. Le manque de matelots ne peut arrêter dans la Méditerranée.

On peut désarmer quelques bâtiments qui ne font pas partie de l'expédition.

J'ai besoin de 10 vaisseaux à Toulon, prêts à partir dans les derniers jours d'août. Il y en a aujourd'hui 8; *l'Indomptable* fera 9; et *le Pluton* fera le dixième.

Si, avec toute l'activité du port, il était impossible que *le Pluton* pût être prêt, ce que je ne puis concevoir, puisqu'à Toulon, quand on le veut, on peut faire un vaisseau en trois mois, il faudrait alors que le dixième vaisseau fût fourni ou par *le Berwick* ou *l'Atlas*.

Vous ne m'avez pas fait connaître s'il était possible de faire construire un vaisseau au Havre.

Le vaisseau *l'Aigle*, qui est à Cadix, manque de canonniers de la marine. Je pense qu'il serait convenable d'y envoyer une quarantaine de bons canonniers.

Vous les ferez partir en quatre détachements de 10 hommes chacun, commandés par un sergent, et vous leur donnerez assez d'argent pour qu'ils puissent se rendre à Cadix par des voiturins, afin d'y arriver promptement, de manière que cela n'ait pas l'air d'un transport de troupes.

Donnez ordre au citoyen Leroy de faire entrer le brick *l'Argus* au bassin, s'il en est besoin, afin qu'il puisse être prêt pour toute sorte de missions.

Les 5 vaisseaux de la Corogne auront, à ce que je pense, leurs vivres. Il faut qu'ils profitent des deux mois qu'ils ont encore à rester là pour se préparer à pouvoir faire toute mission. Faites-y passer 150 canonniers de la marine, qui seront répartis sur les 5 vaisseaux.

Ces détachements passeront également dans des voiturins et par détachements de 10 hommes.

Écrivez à l'ambassadeur pour qu'on prenne tous les matelots français qui sont en Espagne, et qu'on les dirige sur la Corogne.

Je donne ordre également au ministre de la guerre d'envoyer à la Corogne 150 hommes d'infanterie, qui seront aussi répartis sur les vaisseaux.

Voyez l'ambassadeur d'Espagne ici pour causer sur la situation de cette escadre. Vous lui ferez sentir combien il est ridicule de ne pas faire passer au bassin les vaisseaux qui sont au Ferrol, et combien il serait avantageux à l'Espagne qu'ils pussent bientôt sortir, puisque cela peut compromettre sa neutralité.

Vous lui ferez part de ces mesures et de ce passage de troupes. Vous aurez soin de faire passer les hommes qui vont à Cadix par la Catalogne, et les hommes qui vont au Ferrol par Bayonne. Faites passer les détachements à cinq jours l'un de l'autre, et enfin que toutes les précautions soient prises pour que les vivres de ces vaisseaux soient complétés, ainsi que les poudres. Comme c'est nous qui en fournissons à l'Espagne, on pourrait les passer par mer sur un vaisseau espagnol qui n'irait pas au Ferrol, mais dans un port tout près; et ensuite on les dirigerait par terre. Si ce moyen présente trop de dangers, faites-les passer par terre par Bayonne.

Conférez sur tous ces objets avec Gravina.

Il est temps que vous me remettiez un projet pour l'expédition des deux frégates à envoyer en Amérique.

Je n'ai pas besoin de vous dire que tous les bâtiments en rade à Brest, l'île d'Aix, le Ferrol, Cadix, Toulon, doivent exercer les équipages et l'infanterie qu'ils ont à leur bord, soit au canon, soit aux manœuvres. Il faut d'abord amariner les troupes. Il faut pour cela que dans la rade les garnisons nagent dans les canaux de l'escadre, même quand il y a un peu de mer. Faites-leur passer l'instruction qui a été faite pour la flottille.

Dites aux amiraux qui les commandent que nos soldats sont capables de tout; que, quand on leur aura appris à gouverner un canot avec un seul timonier, il faut aussi apprendre aux plus lestes à monter sur les mâts, et, pour les encourager, tous les jours d'exercice, donnez une récompense à celui qui montera le plus haut.

Je désire aussi que, dans l'escadre de Brest, vous diminuiez le complet des équipages d'une vingtaine ou trentaine de matelots, lesquels seraient remplacés par des troupes de terre. Cela vous donnerait, pour la rade de Brest seule, de quoi armer un vaisseau.

L'escadre de Brest doit être prête à lever l'ancre au 14 juillet, au nombre d'au moins 20 vaisseaux de guerre, avec autant de vivres qu'il est possible qu'un vaisseau en porte.

BONAPARTE.

Archives de l'Empire.

7743. — AU CONTRE-AMIRAL DECRÈS.

Saint-Cloud, 22 floréal an XII (12 mai 1804).

On m'assure que *l'Indomptable* n'est pas encore dans le bassin de Toulon. Il y a dans ce port une lenteur que je ne sais à quoi attribuer. Depuis un an, on a mis à Brest quinze vaisseaux en rade, et on n'en a mis à Toulon que trois ou quatre.

BONAPARTE.

Archives de l'Empire.

7744. — AU CONTRE-AMIRAL DECRÈS.

Saint-Cloud, 22 floréal an XII (12 mai 1804).

Nos vaisseaux et frégates ne sont pas assez armés. Ayant cependant plus de monde à bord, nous devrions les armer davantage que les Anglais. Chaque vaisseau devrait avoir au moins dix ou douze obusiers de 36 et deux de 48. Ces pièces sont très-légères, puisqu'elles pèsent moins de 1,800, et non-seulement la mitraille est meurtrière, mais on peut employer des obus et des boulets qui, tirés de très-près, ne laissent pas de faire un grand effet contre les mâtures.

Nous avons 20 vaisseaux à Brest; il nous faudrait donc 200 à 250 de ces obusiers; soixante ou quatre-vingts à Rochefort, une centaine à Toulon. Faites-moi connaître si les vaisseaux de ces escadres en sont armés, et, s'ils ne le sont pas, quels moyens il faut prendre pour en avoir : voilà cinq ans que j'en demande.

BONAPARTE.

Archives de l'Empire.

7745. — AU CITOYEN TALLEYRAND,
MINISTRE DES RELATIONS EXTÉRIEURES.

Saint-Cloud, 23 floréal an XII (13 mai 1804).

Je désire, Citoyen Ministre, que vous expédiiez un courrier au général Hédouville pour lui faire connaître que, quarante-huit heures après la réception de ce courrier, il parte, sous prétexte d'un congé demandé pour sa santé, et revienne par Berlin. Il emmènera sa femme et sa maison, et ne laissera que le premier secrétaire de légation, en qualité de chargé d'affaires. Il doit dire à l'Empereur que, sa santé exigeant qu'il prenne les eaux, il quitte Pétersbourg, mais qu'il espère y revenir après les avoir prises. Si, lors de son départ, il a occasion de parler au ministre et même à l'Empereur, il doit le faire très-ferme et dire que nous ne pouvons qu'être extrêmement peinés de voir la Russie se mêler de nos affaires intérieures. Du reste, il réglera son langage sur l'effet qu'auront fait à Pétersbourg les nouvelles de ce qui s'est passé à Paris. Mais, dans tous les cas, il doit, quand même on serait revenu à Pétersbourg et que nous y serions le mieux du monde, exécuter l'ordre de partir juste dans les quarante-huit heures de la réception du courrier. Répétez-lui bien que je ne veux pas la guerre, mais que je ne la crains avec personne, et que, si mon avénement à l'empire doit être aussi illustré que le berceau de la République, ce ne sera qu'à la nouvelle confusion des ennemis de la France.

Écrivez à notre ministre à Berlin pour lui faire part du retour d'Hédouville, afin qu'on en sache la cause à Berlin. Dictez-lui le langage ferme et fier à tenir dans cette circonstance. C'est bien assez d'avaler sur mer les avanies de l'Angleterre, sans être obligé d'avaler encore les impertinences de la Russie.

Ayez soin d'envoyer par votre courrier des numéros du *Moniteur* depuis quinze jours, soit à Berlin, soit à Saint-Pétersbourg.

BONAPARTE.

Archives de l'Empire.

7746. — AU CITOYEN TALLEYRAND.

Saint-Cloud, 23 floréal an XII (13 mai 1804).

Je désire, Citoyen Ministre, être instruit demain, par un billet, de ce qu'a porté le courrier descendu ce matin chez le ministre de Prusse.

Vous pouvez dire à ce ministre que mon intention est de ne pas souffrir le ton et la morgue de la cour de Russie; que je ne puis voir qu'avec indignation que, du fond de la Russie, on veuille se mêler des affaires intérieures de la France; que le Pape nous a remis Vernègues, mais qu'il n'en est pas moins insultant que Vernègues et d'Entraigues, qui tous deux ont été les ministres du comte de Lille, sous le titre d'attachés à la légation russe à Venise et à Gênes du temps de la coalition, restent accrédités en pays étrangers comme agents de la Russie; que je n'ai pas été moins choqué de voir qu'on ait envoyé ici M. de Bestrof, connu par sa conduite inconsidérée à Paris; que j'aurais déjà, si les menaces de la Russie m'avaient inspiré quelques craintes, donné l'ordre aux deux régiments qui ont eu ordre de quitter le Hanovre d'y retourner, et que je n'en ai rien fait; que je n'ai aucune espèce de crainte de la Russie; que la seule chose fâcheuse dans cette circonstance serait que, n'étant point garanti par la Prusse qu'aucune armée ne traversât ses États, je fusse forcé d'envoyer en Hanovre 25,000 hommes; ce qui ne sera jamais si Sa Majesté Prussienne me fait dire qu'elle me garantit que, dans aucun cas, elle n'accordera passage sur son territoire à une armée russe; que l'on nous assure que le chargé d'affaires de Russie à Ratisbonne a reçu l'ordre de faire une note relative au duc d'Enghien; que la réponse sera telle qu'elle fera tomber le talisman de la Russie; que toute l'Europe me rend la justice que je ne me mêle des affaires intérieures d'aucun État, et que je ne souffrirai point qu'on veuille faire le contraire en France; qu'il est extrêmement inconvenant que la Russie me propose d'être médiateur et veuille que je le sois pour les affaires d'Allemagne, en ne les traitant qu'avec la partie intéressée, qui est Vienne.

Je désire que vous envoyiez au citoyen Laforest la copie de la note de M. Oubril, pour qu'il la montre à Berlin assez publiquement pour démentir ce qu'ont dit les Russes, qu'ils n'avaient point demandé à intervenir pour les affaires d'Allemagne. Cette lettre est bonne à envoyer à Ratisbonne et à Munich.

BONAPARTE.

Archives de l'Empire.

7747. — AU CITOYEN LACÉPÈDE.

Saint-Cloud, 24 floréal an XII (14 mai 1804).

Citoyen Lacépède, Grand Chancelier de la Légion d'honneur, le nouvel ordre des choses laisse votre place dans toute son intégrité. Il me serait impossible de vous remplacer, et je crois trop à la vérité des sentiments que vous m'exprimez dans votre lettre pour penser que vous persistiez dans votre projet. L'archichancelier ne peut remplir les fonctions de chancelier de la Légion d'honneur; tout ce qui tient à cette Légion doit rester et se consolider dans son organisation actuelle.

BONAPARTE.

Archives de l'Empire.

7748. — DÉCISION.

Saint-Cloud, 24 floréal an XII (14 mai 1804).

Le grand chancelier de la Légion d'honneur demande la place d'architecte.	Approuvé la nomination de l'architecte. Il est nécessaire qu'un

de la Légion pour le citoyen Peyre, et annonce que le devis des réparations à faire à l'hôtel de Salm s'élève à 250,000 francs.

devis soit fait, signé en règle, et homologué devant notaire, et que, sous quelque prétexte que ce soit, l'architecte ne puisse le dépasser et entraîner la Légion dans des dépenses ruineuses. L'argent qu'on dépense en bâtiments est un argent perdu.

BONAPARTE.

Archives de l'Empire.

7749. — AU CONTRE-AMIRAL DECRÈS,
MINISTRE DE LA MARINE ET DES COLONIES.

Saint-Cloud, 26 floréal an XII (16 mai 1804).

Il est nécessaire, Citoyen Ministre, que vous me fassiez un récit sur la conduite du citoyen Willaumez, commandant la frégate *la Poursuivante*, dans son combat avec un vaisseau anglais. Vous me ferez ce récit en forme de rapport, en m'apprenant son arrivée en France, afin qu'il lui soit accordé des récompenses.

BONAPARTE.

Archives de l'Empire.

7750. — DÉCISION.

Saint-Cloud, 27 floréal an XII (17 mai 1804).

Proposition de rendre publics les procédés du citoyen Bralle pour le rouissage du chanvre, et de récompenser l'auteur de cette découverte.

Lui faire donner 3,000 francs de gratification et lui faire connaître que l'ordre est donné pour mettre en usage sa découverte; et que si, dans le courant d'une année, elle a réussi autant qu'on l'espère, il lui sera accordé une pension proportionnée à l'utilité reconnue.

BONAPARTE.

Archives de l'Empire.

7751. — AU CONSUL CAMBACÉRÈS.

Saint-Cloud, 28 floréal an XII (18 mai 1804).

Citoyen Consul, votre titre va changer; vos fonctions et ma confiance restent les mêmes. Dans la haute dignité d'archichancelier de l'Empire, dont vous allez être revêtu, vous manifesterez, comme vous l'avez fait dans celle de consul, la sagesse de vos conseils et ces talents distingués qui vous ont acquis une part aussi importante dans tout ce que je puis avoir fait de bien.

Je n'ai donc à désirer de vous que la continuation des mêmes sentiments pour l'État et pour moi.

BONAPARTE.

Comm. par M. le duc de Cambacérès.
(En minute aux Arch. de l'Emp.)

Lettre identique au consul Lebrun, nommé architrésorier de l'Empire.

7752. — ORDRES.

Saint-Cloud, 28 floréal an XII (18 mai 1804).

Faire dresser deux couronnes, l'une d'archichancelier et l'autre d'architrésorier.

Régler les titres que doivent avoir les sénateurs et les grands dignitaires de l'Empire.

Appeler les grands dignitaires *Grandeur*, les sénateurs *Excellence*.

Le Sénat, en corps, s'appellera *Sénat Conservateur*. En particulier, on dira *Monsieur*, ainsi qu'aux ministres.

Le costume des grands dignitaires de l'Empire, ordinaire, est le même que celui des conseillers d'État. Ils auront chacun un costume particulier dans les grandes cérémonies.

Le Sénat, le Conseil d'État, les Législateurs et le Tribunat ne prêteront leur serment que le 14 juillet. Les ministres prêteront leur serment dimanche.

Publier demain, dans *le Moniteur*, le sénatus-consulte, le discours du Sénat et la réponse.

Mettre que l'insertion au *Bulletin des Lois* a été ordonnée;

Que la proclamation solennelle s'en fera le 14 juillet.

Réunir le Conseil d'État demain et faire un arrêté sur la manière dont les registres doivent être ouverts.

Les armées et les flottes ayant voté, leur votation est inutile. On ne les comprendra pas dans l'arrêté.

NAPOLÉON.

Archives de l'Empire.

7753. — ORDRES.

Saint-Cloud, 28 floréal an XII (18 mai 1804).

Serment des ministres et du secrétaire d'État, serment des généraux de la Garde et du gouverneur du palais.

Les ministres de la guerre et de la marine expédieront des courriers pour porter l'ordre de faire prêter serment à l'armée et à la flotte.

Dimanche, les membres du Sénat, du Conseil d'État, du Tribunat, et les présidents et questeurs du Corps législatif prêteront serment.

Le grand électeur sera suppléé par l'archichancelier.

Les préfet et conseillers de préfecture prêteront serment devant le président du tribunal d'appel ou du tribunal de première instance; les autres fonctionnaires devant lui.

Le Conseil d'État sera présidé, jusqu'au 1er vendémiaire an XIII, par l'archichancelier de l'Empire.

NAPOLÉON.

Archives de l'Empire.

7754. — RÉPONSE DE L'EMPEREUR AU SÉNAT.

Saint-Cloud, 28 floréal an XII (18 mai 1804).

Tout ce qui peut contribuer au bien de la patrie est essentiellement lié à mon bonheur.

J'accepte le titre que vous croyez utile à la gloire de la nation.

Je soumets à la sanction du Peuple la loi de l'hérédité. J'espère que la France ne se repentira jamais des honneurs dont elle environnera ma famille.

Dans tous les cas, mon esprit ne sera plus avec ma postérité le jour où elle cesserait de mériter l'amour et la confiance de la grande nation.

Extrait du *Moniteur*.

7755. — ORDRES.

Saint-Cloud, 28 floréal an XII (18 mai 1804).

La proclamation qui doit avoir lieu en conséquence du sénatus-consulte organique de ce jour sera faite dimanche prochain, à midi, par le chancelier du Sénat, ayant à sa droite le président du Corps législatif, et à sa gauche le président du Tribunat.

Marcheront après lui : le gouverneur de Paris, le premier inspecteur de la gendarmerie et l'un des préteurs du Sénat.

Marcheront en avant : le préfet du département de la Seine, le préfet de police et les douze maires de Paris.

Le même jour, les membres du Sénat, du Conseil d'État et du Tribunat, les président et questeurs du Corps législatif, et le premier président du Tribunal de cassation, prêteront serment entre les mains de l'Empereur.

Le grand électeur sera suppléé dans cette fonction par l'archichancelier de l'Empire.

NAPOLÉON.

Archives de l'Empire.

7756. — A M. CAMBACÉRÈS.

Saint-Cloud, 1er prairial an XII (21 mai 1804).

Mon Cousin l'Archichancelier de l'Empire, désirant que votre maison soit toujours tenue sur le même pied que celui que vous avez établi en conséquence du sénatus-consulte organique du 16 thermidor an X et de la loi du budget du 1er ventôse an XI, et le traitement affecté par le sénatus-consulte organique du 28 floréal dernier à la haute dignité dont vous êtes revêtu nous ayant paru moins considérable que celui dont vous jouissiez, nous vous écrivons cette lettre pour vous faire connaître que nous avons ordonné à notre trésorier de vous compter, de mois en mois, sur les fonds de la liste civile, et pendant la durée de votre vie, la somme nécessaire pour compléter le traitement dont vous avez joui jusqu'à ce jour.

En foi de quoi nous avons signé de notre main les présentes, contre-signées par notre secrétaire d'État.

NAPOLÉON.

Archives de l'Empire.

Lettre identique à l'architrésorier de l'Empire.

7757. — A M. REGNIER.

Saint-Cloud, 1er prairial an XII (21 mai 1804).

Monsieur Regnier, Grand Juge, Ministre de la justice, un grand nombre de prêtres des Deux-Sèvres ont fixé mon attention. Ils sont rebelles à l'Église et à l'État. Mon intention est que vous fassiez arrêter les treize dénommés ci-dessous désignés comme les chefs.

Dans l'arrondissement de Thouars, Cervette, Brion, Gueniveau, Texier, Violet, Legrand, Ballard, Brunet, Barbarin, Guery; arrondissement de Niort, Clément; arrondissement de Parthenay, Bressier, Grillet.

Vous ferez également arrêter le nommé Jayan, régisseur de Clisson, comme ayant été rédacteur de pétitions contraires à l'État.

Tous ces individus seront arrêtés par la gendarmerie, sans aucune intervention civile. Ils seront conduits en toute diligence dans les prisons de Poitiers. Vous ferez faire une enquête sur chacun d'eux, et on me rendra compte de ladite enquête. Vous ferez connaître au général commandant dans le département des Deux-Sèvres de prêter main-forte s'il y a lieu, et vous ferez prévenir le général Moncey, premier inspecteur de gendarmerie, d'envoyer les mandats d'arrêt au colonel Noireau, pour que tous ces individus soient arrêtés le même jour.

Sur ce, je prie Dieu qu'il vous ait en sa sainte garde.

NAPOLÉON.

Archives de l'Empire.

7758. — A M. CRETET,
DIRECTEUR GÉNÉRAL DES PONTS ET CHAUSSÉES.

Saint-Cloud, 1er prairial an XII (21 mai 1804).

Monsieur Cretet, Conseiller d'État, la route de Saint-Quentin à Cambrai est mauvaise. Les mâts qui doivent passer par cette route sont exposés à être cassés. Mon intention est que vous preniez aussi des mesures pour que l'écluse de Farguiers, canal de Chauny, soit promptement réparée.

Sur ce, etc.

NAPOLÉON.

Archives de l'Empire.

7759. — AU CONTRE-AMIRAL DECRÈS.

Saint-Cloud, 1er prairial an XII (21 mai 1804).

Le Brutus, qui est au Texel, a soixante et seize pièces de canon. Je désirerais que vous vous fissiez remettre le plan de ce vaisseau, et que vous me fissiez connaître combien il tire d'eau, et si les marins bataves et notre capitaine de frégate qui est à Helvoet-Sluys, que vous autoriserez à se rendre au Texel pour le voir, sont dans l'opinion qu'il marche aussi bien qu'un de 74.

Sur ce, etc.

NAPOLÉON.

Archives de l'Empire.

7760. — AU CONTRE-AMIRAL DECRÈS.

Saint-Cloud, 1er prairial an XII (21 mai 1804).

Monsieur Decrès, Ministre de la marine, les prames parties de Flessingue n'avaient point de boulets ramés ; elles ont manqué de munitions. Réitérez l'ordre pour toute la flottille que, sous aucun prétexte, on ne mette en mer sans avoir cent coups à tirer par pièce. Les fournitures de la grande escadre n'ont rien de commun avec la flottille.

Je désire que Daugier se rende au Havre pour rallier la division de canonnières et péniches de ma Garde qui s'y trouve, et parte avec elle pour se rendre à Boulogne. Je désirerais toutefois qu'il ne partît pas sans s'être assuré que l'armement de ses bâtiments est complet, et que, surtout, chaque péniche porte un obusier de 8 pouces.

Sur ce, etc.

NAPOLÉON.

Archives de l'Empire.

7761. — A M. DAUGIER.

Saint-Cloud, 1er prairial an XII (21 mai 1804).

Monsieur Daugier, Capitaine de vaisseau commandant les matelots de ma Garde, mon intention est que vous vous rendiez au Havre, que vous y preniez le commandement des 27 chaloupes canonnières et 27 péniches de madite Garde; que vous y fassiez installer les détachements de ma Garde qui partent d'ici, chacun composé de 42 hommes; que vous en acheviez l'armement et l'approvisionnement; que vous exerciez, pendant quelques jours, les garnisons, et que vous preniez un moment favorable pour vous rendre à Boulogne.

Sur ce, etc.

NAPOLÉON.

Archives de l'Empire.

7762. — A M. TALLEYRAND.

Saint-Cloud, 1er prairial an XII (21 mai 1804).

Monsieur Talleyrand, Ministre des relations extérieures, répondez au ministre suisse que j'ai lu avec attention les notes et le mémoire qu'il m'a remis de la part du landamman, relatifs aux derniers troubles de Zurich; que ces troubles m'ont déchiré le cœur; mais que j'ai appris avec une vive satisfaction que la sévérité du landamman a eu le bon effet de les réprimer promptement; que ce n'est que par une succession de mesures sages, fermes et paternelles qu'on parviendra à consolider la tranquillité en Suisse et à réprimer tout esprit de faction; que, de son côté, l'Empereur, ayant été instruit qu'on colportait des adresses sur la réunion de la Suisse à la France, a ordonné qu'on les saisît, ne voulant pas qu'il existât sur le territoire français un individu qui tentât de porter atteinte à l'acte de médiation.

Sur ce, etc.

NAPOLÉON.

Archives de l'Empire.

7763. — A M. TALLEYRAND.

Saint-Cloud, 1er prairial an XII (21 mai 1804).

Monsieur Talleyrand, Ministre des relations extérieures, j'approuve qu'il soit envoyé, sous prétexte d'étudier les plantes, un médecin ou un savant en Perse, qui prendra sa route par Constantinople. Mon intention est que vous en écriviez à M. Rousseau, et que vous envoyiez la lettre par son propre fils. M. Rousseau le renverra en France pour donner des nouvelles de la Perse. M. Rousseau fils séjournera en Perse, pour bien voir la situation des choses.

NAPOLÉON.

Archives des affaires étrangères.
(En minute aux Arch. de l'Emp.)

7764. — AU MARÉCHAL BERTHIER, MINISTRE DE LA GUERRE.

Saint-Cloud, 1er prairial an XII (21 mai 1804).

Mon Cousin, je désire que vous me fassiez un rapport sur les prérogatives dont doivent jouir les maréchaux de l'Empire, sur le mode d'expédition de leur commission, sur la marque distinctive qu'ils doivent avoir, et sur la manière dont elle doit leur être remise.

Sur ce, je prie Dieu qu'il vous ait en sa sainte et digne garde.

NAPOLÉON.

Archives de l'Empire.

7765. — AU MARÉCHAL BERTHIER.

Saint-Cloud, 1er prairial an XII (21 mai 1804).

Mon cousin, je vois que, dans l'état de situation de l'armée des côtes, le 85e régiment n'est qu'à 1,300 hommes, et le 12e à 1,400. L'un et l'autre de ces régiments ont à leurs dépôts, à Mézières et à Sarre-Libre, assez de troupes pour pouvoir se compléter. Donnez donc l'ordre à leurs 3es bataillons d'envoyer à ces régiments des conscrits habillés, et qui seraient déjà à l'école de peloton. Je vois que le 21e de ligne est à 1,200 hommes; son dépôt peut lui fournir 200 hommes au moins, ce qui le porterait à un taux raisonnable. Le 111e est à 1,350 hommes; son dépôt peut bien lui fournir 300 hommes. Le 28e de ligne est à 1,400 hommes; son dépôt peut lui fournir 200 hommes. Je vois que la compagnie du Liamone est toujours portée séparément; il faut l'incorporer ou dans le bataillon corse, ou dans le 26e régiment d'infanterie légère. Le 22e de ligne n'est porté qu'à 1,300 hommes; son dépôt peut lui fournir 200 hommes.

Vous donnerez l'ordre au 72e régiment, qui est à Hesdin, de

former un second bataillon de 600 hommes pour joindre au premier, au camp. Le colonel égalisera les deux bataillons, de manière qu'ils soient au moins à 700 hommes.

Le 64e n'est porté qu'à 1,200 hommes ; son dépôt, qui est à Rocroy, peut lui fournir 400 hommes. Le 39e n'est qu'à 1,400 hommes ; son dépôt peut lui fournir des hommes pour le compléter à 1,600 hommes. Le 6e d'infanterie légère n'est qu'à 1,400 hommes ; son dépôt, qui est à Givet, peut le compléter à 1,600 hommes. Le 25e régiment d'infanterie légère est à 1,400 hommes ; il peut être porté à 1,600 hommes. Le 69e est à 1,300 hommes ; son dépôt peut lui fournir 300 hommes.

Je vois aussi que, sur la colonne du complet, vous portez 1,400, et 1,500, et 1,600 hommes. Cela tient aux ordres primitifs que j'ai donnés ; j'ai consulté alors la force des corps. Il ne doit désormais y avoir qu'un seul complet, celui de 800 hommes par bataillon, présents, officiers compris ; les malades ne doivent point être compris dans ce nombre. Les colonels doivent, au fur et à mesure que des hommes meurent aux hôpitaux, ou tombent dans de graves maladies à ne pas être en état de faire la campagne, demander à leurs dépôts et à leurs majors des hommes pour compléter leurs bataillons ; pour la régularité, ils doivent s'adresser à vous, hormis pour les 3es bataillons qui sont dans les 24e, 25e et 16e divisions militaires, qui peuvent se mettre en mouvement sur un simple ordre du général de la division. Dans les autres divisions, les demandes vous seront adressées, et vous me les communiquerez, afin que, selon les besoins de la flottille, j'ordonne des mouvements sur les ports.

Dans l'état du cantonnement de Saintes, les deux bataillons du 26e de ligne ne sont portés qu'à 1,300 hommes, ainsi que ceux du 105e. Donnez des ordres pour que leurs dépôts les complètent le plus tôt possible à 1,600 hommes.

NAPOLÉON.

Archives de l'Empire.

7766. — AU CONTRE-AMIRAL VER HUELL,
COMMANDANT LA FLOTTILLE BATAVE.

Saint-Cloud, 1er prairial an XII (21 mai 1804).

Monsieur le Contre-Amiral Ver Huell, j'ai été fâché d'apprendre que la prame *la Ville-d'Anvers* n'avait que vingt coups à tirer par pièce. Vous ne devez point mettre à la voile sans vous être assuré que vos approvisionnements sont au complet. Dans un corps d'armée, l'œil du chef doit remédier à tout. Capitaines, officiers, quel que soit d'ailleurs leur mérite, sont constamment dans un état d'insouciance, si la présence du chef ne se fait continuellement sentir.

Tous les bâtiments de la flottille doivent avoir cent coups à tirer par pièce. Je sais qu'il est d'usage de ne donner que soixante coups à tirer par pièce aux gros bâtiments, mais cela ne doit point servir de règle. On m'assure aussi que les prames n'avaient point de boulets ramés. J'avais fait connaître que les canons devaient être disposés en belle sur les chaloupes canonnières et sur les bateaux canonniers; cependant les canons de vos bateaux canonniers sont à coulisses, ce qui les a obligés, lorsqu'ils ont voulu tirer, à se déranger de leur route. Dans tous les cas, mon intention est que vous fassiez mettre en belle les canons des chaloupes canonnières et des bateaux canonniers, et que vous approvisionniez les bâtiments de votre flottille à cent coups par pièce.

Faites nager tous les jours, bien entendu autant que le temps le permettra, la division qui est en rade, et veillez à ce que toute l'armée s'exerce à l'aviron. Chaloupes canonnières, bateaux canonniers, bateaux de commerce, prames, tout doit avoir des avirons. Avec la quantité de monde qu'il y a à bord, les avirons deviennent un moyen puissant.

J'ai éprouvé la plus vive satisfaction à la lecture de votre lettre; j'ai ressenti une véritable joie de votre succès. Vous avez montré autant d'audace que de talent. Vous n'aviez pas le quart du canon qu'avait l'ennemi. Cet événement a rempli nos ennemis de confusion et présage aux pavillons alliés le retour de leurs beaux jours. Vous m'avez fait ressouvenir que vous êtes du sang des Tromp et des Ruyter.

NAPOLÉON.

Archives de l'Empire.

7767. — A M. PORTALIS.

Saint-Cloud, 1er prairial an XII (21 mai 1804).

Monsieur Portalis, Conseiller d'État, la situation des prêtres dans le département des Deux-Sèvres excite toute ma sollicitude. Cette partie du diocèse de Poitiers est celle qui va le plus mal. Avant que l'évêque soit installé, il faudra du temps. Je désire que vous chargiez de l'administration de ce diocèse un autre évêque, par exemple celui de Meaux. On lui accorderait l'autorité qui est nécessaire, et il userait de tous les moyens de son état pour fortifier les gens de bonne foi, ramener les gens égarés, et faire punir et trembler les méchants.

NAPOLÉON.

Archives de l'Empire.

7768. — RÉPONSE DE L'EMPEREUR
A UNE DÉPUTATION DU TRIBUNAT.

Palais des Tuileries, 2 prairial an XII (22 mai 1804).

Je vous remercie du soin que vous mettez à relever le peu de bien que je puis avoir fait. Le Tribunat a contribué par ses travaux à la perfection des différents actes de la législation de la France, et, en cela, il a rempli le plus constant de mes vœux. Je me plais à tout devoir au Peuple ; ce sentiment seul me rend chers les nouveaux honneurs dont je suis revêtu.

Extrait du *Moniteur*.

7769. — A M. LACÉPÈDE.

Saint-Cloud, 2 prairial an XII (22 mai 1804).

Monsieur Lacépède, Grand Chancelier de la Légion d'honneur, le contre-amiral Ver Huell ayant, dans sa dernière mission, repoussé les Anglais, je désire que vous lui expédiiez un brevet d'admission dans la Légion d'honneur, et que vous lui écriviez une lettre qui puisse être publique. Faites la même chose pour le lieutenant Dutaillis, commandant la prame *la Ville-d'Anvers*. Faites la même chose pour M. Letourneur, commandant les canonniers qui ont pris une corvette anglaise à la pointe de Quiberon.

NAPOLÉON.

Archives de l'Empire.

7770. — AU MARÉCHAL BERTHIER.

Saint-Cloud, 3 prairial an XII (23 mai 1804).

Mon Cousin, je prends part à votre douleur. La perte d'un père est toujours sensible. Je vous connais, et je comprends vos peines. Mais enfin, à quatre-vingt-cinq ans, il faut bien finir ; et, quand on a bien vécu, on ne peut plus ambitionner à cet âge que de laisser un bon souvenir. Croyez à toute la part que je prends à cette perte.

NAPOLÉON.

Archives de l'Empire.

7771. — NOTE POUR LE MINISTRE DE L'INTÉRIEUR.

Saint-Cloud, 4 prairial an XII (24 mai 1804).

Sa Majesté Impériale a vu avec peine que le général Chabran, dans le discours imprimé prononcé devant le collége électoral du département de Vaucluse, n'a pas tenu un langage conforme à la dignité de ses fonctions. Ce président a demandé la faveur de l'assemblée, et sa conduite seule devait la lui assurer. Il a paru solliciter les suffrages, en pressentant qu'il ne les obtiendrait pas. Ce n'est point ainsi qu'il devait parler pour se concilier l'estime des membres de l'assemblée.

Sa Majesté ne peut approuver qu'une assemblée toute civile ait été environnée de troupes. Les maximes du Gouvernement sont entièrement contraires à cette mesure; il ne désire régner que par la confiance, et il n'a jamais voulu qu'on pût mettre des bornes à la libre expression des citoyens appelés aux fonctions électorales.

La faculté de requérir la force armée n'a été déférée aux présidents des colléges que pour rendre hommage à l'indépendance de ces assemblées et les mettre en mesure de réprimer les désordres qui pourraient naître dans leur sein. Il n'y a pas encore d'exemple qu'un collége électoral se soit trouvé dans le cas d'en faire usage.

Par ordre de l'Empereur.

Archives de l'Empire.

7772. — A M. FORFAIT.

Saint-Cloud, 4 prairial an XII (24 mai 1804).

Monsieur Forfait, Conseiller d'État, j'ai fait partir le capitaine Daugier, avec un détachement de 900 hommes de ma Garde, pour achever l'armement des 27 chaloupes canonnières et des 27 péniches de madite Garde qui sont au Havre. Je désire qu'il ne manque rien à ces divisions, qu'elles partent le plus tôt possible, et que chaque chaloupe ait un obusier de 8 pouces et trois pièces de 24, et que chaque péniche ait un obusier de 6 pouces et une pièce de 8.

Vous avez en armement au Havre 20 canonnières; faites-les partir pour Boulogne. Enlevez les matelots qui se trouvent sur la côte, même les invalides, si cela est nécessaire. Vous avez 11 chaloupes canonnières à Dieppe et à Fécamp, 10 à Rouen, 3 à Honfleur. Mettez-les en état de partir sur-le-champ pour Boulogne. Activez le radoub et l'armement des 16 que vous avez à Cherbourg. Je vous en dis autant des 51 bateaux canonniers qui sont au Havre, Saint-Valery, Rouen et Honfleur. Il y a encore beaucoup de matelots; et, s'il est vrai de dire qu'il serait difficile d'en trouver pour les Indes et l'Amérique, il ne doit pas en manquer pour cette espèce de cabotage. Vous êtes en position de faire tout ce que vous voulez. Je n'admets donc aucune espèce d'excuse. Apprenez-moi au plus tôt que tout cela est parti de vos ports. Mon intention est que vous ne veniez pas à Paris sans avoir mis tout cela en mouvement. Il est probable que je vous appellerai avant à Boulogne, où je ne tarderai pas à me rendre.

Il y a près d'un mois que j'ai ordonné qu'on construisît un vaisseau de 74 dans le bassin du Havre. Les rapports que vous avez faits sur cet objet ne sont point satisfaisants. On peut faire un vaisseau de 74 qui ne tire que 21 pieds d'eau. On peut le faire sortir en temps de paix désarmé et ne tirant que 17 pieds d'eau. Quelles sont donc les objections ? Le passage de l'écluse pourrait être un obstacle par le défaut de largeur ; mais l'ingénieur Sganzin m'a assuré qu'en peu de temps il m'élargirait assez le haut pour y faire passer un vaisseau de 74. Est-ce le défaut d'eau au-dessus du radier ? Par les rapports qui me sont faits, il y a plus de 17 pieds d'eau au-dessus du radier dans les vives eaux. A l'égard de l'encombrement de la passe, l'écluse de chasse, qui sera faite avant que le vaisseau ne soit fini, débarrassera le chenal, et, si elle ne l'était pas, on le ferait nettoyer à bras. Mon intention est donc de faire construire dans le bassin du Havre trois vaisseaux de 74, et que les travaux en soient poussés de front, de manière à être terminés dans deux ans. La paix arrivant, on mettra ce vaisseau à l'eau, et on le conduira dans la rade de Cherbourg. Je vous envoie donc ce courrier pour avoir des éclaircissements positifs sur cet objet.

Je ne veux point de nouveaux projets ; je veux construire tout de suite, et je n'attends que le retour de mon courrier pour vous faire donner l'ordre de faire mettre les trois vaisseaux en construction ; ce qui n'empêchera pas de finir votre plan pour la baie de Sainte-Adresse, qui est un ouvrage de longue haleine dont on ne s'occupera que lorsque le port sera fini ; car, avant d'entamer de nouveaux ouvrages, il faut finir ce qui est commencé. Voilà ma volonté ; je me repose sur votre zèle, vos talents et votre attachement à ma personne, pour que vous vous y conformiez en tout. Si votre réponse m'annonçait des difficultés pour la passe d'un vaisseau de 74 aux marées ordinaires, ne manquez pas de tenir compte des vives eaux des marées de l'équinoxe. Faites-moi bien connaître à combien se montent les plus fortes marées des vives eaux de l'équinoxe à la laisse de basse mer ; car ce sont là les données qui doivent faire connaître si le projet est exécutable ou non. Ainsi, si à la laisse de la basse mer, aux vives eaux du printemps, la marée ne monte pas de 21 pieds d'eau, il est impossible qu'on puisse y faire passer un vaisseau de 74 ; mais, s'il en monte davantage, je ne vois plus d'objections ; car ce ne sont pas des vaisseaux que je veux construire pour la guerre actuelle, mais des bras et des matériaux que je veux utiliser pour la guerre prochaine, et vous savez que mon intention est de ne plus construire à Brest.

NAPOLÉON.

Archives de l'Empire.

7773. — A M. CHAPTAL.

Saint-Cloud, 5 prairial an XII (25 mai 1804).

Monsieur Chaptal, Ministre de l'intérieur, il est convenable que vous me présentiez au plus tôt un projet de la fête du 14 juillet, de l'habillement de l'Empereur et de celui des grands dignitaires de l'Empire aux grandes cérémonies.

NAPOLÉON.

Archives de l'Empire.

7774. — A M. CHAPTAL.

Saint-Cloud, 5 prairial an XII (25 mai 1804).

Monsieur Chaptal, Ministre de l'intérieur, je désirerais avoir une note de tous les travaux ordonnés par arrêtés et par des ordres particuliers, depuis vendémiaire an VIII. A mi-marge seront les dispositions des arrêtés et ordres particuliers, et en regard le résumé de ce qui a été fait, de ce qui a été dépensé, et de l'état des travaux.

NAPOLÉON.

Archives de l'Empire.

7775. — A M. CHAPTAL.

Saint-Cloud, 5 prairial an XII (25 mai 1804).

Monsieur Chaptal, Ministre de l'intérieur, le 12 fructidor an X, j'ai arrêté différentes mesures pour la ville de Pontivy. Les plans ne m'ont pas été soumis, et je n'entends pas dire qu'il y ait rien de fait; et voilà près de dix-huit mois que les ordres sont donnés. J'ordonne de nouvelles mesures pour la Roche-sur-Yon. Je désire qu'il soit porté aux établissements que j'y ordonne, par mon décret de ce jour, l'attention la plus suivie. Il ne faut point faire de vains projets. Il ne faut pas que d'ici à deux ans il se trouve que rien n'a été fait, comme je vois qu'il arrive pour Pontivy.

NAPOLÉON.

Archives de l'Empire.

7776. — AU MARÉCHAL BERTHIER.

Saint-Cloud, 5 prairial an XII (25 mai 1804)

Mon Cousin, en fructidor an X, j'ai prescrit des mesures pour l'établissement de casernes à Pontivy; les plans ne m'ont pas été présentés. Je désire qu'il n'en soit pas de même des dispositions contenues dans le décret d'aujourd'hui, relatif à la Roche-sur-Yon. Je désire donc, 1° que vous me fassiez connaître ce qui a été fait en exécution de l'arrêté de fructidor an X; 2° que vous me communiquiez les plans, s'ils sont arrivés.

NAPOLÉON.

Archives de l'Empire.

7777. — AU MARÉCHAL SOULT.

Saint-Cloud, 5 prairial an XII (25 mai 1804).

Mon Cousin, les 9 chaloupes et péniches de la Garde qui sont à Calais ont eu ordre de se rendre à Boulogne. Il me semble que, depuis que cet ordre a été donné, le temps a été plusieurs fois favorable, et cependant elles ne s'y sont pas rendues. En qualité de colonel général de la Garde, passez une revue de ces bâtiments, et faites-moi un rapport tant sur son armement que sur son équipage.

Si le dépôt du 22e d'infanterie est toujours à Calais, envoyez-le dans une petite ville du département.

NAPOLÉON.

Archives de l'Empire.

7778. — AU CONTRE-AMIRAL DECRÈS.

Saint-Cloud, 5 prairial an XII (25 mai 1804).

Monsieur Decrès, Ministre de la marine, il y a 7 chaloupes canonnières à Dunkerque, armées depuis longtemps. Je désirerais connaître pourquoi ces chaloupes ne partent pas pour se rendre à Boulogne. Il y a à Ostende la chaloupe n° 280; pourquoi ne part-elle pas pour Boulogne?

Il y a 9 chaloupes de la Garde à Calais; donnez l'ordre qu'elles se rendent à Boulogne. Les deux chaloupes n°s 207 et 209, qui sont à Dunkerque, devraient, à l'heure qu'il est, être armées, ainsi que les deux en armement à Saint-Valery-sur-Somme et Gravelines; je ne puis donc concevoir pourquoi ces bâtiments ne partent pas. Je ne sais pas non plus pourquoi les corvettes de pêche de Dunkerque ne vont jamais en rade. Nous voilà en prairial, et depuis trois mois rien n'a avancé. L'inactivité de l'escadre de Brest empêche la flottille d'Audierne de passer, et la marine n'est point dirigée avec cette impulsion et cette énergie qu'il est dans mon intention de lui donner.

Mon intention est que la frégate *la Poursuivante*, de Bordeaux, embarque 200 hommes et 1,500 fusils, autant de poudre qu'elle en pourra porter, une certaine quantité de billets de la trésorerie, et enfin tous les approvisionnements qu'on pourra y mettre, et qu'elle se rende à la Martinique, de manière à y arriver pendant l'hivernage. Mon intention est que les frégates *la Ville-de-Milan*, qui est à..... [1] et *le Président*, qui est à Nantes, soient dirigées sur le même point, pour y arriver également à la saison de l'hivernage.

Ces trois frégates porteront, à elles trois, 600 hommes, 4,500 fusils, de la poudre, et par là ravitailleront cette précieuse colonie. Vous les ferez aborder à la Martinique, sur des points où elles soient dans le cas de rencontrer le moins d'ennemis. Vous laisserez carte blanche aux capitaines pour le retour, en les autorisant à établir une croisière de manière à faire le plus de mal à l'ennemi, et à aborder dans tel port que ce soit de France, sans en excepter même la Méditerranée. Je donne l'ordre au ministre de la guerre de vous fournir à Lorient, Nantes et Bordeaux, les troupes et fusils nécessaires. Je désire que, sur chaque frégate, on fasse partir d'ici un officier de terre ou de mer, qui portera des nouvelles de France pour satisfaire la curiosité des colons, et rapportera des nouvelles exactes de la colonie. Autant que possible, les frégates passeront par la Guadeloupe.

NAPOLÉON.

Archives de l'Empire.

7779. — AU VICE-AMIRAL LATOUCHE,
COMMANDANT L'ESCADRE DE LA MÉDITERRANÉE.

Saint-Cloud, 5 prairial an XII (25 mai 1804).

Monsieur Latouche, Vice-Amiral, le projet que je vous ai confié a été retardé, mais n'a pas été abandonné. Vous devez, à l'heure qu'il est, avoir 8 vaisseaux en rade. Faites travailler aux flambeaux, afin qu'au mois de messidor *l'Indomptable* soit mis en rade. Choisissez lequel convient le mieux, du *Berwick* ou de *l'Atlas*, afin que votre escadre soit composée de 10 vaisseaux de guerre. Je désire aussi connaître si vous pensez qu'il serait probable que vous puissiez appareiller, sans être obligé d'engager aucun combat, dans le courant de messidor.

En passant, vous vous augmenteriez, à la première station, d'un vaisseau, et à la seconde, de 5; ce qui vous ferait 16 vaisseaux et 10 frégates, qui vous mettraient à même de tout entreprendre, au moment où nous avons à Brest 22 vaisseaux de guerre et une armée à bord prête à lever l'ancre. J'ai donc voulu correspondre avec vous

[1] Lacune dans la minute.

sur cet objet, afin de connaître directement votre opinion. Par les bulletins qui me sont remis, il paraîtrait que Nelson ne vous bloque point hermétiquement, et qu'il y a, même en messidor, de fortes brises de mistral qui peuvent même vous faire gagner vingt lieues dans une nuit. Nous sommes aujourd'hui prêts sur la côte de l'Océan. J'attends votre réponse. Je connais votre zèle pour l'État et votre attachement à ma personne, et je ne doute pas que vous ne fassiez tout ce qui est possible.

NAPOLÉON.

Archives de l'Empire.

7780. — A L'AMIRAL TRUGUET, COMMANDANT L'ESCADRE DE L'OCÉAN.

Saint-Cloud, 5 prairial an XII (25 mai 1804).

Monsieur Truguet, Amiral, je ne puis qu'être mécontent de l'immobilité de l'escadre qui est sous vos ordres. Par les comptes qui me sont rendus, vos vaisseaux restent immobiles au mouillage. L'ennemi n'est point contenu ni harcelé; aussi n'êtes-vous bloqué que par un petit nombre de vaisseaux, et l'amiral anglais, vis-à-vis de vos 20 vaisseaux, a la liberté de laisser quelques frégates devant Audierne pour empêcher la flottille de passer. Je conçois d'autant moins cette inactivité que ce n'est pas le moyen d'exercer vos équipages, puisque la principale difficulté à la mer est le mouillage et l'appareillage, et qu'il est très-utile pour l'instruction de tenir toujours en haleine les équipages. Ce ne sont point des phrases et des promesses que j'ai le droit d'attendre de vous, ce sont des faits et de l'activité.

NAPOLÉON.

Archives de l'Empire.

7781. — A M. BELLEVILLE.

Saint-Cloud, 6 prairial an XII (26 mai 1804).

Monsieur Belleville, Préfet du département de la Loire-Inférieure, la frégate *le Président* est en rade : faites-moi connaître si elle est armée, et quand elle pourra partir. Sans choquer l'esprit de la marine, rendez-vous à bord et offrez tout ce qui est en votre pouvoir pour la formation des équipages. Dans une ville comme Nantes, il y a toujours des ressources. Vous m'instruirez, par le retour de mon courrier, qui va jusqu'à Rochefort, du jour où cette frégate sera prête à partir.

NAPOLÉON.

Archives de l'Empire.

7782. — AU LANDAMMAN DE LA SUISSE.

Saint-Cloud, 6 prairial an XII (26 mai 1804).

A notre très-cher et grand Ami le Landamman de la Suisse et Président de la diète de nos grands amis, alliés et confédérés, composant la Confédération helvétique.

Très-cher et grand Ami, nous avons lu avec intérêt le mémoire que vous nous avez fait remettre sur les derniers troubles de la Suisse. Nous avons été un moment alarmé de ces troubles; mais nous avons vu avec une vive satisfaction que, par des mesures clémentes, sévères et justes, vous avez rétabli la parfaite tranquillité. Le prix que nous attachons au maintien de la bonne harmonie dans la confédération, et surtout l'intérêt particulier que nous prenons à la nation suisse, nous portent à vous recommander de vous opposer à tout ce qui tendrait à violer l'indépendance ou la constitution des cantons; l'intégrité de l'une comme de l'autre forme la garantie de toute la confédération. Tout ce qui peut être agréable à votre nation, et à vous, fait partie de notre bonheur.

Sur ce, nous prions Dieu, très-cher et grand Ami, qu'il vous ait en sa sainte et digne garde.

Écrit en notre palais de Saint-Cloud, le 6 prairial an XII, de notre règne le premier.

NAPOLÉON.

Comm. par la chancellerie de la Confédération helvétique.
(En minute aux Arch. de l'Emp.)

7783. — AU CONTRE-AMIRAL DECRÈS.

Saint-Cloud, 6 prairial an XII (26 mai 1804).

Monsieur Decrès, Ministre de la marine, dans votre dernier état de situation, du 1er prairial, vous ne portez sur l'escadre du Ferrol que 2,300 hommes. Ce nombre a dû être augmenté de 300 hommes d'infanterie qui ont dû s'y rendre de Malaga et de Cadix. Faites-moi donc connaître de quelle date est l'état des vaisseaux du Ferrol. Je suis d'opinion qu'il y a au Ferrol, en garnison et matelots, plus de 3,000 hommes.

Il me semble que, sur l'escadre de Brest, il n'y a point le nombre de garnisons prescrit par l'ordonnance. Il faudrait donc faire compléter ces garnisons, pour qu'elles aient un peu le temps de s'amariner.

Sur l'escadre de l'amiral Villeneuve, les garnisons ne sont pas non plus complètes. Dans votre dernier état, vous portez sur le brick *le*

César cinq hommes du 36ᵉ régiment. Je voudrais savoir s'il n'y a pas erreur et d'où viennent ces cinq hommes du 36ᵉ.

Je désirerais aussi voir bien établi le nombre d'hommes qui composent l'équipage de *la Poursuivante*.

Faites toucher, en forme de gratification, 15,000 francs au contre-amiral Ganteaume.

Titre VI, article 48 du sénatus-consulte, il est dit qu'il y aura deux grands officiers de l'Empire, inspecteurs de marine : me faire connaître quel titre et quelles attributions on pourrait leur donner.

Dans le même état de situation, du 1ᵉʳ prairial, il n'est pas dit quel régiment fournit la garnison de la frégate *la Canonnière*. Si les 327 hommes portés dans l'état sont tous marins, on peut bien en retirer une centaine d'hommes pour le service de la flottille, et les remplacer par une centaine d'hommes d'infanterie.

Il n'est pas dit de quels corps sont les garnisons de *la Libre* et de *la Furieuse*, le vaisseau *l'Aigle*, *la Torche*, *l'Argus* et l'escadre du Ferrol, *le Marengo* et toute l'escadre qui est aux Indes. Cependant ces renseignements nous sont nécessaires.

Je désire savoir ce qu'est devenu ce Palamet dont il est question dans le mémoire que je vous envoie.

NAPOLÉON.

Archives de l'Empire.

7784. — AU CONTRE-AMIRAL DECRÈS.

Saint-Cloud, 6 prairial an XII (26 mai 1804).

Monsieur Decrès, Ministre de la marine, j'écris par un courrier extraordinaire au vice-amiral Thévenard, pour l'encourager. Je lui demande, indépendamment de *l'Algésiras*, un des vaisseaux *le Régulus* ou *le Courageux* prêt à partir pour la fin de messidor. J'ai écrit au préfet Caffarelli pour lui demander, au 14 juillet, 23 vaisseaux en rade.

Je désirerais que vous me fissiez connaître votre opinion sur la mesure, qui paraîtrait bonne à prendre, d'établir à Toulon, Brest, Rochefort, etc., que le tiers des équipages sera formé de soldats de terre. En prenant cette mesure de suite dans les rades de Toulon, Brest, et à l'île d'Aix, on aura le temps d'amariner les soldats et de les exercer à toute sorte de manœuvres. Un soldat qui a passé deux mois en rade, et constamment exercé dans des canots, chaloupes et aux manœuvres basses de vaisseau, doit être bon à quelque chose. J'ai vu, dans la dernière guerre, des escadres assez belles avoir la moitié des équipages de soldats et manœuvrer passablement. Cette manière de voir peut être justifiée par la différence que la marine a coutume de mettre entre un bâtiment armé en flûte et un bâtiment armé en guerre. La différence serait de moitié. J'imagine qu'elle vient de ce que l'on ôte aux bâtiments armés en flûte les hommes nécessaires aux manœuvres du canon.

Dans les 20 vaisseaux et les 4 frégates de la rade de Brest, il y a 11,000 matelots, sur lesquels 1,800 soldats. La proportion actuelle est du cinquième au sixième. En mettant le tiers de soldats, cela ferait encore 3,000 hommes à fournir, ce qui d'abord compléterait les équipages et rendrait quelques matelots disponibles.

Dans l'escadre de Rochefort, il y a 2,950 hommes, sur lesquels 450 soldats. Il y aurait donc encore 600 soldats à mettre, ce qui ferait 600 matelots, qui aideraient à former l'équipage de *l'Achille*.

Dans l'escadre de Toulon, il y a 9,000 hommes, sur lesquels il n'y a pas 1,000 soldats. D'après le même principe il faudrait encore 2,000 soldats, ce qui compléterait l'équipage du *Berwick* et de *l'Indomptable*.

Je vous prie de me faire un prompt rapport sur ces objets, afin de donner de suite les ordres nécessaires; car il est bon, dans cette hypothèse, que l'on profite du temps pour amariner en rade le soldat.

NAPOLÉON.

Archives de l'Empire.

7785. — AU CONTRE-AMIRAL DECRÈS.

Saint-Cloud, 6 prairial an XII (26 mai 1804).

Monsieur Decrès, Ministre de la marine, la République italienne nous doit le prix de 12 chaloupes et de 2 frégates. J'ai réglé ce prix à 2,400,000 livres tournois, savoir : 900,000 livres pour chaque frégate et 600,000 livres pour les 12 chaloupes canonnières.

La moitié de cette somme, c'est-à-dire 1,200,000 livres, sera versée en chanvre, à Gênes, et j'ai chargé Marescalchi de s'entendre avec vous pour régler le prix et la qualité du chanvre; vous autoriserez quelqu'un dans cette ville à le recevoir. L'autre moitié sera payée au trésor public.

NAPOLÉON.

Archives de l'Empire.

7786. — AU VICE-AMIRAL MARTIN.

Saint-Cloud, 6 prairial an XII (26 mai 1804).

Monsieur Martin, Vice-Amiral, Préfet maritime à Rochefort, j'ai reçu vos deux lettres des 15 et 21 floréal. J'ai vu par la dernière que vous avez tenu ce que vous promettiez. Je pense qu'à l'heure qu'il est *le Lion* est en rade. J'ai donné l'ordre, comme vous l'avez demandé, que l'île d'Aix vous fût remise. Il est nécessaire que vous y alliez souvent et que vous veilliez à l'entretien en bon état des batteries, et à leur bon approvisionnement. Un bataillon de 800 hommes doit arriver ces jours-ci dans votre port. Je désirerais que la frégate *l'Armide* entrât en rade avant la fin du mois, et que le vaisseau *l'Achille* fût mis à l'eau au 14 juillet, et qu'avant le 20 thermidor il fût en rade. Faites, s'il est nécessaire, travailler aux flambeaux. J'ai ordonné des fonds extraordinaires pour assurer le payement des constructeurs. Assurez-vous d'avance que rien ne retardera l'armement. Levez tous les obstacles qui pourraient se présenter, et que, du 20 au 30 thermidor, ce vaisseau augmente l'escadre de l'île d'Aix. La frégate *la Pénélope* est commencée depuis deux ans; qui empêche à Bordeaux qu'elle ne soit achevée? Il doit y avoir dans cette ville toutes sortes de ressources. Je compte sur votre zèle et sur votre attachement à la patrie et à moi pour l'exécution de cet ordre.

NAPOLÉON.

Archives de l'Empire.

7787. — A M. CAFFARELLI.

Saint-Cloud, 6 prairial an XII (26 mai 1804).

Monsieur Caffarelli, Conseiller d'État, Préfet maritime à Brest, je vois avec plaisir que vous avez 20 vaisseaux en rade. Je désirerais qu'avant le 14 juillet *l'Océan* et *le Patriote* pussent y être, et si, sur les 6 vaisseaux désarmés qui restent, vous croyez qu'il soit possible de tirer encore parti d'un, tâchez de porter votre escadre à 23 vaisseaux. Faites surtout armer vos vaisseaux de caronades et d'obusiers de nouveau modèle. Les Anglais s'en servent avec succès. Je ne vois pas pourquoi on ne se servirait pas d'obus pour les pièces de 36. En répartissant bien les matelots sur les 20 vaisseaux de l'escadre en rade, et ajoutant 2 ou 3,000 hommes d'infanterie, l'escadre se trouverait bien armée. J'ai vu avec peine que vous étiez malade. Mais dans ce moment vous êtes trop nécessaire au port de Brest. Votre zèle et votre attachement à l'État et à moi me sont connus depuis longtemps, et je me fonde sur toutes ces raisons pour espérer qu'au 14 juillet j'aurai en rade 23 vaisseaux prêts à mettre à la voile et approvisionnés d'autant de vivres qu'ils en pourront porter.

NAPOLÉON.

Archives de l'Empire.

7788. — A M. LEBRUN.

Saint-Cloud, 7 prairial an XII (27 mai 1804).

Monsieur Lebrun, Colonel Aide de camp, vous partirez dans la journée pour vous rendre à Bordeaux. Vous y verrez le préfet, le commissaire général de police et le commissaire de marine. Vous leur ferez connaître que mon intention est qu'ils fassent une levée extraordinaire de matelots pour les ports. Dans une ville comme Bordeaux, il y a toujours des ressources. Vous les pousserez le plus possible. Vous verrez par vous-même, en vous promenant sur le port habillé en bourgeois et causant avec différents individus, s'il y a effectivement encore des matelots.

Vous irez voir la frégate *la Poursuivante*, dernièrement arrivée d'Amérique, qui est au bas de la rivière. Vous verrez quelle est la force de son équipage, son approvisionnement, si elle a besoin de réparations, et si elle est propre à faire une mission. Vous verrez la frégate *la Pénélope*, qui est sur le chantier; vous presserez le commissaire de marine d'y faire travailler avec toute l'activité possible, vous verrez combien elle a de vingt-quatrièmes de faits et ce qui s'oppose à ce qu'on y travaille avec plus d'activité. Vous verrez les bâtiments de la flottille qui sont en rade, et ce qui reste des 44e et 63e, qui ont dû s'embarquer dans ce port; ce qu'il y aurait en chantier ou en armement pour la flottille. Vous me ferez sur tout cela un mémoire raisonné et détaillé, voyant tout vous-même, et y mettant le temps.

Vous irez à Bayonne; vous y verrez l'état des constructions pour la marine et y ferez les mêmes observations, de même à Saint-Jean-de-Luz. Vous m'enverrez de là un rapport détaillé et circonstancié.

De là vous vous rendrez au Ferrol et à la Corogne; vous verrez les bâtiments les uns après les autres, ainsi que le bâtiment batave. Vous vous assurerez de la situation de chacun de ces bâtiments; vous verrez quelle espèce de campagne ils peuvent faire, et ce qui les empêche d'entrer dans le bassin. Vous verrez ce que la marine espagnole pourrait leur fournir, soit en vivres, soit en agrès, etc., et ce que le commandant pourrait se faire fournir avec de l'argent. Vous examinerez les équipages; vous vous informerez de ce qu'on a fait des hommes qui étaient à Malaga et à Cadix, et qui ont dû se rendre au Ferrol pour tenir garnison sur les vaisseaux. Vous resterez cinq ou six jours dans ce port et m'enverrez de là un mémoire raisonné et détaillé.

Vous vous rendrez de là à Madrid. Vous y verrez l'ambassadeur Beurnonville. Vous lui remettrez les demandes de l'escadre que vous aurez recueillies, afin qu'il fasse les démarches nécessaires pour obtenir du Gouvernement espagnol ce dont elle a besoin, car je voudrais qu'en messidor les cinq vaisseaux de cette station pussent partir pour une mission éloignée.

Vous retournerez à la Corogne et au Ferrol, pour vous assurer par vous-même de l'effet qu'auront produit les promesses du Gouvernement espagnol.

Vous reviendrez de là à Paris en passant par Rochefort; vous verrez l'île d'Aix; vous irez en rade, vous prendrez note de la situation de chaque vaisseau, et de l'état des constructions.

NAPOLÉON.

Comm. par M. le duc de Plaisance.
(En minute aux Arch. de l'Emp.)

7789. — AU VICE-AMIRAL THÉVENARD.

Saint-Cloud, 7 prairial an XII (27 mai 1804).

Monsieur Thévenard, Vice-Amiral, Préfet maritime à Lorient, je désirerais que *l'Algésiras* fût lancé avant le 14 juillet et pût être en rade avant le 20 messidor. Je désirerais également que l'un des deux vaisseaux *le Régulus* ou *le Courageux*, qui sont en construction depuis l'an IX et l'an X, fût en rade avant le mois de fructidor. Il est possible qu'il y ait des obstacles pour *le Régulus* et *le Courageux*. Renforcez les travaux, prenez tous les moyens qui vous seront inspirés par votre expérience et votre zèle pour le bien du service, et faites-moi connaître sur quoi je puis positivement compter. Je m'en fie, pour l'exécution de mon ordre, à vos talents et à votre attachement à la patrie et à moi.

NAPOLÉON.

Archives de l'Empire.

7790. — A M. TALLEYRAND.

Saint-Cloud, 8 prairial an XII (28 mai 1804).

Monsieur Talleyrand, Ministre des relations extérieures, ce ministre de Wurtemberg, Steube, est un plat sot, aussi malintentionné qu'ignorant. S'il y avait quelque manière très-délicate d'insinuer qu'on le rappelât, cela me serait très-agréable.

Écrivez au général Lannes à Lisbonne, et parlez ici à M. de

Souza, et cela cependant délicatement, afin que le ministre de Portugal à Berlin, qui est notre ennemi forcené, soit rappelé.

NAPOLÉON.

Archives des affaires étrangères.
(En minute aux Arch. de l'Emp.)

7791. — A M. TALLEYRAND.

Saint-Cloud, 8 prairial an XII (28 mai 1804).

Monsieur Talleyrand, Ministre des relations extérieures, M. Racault de Reuilly, attaché à la légation de Russie, ayant voyagé sur la côte de la mer Noire et en ayant rapporté des plans et des mémoires utiles, mon intention n'est pas que ce voyage soit à ses frais; je désire donc que vous lui remboursiez tout ce qu'il lui aura coûté, sur les états qu'il vous remettrait.

NAPOLÉON.

Archives de l'Empire.

7792. — AU MARÉCHAL BERTHIER.

Saint-Cloud, 8 prairial an XII (28 mai 1804).

Mon Cousin, 60,000 hommes de la conscription de l'an XIII ont été mis à la disposition du Gouvernement. Il n'y a point de temps à perdre pour répartir entre les différents corps ladite conscription.

Les 3e, 5e, 10e, 19e, 34e, 37e, 47e, 56e, 58e, 59e, 70e, 72e, 82e et 86e régiments d'infanterie de ligne, et les 3e, 12e, 21e, 24e, 25e, 26e et 28e d'infanterie légère, me paraissent les régiments les plus faibles et ceux qui auront le plus besoin de monde.

Les régiments de cuirassiers me paraissent à peu près complets.

Les régiments de dragons me paraissent avoir encore de grands besoins. Faites-moi connaître ce qui leur manque. Mon intention est de les porter par la conscription au complet du pied de paix.

Il y a plusieurs régiments de chasseurs qui sont très-faibles.

Enfin je désirerais porter au complet les régiments d'artillerie.

Je désire donc que le plus tôt possible vous me fassiez un rapport sur la situation actuelle de l'armée, dans lequel vous me fassiez connaître ce qu'il manque au complet de paix des corps, tel qu'il a été réglé pour l'an XII.

Les garnisons de la marine se fournissent d'une manière très-irrégulière. La manière la plus convenable me paraîtrait celle de faire fournir par chaque régiment de ligne la garnison d'un vaisseau. Il est convenable d'avoir à bord de nos vaisseaux des soldats d'un courage éprouvé et bien disciplinés. Comme la marine se charge du payement de nos garnisons, cela n'augmenterait pas les dépenses de la guerre et n'aurait plus l'inconvénient de sacrifier plusieurs corps pour le service de la marine.

NAPOLÉON.

Archives de l'Empire.

7793. — DÉCISION.

Saint-Cloud, 8 prairial an XII (28 mai 1804).

Bouchotte, ancien ministre de la guerre, demande qu'il lui soit alloué un traitement de 5,000 francs, à compter du 1er floréal an XII.

Renvoyé au ministre de la guerre. Il me paraît convenable d'accorder un traitement à cet ex-ministre.

NAPOLÉON.

Archives de l'Empire.

7794. — DÉCISION.

Saint-Cloud, 8 prairial an XII (28 mai 1804).

Donadieu demande à être réintégré dans son grade.

Donner de l'emploi à cet officier à l'armée de Brest.

NAPOLÉON.

Archives de l'Empire.

7795. — AU CONTRE-AMIRAL DECRÈS.

Saint-Cloud, 8 prairial an XII (28 mai 1804).

Monsieur Decrès, Ministre de la marine, je vous prie de me faire connaître où en est la levée des matelots génois; combien il en est parti de Gênes, et combien il en est arrivé dans nos ports.

NAPOLÉON.

Archives de la marine.

7796. — AU CONTRE-AMIRAL DECRÈS.

Saint-Cloud, 8 prairial an XII (28 mai 1804).

Monsieur Decrès, Ministre de la marine, par les renseignements que je reçois du Havre, il y manque de la poudre; de sorte que la division impériale ne pourra partir qu'avec soixante coups; il en faut cent. Voyez s'il y aurait de la poudre à Rouen, et, dans ce cas, prenez des mesures pour en faire expédier avec la plus grande diligence.

Donnez ordre au préfet maritime du Havre qu'il fasse partir sur-le-champ les 20 caïques sous l'escorte de la première division de chaloupes canonnières qui partira. Je le laisse maître de les faire partir avec ou sans canons; il y a à Boulogne des canons qui pourront leur servir. Dans tous les cas, j'attache la plus grande importance à ce que les 20 caïques soient promptement rendues : voilà la saison de s'en servir. Si ces bâtiments partent sans canons, on pourra leur mettre le nombre de matelots nécessaire à leur navigation; leurs équipages seront complétés à Boulogne.

Donnez l'ordre également, s'il est nécessaire de diminuer l'armement, que l'on laisse à *la Canonnière* 100 hommes et qu'on en retire 217 hommes. On embarquera à bord 150 hommes d'infanterie, qui, avec 100 hommes d'équipage, suffiront pour mettre cette frégate en état de défense dans la rade. Il y a besoin de quatre-vingt-deux pièces de canon de 24 au Havre, pour achever l'armement des bâtiments qui y sont. Il faudrait près de cent milliers de poudre. Je préférerais donc qu'on dirigeât sur le Havre l'artillerie qui est à Paris, au lieu de Dunkerque. Il manque aux corvettes impériales, au Havre, du cuivre pour le doublage. Il faut vingt pièces de bronze courtes : faites-en la demande au premier inspecteur. S'il y en a à Paris, vous en enverrez, sans quoi ces bâtiments seront provisoirement armés au Havre de quelques pièces de canon pour leur défense, et, arrivés à Boulogne, on les armera de pièces de bronze courtes.

Il y a à Saint-Valery-en-Caux un bateau de première espèce, 5 de deuxième et 13 péniches. Ces bâtiments n'ont point d'artillerie, qui doit leur être envoyée du Havre. Donnez contre-ordre et ordonnez aux bâtiments de Saint-Valery de partir sous l'escorte de la première division, qui passera devant Saint-Valery-en-Caux, et de se rendre à Boulogne, où ils prendront leur artillerie.

NAPOLÉON.

Archives de l'Empire.

7797. — AU MARÉCHAL BERTHIER.

Saint-Cloud, 9 prairial an XII (29 mai 1804).

Mon Cousin, les deux premiers escadrons de guerre des régiments de dragons, composant les divisions des généraux Baraguey d'Hilliers et Klein, seront portés au complet de 300 hommes par escadron, officiers compris; ce qui fera 600 hommes par régiment. Ces 600 hommes seront composés des hommes à cheval qui sont à cheval aux deux premiers escadrons, et le reste d'hommes à pied. Vous donnerez l'ordre aux 3es et 4es escadrons d'envoyer ce qui est nécessaire pour le complément des deux premiers.

Faites-moi connaître la situation des 22e, 23e, 24e, 25e, 26e, 27e,

28ᵉ, 29ᵉ et 30ᵉ régiments de dragons. Je désire connaître si ces régiments ont leurs fusils.

NAPOLÉON.

Archives de l'Empire.

7798. — AU MARÉCHAL BERTHIER.

Saint-Cloud, 9 prairial an XII (29 mai 1804).

Il y a besoin de garnisons au Havre; mais il doit encore y rester des troupes, soit du 96ᵉ, soit des détachements que vous y avez fait passer dernièrement. Donnez l'ordre au général qui y commande de vous envoyer l'état des bâtiments de la flottille en partance, ou qui seraient dans le port prêts à partir, avec les garnisons à bord de chacun, ce qui est nécessaire, et ce qui est encore existant au Havre.

Donnez, en attendant, l'ordre à deux bataillons des grenadiers de la réserve, à Arras, de se rendre au Havre en passant par Abbeville, Eu, etc. Ces bataillons seront répartis sur tous les bâtiments de la flottille.

NAPOLÉON.

Archives de l'Empire.

7799. — NOTE POUR LE MINISTRE
DES RELATIONS EXTÉRIEURES.

Saint-Cloud, 10 prairial an XII (30 mai 1804).

Je désire que la note officielle de lord Hawkesbury soit envoyée officiellement à nos agents dans les cours étrangères, hormis en Russie, en Danemark, en Suède et à la Porte, avec une note qui porterait en substance :

Que le soussigné est chargé, par ordre de son gouvernement, d'appeler l'attention du cabinet sur la présente note de lord Hawkesbury ; que, quelle que soit la grossièreté des injures, jusqu'à cette heure inconnues dans les communications, que ladite note renferme contre le Gouvernement et la nation française, le Gouvernement français n'a dû y répondre que par un souverain mépris ; mais que les principes que l'Angleterre proclame hautement sont tellement subversifs de l'ordre établi en Europe, que le Gouvernement français l'a jugée digne de toute son attention.

En effet, il y est dit qu'un ambassadeur, ministre ou chargé d'affaires, ou tout autre individu revêtu d'un caractère public dans une cour neutre, a le droit de machiner contre le Gouvernement français, quoique cette cour soit en paix avec lui. L'ignorance la plus honteuse, et cette irréflexion qui caractérise depuis plusieurs années les démarches du cabinet britannique, l'ont pu seules porter à proclamer un tel blasphème. Eh quoi! il autorise donc le Gouvernement français à considérer tous les agents du cabinet britannique comme espions et comme des agents de complots et de guerre! et le plus beau caractère, espèce de sacerdoce sacré et environné de toute la vénération des hommes, n'est donc pour le cabinet britannique qu'un voile pour couvrir des complots, des crimes et des subversions! Un ambassadeur est un ministre de conciliation; son devoir est toujours un devoir saint, fondé sur la morale; et le cabinet britannique nous dit que c'est un instrument de guerre, qui a le droit de tout faire, pourvu qu'il ne fasse rien contre le pays dans lequel il est accrédité! Ainsi, dans le sens du Gouvernement anglais, si un ambassadeur anglais pouvait pointer un mortier du milieu de la Bavière, ou de la rive droite du Rhin, pour écraser une ville de France, la France ne devrait point le trouver mauvais, et les électeurs de Bavière, de Bade, de Wurtemberg n'auraient rien à dire, vu qu'il ne fait rien contre le pays dans lequel il est; comme si tout ce qui se fait dans un pays n'était pas soumis à la juridiction du gouvernement du pays, et si la première clause de l'inviolabilité attachée au caractère d'ambassadeur n'était pas qu'aucune nation n'a pu encore supposer qu'il entrât dans ses fonctions de ne rien faire, etc.

La conclusion de cette note, qui doit être faite avec soin, et dans laquelle on observera de répéter autant que possible les propres mots de la note anglaise, doit être que, jusqu'à ce que le Gouvernement anglais ait rétracté de pareils principes, et jusqu'à ce qu'il soit rentré dans les bornes du droit des gens, la France ne reconnaîtra plus de ministres anglais, et se regardera en état de guerre contre eux jusqu'à cinquante lieues des frontières. Le Gouvernement anglais avait donné souvent des preuves d'une politique féroce; mais il appartenait à ces derniers temps de le faire avec autant de niaiserie et d'imbécillité. Prendrait-il les souverains de l'Europe pour autant de nababs des Indes? et croirait-il que la doctrine erronée et absurde que la force a obligé les puissances maritimes d'adopter sur mer puisse l'être sur terre par les nations du continent?

NAPOLÉON.

Archives des affaires étrangères.
(En minute aux Arch. de l'Emp.)

7800. — AU VICE-AMIRAL DECRÈS.

Saint-Cloud, 11 prairial an XII (31 mai 1804)[1].

Monsieur Decrès, je n'ai pu voir qu'avec beaucoup de mécontentement que, malgré mon intention bien soutenue que les vaisseaux en rade de Brest levassent l'ancre tous les jours, afin d'exercer les équipages, de harceler l'ennemi et de favoriser le passage de la flottille d'Audierne, aucun vaisseau, pendant tout le cours de l'année, n'a appareillé ; de sorte qu'on a permis à l'ennemi de bloquer, avec un petit nombre de bâtiments, une escadre considérable. L'amiral Truguet, dans le compte qu'il vous a rendu, n'ayant justifié par aucune raison suffisante l'inexécution de mes ordres, mon intention est qu'il soit rappelé et remplacé immédiatement par un officier actif, qui ait l'habitude des mouvements, qui soit allé depuis peu à la mer, et qui sache que la perte de plusieurs mois passés dans l'oisiveté est irréparable.

Vous ferez connaître à ce nouvel amiral que des escadres légères doivent journellement harceler l'ennemi, et qu'il convient que tous les vaisseaux, chaque fois que le temps le permet, appareillent et remouillent, ne courussent-ils que quelques bordées. Vous prescrirez que, sous quelque prétexte que ce soit, on ne s'écarte point de ces dispositions. Leur exécution précise produira l'effet qu'on doit se proposer, de tenir en alerte l'ennemi et les équipages en haleine, d'exercer l'armée aux deux opérations les plus difficiles, appareiller et mouiller, et de l'accoutumer à l'ensemble nécessaire pour profiter d'une circonstance favorable.

L'ordre d'appareiller ne sera donné aux escadres légères que par un signal, et l'amiral, dans le compte qu'il vous rendra journellement, fera connaître le temps que chaque bâtiment aura mis à appareiller.

Les bâtiments qui appareilleront seront, autant qu'il sera possible, accompagnés de quelques caïques, dont les vaisseaux fourniront les équipages. Il doit se présenter, dans le cours de l'été, un grand nombre d'occasions où ces caïques pourront être très-utiles.

J'ai ordonné au ministre de la guerre de faire fournir le nombre de soldats nécessaire comme garnison, pour qu'il y ait 200 hommes sur chaque vaisseau de guerre.

Ces hommes seront exercés, indépendamment des manœuvres basses, à nager dans les grandes chaloupes des vaisseaux.

---

[1] Cette lettre, dans le recueil des dépêches originales au ministre Decrès, porte, par erreur, la date du 11 floréal.

L'amiral, pour encourager les soldats, leur fera sentir combien ils se rendront utiles pour la descente, et leur présentera l'exemple des troupes campées sur les côtes, qui passent des journées entières à nager dans les bâtiments de la flottille.

Prescrivez à l'amiral d'accorder des prix aux soldats qui monteront sur les vergues, et faites sentir aux contre-amiraux et aux capitaines des vaisseaux qu'il n'est rien que des chefs ne puissent obtenir des sentiments d'honneur et de l'émulation dont le soldat français est animé. Mettez à la disposition de l'amiral les fonds nécessaires pour ces arrangements. C'est l'occasion de remarquer combien serait stérile l'observation des capitaines qu'ils n'ont pas de matelots, si on ne prenait pas les moyens propres à en former.

Enfin chaque vaisseau doit être approvisionné d'un certain nombre d'obus de 36, chargés avec la roche à feu. L'amiral inspirera confiance aux officiers dans ces mobiles, et en fera tirer fréquemment dans les exercices du canon. Vous lui enverrez une instruction imprimée qui fera connaître la manière de placer l'obus dans le canon, et vous recommanderez de ne se servir d'obus qu'à petites portées. Cette instruction sera mise à l'ordre de l'armée.

Je n'ai pas besoin de rappeler que l'amiral ne doit point avoir de logement à Brest, et qu'il doit passer des mois entiers sans quitter la rade ; que les capitaines de vaisseaux ne doivent jamais aller à terre, et que les officiers de corvée doivent toujours être des officiers inférieurs.

NAPOLÉON.

Comm. par Mme la duchesse Decrès.

7801. — AU MARÉCHAL SOULT,
COMMANDANT LE CAMP DE SAINT-OMER.

Saint-Cloud, 14 prairial an XII (3 juin 1804).

Mon Cousin, je reçois le compte que vous me rendez des chaloupes canonnières de la Garde. Elles seront jointes à Boulogne par 27 autres qui vont partir du Havre sous le commandement du capitaine Daugier, et qui formeront une belle division de 36 chaloupes canonnières et de 36 péniches. L'artillerie doit avoir des pièces de 24 légères. On peut de préférence les placer sur les chaloupes canonnières de la Garde.

Faites connaître au général Legrand et au chef de bataillon Cuny que je leur ai accordé ce qu'ils me demandent, et que j'en ai fait sur-le-champ expédier l'ordre.

Sans ce misérable procès, je serais déjà au milieu des camps. Les débats sont publics depuis quatre jours. J'espère que, dans sept ou huit jours, tout sera fini. J'imagine qu'on aura fait courir au camp, comme à Paris, des bruits de guerre continentale. Cela serait fâcheux sous le seul point de vue que cela pourrait détourner notre attention de l'Angleterre, car malheur à ceux qui nous chercheraient ! Par les recensements, que j'ai fait faire aujourd'hui, des hommes présents sous les armes, il résulte que j'ai 66,000 hommes de plus qu'en nivôse an IX, moment où nos armées étaient au plus haut degré de prospérité et de force. Mais toutes ces forces, que je compte encore augmenter de la conscription de l'année prochaine, ne nous seront point nécessaires. Le Corps germanique, l'Autriche, la Prusse, marchent au mieux avec nous. Quelques allures anglaises ont fait faire une fausse démarche à la Russie, qui a porté le deuil du duc d'Enghien, ce qui a fait ressouvenir l'Europe de l'assassinat de Paul Ier qu'on commençait à oublier.

Nous commençons enfin à être, du côté de la mer, dans une position respectable, tant par la flottille que par nos gros vaisseaux de guerre.

Je désire que vous visitiez vous-même les biscuits et les vins, surtout ce qui est le plus anciennement dans les magasins, pour vous assurer que rien n'est gâté.

Je désire également que tous les bataillons soient complétés à 800 hommes par les 3es bataillons, et que vous me fassiez connaître si tous les avirons sont installés à bord des bâtiments de la flottille de transport, et si tous leurs équipages sont en règle et en état.

NAPOLÉON.

Archives de l'Empire.

7802. — DÉCISION.

Saint-Cloud, 17 prairial an XII (6 juin 1804).

Le ministre du trésor public propose de renvoyer au préfet du département de Jemmapes quatorze vases d'argent qui ont servi au culte de l'église de Tournay.

Ces vases seront mis à la disposition de l'archevêque-cardinal comme don fait par l'Empereur à l'église métropolitaine de Paris.

NAPOLÉON.

Archives des finances.

7803. — AU CONTRE-AMIRAL VER HUELL.

Saint-Cloud, 19 prairial an XII (8 juin 1804).

Monsieur le Contre-Amiral Ver Huell, mon intention est que vous fassiez venir la troisième partie de la flottille batave, comme vous le jugerez à propos, de manière à la réunir le plus promptement possible à Ostende. Faites également venir à Ostende tous les bâtiments bataves de la flottille de transport, afin que la flottille batave puisse embarquer tout le corps d'armée du maréchal Davout, cavalerie, infanterie et bagages.

NAPOLÉON.

Archives de l'Empire.

7804. — A M. CAMBACÉRÈS, ARCHICHANCELIER DE L'EMPIRE.

Saint-Cloud, 20 prairial an XII (9 juin 1804).

Mon Cousin, les juges sont entrés ce matin à huit heures en délibération. Dans cet intervalle, Rivière, Armand de Polignac et Bouvet de Lozier ont déclaré que leurs défenseurs les avaient trompés : qu'ils leur avaient dit qu'en sauvant Moreau on obligerait la cour à déclarer qu'il n'y avait pas de conspiration, et que, par là, on les sauverait tous. Ils s'attendaient donc que la cour resterait convaincue qu'il n'y avait pas eu de conspiration, et c'est dans ce sens que, pendant les débats, depuis Georges jusqu'au dernier accusé, ils avaient tous parlé dans le même sens. La contenance de la cour les a détrompés, et ils ont vu que la manière dont ils s'étaient conduits sauverait Moreau et non pas eux. Soit ces raisons, soit toute autre, ils ont fait demander le juge instructeur pour lui faire de nouvelles déclarations. Le juge instructeur, étant en séance, n'a pu les recevoir. M. Réal a envoyé quelqu'un, et il paraît qu'ils ont déclaré qu'au lieu de trois entrevues entre Pichegru et Moreau il y en avait eu cinq, et, enfin, qu'ils ont fait de nouvelles charges. Je désirerais que vous envoyassiez auprès du procureur général, lequel se rendrait à la prison, vu que les juges sont en délibération, demanderait l'entrée à la séance, et déclarerait à la cour qu'il a à lui dénoncer un nouvel ordre de choses, la conduite tenue envers les accusés et leurs nouvelles déclarations. Vous sentirez l'importance de ces démarches, surtout après ce que vous dira Savary. Dans tous les cas, il me paraît convenable que le procureur général prenne connaissance des derniers faits et les dénonce à la cour. Du reste, cette matière ne m'est point assez familière pour que je puisse commander votre opinion. Mais, dans une conspiration contre l'État, les sentences n'étant point encore prononcées, il doit dépendre de la cour de se remettre en séance, et, enfin, la dénonciation faite par le procureur général, ne fût-elle que par écrit, à la cour réunie, aurait l'effet d'être jointe à la procédure et de donner lieu à une rédaction de sentence plus conforme à la justice et à l'intérêt de l'État.

NAPOLÉON.

Archives de l'Empire.

7805. — A M. REGNIER.

Saint-Cloud, 22 prairial an XII (11 juin 1804).

Monsieur Regnier, Grand Juge, Ministre de la justice, la conspiration que, par l'aide de Dieu et par votre vigilance et celle des bons citoyens, nous sommes parvenu à déjouer, nous a sensiblement affecté. Soustrait depuis dix ans à toute espèce de dangers, nous avons acquis le droit de penser qu'il ne serait au pouvoir des hommes d'attenter à notre vie que lorsque la Providence elle-même en aurait marqué le terme; et nous-même nous ne prendrons intérêt à la défendre que tant qu'elle sera utile et que nous la croirons nécessaire au grand peuple. Nous aurions donc mis dans l'oubli et étouffé l'éclat de cette conspiration, comme nous l'avons fait de quelques autres, si, par le caractère particulier qu'elle nous a paru avoir, par l'intervention d'hommes couverts du masque de grands services, nous n'y avions vu un danger réel pour la destinée et l'intérêt de la nation. Toutefois, beaucoup d'individus condamnés par notre cour criminelle ont réclamé près de nous; et, soit faiblesse, soit ce sentiment d'indulgence qui nous a toujours guidé dans notre gouvernement, qui nous a porté à pardonner aux ennemis dont la nation avait le plus à se plaindre, et qui nous a offert le bonheur de réunir, de réorganiser et de rendre à la patrie plus de 80,000 familles, nous n'avons pu nous défendre d'être touché de la douleur de madame Armand de Polignac. Nous nous sommes d'ailleurs souvenu que nous avions été lié avec ce jeune homme, au collège, dans les premiers jours de l'enfance, et il n'est pas étonnant qu'il l'ait oublié dans l'attentat inouï où il s'est laissé égarer, puisqu'il a oublié les devoirs qui, dans toutes circonstances, doivent être présents à tout Français envers sa patrie. Nous avons donc résolu de profiter de toute l'étendue de notre prérogative, et de lui accorder grâce de la vie, en vous chargeant de nous présenter à notre prochain conseil privé les lettres qui seront rédigées à cet effet; et nous désirons que, dès ce moment, il soit transféré près de son frère.

NAPOLÉON.

Archives de l'Empire.

7806. — LE SECRÉTAIRE D'ÉTAT A M. REGNIER.

Saint-Cloud, 23 prairial an XII (12 juin 1804).

Hier, Monsieur, l'Empereur a entendu dans un conseil d'administration la commission du Conseil d'État chargée, par l'arrêté du 15 floréal dernier, de l'examen des individus détenus dans la maison de répression à Saint-Denis.

Sa Majesté a agréé que la commission s'occupât de rédiger les projets de décrets sur les moyens qui paraissent devoir être employés pour remédier aux inconvénients du mode actuel d'arrestation et du régime de la maison de répression, et d'assurer une meilleure organisation pour l'avenir.

Sa Majesté a pensé en même temps que, pour le moment actuel, il était indispensable,

De statuer sur le sort des individus détenus, d'après les interrogatoires que la commission leur a fait subir et les observations qu'elle y a jointes ;

De retirer de cette maison les enfants abandonnés, dont le séjour est contraire à la morale et à l'humanité ;

D'en séparer également les femmes publiques, qui doivent être envoyées aux maisons qui leur sont affectées ;

De fixer invariablement le nombre des détenus qui seront admis dans cette maison ;

D'y donner accès aux secours religieux.

Sa Majesté m'a, en conséquence, chargé, Monsieur, de vous transmettre les trois cahiers des interrogatoires des hommes, femmes et enfants, et de vous inviter, en son nom, à ordonner les dispositions nécessaires.

Par ordre de l'Empereur.

Archives de l'Empire.

7807. — AU VICE-AMIRAL DECRÈS.

Saint-Cloud, 24 prairial an XII (13 juin 1804).

Monsieur Decrès, Ministre de la marine, je désire que vous me fassiez connaître votre opinion sur les travaux à faire à un des ports de la Déroute, pour le rendre principalement capable de contenir une centaine de chaloupes canonnières, bateaux canonniers ou péniches, dans le but de porter 10,000 hommes à Jersey. Il faudrait donc d'abord faire reconnaître par des officiers de marine le point de départ le plus propre pour cette expédition ; et, si ce point se trouve être Dielette, le projet présenté par M. Cachin est-il le meilleur et ne coûtera-t-il pas plus de 100,000 francs? Comme c'est un port que je veux avoir, non dans le but d'une expédition actuelle, mais comme point en opposition à l'île de Jersey, et pour faciliter les passages de la Déroute à tous les convois, il est nécessaire que les idées soient bien arrêtées, les plans bien en règle, approuvés et vérifiés dans cette campagne, afin de pouvoir les exécuter dans la campagne prochaine.

NAPOLÉON.

Archives de l'Empire.

7808. — DÉCISION.

Saint-Cloud, 24 prairial an XII (13 juin 1804).

| Le ministre du trésor public propose de rejeter la demande en liberté d'un fournisseur détenu pour débet. | Dans le cas où la commission sénatoriale donnerait suite à la réclamation, il lui sera donné connaissance du résultat des délibérations suivant lesquelles les emprisonnements des comptables ne peuvent donner lieu au recours à la commission. |

NAPOLÉON.

Archives de l'Empire.

7809. — AU ROI D'ESPAGNE.

Très-haut, très-excellent et très-amé bon Frère, allié et confédéré, les bonnes relations qui existent entre nos deux États et le véritable intérêt que Votre Majesté a toujours marqué prendre à la prospérité de la France m'engagent à vous faire connaître qu'il a plu à la Providence de m'appeler au gouvernement de cet Empire, et qu'en vertu de ses lois et de ses constitutions le titre et la dignité d'Empereur des Français m'ont été conférés pour rester héréditairement dans ma famille. Les témoignages multipliés des sentiments que vous avez manifestés en diverses circonstances me persuadent de la part que vous prendrez à cet événement. Quant à moi, ma ferme intention est de le faire servir à maintenir et resserrer de plus en plus les liens qui unissent nos deux États. Je chargerai mon ministre plénipotentiaire d'en réitérer souvent l'assurance à Votre Majesté, et je lui prescrirai de s'attacher particulièrement à la convaincre en toute occasion de la sincérité de mon estime et de mon inviolable amitié.

Sur ce, je prie Dieu, très-haut, très-excellent et très-puissant

Prince, mon très-cher et très-amé bon Frère, allié et confédéré, qu'il vous ait en sa sainte et digne garde.

Votre bon frère et cousin, allié et confédéré,

NAPOLÉON.

Donné à Saint-Cloud, le 25 prairial an XII (14 juin 1804)[1].

Archives de l'Empire.

7810. — A M. MOLLIEN,
DIRECTEUR GÉNÉRAL DE LA CAISSE D'AMORTISSEMENT.

Saint-Cloud, 26 prairial an XII (15 juin 1804).

Sa Majesté l'Empereur désire que M. le Conseiller d'État Mollien lui fasse connaître quel serait le meilleur moyen de rendre publics à la Bourse des avis sur les faux bruits qu'y font courir les Anglais et les journaux étrangers sur notre situation politique. Ces avis pourraient être signés du syndic des agents de change et libellés de la manière suivante : « Nous savons de source certaine que tel bruit est faux. » Sa Majesté désire savoir ce que M. Mollien pense de cette méthode, qui aurait plus d'avantages que des insertions au *Moniteur*. Le syndic ferait connaître les bruits qui courent à la Bourse, et on lui transmettrait d'ici les avis à publier.

Par ordre de l'Empereur.

Comm. par Mme la comtesse Mollien.

7811. — DÉCISION.

Saint-Cloud, 27 prairial an XII (16 juin 1804).

Rapport du ministre de la guerre sur les mesures prises par le général Verdier, commandant en Étrurie, relativement aux prisonniers anglais qui, pour la plupart, sont des émigrés corses soldés par l'Angleterre.	Écrire au général Jourdan qu'il ne doit souffrir aucun émigré corse à Livourne; qu'il a bien fait de les faire arrêter, ainsi que les Anglais; que, la reine d'Étrurie n'étant pas reconnue par les Anglais, elle doit être considérée comme en guerre avec eux.

NAPOLÉON.

Dépôt de la guerre.

[1] Des notifications analogues ont été adressées aux autres souverains en paix avec la France.

7812. — AU MARÉCHAL SOULT,
COMMANDANT LE CAMP DE SAINT-OMER.

Saint-Cloud, 29 prairial an XII (18 juin 1804).

La demande que vous m'avez faite en faveur du général Ferey a été accordée.

Je vois avec plaisir que les approvisionnements sont en bonne situation, et qu'à mon arrivée tous les bâtiments de transport seront armés de leurs avirons.

Les 24e et 26e d'infanterie légère seront chacun renforcés d'un bataillon d'infanterie légère hors de ligne; et, par les états qui me sont remis, les 22e et 28e de ligne devraient avoir à leur troisième bataillon de quoi se compléter chacun à 800 hommes.

Il y a en partance, au Havre, 160 bâtiments, tant chaloupes canonnières que prames et péniches; au premier temps favorable, j'espère que tous ces bâtiments vous arriveront.

Le procès des conspirateurs a beaucoup excité de bavardages dans la ville de Paris. La sentence plus qu'indulgente qu'a rendue le faible tribunal de la Seine sera exécutée aussitôt que les délais du pourvoi en cassation seront expirés. Quoique j'aie fait grâce à plusieurs individus, il restera une douzaine de brigands qu'il n'est pas possible de gracier et qui devront subir leur sentence. Quant au général Moreau, s'il n'a pas été condamné à mort, il a eu un jugement flétrissant.

NAPOLÉON.

Archives de l'Empire.

7813. — AU MARÉCHAL SOULT.

Saint-Cloud, 1er messidor an XII (20 juin 1804).

Mon Cousin, j'ai reçu votre lettre du 29 prairial avec le plan du fort en bois qui y était joint. Avant de consentir à l'établissement de la seconde batterie, il faut d'abord que la première le soit. Faites tracer la batterie par le général Faultrier, et prescrivez-lui de raccourcir les affûts de côte, qui sont beaucoup trop longs, et de mettre le plus de pièces possible, en mettant les pièces à barbette et sur épaulement élevé au moins de cinq pieds, de manière que les hommes y soient à couvert. Cela une fois fait, l'on verra s'il convient d'établir une seconde batterie.

NAPOLÉON.

Archives de l'Empire.

7814. — A M. MELZI.

Saint-Cloud, 4 messidor an XII (23 juin 1804).

Monsieur Melzi, Vice-Président de la République italienne, j'ai reçu votre lettre de Milan du 29 mai; je vous remercie de tous les sentiments que vous m'exprimez; je les mérite par mon constant désir de voir la République italienne prospère et heureuse. Depuis que vous gérez les affaires de la République, son administration s'est considérablement améliorée, et je vous sais gré de l'ordre que vous avez rétabli dans les finances, des dilapidateurs que vous en avez éloignés. La République italienne a déjà fait le premier pas dans la carrière des nations, puisque aucune de ses parties ne voudrait retourner en arrière et dans son ancien état.

J'ai lu et médité avec toute l'attention convenable les différentes propositions de la Consulte d'État. Je suis constant dans ma manière de voir les affaires de la patrie italienne, et ses intérêts se trouvent, heureusement pour moi, conformes à tous mes autres intérêts. La République italienne restera indépendante; elle restera une; nous y établirons, comme le désire la Consulte, un ordre de choses plus conforme à l'esprit du siècle où nous vivons et au degré où est arrivée la société. Lorsqu'il sera temps, je répondrai à la Consulte. Tous ces objets méritent la plus grande méditation; et, quels que soient les événements de paix, de guerre, d'organisation au milieu desquels je me trouve, chaque chose arrive à son temps. Je me contente donc de vous dire que vos vœux, vos plans, vos désirs ne seront contrariés en rien, et que je mettrai toujours en première ligne, en réglant les affaires de la République italienne, son intérêt, mais son intérêt bien entendu. Si, à la Consulte de Lyon, les esprits légers et superficiels eussent été écoutés, et qu'on eût différemment disposé de la présidence, où en serait aujourd'hui la République italienne? Des projets et des plans s'écrivent en peu d'heures, mais les nations n'apprennent à se conduire qu'avec des années.

Dans votre dépêche, il n'y a que ce qui vous concerne qui ne peut me convenir. Vous êtes engagé dans la lice; il faut désormais que vous mouriez au milieu des honneurs et des embarras du gouvernement des nations.

NAPOLÉON.

Archives de l'Empire.

7815. — AU MARÉCHAL JOURDAN.

Saint-Cloud, 4 messidor an XII (23 juin 1804).

Monsieur le Maréchal Jourdan, le général Solignac m'a remis votre lettre du 18 prairial. J'ai vu avec plaisir que vous étiez content de la situation et de la discipline de l'armée. Je serai fort aise, dans toutes les circonstances qui se présenteront, de vous donner des preuves de la haute estime que j'ai pour vous, et de la persuasion où je suis de votre attachement inaltérable à la gloire de nos armes, à la patrie et à ma personne.

NAPOLÉON.

Archives de l'Empire.

7816. — AU GÉNÉRAL CHASSELOUP-LAUBAT.

Saint-Cloud, 4 messidor an XII (23 juin 1804).

Monsieur Chasseloup-Laubat, je vois dans votre lettre du 12 prairial que vous croyez rester petit. Comment pouvez-vous le croire, quand vous faites une place qui, dans plusieurs siècles, influera encore sur le sort de nos frontières? Les hommes ne sont grands que par les monuments qu'ils laissent. Achevez Alexandrie; que son tracé et ses constructions aient le moins de défauts possible. Tout ce que vous pouvez désirer après, vous l'obtiendrez.

NAPOLÉON.

Archives de l'Empire.

7817. — AU VICE-AMIRAL DECRÈS.

Saint-Cloud, 4 messidor an XII (23 juin 1804).

Monsieur Decrès, Ministre de la marine, à Lorient on a besoin de cuivre pour doubler *l'Algésiras*. Prenez des mesures sûres pour qu'il parte de Romilly et qu'il arrive en messidor, car cet article retardera ce vaisseau.

NAPOLÉON.

Archives de l'Empire.

7818. — AU VICE-AMIRAL GANTEAUME,
COMMANDANT L'ESCADRE DE L'OCÉAN.

Saint-Cloud, 4 messidor an XII (23 juin 1804).

Monsieur Ganteaume, Vice-Amiral, j'ai reçu votre lettre. Je vois avec plaisir que vous êtes satisfait de la tenue de l'escadre. J'ai recommandé au contre-amiral Missiessy de s'attacher à vous. De votre côté, oubliez d'anciennes préventions qui tiennent à des époques qui ne peuvent plus se renouveler. S'il vous donne lieu d'être satisfait de ses services, je les reconnaîtrai de plus d'une manière. Je vous recommande de ne point souffrir de freluquets dans vos états-majors et surtout à bord de votre vaisseau amiral. Environnez-vous d'hommes de talent et de main, qui aient beaucoup navigué et qui ne s'imaginent point être marins parce qu'ils sont depuis longtemps dans le corps de la marine, quoiqu'ils aient passé tout leur temps à terre. L'âme de toutes les armées, et surtout des armées navales, c'est le franc attachement de toutes les parties au chef. Ne souffrez aucune espèce d'intrigues, et ne doutez pas de la confiance que j'ai en vous.

NAPOLÉON.

Comm. par Mme la comtesse Gantcaume.
(En minute aux Arch. de l'Emp.)

7819. — AU CONTRE-AMIRAL MISSIESSY.

Saint-Cloud, 4 messidor an XII (23 juin 1804).

Monsieur le Contre-Amiral Missiessy, j'ai reçu votre lettre du 19 prairial. J'ai eu lieu d'être satisfait de vos services au Havre. Je jugerai du désir que vous avez de m'être agréable par la conduite que vous tiendrez avec le nouveau commandant de l'escadre de Brest, qui a toute ma confiance. Vous avez des talents : vous serez bientôt à même d'en donner des preuves ; mais cela ne peut avoir lieu qu'en vous réunissant de cœur à votre général. Je ne perdrai point de vue, aux premières circonstances, de vous donner des preuves d'estime et du cas tout particulier que je fais de vous.

NAPOLÉON.

Archives de l'Empire.

7820. — AU VICE-AMIRAL DECRÈS.

Saint-Cloud, 5 messidor an XII (24 juin 1804).

Monsieur Decrès, Ministre de la marine, faites connaître à l'amiral Bruix que je désire,

1° Qu'il y ait à Étaples une division de chaloupes canonnières, c'est-à-dire 18, et deux divisions complètes de bateaux canonniers, c'est-à-dire 72, ainsi qu'une division de péniches, c'est-à-dire 36 ; donnez ordre à Daugier de faire entrer à Étaples le nombre de chaloupes nécessaire pour compléter la division ; je crois que dans ce moment il y en a déjà six à Étaples ;

2° De faire partir de Boulogne une division de péniches, en y comprenant les 4 ou 5 qui y sont déjà, vu que les péniches qui sortiront du Havre, qui appartiennent à la Garde, doivent être réunies à Boulogne ;

3° De compléter la division de bateaux canonniers qui est à Étaples, si elle ne l'est pas ; d'ailleurs, le capitaine Daugier, en passant devant Étaples, y laissera jusqu'à la concurrence de 36 bateaux, ce qui fera la seconde division.

NAPOLÉON.

Archives de l'Empire.

7821. — NOTE POUR LE GRAND JUGE.

La Malmaison, 6 messidor an XII (25 juin 1804).

Il est convenable que cette nuit tous les individus qui sont condamnés à être détenus, par résultat du procès, partent pour leurs différentes prisons. Il faut envoyer aujourd'hui au *Moniteur* une note sur la manière dont les lettres de grâce ont été lues au tribunal, et y joindre les discours du président et autres, s'il en a été fait. Cette note devrait être renvoyée, ce soir, au journal, pour ne plus entendre parler de cette affaire.

A-t-on fait donner l'ordre à l'architecte Spin de s'éloigner de Paris? Cela me paraît convenable, et, dans ce cas, qu'on le fasse partir dès demain. Il faut veiller à ce qu'aucun des individus compromis dans la conspiration et ayant logé les brigands ne reste à Paris, et les mettre sous la surveillance de la gendarmerie à quarante lieues de Paris et des côtes. Il faut faire partir cette nuit Léridan, la fille Hizay et les autres personnes condamnées à deux ans de prison. On peut laisser Rolland à Paris, à l'Abbaye, cet individu n'ayant point eu de relations avec les fauteurs de la guerre civile et n'étant mêlé dans cette affaire que par ses rapports avec Pichegru, qui n'existe plus.

NAPOLÉON.

Archives de l'Empire.

7822. — AU CONTRE-AMIRAL VER HUELL,
COMMANDANT LA FLOTTILLE BATAVE.

La Malmaison, 6 messidor an XII (25 juin 1804).

J'ai reçu votre lettre du....... J'approuve que vous fassiez passer les transports par les canaux de l'intérieur, et même les bateaux canonniers. Mais il faut prendre des mesures pour que la Hollande vous fournisse des matelots ; il est impossible de s'en procurer en France ; et des bateaux sans matelots ne seraient d'aucune utilité. Il faut prendre des mesures le plus promptement possible, car le temps approche où nous pourrons commencer sérieusement à agir.

NAPOLÉON.

Archives de l'Empire.

7823. — AU VICE-AMIRAL DECRÈS.

La Malmaison, 6 messidor an XII (25 juin 1804).

Monsieur Decrès, Ministre de la marine, donnez ordre que les corvettes canonnières impériales partent de Saint-Malo et du Havre, prennent un armement provisoire de pièces de 12 ou autres, et se rendent à Boulogne, où elles trouveront des pièces de 24 légères pour leur armement; elles porteront leurs affûts. Le conseiller Forfait, au Havre, dit qu'il restera 150 bâtiments après le départ de la grande division du capitaine Daugier. Je désirerais qu'il fît partir de suite la division du capitaine de frégate Lecolier, qui doit être complète en équipages, puisqu'elle n'est au Havre qu'en relâche; et qu'il fît partir aussi de suite toutes les caïques; je désire les trouver à Boulogne à mon arrivée.

Il me semble que j'ai déjà fait dire que, s'il n'y avait pas de pièces, on les armerait à Boulogne.

Je vois qu'il y a à Dunkerque des chaloupes canonnières et des bateaux canonniers. Donnez ordre que ces bâtiments se rendent à Boulogne, et que les transports d'Ostende et de Dunkerque partent pour Calais.

NAPOLÉON.

Archives de l'Empire.

7824. — AU MARÉCHAL DAVOUT, COMMANDANT LE CAMP DE BRUGES.

Saint-Cloud, 7 messidor an XII (26 juin 1804).

Mon Cousin, je vois par votre note du 9 prairial que vous ne pensez pas pouvoir fournir des garnisons sur toute la flottille batave, si vous en fournissez aux corvettes de pêche. Je désire donc que vous ne conserviez sur les 81 corvettes de pêche que 10 hommes par bâtiment, que vous ferez fournir par une brigade de la division qui est à Dunkerque, et que vous vous serviez d'une autre brigade pour fournir des garnisons à la première moitié de la troisième partie de la flottille batave. Lorsque je saurai que celle-ci est prête à partir, j'enverrai des ordres ultérieurs pour pourvoir à ses garnisons. Vous voudrez donc bien faire partir de Dunkerque des détachements pour 25 chaloupes ou bateaux canonniers. Lorsque ceux-ci seront prêts, vous en ferez partir pour les 25 autres. L'air de Flessingue est très-malsain ; je désire donc qu'il y ait le moins de garnison française possible.

NAPOLÉON.

Comm. par Mme la maréchale princesse d'Eckmühl.
(En minute aux Arch. de l'Emp.)

7825. — DÉCISION.

Saint-Cloud, 8 messidor an XII (27 juin 1804).

Le ministre du trésor public fait un rapport sur les inconvénients qui résulteraient de l'usage d'accorder aux mêmes individus des pensions à des titres différents, sur diverses caisses, comme sur les fonds des ministères, sur les invalides de la marine et sur les fonds du trésor public. Il propose d'établir qu'à l'avenir l'impétrant justifiera qu'il n'a ni traitement, ni autre pension.

Il ne sera fait aucun rapport en demande de pension, tant sur la caisse des invalides que sur toute autre caisse, qu'à la charge, par les pétitionnaires, de justifier, par un certificat du directeur des pensions, qu'ils ne jouissent d'aucune autre pension sur le trésor, sans préjudice des autres dispositions relatives aux pensions.

NAPOLÉON.

Archives de l'Empire.

7826. — A M. LACÉPÈDE.

La Malmaison, 12 messidor an XII (1er juillet 1804).

Monsieur Lacépède, Grand Chancelier de la Légion d'honneur, plusieurs officiers de la Garde me présentent le serment qui leur est présenté par la Légion d'honneur. Il me paraîtrait convenable de mettre dans le serment, au lieu du *Gouvernement, l'Empereur,* changement qui, en réalité, n'en est pas un, puisque dans le Gouvernement l'Empereur se trouve compris, mais que les circonstances qui ont eu lieu depuis le serment de la Légion d'honneur rendent nécessaire. Je vous prie donc de m'envoyer une formule de serment, en y faisant entrer *l'Empereur.*

NAPOLÉON.

Archives de l'Empire.

7827. — A M. BARBÉ-MARBOIS.

La Malmaison, 12 messidor an XII (1er juillet 1804).

Je vous prie de remettre à M. Estève, mon trésorier, ce qui revient à la liste civile. Vous pouvez également lui remettre ce qui revient aux deux princes. Quant aux grands dignitaires, il me paraît convenable de porter leur traitement chacun sur le budget de leur département, savoir : le grand électeur, sur le ministère de l'intérieur ; l'archichancelier, sur celui du grand juge ; l'architrésorier, sur celui des finances, et le connétable, sur celui de la guerre. Il me semble qu'il suffira d'un simple ordre du ministre du trésor public pour les faire payer ; lequel fera porter leur traitement dans les différents départements, afin que cela ne fasse point chapitre à part du budget. Tout ceci d'ailleurs se régularisera mieux. En attendant, je ne désire pas que le trésorier de la liste civile soit chargé de payer les grands dignitaires.

NAPOLÉON.

Archives de l'Empire.

7828. — A M. TALLEYRAND.

La Malmaison, 12 messidor an XII (1er juillet 1804).

Monsieur Talleyrand, Ministre des relations extérieures, je désire que vous écriviez à M. Semonville de faire de nouvelles instances pour que la troisième partie de la flottille batave et les transports qui y sont attachés soient garnis le plus tôt possible de leurs matelots.

Vous trouverez ci-joint une note du cardinal Consalvi et des réflexions de M. Portalis. Il est ridicule que l'administrateur général de Parme dérange toute l'administration de ce pays. Faites-lui connaître que mon intention n'est pas qu'il se rétracte, mais qu'il emploie tous les adoucissements. Il est maladroit de chercher à nous susciter dans ce moment des tracasseries avec la cour de Rome. Ces objets d'ailleurs sont assez importants pour qu'il ne fasse rien sans mon ordre.

NAPOLÉON.

Archives des affaires étrangères.
(En minute aux Arch. de l'Emp.)

7829. — AU MARÉCHAL BERTHIER.

La Malmaison, 12 messidor an XII (1er juillet 1804).

Mon Cousin, la marine a besoin de 1,600 hommes pour renforcer la garnison de l'escadre de Toulon. Donnez ordre que les deux bataillons d'élite des 2e et 23e régiments de ligne soient mis à la disposition du vice-amiral Latouche, et que le supplément qui sera nécessaire pour arriver à ces 1,600 hommes soit fourni par le 2e régiment de ligne, indépendamment de ce que ce régiment a déjà à bord. Le vice-amiral Latouche ne prendra que les officiers dont il aura besoin ; les autres officiers resteront avec les autres bataillons.

Cet ordre devra être exécuté dans les vingt-quatre heures de sa réception.

A Brest, la marine a besoin de 3,000 hommes. Donnez ordre que 1,500 hommes du 24ᵉ de ligne et 1,500 hommes du 37ᵉ soient mis à la disposition du général Ganteaume, et embarqués vingt-quatre heures après la réception de votre ordre. L'amiral Ganteaume n'embarquera que le nombre d'officiers qu'il jugera nécessaire ; les autres resteront aux autres bataillons.

NAPOLÉON.

Archives de l'Empire.

7830. — AU VICE-AMIRAL DECRÈS.

La Malmaison, 12 messidor an XII (1ᵉʳ juillet 1804).

J'ordonne au ministre du trésor public d'envoyer un million à Boulogne. Faites-lui verser demain les 500,000 francs provenant de la caisse de la marine. Je désire avoir les comptes de la marine pendant les trois premiers trimestres, par chapitres. Ces dépenses me paraissent bien fortes et pas en proportion avec nos travaux.

NAPOLÉON.

Archives de l'Empire.

7831. — AU MARÉCHAL BERTHIER.

La Malmaison, 13 messidor an XII (2 juillet 1804).

Mon Cousin, on m'instruit que les batteries des îles d'Hyères sont en mauvais état ; qu'il n'y a pas de garnison, et qu'elles éprouvent une pénurie de vivres telle que, si l'ennemi s'obstinait à rester dix jours dans la rade, elles seraient obligées de se rendre à discrétion. Si cet état de choses est vrai, je ne puis que vous en témoigner mon extrême mécontentement. Faites-moi un rapport sur cet objet, qui tient de si près à la sûreté de nos côtes et intéresse la responsabilité de votre ministère. Ces îles doivent être approvisionnées pour six mois, avoir une garnison de 5 à 600 hommes tout compris, des compagnies de canonniers garde-côtes et des batteries suffisantes et en bon état, commandées par un officier supérieur actif et capable de faire une bonne défense.

Faites-moi connaître de quelle manière sert le général Cervoni. Il paraît qu'il ne sort pas de Marseille ; il devrait être sans cesse sur la côte.

Donnez donc l'ordre que le bataillon du 23ᵉ de ligne, qui est à Avignon, rentre à Marseille, afin de se trouver plus à portée des côtes.

Donnez ordre que trois escadrons du 19ᵉ de chasseurs, forts chacun de 120 hommes, se rendent à Hyères, et chargez le général Guillot spécialement de l'inspection des côtes depuis les batteries du cap Brun de Toulon jusqu'au Var. Il placera un de ces escadrons à Hyères, le second à Saint-Tropez, et le troisième à Fréjus ; et il établira des compagnies dans les points intermédiaires, de manière qu'à la moindre alerte elles se portent avec la plus grande rapidité aux lieux où se présenterait l'ennemi.

Vous donnerez à ces régiments des instructions semblables à celles des régiments de la côte, et ils seront traités de même ; ils doivent faire la manœuvre du canon et se porter aux batteries pour renforcer les garde-côtes. Vous écrirez aux colonels de ces régiments qu'ils tiendront la même conduite que les régiments qui font le service des côtes de l'Océan, et j'espère apprendre bientôt qu'ils manœuvrent le canon aussi bien qu'ils montent à cheval. Le général Guillot devra être tous les jours à cheval, à inspecter les batteries, à exercer les hussards, les chasseurs et les canonniers garde-côtes. Il aura, à cet effet, un officier d'artillerie fourni par la direction. Chargez le général Laval de l'inspection des côtes, depuis les frontières d'Espagne jusqu'au Rhône, et mettez sous ses ordres le 25ᵉ régiment de chasseurs, qui est à Tarbes. Vous lui donnerez les mêmes instructions. Vous chargerez les deux généraux inspecteurs de vous faire un rapport journalier de ce que fait l'ennemi sur la côte, et de ce qui vient à leur connaissance.

NAPOLÉON.

Archives de l'Empire.

7832. — AU VICE-AMIRAL LATOUCHE-TRÉVILLE,
COMMANDANT L'ESCADRE DE LA MÉDITERRANÉE.

La Malmaison, 13 messidor an XII (2 juillet 1804).

Monsieur Latouche-Tréville, Vice-Amiral, le ministre de la guerre donne ordre à deux bataillons d'élite des 2ᵉ et 23ᵉ régiments de ligne de s'embarquer sur votre escadre ; le 2ᵉ régiment de ligne complétera ce qui sera nécessaire pour faire le nombre de 1,600 hommes dont vous avez besoin. Si l'ordre du ministre de la guerre n'est pas arrivé, vous pouvez vous concerter avec le commandant de Toulon pour que tout soit mis à votre disposition. J'imagine qu'au moment où vous recevrez ma lettre, vous aurez 10 vaisseaux en rade. Les matelots ne peuvent sérieusement vous arrêter ; en désarmant les corvettes et pressant le port de Marseille, vous ne devez pas en manquer.

Avec les 1,600 hommes, d'ailleurs, que la guerre vous fournit, vos vaisseaux se trouvent armés.

Il doit y avoir à Toulon des obus. Exercez vos équipages à en tirer avec des pièces de 36, en n'en faisant usage que lorsqu'on sera à 2 ou 300 toises. Il n'y a point de bonnes raisons qui empêchent de s'en servir, et quelques obus feront dans le corps d'un bâtiment de plus grands ravages que des boulets. Veillez à ce qu'ils soient chargés de roche à feu.

J'ai été fort aise de voir qu'en peu de moments votre escadre avait été à la voile; mais j'ai vu avec peine que vous étiez sorti avec un vaisseau de moins. Par le retour de mon courrier, faites-moi connaître le jour où il vous sera possible, abstraction faite du temps, de lever l'ancre. Faites-moi aussi connaître ce que fait l'ennemi, où se tient Nelson. Méditez sur la grande entreprise que vous allez exécuter, et, avant que je signe vos ordres définitifs, faites-moi connaître la manière que vous pensez la plus avantageuse de les exécuter.

Je vous ai nommé grand officier de l'Empire, inspecteur des côtes de la Méditerranée; mais je désire beaucoup que l'opération que vous allez entreprendre me mette à même de vous élever à un tel degré de considération et d'honneurs que vous n'ayez plus rien à désirer.

L'escadre de Rochefort, composée de 5 vaisseaux, dont un à trois ponts, et de 4 frégates, est prête à lever l'ancre; elle n'a devant elle que 5 vaisseaux ennemis.

L'escadre de Brest est de 21 vaisseaux; ces vaisseaux viennent de lever l'ancre pour harceler l'ennemi et l'obliger à avoir là un grand nombre de vaisseaux. Les ennemis tiennent aussi 6 vaisseaux devant le Texel, et y bloquent l'escadre hollandaise, forte de 3 vaisseaux, de 4 frégates, et d'un convoi de 30 bâtiments, où le général Marmont a son armée embarquée.

Entre Étaples, Boulogne, Wimereux et Ambleteuse, deux nouveaux ports que j'ai fait construire, nous avons 1,800 chaloupes canonnières, bateaux canonniers, péniches, etc., portant 120,000 hommes et 10,000 chevaux. Que nous soyons maîtres du détroit six heures, et nous serons maîtres du monde!

Les ennemis ont devant Boulogne, devant Ostende et aux Dunes, 2 vaisseaux de 74, 3 de 64, et 2 ou 3 de 50. Jusqu'ici l'amiral Cornwallis n'a eu que 15 vaisseaux; mais toutes les réserves de Plymouth et de Portsmouth sont venues le renforcer devant Brest.

Les ennemis tiennent aussi à Cork, en Irlande, 4 ou 5 vaisseaux de guerre; je ne parle pas de frégates et de petits bâtiments, dont ils ont une grande quantité. Si vous trompez Nelson, il ira en Sicile, ou en Égypte, ou au Ferrol. Je ne pense donc pas qu'il faille se présenter devant le Ferrol; des 5 vaisseaux qui sont dans ce port, 4 seulement sont prêts; le cinquième le sera cependant en fructidor; mais je pense que le Ferrol est trop indiqué, et il est si naturel que l'on suppose, si votre escadre sort de la Méditerranée dans l'Océan, qu'elle est destinée à débloquer le Ferrol! Il paraîtrait donc meilleur de passer très au large, d'arriver devant Rochefort, ce qui vous ferait une escadre de 16 vaisseaux et de 11 frégates, et alors, sans mouiller, sans perdre un seul instant, soit en doublant l'Irlande très au large, soit en exécutant le premier projet, arriver devant Boulogne. Notre escadre de Brest, forte de 23 vaisseaux, aura à son bord une armée et sera tous les jours à la voile, de manière que Cornwallis sera obligé de serrer la côte de Bretagne pour tâcher de s'opposer à sa sortie. Du reste, pour fixer mes idées sur cette opération qui a des chances, mais dont la réussite offre des résultats si immenses, j'attends le projet que vous m'avez annoncé, et que vous m'enverrez par le retour de mon courrier. Il faut embarquer le plus de vivres possible, afin que dans aucune circonstance vous ne soyez gêné par rien.

A la fin du mois on va lancer un nouveau vaisseau à Rochefort et un à Lorient; il serait possible qu'ils fussent prêts; celui de Rochefort n'offre lieu à aucune question; mais si celui de Lorient était en rade et n'eût pas eu la facilité de se rendre avant votre apparition devant l'île d'Aix, je désire savoir si vous pensez que vous dussiez faire route pour le joindre. Toutefois, je pense qu'en sortant par un bon mistral il est préférable à tout de faire l'opération avant l'hiver; car, dans la mauvaise saison, il serait possible que vous eussiez plus de chances pour arriver; mais il se pourrait qu'il y eût plusieurs jours tels qu'on ne pût profiter de votre arrivée. En supposant que vous pussiez partir avant le 10 thermidor, il est probable que vous n'arriverez devant Boulogne que dans le courant de septembre, moment où les nuits sont déjà raisonnablement longues et où les temps ne sont pas longtemps mauvais.

NAPOLÉON.

Comm. par Mme la duchesse Decrès.
(En minute aux Arch. de l'Emp.)

7833. — AU VICE-AMIRAL DECRÈS.

La Malmaison, 13 messidor an XII (2 juillet 1804).

J'approuve les dispositions que vous prenez pour Brest. Il y a encore possibilité de lever des matelots; ordonnez une presse générale. Il faut envoyer aux hôpitaux les 400 matelots qu'on veut réformer ; on les soumettra à la visite dans le port. L'escadre ne veut point d'hommes faibles ; mais ces hommes peuvent se rétablir en cinq ou six mois de temps et devenir de bons marins.

Je suis fort surpris de l'état des îles d'Hyères, surtout de ce qu'elles ne sont point approvisionnées. Il doit toujours y avoir trois mois de vivres. J'en ai témoigné mon mécontentement au ministre de la guerre. Ordonnez qu'on y envoie des vivres du port de Toulon. Il est impossible qu'il n'y ait pas à ces îles au moins 500 hommes et trois mois de vivres ; et certainement les Anglais ne pourraient les attaquer qu'en débarquant 1,500 hommes, dont ils perdraient infailliblement 500. Et comment penser qu'avec 8 vaisseaux ils puissent débarquer 1,500 hommes, et devant un port d'où peuvent sortir d'un moment à l'autre 11 vaisseaux ? Il n'y a rien à craindre, à moins qu'il n'arrive de Malte un convoi de débarquement ; mais ils n'ont pas à Malte le monde suffisant. Et à quoi leur serviraient des îles où il y a peu d'eau et qui gêneraient les mouvements de leur escadre ?

NAPOLÉON.

Archives de l'Empire.

7834. — AU VICE-AMIRAL DECRÈS.

La Malmaison, 13 messidor an XII (2 juillet 1804).

L'ennemi a eu des frégates, pendant presque toute la guerre passée et celle-ci, dans la baie de Douarnenez ; cependant, de la pointe de la Chèvre à l'anse du château de Beuzec, il n'y a que 4,800 toises. Si l'on établissait dans ces deux points deux batteries, chacune de quatre pièces de 36, avec des affûts propres à tirer sur l'angle de 45 degrés, les boulets ne se croiseraient pas, mais ne laisseraient qu'un intervalle de 200 toises ; car une pièce de 36, sur l'angle de 45 degrés, porterait un obus ou un boulet à 2,300 toises ; lors donc que l'ennemi, que les courants doivent nécessairement approcher d'un côté ou de l'autre, aurait le risque d'être canonné, il est probable qu'il ne s'y présenterait plus.

On mettrait également à chacune de ces batteries deux mortiers à plaque, qui portent la bombe à 2,100 toises ; l'on y mettrait aussi deux pièces de 36 sur affût ordinaire, pour tirer à boulet rouge en cas que l'ennemi approchât.

Il faudrait aussi établir un mortier à plaque, avec deux pièces de 36 à 45 degrés, sur la pointe de Carrec-Guen et la pointe de Saint-Sébastien, ce qui rétrécirait encore beaucoup l'endroit où l'ennemi pourrait mouiller.

Comme ces points sont désignés par le seul aspect de la carte, l'ingénieur trouverait les points les plus propres à inquiéter l'ennemi.

Je prie le ministre de la marine de me faire connaître son opinion sur ce projet, et de me faire connaître sur les meilleures cartes la distance exacte de l'entrée de la baie de Douarnenez.

Il faudrait aussi avoir à Audierne douze ou quinze chaloupes canonnières pour menacer une frégate qui serait prise par le calme; et, dès l'instant que l'ennemi se serait aperçu qu'il y a des moyens défensifs, il cesserait de se tenir dans cette baie et d'interrompre nos communications. Il y a à Brest d'anciens mortiers de galiote qui doivent porter à 2,300 toises; il faudrait les faire essayer, et désigner pour cet endroit ceux qui ont le plus de portée.

NAPOLÉON.

Archives de l'Empire.

7835. — A M. DAUGIER, COMMANDANT DES MARINS DE LA GARDE.

La Malmaison, 13 messidor an XII (2 juillet 1804).

Monsieur Daugier, Capitaine de vaisseau, je désire que, par le retour de mon courrier, vous me fassiez connaître le nombre de bâtiments anglais qui sont en croisière devant le Havre, et, s'il vous est possible, le nom de chaque bâtiment. Par les états que je reçois d'Angleterre, il me paraîtrait qu'il n'y a que 3 frégates et 5 à 6 petits bâtiments. Si cela était, et que vous eussiez, comme je le suppose, 5 prames portant soixante canons de 24, 75 chaloupes canonnières portant chacune trois canons de 24 en belle, 37 bateaux canonniers ayant chacun une pièce de 18 et de 24, et une quarantaine de péniches armées d'obusiers de 6 pouces et d'une pièce de 4, cela vous ferait plus de quatre cents pièces de canon de 18 et de 24. Les Anglais, en ayant 3 ou 4 frégates, ne pourraient avoir plus de deux ou trois cents pièces de 18. Dans ce cas, n'y aurait-il pas moyen de les attaquer, de les enlever à l'abordage ou de les faire fuir, et de se rendre triomphant le long de la côte jusqu'à Boulogne?

Par tous les rapports que je reçois, il n'y a pas un combat de canonnières avec des frégates, que celles-ci ne soient obligées de retourner en Angleterre et de rentrer dans le bassin. Faites-moi connaître le nombre de bâtiments de toute espèce qui pourront prendre part à cette attaque, le nombre de pièces de 24 armées en belle, si vos canonnières sont armées d'obusiers de 8 pouces.

Par les derniers états que vous m'envoyez, vous ne devriez avoir que 60 chaloupes canonnières; mais depuis il doit en être arrivé une quinzaine de Cherbourg.

Dans tous les combats qui ont eu lieu, beaucoup de marins anglais très-instruits pensent que nous pourrions leur faire plus de mal avec plus d'audace, en saisissant le moment opportun. Des prames et chaloupes canonnières, ayant autant de monde qu'on voudrait, allant choquer contre une frégate, ou la couleraient bas, ou pourraient la prendre à l'abordage. Il doit y avoir, indépendamment de ces 75 chaloupes, d'autres chaloupes au Havre, et il doit y avoir 4 à 500 matelots. Il ne serait donc pas impossible de porter votre nombre de chaloupes canonnières à 80.

Faites-moi connaître si les caïques sont encore au Havre.

J'imagine que vous avez le nombre de grappins, cordages et autres objets nécessaires pour un abordage. Répondez-moi sur-le-champ par votre courrier, et faites-moi connaître l'état de votre armement et ce qui reste au port.

Faites-moi connaître le nombre de vos garnisons, de quel régiment elles sont, et les bâtiments qui sont arrivés.

NAPOLÉON.

Archives de l'Empire.

7836. — A M. LEZAY.

La Malmaison, 14 messidor an XII (3 juillet 1804).

Monsieur Lezay, mon Ministre à Salzburg, j'estime M. Manfredini. Je me souviens toujours avec intérêt des différentes négociations dont il a été chargé près de moi. Je crois, dans le temps, avoir fait ce qui pouvait dépendre de moi pour le faire sortir de l'exil où la calomnie de ses ennemis l'avait fait reléguer. Je regarderai toujours comme une chose satisfaisante pour mon cœur d'être utile à Son Altesse Royale, et je me plais à dire que, si la politique m'a fait confirmer la perte de la Toscane, dont elle a été dépouillée à mon retour en Europe, elle n'eût jamais été assez puissante pour me faire commettre envers lui une spoliation que je crois injuste. Toutes les circonstances qui s'accorderont avec cette politique me seront toujours agréables. Vous pouvez donner à l'un et à l'autre ces assurances.

NAPOLÉON.

Archives de l'Empire.

7837. — AU MARÉCHAL BERTHIER.

La Malmaison, 14 messidor an XII (3 juillet 1804).

Mon Cousin, le général Morand dans l'île de Corse divise trop ses troupes, de manière qu'elles ne peuvent s'occuper de leur instruction.

Donnez-lui l'ordre de réunir à Bastia les 3e et 4e bataillons du 20e régiment, afin de veiller à leur instruction, pendant les mois de vendémiaire, brumaire et frimaire ; de leur faire faire l'exercice à feu au moins dix fois pendant ces trois mois, et de tenir les deux premiers bataillons du 23e d'infanterie légère tout entiers réunis à Ajaccio, et le 3e à Calvi, pendant au moins les trois mois de l'automne, afin que les soldats puissent s'exercer à toutes les manœuvres par bataillon et par régiment. Donnez-lui l'ordre de faire fournir, pendant ces trois mois, par le bataillon suisse, des détachements à Bonifacio, Calvi, Corté, Vivario, et à l'île Rousse. Ces trois mois expirés, le 20e fournira des garnisons à ces places, et le bataillon suisse se réunira pour son instruction. Je désire surtout qu'on veille à l'instruction du 23e d'infanterie légère, qui, étant depuis six ans en Corse, a perdu l'habitude de manœuvrer par bataillon.

Donnez ordre au général commandant à l'île d'Elbe de faire passer en France la compagnie franche du Golo, pour faire partie du camp de Boulogne. Demandez-lui de procurer, s'il est possible, une trentaine de conscrits de l'île d'Elbe.

Recommandez au général Morand de faire exercer au maniement des armes les cinq bataillons de l'infanterie corse.

NAPOLÉON.

Archives de l'Empire.

7838. — AU MARÉCHAL DAVOUT, COMMANDANT LE CAMP DE BRUGES.

La Malmaison, 14 messidor an XII (3 juillet 1804).

Mon Cousin, je reçois vos lettres du 4 messidor. Le courrier qui vous porte cette lettre porte à la Haye des sollicitations pressantes pour faire fournir les 6 à 700 matelots qui sont nécessaires pour armer la troisième partie de la flottille batave. Le vice-amiral Ver Huell pourra écrire par la même occasion. J'ai à cœur, lors de mon arrivée à Ostende, d'avoir cette troisième partie en état, afin de voir manœuvrer toute l'aile droite de la flottille.

Je crois vous avoir fait connaître mon intention sur les corvettes de pêche.

Témoignez ma satisfaction au général Sorbier et aux garnisons du 48e régiment. Dans les différentes relations des engagements, on marque, le plus qu'on peut, la part que l'artillerie de terre peut avoir aux différents succès.

NAPOLÉON.

Comm. par Mme la maréchale princesse d'Eckmühl.

7839. — AU GÉNÉRAL MARMONT, COMMANDANT LE CAMP D'UTRECHT.

La Malmaison, 14 messidor an XII (3 juillet 1804).

Monsieur le Général Marmont, les chaloupes construites à Strasbourg, Liége, Mézières, et qui sont descendues en Hollande, doivent être armées. Faites-moi connaître leur nombre, leurs numéros et la situation où elles se trouvent. Le ministre de la marine avait chargé le capitaine de la frégate qui est à Helvoet-Sluys de pourvoir à l'armement de ces bâtiments; voyez pourquoi cela n'a pas été fait, et, par le retour du courrier que je vous expédie, faites-moi connaître le nombre des chaloupes qui sont prêtes à partir pour les ports de la réunion. Je désire connaître aussi la situation de la marine batave. Ne pourrait-elle pas augmenter d'un ou de deux vaisseaux la flotte du Texel? Faites-moi connaître le temps positivement où vous serez prêt et le nombre de troupes et de chevaux sous vos ordres. Si cela était nécessaire pour vous compléter, vous pourrez prendre le 50ᵉ régiment. Il serait cependant nécessaire de le laisser à Berg-op-Zoom, afin qu'il puisse se porter rapidement au secours de la Zélande, si le cas arrivait.

NAPOLÉON.

Comm. par M. Lefebvre, libraire.
(En minute aux Arch. de l'Emp.)

7840. — AU VICE-AMIRAL BRUIX,
COMMANDANT LA FLOTTILLE DE BOULOGNE.

La Malmaison, 14 messidor an XII (3 juillet 1804).

Monsieur l'Amiral Bruix, je vous envoie trois états. Je désire, avant de les arrêter, avoir votre opinion sur ce travail.

La flottille se compose de plus de 1,800 bâtiments, dont plus de 700 se réunissent à Boulogne, 290 à Étaples, 340 à Wimereux et 437 à Ambleteuse. Je n'y ai pas compris les 20 prames qui doivent être placées dans celui des ports qui sera le plus avantageux et dont la sortie offre le moins d'inconvénients. Vous y verrez qu'on laisse 75 écuries à Calais, soit parce qu'on y mettra les bâtiments tirant le plus d'eau, soit pour donner de l'inquiétude aux Anglais, et aussi pour soulager d'autant nos quatre principaux ports. On en place le moins possible à Étaples, parce que ce port paraît le plus hors de main. J'espère que 340 bâtiments ne vous paraîtront pas trop considérables pour Wimereux, en considérant qu'il y a 144 péniches.

La gauche, qui part d'Étaples, se composerait de deux parties, chacune portant huit bataillons. La première serait composée de deux divisions de chaloupes canonnières et de deux divisions de péniches; on met ensemble les deux divisions de péniches, parce que cette division paraît propre à forcer le débarquement; et 72 péniches pouvant porter 3,600 hommes formeraient une avant-garde de grenadiers formidable pour enlever une batterie et s'établir à terre; ce qui n'empêchera pas le contre-amiral commandant l'aile gauche de se servir d'une section de ces péniches ou chaloupes canonnières pour protéger l'arrière-garde ou les flancs, ou de faire tout autre dispositif quelconque au moment du départ.

On a divisé le centre, à Boulogne, en cinq parties, chacune d'un nombre de bâtiments tel qu'ils portent dix bataillons, ce qui est l'organisation actuelle des divisions de terre. On a composé les deux premières parties de chaloupes et de péniches, par la même raison qu'on l'a fait pour Étaples, et l'on s'est servi des deux autres divisions qui restaient pour compléter deux autres parties. La cinquième partie porterait seule douze bataillons, ce qui est conforme aux arrangements de l'armée de terre. Ainsi, les première et deuxième parties pourraient être affectées aux divisions Vandamme et Saint-Hilaire, les troisième et quatrième parties aux divisions Suchet et Legrand, et la cinquième partie aux deux divisions de dragons des camps de Compiègne et d'Amiens.

La réserve, à Wimereux, est composée de deux divisions de chaloupes canonnières et de quatre divisions de péniches portant douze bataillons. Elle formerait l'avant-garde de tout le centre de Boulogne. Les compagnies d'élite des grenadiers s'embarqueraient à leur bord, et ces divisions seraient destinées à s'emparer des batteries défendant le point de débarquement.

L'aile droite serait, à Ambleteuse, composée de la division batave. Elle se trouve organisée aujourd'hui comme elle est là, en conséquence des ordres que j'ai donnés. J'ai pensé qu'il n'y avait pas d'inconvénient à la laisser ainsi. Une division de péniches françaises qui, selon les circonstances, pourrait être augmentée d'une portion de la réserve de Wimereux, lui servirait d'avant-garde. Quant au moment où vous pourrez être en mesure de composer ainsi votre flottille, il ne doit pas être éloigné. Vous devez avoir à Boulogne 2 prames, 105 chaloupes canonnières, 280 bateaux canonniers et 234 péniches; 6 prames, 75 chaloupes canonnières, 31 bateaux canonniers et 36 péniches sont sur le point de partir du Havre; et, jointe à ce qui se trouve à Cherbourg, à Calais et à Dunkerque, dont la réunion peut être supposée imminente, votre flottille serait composée de 18 prames, 226 chaloupes canonnières, 348 bateaux canonniers et 337 péniches.

Toute l'aile droite des Bataves doit être considérée comme réunie et prête à Ostende. Indépendamment du nombre ci-dessus, j'ai 57 chaloupes canonnières, 69 bateaux canonniers et 88 péniches en marche, depuis la Loire jusqu'à Cherbourg ; et si l'on veut supposer que ces chaloupes arrivent avant le moment de l'opération, on aurait 283 chaloupes canonnières, 417 bateaux canonniers et 425 péniches ; et vous verrez qu'il n'est besoin que de 216 chaloupes canonnières, de 324 bateaux canonniers et de 360 péniches. Si le reste nous arrive, nous mettrons moins de monde sur chaque bâtiment.

Je désire donc que vous me fassiez connaître votre opinion sur ces questions :

1° Le nombre de bâtiments portés dans chaque port peut-il y être contenu ?

2° Ces bâtiments peuvent-ils sortir en deux marées de ces ports ?

3° Enfin serait-il plus avantageux d'augmenter le nombre des bâtiments à Étaples et le diminuer à Boulogne, ou d'augmenter ceux de Calais ?

Vous verrez qu'il n'est pas fait mention des corvettes de pêche, attendant que la troisième partie de la flottille batave soit prête pour prendre un parti, ces bâtiments passant pour être mauvais, ou ne devant m'en servir que comme diversion et épouvantail. Si cependant la troisième partie de la flottille batave n'était pas réunie à l'époque fixée, ces corvettes m'en tiendraient lieu ; ce qui me fait considérer les Bataves comme prêts dès aujourd'hui.

NAPOLÉON.

Archives de l'Empire.

7841.

ANNEXE A LA PIÈCE PRÉCÉDENTE.

ORGANISATION DES FLOTTILLES DE GUERRE ET DE TRANSPORT.

PREMIÈRE PARTIE. — FLOTTILLE DE GUERRE.

L'aile gauche de la flottille qui partira d'Étaples sera divisée en deux parties.

PREMIÈRE PARTIE.

	bâtiments.	bataillons.
2 divisions de chaloupes canonnières faisant.	36 portant	4
2 divisions de péniches	72	4

DEUXIÈME PARTIE.

2 divisions de bateaux canonniers	72	8
Total de l'aile gauche d'Étaples. .	180	16

Le centre de la flottille, à Boulogne, sera divisé en cinq parties.

PREMIÈRE PARTIE.

	bâtiments.	bataillons
3 divisions de chaloupes canonnières faisant.	54 portant	6
2 divisions de péniches.	72	4

DEUXIÈME PARTIE.

3 divisions de chaloupes canonnières faisant.	54	6
2 divisions de péniches.	72	4

TROISIÈME PARTIE.

1 division de chaloupes canonnières faisant.	18	2
2 divisions de bateaux canonniers	72	8

QUATRIÈME PARTIE.

1 division de chaloupes canonnières faisant.	18	2
2 divisions de bateaux canonniers	72	8

CINQUIÈME PARTIE.

3 divisions de bateaux canonniers faisant. .	108	12
Total du centre à Boulogne. . .	540	52

La réserve, qui se réunira à Wimereux, sera composée de

	bâtiments.	bataillons.
2 divisions de chaloupes canonnières faisant.	36 portant	4
4 divisions de péniches.	144	8
Total de la réserve.	180	12

TOTAL DE LA FLOTTILLE FRANÇAISE.

	bâtiments.	bataillons.
12 divisions de chaloupes canonnières faisant.	216 portant	24
9 divisions de bateaux canonniers faisant. .	324	36
10 divisions de péniches faisant.	360	30
31 divisions formant.	900	80

L'aile droite ou la flottille batave, qui partira d'Ambleteuse, sera divisée en trois parties.

PREMIÈRE PARTIE.

	bâtiments.	bataillons.
1 division de chaloupes canonnières faisant.	18 portant	2
2 divisions de bateaux canonniers.	72	8

DEUXIÈME PARTIE.

1 division de chaloupes canonnières faisant.	18	2
2 divisions de bateaux canonniers.	72	8

TROISIÈME PARTIE.

1 division de chaloupes canonnières faisant.	18	2
2 divisions de bateaux canonniers.	72	8
Total de l'aile droite ou de la flottille batave.	270	30

La réserve de la flottille batave sera composée de

1 division de péniches.	36	2
Total général.	306	32

TOTAL GÉNÉRAL DE LA FLOTTILLE, TANT FRANÇAISE QUE BATAVE.

	bâtiments.	bataillons.
1° Étaples.	180 portant	16
2° Boulogne.	540	52
3° Wimereux (réserve).	180	12
4° Flottille batave.	306	32
	1,206	112

DEUXIÈME PARTIE. — FLOTTILLE DE TRANSPORT.

La flottille de transport sera divisée en écuries, bâtiments de transport, bâtiments pour l'artillerie.

ÉTAPLES.

32 écuries portant 500 chevaux de la brigade de cavalerie de Montreuil,
32 écuries portant 500 chevaux d'artillerie,
7 écuries portant 100 chevaux d'état-major,
} se réuniront à Étaples.

Ce qui fera 71 écuries portant 1,100 chevaux.

NOTA. Pour ne point s'embrouiller dans les détails, on a supposé que chaque écurie portait 15 chevaux. Il y aura plus ou moins d'écuries, selon qu'elles porteront plus ou moins de 15 chevaux.

24 bâtiments de transport pour les bagages des bataillons et des états-majors,
15 bâtiments chargés du matériel de l'artillerie,
} se réuniront à Étaples.

110 bâtiments, total des bâtiments de la flottille de transport à Étaples.

BOULOGNE.

32 écuries portant 500 chevaux de la brigade de cavalerie du camp de Saint-Omer,
32 écuries portant 500 chevaux d'artillerie,
15 écuries portant 200 chevaux d'état-major,
} se réuniront à Boulogne.

79 bâtiments.   1,200 chevaux.

75 bâtiments de transport pour les bataillons et l'état-major,
15 bâtiments pour le matériel de l'artillerie,
} se réuniront à Boulogne.

169 bâtiments, total des bâtiments de la flottille de transport à Boulogne.

WIMEREUX.

75 écuries portant 1,000 chevaux de la Garde impériale,
32 écuries portant 500 chevaux de l'artillerie de la Garde impériale,
} se réuniront à Wimereux.

107 bâtiments.   1,500 chevaux.

18 écuries portant les bagages des bataillons et de l'état-major,
15 bâtiments portant le matériel de l'artillerie,
} se réuniront à Wimereux.

140 bâtiments, total des bâtiments de la flottille de transport à Wimereux.

AMBLETEUSE.

32 écuries portant 500 chevaux de la brigade de cavalerie du camp de Bruges,
32 écuries portant 500 chevaux d'artillerie,
7 écuries portant 500 chevaux d'état-major,
} se réuniront à Ambleteuse.

71 bâtiments. 1,500 chevaux.

45 bâtiments portant les bagages des bataillons et de l'état-major,
15 bâtiments portant le matériel de l'artillerie,
} se réuniront à Ambleteuse.

131 bâtiments, total de la flottille de transport à Ambleteuse.

CALAIS.

75 écuries tirant le plus d'eau se réuniront à Calais et porteront 1,000 chevaux de la réserve que commande le général Bourcier.

Tous les deux chevaux qui sont placés sur chaque bateau canonnier seront des chevaux d'artillerie.

Tous les chevaux des prames appartiendront aux régiments de cavalerie de la réserve du général Bourcier.

RÉCAPITULATION.

PORTS.	CHALOUPES CANONNIÈRES.	BATEAUX CANONNIERS.	PÉNICHES.	ÉCURIES.	BATEAUX DE TRANSPORT.	ARTILLERIE	TOTAL PAR PORT.
Étaples....	36	72	72	71	24	15	290
Boulogne...	144	252	144	79	75	15	709
Wimereux..	36	»	144	107	18	15	320
Ambleteuse.	54	216	36	71	45	15	437
Calais... .	»	»	»	75	»	»	75
TOTAL...	270	540	396	403	162	60	1,831

Comm. par Mme la duchesse Decrès.
(En minute aux Arch. de l'Emp.)

7842. — AU CONTRE-AMIRAL DECRÈS.

La Malmaison, 14 messidor an XII (3 juillet 1804).

Monsieur Decrès, Ministre de la marine, je vous envoie le rapport que me fait le colonel Lebrun sur la situation de l'escadre du Ferrol. Il paraît que *le Héros, l'Argonaute, le Fougueux* et *le Duguay-Trouin* seront, dans le courant de thermidor, prêts pour tout entreprendre. Il faudrait leur ordonner de faire six mois de vivres. Il leur manque 1,000 hommes; mais ce sont presque tous des matelots de 4e classe, des canonniers ou soldats. Les noyaux des équipages paraissent très-bons et très-exercés. Vous devez y avoir fait partir 150 canonniers. Au moment de partir, ils prendront les 200 Bataves. J'y ai envoyé 250 hommes d'infanterie; ils vont recevoir 1,000 hommes de Malaga; leurs équipages vont donc se trouver au complet, et, dans le cas que cela serait nécessaire, ils pourraient désarmer le brick *l'Observateur*, et même *la Guerrière*. Mon intention serait de faire partir, pour vendémiaire ou brumaire, ces quatre vaisseaux pour la Martinique et la Guadeloupe. J'y enverrais à cet effet 1,600 hommes d'infanterie.

NAPOLÉON.

Archives de l'Empire.

7843. — AU VICE-AMIRAL GANTEAUME,
COMMANDANT L'ESCADRE DE L'OCÉAN.

La Malmaison, 14 messidor an XII (3 juillet 1804).

Monsieur Ganteaume, Vice-Amiral, je reçois votre lettre du 2 messidor. Il n'y aura possibilité de faire une levée de conscrits pour la marine qu'au mois de vendémiaire prochain; si au préalable les cadres n'étaient pas formés, ils ne tarderaient pas à déserter. J'ai déjà eu l'idée de ce projet, et j'ai ordonné qu'on s'en occupât de nouveau. J'ai donné l'ordre qu'il fût mis à votre disposition un renfort de 3,000 hommes, dont 1,500 du 24e et 1,500 du 37e régiment de ligne. J'espère que, moyennant ces 3,000 hommes et les marins que vous pourrez vous procurer en désarmant les bâtiments de cabotage, vous ne changerez rien à l'équipage de vos vaisseaux. Vous sentez combien il est important que les capitaines connaissent bien leur monde, et que rien ne nuit davantage au service que ces versements d'un vaisseau sur un autre.

NAPOLÉON.

Comm. par Mme la comtesse Ganteaume.
(En minute aux Arch. de l'Emp.)

7844. — A M. REGNIER, GRAND JUGE, MINISTRE DE LA JUSTICE.

La Malmaison, 15 messidor an XII (4 juillet 1804).

L'Empereur a reçu, Monsieur, des réclamations de Son Éminence le cardinal-légat au sujet d'un article par lequel les journaux de Paris et notamment *le Publiciste* ont donné à entendre que le Pape était disposé à résigner le trône de l'Église. Sa Majesté juge convenable que vous chargiez le préfet de police d'interroger le rédacteur du *Publiciste*, en sommant ce journaliste de représenter l'original du papier public ou privé dans lequel il a trouvé la nouvelle qu'il a imprimée. Cet interrogatoire doit ensuite être publié dans *le Publiciste*.

Par ordre de l'Empereur.

Archives de l'Empire.

7845. — A M. REGNIER.

La Malmaison, 16 messidor an XII (5 juillet 1804).

Monsieur Regnier, Grand Juge, Ministre de la justice, je désire que vous fassiez remettre au préfet du palais, Rémusat, 100,000 fr. pour être employés à donner des secours aux différents théâtres.

NAPOLÉON.

M. Rémusat emploiera ainsi cette somme :
    40,000 francs à l'opéra Buffa.
    15,000   à Mademoiselle Raucourt.
    15,000   à Talma.
    30,000   à garder en réserve pour être distribués selon l'autorisation qu'il en recevra.
    _____
    100,000

Archives de l'Empire.

7846. — AU MARÉCHAL BERTHIER.

La Malmaison, 16 messidor an XII (5 juillet 1804).

Mon Cousin, j'approuve les travaux d'Anvers. Il faut commencer par mettre la ligne magistrale en état de défense et dans le cas de supporter des batteries, afin de mettre la place à l'abri d'un coup de main : elle ne le serait pas, si l'on ne relevait la Tête-de-Flandre de manière à pouvoir inonder la portion de la rive gauche opposée au quai de la ville. On entreprendra successivement les travaux que l'inspecteur du génie croit nécessaires. Il faut répartir les travaux de manière que cette place soit en état dans quatre ou cinq campagnes, vu le peu de fonds que nous aurons à y employer.

J'approuve également les travaux d'Ostende. Il faudra y employer plusieurs années.

NAPOLÉON.

Archives de l'Empire.

7847. — A M. LACUÉE.

La Malmaison, 16 messidor an XII (5 juillet 1804).

Monsieur Lacuée, Conseiller d'État, beaucoup de chefs de corps désireraient que l'on donnât le chevron et la haute paye qui y est attachée, sans exiger l'engagement; ils pensent que cela attacherait les vieux soldats à rester aux corps, et autoriserait à ne point leur délivrer leurs congés absolus; que ce qui les porte surtout à ne point s'engager, c'est que cela paraît perdre quelque chose de leurs droits et contraire à leur habitude de quinze ans. Je pense donc qu'un petit projet d'arrêté sur cet objet serait convenable.

NAPOLÉON.

Archives de l'Empire.

7848. — A M. BARBÉ-MARBOIS.

La Malmaison, 17 messidor an XII (6 juillet 1804).

Monsieur Barbé-Marbois, Ministre du trésor public, M. Marescalchi, ministre de la République italienne, vous remettra six bons de 200,000 francs chacun, dont vous ferez recette sous le titre de don volontaire de la République italienne pour la guerre contre l'Angleterre. Cette république doit également donner une somme de 1,000,000 ou 1,500,000 francs en chanvres. Il serait convenable que cette somme fût portée en compte au ministre de la marine, sans quoi il y a à craindre qu'elle ne tourne pas au profit du trésor public.

NAPOLÉON.

Archives de l'Empire.

7849. — A M. TALLEYRAND.

La Malmaison, 17 messidor an XII (6 juillet 1804).

Monsieur Talleyrand, Ministre des relations extérieures, le général Brune désirerait que M. Kieffer retournât à Constantinople; que Franchini eût le titre de premier drogman; que M. Ruffin eût le titre d'interprète conseiller; que les commissaires de la mer Noire continuassent à dépendre de Pétersbourg, mais correspondissent avec Constantinople; enfin que, les drogmans devenant de plus en plus essentiels, il fût envoyé deux jeunes gens, étudiant les langues orientales, passer un an ou deux à Constantinople.

NAPOLÉON.

Archives des affaires étrangères.

7850. — A M. TALLEYRAND.

Saint-Cloud, 17 messidor an XII (6 juillet 1804).

Monsieur Talleyrand, Ministre des relations extérieures, Jaubert, qui arrive de Constantinople, apporte quelques lettres de Champagny que j'ai ouvertes. Vous les trouverez ci-jointes. Il a aussi pour M. de Cobenzl une lettre qu'il lui portera demain, étant extrêmement fatigué aujourd'hui. Le Grand Seigneur m'écrit une lettre d'une douzaine de pages, qui est une espèce de reddition de compte de la situation de son empire.

NAPOLÉON.

Archives des affaires étrangères.
(En minute aux Arch. de l'Emp.)

7851. — DÉCISION.

Saint-Cloud, 18 messidor an XII (7 juillet 1804).

| Duhamel, ancien militaire, demande à conserver un habit et une capote d'uniforme qu'on veut lui retirer. | Renvoyé au colonel général Bessières, pour faire rendre justice à ce vieux soldat. |

NAPOLÉON.

Archives de l'Empire.

7852. — A M. TALLEYRAND.

Saint-Cloud, 20 messidor an XII (9 juillet 1804).

Monsieur Talleyrand, Ministre des relations extérieures, je vous envoie des lettres de MM. Lucchesini, Dreyer et Buneau, où vous verrez que le langage de M. de Cobenzl n'est pas aussi sincère qu'il vous paraît. Mon intention est que vous détruisiez ces bruits dans le plus court délai; que vous disiez à tous les ambassadeurs, et spécialement aux plus mal informés, que la cour de Vienne a éprouvé de la joie de l'élévation de l'Empereur, mais qu'elle conçoit des craintes que la couronne impériale n'échappe à la Maison d'Autriche, et qu'elle désirerait que l'Empereur des Français reconnût l'érection de la monarchie autrichienne héréditaire en empire; que la première réponse avait été que l'on ne voyait rien de fondé à ce que la couronne impériale sortît de la Maison d'Autriche; que, si le cas arrivait, et qu'il fût compatible avec les constitutions de l'empire germanique que la Maison d'Autriche s'érigeât en monarchie héréditaire en empire, l'Empereur des Français n'y verrait point de difficultés, ayant pour principe d'être facile dans des choses de cette nature. Vous ferez plus : vous expédierez un courrier à Berlin et à Ratisbonne porteur des numéros du *Moniteur* contenant le détail de l'audience de dimanche et d'une circulaire à nos ministres pour leur tracer le langage qu'ils doivent tenir et leur donner une notion de ce qui se passe, en leur recommandant de ne faire aucune démarche, mais de redresser seulement la fausse direction qu'on voudrait donner à l'opinion de l'Europe, et de dire qu'il n'a jamais été question entre la France et l'Autriche des affaires d'Italie, et qu'il n'a pu en être question, puisqu'on n'a songé à rien sur ces affaires.

NAPOLÉON.

Archives des affaires étrangères.
(En minute aux Arch. de l'Emp.)

7853. — DÉCISION.

Saint-Cloud, 22 messidor an XII (11 juillet 1804).

Le gouvernement anglais réclame réciprocité de ration pour les sous-officiers, soldats et matelots anglais détenus en France. On pense que cette réciprocité ne doit pas se borner à la ration, mais qu'elle doit s'étendre au traitement et s'appliquer aux officiers comme aux sous-officiers et matelots.

Écrire que les prisonniers anglais sont libres dans les citadelles; qu'ils sont casernés comme les soldats; qu'ils reçoivent le pain et une paye suffisante et des effets de petit équipement; qu'on leur permet de travailler en ville. Mais avant de donner cette réponse, prendre l'initiative et se plaindre du traitement fait en Angleterre aux officiers, en comparaison des avantages qui sont accordés, selon les grades, aux officiers anglais prisonniers. Ajouter que nos prisonniers en Angleterre sont entassés d'une manière si pénible et si dangereuse, qu'on les force ainsi, sous peine de la vie, à prendre du service; qu'on insulte, qu'on outrage à chaque instant les officiers et les soldats.

NAPOLÉON.

Archives de l'Empire

7854. — DÉCISION.

Saint-Cloud, 22 messidor an XII (11 juillet 1804).

Le ministre de la marine propose de pourvoir au remplacement du général Vavasseur, et demande à l'Empereur si, ayant nommé le général Sugny premier inspecteur général d'artillerie, il ne juge pas à propos de nommer un inspecteur général du personnel sous ses ordres, comme il y en a un pour le matériel.

Réunir les deux parties entre les mains du général Sugny; lui donner un colonel ou directeur chargé sous lui des parcs, et un adjudant commandant pour le personnel.

Proposer l'avancement de général de brigade pour deux anciens colonels qui se retirent, afin d'améliorer leur sort dans leur retraite.

NAPOLÉON.

Archives de l'Empire.

7855. — A M. CHAMPAGNY.

Saint-Cloud, 23 messidor an XII (12 juillet 1804).

Monsieur Champagny, mon Ambassadeur à Vienne, mon intention étant de vous appeler près de moi pour vous confier le portefeuille de l'intérieur, j'ai voulu vous le faire connaître directement, afin que vous vous prépariez à partir pour Paris, au moment où j'en aurai officiellement prévenu le ministre des relations extérieures. Les nouvelles fonctions auxquelles j'ai l'intention de vous appeler sont l'effet de la confiance que vous m'avez inspirée par votre attachement à ma personne et les talents distingués que vous avez montrés soit au Conseil d'État, soit à Vienne.

NAPOLÉON.

Comm. par MM. de Champagny.
(En minute aux Arch. de l'Emp.)

7856. — A M. OTTO.

Saint-Cloud, 23 messidor an XII (12 juillet 1804).

Monsieur Otto, mon Ministre à Munich, je profite d'un courrier que j'expédie à M. Champagny pour vous écrire directement. Je désire que, par le retour de mon courrier, vous me donniez quelques renseignements sur la famille de l'électeur de Bavière, et spécialement sur sa fille, et que vous me fassiez connaître s'il y a des projets connus de l'électeur pour l'établissement de cette jeune princesse, et quels pourraient être ces projets, autant que l'habitude que vous avez de son caractère et de sa cour peut vous le faire présumer. Je n'ai pas besoin de vous ajouter que cette mission étant toute de confiance, vous n'en devez aucune espèce de compte au département, et que vous devez être plus impénétrable encore sur une affaire de cette nature que sur les affaires de la plus haute politique. C'est parce que je connais votre attachement à ma personne et les talents dont vous avez donné des preuves dans les dernières négociations de Londres, que je me suis adressé à vous pour ces renseignements.

NAPOLÉON.

Archives de l'Empire.

7857. — AU MARÉCHAL SOULT,
COMMANDANT LE CAMP DE SAINT-OMER.

Saint-Cloud, 23 messidor an XII (12 juillet 1804).

Mon Cousin, j'ai reçu vos lettres. On me mande du Havre que la division du capitaine Daugier est maintenant de 200 bâtiments. Il me tarde beaucoup qu'elle soit arrivée à Boulogne. Je me suis décidé à rester ici pour le 14 juillet, jour où je ferai prêter serment à tous les officiers de la Légion d'honneur qui sont à Paris ; cérémonie qui ne laissera pas d'être imposante. Il est probable que, quelques jours après, je serai auprès de vous. J'ai envoyé la semaine dernière à Boulogne un million pour solder les dépenses de la marine. Je désire que vous preniez confidentiellement des renseignements, et que vous me fassiez connaître où cela en est.

NAPOLÉON.

Archives de l'Empire.

7858. — A M. BARBÉ-MARBOIS.

Saint-Cloud, 28 messidor an XII (17 juillet 1804).

Monsieur Barbé-Marbois, Ministre du trésor public, je désirerais que les diamants et perles qui se trouvent au trésor public fussent montés en différentes décorations pour l'Impératrice. Ces diamants et perles resteraient dans la comptabilité du trésor public comme joyaux de la couronne. Vous pouvez ordonner qu'ils soient montrés au joaillier de l'Impératrice, afin qu'il voie ceux qui peuvent convenir.

NAPOLÉON.

Archives des finances.
(En minute aux Arch. de l'Emp.)

7859. — AU MARÉCHAL BERTHIER, MINISTRE DE LA GUERRE.

Saint-Cloud, 29 messidor an XII (18 juillet 1804).

Le général Sebastiani a eu ordre de se rendre à Dijon. Faites-lui connaître là qu'il est chargé de remplir une mission. Il se rendra à Berne, puis dans les petits cantons, à Coire, Feldkirch, Constance, Lindau, Kempten ; suivra l'Inn jusqu'à Inspruck, de là ira à Brixen, Villach, Saltzburg, Munich, Passau. Il parcourra les bords de l'Inn, se rendra à Nurenberg, parcourra la Rednitz et rejoindra l'Empereur partout où il se trouvera. Il prendra des notes sur la situation des troupes autrichiennes, sur les préparatifs qu'elles pourraient faire ; achètera les meilleures cartes, fera des reconnaissances, et m'instruira généralement de tout ce qui peut m'intéresser sous le point de vue politique et militaire. Il ne se dira point chargé de mission, mais voyageant simplement pour son plaisir.

NAPOLÉON.

Archives de l'Empire.

7860. — DÉCISION.

Saint-Cloud, 29 messidor an XII (18 juillet 1804).

Le ministre de la guerre demande qu'un général de brigade et deux colonels, nommés par le capitaine général Villaret, soient confirmés dans leur grade.

L'Empereur seul nomme les généraux. Les colonels ne sont susceptibles d'être confirmés qu'autant que ce sont des remplacements d'officiers de ce grade, et non des créations nouvelles.

NAPOLÉON.

Archives de l'Empire.

7861. — A L'IMPÉRATRICE JOSÉPHINE.

Pont-de-Briques, 2 thermidor an XII (21 juillet 1804).

Madame et chère femme, depuis quatre jours que je suis loin de vous, j'ai toujours été à cheval et en mouvement sans que cela prît nullement sur ma santé.

M. Maret m'a instruit du projet où vous étiez de partir lundi : en voyageant à petites journées, vous aurez le temps d'arriver aux eaux sans vous fatiguer.

Le vent ayant beaucoup fraîchi cette nuit, une de nos canonnières qui étaient en rade a chassé et s'est engagée sur des roches à une lieue de Boulogne ; j'ai tout cru perdu, corps et biens ; mais nous sommes parvenus à tout sauver. Ce spectacle était grand : des coups de canon d'alarme, le rivage couvert de feu, la mer en fureur et mugissante, toute la nuit dans l'anxiété de sauver ou de voir périr ces malheureux ! L'âme était entre l'éternité, l'Océan et la nuit. A cinq heures du matin tout s'est éclairci, tout a été sauvé, et je me suis couché avec la sensation d'un rêve romanesque et épique ; situation qui eût pu me faire penser que j'étais tout seul, si la fatigue et le corps trempé m'avaient laissé d'autre besoin que de dormir.

NAPOLÉON.

Comm. par M. Chambry.

7862. — A M. CAMBACÉRÈS.

Pont-de-Briques, 2 thermidor an XII (21 juillet 1804).

Mon Cousin, j'ai reçu votre lettre du 30 messidor. J'ai lieu d'être extrêmement satisfait de l'esprit et de l'aspect des départements que j'ai traversés. Je le suis tout autant de la situation et de l'esprit de l'armée de terre et de mer. J'ai visité le port, et j'ai passé la dernière nuit sur la côte pour donner secours à une canonnière qui avait déradé. Le vent de nord-est a été violent. Heureusement que nous n'avons pas eu d'avarie considérable. Deux petites péniches seulement se sont perdues.

Je vois, dans le rapport de police, qu'au pont des Arts un militaire ayant la décoration est chargé d'exiger le payement du droit de passe. J'ai peine à le croire. Faites vérifier si ce fait est vrai.

NAPOLÉON.

Comm. par M. le duc de Cambacérès.
(En minute aux Arch. de l'Emp.)

7863. — A M. FOUCHÉ.

Pont-de-Briques, 2 thermidor an XII (21 juillet 1804).

Je désire que tous les rapports qui seraient faits sur les individus ayant la décoration soient approfondis avec la plus grande suite, car je ne serais pas étonné que quelques mauvais sujets usurpassent cette décoration pour commettre quelque action condamnable et se faire voir dans des lieux indus.

J'ai été fort satisfait de l'esprit des départements que j'ai parcourus, ainsi que de celui des armées de terre et de mer.

Il est convenable que vous remettiez une instruction aux conseillers d'État attachés à votre département, pour remplir un des buts que je me suis proposés dans leur institution, qui est la connaissance des opinions et des intérêts des propriétaires des différents départements. Ce travail sera à moitié fait quand l'instruction et les tableaux à remplir par le résultat des recherches des conseillers d'État seront aussi bien que possible.

NAPOLÉON.

Archives de l'Empire.

7864. — A M. CAMBACÉRÈS.

Pont-de-Briques, 5 thermidor an XII (24 juillet 1804).

Mon Cousin, je vous autorise à faire le renvoi au Conseil d'État de toutes les affaires du travail des ministres que vous en croirez susceptibles.

J'ai fait écrire au grand chancelier de la Légion d'honneur de se rendre à Boulogne. Il est nécessaire que François Rat, invalide, ne fasse point de fonctions au bureau de passe du pont des Arts. Il n'y a pas d'inconvénient que le chancelier de la Légion d'honneur lui accorde la gratification qu'il croira nécessaire. Je désire que vous disiez à MM. Cretet et Français (de Nantes) que je les rends responsables de tout emploi inférieur qui sera donné dans leurs parties à des soldats ayant des distinctions dans la Légion d'honneur.

NAPOLÉON.

Comm. par M. le duc de Cambacérès.
(En minute aux Arch. de l'Emp.)

7865. — A M. REGNIER.

Pont-de-Briques, 5 thermidor an XII (24 juillet 1804).

Il y a un grand nombre d'individus condamnés, surtout de militaires, qui ont demandé des grâces et n'ont pas passé au dernier conseil privé. Je désire en avoir la liste, mon intention étant qu'ils ne puissent souffrir de mon absence. Du moment que j'en aurai la liste, je pourvoirai à la manière dont le conseil privé devra se tenir.

NAPOLÉON.

Archives de l'Empire.

7866. — A M. BARBÉ-MARBOIS.

Pont-de-Briques, 5 thermidor an XII (24 juillet 1804).

Monsieur Barbé-Marbois, Ministre du trésor public, j'ai reçu votre lettre du 3 thermidor. La seule cause que je voie des bruits de Bourse dont il y est question, c'est cette demande de soixante millions de dépenses secrètes qu'a faite M. Pitt. Peut-être a-t-il en vue par là de faire voir aux puissances qu'il a en main de quoi les payer; avantage qui ne peut compenser l'inconvénient qu'en ressent son budget : car il n'est personne qui ne croie que, si le roi d'Angleterre promet de payer soixante millions, c'est qu'il est dans le cas de les payer, sinon en argent, du moins en marchandises, comme il a fait des subsides de l'Autriche dans la dernière guerre. D'un autre côté, en réfléchissant sur cette démarche, je suis plutôt porté à penser que cet argent est destiné à subvenir aux dépenses des volontaires. Ne voulant pas mettre une règle générale dans ces dépenses, on a affecté cette demande de fonds extraordinaires aux dépenses secrètes, pour venir au secours des besoins et calmer les mécontentements qui s'élèveraient.

Je serai probablement encore pendant longtemps à Boulogne; je vous y verrai avec plaisir. Je désire que vous apportiez avec vous la note de ce que vous aurez arrêté avec la Banque et les agents de la Bourse pour le monument de la Madeleine, que j'ai toujours fort à cœur de voir terminer.

NAPOLÉON.

Archives de l'Empire.

7867. — A M. FOUCHÉ.
Pont-de-Briques, 5 thermidor an XII (24 juillet 1804).

Monsieur Fouché, Ministre de la police, il est convenable de chasser de Paris le fils de Bertrand-Molleville, et, en général, de purger Paris de tous les parents des individus qui sont à Londres à la solde de l'Angleterre. Après les nouveaux renseignements donnés sur Rochelle, il paraîtrait utile de faire surveiller sa mère et son frère, qui sont à Paris et qui passent pour de fort mauvais sujets; et, si les observations vérifient ces premières données, on pourrait les mettre en surveillance dans quelque petit bourg, à quarante lieues de Paris. On doit chasser de Paris tous les individus qui ont recélé les brigands et qui sont aujourd'hui en liberté. On m'assure que, de plusieurs points des départements du Midi, des hommes très-mal famés dans le sens terroriste se rendent à Paris. On doit veiller à ce qu'ils ne s'y rassemblent pas et les renvoyer chez eux, afin d'éviter d'être obligé de les frapper.

NAPOLÉON.

Archives de l'Empire.

7868. — A L'AMIRAL BRUIX.
Pont-de-Briques, 6 thermidor an XII (25 juillet 1804).

Monsieur l'Amiral Bruix, Inspecteur des côtes de l'Océan, les cinq divisions de péniches que j'ai vues ce matin me paraissent en général assez bien installées. Je désire que, le plus possible, vous fassiez placer des obusiers prussiens, et de 6 pouces, au lieu de caronades de 12, qui sont bonnes à peu de chose.

La terre peut vous fournir une cinquantaine d'obusiers prussiens et une cinquantaine d'obusiers de 6 pouces; reste à savoir si les affûts sont prêts. Dans le cas qu'ils ne le soient point, donnez l'ordre de les confectionner dans le plus court délai.

Je désire également que vous fassiez essayer s'il serait possible de placer des hamacs dans les péniches, pour que les soldats y soient avec commodité, et que vous vous assuriez s'il n'y aurait pas quelque chose à faire pour que les prélarts et tentes soient plus couverts.

Demain, à l'heure où les bâtiments flotteront, je passerai la revue de toutes les chaloupes canonnières et bateaux canonniers. Je désire que toutes les divisions soient réunies ensemble, et que tout le monde s'y trouve, et que l'inspecteur général aux revues s'y trouve avec la feuille pour les appels.

NAPOLÉON.

Archives de l'Empire

7869. — AU MARÉCHAL BERTHIER.

Pont-de-Briques, 7 thermidor an XII (26 juillet 1804).

Mon Cousin, mon intention serait de faire camper les dix bataillons des grenadiers de la réserve que commande le général Junot, à portée du bassin circulaire de Boulogne, destinant cette division à tenir garnison sur les péniches. Je désire que vous fassiez reconnaître l'emplacement où elle pourrait camper, et s'il y a à Boulogne les tentes et autres objets nécessaires au campement. Je désirerais également savoir ce qu'il faudrait faire, et ce qu'il en coûterait, pour achever le camp que devait occuper la division Dupont, de manière à y faire camper trois régiments.

La marine aurait encore besoin ici d'une cinquantaine d'obusiers prussiens. Faites-moi connaître le lieu où l'on pourrait se les procurer.

NAPOLÉON.

Archives de l'Empire.

7870. — A M. CAMBACÉRÈS.

Pont-de-Briques, le 8 thermidor an XII (27 juillet 1804).

Mon Cousin, l'auditeur n'est pas arrivé avec le travail des ministres.

Le bombardement du Havre n'est rien.

Prenez des informations et tenez-moi au courant du résultat des pluies dans la Brie, la Beauce et dans la plaine de Soissons. Il serait bien malheureux qu'une aussi belle récolte vînt à nous manquer.

J'ai passé hier la revue de toute la flottille; j'en ai été satisfait.

Une partie de la flottille qui était en rade ce matin a échangé quelques boulets avec les Anglais, qui ont bientôt repris le large.

NAPOLÉON.

Comm. par M. le duc de Cambacérès.
(En minute aux Arch. de l'Emp.)

7871. — A M. CAMBACÉRÈS.

Pont-de-Briques, 8 thermidor an XII (27 juillet 1804).

Mon Cousin, mon intention est de nommer M. Champagny, mon ambassadeur à Vienne, au ministère de l'intérieur. Je le lui ai fait connaître, et je viens de recevoir sa réponse. J'attends pour prendre l'arrêté que vous en ayez parlé à Chaptal et que vous me fassiez connaître ce qu'il désire. Ayant été instruit par vous, et sachant depuis longtemps que mon intention est d'appeler quelqu'un au ministère de l'intérieur, il me paraît nécessaire de le faire le plus tôt possible. Je n'ai rien à ajouter aux intentions que je vous ai communiquées avant mon départ, toutes en faveur de Chaptal. Je suis toujours disposé à faire tout ce qu'il peut désirer.

NAPOLÉON.

Comm. par M. le duc de Cambacérès.
(En minute aux Arch. de l'Emp.)

7872. — A M. LEBRUN.

Pont-de-Briques, 8 thermidor an XII (27 juillet 1804).

Mon Cousin, j'ai reçu votre lettre du 4 thermidor. Je ne vois pas d'inconvénient à ce que vous fassiez un tour dans la Manche. En ce cas, allez visiter les travaux de Cherbourg et voyez la batterie de la digue que j'ai fait construire. Il ne serait pas hors de propos que le préfet du département fût prévenu de votre arrivée, afin que vous y soyez reçu avec un peu d'éclat.

NAPOLÉON.

Comm. par M. le duc de Plaisance.

7873. — A M. GARAT, SÉNATEUR.

Pont-de-Briques, 8 thermidor an XII (27 juillet 1804).

Je désire que vous parcouriez la Hollande et les départements de la Roër, de la Sarre, de Rhin-et-Moselle et du Mont-Tonnerre. Je fais prévenir de votre mission mon ambassadeur à la Haye et le général Marmont, commandant en chef le camp d'Utrecht. Le ministre de l'intérieur l'annoncera aux préfets des quatre départements du Rhin.

Votre mission en Hollande sera toute d'observation. Vous prendrez connaissance de la situation présente de l'instruction publique dans ce pays, et vous recueillerez les renseignements nécessaires pour composer un mémoire sur l'état des différents partis, sur l'esprit public et sur les ressources que chaque département peut fournir tant à l'agriculture qu'au commerce, et même, par sa population, à la marine et à l'armée.

Quant aux quatre départements du Rhin, votre mission se bornera à connaître la situation de l'instruction publique et à rechercher les moyens à prendre pour propager la langue française dans ces contrées et pour accélérer les progrès de la fusion de leur esprit dans l'esprit général de l'Empire.

Vous séjournerez dans les chefs-lieux des départements de la Hollande et du Rhin, et vous dirigerez votre marche de manière à être de retour vers le milieu du mois prochain.

J'attends de vos lumières et de votre zèle pour le service de l'État des notions précises et fécondes sur ces objets, que j'ai fort à cœur de connaître.

NAPOLÉON.

Archives de l'Empire.

7874. — AU MARÉCHAL BRUNE.

Pont-de-Briques, 8 thermidor an XII (27 juillet 1804).

Général Brune, mon Ambassadeur à Constantinople, je vous expédie le présent courrier pour vous donner des instructions sur la conduite à tenir par rapport au cabinet russe.

J'ai reçu par le ministre de la Porte près de moi une nouvelle lettre du sultan Selim. Elle est une réponse plus franche à la lettre que je lui ai écrite. Je me réserve de lui écrire incessamment. A cette occasion, j'ai dit à son ministre que la Porte se perdait par faiblesse; que deux choses l'effaceront du nombre des puissances, sans même l'honneur du combat : 1° de souffrir et autoriser l'établissement des Russes à Corfou et de favoriser leur passage par le détroit; 2° de permettre que les bâtiments grecs de l'Archipel naviguent sous pavillon russe.

Vous aurez tenu note sans doute des troupes russes passées par le détroit. Je ne pense pas qu'il soit passé plus de 4,000 hommes, qui, joints aux 1,500 déjà passés, font 5 à 6,000 hommes. Quel est le but de cette division? Il ne peut y en avoir qu'un, celui de s'emparer de la Morée et de profiter du moment où je suis occupé de la guerre contre l'Angleterre, pour, de concert avec l'Autriche, envahir la

Turquie européenne; et la Porte est assez insensée pour laisser ainsi passer des troupes évidemment dirigées contre elle! Vous devez vous attacher à lui faire sentir que 6,000 Russes et quatre ou cinq fois autant ne peuvent m'inquiéter en Italie, où j'ai 100,000 hommes, en supposant qu'ils aient des projets contre moi; mais qu'au contraire 6,000 Russes peuvent être un point d'appui pour soulever la Morée, contenir les troupes de l'Épire, dans le temps où la Russie menacerait Constantinople; que nous ne pouvons pas assurer que ce parti soit pris par la Russie, mais que nécessairement la Porte la conduira à ce projet si elle continue à permettre le passage aux troupes russes par le détroit; qu'enfin rien n'est plus dangereux pour elle que de voir les Russes établis en force à Corfou; que, pour ne point autoriser une pareille usurpation, j'ai retiré le chargé d'affaires que j'avais à Corfou, et que je ferai même faire les représentations les plus fortes dès que je pourrai connaître l'intention et les résolutions de la Porte sur cet objet.

Quant au pavillon grec, le remède est bien simple : c'est de ne point laisser passer le détroit aux Grecs sous pavillon non turc, de faire parcourir par quelques frégates l'Archipel pour empêcher les Grecs de naviguer sous ce pavillon. Si la Porte continue à agir autrement, toute la Grèce sera russe et le Turc chassé, sans pouvoir même soutenir une guerre.

J'ai rappelé Hédouville après l'incartade de la cour de Pétersbourg, qui a eu l'ineptie de porter le deuil du duc d'Enghien sans tenir à lui par aucune liaison de parenté et sans qu'aucune famille tenant aux Bourbons l'ait imitée. Je n'ai pu que retirer mon ambassadeur de Pétersbourg; mais je pense que les choses ne peuvent aller plus loin et qu'elles continueront à rester dans cet état de froideur, vu que, le cabinet de Saint-Pétersbourg étant extrêmement inconséquent, on ne peut attacher aucune foi à ses démarches, presque toutes hasardées.

Il est convenable que vous soyez froid avec le ministre de Russie, et que vous fassiez, dans toutes les occasions, apercevoir aux Turcs que je n'en veux pas aux Russes, ni ne les crains. Vous pourrez même vous expliquer assez haut sur l'occupation de Corfou contre le traité, sur la conduite qu'on tient avec la Porte, ainsi que sur les hostilités dont on use envers la Perse.

Notre situation avec l'Angleterre est des plus favorables. On ne se ressent point de la guerre en France, en raison de l'oppression où elle tient l'Angleterre, et j'ai ici autour de moi près de 120,000 hommes et 3,000 péniches et chaloupes canonnières, qui n'attendent qu'un vent favorable pour porter l'aigle impériale sur la Tour de Londres. Le temps et le destin seul savent ce qu'il en sera.

Ne retenez pas mon courrier plus de huit jours, et par son retour faites-moi part exactement du nombre de troupes russes qui ont passé par le détroit, des préparatifs des Russes dans la mer Noire, préparatifs qu'il ne faut pas évaluer légèrement, mais qu'il faut approfondir autant qu'il vous sera possible, enfin de la situation de l'empire ottoman et de ses dispositions à notre égard.

NAPOLÉON.

Archives de l'Empire.

7875. — AU MARÉCHAL BERTHIER.

Pont-de-Briques, 8 thermidor an XII (27 juillet 1804).

Mon Cousin, le bataillon des tirailleurs du Pô n'a aucun moyen de recrutement. Il serait nécessaire d'ordonner que ce bataillon engageât des Piémontais, et pour cela il faudrait qu'il eût un centre de recrutement à Turin. Son complet doit être de 1,000 hommes, et il n'est aujourd'hui qu'à 700 hommes. Ordonnez que des mesures soient prises pour le porter à son grand complet, et qu'il ne soit reçu dans ce recrutement que des hommes qui aient fait la guerre et servi dans les troupes du roi de Sardaigne. Vous ordonnerez aussi qu'une revue extraordinaire soit faite de ce bataillon, pour que tout ce qui ne serait pas né en Piémont en fût ôté; car mon principal but est de débarrasser le Piémont de tous les hommes qui, ayant fait la guerre sous le roi de Sardaigne, pourraient être supposés toujours prêts à reprendre parti pour ce prince. J'ai accordé des bonnets aux carabiniers de ce bataillon; faites-les-lui fournir.

NAPOLÉON.

Archives de l'Empire.

7876. — AU MARÉCHAL BERTHIER.

Pont-de-Briques, 8 thermidor an XII (27 juillet 1804).

L'Empereur désirerait, Monsieur le Maréchal, que les drapeaux qui seront donnés à l'armée fussent d'une forme différente de celle qu'elle possède aujourd'hui. L'aigle éployée, telle qu'elle se trouvera sur le sceau de l'Empire, sera placée sur la sommité du bâton du drapeau, de la même manière que la portaient les Romains. On attacherait au-dessous le drapeau, à la distance où se trouvait le labarum. Il aurait beaucoup moins d'étendue que les drapeaux actuels, qui sont très-embarrassants, et serait de trois couleurs, comme ceux-ci. L'étendue du drapeau pourrait ainsi être réduite à moitié. On y lirait ces mots : *L'Empereur des Français à tel régiment.* L'aigle constituerait essentiellement le drapeau, dont on pourrait changer l'étoffe lorsque son état l'exigerait. Il conviendrait seulement de rendre l'aigle tout à la fois solide et légère.

L'Empereur désire que vous fassiez faire un modèle, et que vous preniez ensuite ses ordres pour arrêter définitivement la forme des drapeaux.

Par ordre de l'Empereur.

Archives de l'Empire.

7877. — AU VICE-AMIRAL DECRÈS.

Pont-de-Briques, 8 thermidor an XII (27 juillet 1804).

Il m'a paru hier que tous les anciens bateaux canonniers sur lesquels on n'avait pas embarqué des pièces de campagne de l'artillerie de terre se trouvaient absolument sans défense sur l'arrière; que l'on pouvait sans difficulté y placer deux petites pièces de 4, de 6 ou même de 8. Ordonnez que la récapitulation de ces petites pièces existant à Boulogne soit faite, et qu'elles soient réparties sur tous ces bateaux. On pourrait aussi y mettre, à défaut de pièces, deux de ces caronades achetées à Calais. Les vingt-quatre pièces de 4 en bronze, forées à 6, se trouvant sur plusieurs bateaux canonniers, sont destinées à armer les six paquebots de la Garde; ordonnez qu'elles soient débarquées, et qu'il en soit mis six sur chacun de ces paquebots.

NAPOLÉON.

Archives de l'Empire.

7878. — A M. FORFAIT.

Pont-de-Briques, 8 thermidor an XII (27 juillet 1804).

Monsieur Forfait, le moment approche où j'ai besoin de tous mes moyens de transport. J'écris à Daugier de faire partir sa division en totalité ou par petites divisions, comme cela lui paraîtra le plus praticable. Armez, levez des matelots et faites partir tous vos bâtiments, car j'ai besoin de tout. Faites-moi connaître le nombre de chaloupes canonnières que vous avez prêtes à partir, indépendamment de Daugier. Par les états que j'ai, indépendamment des divisions Montcabrié, Hamelin et Daugier, il y a encore 50 chaloupes canonnières, 35 bateaux, 26 péniches et plus de 60 transports. **Je ne puis donc que vous répéter que tout cela m'est nécessaire; faites-les partir.**

Activez aussi tout ce qui est à Cherbourg et dans les autres ports de votre arrondissement. Les modèles de caïques qu'on a construits sont mauvais ; un ingénieur en a ici construit un qui paraît meilleur pour la mer ; c'est surtout du fond plat du derrière qu'on se plaint.

NAPOLÉON.

Archives de l'Empire.

7879. — A M. PORTALIS.

Pont-de-Briques, 8 thermidor an XII (27 juillet 1804).

Monsieur Portalis, Ministre des cultes, j'ai lu avec intérêt la lettre de l'évêque d'Angers. Rien ne peut m'être plus agréable que l'assurance que les habitants de Cantiers, qui ont été aussi malheureux, sont dans une disposition d'esprit à pouvoir espérer promptement le rétablissement de leur agriculture et de leur commerce. J'ai en général lieu d'être très-satisfait de l'esprit des départements que j'ai traversés. Vous m'avez instruit que l'abbé Paillou était arrivé à Paris. Je désire connaître si vous pensez toujours qu'il soit propre à occuper le siége de Poitiers.

NAPOLÉON.

Archives de l'Empire.

7880. — A M. FOUCHÉ.

Pont-de-Briques, 9 thermidor an XII (28 juillet 1804).

Monsieur Fouché, Ministre de la police générale, j'ai lu avec grand intérêt l'extrait du rapport de l'envoyé de Londres. Il serait bon, dans des articles faits convenablement, de faire connaître la distribution des poignards faite par M. le duc de Berry, la conduite de lord Hawkesbury, les propos du baron de Roll.

Le baron d'Ordre est un grand coquin ; faites-le mettre en surveillance dans une petite ville de Champagne. Je crois être informé que Bourmont a des moyens de se sauver de la forteresse de Besançon quand il le jugera à propos.

J'attends le ministre du trésor public ; dans le travail que je ferai avec lui, j'arrangerai tout ce qui est relatif à votre budget.

NAPOLÉON.

Archives de l'Empire.

7881. — DÉCISION.

Pont-de-Briques, 9 thermidor an XII (28 juillet 1804).

| Corrigeux, canonnier, se plaint de ce que ses frères ont profité de sa pré- | Renvoyé au grand juge, pour faire intervenir le commissaire im- |

sence à l'armée pour le priver de sa part dans la succession de son père.

Archives de l'Empire.

périal, qui prendra fait et cause si la réclamation est fondée.

NAPOLÉON.

7882. — DÉCISION,
Pont-de-Briques, 9 thermidor an XII (28 juillet 1804).

Robin, déserteur, marié sous le nom de Lecomte, demande le pardon de sa faute et la permission de donner à ses enfants leur nom de famille.

Renvoyé au grand juge, pour faire faire les actes nécessaires, afin de le rétablir dans son nom et d'assurer l'état civil de ses enfants.

NAPOLÉON.

Archives de l'Empire.

7883. — NOTE POUR M. D'HAUTERIVE,
CHEF DE DIVISION AU MINISTÈRE DES RELATIONS EXTÉRIEURES.
Pont-de-Briques, 10 thermidor an XII (29 juillet 1804).

L'Empereur désirerait que M. d'Hauterive fît une petite brochure, intitulée *Changements survenus en Europe depuis vingt-cinq ans,* qui ferait connaître :

Ce que l'Angleterre a gagné, soit en territoire aux Indes, soit par le commerce, soit par ses innovations dans la législation maritime;

Que la Suède et le Danemark ne sont plus rien;

Ce que la Russie a gagné par le partage de la Pologne; en Crimée, en Géorgie, à Corfou; par son influence en Valachie, en Moldavie, en Morée; par son occupation du Phase;

Que la Prusse est tombée au second rang, quoi qu'elle en dise;

Ce que l'Autriche a gagné par le partage de la Pologne, par la concentration de ses forces, par l'acquisition de Venise, par l'annihilation de la Porte, contre laquelle elle était obligée de tenir une armée, puisque la Porte ne peut plus rien et que les Géorgiens font une diversion sur ses frontières;

Ce que la France a gagné; ce qu'elle a perdu par la nouvelle doctrine que les Anglais ont fait adopter sur la navigation des mers; par la décadence de la Porte, son alliée naturelle; par le partage de la Pologne, son alliée naturelle, et enfin par la perte de ses possessions aux Indes et de sa belle colonie de Saint-Domingue, celle-ci à peu près perdue pour toujours.

Quand M. d'Hauterive aura fait cette brochure, il viendra la lire à l'Empereur.

Par ordre de l'Empereur.

Archives des affaires étrangères.

7884. — A M. TALLEYRAND.

Pont-de-Briques, 11 thermidor an XII (30 juillet 1804).

J'ai reçu vos trois portefeuilles.

Les affaires de Suisse méritent de fixer toute mon attention. Écrivez à mon ministre que je vois avec peine la formation d'un état-major général, et que j'ai pour principe que toute nouvelle disposition contraire à l'acte de médiation n'est point obligatoire pour les cantons qui ne veulent point y participer.

Faites connaître aux différents ministres en Allemagne que la conduite de la cour de Vienne à Ratisbonne a paru d'autant moins concevable que son ambassadeur à Paris avait demandé lui-même que l'Empereur ne fît point répondre à la note russe et laissât les choses s'arranger par le canal de Bade; et qu'enfin, quinze jours avant l'arrivée de cette note intempestive et mal calculée du cabinet russe, l'empereur d'Allemagne avait fait connaître dans une lettre qu'il écrivit à M. de Cobenzl, qui fut communiquée par celui-ci dans une audience particulière à Saint-Cloud, qu'il appréciait bien ce que les circonstances avaient rendu nécessaire, et qu'il complimentait le chef de l'État sur l'heureuse issue des événements qui venaient de se passer, et lui témoignait le plaisir qu'il ressentait de le voir triompher des complots de ses ennemis.

En général, vous n'écrivez pas assez aux ministres, qui ignorent le langage qu'ils doivent tenir sur chaque événement.

Je pense que vous aurez donné des instructions à mon ministre en Amérique sur la conduite qu'il doit tenir sur la soi-disant madame Jérôme Bonaparte. Il doit ne point la voir, ni se rencontrer avec elle, et dire publiquement que je ne reconnais pas un mariage qu'un jeune homme de dix-neuf ans contracte contre les lois de son pays.

Faites remettre à l'ambassadeur turc la tabatière et la somme que je vous ai fait connaître vouloir lui donner. J'ai nommé Franchini premier interprète à Constantinople, et M. Ruffin conseiller d'ambassade.

Quant à la note russe, je pense que vous devez y répondre à peu près dans ces termes : « J'ai reçu, Monsieur, votre note du..... J'ai
» vu avec douleur que des propositions qui, sous beaucoup de points
» de vue, sont susceptibles d'être admises, soient accompagnées d'in-
» jures et de menaces. Toutefois, je vais mettre votre note sous les
» yeux de S. M. l'Empereur, et je m'empresserai de vous transmettre
» les ordres qu'il m'aura donnés. »

M. Durand, en remettant votre réponse cachetée à M. d'Oubril, aura soin de lui dire qu'il n'a lu ni la note ni votre réponse, mais qu'il paraît que la note de M. d'Oubril a été rédigée avec une espèce de grossièreté, et qu'il est chargé de lui en faire un reproche personnel. M. d'Oubril ne manquera pas de dire qu'elle lui est venue toute faite de Pétersbourg. M. Durand peut pénétrer par là quel est le fond du sac. Il pourra ajouter qu'il y a lieu de craindre, s'il y a effectivement des menaces dans la note, qu'elle n'irrite beaucoup l'Empereur, et en rester là.

NAPOLÉON.

Archives des affaires étrangères.
(En minute aux Arch. de l'Emp.)

7885. — AU MARÉCHAL BERTHIER, MINISTRE DE LA GUERRE.
Pont-de-Briques, 11 thermidor an XII (30 juillet 1804).

Mon Cousin, je désire que vous donniez ordre que milord Tweedale, prisonnier anglais à Verdun, retourne en Angleterre sur parole. Il sera de retour avant un an. Vous lui ferez connaître que c'est sur la demande et pour donner une preuve d'estime aux talents et au caractère de M. Fox, que l'Empereur a consenti à ce qu'il retournât à Londres.

NAPOLÉON.

Dépôt de la guerre.

7886. — A M. FRANÇOIS, DE NEUFCHATEAU.
Pont-de-Briques, 11 thermidor an XII (30 juillet 1804).

Monsieur François, de Neufchâteau, Président du Sénat, le message au Sénat, relatif à la nomination d'un membre du tribunal de cassation, contient deux erreurs; j'ai ordonné qu'on les rectifie et qu'il vous soit sur-le-champ transmis. Le compte que vous m'avez rendu des différents désirs du Sénat sera l'objet de mes méditations, et, dès mon arrivée, je réunirai un conseil privé pour statuer ce qui sera nécessaire. Il me semble que, s'il est des actes que le Sénat peut faire avec un petit nombre de membres, il en est, tels que les sénatus-consultes organiques, qui devraient exiger la présence des deux tiers au moins des membres existants. Au reste, nous en discuterons en conseil privé.

NAPOLÉON.

Archives de l'Empire.

7887. — A M. CAMBACÉRÈS.
Pont-de-Briques, 12 thermidor an XII (31 juillet 1804).

Mon Cousin, faites passer au Conseil d'État le règlement sur les avocats; c'est une partie essentielle à régler. J'imagine qu'on en laissera la première nomination à l'Empereur.

NAPOLÉON.

Archives de l'Empire.

7888. — A M. TALLEYRAND.

Pont-de-Briques, 12 thermidor an XII (31 juillet 1804).

Je ne suis point de votre opinion sur le protocole avec la Porte. Il faut insister pour qu'elle me donne le même titre qu'à l'empereur d'Allemagne.

NAPOLÉON.

Archives des affaires étrangères.

7889. — A M. CAMBACÉRÈS.

Pont-de-Briques, 13 thermidor an XII (1er août 1804).

Mon Cousin, j'ai passé la journée d'hier à Ambleteuse, où j'ai vu défiler en présence de l'escadre anglaise une division de la flottille venant de Calais. Le temps s'est remis au beau. Je désire savoir s'il en est de même aux environs de Paris, et quelle influence les dernières pluies auront pu avoir sur la récolte.

NAPOLÉON.

Comm. par M. le duc de Cambacérès.
(En minute aux Arch. de l'Emp.)

7890. — A M. GAUDIN.

Pont-de-Briques, 13 thermidor an XII (1er août 1804).

Monsieur Gaudin, Ministre des finances, il est temps de s'occuper du budget de l'an XIII, tant en recettes qu'en dépenses. Si vous êtes autorisé à penser que les droits réunis rendront trente millions en l'an XIII, le budget pourra être suffisant; sans cela, il faudrait pourvoir à un supplément de recette par quelques cautionnements ou par quelque autre moyen. Quand les matériaux de votre travail seront prêts, vous vous rendrez près de moi pour en arrêter les bases. Faites demander aux ministres leur budget de l'année.

NAPOLÉON.

Archives de l'Empire.

7891. — A M. FOUCHÉ.

Pont-de-Briques, 13 thermidor an XII (1er août 1804).

Monsieur Fouché, Ministre de la police générale, il y a à Brest et à Toulon, et même à Boulogne, des embaucheurs qui excitent les marins à la désertion. On se ressent à Brest et à Toulon d'un travail souterrain qui, dans deux villes si éloignées, ne peut être que l'ouvrage d'agents anglais. Recommandez donc, dans ces deux villes, qu'on redouble de surveillance et d'activité pour arrêter quelques-uns de ces agents. Rivoire fit dans le temps des déclarations sur plusieurs officiers de marine, qui furent envoyées au ministre de la marine pour avoir ses observations. Je les ai remises depuis au conseiller d'État Réal pour prendre des éclaircissements. Comme il y a dans ces notes plusieurs officiers de la flottille de compromis, je désire qu'elles me soient renvoyées ici.

NAPOLÉON.

Archives de l'Empire.

7892. — A M. TALLEYRAND.

Pont-de-Briques, 13 thermidor an XII (1er août 1804).

Monsieur Talleyrand, Ministre des relations extérieures, j'ai appris avec intérêt le rétablissement de votre santé. J'ai besoin et j'espère que vous vivrez longtemps. Je suis satisfait de tout ce que j'ai vu depuis mon départ de Paris. Ma santé est on ne peut pas meilleure.

Nous avons eu quelques mauvais temps; un coup de vent a fait périr une quinzaine d'hommes et perdu trois ou quatre bâtiments. Comme on n'a pas manqué d'exagérer à Paris cet événement, il n'est peut-être pas inutile, en écrivant aux différents agents diplomatiques, de leur faire part de mon voyage, de la satisfaction que j'en ai éprouvée, de la force et des manœuvres de l'armée, des jours entiers que j'y passe pour en surveiller moi-même l'instruction. Joignez-y quelques détails sur le voyage de l'Impératrice et sur l'accueil qu'elle a reçu sur son passage, en recommandant de répandre ces détails par des moyens non officiels. Ce sera un contre-poison à tous les faux bruits que répandent les Anglais.

NAPOLÉON.

Archives des affaires étrangères.
(En minute aux Arch. de l'Emp.)

7893. — A M. CAMBACÉRÈS.

Pont-de-Briques, 13 thermidor an XII (1er août 1804).

Mon Cousin, on a supprimé le manteau comme une chose ruineuse pour les membres du Corps législatif et du Tribunat. On n'avait pas prévu, d'ailleurs, qu'ils y missent de l'importance. Je vous autorise à réunir les présidents et mon grand maître des cérémonies, pour régler ce qui est convenable.

NAPOLÉON.

Archives de l'Empire.

7894. — A M. TALLEYRAND.

Pont-de-Briques, 14 thermidor an XII (2 août 1804).

Monsieur Talleyrand, Ministre des relations extérieures, je désire conclure un traité avec la République ligurienne, dont les bases seraient celles-ci :

1° La République de Gênes se chargera de creuser à ses frais les darses, de manière que dix vaisseaux de guerre puissent y entrer et y faire leur armement, conformément au plan qui sera donné; d'établir à ses frais une machine à mâter, et de mettre à la disposition du Gouvernement français tous les magasins environnant les darses, ainsi que les cales de construction.

2° L'Empereur des Français aura le droit de faire construire, armer, désarmer et réparer dix vaisseaux de guerre dans le port de Gênes.

3° La République ligurienne, la France étant en guerre avec l'Angleterre ou toute autre puissance maritime, tiendra 6,000 matelots à la disposition de la marine française. A cet effet, il y aura un nombre de capitaines de vaisseaux, lieutenants, enseignes, maîtres, contre-maîtres et matelots à toute paye, liguriens, dans la marine française.

4° A cet effet, tous les matelots seront classés, et l'Empereur pourra nommer six inspecteurs des classes avec traitement, résidant dans les différents ports de la République, pour veiller à leur bonne organisation.

5° La République ligurienne ne sera chargée que de l'entretien des darses, ports et bâtiments; elle ne sera tenue de fournir aucun ouvrier ni matériel pour les vaisseaux.

6° L'Empereur accorde son pavillon impérial aux Liguriens; il se charge de le faire reconnaître et respecter par les puissances barbaresques au plus tard un an après la paix.

7° Le transit par le chemin de Voghera sera rétabli comme du temps du roi de Sardaigne. Il sera également réglé un transit par les États de Parme.

Vous sentez assez l'importance de ce traité, qui a pour but de tirer de la République ligurienne tout ce qu'on peut en tirer, et de lui laisser d'ailleurs son gouvernement municipal et son indépendance. Comme il est hostile contre l'Angleterre, il faut qu'il soit fait avant la paix; sans cela il ne serait point faisable.

NAPOLÉON.

Archives de l'Empire.

7895. — A M. TALLEYRAND.

Pont-de-Briques, 14 thermidor an XII (2 août 1804).

Monsieur Talleyrand, Ministre des relations extérieures, je suis étonné que ce soit pour la première fois seulement, dans une dépêche du 2 thermidor, que le général Vial parle de la formation d'un état-major général en Suisse. Mon intention est qu'il présente une note dont l'objet sera de faire connaître que cet établissement d'un état-major général est inutile, contraire à l'acte de médiation, et cache une sous-pensée. Écrivez-en également à M. de Maillardoz à Paris. Je dois me plaindre du général Vial ou de vous : du général Vial, si c'est dans la dépêche n° 74 qu'il parle pour la première fois de ces affaires; de vous, s'il en a parlé dans ses dépêches précédentes et que vous ne me les ayez pas mises sous les yeux. En général, je vous ai fait connaître que mon intention était de lire toutes les dépêches de mes ministres et agents diplomatiques. Les affaires de Suisse me touchent de près, puisqu'elles sont si importantes sous le point de vue des opérations militaires. Faites faire dans vos bureaux un relevé exact de toutes les opérations de la diète, et présentez-moi un rapport avec des observations qui me fassent connaître tout ce qu'elle a fait de contraire à l'acte de médiation. Ceci ne souffre point de retardement. Il ne faut point alarmer les Suisses; mais qu'ils sachent bien que je ne reconnaîtrai la Suisse que telle qu'elle est organisée par l'acte de médiation.

Répondez à la lettre de M. de Lucchesini, du 27 juillet, que vous y avez trouvé deux assertions fausses : la première, qu'il y avait des rassemblements de troupes sur le bas Rhin; il n'y a pas même la garnison convenable, et pas la moitié de ce qui y était en l'an X et en l'an XI; la seconde, que l'armée de Hanovre était augmentée; elle est au contraire diminuée de deux régiments. Quant à l'envoi de conscrits, il est tout simple que l'armée de Hanovre reçoive ses conscrits comme les autres armées; que, dans un moment où l'on agite l'Europe, où l'on veut de moi les choses les plus déshonorantes, où de grandes puissances portent l'oubli des convenances jusqu'à porter le deuil des hommes qui ont voulu renverser le Gouvernement, je prenne des précautions pour me trouver en mesure. Que je me plais à donner l'assurance que l'armée de Hanovre ne passera jamais

30,000 hommes, à moins qu'elle ne se trouve en danger; ce qui ne peut être dans aucune hypothèse, tant que Sa Majesté Prussienne persistera dans l'assurance qu'elle a donnée, qu'en cas de guerre avec la Russie elle ne permettra point le passage de ses États, et ne souffrira point que la guerre s'établisse sur ses frontières. Que, quant au camp d'Utrecht, il faudrait être aveugle pour ne pas voir que ces troupes sont destinées à s'embarquer au Texel; autant vaudrait-il avoir des inquiétudes sur les camps de Bruges ou de Boulogne. Enfin, que ce n'est point dans l'état actuel des relations de la France avec la Prusse, avec le degré de consolidation qu'a reçu le Gouvernement français, et l'intime liaison qui existe entre les deux puissances, que la Prusse devrait poser aucune question de rigueur ou non; que, à le dire franchement, c'est montrer de la petitesse et obéir à des tracasseries indignes après tout de la puissance de la Prusse; car il serait difficile de voir un sujet de refroidissement entre les deux États, d'établir au contraire une hypothèse où S. M. l'Empereur ne fût pas prêt à faire des sacrifices réels pour donner des preuves de considération et d'estime au roi de Prusse.

Vous aurez reçu, par le courrier que je vous ai expédié hier, la première note à envoyer à M. d'Oubril. Le but de M. d'Oubril se trouvera rempli.

Vous remercierez M. de Lucchesini de la nouvelle qu'il vous a donnée de Constantinople. Vous lui direz que je pense que le roi de Prusse doit donner le conseil à la Porte de ne pas laisser venir trop de Russes à Corfou, non par rapport à la France, car la Russie ne peut lui rien faire de plus agréable que d'entasser des troupes à Corfou, où elles seraient paralysées. Que si elle tentait un débarquement en Italie, fût-il de 60,000 hommes, ce serait, en cas de guerre, la chance la plus favorable qui pût m'arriver; cela serait une répétition des leçons de Suisse et de Hollande, et la convaincrait une bonne fois que l'empereur des Français n'est ni l'empereur des Persans, ni l'empereur des Turcs. Que je suis d'ailleurs bien informé du nombre des troupes russes qui sont à Corfou; qu'il y a 6,000 hommes; qu'il n'y en a que 5,000 à Odessa; qu'en cas qu'ils vinssent à Corfou, il restera 2,000 hommes pour la garnison d'Odessa, ce qui ferait 10,000 hommes qui n'auraient d'autre résultat que d'écraser le pays de Corfou, qui est obligé de donner des indemnités considérables aux officiers. Que je ne puis supposer qu'on ait voulu m'intimider à Pétersbourg par de pareilles démonstrations, et m'obliger à supporter des insultes et des menaces; que, si on y a eu des craintes réelles pour la place de Corfou, cela ne montre pas grand génie dans le bureau de la guerre de Russie, n'étant pas assez imbécile pour engager une armée dans des îles qui m'importent fort peu; que je suis donc fondé à penser que le but réel de la Russie est de s'ancrer à Corfou, d'en imposer à la Morée, et de river la chaîne qui lie le Grand Seigneur; qu'en deux mots, le raisonnement est simple : que 4,000 hommes sont suffisants pour la garnison de Corfou et pour mettre ces îles à la raison; qu'il y en a 6,000 aujourd'hui; que, s'il en passe 10,000, ce ne peut être que dans des vues éloignées ou prochaines contre la Porte. Qu'au reste ce bavardage n'est que confidentiel. Que l'Empereur veut la paix; qu'il apprécie à sa juste valeur la puissance russe; qu'elle n'a pas le droit, ni le pouvoir, de prendre le ton qu'elle veut s'arroger; que la Russie ne sera forte, grande, considérée sur le continent qu'unie à la France, et que la France y aura de la prépondérance par son propre poids et sans l'influence de la Russie; que l'erreur de ce cabinet est évidente; qu'il a pris pour argent comptant toutes les cajoleries qu'on lui a faites, et qu'il a rêvé qu'il faisait trembler l'Europe, comme si, après tout, dans les douze années de la nouvelle guerre, il avait fait un autre rôle que de promettre et de ne rien tenir; qu'enfin, on se souvenait qu'ayant prêté 60,000 hommes, au premier échec, à la première discussion d'étiquette, il les avait retirés, résultat nécessaire d'une coalition qui n'est point fondée sur un intérêt géographique. Je pense que ces communications doivent avoir pour but de rassurer la Prusse, de nous montrer plus irrités que nous ne sommes réellement de la sotte arrogance de la Russie; car, la Prusse ayant l'habitude de s'agiter entre les deux géants, Lucchesini en fera part à Oubril, et le roi directement à l'empereur Alexandre.

NAPOLÉON.

Archives des affaires étrangères.
(En minute aux Arch. de l'Empire.)

7896. — AU VICE-AMIRAL DECRÈS.

Pont-de-Briques, 14 thermidor an XII (2 août 1804).

Mon intention est que vous expédiiez un courrier extraordinaire à Toulon, pour faire connaître au général Latouche que, différentes divisions de la flottille n'ayant pu joindre, j'ai jugé qu'un retard d'un mois ne peut qu'être avantageux, d'autant plus que les nuits deviendront plus longues; mais que mon intention est qu'il profite de ce délai pour joindre à l'escadre le vaisseau *le Berwick*; que tous les moyens quelconques doivent être pris pour arriver à ce résultat; qu'un vaisseau de plus ou de moins n'est pas à dédaigner, ce qui me mettra à même de pouvoir porter l'escadre réunie à dix-huit vaisseaux.

Je désire également que les ordres soient renouvelés pour presser l'armement de *l'Algésiras* à Lorient ; il faut qu'il soit en rade au 10 fructidor.

NAPOLÉON.

Archives de l'Empire.

7897. — A M. DE SÉGUR, GRAND MAÎTRE DES CÉRÉMONIES.

Pont-de-Briques, 15 thermidor an XII (3 août 1804).

L'Empereur a pris connaissance, Monsieur, du projet de décret que vous lui avez présenté sur le cérémonial du couronnement. Avant de vous faire connaître son opinion sur les diverses parties de ce travail, Sa Majesté a jugé nécessaire que quelques observations vous fussent adressées, et elle m'a chargé de vous les transmettre.

Beaucoup de personnes ont pensé que la cérémonie éprouverait de grandes difficultés dans l'église des Invalides ; que les évêques et les prêtres y seraient mal placés, puisqu'il n'y a pas de chœur ; que toutes les personnes actuellement destinées à s'y réunir s'y placeraient difficilement, même en supposant que les députations militaires ne fussent pas présentes à la cérémonie. Cependant, on n'a pas cru que cette dernière supposition pût être admise ; on a considéré que l'absence des députations militaires serait tout à fait contraire aux convenances de ce grand jour. Il faudrait, en conséquence, que le vaisseau pût contenir 15 ou 20,000 personnes prenant part à la solennité. Il serait également indispensable que le trône où se placeront l'Empereur et l'Impératrice, environnés de leurs Maisons, fût établi dans un lieu qui doit être vaste pour être commode. Or les Invalides ne peuvent donner ni le nombre de places nécessaires pour les assistants, ni l'emplacement convenable pour le trône.

On croit, au contraire, que 20,000 hommes seront très-facilement placés dans l'église de Notre-Dame ; que le trône, établi dans le chœur, y trouvera toute l'étendue nécessaire ; et que, s'il y a quelque cérémonie religieuse, elle ne sera vue dans ses détails que par des prêtres, ou par des hommes qui, par la supériorité de leur raison, ont autant de foi que dans le VIIIe siècle.

Tout paraît donc devoir déterminer à donner la préférence à la métropole.

Vous êtes invité, Monsieur, à vous rendre aux Invalides avec l'intendant du palais et le ministre des cultes. S. A. S. Monseigneur l'archichancelier de l'Empire est invité à s'y trouver aussi et à vous donner son heure. L'objet de cette visite est de s'assurer s'il est en effet impossible de faire aux Invalides les dispositions indiquées plus haut. Sa Majesté est frappée de cette considération, que la dépense qu'on fera à la métropole peut être permanente et durable, tandis que les frais faits aux Invalides seraient perdus.

Il paraît que le cortége de l'Empereur pourrait être réduit à une trentaine de voitures. On partirait à huit heures du matin ; on devrait être arrivé à neuf. La cérémonie durerait une heure, et une heure après, c'est-à-dire à onze heures, on pourrait être à l'École militaire. Il y aurait donc une marge très-suffisante pour tous les retards imprévus, puisqu'il n'est pas nécessaire que l'Empereur paraisse au Champ-de-Mars avant deux heures.

S'il est indispensable, pour que le cortége arrive plus facilement à Notre-Dame, d'abattre quelques maisons, il convient de présenter promptement les dispositions à prendre à cet égard. Cette dépense ne serait point perdue, puisqu'elle concourrait à débarrasser un grand centre de mouvements et de cérémonies.

L'Empereur attend, Monsieur, votre rapport sur ces divers objets, pour statuer sur les questions et sur les projets que vous lui avez présentés.

Par ordre de l'Empereur.

Archives de l'Empire.

7898. — A S. S. LE PAPE.

Pont-de-Briques, 3 août 1804.

Très-saint Père, dans sa lettre du 15 mai, Votre Sainteté nous a témoigné la crainte qu'elle a des événements qui peuvent survenir entre la Russie et elle ; nous avons voulu lui écrire la présente pour la rassurer. Le cabinet russe a peu de tenue, et il est, en général, assez inconséquent. Éloigné des affaires de l'Europe, il se précipite dans des démarches qu'il ne tarde pas à rétracter. Nous avons lieu d'être persuadé qu'il est fâché de la conduite de M. Cassini. Votre Sainteté ne doit prendre aucune inquiétude des troupes nouvellement arrivées à Corfou : il y a six mille hommes ; dans la mer Noire, il y en a six autres mille. Nous avons déjà fait connaître au roi de Naples que notre intention est qu'aucune troupe ne mette le pied en Italie, et nous sommes persuadé que ce ne sera pas celle de la Russie qui peut prendre possession des îles ; projet éphémère qu'elle abandonnera bientôt, à moins qu'elle ne veuille, ce que nous ne croyons pas pour le moment, donner suite au projet de Catherine, de détruire l'empire chancelant des Ottomans. Votre Sainteté peut rester sans aucune inquiétude; il n'y aura aucun trouble continental qui soit de quelque conséquence.

Sur ce, nous prions Dieu qu'il vous conserve, Très-saint Père, longues années au régime et gouvernement de notre mère la sainte Église.

Votre dévot fils, l'Empereur des Français,

NAPOLÉON.

Archives des affaires étrangères.

7899. — A S. S. LE PAPE.

Pont-de-Briques, 3 août 1804.

Très-saint Père, la lettre de Votre Sainteté nous a vivement affecté, parce que nous partageons toujours ses peines. Nous nous sommes fait rendre compte du décret du vice-président de la République italienne relatif au concordat de cette République, dont Votre Sainteté n'est pas satisfaite. Le vice-président n'a eu qu'un seul objet, qui a été d'en imposer à ceux qui prétendaient que le concordat était contraire aux intérêts et portait atteinte aux droits de la République. Nous avons ordonné que le vice-président nous présentât, dans le plus court délai, le plan d'exécution du concordat. Notre intention est de soumettre tout ce qu'il nous proposera à l'examen le plus scrupuleux, et d'empêcher qu'il ne soit porté aucune atteinte à ce qui a été convenu entre nous. Nous espérons que, dans cette circonstance comme dans celles qui l'ont précédée, Votre Sainteté restera convaincue de notre attachement aux principes de la religion et à sa personne.

Sur ce, nous prions Dieu qu'il vous conserve, Très-saint Père, longues années au régime et gouvernement de notre mère la sainte Église.

Votre dévot fils, l'Empereur des Français,

NAPOLÉON.

Archives des affaires étrangères.

7900. — A M. CHAMPAGNY.

Pont-de-Briques, 15 thermidor an XII (3 août 1804).

Monsieur Champagny, mon Ambassadeur à Vienne, le courrier qui vous porte cette lettre se rend à Constantinople. Votre présence à Paris va bientôt devenir nécessaire. Je désirerais qu'il fût possible avant votre départ que la cour de Vienne eût décidé son système. L'empereur a donné pour raison du retardement apporté dans l'envoi de ses lettres de créance qu'il voulait être reconnu comme empereur de Hongrie et de Bohême. J'ai fait répondre à cela qu'il n'avait qu'à se proclamer empereur de Hongrie et de Bohême, et que, quelque bizarre que me parût cette réunion de deux couronnes impériales, je la reconnaîtrais; mais que je ne pouvais reconnaître une chose qui n'était pas déclarée. Si réellement l'envoi des lettres de créance tenait à cette circonstance, je vous autorise à signer deux articles par lesquels je m'engagerais, si l'empereur se fait proclamer empereur de Hongrie et de Bohême, à le reconnaître; si, au contraire, cela n'a été qu'un prétexte, et que la raison du retardement tienne à des liaisons avec la Russie, vous ferez connaître au ministre que, ayant été nommé à un ministère à Paris, vous attendez au premier moment l'ordre de venir l'occuper, et que, en cette situation de choses, il va y avoir embarras pour remettre vos lettres de rappel, et qu'en même temps je ne pourrai nommer un autre ambassadeur pour vous remplacer que dans le cas où M. de Cobenzl aurait ses lettres de créance; que, s'il arrivait, au contraire, que l'empereur n'eût pas envoyé ses lettres de reconnaissance, cela serait un refus, et dès lors les deux puissances se trouveraient dans un état de grand refroidissement. Enfin, s'il le faut, vous parlerez un peu plus vivement. Vous direz que, ayant accordé à l'Autriche toutes ses demandes, ces délais ne tiennent qu'à d'autres principes; qu'il y a un commencement de coalition qui se forme, et que je ne donnerai pas le temps de la nouer; qu'on se tromperait étrangement si l'on pensait que je ferai aucune descente en Angleterre tant que l'empereur n'aura pas envoyé sa reconnaissance; qu'il n'est pas juste que, par cette conduite équivoque, l'Autriche me tienne 300,000 hommes les bras croisés sur les bords de la Manche; qu'il faut donc que la cour de Vienne sorte de cette position ambiguë, et que, si l'on est assez insensé à Vienne pour vouloir recommencer la guerre et prêter l'oreille aux suggestions de Londres, tant pis pour la monarchie autrichienne. Remuez fortement le cabinet, sans cependant donner aucun signe extérieur. Ajoutez que je serai de retour à Paris avant le 15 août; que j'y aurai une audience diplomatique; que M. de Cobenzl n'y sera point et cependant sera à Paris; que je préfère, dans ce cas, qu'on le rappelle.

NAPOLÉON.

Comm. par MM. de Champagny.
(En minute aux Arch. de l'Emp.)

7901. — A M. CAMBACÉRÈS.

Pont-de-Briques, 16 thermidor an XII (4 août 1804).

Mon Cousin, vous pouvez faire dire confidentiellement à la personne qui vous a remis le bulletin sur la Suisse que je n'approuve point d'état-major général, et que mon intention est de m'y opposer.

Le prince Joseph est parti ce matin de Boulogne. Il restera deux jours à Mortefontaine et se rendra de là à Paris. Il sera de retour au camp pour le 15 août.

Je n'ai pas encore distribué les décorations de la Légion d'honneur. Je les distribuerai avec quelque pompe au 15 août. M. d'Arberg a apporté le travail. Je vous prie de me faire connaître si vous pensez faire quelque chose à Paris pour le 15 août.

NAPOLÉON.

Archives de l'Empire.

7902. — A M. CAMBACÉRÈS.

Calais, 18 thermidor an XII (6 août 1804).

Mon Cousin, j'ai reçu vos différentes lettres. Je suis arrivé la nuit dernière à Calais. Je compte en partir cette nuit pour Dunkerque. J suis fort satisfait des habitants de cette ville.

On m'écrit de Paris qu'on voit des obligations de l'an XIV sur la place. Comme Marbois n'est pas à Paris, faites prendre des informations et instruisez-moi de cela.

NAPOLÉON.

Comm. par M. le duc de Cambacérès.
(En minute aux Arch. de l'Emp.)

7903. — A M. CHAPTAL.

Calais, 18 thermidor an XII (6 août 1804).

Monsieur Chaptal, Ministre de l'intérieur, je vois avec peine l'intention où vous êtes de quitter le ministère de l'intérieur pour vous livrer tout entier aux sciences, mais je cède à votre désir. Vous remettrez le portefeuille à M. Portalis, ministre des cultes, que j'en ai chargé en attendant que j'aie définitivement pourvu à ce département. Désirant vous donner une preuve de ma satisfaction de vos services, je vous ai nommé sénateur. Dans ces fonctions éminentes, qui vous laisseront plus de temps à donner à vos travaux pour la prospérité de nos arts et les progrès de notre industrie manufacturière, vous continuerez à rendre d'utiles services à l'État et à moi.

NAPOLÉON.

Archives de l'Empire.

7904. — A M. MOLLIEN.

Calais, 18 thermidor an XII (6 août 1804).

Monsieur Mollien, Conseiller en mon Conseil d'État, je lis dans votre bulletin du 16 que quelques emprunteurs continuent à offrir des obligations de l'an XIV pour gages des prêts qu'ils sollicitent. Cette phrase a excité toute ma sollicitude. Ces obligations n'existent point, et, quand elles existeront, elles seront renfermées dans le grand portefeuille, d'où elles ne sortiront que par mon ordre. Je suis donc porté à penser que c'est une erreur, et que vous avez voulu dire l'an XIII. Comme il y a des obligations de l'an XII échéant en l'an XIII, cela serait tout simple. Je vous demande des éclaircissements détaillés sur cet objet. Votre plume a l'air d'être enchaînée par je ne sais quelle crainte. Vous devez me dire tout et dans le plus grand détail. Ces bulletins ne sont lus que par moi, et ils restent constamment pour moi. Je désire donc qu'ils soient écrits avec plus d'étendue et d'un style plus clair.

NAPOLÉON.

Comm. par Mme la comtesse Mollien.
(En minute aux Arch. de l'Emp.)

7905. — A M. FOUCHÉ.

Calais, 18 thermidor an XII (6 août 1804).

Monsieur Fouché, Ministre de la police générale, j'ai lu avec grand intérêt la première partie du rapport du voyageur d'Husum. Quand j'aurai lu la seconde partie, je vous ferai connaître ce que je désire qu'il fasse. Je ne reçois jamais le *Courrier de Londres*. Quand il en méritera la peine, vous me l'enverrez. Si vous jugez que des extraits soient utiles, faites-les mettre dans les papiers de Paris. Il y a certainement à Paris un foyer d'intrigues, qu'il faudrait chercher à découvrir. Peut-être faudrait-il, si l'abbé David est en liberté chez lui, s'informer s'il a reçu ses papiers, et le faire arrêter de manière à les saisir tous. Cet homme a eu le premier fil de la conjuration. Il serait assez convenable de chercher à paralyser les bruits que des coteries ont l'art de répandre, et d'en distraire le public en faisant courir dans un sens différent des nouvelles arrivant de Londres ou de tout autre endroit. Il est facile de donner un peu plus de couleur aux journaux.

Le commissaire général de police de Boulogne est un bon jeune homme, mais bien jeune; il n'est pas donné à cet âge de connaître la perversité du cœur humain. Il donne trop facilement des permissions de séjourner à Boulogne. Faites arrêter Hyde et l'abbé Ratel. Donnez des instructions pour faire aussi arrêter Montjoie, qui finira par se présenter sur le Rhin.

NAPOLÉON.

Archives de l'Empire.

7906. — A M. TALLEYRAND.

Calais, 18 thermidor an XII (6 août 1804).

Monsieur Talleyrand, Ministre des relations extérieures, je désire que vous me fassiez un rapport sur les demandes de médiation que me fait la Maison de Hesse-Rothenbourg. Répondez à Bacher que mon intention est de ne faire aucune espèce de note, quand même le protocole s'ouvrirait en Empire, mais seulement de faire déclarer au ministre de l'empereur que, si l'on ouvre le protocole, on recevra une déclaration imprévue, qui sera fort désagréable à la cour de Vienne, dont le résultat pourra conduire à compromettre le repos dont jouissent les deux États; et qu'alors la cour de Vienne en sera seule la cause, en voulant s'amuser à piquer la France à coups d'épingle. Il doit dire aux ministres électoraux de prendre garde à ce qu'ils font; que la France a montré plus de modération qu'on n'avait droit de s'y attendre; qu'il y a deux mois qu'elle se laisse offenser; que les démarches fausses et petites de la cour de Vienne donneront lieu à une déclaration de l'Empereur des Français, qui déconsidérera le Corps germanique ou troublera le repos dont jouissent les deux États; que la première paix s'est faite à Lunéville aux dépens des électeurs ecclésiastiques; que la seconde pourra se faire aux dépens des princes qui ont pris le plus de part à pousser le Corps germanique contre la France. Je désirerais que vous rédigeassiez une note dans ce sens :

« Le soussigné, ministre de S. M. l'Empereur des Français à Ratisbonne, a reçu l'ordre exprès de sa cour de demander à la diète qu'on lève l'incertitude qui est laissée sur les points les plus importants de la constitution germanique par l'oubli qui a été fait d'une partie des déterminations du conclusum de Ratisbonne dans le rescrit impérial. La diète doit trouver naturelle cette sollicitude de l'Empereur des Français, comme voisin de l'empire germanique et ayant avec lui des relations multipliées, comme partie contractante du traité de Lunéville, et au titre qu'a toujours exercé la France de protéger la véritable constitution d'Allemagne et les princes faibles contre l'ambition et l'arbitraire des forts. Sa Majesté l'Empereur des Français ne saurait reconnaître en Allemagne un pouvoir au-dessus de la diète, et moins encore un pouvoir inconnu de tronquer un conclusum, d'en admettre ce qui peut être convenable à l'empereur, et d'en laisser tout ce qu'il peut juger ne pas lui être favorable; s'il en était ainsi, il suffirait d'un simple conseil aulique, il n'y aurait aucun besoin de diète. Le soussigné est également chargé de déclarer que le conseil aulique, étant entièrement dans la dépendance de la cour de Vienne, ne peut être considéré comme tribunal compétent pour juger les différends entre les princes; que, dans cette hypothèse, tout l'Empire serait entre les mains de l'empereur. »

Rédigez cette note en l'adoucissant beaucoup. Il est bon de l'envoyer d'ici à huit ou dix jours. Mon but est de faire entrevoir que j'interviendrai seul dans les affaires d'Allemagne, et que, si la cour de Vienne continue à tenir cette conduite louche, je pousserai la diète contre elle l'épée dans les reins.

Écrivez à M. de Cobenzl une lettre dans laquelle vous lui direz que l'Empereur des Français n'a pu être indifférent aux acquisitions importantes que fait la Maison d'Autriche; que le principe de pouvoir acquérir à prix d'argent, ou par tout autre moyen, des souverainetés, ne peut être admis; qu'elle vient d'acquérir Lindau, et qu'il est question de réunir en Souabe ses possessions pour en faire une souveraineté; que le but des stipulations de Lunéville et de Ratisbonne a été d'éloigner les frontières des deux États, afin d'éviter le plus possible des discussions; qu'un plan opposé serait tout à fait contraire à l'esprit du traité de Lunéville et à l'intérêt de l'Allemagne, et attirerait la sollicitude de l'Empereur des Français; que vous êtes fondé à penser que les éclaircissements qui vous seront donnés dissiperont les alarmes que j'aurai pu concevoir, et que, par la paix qui a été si heureusement rétablie, mon intention bien prononcée n'a pas été d'empiéter sur l'empire germanique, mais d'en protéger au contraire tous les princes et États.

Quelques jours après, vous ferez remettre une note à M. de Cobenzl, dans laquelle vous lui direz que M. Bacher a porté à ma connaissance la déclaration faite à la diète par le chargé d'affaires de l'empereur; qu'elle a donné lieu à deux observations qui m'ont frappé : la première, qu'il est inconcevable que l'empereur, dont le premier droit né est de demander des éclaircissements sur tout ce qui peut intéresser le Corps germanique, que l'empereur, qui a stipulé à Lunéville pour le Corps germanique sans l'intervention de la diète, fasse une déclaration qui porte que la diète doit demander que l'Empereur des Français donne des éclaircissements sur un fait quelconque; qu'il était plus simple que l'empereur les fît demander; qu'il est vrai en effet que, s'il ne l'avait pas fait, c'est que déjà il les avait reçus, et que, dans la lettre qu'il écrivit à M. de Cobenzl, et que celui-ci communiqua, il en était positivement question ; que, du reste, je ne puis voir dans cette conduite qu'une envie de me tracasser à coups d'épingle, manière indigne de grandes puissances éclairées et voisines, qui devraient avoir appris à se ménager et à traiter les affaires qui les regardent avec plus de sérieux, plus de considération et moins d'incartades ; que, si le protocole s'ouvre, l'Empereur des Français ne pourra s'empêcher de dire sa pensée tout entière ; et que si, par suite, la cour de Vienne s'en trouve vivement offensée, elle devra se ressouvenir que pendant deux mois l'Empereur des Français a laissé le champ libre à ceux qui ont eu la volonté ou l'intérêt de troubler la paix du continent ; que ces observations sont tellement importantes, que vous priez M. de Cobenzl de ne pas différer d'un instant de les porter à la connaissance de l'empereur ; que la dernière démarche a remis le continent dans l'incertitude ; qu'il faut que cela se décide, et que l'intention de l'Empereur des Français est qu'on lui dise franchement dans quelle situation on veut rester avec lui. Mon intention est effectivement de terminer promptement les affaires du continent et de n'y laisser rien d'incertain, soit à cause de l'influence qu'elles ont sur les affaires d'Angleterre, soit pour me décider dans mes opérations militaires et maritimes, soit à cause du couronnement.

J'ai vu avec peine, par la correspondance de MM. Champagny et Laforêt, que vous avez écrit à Berlin et à Vienne pour qu'on renvoyât la lettre du comte de Lille. C'est y donner trop d'importance, et c'est une démarche mauvaise, que je ne saurais approuver. L'oubli, le mépris, l'insouciance est le meilleur parti à prendre dans des affaires de cette nature.

J'adhère à la demande de l'archichancelier de l'Empire, et je nomme pour résider auprès de lui M. Portalis, secrétaire de légation à Berlin.

Vous verrez, par la réponse que je vous ai autorisé à faire aux ouvertures de Lucchesini, que l'armée du Hanovre ne sera pas augmentée, à moins qu'elle ne soit en danger réel d'être attaquée par les Russes. Quant aux affaires de cet électorat, c'est à lui à nourrir nos troupes. Après la démarche surtout que vient de faire son envoyé à Ratisbonne, il ne faut point ménager cet électorat. Si les États veulent faire un emprunt, je n'ai rien à y faire ; mais mon intention est de n'y point intervenir. Vous ferez dire par Durand ou par tout autre, aux députés qu'ils ont à Paris, que j'exige qu'ils rappellent leur envoyé à Ratisbonne ; que, sans cela, je les traiterai militairement. Durand ne manquera pas de dire que cette démarche m'a fortement indisposé contre eux, et que je sais fort bien que, s'ils avaient voulu intervenir, elle n'aurait pas été faite; que, si M. de Reden continue à rester à Ratisbonne, il sera traité comme émigré.

Beaucoup de choses me font penser que la cour de Vienne met plus de duplicité que vous ne croyez dans sa conduite. Elle était instruite de la conjuration; elle élevait le ton en conséquence; Cobenzl à Paris tient plusieurs langages, et c'est par son canal que la correspondance s'est faite longtemps avec Varsovie. Faites répondre, par la même voie dont se sert Lucchesini pour faire ses insinuations, que tout est facile à arranger avec les Russes, hormis les injures et les menaces, qu'il n'est pas dans notre position de digérer.

NAPOLÉON.

Archives des affaires étrangères.
(En minute aux Arch. de l'Emp.)

7907. — A L'IMPÉRATRICE JOSÉPHINE.

Calais, 18 thermidor an XII (6 août 1804).

Mon Amie, je suis à Calais depuis minuit; je pense en partir ce soir pour Dunkerque. Je suis content de ce que je vois et assez bien de santé. Je désire que les eaux te fassent autant de bien que m'en font le mouvement, la vue des champs et la mer.

Eugène est parti pour Blois. Hortense se porte bien. Louis est à Plombières.

Je désire beaucoup te voir. Tu es toujours nécessaire à mon bonheur. Mille choses aimables chez toi.

NAPOLÉON.

Extrait des *Lettres de Napoléon à Joséphine*, etc.

7908. — A M. FOUCHÉ.

Calais, 19 thermidor an XII (7 août 1804).

Monsieur Fouché, Ministre de la police générale, je vois dans la *Gazette de France* que Dessalines a fait une Légion d'honneur. Il serait bon de vérifier si ce n'est pas une mauvaise plaisanterie qu'a voulu faire le journaliste; il me paraîtrait qu'elle serait mal placée.

Je ne vois aucune utilité à faire revenir à Paris des hommes comme Septeuil; il est à Bayonne, qu'il y reste. La présence de personnes de cette espèce est très-nuisible à Paris.

NAPOLÉON.

Archives de l'Empire.

7909. — A M. TALLEYRAND.

Calais, 19 thermidor an XII (7 août 1804).

Monsieur Talleyrand, Ministre des relations extérieures, vous avez dû faire connaître à mes ministres près les différentes cours, 1° la raison pour laquelle la cour de Vienne n'avait pas encore envoyé ses lettres de créance; 2° le langage qu'ils avaient à tenir relativement à la note du cabinet russe à Ratisbonne; 3° la conduite de la cour de Vienne à cette diète. Mon intention est de leur faire connaître aujourd'hui d'une manière précise la raison de la conduite inconcevable de la Russie à Ratisbonne et le langage à insinuer, soit dans les journaux, soit dans la conversation. Il n'y a aucune cour aussi pauvre en hommes que celle de Russie; Markof y est un aigle; Voronzof est publiquement connu pour être plutôt citoyen anglais que citoyen russe. Depuis longtemps cette clique avait cherché à vendre les intérêts nationaux de la Russie à l'Angleterre; l'évidence de la raison et l'intérêt de la Russie, joints au sens droit de l'empereur Alexandre, avaient toujours maintenu la bonne intelligence avec la France, et leurs intrigues avaient été déjouées. On a trouvé le moyen de surprendre la note qui a été envoyée à Ratisbonne, non comme démarche qui pût faire aucun effet, puisque Ratisbonne n'est rien (une démarche directe à Paris ou à Vienne était plus conséquente), mais pour engager l'empereur, espérant que la France répondrait vivement et que l'empereur se trouverait en guerre avec elle sans s'en douter. La prudence de l'Empereur des Français a déjoué cette basse intrigue. La cour de Russie reste aujourd'hui incertaine; elle commence à s'apercevoir de l'inconséquence de sa démarche; et, dans tout ce qu'elle fait dire à Paris, on ne sait où elle veut aller. Elle a la conscience de son impuissance pour se mêler des affaires de l'Europe; c'est comme si la France voulait se mêler des affaires de la Perse. Tout porte donc à penser qu'une rupture n'aura pas lieu entre les deux puissances. Les gens de bon esprit qui se trouvent à Pétersbourg sentent que cette conduite leur fait perdre toute leur influence, et qu'enfin on ne pouvait mieux expliquer le résultat de toute la conduite de la cour de Russie (soit qu'elle voulût faire la guerre, soit qu'elle restât dans cet état de bouderie avec la France) que par le mot de l'Empereur des Français en lisant la note présentée à Ratisbonne : « Ah! a-t-il dit, voilà la prépondérance qu'avait acquise la » Russie en Europe, par sa médiation avec la France à Ratisbonne, » détruite! » Dans le fait, c'est cela seul qu'on peut prévoir. Si la Russie se brouillait avec la France, son impuissance serait telle, que l'Europe cesserait d'avoir pour elle cette estime et cette considération que lui a acquises son alliance avec la France. Si elle s'unissait avec l'Autriche, elle serait battue, et la puissance de la France deviendrait colossale. Ne l'a-t-elle pas été, battue, en Suisse, en Hollande? Et quand Souvarof arrivait, notre armée n'était-elle pas au delà de l'Adda? Écrivez dans ce sens; faites des bulletins dans ce sens, et commentez beaucoup la campagne de l'an VII.

NAPOLÉON.

Archives de l'Empire.

7910. — A M. TALLEYRAND.
Calais, 19 thermidor an XII (7 août 1804).

Monsieur Talleyrand, Ministre des relations extérieures, j'ai nommé M. Champagny au ministère de l'intérieur. L'ambassade de Vienne devient par là vacante. Je désire que vous me proposiez les personnes que vous croyez propres à remplir ce poste important. Comme ce ministre est nécessaire à Paris, vous lui enverrez ses lettres de récréance. Vous pouvez en faire part à M. de Cobenzl, qui est à Paris; à cette occasion, vous lui ferez sentir qu'il y aurait de l'inconvenance que l'Empereur nommât un successeur à M. Champagny, si la cour de Vienne ne lui envoie pas en même temps ses lettres de créance.

NAPOLÉON.

Archives des affaires étrangères.
(En minute aux Arch. de l'Emp.)

7911. — AU MARÉCHAL BERTHIER.
Dunkerque, 19 thermidor an XII (7 août 1804).

Mon Cousin, mon intention est que vous écriviez au général Bernadotte[1] pour qu'il fasse rappeler de Ratisbonne M. de Reden, et que, si cette personne ne revient pas en Hanovre, ses biens soient confisqués. Il convient que les États sachent mon mécontentement de la conduite de M. de Reden à Ratisbonne. Ils diront qu'ils n'y peuvent rien; mais il ne faut tenir nul compte d'une pareille réponse. Vous recommanderez au maréchal Bernadotte de se faire donner tout l'argent qui est nécessaire pour les besoins de l'armée. Les Hanovriens sont habiles à se prévaloir de fausses apparences. Ils fournissent secrètement de l'argent à leur armée, dont une partie a déjà filé en Angleterre.

NAPOLÉON.

Archives de l'Empire.

[1] Commandant en chef l'armée du Hanovre.

7912. — AU MARÉCHAL BERTHIER.

Dunkerque, 20 thermidor an XII (8 août 1804).

Mon Cousin, il est de la plus grande importance de faire une circulaire aux généraux commandant les conseils de recrutement, pour leur faire sentir le préjudice qu'éprouve l'État des conscrits malingres et inhabiles au service militaire qu'ils envoient. Un grand nombre est invalide et ruine le trésor public sans aucun avantage. Il serait nécessaire aussi de faire passer sur-le-champ l'inspection aux revues.

NAPOLÉON.

Archives de l'Empire.

7913. — A M. CAMBACÉRÈS.

Dunkerque, 22 thermidor an XII (10 août 1804).

Mon Cousin, j'ai reçu votre lettre du 21 thermidor. Je n'ai pu qu'être vivement peiné de l'explication que vous me donnez. Les règles ne sont pas suivies. Je suppose que le ministre du trésor public n'est pas à Paris; faites venir son premier commis et demandez-lui des éclaircissements. Les obligations, à peine signées par le ministre des finances, doivent être mises dans le grand portefeuille, d'où elles ne peuvent sortir que par un arrêté. Je n'ai autorisé aucune sortie d'obligations de l'an XIII. Faites connaître, je vous prie, que les obligations échues qui sont sur la place soient sur-le-champ retirées. C'est vouloir discréditer le trésor public que d'en émettre de cette époque. Non-seulement elles ne sont pas en dépôt, mais elles sont même négociées. Je connais des personnes qui en ont acheté. Je crains fort que notre trésor ne soit dans une fausse direction. Continuez à prendre des éclaircissements sur cet objet. Comment arrive-t-il que ces obligations, si elles n'ont été mises qu'en dépôt, soient négociées et vendues sur la place? Dites au trésor public qu'aucune ne doit sortir du portefeuille que par mon ordre. Je ne condamne pas le ministre du trésor public; il est trop ami des règles pour avoir permis que des obligations de l'an XIV sortissent du portefeuille. Cependant Maret m'assure que je n'ai rien signé de relatif à cela.

NAPOLÉON.

Comm. par M. le duc de Cambacérès.
(En minute aux Arch. de l'Emp.)

7914. — A M. CAMBACÉRÈS.

Dunkerque, 22 thermidor an XII (10 août 1804).

Mon Cousin, je compte partir cette nuit pour Ostende. J'ai passé la journée à faire manœuvrer les troupes. Veillez à ce que tout ce qui est relatif au couronnement marche. Je me porte fort bien, quoiqu'on s'obstine à Paris à me faire malade. Je ne conçois pas comment il n'est pas possible à la police d'arrêter quelques-uns de ces colporteurs de mauvaises nouvelles, qui évidemment sont poussés par les Anglais.

NAPOLÉON.

Comm. par M. le duc de Cambacérès.
(En minute aux Arch. de l'Emp.)

7915. — A M. GAUDIN.

Dunkerque, 22 thermidor an XII (10 août 1804).

Vous trouverez ci-joint une note qui m'est envoyée de la caisse d'amortissement; sur l'avis que j'ai eu que des obligations de l'an XIV se négociaient sur la place, j'avais fait connaître qu'on m'en achetât. Expliquez-moi comment cela arrive. Je désirerais aussi que, remplissant votre ministère avec exactitude, vous m'envoyassiez des bulletins, au moins deux fois la semaine, de ce qui se fait à la Bourse. J'apprends tout par les autres et rien par vous. Cependant, vivant avec des hommes de finance, ces choses ne peuvent être ignorées de vous.

NAPOLÉON.

Archives de l'Empire.

7916. — A M. FOUCHÉ.

Dunkerque, 22 thermidor an XII (10 août 1804).

Monsieur Fouché, faites arrêter la femme Bernet, femme Montagne, si c'est une émigrée qui fait des voyages de Paris à Saint-Pétersbourg. Faites informer sur l'évasion de Bourmont et de d'Andigné; le commandant du fort paraîtrait compromis. Faites mettre le séquestre sur les biens des deux. La conduite de Moreau, qui s'est embarqué à Barcelone, prouve ce que j'en avais toujours pensé, qu'il lèvera le masque et passera en droite ligne chez nos ennemis. Un nommé Montaut, demeurant à Paris, rue Saint-Dominique, n° 942, vend son crédit près les bureaux de la guerre. Un Piémontais a obtenu par son crédit une retraite de 4,000 francs en lui payant tant pour cent. Faites suivre cet homme, et voyez à découvrir ce foyer de corruption.

NAPOLÉON.

Archives de l'Empire.

7917. — A M. TALLEYRAND.

Dunkerque, 22 thermidor an XII (10 août 1804).

Monsieur Talleyrand, Ministre des relations extérieures, je vous renvoie le portefeuille, dans lequel je ne vois rien d'important. Il serait peut-être à propos de faire ressortir l'immoralité de la cour de Pétersbourg, où l'empereur donne des marques de considération si extraordinaires et si inusitées au meurtrier de son père.

L'ambassadeur Cobenzl à Paris est un homme très-faux, très-acharné à peindre tout ce qui se fait ici sous les plus odieuses couleurs. Il paraît avoir bien l'esprit faux de sa cour. Je crois nécessaire de vous dire cela, afin que vous vous en méfiiez dans vos communications avec lui, et que vous ne soyez pas plus longtemps dupe de sa prétendue bonhomie.

Je ne pense pas qu'il soit utile de tarder plus longtemps de répondre à la Russie; il vaut mieux voir de suite à quoi elle en veut venir. Voici comme je pense qu'il faudrait répondre à M. d'Oubril; vous m'enverrez la note que vous rédigerez en conséquence, afin que je la voie avant que vous la remettiez :

« Le soussigné, ministre des relations extérieures, a mis sous les yeux de l'Empereur la note de M. d'Oubril, chargé d'affaires de Russie. Sa Majesté m'a ordonné de déclarer qu'elle voulait qu'il ne fût porté aucune attention aux injures dont cette note est remplie; qu'elle avait depuis six mois vu avec peine que les notes du cabinet de Saint-Pétersbourg portaient toutes le même caractère; que, lorsque dans des relations aussi importantes on emploie un style si inconvenant, le blâme en est tout entier au cabinet qui s'en sert. Sa Majesté l'Empereur des Français, depuis le moment où elle renvoya les prisonniers russes, n'a pas perdu une occasion de donner une preuve de déférence, d'estime et de considération au souverain de la Russie; en échange, elle n'en a reçu que de mauvais offices. Tous ceux qui voulaient troubler la tranquillité de l'intérieur de la France, tous les individus que le cabinet de Saint-Pétersbourg avait employés en temps de guerre contre la France, l'ont été avec plus d'ostentation depuis la paix; et, dans les détails des affaires, on n'a oublié aucune occasion de montrer à la France de la haine. Lorsqu'on a porté à Saint-Pétersbourg le deuil d'un homme condamné à mort pour avoir conspiré contre la France, Sa Majesté ne s'en est pas plainte; on a poussé l'inconvenance jusqu'à le faire porter en Espagne, à Vienne, même en Hollande. On l'eût fait porter par la légation russe à Paris, que Sa Majesté avait ordonné qu'on n'y fît aucune attention. Mais par là la Russie n'a fait tort qu'à elle. Si elle reconnaît le comte de Lille pour souverain de la France, pourquoi a-t-elle fait des traités et eu des communications immédiates avec le Gouvernement français? Cette observation n'a échappé à personne en Europe. La Russie est maîtresse de se conduire avec le raisonnement et la conséquence qu'elle veut. La déclaration brusque et inattendue faite à la diète de Ratisbonne n'a point excité les plaintes de la France; elle a porté la modération jusqu'à vouloir l'ignorer. Cependant, quel paraît être le but de cette déclaration? La cour de Saint-Pétersbourg voulait-elle effectivement avoir des informations? Que ne les demandait-elle directement? Voulait-elle faire voir qu'elle n'avait pour la France aucune considération? L'Europe, depuis l'affaire d'Entraigues et la conduite de Markof à Paris, n'en doutait plus. Voulait-elle faire sentir qu'éloignée du théâtre de la guerre, elle pouvait rester tranquille au milieu de l'incendie de l'Europe et être maîtresse de s'en mêler ou non? L'Europe en est persuadée et pensera que la Russie verrait avec plaisir la guerre se rallumer sur le continent, sûre qu'elle n'y prendra que la part qu'elle voudra, se retirera ou s'avancera comme il lui plaira, et exercera sa prépondérance sur la ruine des autres États. L'Empereur n'est pas assez dépourvu de sens pour ne pas comprendre combien cette politique serait avantageuse à la Russie et défavorable et ruineuse pour lui.

« La précédente note que M. d'Oubril a remise a été imprimée dans les gazettes. L'Empereur des Français pourrait en faire de même de sa réponse; il n'a pas cru de son devoir ni de son intérêt d'exciter la guerre du continent, ni d'insulter à qui que ce soit.

» Quant aux menaces contenues dans la dernière note de M. d'Oubril, Sa Majesté l'Empereur m'a ordonné de déclarer que l'histoire du passé n'a autorisé aucune puissance, et la Russie pas plus qu'une autre, à menacer la France; que si le général Souvarof obtint des succès en Italie, l'armée autrichienne en avait déjà obtenu avant qu'il arrivât; et que si son armée, au lieu d'avoir été défaite en Suisse et en Hollande, avait continué à être victorieuse et eût dicté la paix au milieu des plaines de la Champagne et de la Lorraine, les menaces n'eussent pas plus réussi avec la France. Il faut que la Russie sache bien que l'Empereur des Français n'est ni l'empereur des Turcs ni l'empereur des Persans. Si donc la Russie peut faire la guerre à la France parce que telle est sa volonté, si son système est d'humilier la France et de l'obliger à reconnaître dans ses ambassadeurs le droit de protéger à Paris des sujets rebelles ou le nouveau droit public de naturaliser les Français qui lui conviennent, l'Empereur des Français n'y peut rien ; il gémira sur l'influence des intrigues de la puissance qui pourra seule gagner quelque chose à ladite guerre.

» Quant aux propositions encadrées dans la note de M. d'Oubril, Sa Majesté ne peut les considérer, après les injures et les menaces qui les accompagnent, que comme un prétexte plutôt que comme des objets réels. Cependant Sa Majesté, ne voulant rien négliger pour maintenir la tranquillité et épargner le sang des hommes, m'a ordonné de déclarer que, toutes les fois que la Russie remplira fidèlement les articles du traité conclu avec la France, elle sera prête à les exécuter avec la même fidélité, nommément tel et tel article (ces articles sont : 1° celui qui dit que les deux puissances ne toléreront rien de ce qui peut troubler leur repos intérieur ; 2° celui qui dit que les deux puissances se réuniront pour mettre une limite au pouvoir des Anglais ; 3° celui qui dit que la République des sept îles sera indépendante sous la protection de toutes les puissances).

» Mais si Sa Majesté l'empereur de Russie, ne voulant tenir aucunes stipulations, exigeait que la France les tînt, ce ne serait plus traiter avec l'égalité qu'elle déclare dans sa note vouloir maintenir ; ce serait vouloir conduire la France par la force, et, par l'aide de Dieu et de ses armées, la France n'a jamais subi la loi de qui que ce soit. »

NAPOLÉON.

Archives de l'Empire.

7918. — AU GÉNÉRAL LACUÉE.

Dunkerque, 22 thermidor an XII (10 août 1804).

Monsieur Lacuée, Président de la section de la guerre de mon Conseil d'État, j'ai dû vous envoyer le projet du ministre de la guerre sur la répartition de la levée de la conscription de l'an XIII. Voilà le moment qui arrive, je désire que vous m'en fassiez passer les tableaux. Il n'y a pas un régiment que je n'aie vu qui n'ait reçu une centaine de conscrits boiteux, malingres et tout à fait inhabiles au service. Depuis leur arrivée aux corps, ils sont aux dépôts à nos frais, en pure perte, usent leurs habits et coûtent beaucoup d'argent. On se plaint des conseils de recrutement. On dit que le préfet influence le général, et que le capitaine de recrutement n'y a aucune influence. Il faudrait trouver un moyen de mieux composer ces conseils de recrutement, et rendre responsable l'officier commandant le département qui enverrait des hommes malingres. Toutes les fois qu'il y en aurait, le capitaine de recrutement serait tenu de le lui faire connaître par écrit, et, s'il persistait à les faire partir, on lui ferait supporter les frais du voyage. On se plaint que les remplaçants désertent; on en donne deux raisons : l'une, que lorsqu'ils ont leur argent ils se sauvent. On voudrait donc que cet argent leur fût distribué en haute paye et fût versé dans la caisse du corps, de manière que, ces individus venant à déserter, leur corps se trouvât nanti d'une portion de l'argent. En cas que cette mesure eût quelque inconvénient, l'argent pourrait être déposé entre les mains de l'administration, de manière que, dans toute hypothèse, ces hommes en s'en allant n'emportent point l'argent. On se plaint qu'au lieu de prendre des remplaçants dans la conscription, on les prend de tout âge et de tout pays, ce qui est encore la faute, non du capitaine de recrutement, mais du conseil de recrutement. Faites-moi un projet sur ces différents objets.

NAPOLÉON.

Archives de l'Empire.

7919. — AU GÉNÉRAL DEJEAN.

Boulogne, 23 thermidor an XII (11 août 1804).

Monsieur Dejean, Ministre de l'administration de la guerre, le drap que fournit le directoire de l'habillement n'est jamais conforme à l'échantillon. Beaucoup de corps se plaignent que les tricots qui sont fournis aux soldats sont inférieurs à ceux que le corps achète et reviennent beaucoup plus cher; enfin ils prétendent qu'ils se fourniraient de draps de meilleure qualité et à meilleur marché, si on leur donnait l'argent.

On a fourni aux régiments italiens des souliers qui ne sont d'aucune valeur; on a vérifié ceux en magasin qui ont été envoyés à Cambrai; ils ne valent pas 30 sous. Vous sentez l'importance de réprimer cet abus en atteignant les coupables qui ont ainsi abusé de votre confiance.

NAPOLÉON.

Archives de l'Empire.

7920. — A M. CAMBACÉRÈS.

Ostende, 25 thermidor an XII (13 août 1804).

Mon Cousin, je suis depuis deux jours à Ostende. Je suis extrêmement satisfait de la flottille batave et des troupes du camp de Bruges. Je ne témoigne pas mon mécontentement au ministre du trésor public sur le mauvais agiotage qu'on fait de nos obligations, parce que je le crois encore dans le département de l'Eure. Faites appeler son premier commis pour finir ces affaires. Faites aussi appeler Desprez, et faites-lui connaître combien j'ai été irrité de l'abus de confiance de sa compagnie, qui, par suite de ses opérations avec le trésor public, en a reçu des obligations qu'elle a vendues. Si elle était payée pour nous discréditer et pour faire des opérations folles et insensées, elle n'agirait pas autrement.

Il y a un arrêté relatif à des dispositions d'exercice, en date du 17 messidor; les agioteurs ont cru qu'il y avait des arriérés de l'an IX. C'est une chose si contraire à mes principes que j'ai peine à le croire. Faites demander cet arrêté au trésor public, et, s'il est effectivement relatif à l'an IX, faites mettre dans *le Moniteur* un article bien frappé qui fasse sentir qu'il n'y a point d'arriéré.

NAPOLÉON.

Comm. par M. le duc de Cambacérès.
(En minute aux Arch. de l'Emp.)

7921. — A M. PORTALIS.

Ostende, 25 thermidor an XII (13 août 1804).

Monsieur Portalis, Ministre des cultes, j'ai vu avec plaisir que MM. les évêques de Meaux et d'Orléans réussissaient à convertir les incrédules. Tout ce qu'on peut obtenir par la persuasion est une véritable conquête que j'apprécie.

NAPOLÉON.

Comm. par M. le comte Boulay de la Meurthe.
(En minute aux Arch. de l'Emp.)

7922. — AU CARDINAL DE BELLOY, ARCHEVÊQUE DE PARIS.

Ostende, 25 thermidor an XII (13 août 1804).

Mon Cousin, je suis instruit que les vieillards de l'hospice de Montrouge ne sont pas traités comme ils doivent l'être. L'intérêt que je porte à cet établissement me fait désirer que vous vérifiiez par vous-même si ces plaintes sont fondées, et si cet établissement est administré suivant les statuts et pour le bien de la vieillesse, afin que vous m'en rendiez compte directement et que je puisse savoir s'il y a des abus.

NAPOLÉON.

Archives de l'Empire.

7923. — A M. FOUCHÉ.

Ostende, 25 thermidor an XII (13 août 1804).

Monsieur Fouché, Ministre de la police, j'ai lu avec intérêt les deux dernières parties du mémoire du voyageur d'Husum. Je pense qu'il peut nous être très-utile. Qu'il aille à Lubeck guetter le retour du courrier anglais. Recommandez-le au général Bernadotte, qui donnera les ordres pour tâcher de se saisir d'un ou deux de ces courriers, mais sans que le voyageur d'Husum se trouve compromis ou démasqué. Qu'il se fasse constituer le correspondant et l'agent des princes sur le continent, et qu'il écrive en grand détail sur tout ce qui se passe qui peut nous intéresser, soit en Angleterre, soit sur le continent. Surtout faites saisir quelques-uns des agents ou courriers anglais. Quant à la proposition de gagner Couchery, il faut que le voyageur d'Husum reste deux ou trois mois chargé d'affaires; et alors, quand Couchery l'aura mis au fait, il pourra lui laisser entrevoir l'espérance d'avoir sa grâce et la possibilité de rentrer en France, s'il rend des services en restant à Londres quelque temps et nous instruisant de tout ce qui s'y passe.

Je suis instruit d'une manière particulière que Rochelle a des moyens de se sauver. D'après ce qu'on en dit, il paraît que c'est un misérable. Faites-le mettre aux fers, de manière que, sous aucun prétexte, il ne se sauve. Chassez aussi le père et la mère, si vous pensez qu'ils continuent des liaisons et des correspondances suspectes. Faites mettre le séquestre sur les biens de Bourmont et d'Andigné. Je désire connaître les frères de Moreau et de Lahorie et les emplois qu'ils occupent.

On m'assure que Bourmont se cache à Paris chez M. Leriche de... ancien major général de Frotté.

M. Belleval, espèce de secrétaire du prince de Valachie, est arrivé à Paris. Il passe pour un intrigant. On le dit de Ratisbonne, Bastia, et avoir fait sa fortune près du Zoubof, dont il a été l'espèce de domestique. Il a eu des correspondances avec les Anglais. Ces correspondances doivent être observées. Quelque fin qu'il soit, la police peut avoir quelqu'un auprès de lui pour avoir un compte de ses opérations.

Beaucoup de Russes quittent Paris. Il faut que la police s'informe s'ils ont payé leurs dettes. Il ne faut point être badaud au point de perdre des sommes considérables; et, pour peu que vous ayez de plaintes qu'ils n'aient point payé leurs dettes, refusez-leur des passeports, et défendez-leur de partir avant de les avoir payées.

NAPOLÉON.

Archives de l'Empire.

7924. — A M. MELZI.

Ostende, 25 thermidor an XII (13 août 1804).

Monsieur Melzi, Vice-Président de la République italienne, j'ai passé la revue à Calais d'un des régiments italiens; j'y ai reçu beaucoup de plaintes. Les soldats se plaignent d'être maltraités à coups de bâton. Il paraissait même qu'il y avait des voleries dans le corps. Cependant, par le rapport de l'inspecteur que je vous envoie, j'ai vu le contraire. Il est impossible au général Pino de faire l'expédition. Je l'ai nommé ministre de la guerre, et je l'ai remplacé dans le commandement de la division italienne par le ministre actuel, général Trivulzi. L'armée italienne coûte beaucoup d'argent et est mal administrée; c'est dommage, car les hommes ont bonne volonté. Vous connaissez le zèle du général Pino; il a de l'énergie, il paraît attaché à ma personne et a du zèle. Le général Trivulzi prendra dans le mouvement de l'armée les connaissances qui lui manquent.

Napoléon.

Archives de l'Empire.

7925. — AU MARÉCHAL BERTHIER.

Ostende, 25 thermidor an XII (13 août 1804).

Le ministre répondra au général Gouvion Saint-Cyr que je ne pense pas qu'il doive être alarmé du passage des troupes russes; que je sais exactement ce qui arrive, par Constantinople; qu'il y a moins de 9,000 hommes, ce qui ne se porterait pas, en présents sous les armes, à 7,000; qu'il n'y a pas possibilité aux Russes d'entreprendre rien avec si peu de troupes; que, si elles sont augmentées, ses troupes le seraient en conséquence; qu'il doit jeter un coup d'œil sur les Polonais, qu'on dit avoir aujourd'hui des relations avec les Russes. S'il n'était pas parfaitement sûr de ce corps, il faudrait qu'il en instruisît sans délai.

Le commandant de la citadelle de Besançon ayant laissé échapper Bourmont et d'Andigné, vous me présenterez un arrêté pour le destituer. Vous me ferez connaître de quel grade il est, et vous me proposerez pour le remplacer un homme ferme et sûr. Les commandants des forts de Bouillon, If, Ham, etc., sont responsables des prisonniers et doivent prendre des mesures sûres pour ne pas les laisser échapper.

Napoléon.

Archives de l'Empire.

7926. — AU MARÉCHAL BERTHIER.

Ostende, 25 thermidor an XII (13 août 1804).

L'Empereur désire, Monsieur le Maréchal, que le premier inspecteur du génie se rende à Anvers, afin de s'y concerter avec le maire pour le local qu'il convient de désigner comme devant servir à l'accroissement de la ville. Pour établir l'arsenal maritime, on a abattu beaucoup de maisons; les logements sont rares et chers; les magasins sont insuffisants, les négociants ont besoin d'en construire; et si les fortifications resserraient trop la ville, elle en souffrirait beaucoup de dommages; il lui serait impossible de devenir le centre de l'immense commerce auquel elle est appelée par sa position.

Le premier inspecteur du génie rassurera en même temps les habitants sur la crainte qu'ils ont de devenir place de guerre : jamais Anvers ne sera place de première ligne; on n'a pas même le projet d'en faire un port d'armement; mais il importe, et c'est là le seul but qu'on se propose, de la mettre à l'abri d'un coup de main, et d'éviter que, lorsqu'elle sera parvenue à une grande richesse, si des circonstances, qui ne sont pas probables, mais qui sont possibles, se présentaient, l'ennemi ne vînt à hasarder quelques partis de hussards pour la mettre à contribution. Les dispositions qu'on va prendre sont donc dans l'intérêt du commerce, et ne sauraient jamais être contre lui.

Par ordre de l'Empereur.

Archives de l'Empire.

7927. — AU MARÉCHAL BESSIÈRES.

Ostende, 25 thermidor an XII (13 août 1804).

Mon Cousin, je pense que vous avez pris toutes les mesures pour qu'au 18 brumaire ma Garde à pied et à cheval se trouve habillée à neuf et ait ses nouveaux boutons.

NAPOLÉON.

Comm. par M. le duc d'Istrie.

7928. — A M. BARBÉ-MARBOIS.

Ostende, 26 thermidor an XII (14 août 1804).

Monsieur Barbé-Marbois, Ministre du trésor public, je reçois votre lettre du 22, par laquelle vous m'annoncez que vous serez de retour à Paris le 25. Les nouvelles de la Bourse m'ont vivement affecté. Je ne comprends pas comment des obligations de l'an XIII ont été tirées du portefeuille sans mon autorisation. Je comprends encore moins comment les personnes auxquelles ces obligations ont été confiées en dépôt ont eu l'extrême imprudence de les vendre sur la place; ce qui, dans un seul moment, porte un coup funeste à notre crédit, surtout ces obligations échéant en l'an XIV. J'attends des éclaircissements sur ces différents faits, qui ont troublé la joie que j'éprouve au milieu des camps et des flottilles.

NAPOLÉON.

Archives de l'Empire.

7929. — A M. TALLEYRAND.

Ostende, 26 thermidor an XII (14 août 1804).

Monsieur Talleyrand, Ministre des relations extérieures, je vous renvoie vos deux portefeuilles.

Répondez à M. Maillardoz[1] que *le Moniteur* n'est officiel que dans les actes du Gouvernement; que, d'ailleurs, il n'avait rien dit qui pût blesser la Suisse, mais simplement que l'établissement d'un état-major général en temps de paix ne peut être considéré que comme contraire à l'acte de médiation.

Répondez à M. de Gravina : « Monsieur, j'ai mis sous les yeux de Sa Majesté l'Empereur la lettre que vous m'avez communiquée. L'officier Wright a été pris par nos croiseurs au moment où il débarquait sur la côte de Bretagne Jean-Marie et deux autres brigands. Cet officier a débarqué à la falaise de Biville sur la côte de Normandie, par trois fois consécutives, les brigands chargés d'assassiner le premier magistrat de la France. Par toutes les enquêtes qui ont été faites, nous avons acquis la preuve qu'il a été mis à la disposition de lord Hawkesbury par l'amirauté, sans qu'elle connût l'usage auquel il devait être affecté; de braves militaires comme les lords de l'amirauté n'auraient pas souffert que le pavillon anglais et les officiers de la marine anglaise fussent déshonorés par un pareil service; on a la conviction que cet acte déshonorant est personnel à l'officier Wright, à lord Hawkesbury, qui a lui-même tiré de la trésorerie les 40,000 liv. sterling qu'il a livrées pour prix de ce crime. Toutefois, le ministre actuel des affaires étrangères ayant réclamé par votre canal le capitaine Wright, Sa Majesté l'Empereur, toujours empressé de faire tout ce qui peut dépendre de lui pour diminuer les fléaux de la guerre, m'a ordonné de vous déclarer qu'il ne pouvait pas consentir à l'échange de M. Wright, ne pouvant échanger un criminel pour un brave et loyal officier; mais qu'il ordonnerait qu'il fût remis à la disposition du Gouvernement anglais, afin qu'il en soit usé par ce Gouvernement comme il lui conviendra. C'est à la postérité à imprimer le sceau de l'infamie sur lord Hawkesbury et les hommes assez lâches pour avoir adopté comme moyen de guerre l'assassinat et le crime. Je désire, Monsieur, que vous voyiez dans cette disposition

[1] Envoyé extraordinaire de la Diète helvétique à Paris.

de Sa Majesté l'Empereur un désir de faire quelque chose qui vous soit personnellement agréable, et aussi une preuve de l'intention où il est de ne jamais confondre l'indignation qu'il peut éprouver d'attentats particuliers tramés contre sa personne avec les intérêts généraux de l'humanité et de la génération présente. J'attendrai donc, Monsieur, de connaître par votre canal le lieu où le Gouvernement anglais désire que ce criminel soit remis. »

Je désire que cette lettre me soit communiquée avant d'être remise, désirant qu'elle ne soit connue de M. de Gravina que dans un moment donné.

Écrivez à M. Reinhard que la proposition qui lui est faite ne peut qu'avoir des avantages. Il faudrait promettre à son auteur une récompense proportionnée aux services qu'il rendra.

J'ai nommé Lesseps commissaire général des relations commerciales en Égypte.

Vous pouvez accorder à Beurnonville une permission de venir passer quelque temps à Paris.

NAPOLÉON.

Archives des affaires étrangères.
(En minute aux Arch. de l'Emp.)

7930. — AU MARÉCHAL BERTHIER.

Ostende, 26 thermidor an XII (14 août 1804).

Mon Cousin, il paraît que l'armée réclame un changement dans l'habillement. On voudrait supprimer les chapeaux, adopter le pantalon, les bottines et l'habit court, en donnant au soldat une capote pour l'hiver.

Ces changements ont souvent été tentés dans l'armée française, mais on n'a pas tardé longtemps à revenir au costume qui est encore en usage.

Cependant, comme il est possible que ces divers changements aient été l'effet de la mauvaise organisation qu'avait l'armée à ces différentes époques, l'Empereur désire que les maréchaux commandant les camps de Bruges, de Saint-Omer et de Montreuil, autorisent les colonels des corps composant les divisions qui forment leurs armées à se réunir à un jour qu'ils détermineront.

Les colonels des divisions réunis formeront un conseil par armée, et seront présidés par l'adjudant commandant de la première division. Chaque conseil consignera, dans un procès-verbal qui sera dressé, son opinion sur les changements, les formes et les modèles qu'il jugera propres à concilier ce qu'exigent le bien-être du soldat et l'économie, éléments de premier ordre dans une armée aussi considérable que l'armée française.

Ces conseils seront consultés en même temps sur la question de savoir si les conseils d'administration des corps pourraient se procurer avec économie les draps nécessaires à l'habillement, et s'il serait possible et avantageux de leur confier l'administration de la première masse de la même manière que celle de la seconde, qui leur est déjà attribuée.

Les procès-verbaux et les modèles vous seront envoyés de manière qu'ils soient tous parvenus à Paris avant le 1er vendémiaire an XIII, et que vous puissiez me les présenter dans la première semaine de ce mois.

NAPOLÉON.

Archives de l'Empire.

7931. — A L'IMPÉRATRICE JOSÉPHINE.

Ostende, 26 thermidor an XII (14 août 1804).

Mon Amie, je n'ai pas reçu de tes nouvelles depuis plusieurs jours; j'aurais cependant été fort aise d'être instruit du bon effet des eaux, et de la manière dont tu passes ton temps. Je suis depuis huit jours à Ostende. Je serai après demain à Boulogne pour une fête assez brillante. Instruis-moi par le courrier de ce que tu comptes faire et de l'époque où tu dois terminer tes bains.

Je suis très-satisfait de l'armée et des flottilles. Eugène est toujours à Blois. Je n'entends pas plus parler d'Hortense que si elle était au Congo. Je lui écris pour la gronder.

Mille choses aimables pour tous.

NAPOLÉON.

Extrait des *Lettres de Napoléon à Joséphine*, etc.

7932. — A M. CAMBACÉRÈS.

Ostende, 27 thermidor an XII (15 août 1804).

Je n'ai point reçu la lettre de Marbois que vous m'annoncez. Quant à ces obligations qu'il croit n'avoir pas été vendues à la Bourse, il est dans l'erreur, car j'en ai vu. C'est ainsi qu'on trompe ce ministre et que dans la plus belle prospérité on désorganise nos finances.

Cet événement du jeune Ségur est fort extraordinaire; j'en écris au ministre de la police.

NAPOLÉON.

Archives de l'Empire.

7933. — A M. FOUCHÉ.

Ostende, 27 thermidor an XII (15 août 1804).

Monsieur Fouché, Ministre de la police générale, cette petite brochure sur la légitimité m'a paru assez bien, mais pas assez piquante pour qu'elle soit lue; je n'y ai rien trouvé d'inconvenant. Je pars dans une heure pour Boulogne, où je serai arrivé avant minuit.

L'événement du jeune Ségur est fort extraordinaire. J'imagine que la police aura fait toutes les perquisitions convenables. Faites-moi connaître ce qu'il faut penser de cet événement.

NAPOLÉON.

Archives de l'Empire.

7934. — A M. JAUBERT.

Ostende, 27 thermidor an XII (15 août 1804).

Monsieur Jaubert, rendez-vous auprès de l'ambassadeur turc. Faites-lui comprendre que la Russie veut entrer dans des opérations contre la Turquie, et qu'il doit donner ces renseignements chez lui; qu'on doit s'y tenir en garde, et ne plus laisser passer de troupes russes. Surveillez M. Belleval, sachez ce qu'il dit et la manière dont il se présente.

NAPOLÉON.

Archives de l'Empire.

7935. — AU MARÉCHAL MURAT, GOUVERNEUR DE PARIS.

Ostende, 27 thermidor an XII (15 août 1804).

Je suis fâché que, sans mon aveu, vous ayez écrit au colonel du 5ᵉ de ligne ce que je vous avais dit. Il n'a jamais été question d'opposition à l'hérédité, et c'est affliger sans raison ce régiment que de lui faire soupçonner que j'avais eu ces idées.

NAPOLÉON.

Archives de l'Empire.

7936. — DÉCISION.

Ostende, 27 thermidor an XII (15 août 1804).

| Le ministre de l'intérieur propose d'ajouter à la liste du collège électoral du département du Pô vingt membres des plus imposés, se fondant sur ce que la première liste est fort mal faite, qu'il s'y trouve des individus qui n'ont que 30 à 60,000 francs de fortune, tandis | Cette proposition n'est point adoptée. L'Empereur ne désire faire usage de la faculté de sa prérogative que dans les circonstances d'une plus haute importance. NAPOLÉON. |

qu'on ne devrait pas y voir des hommes qui eussent moins de 200,000 francs.

Archives de l'Empire.

7937. — AU GÉNÉRAL DURUTTE.

Pont-de-Briques, 28 thermidor an XII (16 août 1804).

Monsieur le Général Durutte, je n'ouvre votre lettre que ce matin. Je vois avec peine que vous pensiez que je puisse me former un faux jugement sur un officier aussi distingué sans l'avoir entendu. Vous devez donc être sans inquiétude sur mes sentiments. Je dirai même que les personnes à qui il est possible que votre manière d'être ne convienne pas ne m'ont rien dit de grave et que vous-même n'eussiez pu entendre. Du moment que je ferai le travail de l'armée, je vous placerai d'une manière qui vous convienne davantage, et où vous continuiez à rendre des services à la patrie.

NAPOLÉON.

Archives de l'Empire.

7938. — A M. CAMBACÉRÈS.

Pont-de-Briques, 29 thermidor an XII (17 août 1804).

La fête s'est fort bien passée hier; seulement avec un peu de vent. Le coup d'œil était nouveau et imposant. On a trouvé rarement autant de baïonnettes réunies.

NAPOLÉON.

Archives de l'Empire.

7939. — A M. BARBÉ-MARBOIS.

Pont-de-Briques, 29 thermidor an XII (17 août 1804).

Monsieur Barbé-Marbois, Ministre du trésor public, les obligations de l'an XIII à peine signées ont dû être renfermées dans le grand portefeuille, d'où elles ne doivent être tirées que par un acte authentique. Si l'on vous a dit que les obligations de l'an XIV n'ont point été négociées, on vous en a imposé. Les banquiers les ont bêtement colportées de maison en maison. C'est un événement qui a réveillé la méfiance, et dont l'influence se fera sentir sur le crédit.

Dans l'arrêté du 17 messidor, qui n'a cependant pas été imprimé, mais qui aura été communiqué à la trésorerie, quelque faute de rédaction a fait conclure qu'il y avait un arriéré de l'an IX, chose également contraire à la foi publique et à mes intentions. Il faut sans doute qu'il y ait quelque chose qui ne soit pas clair; voyez ce qu'il y a à faire pour éclaircir les doutes de ceux qui se les sont formés. Sous quelque prétexte que ce soit, il n'y aura jamais d'arriéré depuis l'an VIII. Les exercices ne sont qu'une affaire d'ordre intérieur; ce qu'il y a de mal, c'est qu'il paraît qu'il y a des gens à la trésorerie qui ne demandent pas mieux que de discréditer nos affaires.

NAPOLÉON.

Les banquiers du trésor donnent des obligations et empruntent dessus à un pour cent; toutes leurs opérations les discréditent, et l'on ne comprend pas trop où ils nous mèneront. Ont-ils des valeurs à nous? Peuvent-ils nous faire perdre s'ils faisaient banqueroute?

Archives de l'Empire.

7940. — DÉCISION.

Pont-de-Briques, 29 thermidor an XII (17 août 1804).

Le sergent Béraud réclame sa part de la succession de ses père et mère, qui, faute de formalités remplies, est passée à sa sœur.

Renvoyé au grand juge, pour ordonner au procureur impérial d'arranger les parties, si cela est possible, et, dans le cas contraire, de faire rendre justice au réclamant.

NAPOLÉON.

Archives de l'Empire.

7941. — A M. FOUCHÉ.

Pont-de-Briques, 30 thermidor an XII (18 août 1804).

Monsieur Fouché, Ministre de la police générale, je vois avec peine que vous ayez mis en liberté le nommé Jean Kinna. Je pense que c'est le même individu qui était à la tête des insurgés de la Martinique. Si c'est le même, faites-le remettre en prison. Cet homme se sauvera en Angleterre, et les Anglais s'en serviront pour dévaster nos plantations de la Martinique.

J'attends avec un grand empressement les indices que vous pourrez avoir sur la corruption qui s'est introduite dans différents ministères. C'est la plus belle direction que puisse avoir la police.

Envoyez au général Marmont tous les renseignements que vous pouvez avoir sur les paquebots de Rotterdam; mettez-y le plus grand secret. Je l'ai chargé de saisir le moment où deux paquebots arriveraient de Londres, de les arrêter avec les individus et les lettres dont ils seraient chargés, et de les envoyer sur-le-champ à Paris.

Il me semble avoir vu quelque part qu'on a défendu l'introduction en France de la *Gazette de Francfort;* elle ne me paraît cependant point extrêmement mauvaise. La *Gazette de Leyde* se trouve comprise dans la même prohibition. Je n'ai jamais lu cette gazette; faites réunir tous les numéros de ces deux derniers mois, et envoyez-les-moi; faites-moi en même temps un rapport sur l'esprit qui la dirige. Comme elle se publie en Hollande, je saurai bien la faire changer ou la faire supprimer. Faites mettre un article dans les journaux de Paris sur les brochures dont les Anglais inondent l'Allemagne, avec les titres.

J'imagine que vous suivez l'affaire de l'officier de gendarmerie qui avait arrêté Rose. Il est coupable, il ne devait point le déposer en Hollande.

Écrivez au général Marmont de faire arrêter le marquis de Lavalette, le comte de Launay et une douzaine d'individus dangereux qui sont en Hollande. Je n'ai pas besoin des Hollandais pour cela. Envoyez au général Marmont des notes sur ces individus, et dans le même jour on les arrêtera et on les enverra à Paris.

Je désire avoir des renseignements sur Gaspard, colonel réformé, et sur Fournier, frère du colonel de hussards, et sur la conduite qu'ils tiennent. S'ils sont à Paris, faites-les chasser. Je désire également savoir ce que c'est qu'un marquis Tupputi, Napolitain, quels sont les Napolitains qu'il réunit chez lui, ce qu'ils y disent, et ce qu'ils font à Paris.

Écrivez au général Marmont dans le sens de cette lettre du commissaire général de police de Boulogne. On pourra dans les mêmes circonstances s'emparer de Rose, si tant il est vrai qu'il soit dans la maison indiquée.

NAPOLÉON.

Archives de l'Empire.

7942. — A M. FOUCHÉ.

Pont-de-Briques, 30 thermidor an XII (18 août 1804).

Monsieur Fouché, Ministre de la police générale, je vois avec peine que vous avez renvoyé Fiocardo à Bruxelles. C'est un homme incorrigible et qui fera toujours ce qu'il a fait, des bulletins et des libelles contre la France. En général, il n'y a point de motifs pour lever les surveillances tant que la guerre durera. Les affaires du culte d'ailleurs sont sérieuses. Je désire donc que vous ne fassiez mettre en liberté aucun prêtre, ni que vous fassiez cesser la surveillance d'aucun, sans vous être entendu avec M. Portalis.

Faites mettre le séquestre sur les propriétés de Brulart; on m'assure qu'il en a.

Dans votre dernier rapport, il est question d'un Gronin de la Maison-Neuve; si c'est le même qui est compromis dans toutes les correspondances interceptées, vous ne devez pas différer d'un instant à le faire arrêter. Quand vous aurez la certitude qu'il a des correspondances avec le secrétaire de M. de Cobenzl, prenez des mesures pour le faire arrêter à la pointe du jour, et saisir en même temps ses papiers.

Des rapports m'assurent qu'on agite beaucoup Toulon; je ne sais dans quel sens, mais, vu la physionomie de cette ville, on doit se servir de la couleur jacobine.

Je ne comprends pas l'article *Nevers* de votre rapport. Je désire que vous m'envoyiez la lettre du préfet. Dit-il ou non qu'effectivement on ait mis dans la pièce des *Châteaux en Espagne* les passages que vous citez, ou se trouvent-ils dans cette pièce, qui est connue depuis longtemps? Cette affaire, extrêmement sérieuse, ne me paraît point expliquée clairement dans votre rapport; demandez des renseignements détaillés. J'ai peine à croire à une malveillance aussi caractérisée; ce serait par trop d'impudence.

Écrivez en Hollande pour faire arrêter Esnoul.

NAPOLÉON.

Archives de l'Empire.

7943. — A M. TALLEYRAND.

Pont-de-Briques, 30 thermidor an XII (18 août 1804).

L'Empereur me charge, Monsieur, de renvoyer à Votre Excellence quelques pièces qui sont ci-jointes, et de vous inviter à lui présenter une réponse à la lettre du duc de Mecklembourg, que je vous transmets également.

Sa Majesté me charge en même temps d'avoir l'honneur de vous faire connaître qu'elle désire que vous fassiez adresser une note au chargé d'affaires des villes hanséatiques à Paris, pour inviter ces villes non-seulement à prendre des mesures efficaces afin d'empêcher la circulation des pamphlets injurieux à la France que les Anglais versent sur le continent, mais aussi à ordonner la suppression du *Journal critique sur la guerre actuelle,* dont j'ai l'honneur de vous adresser un extrait.

Sa Majesté juge convenable, en même temps, que vous engagiez

M. Reinhard à s'occuper plus activement de réprimer l'insolence des villes de Brême et de Hambourg. C'est à regret que l'Empereur se verrait obligé, si elles continuaient à faire si mal la police, à leur envoyer 8 ou 10,000 hommes pour la faire.

Par ordre de l'Empereur.

Archives des affaires étrangères.

7944. — A M. TALLEYRAND.

Pont-de-Briques, 30 thermidor an XII (18 août 1804).

Monsieur Talleyrand, Ministre des relations extérieures, le traité avec la République de Gênes, que vous m'avez envoyé, me paraît fort bien; j'y ai fait seulement un léger changement : au lieu du mot *fournir* des ouvriers, j'y ai mis le mot *payer*.

Il sera nécessaire, avant de conclure, de prendre des renseignements auprès du ministre des finances, pour savoir quel était l'ancien tarif et quel est le nouveau pour le transit, et quels changements les circonstances pourraient nous obliger d'y faire.

NAPOLÉON.

Archives des affaires étrangères.
(En minute aux Arch. de l'Emp.)

7945. — A M. PORTALIS.

Pont-de-Briques, 2 fructidor an XII (20 août 1804).

Monsieur Portalis, Ministre des cultes, chargé par intérim du portefeuille de l'intérieur, je crois nécessaire de défendre l'exportation des blés. Faites une circulaire à cet effet aux préfets, et prévenez le directeur général des douanes.

NAPOLÉON.

Archives de l'Empire.

7946. — A M. TALLEYRAND.

Pont-de-Briques, 2 fructidor an XII (20 août 1804).

Monsieur Talleyrand, Ministre des relations extérieures, je suis surpris d'apprendre qu'au milieu de la pénurie où se trouve le Gouvernement batave, il a la bonté de payer douze millions au prince d'Orange. Ce qui m'a le plus étonné, c'est qu'on s'est autorisé de mon nom pour faire une pareille transaction, injuste d'abord, en ce qu'il a trahi le pays, absurde, en ce que ce gouvernement ne peut payer son armée dans les circonstances actuelles. Je désire savoir la part que notre ambassadeur a prise à cette opération.

La Batavie n'a pas rempli ses engagements, et la troisième partie de la flottille batave n'est pas encore organisée, faute d'équipages. Il n'y a pas assez d'officiers de marine, pas assez d'équipages, et, en général, ils sont mal composés. Faites faire des instances pour que les besoins de l'amiral Ver Huell soient le plus promptement satisfaits. Demandez aussi que l'expédition du Texel soit augmentée de deux vaisseaux, et qu'il y en ait sept au lieu de cinq. Les deux vaisseaux sont prêts à Amsterdam; il n'y a d'objections que pour les matelots, et il y en a tant en Batavie!

Présentez-moi des projets de réponse aux différents princes qui m'ont écrit et dont je vous renvoie les lettres.

Vous n'êtes pas assez sévère pour Hambourg. Si elle continue à être l'entrepôt de tous les mauvais libelles qui se répandent en Allemagne, mon intention bien formelle est de la laisser prendre à une puissance continentale qui y fera la police contre les Anglais.

Écrivez au général Vial que je verrai avec plaisir que la troisième demi-brigade helvétique passe au service de la République italienne.

Les dernières nouvelles de Vienne, si elles ne masquent pas un dessein de gagner du temps et de laisser passer l'automne, font pitié. Non-seulement je suis bien aise que le roi de Hongrie change son titre de roi en celui d'empereur, mais je verrais sans peine le titre de roi disparaître de l'Europe. Vous sentez l'espèce d'intérêt bien secondaire que je puis y mettre. Mais vous connaissez la fausseté de la cour de Vienne, et, si elle a le courage de tenter quelque chose, elle attendra l'hiver. Nous sommes en septembre; il ne lui reste plus qu'un mois à gagner pour aller au mois de mai. Il y aurait, non point folie, mais impossibilité absolue à la Maison d'Autriche de lever l'étendard de la rébellion, seule, et même avec la Russie.

NAPOLÉON.

Archives de l'Empire.

7947. — AU MARÉCHAL BERTHIER.

Pont-de-Briques, 2 fructidor an XII (20 août 1804).

Mon Cousin, vous donnerez l'ordre au maréchal Davout et au commissaire général Petiet de faire distribuer une ration de vin par jour au lieu d'eau-de-vie aux troupes présentes au camp d'Ostende, et ce jusqu'au 1er vendémiaire. Vous préviendrez le maréchal Davout que le vice-amiral Ver Huell reçoit l'ordre de faire partir le plus tôt possible pour Dunkerque les deux premières parties de la flottille batave. Les garnisons des divisions Oudinot et Friant continueront à rester sur les bâtiments où elles sont aujourd'hui, et le gros des divisions continuera à rester à Ostende, campé dans le même emplacement, jusqu'à nouvel ordre. Vous ordonnerez qu'on embarque à Ostende, sur chaque chaloupe et bateau canonnier, les munitions d'artillerie et les vivres que ces bâtiments doivent porter pour la descente, en supposant que ces objets soient à Ostende. S'ils n'y étaient pas, vous m'en rendriez compte, et je vous ferais connaître s'ils doivent être envoyés à Ostende ou au point d'embarquement. Écrivez dans ce sens au commandant de l'artillerie et au commissaire général Petiet. Prévenez le maréchal Davout que la flottille de corvettes de pêche reçoit l'ordre de se rendre à Calais, et que les détachements des garnisons resteront comme ils s'y trouvent, et jusqu'à ce que des ordres soient donnés pour les relever. Vous donnerez l'ordre à toute l'infanterie de la division italienne de se rendre à Calais.

La troisième partie de la flottille batave s'organisera le plus promptement possible à Ostende.

NAPOLÉON.

Archives de l'Empire.

7948. — A MADAME CAROLINE BRESSIEUX [1].

Pont-de-Briques, 2 fructidor an XII (20 août 1804).

Madame, votre lettre m'a été fort agréable. Le souvenir de madame votre mère et le vôtre m'ont toujours intéressé. Je saisirai la première circonstance pour être utile à votre frère. Je vois, par votre lettre, que vous demeurez près de Lyon ; j'ai donc des reproches à vous faire de ne pas y être venue pendant que j'y étais, car j'aurai toujours un grand plaisir à vous voir. Soyez persuadée du désir que j'ai de vous être agréable.

NAPOLÉON.

Archives de l'Empire.

7949. — AU MARÉCHAL BERTHIER.

Pont-de-Briques, 2 fructidor an XII (20 août 1804).

Mon Cousin, je désire que vous me fassiez connaître si un commandant d'armes nommé par un arrêté peut être déplacé et envoyé dans une autre place sur un simple ordre du ministre de la guerre. Cela n'a pas lieu pour un corps; un chef de bataillon nommé par

---

[1] Mlle du Colombier.

un arrêté ne pourrait être envoyé dans un autre corps sans un nouvel arrêté. Faites-moi connaître pourquoi cette différence.

NAPOLÉON.

Archives de l'Empire.

7950. — AU VICE-AMIRAL DECRÈS.

Pont-de-Briques, 2 fructidor an XII (20 août 1804).

Monsieur Decrès, Ministre de la marine, vous donnerez l'ordre au vice-amiral Ver Huell de se rendre le plus tôt possible, avec les deux premières parties de la flottille batave, à Dunkerque. Il embarquera les biscuits et les munitions d'artillerie qui lui seront remis par le général Sorbier, commandant l'artillerie, et par le commissaire ordonnateur de l'armée du maréchal Davout, dans les proportions arrêtées par l'installation imprimée des chaloupes canonnières et des bateaux canonniers. Vous enverrez un de vos contre-amiraux qui sont à Boulogne, à Dunkerque, pour faire partir les corvettes de pêche qui s'y trouvent et les réunir à Calais, et pour accélérer le départ des deux chaloupes canonnières, de la prame et des autres objets destinés pour Boulogne.

NAPOLÉON.

Vous ferez connaître à l'amiral Ver Huell qu'il doit promptement organiser la troisième partie et la réunir toute à Ostende.

Archives de l'Empire.

7951. — A M. FOUCHÉ, MINISTRE DE LA POLICE GÉNÉRALE.

Étaples, 3 fructidor an XII (21 août 1804)[1].

On m'assure avoir vu passer Barras sur la route de Bruxelles à Paris. Je ne vois point d'inconvénient qu'il y reste quelques jours; mais je ne crois pas qu'il soit utile, pour ses propres intérêts, qu'il y séjourne.

On m'assure qu'il avait le projet d'aller dans le Midi; ce projet est fort bon.

Je coucherai cette nuit dans ma baraque d'Étaples. Je retournerai à Boulogne demain, et probablement j'irai à Saint-Omer, Arras, et, dans dix ou douze jours, à Aix-la-Chapelle, d'où je partirai pour les quatre départements du Rhin.

Je désire que vous me fassiez rédiger avec soin des notes sur les

---

[1] La minute porte : « De ma baraque d'Étaples, le 3 fructidor an XII. »

différentes dilapidations qui s'exercent. Vous savez l'importance que j'attache à être bien instruit sur ce point.

Napoléon.

Vous trouverez ici un étrange mémoire qui m'est envoyé par le maréchal Murat. A la simple lecture, il sera facile à la police d'avoir des renseignements sur quelques-uns des individus dont il y est question. Toutefois, au milieu de ce bavardage, il est possible que cela mène à quelque chose.

Archives de l'Empire.

7952. — AU MARÉCHAL MURAT.

Étaples, 3 fructidor an XII (21 août 1804).

Monsieur mon Beau-Frère et Cousin, du moment que la place des droits réunis de Cahors sera vacante, j'y nommerai M. Lafond de Mongesty; mais il faut que sa vacance me vienne annoncée par le ministre. J'ai envoyé la note que vous a remise M. Delille, à Fouché.

Je suis aujourd'hui dans ma baraque d'Étaples.

Il me paraîtrait peu convenable que les officiers de la garnison de Paris payent la fête qui a été donnée. Faites-moi connaître la retenue qu'on doit leur faire pour cet objet.

Napoléon.

Archives de l'Empire.

7953. — AU MARÉCHAL BERTHIER.

Étaples, 4 fructidor an XII (22 août 1804).

L'Empereur me charge, Monsieur, de vous renvoyer la pièce ci-jointe et de vous faire connaître qu'il désire que vous accordiez la permission demandée, et que vous écriviez à M. Fox, par la poste de Hambourg, qu'à sa considération il a permis à son recommandé [1] de passer en Angleterre pour revenir ensuite à Verdun; qu'il a voulu en cela donner à M. Fox un témoignage de la considération qu'il porte à ses hauts talents.

Par ordre de l'Empereur.

Archives de l'Empire.

7954. — A M. CAMBACÉRÈS.

Pont-de-Briques, 5 fructidor an XII (23 août 1804).

Mon Cousin, je suis revenu hier soir à Boulogne. Prenez des ren-

---

[1] On lit en marge : « M. Phillips, qui demande la permission de passer en Angleterre pour y transporter les restes du marquis Tweedale, mort à Verdun. »

seignements indirects, et faites-moi connaître ce que vous pensez de la manière d'agir du nouveau service du trésor, et quelle influence il peut avoir sur la baisse de nos effets publics.

NAPOLÉON.

Comm. par M. le duc de Cambacérès.
(En minute aux Arch. de l'Emp.)

7955. — A M. FOUCHÉ.

Pont-de-Briques, 5 fructidor an XII (23 août 1804).

Monsieur Fouché, Ministre de la police, d'après le rapport que vous me remettez sur l'affaire de Nevers, elle ne ressemble en rien à celle de votre dernier bulletin. C'est une affaire de rien et à laquelle je ne prends aucun intérêt. Il m'importe fort peu que M. Chevalier ait sifflé, ou non, ces vers :

> Je ne serai jamais dur, insolent ni fier,
> Et me rappellerai ce que j'étais hier.

Je désire cependant que vous remontiez à l'origine de cet article du bulletin, et que vous sachiez d'où celui qui le rédige l'a tiré et a pris qu'on avait prononcé le nom de l'Empereur, etc. Si je commence à lire les bulletins de la police comme je lis ceux de la place de Paris, auxquels je n'ajoute aucune foi, il en résultera pour moi un grand inconvénient, car cette manière d'être instruit m'est très-commode. Les bulletins sont signés par vous, et vous devez savoir d'où les articles en sont tirés. Écrivez aussi au fonctionnaire public qui a donné ces renseignements pour lui en demander la source. Quant au préfet de la Nièvre, il paraît que c'est un homme léger. Il s'imagine faire une très-belle chose en taxant une grande partie des habitants de son département du nom de bourbonniens; ces termes ne valent rien; c'est faire un très-grand honneur aux Bourbons. Je suis extrêmement persuadé qu'il n'y a pas dans la Nièvre trois familles qui s'intéressent aux Bourbons et qui en aient reçu des bienfaits; mais il est tout simple qu'il y ait des mécontents qui ont perdu des biens, des charges, etc. Ne permettez pas qu'on se serve du mot de bourbonnien; exigez qu'on s'explique. Il ne faudrait que quelques hommes légers, comme le préfet de la Nièvre, pour recréer à ces misérables Bourbons une immense existence en Europe. Ce n'est pas la première fois que cela arrive à ce préfet; je lui ai fait demander des détails et des noms, et il les a toujours éludés.

Mettez M. de Steube en surveillance, et faites-moi connaître quelles sont les personnes qu'il voit habituellement, et quelle est sa manière de vivre.

Les rapports des adjudants de place de Paris parlent d'une nouvelle administration des jeux; je vous prie de me faire connaître ce qu'il en est.

Je désire avoir quelques détails sur le produit de la récolte dans les trois contrées qui approvisionnent Paris. Faites connaître dans Paris que l'exportation des blés est arrêtée. J'ai effectivement ordonné au ministre de l'intérieur de prescrire cette défense par une circulaire.

NAPOLÉON.

Archives de l'Empire.

7956. — A M. PORTALIS.
Pont-de-Briques, 6 fructidor an XII (24 août 1804).

Monsieur Portalis, Ministre de l'intérieur par intérim, vous devez avoir aujourd'hui le montant des votes pour l'hérédité. Joignez-y ceux des armées et de la marine, et faites-moi connaître le résultat total; il doit être de plus de trois millions de votes.

NAPOLÉON.

Archives de l'Empire.

7957. — A M. TALLEYRAND.
Pont-de-Briques, 6 fructidor an XII (24 août 1804).

Monsieur Talleyrand, Ministre des relations extérieures, il est impossible de se comporter plus mal que ne l'a fait M. Pichon dans ces dernières affaires de Saint-Domingue. Il a fourni aux Américains des pièces contre nous. Il s'est conduit comme un agent de l'Amérique, et non comme un agent français.

Je vous renvoie la correspondance de quelques jours.

Je vois de grandes discussions en Amérique, où les Américains paraissent avoir des torts, puisque nous sommes maîtres de leur interdire le commerce de Saint-Domingue, dont la souveraineté ne peut nous être contestée.

Il faut recueillir avec soin tout ce qui est relatif à cette affaire du comte de Lille, afin qu'on puisse, selon les circonstances, s'en servir.

Donnez ordre à M. Caillard, mon chargé d'affaires à Stockholm, de revenir à Paris. Il prétextera sa santé, qui exige son retour en France. Il emportera avec lui tous les papiers de la légation. Il aura soin, du reste, de ne se permettre aucun propos; il partira vingt-quatre heures après avoir reçu votre ordre; et, s'il se trouve interrogé par qui que ce soit, il doit dire toujours, même confidentiellement, qu'il avait depuis longtemps demandé un congé qu'il vient d'obtenir, pour profiter de l'absence du roi.

Faites demander à M. de Beuzel l'arrestation du père Morus à Ratisbonne; écrivez dans ce sens à Bacher.

NAPOLÉON.

Archives des affaires étrangères.
(En minute aux Arch. de l'Emp.)

7958. — A M. TALLEYRAND.

Pont-de-Briques, 6 fructidor an XII (24 août 1804).

Monsieur Talleyrand, Ministre des relations extérieures, je vous renvoie le projet de lettre à M. de Gravina, qui remplit mes intentions. Je désire qu'elle ne soit remise que trois jours après que M. de Cobenzl aura reçu ses lettres de créance, et que l'annonce en aura été dans les journaux. Ayez soin que votre lettre porte la date du jour où vous la remettrez.

NAPOLÉON.

Archives des affaires étrangères.
(En minute aux Arch. de l'Emp.)

7959. — A M. TALLEYRAND.

Pont-de-Briques, 6 fructidor an XII (24 août 1804).

Monsieur Talleyrand, Ministre des relations extérieures, vous trouverez ci-joint la note telle qu'elle doit être envoyée à M. d'Oubril. Il vous demandera sans doute une entrevue; vous la lui accorderez, mais vous ne lui donnerez aucune explication atténuante. S'il vous demande ses passe-ports, vous les lui donnerez, et, après les lui avoir donnés, vous lui ferez connaître qu'il quitte Paris sans délai, mais qu'il ne dépasse pas les frontières de France que mon chargé d'affaires n'ait dépassé les frontières de Russie.

NAPOLÉON.

Archives des affaires étrangères.
(En minute aux Arch. de l'Emp.)

NOTE ANNEXÉE A LA PIÈCE PRÉCÉDENTE.

Le soussigné, ministre des relations extérieures, a mis sous les yeux de S. M. l'Empereur la note du 2 thermidor de M. d'Oubril, chargé d'affaires de Russie.

Le soussigné a reçu l'ordre de déclarer que, toutes les fois que la cour de Russie remplira les articles de son traité avec la France, la France sera prête à l'exécuter avec la même fidélité, car la Russie pense sans doute que les traités lient également les deux parties contractantes.

Si le cabinet de Pétersbourg croit avoir quelques réclamations à faire en vertu des articles 4, 5 et 6 de la convention secrète du 18 vendémiaire an X, la France réclame l'exécution de l'article 3 du traité patent, qui s'exprime en ces termes :

« Les deux parties contractantes voulant, autant qu'il est en leur pouvoir, contribuer à la tranquillité des deux gouvernements respectifs, se promettent de ne pas souffrir que leurs sujets respectifs entretiennent des correspondances, soit directes, soit indirectes, avec les ennemis des deux États, y propagent des principes contraires à leurs constitutions respectives, ou y fomentent des troubles : et, par une suite de ce concert, tout sujet de l'une des deux puissances qui, en séjournant dans les États de l'autre, attenterait à sa sûreté, serait éloigné de ce pays et transporté aux frontières, sans pouvoir, en aucun cas, réclamer la protection de son gouvernement. »

Cet article, rédigé avec autant de précision que de sagesse, décèle les dispositions vraiment amicales dans lesquelles étaient les deux puissances lors de ce traité.

La France n'avait donc pas lieu de s'attendre à voir la Russie accorder sa protection à des émigrés français, et les mettre en mesure, en les accréditant auprès de puissances voisines de la France, de se livrer à leurs dispositions haineuses contre la patrie.

La France n'avait pas lieu de s'attendre à la conduite de M. de Markof, ministre de Russie en France, véritable auteur de la désunion et du refroidissement existant entre les deux États. Pendant son séjour à Paris, il s'est constamment étudié à encourager toutes les espèces d'intrigues qui pouvaient exister contre la tranquillité publique, et il a même poussé la déraison jusqu'à placer sous le droit des gens, par des notes officielles, des émigrés français et autres agents à la solde de l'Angleterre.

La France n'avait pas lieu de s'attendre que l'on s'étudierait en Russie à renvoyer en mission à Paris des officiers qui auraient déjà excité des plaintes assez fortes pour avoir été portées à la connaissance de leur gouvernement : conduite étrange, d'après ce que se doivent tous les gouvernements, mais encore contraire à l'article ci-dessus cité.

Enfin le deuil que la cour de Russie vient de porter pour un homme que les tribunaux de France ont condamné pour avoir tramé contre la sûreté du Gouvernement français est-il bien conforme à la lettre et à l'esprit de cet article?

Le Gouvernement français réclame l'exécution de l'article 9 de la convention secrète, dans lequel il est dit : « Les deux parties con- » tractantes reconnaissent et garantissent l'indépendance et la consti- » tution des sept îles ci-devant vénitiennes, et il est convenu qu'il » n'y aura plus dans ces îles de troupes étrangères. »

Article évidemment violé par la Russie, parce qu'elle a continué à tenir des troupes dans les sept îles, que depuis elle les a renforcées avec ostentation, et qu'elle a changé le gouvernement de ce pays sans aucun concert.

Enfin la France réclame l'exécution de l'article 11 de la même convention, dont l'application évidente aurait été que, au lieu de se montrer si partiale pour l'Angleterre et de devenir peut-être le premier auxiliaire de son ambition, la Russie *se fût unie à la France pour consolider la paix générale, pour rétablir un juste équilibre dans les différentes parties du monde, pour assurer la liberté des mers;* ce sont les propres termes de l'article.

Telle devait être sans doute la conduite des deux puissances par rapport aux traités qui les lient; mais le cabinet de Russie voudrait que la France s'astreignît à remplir les stipulations qui sont à sa charge, sans lui assurer l'exécution de celles qui sont à son avantage. Ce serait agir comme un vainqueur le fait à l'égard d'un vaincu; ce serait supposer que la France peut être jamais intimidée par des menaces, ou dans le cas de reconnaître la supériorité de quelque puissance que ce fût. Mais l'histoire des années qui ont précédé la paix faite avec la Russie démontre avec évidence que cette puissance, pas plus qu'aucune autre, n'a le droit de prendre un ton exigeant avec la France. L'Empereur des Français veut la paix du continent; il a fait toutes les avances pour la rétablir avec la Russie; il n'a rien épargné pour la maintenir, mais, avec l'aide de Dieu et de ses armées, il n'est pas dans le cas de craindre personne.

Archives de l'Empire.

7960. — A M. TALLEYRAND.

Pont-de-Briques, 7 fructidor an XII (25 août 1804).

Monsieur Talleyrand, Ministre des relations extérieures, je vous renvoie votre portefeuille. C'est actuellement la cour de Vienne qui a besoin de ma reconnaissance, puisqu'il est bien probable qu'elle éprouvera des difficultés dans toute l'Europe. La vanité de la Russie sera blessée, celle de la Prusse encore davantage. Mon intention est de ne céder aucune espèce de terrain à l'empereur d'Allemagne. Je le reconnaîtrai comme empereur d'Autriche, mais il a toujours été entendu qu'il me reconnaîtrait d'abord. Aix-la-Chapelle est l'endroit le plus convenable où puisse venir M. de Cobenzl. Quant à l'étiquette, je céderai à l'empereur d'Allemagne, et l'empereur d'Autriche me cédera. Cela a été l'usage de tous les temps; il serait ridicule que, pour être moitié plus forte, la France perdît de ses prérogatives. Il y aurait cependant un *mezzo termine* qui conviendrait assez : ce serait de déclarer l'égalité de tous les empereurs; celui d'Allemagne perdrait son rang, mais celui d'Autriche gagnerait l'égalité. J'ai vu avec plaisir l'usage que M. de Cobenzl a fait de la lettre du comte de Lille; mais il faut que l'Autriche fasse plus, qu'elle chasse l'ancien évêque de Nancy, M. de la Fare, qui, avec trois ou quatre commis mourant de faim, forme une espèce de légation à Vienne, que la Cour ne connaît probablement pas, mais qui ne peut être ignorée de la police. Si elle envoie M. de la Fare en Hongrie ou, dans tous les cas, à quarante lieues de Vienne, ce sera une chose agréable.

NAPOLÉON.

Archives des affaires étrangères.
(En minute aux Arch. de l'Emp.)

7961. — A M. TALLEYRAND.

Pont-de-Briques, 7 fructidor an XII (25 août 1804).

Monsieur Talleyrand, Ministre des relations extérieures, je désire que vous soyez à Aix-la-Chapelle le 12 de ce mois. L'itinéraire de ma route est Aix, Cologne, Bonn, Coblentz, Mayence et Trèves. Je ne compte point aller à Strasbourg. Les ministres, résidents ou chargés d'affaires de Hesse-Cassel, Bade et Francfort, se rendront à Aix-la-Chapelle ou à Mayence. Je désirerais aussi que M. Schimmelpenninck, qui est en Hollande, pût venir à Aix-la-Chapelle, ainsi que Semonville.

Vous enverrez les lettres de récréance à Champagny par un courrier extraordinaire. Vous lui écrirez de partir sur-le-champ, les affaires de son ministère exigeant sa présence. Si, comme tout me le fait penser, les lettres de créance de M. de Cobenzl sont expédiées pour Paris, il annoncera que je nommerai sous huit ou dix jours mon ambassadeur. Il accréditera en partant un chargé d'affaires, et il justifiera son départ avant l'arrivée de son successeur, par la nécessité de ne pas laisser dégrader les affaires de son ministère par un intérim prolongé. Il s'arrêtera à Ratisbonne pour voir l'archichancelier, s'il s'y trouve, et à Munich pour voir l'électeur. Il se rendra ensuite à Mayence, où je serai probablement alors, et où il prêtera son serment. Il partira de là pour aller prendre son portefeuille.

Mon intention est qu'il ne soit fait aucun mystère à la Prusse des dernières dépêches de Champagny relativement à l'érection de la Maison d'Autriche en Maison impériale héréditaire.

Vous verrez par les pièces ci-jointes que l'on achète toujours des armes à Wesel; portez-en plainte à M. Lucchesini.

NAPOLÉON.

Archives des affaires étrangères.
(En minute aux Arch. de l'Emp.)

7962. — A M. LACÉPÈDE,
GRAND CHANCELIER DE LA LÉGION D'HONNEUR.

Pont-de-Briques, 7 fructidor an XII (25 août 1804).

La situation actuelle des finances de la Légion ne permettra pas de dépenser, cette année, 400,000 francs à l'hôtel de Salm. Je vous renvoie le devis des dépenses, qui sont ajournées à l'année prochaine. La Légion est obligée de payer, cette année, le montant de l'acquisition de l'hôtel. La dépense des réparations à faire étant répartie sur trois années, on jouira de cet établissement avant quatre ans. Il convient sans doute que la Légion d'honneur ait un aussi beau monument, mais il n'est possible de parvenir à le terminer qu'avec le temps. La situation des dépenses de l'État ne permet pas au ministre des finances de vous donner les trois millions pour l'an XI; il faut donc, pour le moment, se restreindre.

NAPOLÉON.

Archives de l'Empire.

7963. — AU MARÉCHAL BERTHIER.

Pont-de-Briques, 8 fructidor an XII (26 août 1804).

Mon Cousin, il sera fourni cette année cent élèves ou pensionnaires de l'école militaire de Fontainebleau, destinés à remplir des places de sous-lieutenants dans l'infanterie et la cavalerie. Ils doivent être âgés de plus de dix-neuf ans, être de la taille de plus de cinq pieds un pouce, savoir parfaitement toutes les manœuvres d'artillerie et d'infanterie. Ces élèves me seront présentés à la première parade que je passerai à la fin de fructidor ou au commencement de vendémiaire; ils défileront devant moi, et je les verrai l'un après l'autre.

Vous préviendrez le gouverneur que je leur ferai commander l'exercice.

Les prytanées de Paris et de Saint-Cyr fourniront, cette année, deux cents jeunes gens qui seront envoyés dans les corps comme caporaux, fourriers ou même sergents-majors. On en enverra de préférence dans les corps qui ont fait le plus de pertes. Ils devront savoir parfaitement l'exercice de l'infanterie, avoir plus de cinq pieds, être âgés de plus de dix-sept ans. Ils me seront également présentés et défileront à la parade que je passerai en fructidor ou en vendémiaire.

Vous me ferez un rapport sur le nombre de jeunes gens qui devront sortir de l'École polytechnique, et sur les places qu'on devrait leur donner, mon intention étant de les utiliser pour l'armée. Vous me présenterez, avant le 15 fructidor, le travail des jeunes gens choisis dans l'École militaire de Fontainebleau et dans les prytanées de Paris et de Saint-Cyr, et celui des corps où on peut les placer. Il me paraîtrait convenable d'en mettre dans les corps revenant d'Égypte et dans ceux ruinés par la campagne de l'an VII. L'avancement y est rapide, et ces corps manquent de sujets pour faire des officiers et des sous-officiers.

Vous ferez faire à Fontainebleau et dans les prytanées de Saint-Cyr et Paris un état à part de tous les jeunes gens qui auraient vingt ans et n'auraient pas plus de cinq pieds; ils seront destinés pour les voltigeurs.

NAPOLÉON.

Archives de l'Empire.

7964. — NOTE POUR LE MINISTRE DU TRÉSOR PUBLIC.

A la baraque de la Tour d'Ordre, au camp près Boulogne,
9 fructidor an XII (27 août 1804).

L'Empereur fait connaître au ministre du trésor public que la solde de l'armée ne doit pas excéder quatre-vingt-seize millions pour l'année entière; il le charge de vérifier, par approximation, les payements faits. A cet effet, il prendra la dernière revue de messidor, et il en fera établir le décompte par corps et par régiment. Il aura soin de soustraire les corps qui sont dans le Hanovre, dans la Batavie, dans l'Étrurie, dans les colonies, et ceux qui sont embarqués sur les vaisseaux de guerre. Comme il a été dépensé cent dix-neuf millions pour onze mois, cette dépense suppose environ 10,820,000 francs par mois, et pour l'année cent trente millions. Rechercher si cela ne vient pas de ce que l'on comprend dans cette somme le pain blanc qui se paye comme solde; s'il n'en est pas de même des dépenses des officiers de santé et des masses d'entretien payées par l'administration de la guerre. Dans ce cas, il faudrait déduire ces diverses dépenses pour avoir avec précision la somme que coûte réellement la solde.

Par ordre de l'Empereur.

Archives de l'Empire.

7965. — A M. TALLEYRAND.

A la baraque de la Tour d'Ordre, 9 fructidor an XII (27 août 1804).

Monsieur Talleyrand, Ministre des relations extérieures, vous trouverez ci-joint la manière dont je pense qu'il faudrait s'expliquer avec l'Autriche. Ce qu'elle veut n'est pas clair; si elle est raisonnable, ce qui est dit dans la note doit lui convenir. Je vous ai déjà écrit que je vous verrai à Aix-la-Chapelle, et que j'y recevrai M. de Cobenzl. Rien n'empêche M. de Gallo de s'y rendre.

NAPOLÉON.

Archives des affaires étrangères.
(En minute aux Arch. de l'Emp.)

7966.

ANNEXE A LA PIÈCE PRÉCÉDENTE.

PROJET DE RÉPONSE AU COMTE DE COBENZL,
AMBASSADEUR D'AUTRICHE.

Monsieur le Comte, je me suis empressé de mettre sous les yeux de Sa Majesté Impériale la lettre que Votre Excellence m'a fait l'honneur de m'écrire le 24 courant et les pièces qui y étaient jointes. J'ai pris soin pareillement de rendre compte à Sa Majesté Impériale de la conférence que j'ai eue samedi dernier avec Votre Excellence. Sa Majesté l'Empereur a appris avec satisfaction la proclamation du chef de la Maison d'Autriche à la dignité impériale héréditaire d'Autriche. Il m'a chargé de vous faire connaître les ordres qu'il a donnés pour que des lettres de créance soient expédiées sur-le-champ à M. de Champagny, où S. M. l'empereur d'Allemagne sera reconnu comme empereur héréditaire d'Autriche. Quant au cérémonial d'étiquette, Sa Majesté Impériale m'a chargé de vous faire connaître qu'il pense que les trois empereurs d'Allemagne, de France et d'Autriche doivent conserver entre eux les mêmes rapports et le même cérémonial qui était établi entre l'empereur d'Allemagne, le roi de France et le roi de Bohême et de Hongrie, archiduc d'Autriche. Je profite de cette occasion, Monsieur le Comte, pour vous assurer du désir constant de Sa Majesté l'Empereur de maintenir la bonne intelligence et de resserrer les liens entre les deux États.

Archives des affaires étrangères.
(En minute aux Arch. de l'Emp.)

7967. — A M. FOUCHÉ.

Saint-Omer, 10 fructidor an XII (28 août 1804).

Monsieur Fouché, Ministre de la police générale, les notes que vous m'avez remises sur l'impuissance de la Russie sont faites par un homme de beaucoup d'esprit. Vous pensez bien qu'elles ne m'ont appris rien de nouveau; mais j'y ai remarqué une chose que je trouve rarement dans ces sortes d'écrits, c'est qu'il n'y a pas un mot que je désavoue, et qu'elles sont écrites avec beaucoup de facilité. Faites-m'en connaître l'auteur. Je vous renvoie les notes, pour que vous les fassiez imprimer dans un journal comme traduites d'un journal anglais. Vous en choisirez un dont le nom soit peu connu. Il n'y aura qu'à y ajouter, pour les rendre plus présumables, une seule phrase pour l'Angleterre, à l'endroit où il est question des relations extérieures de la France.

NAPOLÉON.

Archives de l'Empire.

7968. — A M. MARESCALCHI.

Saint-Omer, 10 fructidor an XII (28 août 1804).

Monsieur Marescalchi, j'ai reçu la lettre du vice-président. Je n'y réponds pas, parce que je pense qu'elle est écrite sans réflexion. Elle me donnerait une bien mauvaise opinion de la patrie italienne et de la Lombardie en particulier, si j'en pouvais penser qu'elle désirât retourner à l'Autriche par la seule raison qu'elle payait moins. Melzi avait une attaque de goutte lorsqu'il écrivait cela, et c'est mal connaître le genre humain et l'esprit des nations, même les plus dépravées et les plus lâches, que de croire qu'elles puissent considérer leur existence politique d'après le plus ou moins de charges.

NAPOLÉON.

Archives de l'Empire.

7969. — A M. TALLEYRAND.

Saint-Omer, 10 fructidor an XII (28 août 1804).

Monsieur Talleyrand, Ministre des relations extérieures, je vous avais déjà fait connaître que je désirais que l'électeur de Bade chassât le directeur des postes de Kehl, qui est un coquin, le tînt éloigné et le remplaçât par un honnête homme qui n'entrât dans aucun complot contre la France. Cet homme est toujours en place.

NAPOLÉON.

Archives des affaires étrangères.
(En minute aux Arch. de l'Emp.)

7970. — AU VICE-AMIRAL DECRÈS.

Saint-Omer, 10 fructidor an XII (28 août 1804).

Monsieur Decrès, Ministre de la marine, il me semble qu'il n'y a pas un moment à perdre pour envoyer un amiral commander l'escadre de Toulon. Elle ne peut être plus mal qu'elle n'est aujourd'hui entre les mains de Dumanoir, qui n'est ni capable de maintenir la discipline dans une aussi grande escadre, ni de la faire agir. Il me paraît que, pour commander cette escadre, il n'y a que trois hommes : Bruix, Villeneuve et Rosily. Pour Rosily, je lui crois de la bonne volonté, mais il n'a rien fait depuis quinze ans, et j'ignore s'il a été bon marin et les commandements qu'il a eus. Toutefois il y a une chose très-urgente, c'est de prendre un parti sur cela. Il y a encore des matelots en France. Le général Davout m'a assuré que, si on lui donnait l'autorisation nécessaire, sans que les syndics ni personne en fût instruit, il pourrait enlever 800 hommes ; ce serait une chose assez importante. Écrivez dans ce sens à ce général. Il y en a encore sur les côtes de Normandie et de Bretagne. Il faut une mesure extraordinaire. Il serait aussi bien important que l'*Algésiras* fût prêt à Rochefort avant l'équinoxe.

NAPOLÉON.

Comm. par Mme la duchesse Decrès.

7971. — DÉCISION.

Saint-Omer, 11 fructidor an XII (29 août 1804).

Réclamation du cardinal-légat au sujet d'une lettre du magistrat de sûreté de Moulins, traitant des questions relatives à l'intervention du clergé dans les obsèques religieuses.	Le ministre des cultes écrira au cardinal-légat pour le rassurer, et au magistrat de sûreté de Moulins pour lui dire que son ministère se borne à constater les plaintes et à les adresser au Gouvernement et qu'il ne doit en aucune manière

se permettre de décider sur des points de doctrine.

NAPOLÉON.

Archives de l'Empire.

7972. — A M. CAMBACÉRÈS.

Arras, 12 fructidor an XII (30 août 1804).

Mon Cousin, je suis à Arras; je suis satisfait de l'esprit de ce département.

Il faudrait s'occuper de faire payer par les diligences et autres voitures publiques le million que nous coûte l'entretien des postes; ce million est un fardeau bien lourd pour le trésor et est insuffisant pour maintenir les postes.

Le tribunal de cassation coûte un million : je voudrais que, par un droit mis sur les produits de ce tribunal, on gagnât ce million. Enfin je voudrais que, par une loi particulière et qui précéderait les codes civil et judiciaire, on diminuât de trois millions les frais de justice; tous les juges disent que cela est très-facile. Ces cinq millions seraient une grande charge ôtée au trésor public.

Il est aussi une chose que réclament tous les départements : c'est l'abolition du droit de passe. Tous sont d'accord que, par une imposition sur les chevaux et sur les bestiaux, on obtiendrait le même produit, en déchargeant la nation d'un impôt vexatoire, qui lui coûte la moitié plus qu'il ne rend.

Je vous charge de faire les projets de ces nouvelles dispositions et vous autorise à tenir les conseils nécessaires. Pour les trois premières, elles sont indispensables et instantes; quelques principes que l'on mette en avant, il est impossible au trésor de payer, et les postes ne peuvent rester dans l'état où elles sont. Il y a plus d'une rixe de poissardes qui coûte plus de cinquante écus, et il est des procès qui se termineraient à la satisfaction des parties, si j'autorisais les juges à payer en indemnité ce que coûte la procédure. Rendez-moi compte de ces différents projets, dont je conçois toute la gravité.

NAPOLÉON.

Comm. par M. le duc de Cambacérès.
(En minute aux Arch. de l'Emp.)

7973. — AU ROI DE PRUSSE.

Camp d'Arras, 12 fructidor an XII (30 août 1804).

Monsieur mon Frère, en reconnaissant ma Maison comme impériale héréditaire de France, la Maison d'Autriche a voulu, à son tour, être reconnue pour Maison impériale d'Autriche. Cette circonstance m'a fait naître le besoin d'exprimer à Votre Majesté combien le procédé de la Prusse a plus de prix à mes yeux, et j'ai voulu lui exprimer directement, par l'organe de M. d'Arberg, auditeur en mon Conseil d'État, la ferme intention où je suis de contribuer, en tout ce qui m'appartient, à l'éclat de sa couronne, ainsi que le désir constant que j'ai de lui être agréable.

NAPOLÉON.

Archives de l'Empire.

7974. — A M. FOUCHÉ.

Arras, 13 fructidor an XII (31 août 1804).

Monsieur Fouché, Ministre de la police, je vois, par votre bulletin du 9, que vous avez renvoyé à la surveillance inaperçue la surveillance des amnistiés. Cette surveillance inaperçue est un mot dont je n'ai jamais vu les effets. Je désire connaître la liste de tous les individus amnistiés qui ont signé chez le préfet de police, et qu'on éloigne de Paris les plus dangereux. Mon intention est qu'aucun amnistié de la guerre de la Vendée n'ait permission de rester à Paris, et qu'ils en soient éloignés de plus de quarante lieues, ainsi que du théâtre de la chouannerie. Je ne pense pas que le grand juge ait soumis les émigrés à une surveillance particulière; cet ordre avait été restreint aux seuls individus ayant pris part à la guerre civile; on les avait soumis à une surveillance provisoire pour avoir leurs noms et leur demeure, pour les éloigner ensuite de Paris. Tenez la main à ce que d'Avaray, Septeuil, Bouthilliers, un comte de Laval, ne demeurent point à Paris et établissent décidément leur séjour à quarante lieues de Paris.

Quant à votre surveillance inaperçue, j'ai trop d'expérience pour en faire grand cas. Donnez ordre que le prêtre de Bouillé, dont il est question dans votre rapport, ainsi que le nommé Davonay et le chef de chouans, soient arrêtés et mis en lieu de sûreté. Demandez un rapport sur eux, afin de voir quel parti il y a à prendre. Il est urgent enfin d'établir des prisons d'État pour les chouans ou autres individus qu'on arrête. Occupez-vous de cela, afin qu'on ne soit plus exposé à voir des hommes comme Bourmont, d'Andigné, Saint-Maur, se sauver des prisons mal organisées où ils sont placés. Faites arrêter Teissonnet, ancien agent du prince de Condé. Faites éloigner de quarante lieues de Rennes la mère et la tante de Lahaye Saint-Hilaire; envoyez-les dans une petite commune de Bourgogne, et faites-leur sentir, par le canal des administrations, que, dans tout autre gouvernement, par les seules liaisons qu'elles conservent avec Labaye Saint-Hilaire, elles seraient mises en arrestation. Les légions d'Enghien et de Royal-Bourbon, qu'on suppose se former en Russie, sont des contes; il ne peut donc y avoir personne qui sorte de France pour cet objet. Des hommes comme Beaulieu, d'Orly et Lapointe ne doivent point être soufferts à Paris. Si on veut les garder en France, il faut les éloigner à quarante lieues de la capitale. Le seul moyen de conserver la tranquillité et un bon esprit dans Paris est de n'y souffrir des hommes d'aucun parti.

On dit qu'un certain nombre de terroristes vivent à Paris, y font du mal, et sont pour beaucoup dans les bavardages insignifiants de la capitale. Renvoyez-les chez eux. Ce détestable journal *le Citoyen français* paraît ne vouloir se vautrer que dans le sang. Voilà huit jours de suite qu'il ne nous entretient que de la Saint-Barthélemy. Quel est donc le rédacteur de ce journal? Avec quelle jouissance ce misérable savoure les crimes et les malheurs de nos pères! Mon intention est qu'on y mette un terme. Faites changer le directeur de ce journal, ou supprimez-le, et, sous quelque prétexte que ce soit, défendez qu'on emploie ce style dégoûtant et bas des temps de la Terreur, qui avait au moins un but, celui de déprécier les institutions existantes. Que, sous aucun prétexte, il ne se mêle de religion, et ne fasse plus d'article *Chronologie*. Que faites-vous d'hommes comme Gourlet à Paris? Beaucoup de gens de cette trempe y sont, et je commence à être convaincu que ce grand tapage de bruits vient un peu du parti terroriste.

NAPOLÉON.

Archives de l'Empire.

7975. — A M. CAMBACÉRÈS.

Mons, 13 fructidor an XII (31 août 1804).

Mon Cousin, la loi sur les monnaies a passé au Conseil d'État. Je l'ai retardée pendant deux mois, et j'ai cédé, en la signant, aux sollicitations du ministre des finances. Je couche ce soir à Mons; je serai probablement dimanche à Aix-la-Chapelle.

Faites dire à M. Lagarde, qui a acheté la cathédrale d'Arras, d'en niveler les débris, puisque c'est une des clauses de son marché. Ces ruines, qu'on laisse sur pied, sont révoltantes. Je désirerais que vous présentassiez au Conseil d'État un projet de loi qui obligerait tous les individus qui ont acquis des édifices nationaux, ecclésiastiques ou autres, dans l'enceinte des villes et à deux lieues aux environs, à en avoir démoli les débris avant le 1er vendémiaire an XIV, de manière à faire disparaître les regrets qu'excite dans les villes la perte de ces monuments. Si, au 1er vendémiaire an XIV, ces démolitions n'étaient pas faites, les préfets et les chefs d'administration les feraient faire aux frais des propriétaires. On a l'air, en traversant la France, de traverser des villes qui ont été bombardées. Ces messieurs ont acheté pour rien, ont vendu le plomb, etc., et laissent le reste sur pied.

Je désire que M. Bigot-Préameneu se rende sans délai à Aix-la-Chapelle avec tout le travail qu'il peut avoir sur les biens de la rive gauche du Rhin. S'il y avait empêchement par cause de maladie ou par toute autre cause, vous donneriez le même ordre à un des conseillers d'État qui étaient de la même commission.

NAPOLÉON.

Comm. par M. le duc de Cambacérès.
(En minute aux Arch. de l'Emp.)

7976. — A M. GAUDIN.

Mons, 13 fructidor an XII (31 août 1804).

Monsieur Gaudin, Ministre des finances, je désire que l'administrateur de l'enregistrement que j'ai, l'année passée, envoyé dans les quatre départements réunis, pour y faire un travail sur les biens de la rive gauche, se rende sans délai à Aix-la-Chapelle avec ce travail. Je fais donner le même ordre à M. Bigot-Préameneu. Remettez-lui les décrets à signer en conséquence du travail général sur cette matière. Voyez M. Bigot-Préameneu avant qu'il parte, afin que, s'il juge la présence de Mathieu utile, il le fasse partir avec lui pour Aix-la-Chapelle.

NAPOLÉON.

Archives de l'Empire.

7977. — A M. FOUCHÉ.

Mons, 14 fructidor an XII (1er septembre 1804).

Monsieur Fouché, Ministre de la police, je vois, dans le bulletin du 12, que M. d'Oubril a eu l'inconvenance de donner des passeports à des officiers de sa nation pour visiter les ports de la Manche. Faites-les arrêter partout où ils se présenteront. Faites connaître aux commissaires de police sur les côtes que, sous quelque prétexte que ce soit, aucun étranger ne se présente sur nos côtes, depuis la

Manche jusqu'à l'Escaut, et que, s'il s'en présente, malgré leurs passe-ports, on les arrête provisoirement.

NAPOLÉON.

Archives de l'Empire.

7978. — A M. FOUCHÉ.
Mons, 14 fructidor an XII (1er septembre 1804).

Monsieur Fouché, Ministre de la police, j'ai été extrêmement content du bon esprit de tout ce département. A Saint-Omer comme à Béthune, à Aire, dans les villages où j'ai passé, j'ai trouvé des expressions de physionomie et de sentiment qui ne trompent point.

Si l'abbé de Pradt se trouve à Paris, envoyez-le à Aix-la-Chapelle et donnez-lui les fonds nécessaires; je serai bien aise de le voir.

NAPOLÉON.

Archives de l'Empire.

7979. — A M. GAUDIN.
Aix-la-Chapelle, 16 fructidor an XII (3 septembre 1804).

La ville d'Arras n'a plus de cathédrale. Cette ville, qui est de plus de 20,000 âmes, n'a qu'une seule paroisse. Les habitants désirent qu'on leur laisse l'abbaye de Saint-Waast. Cela me paraît raisonnable. Préparez-moi un arrêté sur cet objet. Cela ne fera aucun tort à la sénatorerie ni à la cohorte de la Légion d'honneur, puisque ce bâtiment est immense et que l'église n'a pu être comprise dans les concessions faites à l'une et à l'autre, parce qu'elle leur est inutile.

NAPOLÉON.

Archives de l'Empire.

7980. — A M. FOUCHÉ.
Aix-la-Chapelle, 16 fructidor an XII (3 septembre 1804).

Monsieur Fouché, Ministre de la police, la lettre du voyageur d'Husum, annoncée dans la vôtre du 14, n'y était pas jointe.

En règle générale, les passe-ports des ministres étrangers ne doivent point empêcher la police de faire arrêter un individu suspect qui en est porteur. C'est donc à tort que le commissaire général de police de Boulogne n'a point fait arrêter l'agent que d'Oubril avait envoyé sur nos côtes.

Il y a longtemps que l'exportation est défendue en France; je vois, par l'extrait des séances du 13, que le préfet de police paraît l'ignorer; il faut cependant qu'il le sache, pour pouvoir le répandre. L'arrêté sur la permission d'exporter n'a pas besoin d'être rapporté, parce qu'il renferme des clauses qui en bornent l'effet, et qu'il y aurait un grand inconvénient à faire croire que nous n'avons point de blé et que la récolte est plus mauvaise qu'elle ne l'est. Veillez à ce que les exportations n'aient plus lieu, le ministre de l'intérieur l'ayant expressément défendu depuis quinze jours par une circulaire.

NAPOLÉON.

Archives de l'Empire.

7981. — AU MARÉCHAL BERTHIER.

Aix-la-Chapelle, 16 fructidor an XII (3 septembre 1804).

Mon Cousin, mon intention est de renforcer le corps du général Saint-Cyr, non que je croie que dans sa force actuelle il ait rien à craindre des Napolitains ni des Russes, qui, selon les renseignements que j'ai, ne sont pas forts de plus de 7,000 hommes à Corfou. Cependant, vous préviendrez le général Saint-Cyr et le général Jourdan que si jamais les Russes envoyaient garnison à Naples, sans attendre aucun ordre, sans perdre une minute, le premier doit se diriger avec son corps d'armée sur Naples pour les en chasser. A cet effet, le bataillon du 42e régiment qui est à Pescara rejoindra ses deux autres bataillons. Il sera remplacé à Pescara par le 29e de ligne, qui est à Gênes, auquel vous donnerez l'ordre de s'y rendre sur-le-champ, et par le 6e régiment de chasseurs, qui est à Lodi, qui se rendra également sur-le-champ à Pescara. Le général Saint-Cyr fera fournir à ce corps six pièces de canon attelées; il sera commandé par un général de brigade qu'il nommera.

Vous donnerez ordre au général Jourdan d'envoyer à Rimini le 53e, qui est à Parme; vous y enverrez également le 14e de chasseurs, qui est dans la 27e division militaire. Le général Jourdan fera fournir à ce corps six pièces de canon attelées, et le mettra sous les ordres d'un officier d'état-major, afin que, sur la moindre réquisition du général Saint-Cyr, il puisse se joindre à celui de Pescara et aider à ses opérations. Ce corps aura aussi ordre de surveiller Ancône, afin qu'en cas que des Russes ou des Anglais débarquassent, il puisse sur-le-champ s'y porter. Le général Jourdan donnera ordre au général Verdière, qui commande en Toscane, de faire marcher, à la première demande qui lui serait faite par le général Saint-Cyr, trois bataillons, formant plus de 2,000 hommes, sur le point de jonction qui serait déterminé par ce général; et si jamais un débarquement de Russes avait lieu à Naples, vous ferez connaître au général Jourdan que, sans dégarnir la ligne de ses troupes dans la République italienne, il devra sur-le-champ faire filer le 3e régiment de chasseurs et le 67e, qui est à Gênes, sur Rimini, pour renforcer, s'il devenait nécessaire, le corps du général Saint-Cyr. Vous ferez connaître aux généraux Saint-Cyr et Jourdan que, rien n'étant moins probable qu'une descente des Russes à Naples, il est indispensable qu'ils gardent le plus profond secret sur ces dispositions.

Vous donnerez ordre au 23ᵉ régiment de chasseurs, qui est dans la 26ᵉ division militaire, de se rendre à Genève. Vous donnerez ordre au 14ᵉ d'infanterie légère de se rendre à Gênes avec son bataillon d'élite : à cet effet, ce bataillon d'élite sera dissous et rentrera dans le régiment. Vous donnerez ordre au général commandant la 8ᵉ division militaire de faire relever les postes du 14ᵉ par un bataillon du 8ᵉ d'infanterie légère, et de tenir le 23ᵉ de ligne à Toulon, ne tenant à Marseille que très-peu de troupes.

Le 29ᵉ de dragons se rendra à Lodi, où se trouve déjà le 24ᵉ de la même arme. Vous recommanderez au général Jourdan de charger des instructeurs d'infanterie de former ces régiments aux manœuvres à pied et de les organiser en tout comme le doivent être les dragons.

Donnez ordre au général Baraguey d'Hilliers de passer la revue des 27ᵉ, 23ᵉ, 30ᵉ, 22ᵉ, 25ᵉ, 26ᵉ et 28ᵉ régiments de dragons, de mettre l'instruction en train dans ces différents corps et de prendre toutes les mesures pour que ces corps dirigent leur instruction dans le sens de ce que l'on exige de l'arme des dragons.

Le corps d'armée qui est à Naples, au lieu d'envoyer au couronnement des hommes qui sont dans le royaume de Naples, sera représenté par deux officiers et quatre sous-officiers des régiments de ce corps d'armée qui sont en recrutement dans l'intérieur de la France. Ceux qui sont en Corse, à l'île d'Elbe et à Livourne, seront représentés de même.

NAPOLÉON.

Archives de l'Empire.

7982. — AU VICE-AMIRAL DECRÈS.

Aix-la-Chapelle, 16 fructidor an XII (3 septembre 1804).

Donnez l'ordre au vice-amiral Villeneuve de se rendre à Paris, ainsi qu'au contre-amiral Missiessy. A leur arrivée, vous leur ferez part de leur mission respective, l'un de Toulon, l'autre de Rochefort. Il faudra aussi causer avec Villeneuve sur le grand projet auquel est destinée son escadre.

NAPOLÉON.

Archives de l'Empire.

7983. — A M. PORTALIS.

Aix-la-Chapelle, 17 fructidor an XII (4 septembre 1804).

Monsieur Portalis, Ministre des cultes, j'ai lu avec attention le rapport de la mission de l'évêque de Meaux. J'approuve tout ce qu'il demande. Il me semble cependant qu'il faut être bien sûr de ce que l'on fera, et ne montrer l'autorité que le moins possible dans cette condamnation canonique. L'histoire nous apprend que l'importance donnée aux discussions théologiques les a allumées et a fait des fanatiques. Si donc on persiste à penser que cette condamnation canonique soit utile, il faut qu'elle soit faite sans plaidoirie et de manière à être certain qu'il n'y a aucun doute.

J'ai reçu, avec vos différentes lettres, une note sur le travail du ministre des cultes du 11 fructidor. Je pense que vous me soumettrez tout ce qui sera nécessaire à l'approbation.

NAPOLÉON.

Archives de l'Empire.

7984. — A M. FOUCHÉ.

Aix-la-Chapelle, 17 fructidor an XII (4 septembre 1804).

Monsieur Fouché, Ministre de la police générale, faites arrêter le jeune frère de Georges; il ne doit plus rester dans le Morbihan; faites-le placer dans une petite ville du Piémont, où il lui sera donné un moyen d'existence, s'il n'en a pas.

Le général Lahorie ne doit point rester en France. Il est la principale cause de ce qui est arrivé au général qui lui avait accordé sa confiance. S'il peut être arrêté, c'est un homme bon à s'en assurer, en le retenant plusieurs années dans un château fort.

NAPOLÉON.

Archives de l'Empire.

7985. — A M. TALLEYRAND.

Aix-la-Chapelle, 17 fructidor an XII (4 septembre 1804).

Monsieur Talleyrand, Ministre des relations extérieures, un grand nombre de lettres qui m'ont été écrites par différents princes vous ont été renvoyées pour en faire les réponses. Cependant je n'en ai encore signé aucune.

NAPOLÉON.

Archives des affaires étrangères.
(En minute aux Arch. de l'Emp.)

7986. — AU MARÉCHAL BERTHIER.

Aix-la-Chapelle, 17 fructidor an XII (4 septembre 1804).

Mon Cousin, je nommerai pour directeur des études de l'École polytechnique le colonel Gay Vernon. Cette école n'a pas besoin d'adjudant commandant. Les chefs de bataillon, capitaines et lieutenants doivent être tirés de ma Garde; entendez-vous-en avec le maréchal Bessières. J'ai de vieux officiers couverts de blessures qui seront très-bien employés là. J'aurai alors les moyens de faire occuper leurs places par des officiers moins âgés. Je vous recommande la réorganisation des régiments provenant des débris de l'armée de Saint-Domingue. La garnison du vaisseau *l'Algésiras* sera fournie par le 70ᵉ régiment de ligne.

NAPOLÉON.

Archives de l'Empire.

7987. — AU VICE-AMIRAL DECRÈS.

Aix-la-Chapelle, 17 fructidor an XII (4 septembre 1804).

M. d'Oubril est parti. Quoique ce départ n'annonce pas une bien bonne intelligence, cependant il paraît que cela ne veut point dire une rupture; mais il est incalculable ce qui peut arriver d'ici à deux ou trois mois. Contremandez donc toutes vos affaires du Nord, et mettez à l'abri tout ce que vous pourrez. Rendez-moi compte de ce que j'ai à craindre et de ce qu'il est convenable de faire. Ne faites rien que je n'aie approuvé les mesures que vous croyez devoir prendre.

NAPOLÉON.

Archives de l'Empire.

7988. — A M. FOUCHÉ.

Aix-la-Chapelle, 18 fructidor an XII (5 septembre 1804).

Monsieur Fouché, Ministre de la police générale, la mission du voyageur d'Ilusum est une mine précieuse. Les deux extraits que vous m'avez envoyés sont extrêmement curieux. Ils ne m'apprennent rien de nouveau, car je reste toujours persuadé que nous n'avons pas la conjuration tout entière. Je dis plus : je suis persuadé que nous ne savons pas tout ce que savent Lajolais et Rolland. Lajolais est aujourd'hui dans vos mains. Pichegru, pour qui ce misérable pouvait avoir encore un peu d'intérêt, n'existe plus; ainsi il serait donc possible de tirer quelque parti de cet individu, et d'avoir enfin une narration simple et claire, sinon écrite, du moins verbale, par quelqu'un qu'on lui enverrait. Puisqu'il est question de cette affaire, rendez-moi compte si le tachygraphe a rendu compte de tous ces débats, si les cahiers ont paru. Faites réunir, dans ce cas, des exemplaires de toutes ces pièces, et faites-les mettre dans les principales bibliothèques de Paris, car il y a là des aveux et des faits suffisants pour tout homme impartial, et que l'on ne peut plus nier. Tous ces nouveaux renseignements ne font que confirmer davantage l'impossibilité et l'inconvenance de conserver des fonctions politiques au tribun Moreau[1]. Je désire donc que vous vous arrangiez de manière à ce qu'il donne sa démission. Il est également essentiel, si l'on peut saisir le général Lahorie, de le faire enfermer; il ne faut prendre aucun engagement avec lui et ne rien lui promettre; ce misérable est la principale cause de tout. Je dirai la même chose de Fresnières. Il serait inconvenant que de tels individus trouvassent protection en France. Je désire également que vous preniez des mesures pour que madame Hulot[2] n'approche pas de quarante lieues de Paris. Je crois que vous m'avez mandé qu'elle n'y était pas; ainsi, qu'elle n'y revienne plus.

Il est du devoir de la police d'influer, par tous les moyens possibles, sur la badauderie des Parisiens, et d'empêcher qu'aucun Russe ne parte sans avoir payé ses dettes. Faites parler, dans l'article *Variétés* de quelque petit journal, de l'usage pratiqué à Saint-Pétersbourg de ne point laisser partir les étrangers sans avoir payé leurs dettes, en faisant sentir, quoiqu'il ne soit pas suivi en Europe, combien il est avantageux sous plusieurs côtés. Citez quelques Russes qui auraient laissé des dettes, et choisissez de préférence les Dolgorouki, s'ils en ont laissé; et citez l'exemple de quelques boutiquiers connus à Paris qui ont été ruinés par quelques-uns d'entre eux.

NAPOLÉON.

Archives de l'Empire.

7989. — DÉCISION.

Aix-la-Chapelle, 18 fructidor an XII (5 septembre 1804).

Daugier, commandant des marins de la Garde, rend compte des ordres qu'il a donnés pour hâter l'armement des corvettes canonnières et les conduire à Boulogne, ainsi que des dispositions qu'il a faites pour l'organisation des divisions montées par la Garde.

Renvoyé au ministre de la marine. Il paraît qu'on veut encombrer Boulogne de bâtiments qui ne servent à rien. Je ne comprends rien à cette méthode. Les bâtiments de Boulogne doivent avoir tous leurs équipages. Le ministre verra le capitaine Daugier pour

---

[1] Frère du général de ce nom. — [2] Belle-mère du général Moreau.

savoir le nombre de bâtiments qu'il peut monter avec son bataillon tout réuni. Il faudra faire former les équipages des autres bâtiments.

NAPOLÉON.

Archives de l'Empire.

7990. — A M. CRETET.

Aix-la-Chapelle, 19 fructidor an XII (6 septembre 1804).

Monsieur Cretet, Directeur général des ponts et chaussées, je désire que vous preniez connaissance de ces pièces et que vous me fassiez un petit rapport qui me fasse connaître,

1° Quelle est l'estimation de ce que gagnera la ville de Bruxelles moyennant la destruction des fortifications ;

2° A quoi l'on peut évaluer l'entretien des casernes et bâtiments militaires que je conserve ; enfin, si nous gagnerions ou perdrions à charger la ville de Bruxelles de l'entretien des bâtiments militaires conservés, et, moyennant ce, à lui céder tout.

NAPOLÉON.

Archives de l'Empire.

7991. — DÉCISION.

Aix-la-Chapelle, 19 fructidor an XII (6 septembre 1804).

Rapport du ministre de la guerre sur les observations du maréchal Jourdan relativement aux honneurs qui sont dus au général en chef de l'armée d'Italie à Milan.

En parler à M. Marescalchi. Il n'y a de palais impérial qu'où se trouve l'Empereur. Il ne paraît donc pas que la prétention de vouloir rendre à Milan les mêmes honneurs au maréchal Jourdan qu'on rendrait au maréchal Murat aux Tuileries soit fondée. Cela sera raisonnable quand l'Empereur y sera ; mais alors aussi le maréchal Jourdan le trouvera tout simple, parce qu'il lui est subordonné, tandis qu'il ne l'est pas au vice-président.

NAPOLÉON.

Dépôt de la guerre.

7992. — AU VICE-AMIRAL DECRÈS.

Aix-la-Chapelle, 19 fructidor an XII (6 septembre 1804).

Je désire qu'on place sur chacun des vaisseaux de guerre six ou même dix obusiers de 8 pouces, installés comme ils le sont sur les canonnières. Je pense que le résultat n'en pourrait être qu'avantageux, car les vaisseaux, à 1,000 toises, pourraient se servir de ces obusiers comme de six ou dix mortiers jetant un obus ou bombe de 44 livres pesant; à 300 toises, ils pourraient les tirer dans le bois, et même avoir quelques coups de mitraille; mais je conçois le principal avantage en les tirant en bombes; ils équivalent à des pièces de 72. Vous savez combien cette arme est aujourd'hui utile à nos canonnières. Le mât du brick anglais, au Havre, a été cassé par un de ces obusiers. Faites envoyer le modèle de l'affût à Brest, Rochefort et Toulon, et faites-en faire l'essai. On peut tirer cet obusier du milieu des vaisseaux, à bâbord, à tribord, sur l'avant, sur l'arrière, selon les circonstances, et il ne pèse que 1,100 livres; j'oserais m'en promettre un bon effet. Pour en faire l'essai, les directions de la terre de Toulon, Rochefort et Brest pourront en prêter de ceux de l'armement de la place, et d'ici à un mois il serait très-facile d'en fournir autant qu'il serait nécessaire pour armer tous nos vaisseaux de guerre. Faites-moi connaître les objections que les ingénieurs ou vous, pourriez avoir contre cette idée. Il est de fait que nos vaisseaux ne sont pas assez armés. Mon idée serait de placer ces obusiers en supplément de l'armement actuel des vaisseaux, sans en diminuer une seule bouche à feu.

NAPOLÉON.

Archives de l'Empire.

7993. — AU VICE-AMIRAL DECRÈS.

Aix-la-Chapelle, 19 fructidor an XII (6 septembre 1804).

Par les états que je reçois, il me paraît que l'escadre de Brest n'a plus besoin que de 1,273 hommes pour être portée au complet, y compris ce qui est nécessaire pour *le Patriote;* ce qui nous fait vingt et un vaisseaux en rade. Je viens d'ordonner que les 24e et 37e régiments de ligne fourniraient en tout 539 hommes. Je pense qu'il serait nécessaire que le surplus fût fourni par 6 ou 700 conscrits ouvriers de la marine; on prendrait préférablement des hommes de bonne volonté, et, s'ils étaient insuffisants, on les ferait marcher par tour. J'imagine qu'entre Brest, Lorient et Saint-Malo, ce nombre doit se trouver facilement. Les 100 ou 200 hommes qui pourraient manquer encore à l'escadre seraient fournis par l'artillerie de la marine. Un conscrit ouvrier est bien plus essentiel à bord d'un vaisseau qu'un simple conscrit, et un matelot ouvrier le serait plus qu'un simple matelot. La France a plus de surface que de côtes; l'art doit donc consister à pousser la population du centre sur les côtes, pour le service de la marine. De grandes colonies et un grand commerce, cela va tout seul; mais cela ne peut être que le résultat de la marine. Si nous nous en rapportions à ces seuls moyens, nous ferions un cercle vicieux. Voici ce que j'imagine pour augmenter la population maritime. Vous avez des matelots de quatre classes et des novices : je désirerais que, dans l'organisation fondamentale des équipages, chaque vaisseau de guerre eût, comme matelots de 4e classe, trente conscrits ouvriers qui auraient été au service de la marine dans les ports pendant une année entière pour cette fois et deux ans pour l'avenir, et trente conscrits novices fournis par la conscription de l'année de toute la France. On veillerait à ce que les ouvriers conscrits apprissent à nager dans la rade sur des canots et péniches. Par ce moyen, on se procurerait de suite une population de 3,000 jeunes gens, dont 1,500 ouvriers, qui pourraient dès à présent être mis à bord de nos vaisseaux. Cette idée est bonne si, en général, vous manquez de novices; car, si vous en avez autant que vous en voulez, il est inutile d'en chercher par la conscription. Quant aux ouvriers, si cette idée vous paraît bonne, présentez-moi un projet d'arrêté en conséquence; et alors, à Brest, Toulon, Rochefort et Lorient, et partout où il y a des vaisseaux, on embarquerait le nombre d'ouvriers conscrits mentionnés plus haut, et qui seront remplacés par une levée de la conscription de l'an XIII, et par ce moyen les escadres de Brest, Toulon, Rochefort, la garnison de l'*Algésiras,* pourront se trouver au complet.

Napoléon.

Archives de l'Empire.

7994. — AU VICE-AMIRAL DECRÈS.

Aix-la-Chapelle, 19 fructidor an XII (6 septembre 1804).

Monsieur Decrès, Ministre de la marine, je désire que vous me fassiez deux rapports : le premier, sur la colonie de Surinam, etc. le second, sur l'expédition d'Irlande. Il me paraît que l'escadre de Brest est enfin dans la position de faire quelque chose. Nous avons 21 vaisseaux armés, des frégates et quelques flûtes : 16,000 hommes et 500 chevaux devraient pouvoir être embarqués au commencement de brumaire. Faites-moi connaître sur quoi je puis compter.

Je désire aussi que, dans le prochain état de situation de l'armée navale, vous fassiez porter le nombre des matelots de chaque classe à bord de chaque vaisseau, afin que je puisse voir de quelle classe sont ceux qui manquent.

Avant d'envoyer Émériau à Toulon, il faut que Missiessy soit rendu à l'île d'Aix, car il est impossible que cette escadre soit sans amiral. Faites-moi connaître quelles espérances vous avez du *Berwick*, et le temps où il pourra être en rade. Témoignez mon mécontentement à M. Pallière, à Toulon, et destituez quelques administrateurs ou changez-les de port, afin de rompre cette coupable coalition.

NAPOLÉON.

Archives de l'Empire.

7995. — AU VICE-AMIRAL DECRÈS.

Aix-la-Chapelle, 19 fructidor an XII (6 septembre 1804).

Monsieur Decrès, Ministre de la marine, dans notre position actuelle, je préfère armer *la Topaze* à l'armement des deux bricks qui sont à Nantes. L'équipage qui était destiné à ces deux bricks formera celui de la frégate. Je pense donc qu'il faut la faire armer le plus tôt possible. Il est bien difficile que nous puissions aujourd'hui hasarder un brick sur les mers, et nous en avons suffisamment en armement. Il n'en est point de même d'une frégate.

Je désirerais bien que vous suivissiez votre projet de mettre un vaisseau en construction à Nantes.

Il reste à Brest *le Finistère, le Zélé, le Gaulois, le Dugommier*. Il y en avait trois autres qui, probablement, sont déjà démolis. Il faudrait voir le parti qui pourrait être tiré de ces quatre vaisseaux restants. Comme les bassins de Brest ne se trouvent plus occupés dans ce moment, il faut profiter de cette circonstance pour les découvrir, radouber ceux qu'on croirait en être susceptibles et démolir ceux qui seraient tellement dégradés qu'il serait impossible de les réparer. Mêmes observations pour *la Romaine* et *la Pensée*. Dans la situation où nous nous trouvons, deux de ces vaisseaux pourraient nous servir de flûtes pour l'expédition d'Irlande. Dans tous les cas, s'ils ne peuvent être réparés pour vaisseaux de combat, il serait possible d'en faire de bonnes flûtes. Il me paraît donc nécessaire de faire occuper deux bassins par ces vaisseaux, et de les découvrir pour voir le parti qu'il y aurait à prendre. S'il y avait possibilité de proposer d'achever un des deux vaisseaux qui sont à Brest, cela serait d'autant plus utile qu'il n'y a plus de travaux aujourd'hui dans ce port. J'imagine que ce qui s'oppose à ces travaux, ce sont les bois.

Il paraît que *la Pomone* va être bientôt lancée à Gênes, ainsi que les deux bricks *la Réunion* et *le Cyclope*. Mon intention est de composer leurs équipages de Génois. Je penserais donc qu'il serait nécessaire d'envoyer dès ce moment à Gênes un capitaine pour les commander, et qui ferait les recherches pour organiser ces équipages, de manière à donner en avancement quelques places de contre-maîtres à des Génois et de classer les matelots des différentes classes. Il ne manque point de moyens de construction à Gênes. Je désire que vous donniez des ordres pour que le vaisseau *le Génois* puisse être lancé dans l'hiver; les équipages en seront formés également par des Génois.

Si les deux frégates qui sont à Flessingue sont en bon état, ayant la tête de leurs équipages, il faudrait les recomposer, les approvisionner et les tenir prêtes à partir dans le courant de l'hiver. Elles pourraient partir en brumaire ou frimaire, pour porter du secours à nos colonies.

Quand *l'Achille* sera-t-il lancé et pourra-t-il aller en rade de Rochefort? Quand compte-t-on lancer *le Pluton* à Toulon?

NAPOLÉON.

Archives de l'Empire.

7996. — AU VICE-AMIRAL GANTEAUME.

Aix-la-Chapelle, 19 fructidor an XII (6 septembre 1804).

Monsieur le Vice-Amiral Ganteaume, commandant en chef l'armée navale de Brest, j'ai reçu votre lettre du 9. J'ai donné ordre que les 1,273 hommes qui manquent au complet de votre escadre soient mis à votre disposition, savoir : 200 hommes de l'artillerie de la marine, 600 conscrits ouvriers de la marine et 500 hommes d'infanterie de ligne. Voilà donc *le Patriote* en rade! Avec 21 vaisseaux, j'espère que vous serez dans le cas de faire quelque chose.

Votre sortie a imprimé une grande terreur aux Anglais; ils savent bien qu'ayant toutes les mers à défendre, une escadre qui s'échapperait de Brest pourrait leur faire un ravage incalculable; et, si vous étiez en mesure de porter en brumaire 16,000 hommes et 500 chevaux en Irlande, le résultat en serait funeste à nos ennemis. Dites-moi si vous pensez pouvoir être prêt, et quelles sont les probabilités de réussite. Voyez le général irlandais O'Connor, et causez avec lui sur les points où l'on pourrait débarquer. Je pense bien qu'une sortie comme celle que vous avez faite demande des circonstances de temps qui ne se présentent pas tous les jours; mais je ne comprends pas pourquoi vos vaisseaux n'appareilleraient pas chaque jour pour faire bordée dans la rade. Quelle espèce de danger y a-t-il à faire cela? Les mirliflores de l'escadre pourront en rire et se moquer de ces grandes expéditions; il n'en serait pas moins vrai que, dans ces continuels exercices, vous donneriez à votre escadre une tenue et une expérience bien précieuses, et vous auriez fait tout ce qui dépend de vous. Je ne connais pas assez la rade de Brest pour savoir si une escadre de cinq vaisseaux peut y évoluer et à votre signal se mettre en bataille pour les différentes manœuvres : si cela est exécutable, pourquoi ne le fait-on pas? J'ai fait faire de ces manœuvres par la flottille de Boulogne; le résultat en a été très-bon, et aujourd'hui cela se continue; c'est un objet d'encouragement et d'instruction dont personne ne peut contester l'avantage. Il ne faut pas chercher ce qui nous manque; je ne puis faire des miracles; mais il faut faire tout ce qui est possible. J'ai assez d'expérience de la mer pour savoir que, ne ferait-on que lever l'ancre, déployer ses voiles et revenir mouiller, je dis plus, ne ferait-on que le branle-bas, le résultat en serait toujours très-avantageux. Soyez sincère : combien avez-vous de vaisseaux dont le branle-bas se fasse bien? Les hamacs sont mal placés, tout ne se prépare point comme il le faut; rien enfin n'est indifférent pour le succès. Pourquoi ne feriez-vous pas faire, tous les huit jours au moins, le signal du branle-bas, et ne vous portez-vous pas alors pour visiter les vaisseaux et voir ce qu'il peut y avoir de mal? Je vais encore plus loin : je pense que même l'exercice des signaux en est un utile, et accoutume tous les vaisseaux à les répéter avec la promptitude et l'expérience convenables. Je répète encore qu'on se moquera de ces exercices, mais il sera néanmoins de fait que les états-majors des vaisseaux apprendront à connaître bien les signaux, et franchiront les obstacles qui sont apportés souvent à leur prompte arboration et répétition. Lorsque les Anglais ont su que vous étiez dans la baie de Camaret, l'opinion des marins en Angleterre était que vous n'étiez pas attaquable.

Je n'ai plus de généraux de marine. Je désirerais faire quelques contre-amiraux, mais je voudrais choisir ce qui peut m'offrir le plus d'espérances, sans considération d'ancienneté. Envoyez-moi une liste d'une douzaine d'officiers propres à faire des contre-amiraux, ayant les qualités nécessaires pour mériter la préférence, et surtout des hommes encore dans la force de l'âge.

J'ai fait mettre sur chaque chaloupe canonnière un obusier de 8 pouces de terre. Cet obusier se place sur un petit affût marin qui lui permet de lancer un obus pesant 40 livres à plus de 1,000 toises; tiré sur l'angle de 45 degrés, il fait l'effet d'un mortier; tiré à

200 toises, l'obus éclate dans le bois; tiré à 1,000 toises, l'effet en est considérable, puisqu'il a 8 pouces d'ouverture, ce qui est plus qu'une pièce de 72. Les chaloupes canonnières n'ont point été incommodées de ce tir; et, comme il est d'usage, après avoir beaucoup blâmé cette arme, on s'en loue beaucoup aujourd'hui. Comme la terre peut en fournir une grande quantité, je désirerais que vous en missiez six ou dix sur chacun de vos vaisseaux. Il doit être placé sur un petit affût marin ayant ses roulettes de l'avant et point de derrière; il peut être mis indifféremment à bâbord, à tribord, sur l'avant ou sur l'arrière du vaisseau; on peut le tirer en chasse comme en retraite. Je m'en promets un bon effet. La terre a de ces obusiers à Brest; faites-en placer sur un affût et essayez-les à bord d'un de vos vaisseaux. Si vous pouviez en mettre dix, cela ne ferait que mieux; ils ne pèsent que 1,100 livres. J'aurais bien désiré aussi que vous eussiez des obusiers anglais de 36; mais il paraît que l'on n'en a pas encore fait assez; toutefois, je suis d'opinion que les obusiers de 8 pouces valent beaucoup mieux. Six ou dix de ces obusiers, faisant l'effet de six ou dix mortiers, peuvent être très-utiles dans un combat. L'emplacement ne gêne pas; on peut les tirer du milieu du vaisseau, en s'arrangeant de manière à ne point être embarrassé par les vergues. Nos vaisseaux ne sont pas assez armés. Quand je connaîtrai les objections que vous avez à faire sur cette idée, il sera facile, si elle est praticable, de vous donner 200 de ces obusiers. Il ne faut point les confondre avec les obusiers de 6 pouces qui, n'étant que de 36, ne remplissent point le même objet.

NAPOLÉON.

Comm. par Mme la comtesse Ganteaume.
(En minute aux Arch. de l'Emp.)

7997. — A M. FOUCHÉ.

Aix-la-Chapelle, 20 fructidor an XII (7 septembre 1804).

Monsieur Fouché, Ministre de la police générale, Tugnot, major de la 28e légère, est destitué. Il est vrai qu'on dit qu'il s'est bien comporté pendant ces dernières années, mais un militaire qui a été espion de l'ennemi ne doit plus compter dans nos rangs. Quant à la Légion d'honneur, c'est une erreur, il n'en est point. Pour plus de sûreté, je désire même que vous en causiez avec M. de Lacépède; il est impossible qu'il en soit. Ce Tugnot est un homme à envoyer fort loin. Cependant faites des recherches. Réal connaît bien son histoire; il a les pièces en main. Faites-moi une analyse de ce qu'il y a contre lui.

Tenez M. de Marson en arrestation. Je n'ai entendu ni pu amnistier tous les agents de Willot, Pichegru, dans la campagne de l'an VIII, ni ceux qui ont figuré dans les différentes agences anglaises depuis ce temps-là.

Présentez-moi un décret pour destituer l'officier de gendarmerie Dugué-Dassé.

NAPOLÉON.

Archives de l'Empire.

7998. — AU MARÉCHAL SOULT.

Aix-la-Chapelle, 21 fructidor an XII (8 septembre 1804).

Le petit combat auquel j'ai assisté la veille de mon départ de Boulogne a fait un effet immense en Angleterre. Il y a produit une véritable alarme. Vous verrez à ce sujet des détails traduits des gazettes, extrêmement curieux. Les obusiers qui sont à bord des canonnières ont fait un fort bon effet. Les renseignements particuliers que j'ai portent que l'ennemi a eu 60 blessés et 12 à 15 hommes tués. La frégate a été très-maltraitée.

J'envoie aujourd'hui l'organisation de la flottille à l'amiral Bruix; j'y détermine les divisions qui doivent fournir des garnisons et s'embarquer sur chaque partie.

NAPOLÉON.

Je vous fais mon compliment sur l'heureux accouchement de madame Soult. Je désire que votre fille ressemble à sa mère.

Archives de l'Empire.

7999. — ORDRE.

Aix-la-Chapelle, 22 fructidor an XII (9 septembre 1804).

Sur la proposition du ministre de l'intérieur, l'Empereur autorise le préfet du département du Léman à laisser expédier de Genève, à la destination de Vevay, deux mille quintaux de blé, pour la nourriture des ouvriers employés aux travaux de la route de Saint-Gingolph, sur la rive méridionale du lac. Ces grains seront extraits des départements voisins.

NAPOLÉON.

Archives de l'Empire.

8000. — A M. GAUDIN.

Aix-la-Chapelle, 22 fructidor an XII (9 septembre 1804).

Monsieur Gaudin, Ministre des finances, je désirerais que, dans les quatre départements réunis, ainsi que dans la Belgique, les places de percepteurs, de receveurs particuliers des communes, et toutes les places quelconques de la régie des droits réunis, soient données à des habitants du pays. Je n'admets aucune exception, et je ne pourrais qu'être très-mécontent si ces dispositions n'étaient pas suivies. Mon intention est de faire désormais pour la Belgique et les départements du Rhin la même opération que j'ai déjà faite pour le Piémont. Faites faire le relevé des places de directeurs, inspecteurs et contrôleurs de l'enregistrement natifs de la Belgique. Il faudrait donner à ces départements leur quote-part de places. Ces pays ne peuvent devenir entièrement français que par les soins du ministre des finances, qui, ayant à sa nomination un grand nombre de places, est à même de les faire jouir des bienfaits du Gouvernement. La même observation s'applique aux postes et aux directions des contributions directes. Je désire aussi connaître quel est le premier échelon des places dans l'enregistrement, les postes, les douanes, les contributions directes et les droits réunis, et quel est l'état actuel de ces premiers échelons.

Des plaintes m'ont été portées par la municipalité de Mons contre le directeur de l'octroi de cette ville ; ôtez-le et nommez un homme dont la probité soit moins suspecte.

NAPOLÉON.

Archives de l'Empire.

8001. — A M. FOUCHÉ.

Aix-la-Chapelle, 22 fructidor an XII (9 septembre 1804).

Monsieur Fouché, Ministre de la police générale, ce que le bulletin du 18 fructidor dit de Lajolais montre assez la facilité qu'on aurait d'en tirer parti pour avoir au net une espèce de confession. Ne perdez pas de vue l'affaire de Gogué de la Vendée. Si tout ce qu'il y a dans le bulletin se vérifie, il faut le traduire à une commission militaire et le faire fusiller. Les chefs des chouans ont besoin d'être contenus par des remèdes vifs. M. d'Audigné, que j'ai pris à Malte, où il était chevalier, et que j'ai emmené en Égypte, y a perdu une jambe. Le ministre de la guerre l'avait placé à Versailles ; il était mal là ; j'ai ordonné qu'on l'envoyât vers les Pyrénées ; sachez ce qu'il en est. Il est frère de celui qui s'est échappé de Besançon. C'est un fort bon homme, mais il est, comme de raison, attaché à son frère. Les bureaux de la guerre ne sentent pas la conséquence de mes ordres ; c'est à vous à y veiller.

M. d'Aremberg est soumis à la surveillance générale des émigrés, qui consiste à ne pouvoir voyager sans un passe-port du ministre. Comme toutes les personnes de cette maison se conduisent extrêmement bien, donnez ordre qu'ils ne soient plus assujettis à une surveillance particulière. Toutes ces personnes, par leur attachement au Gouvernement, sont très-propres à tout ce que l'administration voudrait faire d'elles.

Je vois une *Lettre à l'armée;* elle est de Barère. Je ne l'ai pas lue, mais je crois qu'il n'y a pas besoin de parler à l'armée; elle ne lit pas le vain bavardage des pamphlets, et un mot à l'ordre du jour ferait plus que cent volumes de Cicéron et de Démosthène. On peut animer les soldats contre l'Angleterre sans leur parler; leur adresser une brochure est le comble de l'absurdité : cela sent l'intrigue et la méfiance; l'armée n'en a pas besoin. Dites à Barère, dont les déclamations et les sophismes ne sont pas en harmonie avec sa colossale réputation, qu'il ne se mêle plus d'écrire dans ce genre. Il croit toujours qu'il faut animer les masses; il faut, au contraire, les diriger sans qu'elles s'en aperçoivent. Au total, c'est un homme de peu de talent. S'il en est temps, ne laissez pas circuler sa brochure, et n'en laissez pas faire d'envois à l'armée. Elle n'est pas une autorité. Il n'y a de moyen légal de lui parler que l'ordre du jour. Tout le reste est intrigue et faction. Je n'ai point lu la brochure. Si elle est bien faite, la même chose dite, sans s'adresser à personne, pourrait être d'un bon effet et n'aurait aucun danger.

Napoléon.

Archives de l'Empire.

8002. — AU MARÉCHAL BERTHIER.

Aix-la-Chapelle, 22 fructidor an XII (9 septembre 1804).

Mon Cousin, vous donnerez ordre à la légion hanovrienne de se rendre à Lyon. J'approuve que vous fassiez partir les quatre premiers mortiers à plaque que vous aurez de Strasbourg, de Metz, de Rouen ou Paris, pour l'armement de la côte de Brest. Je désire que vous vous entendiez avec le ministre de la marine pour faire couler vingt de ces mortiers à Indret, qui seront immédiatement dirigés sur Brest et Rochefort. J'attache la plus grande importance aux batteries des environs de ces ports. Donnez ordre au directeur de Brest, s'il a de gros mortiers à plaque, de les faire placer en batteries. Il y a trois mois que j'ai donné des ordres pour armer les côtes environnant Brest, Audierne; faites-moi connaître où cela en est.

Napoléon.

Archives de l'Empire.

8003. — AU MARÉCHAL BERTHIER.

Aix-la-Chapelle, 22 fructidor an XII (9 septembre 1804).

Je vous envoie un rapport de M. Lacuée. La dame Pinon mérite beaucoup d'intérêt; faites-moi connaître quelle est la quotité de sa pension. Faites-lui remettre 3,000 francs de gratification pour équivaloir à ses demandes. Vous vous ferez faire un rapport pour savoir où est actuellement l'ancien quartier-maître et s'il a des biens. Dans ce dernier cas, faites-le poursuivre par le procureur général de la cour de justice dans l'arrondissement de laquelle il demeure, pour le faire entrer en arrangement avec la dame Pinon. Si le quartier-maître ou ses héritiers étaient insolvables, vous feriez connaître à cette dame, en lui faisant remettre la somme que je lui accorde, que mon intention est qu'au moyen de cette gratification elle n'ait plus rien à réclamer.

NAPOLÉON.

Dépôt de la guerre.
(En minute aux Arch. de l'Emp.)

8004. — A L'AMIRAL BRUIX.

Aix-la-Chapelle, 22 fructidor an XII (9 septembre 1804).

Monsieur l'Amiral Bruix, il m'a paru que la manière la plus convenable d'organiser la flottille de guerre était de la partager en sept escadrilles égales en nombre, c'est-à-dire formant chacune 108 bâtiments. Il m'a paru également qu'il était utile de composer chaque escadrille de bâtiments de chaque espèce par tiers. Par ce moyen, la ligne d'embossage, qui est supposée être l'ordre naturel du départ, se trouvera rangée conformément à l'organisation. Elle sera formée sur quatre lignes : la première de péniches, la deuxième de chaloupes canonnières, la troisième de bateaux canonniers, la quatrième de bâtiments de transport. Lorsqu'on sortirait pour évoluer sans bâtiments de transport, les péniches mouilleraient à la troisième ligne, au lieu de mouiller à la première. Les escadrilles se trouvent égales entre elles, hormis deux, qui sont composées de bateaux canonniers au lieu de chaloupes, parce que nous avons un plus grand nombre des premiers que des dernières.

Toute l'armée se trouve ainsi avoir sa destination. La division italienne s'embarquera sur les corvettes de pêche et partira de Calais. L'armée du camp de Bruges s'embarquera sur la flottille hollandaise et viendra, en dernière analyse, se placer à Ambleteuse.

Telles sont les dispositions définitives que j'ai cru devoir adopter, parce qu'elles m'ont paru préférables sous plusieurs points de vue. Organisez sur ce principe tout ce que vous avez, et faites placer les bâtiments dans les ports, en les faisant mouiller. Faites-les sortir par escadrille ou par deux escadrilles, ce qui forme une aile.

Il y aura donc à Boulogne 108 chaloupes canonnières, 180 bateaux canonniers et 144 péniches, en tout 432 bâtiments, dont la sortie ne peut être difficile. Il y aura à Wimereux 108 bâtiments, dont la sortie en une marée est facile, et que ce port peut contenir. Il y aura à Étaples 216 bâtiments. Il faudrait sur-le-champ ordonner la construction du pont qui a été demandé dans ce port; mais il faudrait qu'il fût extrêmement léger, afin qu'il coûtât moins et qu'il pût être fait promptement. Il suffirait que deux hommes pussent y passer de front.

Quant aux bâtiments de transport, ils seront également partagés en sept parties, chaque partie attachée à une escadrille. C'est à vous actuellement à faire votre tactique. Il est impossible de parler à chaque bâtiment; mais on peut parler à chaque nature de bâtiments, ensuite à chaque division et même à chaque section.

Je vais partir d'Aix-la-Chapelle; je serai de retour dans quinze jours à Boulogne. Je désirerais que pour ce temps-là chaque escadrille fût organisée, et que les fonds en fussent formés et prêts à recevoir ce qui pourrait leur manquer, lorsque la flottille du Havre sera arrivée.

NAPOLÉON.

Archives de l'Empire.

8005. — ORGANISATION DE LA FLOTTILLE.

PROJET DE DÉCRET.

Aix-la-Chapelle, 22 fructidor an XII (9 septembre 1804).

TITRE Ier.

La flottille de guerre sera composée de sept escadrilles, chacune de 108 bâtiments, total 756 bâtiments.

Les deux premières escadrilles se réuniront à Étaples et formeront la gauche de la flottille.

Les 3e et 4e, qui se réuniront à la gauche du port de Boulogne, formeront le centre.

Les 5e et 6e, qui se réuniront à la droite du port de Boulogne, formeront la droite.

La 7e, qui se réunira à Wimereux, formera la réserve.

La gauche, le centre et la droite seront commandés par trois contre-amiraux. Chaque escadrille sera commandée par un capitaine de vaisseau.

La 1re escadrille sera composée de deux divisions de chaloupes canonnières, de deux divisions de bateaux canonniers, de deux divisions de péniches, et portera dix bataillons.

La 2e escadrille sera composée de quatre divisions de bateaux canonniers et de deux divisions de péniches, et portera également dix bataillons.

Ces deux escadrilles, formant la gauche de la flottille composée de 216 bâtiments et portant vingt bataillons, se réuniront à Étaples et en partiront.

Les 3e et 4e escadrilles, formant le centre de la flottille, seront composées de deux divisions de chaloupes canonnières, de deux divisions de bateaux canonniers et deux divisions de péniches, et porteront vingt bataillons.

La 5e escadrille sera composée de la même manière que la 3e et la 4e escadrille.

La 6e escadrille sera formée de quatre divisions de bateaux canonniers et de deux divisions de péniches.

Enfin la réserve serait composée de deux divisions de chaloupes canonnières, de deux divisions de bateaux canonniers et de deux divisions de péniches.

On voit donc que l'organisation est homogène, et qu'il n'y a que deux escadrilles qui diffèrent, ayant quatre divisions de bateaux canonniers au lieu de deux divisions de chaloupes canonnières et deux divisions de bateaux canonniers.

TITRE II.

ARMÉE DE TERRE AFFECTÉE AUX ESCADRILLES.

Le corps d'armée du maréchal Ney fournira des garnisons et sera destiné à s'embarquer sur la gauche de la flottille, c'est-à-dire sur la 1re et la 2e escadrille.

Les divisions Vandamme et Legrand s'embarqueront sur le centre, c'est-à-dire sur les 3e et 4e escadrilles.

Les divisions Saint-Hilaire et Suchet s'embarqueront sur la droite, c'est-à-dire sur les 5e et 6e escadrilles.

Les bataillons de la réserve d'Arras s'embarqueront sur la réserve, c'est-à-dire sur la 7e escadrille.

Nota. Les deux bataillons que doivent porter les divisions de péniches seront pris par détachements sur les huit bataillons que portent les divisions de chaloupes ou bateaux canonniers.

TITRE III.

PLACEMENT DES BATIMENTS DANS LES PORTS.

La gauche sera réunie à Étaples, savoir :

La 1re escadrille sera rangée aux pieux du côté de la baraque de l'Empereur.

La 2e escadrille sera rangée aux pieux de la gauche de la rade, du côté opposé.

On s'occupera de placer ces deux divisions au moment de l'appareillage.

Le centre sera rangé dans la partie ouest du port de Boulogne, c'est-à-dire du côté du bassin et du musoir.

La droite sera rangée dans la partie est du port de Boulogne, c'est-à-dire du côté de la tour d'Ordre.

La réserve sera réunie à Wimereux.

TITRE IV.

En rade, chaque escadrille mouillera de la manière suivante :

Les chaloupes canonnières au premier rang, les bateaux canonniers au deuxième rang, les péniches au troisième rang, de manière que derrière les chaloupes canonnières de chaque escadrille se trouvent les bateaux canonniers de la même escadrille, et derrière ceux-ci les péniches de la même escadrille.

Lorsqu'il y aura en rade des écuries ou des bateaux de transport, ils mouilleront à la place des péniches, qui alors mouilleront dans les intervalles, en avant des chaloupes canonnières.

C'est pour conserver les escadrilles dans l'ordre de mouillage qu'on a préféré composer chaque escadrille de trois espèces de bateaux.

ORGANISATION DE LA FLOTTILLE DE TRANSPORT.

La flottille de transport se divise en trois flottilles :

Flottille d'écuries ;

Flottille d'artillerie ;

Flottille de transport.

Chacune de ces flottilles se divise en divisions, composées chacune de dix-huit bâtiments, lesquelles se divisent elles-mêmes en deux sections de neuf bâtiments.

Il y a dix-neuf divisions d'écuries, quatre d'artillerie, sept de transport.

Les divisions de la flottille d'écuries portent les n°s de 1 à 19; celles d'artillerie, de 20 à 24; celles de transport, de 30 à 37.

NAPOLÉON.

Archives de l'Empire.

8006. — A M. CAMBACÉRÈS.

Aix-la-Chapelle, 23 fructidor an XII (10 septembre 1804).

Mon Cousin, je sens fort bien que tout ce qui est relatif à la réduction des frais de justice, à l'établissement de nouveaux droits sur le tribunal de cassation, aux droits sur les diligences et voitures publiques, ne peut être fait que par une loi; mais faites d'abord recueillir tous les matériaux, et présentez-moi les projets de décret.

NAPOLÉON.

Comm. par M. le duc de Cambacérès.
(En minute aux Arch. de l'Emp.)

8007. — AU VICE-AMIRAL DECRÈS.

Aix-la-Chapelle, 23 fructidor an XII (10 septembre 1804).

Je vous renvoie la lettre du commandant de la corvette *le Berceau*. Il paraît que nous aurons des nouvelles de l'île de France, de floréal dernier. Je suis fort impatient d'avoir des détails sur les Indes, sur la situation de nos colonies et de nos croisières. *Le Berceau* paraît être une grosse corvette, plus forte que *la Badine* et *la Torche*. Si elle n'a pas besoin de réparations et qu'elle marche bien, elle pourrait être utile à des missions. J'imagine que vous avez donné ordre au *Bélier* de tâcher de se rendre au Ferrol.

NAPOLÉON.

Archives de l'Empire.

8008. — A M. GAUDIN.

Aix-la-Chapelle, 23 fructidor an XII (10 septembre 1804).

Monsieur Gaudin, Ministre des finances, le Piémont a eu des gouvernements provisoires qui ont disposé des biens nationaux à tort et à travers. C'est ainsi qu'ils ont doté la ville et l'athénée de Turin. Je vous prie de me remettre, le plus promptement possible, l'état des dotations et affectations de tout genre faites par le gouvernement provisoire, soit à des villes, soit à des corporations, soit à des particuliers. Vous me proposerez en même temps un projet de décret pour annuler, par un seul acte, toutes ces ridicules dotations et affectations, et pour les faire rentrer dans le domaine national. La législation est que tout ce qu'a fait en ce genre le gouvernement provisoire est nul; et que les choses doivent être remises sur le pied où elles étaient avant l'entrée des Français en Piémont. Mais cette législation ne peut être appliquée que par un décret; et il faut, pour rendre ce décret, connaître exactement tout ce qui a été fait, afin de pouvoir, s'il y a lieu, approuver les dispositions qui pourraient mériter de l'être. Je désire que l'état des affectations et dotations me soit remis vers le 15 vendémiaire prochain. Si vous n'avez pas dans vos bureaux tous les documents nécessaires, envoyez quelqu'un en Piémont pour les recueillir; mais recommandez à cette personne le plus grand secret; la moindre publicité mettrait tout le pays en mouvement, et il faut que le décret arrive sans qu'on s'y attende.

NAPOLÉON.

Archives de l'Empire.

8009. — A M. FOUCHÉ.

Aix-la-Chapelle, 23 fructidor an XII (10 septembre 1804).

Le rapport intitulé *Vendée, préparatifs de guerre civile*, m'a paru intéressant. Ne perdez point de vue ces différentes traces et suivez-les avec le plus grand soin.

Il ne faut cependant vexer aucunement mesdames Lescure et Larochejaquelein. Le mari de l'une et le frère de l'autre ont fait la guerre avec un tel talent militaire qu'ils auront une page dans l'histoire, et ils conserveront quelque attachement dans le pays. Je ne connais point le caractère de ce Larochejaquelein; mais l'union de ces deux noms est assez intéressante pour chercher à se les attacher. Voyez le parti qu'il est possible d'en tirer, et faites-moi connaître l'âge et le caractère de l'homme et de la femme.

NAPOLÉON.

Archives de l'Empire.

8010. — A M. FOUCHÉ.

Aix-la-Chapelle, 23 fructidor an XII (10 septembre 1804).

Monsieur Fouché, Ministre de la police générale, je désire savoir où en est l'affaire des deux espions d'Abbeville. J'avais ordonné que les deux matelots convaincus d'espionnage avec la croisière anglaise, et qui sont en ce moment dans les prisons d'Abbeville, fussent traduits devant une commission militaire et fusillés sur la côte de

Dieppe et du Tréport. Je n'entends point parler de cela, et les peuples croient à l'impunité.

NAPOLÉON.

Archives de l'Empire.

8011. — AU MARÉCHAL BERTHIER.

Aix-la-Chapelle, 23 fructidor an XII (10 septembre 1804).

Mon Cousin, les casernes des villes de Marseille, Bordeaux, Lyon, Nantes, la Rochelle, Bruxelles, Anvers, Bruges, Turin, Verceil, etc., et en général de toutes celles qui ne sont pas de véritables places de guerre, doivent, à commencer de l'an XIII, être mises à la disposition de ces villes, entretenues et réparées par elles. Tel était l'ancien usage; c'est d'ailleurs le seul moyen de pourvoir à cette dépense. Faites donc dresser un relevé des casernes, magasins, etc., existant dans les villes de l'empire autres que les véritables places de guerre. Ajoutez à ce relevé toutes les notions que vous aurez recueillies sur le montant de la dépense d'entretien de ces casernes et bâtiments. Joignez-y un projet de décret par lequel il sera statué qu'à dater du 1ᵉʳ vendémiaire prochain ces villes doivent tenir en état non-seulement les casernes, mais encore les lits, fournir les draps, etc. Par ce moyen, les frais de casernement et des lits militaires seront diminués de moitié. On ne peut, en général, se dissimuler que ces villes ne soient très-riches aujourd'hui, et il vaudra mieux les charger de ces réparations, qui les intéressent, puisqu'elles désirent avoir des garnisons sans loger les troupes chez les habitants, que de prendre sur leurs revenus pour pourvoir à cette dépense.

Le logement de la gendarmerie coûte un million de loyer. Il convient de se débarrasser aussi de cette dépense, et de faire loger aussi la gendarmerie au compte des communes et des départements. Il est nécessaire pour cela d'avoir un état, dressé par départements, de ce que coûtent les loyers de la gendarmerie pour les maisons qui appartiennent à des particuliers, et les réparations des maisons nationales affectées à ce service. Je désire avoir ces états avant huit ou dix jours.

NAPOLÉON.

Archives de l'Empire.

8012. — AU MARÉCHAL BERTHIER.

Aix-la-Chapelle, 23 fructidor an XII (10 septembre 1804).

Mon Cousin, le dépôt du 30ᵉ régiment de ligne a douze conscrits de l'Yonne qui sont estropiés. Ils ont déclaré n'avoir pas été passés en revue par le général de brigade commandant le département, qui est cependant du conseil de recrutement. Ce général est d'autant plus coupable qu'il n'a rien à faire. Écrivez-lui une lettre de mécontentement, que vous ferez circuler aux autres généraux de la division, pour leur rappeler qu'il faut que les conscrits qui partent soient en état de servir.

NAPOLÉON.

Archives de l'Empire.

8013. — AU MARÉCHAL BERNADOTTE.

Aix-la-Chapelle, 23 fructidor an XII (10 septembre 1804).

Mon Cousin, l'aide de camp colonel Gérard m'a remis la médaille que vous avez fait frapper avec le produit des mines de Hanovre. J'agrée avec plaisir les sentiments que vous m'exprimez.

Profitez de l'automne pour améliorer l'instruction, surtout celle des états-majors. Faites commander les bataillons par les aides de camp et adjoints pour qu'ils se forment.

NAPOLÉON.

Comm. par le Gouvernement de S. M. le roi de Suède.

8014. — AU VICE-AMIRAL DECRÈS.

Aix-la-Chapelle, 23 fructidor an XII (10 septembre 1804).

Monsieur Decrès, Ministre de la marine, j'ai lu avec attention votre lettre du 17. Il me paraît convenable que les garnisons de la flottille ne changent qu'à la pointe du jour, avant la distribution des rations.

La proposition de faire des masses pour les hamacs est tout à fait inadmissible; ce serait un moyen de dépenser le double. Il faut faire un règlement pour que les hamacs soient consignés par les garnisons sortantes aux garnisons qui les relèvent, et qui en seront responsables si elles les abîment.

La ration de marine consiste en pain, en viande et en légumes; la ration de la guerre est la même à Boulogne; je ne conçois donc pas pourquoi celle de la marine coûte 19 sous et celle de la guerre 10 sous. Il me paraîtrait plus simple d'ordonner qu'à dater du 1er vendémiaire les vivres seront fournis sur les bâtiments des ports de rassemblement, depuis la Somme jusqu'à Ostende, par les administrations de terre et au compte de la guerre, pour toutes les troupes embarquées ou non. Cette mesure serait plus simple et rendrait inutile une grande partie de vos établissements et employés.

Je suppose, ce dont je ne suis pas parfaitement sûr, que la ration est la même pour la marine et pour la guerre. Il me semble avoir entendu dire à des soldats qu'ils étaient mieux traités au camp qu'à bord, parce que la viande y était meilleure.

Une seconde dépense que vous pourriez économiser dans les ports de réunion serait celle des hôpitaux de la marine; on peut les supprimer et arrêter que la marine ne fera aucun service de santé, lequel sera fait par les ambulances et les hôpitaux de l'armée de terre. Nous avons là du matériel pour 100,000 hommes en pleine campagne, c'est-à-dire pour panser, en vingt-quatre heures, 6 à 7,000 hommes. Il est donc inutile qu'il y ait un grand nombre d'officiers de santé de mer. Le personnel de la marine est peu de chose sur la flottille, comparativement à l'armée de terre; c'est le comble de la folie d'y avoir deux administrations; la plus forte doit servir à la plus faible.

Quant aux couvertures, ordonnez également que, dans les ports de rassemblement, elles seront fournies par la guerre, hormis les hamacs, dont la guerre ne se sert point. Les soldats, en s'embarquant, porteraient leurs couvertures. Ordonnez que celles de la marine qui sont dans les ports de rassemblement ou sur les bâtiments qui se rendent dans ces ports, entrent dans la comptabilité des magasins de l'armée de terre.

Indépendamment de ces dispositions, il y a encore d'autres objets sur lesquels vous pouvez économiser beaucoup d'argent et où vous mettrez beaucoup de simplicité. En parcourant la flottille, j'y ai vu une nuée d'agents comptables; il y a aussi dans l'armée de terre une nuée d'agents qui ne font rien et qui attendent d'être de l'autre côté. Je paye donc aujourd'hui des appointements à une grande quantité d'employés qui me sont inutiles ici, et je paye à la marine des employés qui me sont utiles aujourd'hui et qui ne feront rien en Angleterre. Vous voyez que les fonctions des uns finissent où commencent celles des autres. Il faut que la marine ne se mêle ni des vivres ni des hôpitaux dans les ports de rassemblement. Je ne parle point de Dunkerque ni de Flessingue, qui contiennent des bâtiments de la grande armée navale.

Ces idées méritent d'être approfondies; présentez-moi un projet de décret après les avoir bien pesées et méditées. Vous simplifierez par là le service et ferez disparaître toute concurrence. La flottille par elle-même n'est rien; elle n'existe que par l'armée de terre. Ce qui continuera à appartenir à la marine sera la réparation des bâtiments et la solde des équipages, l'une et l'autre ne pouvant être faites que par la marine.

Quant à l'idée de diminuer de moitié les garnisons, il y a beaucoup d'inconvénients, dont le moindre est celui d'avoir l'air d'anéantir la flottille.

La terre, payant la solde, donnerait des gratifications aux officiers embarqués. Si la garnison change tous les quinze jours, je voudrais que nécessairement l'officier y restât le mois; on fixerait alors la gratification par mois, ce qui donnerait les moyens de la réduire un peu. Il faudrait, par des règlements généraux et non par décision des commandants de port, déterminer le traitement de chaque commandant de bâtiment. Si vous y comprenez les frais de table, ils sont trop payés. S'ils n'ont pas de ration, c'est une faute; il faut la leur donner, car il est impossible dans de petits bâtiments d'empêcher de prendre des rations; il faut les bien traiter, mais non ridiculement. La flottille a été considérée jusqu'ici comme d'expédition; il faut la considérer désormais comme établissement fixe, et dès ce moment porter la plus grande attention à tout ce qui doit être immuable, en la régissant par d'autres règles que l'escadre. Nous avons des capitaines de vaisseau de guerre et de frégate entretenus; il faut avoir aussi un certain nombre de capitaines de bateaux, comme on avait des capitaines de brûlots. Cette organisation offrira un prétexte pour diminuer les traitements et leur donner un état fixe. Vous ne serez d'ailleurs jamais embarrassé de ces hommes, parce qu'on peut leur donner une fonction de leur grade sur les vaisseaux de ligne, en cas que la flottille ne soit pas armée. Quant à la flottille d'Ostende, elle devra être traitée comme celle de Boulogne. En général, la flottille est administrée sur de fausses maximes, car elle l'est par les règles des escadres; or rien ne se ressemble moins.

NAPOLÉON.

Archives de l'Empire.

8015. — DÉCRET.

Aix-la-Chapelle, 24 fructidor an XII (11 septembre 1804).

NAPOLÉON, Empereur des Français, à tous ceux qui les présentes verront, salut :

Étant dans l'intention d'encourager les sciences, les lettres et les arts, qui contribuent éminemment à l'illustration et à la gloire des nations;

Désirant non-seulement que la France conserve la supériorité qu'elle a acquise dans les sciences et dans les arts, mais encore que le siècle qui commence l'emporte sur ceux qui l'ont précédé;

Voulant aussi connaître les hommes qui auront le plus participé à l'éclat des sciences, des lettres et des arts,

Nous avons décrété et décrétons ce qui suit :

ARTICLE Ier. Il y aura, de dix ans en dix ans, le jour anniversaire au 18 brumaire, une distribution de grands prix, donnés de notre propre main, dans le lieu et avec la solennité qui seront ultérieurement réglés.

ART. 2. Tous les ouvrages de sciences, de littérature et d'arts, toutes les inventions utiles, tous les établissements consacrés au progrès de l'agriculture ou de l'industrie nationale, publiés, connus ou formés dans un intervalle de dix années, dont le terme précédera d'un an l'époque de la distribution, concourront pour les grands prix.

ART. 3. La première distribution des grands prix se fera le 18 brumaire an XVIII, et, conformément aux dispositions de l'article précédent, le concours comprendra tous les ouvrages, inventions ou établissements publiés ou connus depuis l'intervalle du 18 brumaire de l'an VII au 18 brumaire de l'an XVII.

ART. 4. Ces grands prix seront, les uns de la valeur de dix mille francs, les autres de la valeur de cinq mille francs.

ART. 5. Les grands prix de la valeur de dix mille francs seront au nombre de neuf, et décernés,

1° Aux auteurs des meilleurs ouvrages de science, l'un pour les sciences physiques, l'autre pour les sciences mathématiques ;

2° A l'auteur de la meilleure histoire ou du meilleur morceau d'histoire, soit ancienne, soit moderne ;

3° A l'inventeur de la machine la plus utile aux arts et aux manufactures ;

4° Au fondateur de l'établissement le plus avantageux à l'agriculture ou à l'industrie nationale ;

5° A l'auteur du meilleur ouvrage dramatique, soit comédie, soit tragédie, représenté sur les théâtres français ;

6° Aux auteurs des meilleurs ouvrages, l'un de peinture, l'autre de sculpture, représentant des actions d'éclat ou des événements mémorables, puisés dans notre histoire ;

7° Au compositeur du meilleur opéra représenté sur le théâtre de l'Académie impériale de musique.

ART. 6. Les grands prix de la valeur de cinq mille francs seront au nombre de treize, et décernés,

1° Aux traducteurs de dix manuscrits de la Bibliothèque impériale ou des autres bibliothèques de Paris, écrits en langues anciennes ou en langues orientales, les plus utiles, soit aux sciences, soit à l'histoire, soit aux belles-lettres, soit aux arts;

2° Aux auteurs des trois meilleurs petits poëmes ayant pour sujet des événements mémorables de notre histoire, ou des actions honorables pour le caractère français.

Art. 7. Ces prix seront décernés sur le rapport et la proposition d'un jury composé des quatre secrétaires perpétuels des quatre classes de l'Institut, et des quatre présidents en fonctions dans l'année qui précédera celle de la distribution.

NAPOLÉON.

Extrait du *Moniteur*.

8016. — A M. FOUCHÉ.

Aix-la-Chapelle, 24 fructidor an XII (11 septembre 1804).

Monsieur Fouché, Ministre de la police générale, faites écrire à Charron, à Turin, que je ne veux point d'intrigues. Qu'il vive bien avec Menou, avec le maire, et qu'il ne desserve personne. J'ai vu de très-mauvais œil la conduite qu'il a tenue lors de l'événement arrivé au général Menou. L'agent du Gouvernement devait couvrir, dans un pays nouvellement réuni, un mouvement de vivacité, extrêmement blâmable sans doute; mais ce qui est plus blâmable, c'est qu'il s'est attaché à donner de l'éclat à cette aventure. Je sais qu'il y a un système de perdre Menou, le corps municipal de Turin et autres bons citoyens du Piémont; il ne réussira pas plus que le système opposé n'a réussi. Quelque mouvement qu'ils se donnent, Menou restera encore à Turin cinq ou six ans. Les commissaires de police aiment trop l'argent; Charron doit dépenser moins à Turin qu'à Marseille.

NAPOLÉON.

Archives de l'Empire.

8017. — A M. CAMBACÉRÈS.

Château de la Haye, près Gueldres, 25 fructidor an XII (12 septembre 1804).

Mon Cousin, j'ai reçu votre lettre du 22. Je suis aujourd'hui dans un château à l'extrémité de l'empire. J'ai visité hier Crevelt, et ce matin Venloo. Ce pays, tant sous le point de vue des fortifications militaires que de la partie administrative, avait besoin d'un coup d'œil.

NAPOLÉON.

Comm. par M. le duc de Cambacérès.
(En minute aux Arch. de l'Emp.)

8018. — AU VICE-AMIRAL DECRÈS.

Château de la Haye, près Gueldres, 25 fructidor an XII (12 septembre 1804).

Monsieur Decrès, Ministre de la marine, j'ai lu avec attention le rapport et les différentes lettres du capitaine général Decaen. La conduite du général Linois est misérable, celle du capitaine Larue est plus misérable encore. Comment un capitaine de vaisseau se dégrade-t-il au point de faire les fonctions de *midshipman*? Comment un capitaine qui commande un vaisseau peut-il l'abandonner? Ne laissez le capitaine Larue que vingt-quatre heures à Paris, et dites-lui que je ne le recevrai point. Faites-le partir pour l'Inde; enjoignez-lui de s'embarquer à Bayonne aussitôt sur un petit bâtiment. Je lui ai confié son vaisseau; il faut qu'il m'en réponde. Faites connaître dans tous les ports que je n'ai pas voulu le voir, parce qu'il a quitté son vaisseau. C'est à un lieutenant ou à un officier d'état-major à remplir ces missions, s'il y a lieu. La marine a besoin d'être remontée par quelques exemples. Faites imprimer dans *le Moniteur* les 1re, 2e, 3e, 4e, 5e et 6e pages, jusqu'à l'endroit marqué du numéro 45, du rapport du général Decaen; faites-y imprimer également les n°s 2 et 3 des dépêches interceptées sur le bâtiment anglais, ainsi que le volume de lettres imprimées; faites-y mettre aussi l'extrait de la *Gazette de Madras*. Je désire que ces publications aient lieu dans *le Moniteur* le lendemain du reçu de mon courrier. Je tiens à ce qu'elles soient faites, car il faut que la marine se fasse une idée sur ces affaires si déshonorantes. C'est la seule manière d'avoir une marine. Toutes les expéditions sur mer qui ont été entreprises depuis que je suis à la tête du gouvernement ont toujours manqué, parce que les amiraux voient double et ont trouvé je ne sais où qu'on peut faire la guerre sans courir aucune chance. Faites mettre dans *le Moniteur* également l'extrait de la dépêche du général Decaen qui annonce la prise de *l'Althée*.

Je vous ai envoyé des rapports sur Sainte-Hélène; l'individu est à Givet, vous pouvez l'envoyer chercher; il me paraît, par tout ce que je vois, que ce n'est point une chose à dédaigner.

Donnez ordre au Havre que deux flottilles sortent, qu'elles se rendent à Boulogne et défendent la rivière.

Je désire que vous sachiez de Larue ce qu'ont fait les forces hollandaises à Batavia, et comment elles se sont comportées. Je désire avoir une idée nette de cela.

NAPOLÉON.

Comm. par Mme la duchesse Decrès.
(En minute aux Arch. de l'Emp.)

8019. — A M. FOUCHÉ.

Cologne, 27 fructidor an XII (14 septembre 1804).

Monsieur Fouché, Ministre de la police, j'ai vu avec peine dans les journaux que le conseiller d'État du 1er arrondissement avait envoyé le signalement de M. Octave Ségur, comme si toutes les probabilités n'étaient pas que cet homme fût noyé; s'il en était autrement, ce serait un événement bien extraordinaire et que la police ne devrait jamais divulguer, car il ne tend qu'à effrayer, et la sûreté est, comme tout le reste, une affaire d'opinion.

Je vous renvoie l'état des individus en surveillance à la préfecture de police. Comme il faut accoutumer à obéir aux règlements, faites rechercher s'il y en a de compris dans l'ordonnance de police et qui ne s'y soient pas rendus; il est nécessaire que vous vous fassiez rendre compte de la conduite et de la moralité de ces individus, et que ceux dont la présence à Paris pourrait avoir des inconvénients, surtout ceux qui ont fait la guerre de la Vendée, en soient éloignés sans délai à trente ou quarante lieues. Je pense que vous supprimerez alors l'obligation où ils sont de se présenter à la préfecture de police, ce qui, comme vous l'observez très-bien, offre plus d'inconvénients que d'avantages.

Archives de l'Empire. NAPOLÉON.

8020. — A S. S. LE PAPE.

Cologne, 15 septembre 1804.

Très-saint Père, l'heureux effet qu'éprouvent la morale et le caractère de mon peuple par le rétablissement de la religion chrétienne me porte à prier Votre Sainteté de me donner une nouvelle preuve de l'intérêt qu'elle prend à ma destinée et à celle de cette grande nation, dans une des circonstances les plus importantes qu'offrent les annales du monde. Je la prie de venir donner, au plus éminent degré, le caractère de la religion à la cérémonie du sacre et du couronnement du premier empereur des Français. Cette cérémonie acquerra un nouveau lustre lorsqu'elle sera faite par Votre Sainteté elle-même. Elle attirera sur nous et nos peuples les bénédictions de Dieu, dont les décrets règlent à sa volonté le sort des empires et des familles.

Votre Sainteté connaît les sentiments affectueux que je lui porte depuis longtemps, et par là elle doit juger du plaisir que m'offrira cette circonstance de lui en donner de nouvelles preuves.

Archives des affaires étrangères. NAPOLÉON.

8021. — A M. FOUCHÉ.

Cologne, 28 fructidor an XII (15 septembre 1804).

Monsieur Fouché, Ministre de la police générale, je désire avoir des renseignements sur Véron, ex-prêtre, et qui doit être un courtier d'intrigues qui se rallient à Durand, des relations extérieures, et Sainte-Foix. Ces renseignements doivent porter sur sa fortune, ses liaisons, ses voyages. Mais vous devez y mettre la plus grande circonspection, pour que cet individu ne soupçonne pas qu'il est l'objet d'une surveillance, car l'éveil donné à Sainte-Foix et Durand pourrait avoir de funestes conséquences.

NAPOLÉON.

Archives de l'Empire

8022. — A M. FOUCHÉ.

Cologne, 28 fructidor an XII (15 septembre 1804).

Monsieur Fouché, Ministre de la police générale, il faut arranger vos bureaux pour qu'ils ne coûtent pas plus qu'ils ne sont portés au budget. En général, vos bureaux sont susceptibles de réformes, soit pour la quotité des appointements, soit pour le nombre des individus.

Je vois, dans votre bulletin du 26, que « le manifeste de l'empereur de Russie est connu; » il n'y a point de manifeste de la Russie; nous ne sommes point en guerre, et personne ne sait l'état dans lequel se trouvent les deux puissances.

NAPOLÉON.

Archives de l'Empire.

8023. — AU MARÉCHAL BERTHIER.

Cologne, 28 fructidor an XII (15 septembre 1804).

Mon Cousin, j'ai vu le 58ᵉ régiment. Écrivez au préfet de l'Allier et au général qui commande dans ce département que, de 400 conscrits qu'il doit fournir, 100 ne sont pas arrivés au corps, 100 ont déserté, de manière qu'il n'en reste pas 200, et la moitié est boiteux, sourd et d'aucun bon service. Ce que je vois des 3ᵉˢ bataillons est vraiment une dérision. Le cinquième de la conscription est composé du rebut de la nation; cela nous coûte des routes, de l'habillement en pure perte. Les officiers du 58ᵉ sont bons, et ce corps a un bon esprit; mais j'ai été extrêmement mécontent du major, qui n'a pas la moindre idée des manœuvres. Vous voudrez bien le suspendre pendant trois mois sans appointements, et lui donner l'ordre de se rendre au camp de la réserve, à Arras, pour s'y instruire dans les manœuvres; il ne sera réintégré dans sa place de major que quand j'aurai l'assurance qu'il les sait parfaitement, assurance que je prendrai par moi-même, car je le ferai venir à Paris. Si, dans ces trois mois, il ne justifiait pas que ses manœuvres lui sont très-familières, vous retarderez son retour au corps de six mois. En attendant, il est nécessaire de nommer un autre major. Vous lui ferez connaître que si je ne me ressouvenais pas des services qu'il a rendus à la guerre, je l'aurais fait destituer, car aucun officier ne doit prendre l'emploi de major s'il ne sait à fond les détails de l'ordonnance. Vous mettrez à l'ordre de l'armée que l'Empereur, ayant fait manœuvrer le 58ᵉ régiment à Cologne, a été content de la tenue des officiers et des soldats, mais a vu avec peine que le major n'avait aucune connaissance de ses manœuvres; qu'en conséquence Sa Majesté a ordonné qu'il serait suspendu pendant trois mois, et envoyé pendant ce temps à un des camps pour s'y instruire dans les manœuvres, et qu'il ne serait réintégré dans sa place de major que lorsqu'il aurait justifié les connaître dans le plus grand détail.

Le colonel Dufour, du 58ᵉ, est absent du corps depuis très-longtemps. On me dit qu'il est à Paris. Ce corps a cependant besoin d'un bon chef; on ne se fait pas d'idée de son ignorance. Faites-moi connaître l'état du colonel Dufour, et ordonnez-lui de rejoindre, s'il est en état de continuer le commandement de son corps. Sans cela, je le nommerai adjudant commandant, car c'est un brave homme, et je le remplacerai. Vous ferez connaître au général Jacobé-Trigny que je suis mécontent qu'il n'ait pas fait manœuvrer le 58ᵉ. Écrivez aux généraux commandant les divisions de faire faire les manœuvres aux 3ᵉˢ bataillons et aux corps qui sont dans leurs arrondissements. Cela sert toujours à l'instruction des officiers et des sous-officiers.

NAPOLÉON.

Archives de l'Empire.

8024. — AU VICE-AMIRAL DECRÈS.

Cologne, 28 fructidor an XII (15 septembre 1804).

Monsieur Decrès, Ministre de la marine, je vous ai déjà exprimé tout ce que je ressentais de la conduite du général Linois : il a rendu le pavillon français la risée de l'univers. Le moindre reproche qu'on peut lui faire, c'est d'avoir mis beaucoup trop de prudence dans la conservation de sa croisière. Des vaisseaux de guerre ne sont pas des vaisseaux marchands. C'est l'honneur que je veux qu'on conserve, et non quelques morceaux de bois et quelques hommes. Le mépris contre lui, en Angleterre, est au dernier point de la part des officiers de la marine. Je voudrais pour beaucoup que ce malheureux événement ne fût pas arrivé; je préférerais avoir perdu trois vaisseaux. Si le capitaine Larue est celui qui a été en Égypte, et qui commandait la frégate *la Muiron*, je suis extrêmement surpris qu'un homme qui a pu approcher de moi un instant ait pu si mal se conduire; car enfin, s'il eût représenté à l'amiral qu'il ne pouvait pas abandonner son vaisseau, l'amiral n'eût pas insisté. Témoignez-lui mon mécontentement et l'espèce de mépris que sa conduite m'inspire; il ne peut la faire oublier qu'en se rembarquant sur-le-champ et en suivant le sort de son vaisseau.

NAPOLÉON.

Comm. par Mme la duchesse Decrès.
(En minute aux Arch. de l'Emp.)

8025. — AU VICE-AMIRAL DECRÈS.

Cologne, 28 fructidor an XII (15 septembre 1804).

Monsieur Decrès, Ministre de la marine, il paraît convenable de mettre l'embargo sur la côte depuis la Somme jusqu'à l'Escaut, et de ne plus laisser sortir aucun bâtiment, ni permettre aucune communication avec la mer.

NAPOLÉON.

Archives de l'Empire.

8026. — A M. GAUDIN.

Cologne, 29 fructidor an XII (16 septembre 1804).

Monsieur Gaudin, Ministre des finances, je désire connaître si les obligations pour le droit de passe sont souscrites, quel en est le montant, et la partie qui est versée au trésor public. J'ai parcouru beaucoup de départements, causé avec les administrateurs et receveurs, et je reste convaincu qu'il n'y en a pas un qui ne fût prêt à signer le montant de ses obligations en douze mois, avec une restriction convenable pour lui servir d'escompte. Il faut donc vous occuper sérieusement de cet objet, car c'est la seule manière de rétablir l'ordre dans nos finances.

Dans la loi du budget, je pense qu'il sera nécessaire de conserver le centime additionnel pour l'an XIII. J'espère que vous vous occupez de trouver des matières de cautionnements, afin de compléter nos budgets.

J'espère que les droits réunis rendront plus de dix-neuf millions pour l'an XIII. Beaucoup de départements espèrent des recettes assez considérables.

NAPOLÉON.

Archives de l'Empire.

8027. — A M. LE CARDINAL FESCH, AMBASSADEUR A ROME.

Cologne, 29 fructidor an XII (16 septembre 1804).

Monsieur mon Oncle et Cousin, M. le général Caffarelli, mon premier aide de camp, officier distingué, pour qui j'ai de l'affection, est le porteur de ma lettre au Pape. Il est convenable que vous lui ménagiez une entrevue particulière pour qu'il remette lui-même ma lettre au Saint-Père.

Le Saint-Père viendra dans ses voitures jusqu'au pied du mont Cenis; arrivé là, mes voitures le prendront; une députation le recevra à l'extrémité du territoire, et il sera défrayé de tout, du moment qu'il y aura mis le pied. Vous devez accompagner le Pape, mais incontinent retourner à Rome avec lui, mon intention étant que vous continuiez à séjourner dans cette ville. Je désire que le Pape soit arrivé le 18 brumaire; n'arriverait-il que le 15 ou le 16, cela est égal, parce que nous renverrons ensuite la fête à dix ou quinze jours, à volonté; et enfin, pourvu qu'il soit en deçà des Alpes avant le 12 brumaire, je serai satisfait. J'imagine que vous le logerez, à Lyon, à l'archevêché. Il sera facile de le loger à Turin. A Paris, je compte le loger au pavillon de Flore, aux Tuileries. J'imagine qu'il sera plus satisfait de cela que d'être logé à l'archevêché.

Je désire beaucoup que le roi de Sardaigne ne retourne plus à Rome; c'est une question finie. Je ne permettrai plus qu'il ait rien en Italie. C'est donc pour moi un sujet de désagrément de voir un agent russe à Rome et ce prince, qui ne laisse pas que de gêner et finirait par compromettre le Pape. Il faut profiter de cela pour que le Pape ne le laisse plus revenir à Rome et l'engage à rester à l'extrémité des États romains.

NAPOLÉON.

Archives de l'Empire.

8028. — A M. PORTALIS,
CHARGÉ PAR INTÉRIM DU PORTEFEUILLE DE L'INTÉRIEUR.

Coblentz, 2e jour complémentaire an XII (19 septembre 1804).

Je ne vois aucune difficulté à ce que le général Carteaux ne parte que le 10 ou 12 vendémiaire pour Piombino. Ce déplacement n'est pas une disgrâce, mais une mission de confiance. Il y fera du bien; c'est dans ce sens que vous devez lui en parler.

NAPOLÉON.

Archives de l'Empire.

8029. — AU MARÉCHAL BERTHIER.

Coblentz, 2ᵉ jour complémentaire an XII (19 septembre 1804).

Mon Cousin, l'état que vous m'avez envoyé de la solde de vendémiaire contient quelques erreurs.

1° Il n'y a pas 3,000 vélites.

2° Si le 5ᵉ de ligne est passé de la solde d'Étrurie à celle de France, le 62ᵉ, qui était à Turin, a été en Étrurie.

3° Le second bataillon ligurien, qui est à Gênes, ne doit pas être payé par la France; celui qui est à Tarente est seul à la solde de la France.

4° Le calcul de 468,000 francs par mois pour le pain blanc est erroné; au lieu de cette somme, cela ne doit pas aller, à beaucoup près, à 400,000 francs. Pour cela, il faut vérifier si ce pain est accordé aux hommes présents ou à l'effectif; il me semble qu'il ne doit l'être qu'aux présents; il n'a pas non plus été accordé aux sous-officiers; enfin les vétérans, les gendarmes, les armées de Hanovre, de Hollande, d'Étrurie, de Lucques, de Naples, ne doivent pas en jouir. Je désire donc que vous établissiez des calculs plus précis sur cet objet. J'envoie votre état au ministre du trésor public, qui vous le fera passer.

NAPOLÉON.

Archives de l'Empire.

8030. — A M. BARBÉ-MARBOIS, MINISTRE DU TRÉSOR PUBLIC.

Coblentz, 2ᵉ jour complémentaire an XII (19 septembre 1804).

Vous trouverez ci-joint l'état que m'envoie le ministre de la guerre. Il en résulte que la solde ne doit monter qu'à 8,684,000 fr. pour vendémiaire; encore, sur cette somme, y a-t-il des observations à faire.

On a porté en plus le 5ᵉ régiment de ligne, qui n'est plus en Étrurie; mais il fallait porter en moins le 62ᵉ, qui n'est plus en Piémont et qui est passé à la solde de l'Étrurie.

Le second bataillon ligurien ne doit pas également être soldé; ces bataillons étaient au nombre de deux; l'un, qui est à Tarente, est à notre solde; le deuxième, qui est à Gênes, doit être soldé par la République ligurienne.

On a porté les vélites pour 3,000; je ne sais pour quelle raison, puisque leur complet est de 1,600, et qu'ils ne sont pas aujourd'hui plus de 11 à 1200.

Vous demandez dans votre rapport 9,300,000 francs; il est vrai que vous y comprenez le pain blanc; mais le ministre, même en l'y comprenant, et malgré les petites erreurs que j'ai remarquées, ne demande que neuf millions.

Le ministre de la marine m'avait assuré que les troupes embarquées sur les vaisseaux de guerre, ainsi que celles qui sont dans les colonies, étaient payées par la marine; ce fait est facile à vérifier. Qui est-ce qui paye les garnisons des escadres de Toulon, de Brest et de l'île d'Aix? Si c'est la marine, vous vous trouverez demander beaucoup trop.

Faites passer au ministre de la guerre l'état, puisqu'il le demande.

Il faut avoir soin, dans les distributions du mois, de porter en tête du crédit fait à l'administration de la guerre la portion des huit millions destinée à la partie de la masse qui se paye comme solde, et qui doit être prise sur les fonds de l'administration de la guerre. Il y a également trois millions, qui se payent comme solde, sous le titre de fournitures de campagne. Le retard du payement de ces deux objets au trésor public ne laisse pas que de porter de la confusion dans la question de la solde. Il faut aussi avoir soin de veiller à ce que le pain blanc ne se donne qu'aux présents et non à l'effectif.

Je reste toujours convaincu que cette partie mérite toute votre sollicitude, et qu'il est possible d'y faire des économies importantes. Je désirerais qu'on fît successivement vérifier les trente-six payeurs; ce n'est que par ce moyen qu'on peut connaître les abus qui existent dans ce service. Je demeure persuadé que huit millions, non compris le pain, doivent être suffisants pour la solde.

NAPOLÉON.

Archives de l'Empire.

8031. — AU MARÉCHAL BERTHIER, MINISTRE DE LA GUERRE.

Coblentz, 2ᵉ jour complémentaire an XII (19 septembre 1804).

Mon Cousin, j'ai examiné avec attention les places de Juliers et de Venloo.

L'ouvrage à couronne a été construit sur la Roër, en avant de Juliers; mais les détails de la construction m'ont semblé faits sur des projets extrêmement chers. On a, dans cette localité, le moyen de se couvrir par une inondation, et la place ne peut, dans tout le reste, être assez formidable pour que jamais on l'attaque du côté de l'ouvrage à couronne. J'ai jugé fort inutiles toutes les dépenses qu'on a faites pour des casemates. Ainsi l'on aurait pu épargner un million pour cet ouvrage, qui, à ce qu'on m'assure, coûtera 1,400,000 fr. J'ai aussi regretté qu'on eût donné à cet ouvrage si peu de profondeur. A mon sens, les branches sont trop courtes, ce qui fait qu'il n'y a pas assez d'espace, tandis qu'il aurait été si facile, soit en brisant les branches, soit en leur faisant recevoir les feux d'un petit saillant qu'on eût établi sur la rive gauche, de rendre cet ouvrage bien plus spacieux et beaucoup plus beau. Dans sa situation actuelle, je pense qu'il ne faut pas y établir de casernes. En temps de guerre, il y aura assez de place dans les casemates pour contenir les hommes nécessaires à la défense, et, d'ailleurs, ils auront toujours la ressource de la ville. Des casernes dans les ouvrages avancés ne servent, en général, qu'à les affaiblir; tandis qu'elles peuvent être placées avec utilité dans les autres parties plus à l'abri des attaques.

Je désire que vous ordonniez la démolition des fronts de la citadelle qui regardent la ville; cela donnera de l'espace et une fort belle esplanade, dont la ville a besoin. On peut cependant se servir de ces fronts pour établir des souterrains, si l'on juge en avoir besoin.

Il faut acheter les maisons voisines des deux casernes existantes, afin de pratiquer devant elles de belles esplanades, qui contribuent à la santé et à la discipline des troupes.

Il y a à Juliers des maisons nationales qui ne sont point à votre disposition. Il faut les demander sur-le-champ et les mettre en réparation, pour en faire des casernes.

Il faut faire démolir, à la citadelle, toute la partie du château qui est élevée au-dessus des corps de bâtiments; les débris seraient fort dangereux pendant un siège, tandis que les matériaux peuvent servir. J'ai vu les ouvrages pratiqués sur la hauteur; ils coûteraient quatre millions pour être terminés; je crois cette dépense beaucoup trop considérable.

La hauteur étant occupée par l'ennemi, la place conserverait encore toute sa défense. Si l'on met en bon état le front de la place opposé à la hauteur, et si on lui donne quelque relief, elle dominera peu la place, puisqu'elle est à 400 toises et qu'elle finit d'une manière très-rapide, de sorte que 300 toises entre la place et la hauteur sont dominées par l'enceinte de la place. En supposant qu'il fallût dépenser trois à quatre millions sur ces hauteurs, je crois encore le système très-fautif. On a établi une espèce d'ouvrage à couronne, qui ne tire aucune défense de la place, et dont, par conséquent, les côtés n'auraient aucune sorte de défense aussitôt qu'un des forts de droite ou de gauche aurait été pris. En effet, celui du centre serait battu en brèche, sur-le-champ, du fort même qui aura été pris, et ils ne tiendront pas quatre jours. Mon opinion est donc qu'un simple fort en étoile serait d'une aussi forte défense qu'un ouvrage à couronne, qui coûtera beaucoup d'argent et de bras. Et, si l'on persistait à dépenser beaucoup sur la hauteur, il faudrait le faire par trois bastions qui formeraient le triangle et seraient parfaitement défendus; le plus avancé dans la campagne serait le plus soigné et se trouverait défendu par les deux autres. Je ne puis que vous répéter que, quand j'ai vu le système sur le terrain, j'ai craint non-seulement pour la dépense que nous faisons, mais encore pour l'honneur de l'arme. Les officiers du génie n'ont pu rien me répondre lorsque j'ai raisonné d'après cette supposition que l'ennemi attaquerait un bastion de droite ou un bastion de gauche de la couronne. Quant au fort qu'on pourrait faire pour soutenir l'ouvrage à couronne, ce serait une augmentation de dépense et un bien faible surcroît de défense. On ne ferait que préparer deux batteries de plus pour l'ennemi.

Mon opinion est donc qu'il ne faut pas dépenser plus de cent mille écus sur la hauteur de Juliers, qu'il faut y faire un fort unique en étoile, lequel tiendra la tête du camp retranché, empêchera l'ennemi de s'approcher de la place, l'obligera à ouvrir la tranchée devant ce fort et à l'attaquer en règle avec de l'artillerie de siège. Et enfin, lorsqu'il y aura un parc d'artillerie de siège assez considérable et la volonté de suivre l'attaque, cet ouvrage sera pris, sans doute, mais la place restera entière. En donnant du relief et en couvrant bien quelque ouvrage du front qui regarde la hauteur, on lui donnera beaucoup de défense. Je désire donc que vous me présentiez de nouveau les projets de Juliers, avec l'ordre qui doit être mis dans chaque partie.

Quant à Venloo, il faut prendre les couvents et les maisons nationales encore existants, et les faire mettre en état, pour former des casernes. Il faut, dans le courant de l'année, réparer les batardeaux et les différents points de l'enceinte. Plusieurs maisons de particuliers gênent et obstruent les remparts; il convient de les démolir. Il m'a paru qu'en rasant deux ou trois monticules, en donnant du relief à quelques ouvrages avancés, en revêtissant et en reformant les contrescarpes à quelques flèches avancées, cette place serait d'une grande utilité; mais elle ne remplirait pas son but, si elle ne restait à cheval sur la Meuse. Je suis donc bien loin de partager l'opinion de ceux qui veulent démolir le fort Saint-Michel. Je pense qu'en faisant simplement revêtir ses demi-lunes et en établissant une contrescarpe au saillant de ses batteries, ainsi que le chemin couvert, non-seulement le long du fort, mais même, comme il a été fait par les Français, en le prolongeant jusqu'à rencontrer la rivière, et en l'accompagnant d'un fossé plein d'eau, et, enfin, en fermant à la gorge par un mur crénelé le fort actuel, on aurait, sans aucune dépense, une tête de pont susceptible d'une bonne et longue défense; et l'ennemi n'attaquerait jamais le fort mis dans cet état, parce qu'il ne lui donnerait aucun avantage; il attaquerait au contraire le corps de la place. Je ne voudrais point de casernes dans ce fort; on pourrait seulement y établir, le plus près possible de la rivière, un magasin à poudre à l'abri de la bombe. On mettrait aussi dans la place du bois pour les constructions de petites baraques, à l'usage des troupes qui seraient de service, le long des remparts.

Je suis persuadé qu'avec une dépense beaucoup moindre d'un million, et qui peut se faire en cinq ou six années, on parviendrait à rendre Venloo tout ce qu'il doit être, c'est-à-dire un point d'appui pour l'armée sur le bas Rhin et sur la Meuse inférieure; et, en effet, les convois pourraient de là se rendre dans un jour sur le bas Rhin.

Soumettez-moi un projet dans ce sens. Tout autre projet, qui tendrait à dépenser trois à quatre millions à Venloo, je ne l'approuverais point. Je préférerais certainement employer cet argent à la construction d'une grande place qui maîtriserait le Rhin.

NAPOLÉON.

Archives de l'Empire.

8032. — AU VICE-AMIRAL DECRÈS.

Coblentz, 2e jour complémentaire an XII (19 septembre 1804).

Monsieur Decrès, Ministre de la marine, mon intention est que le lieutenant Grant soit échangé contre un des lieutenants de la corvette que commandait Jérôme. Quant à la seconde question, nous avons nos habitudes et les Anglais ont les leurs. Nous ne sommes pas une nation neuve. De tout temps nous avons traité les prisonniers que nous avons eus. Je ne veux donc rien changer à cet égard. Quant à l'habillement, mon intention est d'habiller les prisonniers anglais, parce qu'ils sont en mon pouvoir, et que la générosité, les lois de la nature veulent qu'on leur donne tout ce qui est nécessaire. Ils ont leur masse comme les troupes. Les Anglais doivent en faire autant, d'autant plus que leurs prisonniers sont de misérables pêcheurs qui, naviguant sur des bâtiments de commerce, n'ont pas été pris à main armée. Ainsi donc je veux que les prisonniers anglais ne coûtent rien aux Anglais, et que les prisonniers français qu'ils pourraient avoir ne me coûtent rien. Faites-moi connaître ce que c'est qu'un M. Brenton; je n'entends point qu'il ait aucune correspondance; aucune lettre sur cet objet n'a été remise, et M. Perregaux, ou tout autre individu, aurait tort de se mêler de ces affaires-là. J'approuve la réponse que vous proposez de faire pour le capitaine Jurien. Quant à la proposition faite d'envoyer des agents de part et d'autre pour surveiller les prisonniers, faites connaître que cette demande n'a point été soumise à l'Empereur, mais a été mise sous les yeux du ministre, qui pense que l'Empereur ne fera aucune difficulté d'adhérer à une proposition si conforme au droit des gens, dès qu'il connaîtra l'agent anglais qu'on est dans l'intention d'envoyer; que sur cet objet le personnel de l'individu décidera le Gouvernement à adopter ou à rejeter la proposition.

NAPOLÉON.

Comm. par Mme la duchesse Decrès.
(En minute aux Arch. de l'Emp.)

8033. — AU VICE-AMIRAL DECRÈS.

Coblentz, 2e jour complémentaire an XII (19 septembre 1804).

Monsieur Decrès, Ministre de la marine, après le rapport que vous m'avez fait, voici les bâtiments que montera ma Garde :

Un seul paquebot....................	14 hommes.
Deux grands canots..............	6
36 chaloupes canonnières............	612
36 péniches.....................	144
	776

Dans les 36 chaloupes canonnières seront comprises les corvettes canonnières; et comme la Garde a aujourd'hui 29 chaloupes canonnières à Boulogne, 7 chaloupes canonnières au Havre, 4 corvettes canonnières au Havre, total 40, elle remettra à la marine 4 canonnières dont les équipages seront formés comme à l'ordinaire; et à mesure que des corvettes canonnières arriveront de Saint-Malo, elle remettra également les autres.

Quant aux 5 paquebots, ils resteront toujours sous les ordres de la Garde, qui y mettra un homme pour les garder, et les équipages en seront formés ultérieurement.

Vous me faites la proposition de faire entrer dans l'arsenal de Brest 46 bateaux canonniers et 84 péniches, afin d'employer les 1,500 hommes d'équipage que cela vous fournirait au complément de l'expédition de Brest. Vous avez prévu combien j'aurais de répugnance à approuver cette mesure; faites-moi connaître le nombre de chaloupes, bateaux canonniers et péniches qu'il nous restera, et les lieux où ils se trouvent aujourd'hui; faites-moi connaître également la portion du port de Brest où ces bâtiments pourront être réunis, car, en supposant que je me décide à faire ce désarmement d'après les rapports que vous me ferez, je voudrais qu'ils fussent tous réunis à Brest, entretenus et soignés de manière à pouvoir, d'un instant à l'autre, être réarmés. Je pense aussi que s'il y avait possibilité que chaque vaisseau de guerre à Brest pût embarquer une péniche, ce surcroît de moyens de débarquement ne laisserait pas d'avoir d'immenses avantages. J'attends avec intérêt le rapport que vous m'annoncez sur l'autre objet, ainsi que les renseignements que vous avez puisés dans la dernière expédition des Anglais.

NAPOLÉON.

Archives de l'Empire.

8034. — A M. CAMBACÉRÈS.

Mayence, 4ᵉ jour complémentaire an XII (21 septembre 1804).

Mon Cousin, je me suis fait rendre compte de ce que le Pontifical romain prescrit pour le sacre; je l'ai fait traduire et je vous l'envoie. Je désire que vous me le renvoyiez avec vos observations et des modifications plus adaptées à nos mœurs, et qui blessent le moins possible la cour de Rome. Cela nécessitera aussi quelques décorations différentes dans le chœur de l'église. Je désire, au reste, que vous ne fassiez part à personne, si ce n'est à Portalis, de ces questions, puisque cela ne serait qu'un vain sujet de bavardage.

NAPOLÉON.

Comm. par M. le duc de Cambacérès.
(En minute aux Arch. de l'Emp.)

8035. — AU MARÉCHAL BERTHIER.

Mayence, 4ᵉ jour complémentaire an XII (21 septembre 1804).

Mon Cousin, j'ai reçu l'état des garnisons de la flottille impériale au 10 fructidor. Cet état m'a paru fait avec grand soin. Il est divisé en deux parties. La première partie comprend l'état de situation par ordre numérique. Cette partie est fautive, en ce sens que vous placez, pour former la première division de chaloupes canonnières, les dix huit premiers numéros, et ainsi de suite : cet ordre n'existe pas. La première division de chaloupes canonnières est formée telle qu'elle se trouve au second état intitulé *Répartition de la flottille impériale dans les différents ports,* où l'on voit, après le n° 1, le n° 259.

NAPOLÉON.

Archives de l'Empire.

8036. — DÉCISION.

Mayence, 4e jour complémentaire an XII (21 septembre 1804).

Claret-Fleurieu rend compte de l'état des travaux de la galerie du muséum, qu'il croit devoir être continués.

N'étant pas sur les lieux, je ne puis donner aucun ordre relativement à cette galerie. Mon intention est qu'au 18 brumaire on en ait la jouissance, sans quoi l'appartement du Pape serait mesquin. Si la construction des trumeaux ne peut être faite pour cette époque et doit contrarier la jouissance de cette galerie, il n'y a qu'à l'ajourner à une autre année.

NAPOLÉON.

Archives de l'Empire.

8037. — DÉCISION.

Mayence, 4e jour complémentaire an XII (21 septembre 1804).

Le conseil général de liquidation présente à l'Empereur un projet de décret tendant,
1° A arrêter les comptes de la compagnie Rousseau à 13,891,931 francs;
2° A admettre provisoirement les pièces de dépenses de cette compagnie pour la somme de 5,190,686 francs;
3° A rejeter les autres pièces comme arguées de faux.

Cet arrêté de la comptabilité devrait être signé; savoir pourquoi il ne l'est pas. Renvoyé à M. Defermon pour qu'il le fasse signer; et, pour ne pas perdre de temps, il en renverra deux copies au grand juge et au ministre du trésor public, avec cette apostille de moi :

« Le grand juge et le ministre du trésor public prendront des mesures, le premier, pour faire exécuter les lois de la République envers les faussaires et leurs complices; et le second, pour pour-

voir le plus promptement possible aux intérêts du trésor. »
NAPOLÉON.

Archives des finances.

8038. — NOTE POUR LE MINISTRE DES CULTES.

Mayence, 5ᵉ jour complémentaire an XII (22 septembre 1804).

Je désire qu'il fasse donner 8,000 francs de gratification à l'évêque d'Aix-la-Chapelle et à celui d'Arras, pour les indemniser des dépenses que peut leur avoir occasionnées mon séjour dans leurs diocèses; qu'il en donne 12,000 à celui de Mayence, pour l'indemniser des frais qu'il peut avoir faits pour recevoir l'électeur archichancelier.
NAPOLÉON.

Archives de l'Empire.

8039. — A L'EMPEREUR D'AUTRICHE.

Mayence, 1ᵉʳ vendémiaire an XIII (23 septembre 1804).

Monsieur mon Frère, je suis sensible aux choses aimables contenues dans la lettre de Votre Majesté. Je la prie de recevoir mes félicitations sur l'érection de sa Maison en Maison impériale héréditaire d'Autriche. Un long règne à Votre Majesté, une paix perpétuelle entre nous, et qu'elle permette que j'ajoute, tout ce qui peut contribuer au bonheur de l'intérieur de sa famille, sont des événements qui ne seront jamais étrangers à mon propre bien-être. Mais surtout que Votre Majesté ne conçoive jamais de doute sur mon désir constant et sincère de maintenir dans nos deux États la meilleure harmonie, non plus que de mes sentiments d'estime, d'amitié et de haute considération.

Monsieur mon Frère, de Votre Majesté impériale le bon frère,
NAPOLÉON.

Archives de l'Empire.

8040. — A M. PORTALIS.

Mayence, 2 vendémiaire an XIII (24 septembre 1804).

Monsieur Portalis, chargé par intérim du portefeuille de l'intérieur, mon intention est que les évêques de Mayence, d'Aix-la-Chapelle et de Tournay soient nommés membres des conseils des hospices civils et des comités de bienfaisance des villes de leur résidence.
NAPOLÉON.

Archives de l'Empire.

8041. — DÉCISION.

Mayence, 3 vendémiaire an XIII (25 septembre 1804).

Rapport du ministre de la guerre sur le refus, fait par le capitaine d'un trois-mâts russe mouillé à Paimbœuf, de recevoir une haussière à son bord, afin d'empêcher l'échouement d'une chaloupe canonnière.

Renvoyé au ministre de la marine pour faire mettre en prison ce capitaine russe, par forme de police maritime, et pour donner à ce barbare une leçon d'hospitalité.

NAPOLÉON.

Archives de la marine.

8042. — A M. CRETET.

Mayence, 4 vendémiaire an XIII (26 septembre 1804).

Monsieur Cretet, Conseiller d'État, presque toutes les grandes villes de France ont des jeux. La police en prend le produit pour son profit. Mon intention est qu'il aille désormais au profit des villes. Bordeaux rend 200,000 francs. Je voudrais les employer à quelque chose de durable et d'utile pour la ville, comme un bon quai, un canal, un pont, enfin quelque chose qui pût contribuer à la gloire de l'empire et à l'utilité publique. Les jeux doivent rendre beaucoup à Marseille; leur produit peut très-bien être employé à la tour de Bouc, etc., à moins qu'il n'y ait quelque chose de plus important à faire au port ou à la ville de Marseille. Je ne vois pas de travail plus important pour Lyon que d'accélérer le pont dont j'ai ordonné la construction, et le quai de la Saône. Le produit des jeux d'Aix-la-Chapelle est destiné à l'entretien des eaux. Spa, Barréges, Plombières, etc., ont tous des jeux; que peut-on faire faire dans ces différentes villes?

NAPOLÉON.

Archives de l'Empire.

8043. — A M. FRANÇOIS, DE NEUFCHATEAU.

Mayence, 5 vendémiaire an XIII (27 septembre 1804).

Monsieur François, de Neufchâteau, Président du Sénat, j'ai reçu la lettre que vous m'avez écrite et les deux imprimés des jeunes élèves de votre sénatorerie. Si vous pensez qu'il n'y ait pas d'inconvénient à provoquer une discussion au Sénat sur les statues à élever aux hommes qui ont illustré la nation et répandu les lumières et la gloire sur notre époque, pour en décorer son palais, cela ne pourra que m'être extrêmement agréable. N'en occupez le Sénat de votre propre mouvement qu'autant que cette discussion ne puisse réveiller aucune passion et n'avoir aucun inconvénient notable.

NAPOLÉON.

Archives de l'Empire.

8044. — DÉCISION.

Mayence, 5 vendémiaire an XIII (27 septembre 1804).

M. Lacépède fait connaître à l'Empereur que M. Anquetil, auteur de l'*Histoire de France*, désire lui dédier son ouvrage.

J'accepterai la dédicace de M. Anquetil.

NAPOLÉON.

Archives de l'Empire.

8045. — A M. FOUCHÉ.

Mayence, 5 vendémiaire an XII (27 septembre 1804).

Monsieur Fouché, Ministre de la police générale, mon intention est de tenir au budget que j'ai arrêté pour l'année. Les conseillers d'État ne doivent pas avoir plus de 30,000 francs. Ce ne sont point quatre ministres de la police que j'ai voulu établir : ce sont quatre chefs de division d'un rang élevé et pouvant offrir des garanties de toutes les parties pour arriver au ministre, et même à moi. Mon intention a toujours été qu'ils travaillassent tous les jours avec le ministre de la police, et que, dans ce travail, en lui présentant la correspondance des départements, ils eussent toujours l'original dans le portefeuille de travail. Enfin ils ne doivent correspondre avec aucun ministre; et, quand ils correspondent avec les préfets et les commissaires près les tribunaux, ils doivent toujours le faire au nom du ministre de la police. Je désire que vous leur communiquiez cette lettre. Le bien ne peut se faire que par l'unité; mais l'unité seule n'est pas suffisante, vu que les premiers organes du ministre, qui tiennent aux plus chers intérêts des citoyens et aux plus précieux intérêts de l'État, ne doivent pas être confiés à de simples chefs de division. On a pris cette organisation trop en grand, et les éléments s'en sont un peu dénaturés. Il faut revenir à mes propres idées.

NAPOLÉON.

Archives de l'Empire.

8046. — A M. FOUCHÉ.

Mayence, 5 vendémiaire an XIII (27 septembre 1804).

Monsieur Fouché, Ministre de la police, ce qui arrive à Bordeaux arrive à Turin, à Spa, à Marseille, etc. Les commissaires de police tirent d'immenses rétributions des jeux, et le peuple les honnit de cris. Mon intention est qu'à dater du 1er vendémiaire de cette année tout le produit des jeux soit au profit des villes. Faites-moi un rapport sur ce que rendent les jeux de chaque ville, et, par un arrêté spécial, je leur donnerai une affectation d'utilité publique. J'emploierai les 200,000 francs des jeux de Bordeaux soit à un pont, soit à un canal utile à la ville, et ainsi de suite pour tout le reste. Chaque commissaire de police, se trouvant ainsi riche, devient une puissance qui a des agents pour la soutenir contre les municipalités des villes, qui ne peuvent voir qu'avec un extrême déplaisir des sommes immenses détournées de leur véritable but, l'utilité publique. Envoyez-moi par le prochain courrier le rapport que je vous demande. Spa rendait 2 à 300,000 francs à l'évêque.

Faites mettre dans les journaux un article sur la brutale conduite de l'ambassadeur anglais à . . . .[1] Je lis dans les journaux un article qui dit que Moreau se rend à l'île de Majorque; remontez à la source de cette nouvelle, cela vous donnera quelques fils; c'est ce que voudrait le parti. J'y vois un autre article qui, sous le prétexte de louer le prince Louis, a pour but évidemment de décréditer Menou; je le suppose de Charron; cela achève de me prouver que c'est un intrigant.

J'ai vu avec plaisir l'arrestation d'Ingand de Saint-Maur. Faites mettre ce misérable dans une prison tellement forte qu'il ne puisse s'en échapper.

Veillez à ce qu'on prenne toutes les précautions pour empêcher l'épidémie d'Espagne de nous gagner.

Si Ratier, qui a été arrêté en Hollande, est un agent des Anglais, écrivez à Marmont de le faire partir sur-le-champ.

La décision contenue dans votre lettre relative au ministre de l'intérieur me paraît convenable; je l'approuve.

NAPOLÉON.

Archives de l'Empire.

8047. — A M. FOUCHÉ.

Mayence, 5 vendémiaire an XIII (27 septembre 1804).

Je vois avec plaisir l'arrestation de l'agent du roi de Suède. Je ne tiens d'agent à Stockholm que celui qui y est accrédité; il faut enfin que les étrangers prennent l'habitude de n'en point entretenir d'autres à Paris. C'est une bonne circonstance pour mystifier le roi de Suède. Faites-vous faire un rapport par le préfet de police, dans lequel on

[1] Un nom illisible.

dira qu'il s'était rendu suspect par quelques propos; qu'il s'était rendu coupable de telle ou telle chose. Faites faire une petite brochure des lettres réunies du secrétaire et des bulletins que l'agent pouvait avoir envoyés. Je sais qu'il doit y avoir des niaiseries et des nigauderies dans ce qu'il envoyait; mais le ridicule en retombera toujours sur le roi de Suède, qui avait la petitesse de tenir un agent pour savoir ce qu'on disait de lui.

Le préfet du Mont-Tonnerre a envoyé dans le temps une correspondance de Taylor, ministre de Hesse-Cassel, au grand juge. Envoyez-la-moi avec les pièces. L'impression de cette correspondance peut aussi nous débarrasser de ce gaillard-là.

NAPOLÉON.

Archives de l'Empire.

8048. — AU MARÉCHAL BERTHIER.
Mayence, 5 vendémiaire an XIII (27 septembre 1804).

Mon Cousin, l'expédition d'Irlande est résolue. Vous aurez à cet effet une conférence avec le maréchal Augereau. Il y a à Brest des moyens d'embarquement pour 18,000 hommes. Le général Marmont, de son côté, est prêt avec 25,000 hommes. Il tâchera de débarquer en Irlande, et sera sous les ordres du maréchal Augereau. La grande armée de Boulogne sera pendant le même temps embarquée, et fera tout ce qui est possible pour pénétrer dans le comté de Kent. Vous ferez connaître au maréchal Augereau qu'il se comportera selon les événements. Si les renseignements que j'ai par les Irlandais réfugiés et par les hommes que j'ai envoyés en Irlande se vérifient, une grande quantité d'Irlandais se rangeront sous ses drapeaux à son débarquement; alors il marchera droit à Dublin. Si, au contraire, ce mouvement était plus tardif, il prendrait position pour attendre le général Marmont et jusqu'à ce que la grande armée fût débarquée. La marine fait espérer qu'elle sera prête au 22 octobre; la terre le sera aussi à cette époque. Il faut surtout au maréchal Augereau un bon commandant d'artillerie.

NAPOLÉON.

Dépôt de la guerre.

8049. — AU MARÉCHAL BERTHIER.
Mayence, 5 vendémiaire an XIII (27 septembre 1804).

J'approuve l'affectation de 2,400,000 francs que vous proposez pour les travaux de la place d'Alexandrie. Prévenez le général Chasseloup et faites-lui connaître que, s'il les dépense bien et s'il les emploie à des travaux essentiels qui puissent contribuer à la première défense de la place, elle pourra se trouver en état de défense au mois de juin prochain. Quant aux fonds pour les travaux des places de la République italienne, on ne peut régler que ce que j'ai donné dans son budget. Recommandez que l'on mette surtout beaucoup d'économie dans les travaux.

J'approuve la gratification que vous proposez d'accorder aux officiers, sous-officiers et soldats venant à Paris pour le couronnement.

J'approuve que les voltigeurs fournissent des détachements sur les vaisseaux.

Accordez un congé au général Dutruy. La demande du général Paulet me paraît juste.

NAPOLÉON.

Dépôt de la guerre.
(En minute aux Arch. de l'Emp.)

8050. — AU MARÉCHAL BERTHIER.

Mayence, 5 vendémiaire an XIII (27 septembre 1804).

Lorsque j'ai présenté, Monsieur, à la signature de l'Empereur le projet de décret sur l'organisation générale de l'armée compris dans votre dernier travail, Sa Majesté m'a chargé de vous faire connaître les motifs qui l'ont déterminée à ne pas statuer sur cet objet dans la forme que vous proposez.

L'Empereur a considéré l'usage de fixer tous les ans l'organisation générale de l'armée comme tenant à des idées qui ne peuvent plus exister et qui ne sauraient renaître et s'appliquer à un système fixe et régulier. L'armée est permanente. Lorsque des circonstances ou l'expérience exigent des modifications partielles, vous ne manquez pas, Monsieur, d'en faire le rapport à Sa Majesté, qui, après y avoir mûrement réfléchi, statue par des règlements particuliers. En adoptant la forme d'une organisation annuelle, il pourrait échapper à Sa Majesté, au milieu des détails dont elle serait composée, quelques objets qui n'entreraient pas parfaitement dans ses vues. Il arriverait aussi, Monsieur, que, peu de temps après avoir arrêté cette organisation, elle pourrait être altérée par des modifications dans une ou plusieurs de ses parties, à moins qu'on ne voulût se soumettre à différer jusqu'à l'année suivante des changements que les circonstances pourraient rendre indispensables.

Le projet que vous avez présenté suppose l'existence de seize maréchaux de l'empire, et il n'y en a que quatorze. Si l'on en portait quatorze dans l'organisation, elle pourrait devenir également inexacte, si le nombre de seize était complété. Sous beaucoup d'autres rapports plus importants, Sa Majesté juge qu'une organisation générale est sans objet; elle la croit même contraire au but qu'on se propose.

Mais autant il y aurait d'inconvénients à la consacrer solennellement par un décret, autant l'Empereur verrait-il d'avantages à ce que le ministre établît, dans une sorte de règlement ou de récapitulation, l'organisation existante conformément aux décrets rendus pendant le cours de l'année. Rien n'empêcherait d'adopter ensuite et successivement les changements dont l'expérience vous aurait fait reconnaître la nécessité, et que vous proposeriez à Sa Majesté par des rapports particuliers.

Telles sont, Monsieur, les observations qui se sont présentées à l'esprit de l'Empereur en lisant le projet d'organisation de l'armée pour l'an XIII, et qu'il m'a chargé de vous communiquer.

Par ordre de l'Empereur.

Archives de l'Empire.

8051. — AU VICE-AMIRAL DECRÈS.

Mayence, 5 vendémiaire an XIII (27 septembre 1804).

Je ne puis revenir sur ma décision relative au capitaine Larue. Je lui ai confié *le Marengo* : il faut qu'il revienne sur son vaisseau dans mes ports. Je vous laisse le maître de désigner un autre port que Bayonne pour son départ. Je ne puis voir comme vous les affaires de l'île de France. Si Linois eût attaqué le convoi, il eût été accueilli par tout le monde à l'île de France avec des applaudissements et de la considération. Decaen mérite des remercîments pour avoir pris part à la gloire nationale et s'être mis ainsi en avant; il n'a été que l'organe des habitants, et ses équipages, d'une partie de l'escadre elle-même. Certes, je ne dis point trop que, si un pareil événement fût arrivé à une escadre anglaise, l'amiral eût perdu la tête sur un échafaud, et mon opinion est, franchement, que je préférerais la perte du *Marengo* à la tache que reçoit le caractère national. Je ne varierai jamais là-dessus, car mon opinion se forme sur le propre rapport de l'amiral. L'amiral a détruit Bencoulen, dites-vous : avec plus de décision, il pouvait y imposer une forte contribution au profit de ses équipages et de l'État.

Quant à la circonstance de n'avoir pas eu sa troisième frégate avec lui, c'est la faute de l'amiral. Un brick devait remplir le but du général Decaen, et il devait lui faire sentir que, devant faire une grande croisière, il ne pouvait avoir trop de forces. J'espère surtout que vous aurez exécuté mes ordres, et que le capitaine Larue ne passera pas à Paris un temps où son drapeau est exposé aux coups de l'ennemi.

Écrivez à Linois, faites-lui sentir toute la force de sa faute; combien est erronée son opinion qu'il est la ressource de la marine aux Indes. Tant qu'il y aura du bois dans les forêts et des matelots sur les côtes de France, personne ne pourra se dire la ressource de la marine; et il est ridicule qu'avec un vaisseau pourri et 500 à 600 hommes il raisonne comme l'aurait pu faire Villars à Denain ou l'archiduc Charles sur la Mur. Après ces signes de mécontentement, après surtout avoir établi tout ce qu'eût fait à sa place le plus médiocre officier anglais, et le lui avoir dit sèchement et durement, car cette lettre doit être connue de la postérité, vous lui direz qu'il a manqué de courage d'esprit, courage que j'estime le plus dans un chef; qu'il s'en faut de beaucoup qu'il ait perdu dans mon esprit sous le point de vue de son courage physique; que j'espère qu'avant de rentrer en France il trouvera occasion de rendre à son pavillon quelque éclat. Quant au général Decaen, vous ne discuterez que des objets d'administration avec lui. Ne parlez point de Linois, que pour lui reprocher d'avoir détaché une frégate, sans raison, de sa croisière.

Je ne puis revenir davantage sur l'embargo. Avec des *mais* et des *si*, on n'a jamais de système. Puisque les Anglais ont mis en blocus ces côtes, je ne veux plus avoir de communication avec eux.

Je vous renvoie les pièces que vous m'avez envoyées; faites imprimer dans *le Moniteur* la relation de la rencontre du convoi de la Chine par l'amiral Linois; car il ne serait pas juste qu'on voulût entacher son honneur sur le simple rapport du général Decaen, qui n'y était pas. Malheureusement ce qu'il en dit n'en fera pas concevoir une meilleure opinion.

Napoléon.

Archives de l'Empire.

8052. — AU VICE-AMIRAL DECRÈS.

Mayence, 5 vendémiaire an XIII (27 septembre 1804).

Monsieur Decrès, Ministre de la marine, je viens de voir M. Allaire, administrateur des forêts, qui arrive de faire la visite des bords du Rhin, depuis Porentruy. Il m'a rendu compte qu'il y avait dans le Haut et Bas-Rhin plus de soixante milliers de pieds cubes de bois coupés en l'an X et XI et laissés sur la place; ce bois a été acheté par les fournisseurs de la marine, coupé et laissé là, ce qui a d'autant plus d'inconvénient que les adjudicataires sont obligés de payer; qu'il y a douze ou quinze mille avirons déjà coupés et qu'on laisse pourrir; et qu'enfin Anvers ne peut manquer de bois, puisqu'il y en a à Porentruy et sur le Rhin plusieurs milliers de pieds cubes; il pense aussi qu'il y a à Porentruy un nombre raisonnable de courbes. On m'assure cependant que les magasins d'Anvers sont peu approvisionnés. L'année passée j'avais ordonné la coupe d'une grande quantité de bois pour Dunkerque et Anvers; faites-moi connaître où cela en est. Prenez des mesures pour qu'il ne se perde point de bois; vous savez que c'est une perte irréparable.

Napoléon.

Archives de l'Empire.

8053. — A M. CRETET.
Mayence, 6 vendémiaire an XIII (28 septembre 1804).

Monsieur Cretet, la ville de Mayence ne me paraît pas avoir suffisamment de places ni de débouchés. Son quai est obstrué et embarrassé de petits magasins adossés à la muraille; il devrait, tant pour la défense de la place que pour la commodité du commerce, être tenu entièrement débarrassé. Faites-vous remettre un projet des officiers des ponts et chaussées de la ville sur ces deux objets. Faites-vous remettre également par l'enregistrement l'état des maisons vendues, ainsi que la somme à laquelle s'est montée l'adjudication. Faites-vous remettre aussi l'état des couvents et autres établissements publics qui sont entre les mains des différentes administrations, ou qui seraient aliénés. Enfin faites-moi connaître comment on a donné un couvent des Bénédictines pour temple aux protestants, couvent qui serait propre à caserner 900 hommes. Nous avons la coutume de donner au culte des églises et non des couvents. Conférez sur cet objet avec les plus instruits de la ville, et faites-vous remettre un rapport sur les mesures à prendre pour assurer un bon casernement. Vous verrez, par l'état des casernes, qu'il y en a un tas de petites et en ruines. Enfin faites faire, de concert avec Collin, un projet pour l'établissement d'un entrepôt dans la ville de Mayence, et faites tracer la ligne qui servirait de limites au dernier entrepôt.

Napoléon.

Archives de l'Empire.

8054. — A M. FOUCHÉ.
Mayence, 6 vendémiaire an XIII (28 septembre 1804).

Monsieur Fouché, Ministre de la police, je pense que l'idée que vous avez de faire quelques brochures pour le couronnement est très-bonne.

NAPOLÉON.

Archives de l'Empire.

8055. — AU VICE-AMIRAL DECRÈS.

Mayence, 6 vendémiaire an XIII (28 septembre 1804).

Monsieur Decrès, Ministre de la marine, j'approuve que vous fassiez vendre *le Bélier* et *le Berceau*, en en exceptant toutefois le canon et les armes, qui ne doivent jamais être vendus. J'imagine que les cordages et tout ce qui pourra être bon à l'escadre y sera embarqué. Les matelots augmenteront les équipages de notre escadre du Ferrol.

NAPOLÉON.

Archives de l'Empire.

8056. — A M. TALLEYRAND.

Mayence, 7 vendémiaire an XIII (29 septembre 1804).

Monsieur Talleyrand, Ministre des relations extérieures, je pense que, tant que M. d'Oubril n'aura pas d'autres insinuations à faire, vous ne devez pas lui répondre. Il n'est point de votre dignité de le voir, puisqu'il a ses passe-ports. S'il a quelque chose à dire, faites-le voir par des intermédiaires. Du reste, puisqu'il a tant fait que de rester si longtemps sur les frontières de France, mon intention est qu'il en parte lorsque M. Rayneval sera sur les frontières de Russie.

NAPOLÉON.

Archives de l'Empire.

8057. — AU MARÉCHAL BERTHIER.

Mayence, 7 vendémiaire an XIII (29 septembre 1804).

Je désire que le fort Hauptstein de Mayence porte le nom de fort Meunier. En général, faites-vous faire par le génie un rapport sur tous les forts qui auraient des noms étrangers ou difficiles à retenir, pour y substituer des noms français.

Mayence est une bonne place; elle est peut-être une des plus importantes sous le point de vue de l'offensive comme de la défensive. On doit la tenir constamment en bon état. Les deux côtés les plus faibles sont les marais de Monbach et du fort Charles : en construisant, vis-à-vis de l'embouchure du Mein et devant le fort Charles, un fort servant de réduit à l'espèce de camp retranché qui y existe, on renforcerait le fort et on obligerait de ce côté comme de tous les autres l'ennemi à prendre deux forts avant d'arriver à la place. Le côté de Monbach est, dans l'état actuel, le plus faible : convertir la redoute 103 en un bon fort, construire un fort permanent dans les îles Saint-Pierre et Saint-Jean, me paraissent les opérations les plus importantes et auxquelles je désire qu'on travaille sans délai. Avec le secours de ces forts, les marais de Monbach contribueraient réellement à la défense de la place. Mais il ne faut pas faire de forts casematés et se jeter dans des dépenses folles; aucun trésor ne saurait suffire à ce système de fortifications. Un petit tracé revêtu avec une contrescarpe mettra les îles Saint-Pierre et Saint-Jean à l'abri de toute attaque. L'ennemi ne s'amusera jamais à ouvrir la tranchée dans un terrain aussi étroit.

Le fort Hauptstein ou Meunier doit toujours être tenu en bon état; il s'en faut de beaucoup qu'il le soit. Ses galeries de mine sont écroulées : il faut les faire rétablir. Il y a à Mayence un grand nombre de maisons et d'églises démolies : on en mettra les matériaux à la disposition du génie. Les travaux des trois forts, le rétablissement du fort Hauptstein, le nettoiement des fossés de la place, voilà ce qui me paraît ne devoir souffrir aucun retardement.

La place de Mayence doit être approvisionnée d'une quantité immense de bois. Mis dans l'eau, ils durent cent ans. Il faut s'y prendre pour cela en temps de paix. Le Rhin est praticable. Faites faire l'état des palissades et blindages nécessaires à la place de Mayence; on les fera couper dans les forêts de Porentruy, et on les fera descendre sur le Rhin jusqu'à Mayence; car il ne faut pas attendre au dernier moment pour ce genre d'approvisionnement.

Le revêtement des fronts de Monbach est une bonne opération; mais ils sont tellement dominés par les coteaux et le fort Hauptstein, que je ne considère cette opération que comme secondaire. Les fossés doivent être entretenus pleins d'eau, soit par les eaux du Zahlbach, soit en y faisant couler les eaux qui vont aux égouts de la ville.

Mayence est très-malsain; les marais de Monbach, les fossés de la place et les égouts en sont cause. Quant aux marais de Monbach, donnez ordre qu'ils soient desséchés en en faisant écouler l'eau, opération à faire sur-le-champ, pour que l'hiver passe dessus et ne fasse pas de tort à la ville. Faites acheter tout le terrain de Monbach, et chargez le génie de veiller à ce qu'il n'y soit fait aucune espèce de travaux. Vous accorderez un fonds extraordinaire et 50 à 60,000 francs tout de suite pour nettoyer les fossés de la place avant le 15 vendémiaire. Avant le 1er frimaire, faites faire le revêtement de la redoute 104 et du fort 103. Vous ferez acheter par le génie le terrain qui va de l'extrémité de l'inondation de Monbach à la rivière, entre les redoutes 103 et 105, de manière que ce terrain et la redoute 103 soient de tous côtés environnés d'eau.

NAPOLÉON.

Archives de l'Empire.

8058. — AU MARÉCHAL BERTHIER.

Mayence, 7 vendémiaire an XIII (29 septembre 1804).

Je désire que vous me fassiez remettre l'état des dépenses que fera le génie en l'an XIII, pour que je l'approuve, en distinguant les fortifications des bâtiments militaires. J'ai été fâché de voir qu'à Mayence il n'y avait pas de fusils, tandis que la salle d'armes peut en contenir 50,000. Je désire aussi que l'approvisionnement en bois, pour les jantes et les affûts pour l'artillerie, soit complété. Une place comme Mayence doit être abondamment pourvue. Faites-en faire l'état, et, si l'approvisionnement complet coûte trop, on le fera par tiers en trois ans. Il y a à Mayence dix pièces de canon de 24 extrêmement courtes; donnez ordre qu'elles soient envoyées à Boulogne.

NAPOLÉON.

Dépôt de la guerre.
(En minute aux Arch. de l'Emp.)

8059. — AU MARÉCHAL BERTHIER.

Mayence, 7 vendémiaire an XIII (29 septembre 1804).

Vous donnerez ordre qu'il soit réuni deux colonnes de troupes à Toulon, l'une de 5 à 6,000 hommes, destinée à s'embarquer sur la grande escadre de Toulon; l'autre de 15 à 1800 hommes, destinée à s'embarquer sur la petite division de la même escadre, commandées l'une et l'autre par l'amiral Villeneuve.

Pour la première, vous ordonnerez la formation d'un parc de quatre pièces de 12, de quatre de 8, de six de 4, de quatre obusiers de 6 pouces, auxquels vous joindrez 300 coups à tirer par pièce, 800,000 cartouches, deux mortiers à la Gomer de 12 pouces, deux de 8 pouces, et 300 bombes et coups à tirer par mortier, avec doubles crapauds, et 4,000 fusils. La 4e et la 12e compagnie du 4e régiment d'artillerie à pied, complétées chacune à 80 hommes; 80 hommes d'un des bataillons de sapeurs qui sont à Alexandrie, en Piémont, et qui se rendront à cet effet en toute diligence à Toulon; l'escouade d'ouvriers qui fait partie du camp de Toulon, et dans laquelle seront incorporés 50 ouvriers conscrits de la marine; une compagnie du train du 4ᵉ bataillon, qui se rendra à Toulon, feront partie de la première colonne, qui s'embarquera sur la grande escadre. Le 16ᵉ régiment de ligne, qui est à Alexandrie, recevra ordre de se rendre par le col de Tende à Toulon. Le 67ᵉ, qui est à Gênes, recevra ordre également de se rendre en toute diligence à Toulon. Arrivés à Toulon, ces deux corps fourniront chacun deux bataillons de 800 hommes chaque, qui feront partie de la première colonne. Le 23ᵉ de ligne fournira également à la première colonne deux bataillons de 800 hommes chaque, et, à cet effet, la moitié du bataillon d'élite qui appartient aux 3ᵉ et 4ᵉ bataillons rentrera au corps ; de sorte que ce régiment aura 1,600 hommes embarqués et deux bataillons à terre. Ces six bataillons, joints à l'artillerie ci-dessus désignée et à un escadron de 160 hommes du 19ᵉ de chasseurs, feront partie de la première colonne et s'embarqueront sur la grande escadre de l'amiral Villeneuve.

Pour la seconde colonne, destinée à s'embarquer sur la petite escadre commandée par l'amiral Villeneuve, vous ordonnerez la formation d'un parc de deux pièces de 12, de quatre pièces de 4 et de deux obusiers de 6 pouces, auxquels vous joindrez 200,000 cartouches et 1,000 fusils. Une compagnie du 4ᵉ régiment d'artillerie partira de Grenoble pour s'embarquer sur la petite escadre, ainsi que 20 hommes d'un des bataillons de sapeurs qui sont à Alexandrie, en Piémont, et qui se rendront à Toulon en toute diligence. Le 2ᵉ régiment de ligne fournira à la seconde colonne deux bataillons faisant ensemble 1,600 hommes, y compris son bataillon d'élite, lesquels seront embarqués sur la petite escadre.

Il est indispensable que ces troupes soient prêtes, pour le 25 vendémiaire, à être embarquées. Transmettez vos ordres sur-le-champ par un courrier extraordinaire, et prenez des mesures pour que les corps envoient aux bataillons tout ce qui est nécessaire. Faites donner une paire de souliers à chaque homme en gratification ; vous les ferez confectionner sur-le-champ à Marseille et à Toulon. Les colonels des trois régiments à trois bataillons s'embarqueront avec leurs corps, et les majors resteront à terre. Les colonels des corps à quatre bataillons resteront à terre, et le major s'embarquera avec les deux bataillons de guerre.

Je vous ferai connaître par un prochain courrier les généraux et officiers d'artillerie et du génie qui commanderont les deux colonnes.

Mon intention est que les corps, à mesure de leur arrivée à Toulon, soient sur-le-champ formés et embarqués. La marine leur fournira les sarraus et pantalons. La guerre leur fera donner une paire de souliers en gratification, ce qui fera 4 à 5,000 paires de souliers qu'il faut faire sur-le-champ confectionner, ou que la marine pourrait fournir si elle les a disponibles. Le décompte de chaque bataillon sera fait. Il n'embarquera que ses masses de linge et chaussure. Il sera pourvu à ce que leur habillement soit aussi complet que possible.

Vous ordonnerez au général Lagrange de se tenir prêt à s'embarquer à bord de l'escadre de l'île d'Aix avec un général de brigade, un adjudant commandant, deux capitaines, deux bataillons du 26ᵉ de ligne complétés à 1,600 hommes, deux bataillons d'infanterie légère piémontais formant 1,200 hommes, une compagnie du 4ᵉ régiment de chasseurs à pied de 60 hommes, les 16ᵉ et 17ᵉ compagnies du 3ᵉ d'artillerie à pied, une escouade de la 2ᵉ compagnie d'ouvriers qu'il complétera avec 50 conscrits ouvriers de la marine, une demi-compagnie du train du 7ᵉ bataillon, et le 3ᵉ bataillon colonial, qui est à l'île de Ré, qu'il complétera avec les conscrits qu'il pourra trouver dans les différents dépôts des îles de Ré et d'Oléron. Vous ferez embarquer sur cette escadre quatre pièces de 12, deux pièces de 8, six de 4, quatre obusiers de 6 pouces, 300 coups à tirer par pièce et 5,000 fusils.

NAPOLÉON.

Dépôt de la guerre.

8060. — AU VICE-AMIRAL DECRÈS.

Mayence, 7 vendémiaire an XIII (29 septembre 1804).

Monsieur Decrès, nous avons trois expéditions à faire.

Première expédition : 1° Mettre la Martinique, la Guadeloupe et Sainte-Lucie à l'abri de tout événement. Pour cet effet, il faut 1,500 hommes de renfort, 4,000 fusils et un millier de poudre. 2° S'emparer de la Dominique et de Sainte-Lucie, ce qui contribuera merveilleusement à mettre la Guadeloupe et la Martinique à l'abri de tout événement. Il faut, pour la garnison de ces îles, 2,000 hommes. Total pour cette première expédition, 3,500 hommes. L'escadre de Rochefort sera destinée à cette expédition, qui sera commandée par le général de division Lagrange.

Deuxième expédition : 1° Prendre Surinam et les autres colonies hollandaises ; je ne pense pas qu'on puisse y destiner d'Europe moins de 4,000 hommes ; ce qui, raisonnablement, n'en fera plus que 3,600 lorsqu'on en aura fait la conquête. 2° Porter du secours à Santo-Domingo. Pour cela, il faut 1,200 hommes, 2,000 fusils et 25 milliers de poudre. S'il arrivait que les colonies hollandaises résistassent, et que nous y perdissions plus de monde qu'on ne peut s'y attendre, les secours à porter à Santo-Domingo seraient moindres. Total de cette seconde expédition, 5,200 à 5,600 hommes.

Troisième expédition : Prendre Sainte-Hélène et y établir une croisière pendant plusieurs mois. Il faut pour cet objet 12 à 1500 hommes. L'expédition de Sainte-Hélène porterait 200 hommes de secours au Sénégal, reprendrait Gorée, suivrait tous les établissements anglais, le long de la côte d'Afrique, qu'elle mettrait à contribution et brûlerait.

A cet effet, l'escadre de Toulon, composée de 11 ou 12 vaisseaux, y compris le vaisseau qui est à Cadix, partirait la première. Arrivée dans l'Océan, elle détacherait 2 vaisseaux, 4 frégates et 2 bricks, les meilleurs marcheurs, pour l'expédition de Sainte-Hélène (ces 2 vaisseaux, 4 frégates et 2 bricks, porteraient 1,800 hommes; 200 seraient laissés à Gorée et au Sénégal); et, au nombre de 9 à 10 vaisseaux et de 3 frégates, portant 5 à 6,000 hommes, elle marcherait droit sur la Guyane, où elle prendrait Victor Hugues[1], et se rendrait à Surinam.

Du moment qu'on aurait avis que l'escadre de Toulon aurait mis à la voile, l'escadre de Rochefort recevrait ordre de partir. Elle irait droit à la Martinique, s'emparerait de Sainte-Lucie et de la Dominique, et se mettrait sous les ordres de l'amiral commandant l'escadre destinée à l'expédition de Surinam. Cette escadre, ainsi forte de 14 ou 15 vaisseaux et de 7 à 8 frégates, mettrait à contribution toutes les îles anglaises, ferait toutes les prises qu'elle pourrait, se présenterait devant toutes les rades, arriverait devant Santo-Domingo, y jetterait 1,000 à 1,200 hommes, des armes et de la poudre selon les événements, ferait tout le mal qu'elle pourrait à la Jamaïque, opérerait son retour sur le Ferrol, débloquerait nos 5 vaisseaux, et, au nombre de 20 vaisseaux, irait à Rochefort.

Il me semble que tout est prêt pour ces expéditions. A l'escadre de Toulon, à l'expédition de Surinam et à l'escadre de Rochefort, on pourrait joindre un certain nombre de bricks et de petits bâtiments, tant pour servir à l'expédition que pour pouvoir les laisser à la Martinique et à Surinam. Ainsi, en supposant que ces expéditions pussent partir dans le courant de brumaire, on pourrait espérer qu'avant germinal notre escadre pût opérer son retour sur Rochefort.

Quant à l'expédition de Surinam, Victor Hugues serait fait colonel et commanderait en second. Il est inutile de le prévenir; il y a plus de dangers que d'avantages. Comme on emportera des fusils, il pourra probablement fournir pour l'expédition de Surinam 3 à

[1] Commissaire du Gouvernement à la Guyane française.

400 hommes de sa colonie. Les Anglais n'ont pas aujourd'hui 1,500 hommes dans les colonies hollandaises. Je pense que rien ne sera plus facile que la prise de cette colonie.

Quant à l'expédition de Sainte-Hélène, je vous ai remis un mémoire à Boulogne. Faites venir l'auteur de ce mémoire, qui est à Givet. Les Anglais ne s'attendent à rien moins qu'à cette expédition; il sera très-facile de les surprendre. La croisière, comme elle est déterminée ci-dessus, fera, dans le cours de trois ou quatre mois, un mal immense aux Anglais. Elle se fera renforcer par tous les bâtiments que nous avons à l'île de France; et, lorsqu'elle jugera à propos de cesser sa croisière, elle laissera la colonie approvisionnée pour huit ou neuf mois de vivres. Elle opérera alors son retour sur un port d'Espagne ou de France.

L'amiral Villeneuve commandera l'expédition de Surinam; le contre-amiral Missiessy commandera celle de la Martinique. Choisissez un bon contre-amiral pour commander celle de Sainte-Hélène.

Les Anglais se trouveront en même temps attaqués en Asie, en Afrique et en Amérique; et, accoutumés comme ils le sont depuis longtemps à ne pas se ressentir de la guerre, ces secousses successives sur les points de leur commerce leur feront sentir l'évidence de leur faiblesse.

La Martinique et Sainte-Lucie seront sous les ordres de l'amiral Villaret. Les deux généraux de brigade qui sont sous les ordres du général Lagrange resteront pour commander l'une et l'autre de ces deux colonies.

Victor Hugues restera commandant général de Surinam et de Cayenne. Un général de brigade commandera à Demerari, un à Berbice et un à Cayenne. Vous désignerez les frégates et bricks qui doivent rester à Surinam; il n'y restera point de vaisseaux.

Le général Lagrange ne connaîtra que la partie de l'expédition qui est relative à la Dominique et à Sainte-Lucie. Avant tout, il se concertera avec les capitaines généraux Ernouf et Villaret. Ces capitaines généraux l'aideront chacun de leur côté pour la prise de ces îles. Si l'on ne peut prendre les deux, on préférera la Dominique à Sainte-Lucie. Si la Dominique était prise promptement, et qu'on pût tenter quelque chose sur d'autres îles anglaises, on le fera, ne fût-ce que pour les ravager, les mettre à contribution et brûler les bâtiments qui seraient dans les rades.

L'amiral Villeneuve ne restera pas plus de vingt-quatre heures devant Cayenne. Les hommes de Victor Hugues, qui connaissent les localités, débarqueront les premiers à Surinam, comme les plus acclimatés. On attaquera à la fois Surinam et Demerari, et comme, lorsque l'escadre s'en ira, on sera encore maître de la mer, les frégates et les bricks laissés à Victor Hugues, sous un bon capitaine de vaisseau, pourront être par suite employés à toute croisière qu'on pourrait entreprendre sur la Trinité, sans cependant compromettre en rien les possessions principales. Il faut donc que vous joigniez aux escadres de Toulon et de Rochefort le plus de petits bâtiments possible.

Je donne aujourd'hui les ordres au ministre de la guerre, et tout sera prêt au 18 vendémiaire. J'imagine que le général Villeneuve est déjà à Toulon; s'il n'y est pas, qu'il s'y rende sur-le-champ.

Si l'on pouvait embarquer deux chevaux par vaisseau de guerre pour l'expédition de Surinam, ils auraient la destination suivante : la moitié ferait un attelage d'artillerie, et l'autre moitié fournirait un cheval à chacun des généraux. Il doit y avoir des mulets de trait à Cayenne; et, pour la petite traversée de Cayenne à Surinam, il sera facile d'en charger une cinquantaine; mais, pour une expédition de cette nature, huit chevaux de trait sont déjà d'un grand secours, puisqu'ils peuvent faire remuer quatre pièces de 4.

Quant à l'expédition de l'île d'Aix, il n'y a pas besoin de chevaux. Cependant, si vous n'y voyez pas d'inconvénient, on pourrait en embarquer dix, deux sur chaque vaisseau; mais j'imagine que la Martinique et la Guadeloupe en ont suffisamment.

L'homme qui est à Givet sera retenu près de vous jusqu'au dernier moment. Il partira en poste de Paris, se rendra à Toulon, et s'embarquera immédiatement à bord du vaisseau de l'amiral qui doit aller à Sainte-Hélène.

Vous pouvez appeler près de vous le capitaine de vaisseau qui est à Boulogne, qui connaît bien la mer de la Guyane. Vous ne devez rien lui dire. Au dernier moment, il partira pour Toulon, se rendra auprès du général Villeneuve, et fera tout pour qu'on ne sache pas qu'il est embarqué, ou vous prendrez tout autre moyen plus simple. Vous lui donnerez le commandement d'une frégate, ou autre chose.

Il sera nécessaire que vous destiniez cinquante ouvriers de la marine pour être embarqués à bord des escadres qui partiront des deux ports. Ces détachements compléteront les compagnies des ouvriers de terre où ils seront incorporés.

Vous verrez par le tableau ci-joint l'ensemble des trois expéditions.

NAPOLÉON.

Comm. par Mme la duchesse Decrès.
(En minute aux Arch. de l'Emp.)

CORRESPONDANCE DE NAPOLÉON Ier. — AN XIII (1804).

ÉTAT PRÉSENTANT L'ENSEMBLE DES MOYENS DES TROIS EXPÉDITIONS DE LA MARTINIQUE, SURINAM ET SAINTE-HÉLÈNE.

NOMBRE DE BATIMENTS et NOMBRE D'HOMMES QU'ILS PORTENT.	NUMÉROS DES RÉGIMENTS et NOMBRE D'HOMMES PAR CHAQUE RÉGIMENT.	ARTILLERIE.	MATÉRIEL DE L'ARTILLERIE.	GÉNÉRAUX COMMANDANTS. ÉTAT-MAJOR.
PREMIÈRE EXPÉDITION : LA MARTINIQUE.				
5 vaisseaux portant.. 2,000 hommes. 4 frégates portant... 1,000 2 bricks portant.... 100 — 3,700	26e régiment de ligne. 1,600 hommes. 2 bataillons piémontais 1,200 Le 3e bataillon colonial qui est à l'île de Ré. 400 1 comp[ie] du 4e chass[rs] 60 — 3,260 Artillerie, etc....... 260 — 3,520	Deux compagnies du 3e régiment d'artillerie.. 160 hommes. Une escouade de la 2e compagnie d'ouvriers. 50 Demi-compagnie du 7e bataillon du train.... 50 — 260	4 pièces de 12. 2 id. de 8. 6 id. de 4. 4 obusiers de 6 pouces. 5,000 fusils. 300 coups à tirer par bouche à feu.	Le général de division Lagrange, commandant. Un général de brigade. Un adjudant commandant. Deux capitaines.
DEUXIÈME EXPÉDITION : SURINAM.				
9 vaisseaux portant.. 4,500 hommes. 3 frégates portant... 750 4 bricks portant.... 200 — 5,450	16e régiment de ligne. 1,600 hommes. 67e id...... 1,600 23e id...... 1,600 — 4,800 Artillerie, etc ..... 340 — 5,140	Deux compagnies du 4e régiment d'artillerie.. 160 hommes. Demi-compagnie d'ouvriers............ 50 Une compagnie du 4e bataillon du train..... 60 Sapeurs............. 80 — 310	4 pièces de 12. 4 id. de 8. 6 id. de 4. 4 obusiers de 6 pouces. 2 mortiers de 12 pouces. 2 id. de 8 id. 4,000 fusils. 800,000 cartouches. 300 coups à tirer par bouche à feu.	Le général Lauriston, commandant. Deux généraux de brigade. Un adjudant commandant. Un colonel d'artillerie. Un directeur du parc, commandant en second. Deux capitaines d'artillerie. Un chef de bataillon du génie. Deux capitaines du génie.
TROISIÈME EXPÉDITION : SAINTE-HÉLÈNE.				
2 vaisseaux portant.. 1,000 hommes. 4 frégates portant... 1,000 2 bricks portant.... 100 — 2,100	2e régiment de ligne. 1,600 hommes. Artillerie, etc...... 100 — 1,700	Une compagnie du 4e régiment d'artillerie... 80 hommes. Sapeurs............. 20 — 100	2 pièces de 12. 4 id. de 8. 2 obusiers de 6 pouces. 1,000 fusils. 200,000 cartouches. 300 coups à tirer par bouche à feu.	Un général de brigade commandant. Un adjudant commandant. Un chef de bataillon d'artillerie. Un capitaine en deuxième, directeur du parc. Un chef de bataillon du génie. Un capitaine et un lieutenant du génie.

Archives de l'Empire.

8062. — AU VICE-AMIRAL DECRÈS.

Mayence, 7 vendémiaire an XIII (29 septembre 1804).

Monsieur Decrès, Ministre de la marine, le général Lauriston commandera l'expédition de Surinam; le général de brigade Reille commandera celle de Sainte-Hélène; le général de division Lagrange commandera celle de la Martinique. Mon intention est que la mission du général Lauriston reste ignorée. Vous lui donnerez tous les documents qui lui seront nécessaires, et il se rendra à Toulon comme pour y remplir une mission ordinaire. Il se rend à Paris auprès de vous.

NAPOLÉON.

Comm. par Mme la duchesse Decrès.
(En minute aux Arch. de l'Emp.)

8063. — AU VICE-AMIRAL DECRÈS.

Mayence, 7 vendémiaire an XIII (29 septembre 1804).

Monsieur Decrès, Ministre de la marine, je vous ai fait connaître mes intentions sur la manière dont j'envisage mes trois expéditions : Surinam, Demerari, Essequibo, Sainte-Hélène et la Dominique.

Dans cette dépêche, je vous fais connaître mes vues sur l'Irlande. Il faudrait supprimer un des six transports, et le remplacer par *la Pensée* ou par *la Romaine* armée en flûte; achever *l'Océan,* et pour cela travailler, s'il est nécessaire, aux flambeaux. Je pense que c'est le seul moyen de pouvoir porter 18,000 hommes, dont 3,000 de cavalerie, artillerie, génie et non combattants, et 15,000 hommes d'infanterie; 500 chevaux, dont 200 de cavalerie, 200 d'artillerie et 100 d'état-major; moins que cela ne ferait pas un corps d'armée.

Le point de débarquement que vous me désignez me paraît le plus convenable. Le nord et la baie Lough Swilly est, à mon sens, le point le plus avantageux. On doit sortir de Brest, doubler l'Irlande hors de vue de toute côte, et l'aborder comme l'aborderait un vaisseau venant de Terre-Neuve. En parlant ainsi je ne parle que politiquement et point nautiquement, car les courants doivent décider du point où l'on doit attaquer la terre. Politiquement, il vaudrait mieux s'exposer à attaquer l'Écosse qu'à attaquer plus bas. Cette manœuvre déconcertera l'ennemi. Trente-six heures après avoir mouillé, on doit reprendre le large, laissant les bricks et tous les transports. *La Volontaire* aura ses canons à fond de cale, dont l'armée se servira, soit pour batteries de côte, soit pour tout autre événement imprévu. Sur tout ceci, je suis d'accord avec vous. Mais le débarquement en Irlande ne peut être qu'un premier acte; si seul il devait former une opération, nous courrions de grandes chances. L'escadre doit donc, après s'être renforcée de tous les bons matelots des six transports, entrer dans la Manche, se porter sur Cherbourg, y recevoir là des nouvelles de la situation de l'armée devant Boulogne, et favoriser le passage de la flottille. Si, arrivée devant Boulogne, les vents étaient plusieurs jours contraires et l'obligeaient à passer le détroit, elle devrait se porter au Texel; elle y trouverait sept vaisseaux hollandais et 25,000 hommes embarqués, les prendrait sous son escorte et les conduirait en Irlande.

Une des deux opérations doit réussir; et alors, soit que j'aie 30 ou 40,000 hommes en Irlande, soit que je sois en Angleterre et en Irlande, le gain de la guerre est à nous.

Lorsque l'escadre sera sortie de Brest, lord Cornwallis ira l'attendre en Irlande. Lorsqu'il saura qu'elle est débarquée dans le nord, il reviendra l'attendre à Brest; il ne faut donc pas y retourner. Si même, en partant d'Irlande, notre escadre trouvait les vents favorables, elle pourrait doubler l'Écosse et se présenter au Texel. Lorsqu'elle partira de Brest, les 120,000 hommes seront embarqués à Boulogne, et les 25,000 au Texel. Ils doivent rester embarqués tout le temps que durera l'expédition d'Irlande.

C'est ainsi que je conçois l'expédition d'Irlande. Ainsi, toute la première partie du projet jusqu'au débarquement en Irlande, je l'approuve. J'attendrai le rapport que je vous ai demandé pour statuer sur le désarmement des divisions armées de la flottille.

La seconde partie du projet doit être l'objet de vos méditations et de celles de l'amiral.

Je pense que le départ de l'expédition de Toulon et de l'expédition de Rochefort doit précéder le départ de celle d'Irlande, car la sortie de ces 20 vaisseaux les obligera à en expédier plus de 30. Le départ des 10 ou 12,000 hommes, qu'ils sauront très-bien être partis, les obligera à faire partir des troupes pour les points les plus importants. Si les choses pouvaient se faire à souhait, je désirerais que l'escadre de Toulon pût partir le 20 vendémiaire, celle de Rochefort avant le 10 brumaire, et celle de Brest avant le 1er frimaire.

NAPOLÉON.

Comm. par Mme la duchesse Decrès.
(En minute aux Arch. de l'Emp.)

8064. — AU VICE-AMIRAL DECRÈS.

Mayence, 7 vendémiaire an XIII (29 septembre 1804).

Monsieur Decrès, Ministre de la marine, j'approuve que les chaloupes canonnières 171, 173, 177, 169, 174, 183, 184, 185, 186, 187, 188, 189, 190, 191, 192, 193, 194, 175, 176, 91, 92, 165, 166, 167, 168, 170, 172, 178, 181, en tout vingt-neuf, soient désarmées de leurs équipages, qui seront employés sur l'escadre de Brest. Les chaloupes canonnières qui se trouvent à Lorient y seront placées dans l'endroit le plus sain et le plus à l'abri du port, et s'il se peut sous des hangars; on pourra en destiner trois ou quatre pour les communications avec Belle-Ile; les garnisons en seront fournies par les vétérans de cette île. Toutes les autres chaloupes canonnières seront à Brest. Il n'y en aura point, sous quelque prétexte que ce soit, dans les petits ports; elles doivent toutes être à Lorient et à Brest. Les garnisons de ces trente-huit bâtiments, composées du bataillon d'élite suisse et des 63e et 44e régiments de ligne, se rendront à Brest et feront partie du camp.

Les n°s 93, 281, 282, 69, 71, 72, 83, 87, 88, 89, 196, continueront leur route pour Boulogne.

Vous retirerez également les équipages des quarante bateaux dont les numéros suivent, pour les employer à l'escadre de Brest, savoir : les n°s 278, 279, 280, 281, 282, 283, 284, 285, 289, 290, 291, 302, 303, 304, 277, 286, 287, 288, 308, 311, 321, 322, 305, 309, 310, 312, 315, 316, 294, 295, 296, 297, 298, 300, 301, 325, 326, 306, 307, 270.

Vous ferez la même chose pour les péniches n°s 386, 387, 395, 398, 345, 349, 360, 361, 362, 363, 368, 369, 370, 371, 377, 378, 383, 384, 388, 394, en tout vingt péniches. Vous aurez soin que toutes les autres chaloupes, bateaux et péniches filent sur leur destination, et réitérez l'ordre pour accélérer autant que possible leur arrivée. Si l'idée d'en embarquer une sur chaque vaisseau de guerre peut se réaliser, j'autoriserai le désarmement d'un plus grand nombre, afin de favoriser d'autant le débarquement. Faites-vous rendre compte de la situation des chaloupes de l'Escaut qui sont venues par le Rhin et par la Meuse, afin que nous trouvions une compensation du sacrifice qu'éprouve la flottille par le désarmement que je viens d'ordonner. J'éprouve beaucoup de répugnance à ordonner le désarmement de quarante bateaux neufs, parce que mon projet était de désarmer les vieux qui sont à Boulogne au nombre d'une centaine et qui coûtent des réparations infinies. J'aurais voulu supprimer les corvettes de pêche, puisque ces bâtiments sont moins propres que ceux que nous avons. Voyez donc s'il est possible de laisser filer ces quarante bateaux canonniers.

Il faudra ordonner au Havre qu'à mesure que des détachements, faisant garnison, du bataillon d'élite suisse ou des 63e et 44e régiments, arriveront, ils soient renvoyés à Brest. Les garnisons seront fournies par d'autres troupes que désignera le ministre de la guerre.

NAPOLÉON.

Archives de l'Empire.

8065. — AU VICE-AMIRAL DECRÈS.

Mayence, 7 vendémiaire an XIII (29 septembre 1804).

Je ne puis entrer dans des détails. Je vous ai envoyé les ordres pour les expéditions. Faites ce que vous voudrez pour les détachements qui doivent être envoyés au couronnement. Qu'il y ait des individus de la marine, voilà le principal; le plus ou moins grand nombre n'y fait rien.

J'ai lu avec attention votre lettre du 3; je ne pense pas vous avoir jamais écrit que l'administration du matériel de la flottille serait dans les mains de la terre; elle devrait être confiée aux officiers de marine qui commandent les divisions, et par les ingénieurs de la marine. Par ce moyen, on aurait peu de commissaires à Boulogne et l'on n'y dépenserait pas, pour l'administration, autant qu'à Brest.

Quant aux vivres et aux hôpitaux, je reste convaincu que de l'Escaut à la Somme la marine ne doit point avoir d'hôpitaux, et que la terre doit avoir tous les hôpitaux et vivres de la flottille. La réduction de 252 agents à 118 est un commencement. Il y a à Boulogne une nuée de commis qui n'aboutissent à rien qu'à voler. Sont-ils utiles à Toulon et à Brest? Mes idées ne sont pas assez fixées sur ces grands ports; mais ils sont inutiles à Boulogne. La guerre serait chargée du service des vivres de campagne comme des vivres journaliers. Ainsi organisée, la flottille coûtera peu de chose; autrement, elle ruinera toujours le trésor public. Le projet de décret économise quelque chose à la flottille, mais il est encore loin du but où je veux atteindre. Ainsi, comme trois mois pourront se passer avant que ces changements puissent s'exécuter, envoyez-moi un projet définitif, pour qu'à dater du 1er nivôse le service de la bureaucratie soit supprimé, et que les ingénieurs, les officiers de marine et un très-petit nombre de commissaires soient chargés du service du matériel. Cet essai peut nous conduire à bien des améliorations pour Brest, Toulon, etc.

NAPOLÉON.

Archives de l'Empire.

FIN DU NEUVIÈME VOLUME.

TABLE
DES PIÈCES CONTENUES DANS CE VOLUME.

Nos des pièces	DATES	DESTINATAIRES	SOMMAIRE DES PIÈCES	PAG.
	1803.			
7130	24 septem. Paris.	....	Décision accordant une pension mensuelle à mademoiselle Robespierre............	1
7131	24 septem. Paris.	Gaudin.	Bois à faire remettre au citoyen Perrier, chargé d'établir une fonderie de canons à Liége.............	1
7132	24 septem. Paris.	....	Arrêté supprimant plusieurs places et postes militaires en Belgique.............	1
7133	26 septem. Paris.	Soult.	Avis divers. Ordre en prévision de combats à soutenir devant Boulogne............	3
7134	26 septem. Paris.	Mme veuve Watrin	Pension accordée en mémoire des honorables services du général Watrin......	3
7135	28 septem. Paris.	Talleyrand.	Renseignements à recueillir en Perse et chez les Wahabites pour une alliance avec la France.............	4
7136	28 septem. Paris.	Berthier.	Mouvements de troupes approuvés. Opinion sur le meilleur système de défense pour Granville.............	5
7137	28 septem. Paris.	Le même.	Instructions à donner au général Sebastiani pour le service des batteries mobiles sur les côtes.............	5
7138	28 septem. Paris.	Le même.	Désordre dans lequel se trouve l'artillerie du camp de Bruges; ordres à donner....	6
7139	28 septem. Paris.	Davout.	Recommandations pressantes au sujet de la santé des troupes dans les îles de Cadzand et de Walcheren.............	7
7140	29 septem. Paris.	Melzi.	Intentions du Premier Consul en appelant au camp de Saint-Omer une division italienne.	8
7141	29 septem. Paris.	Le comte de Rumford.	Approbation des aperçus exposés par ce savant dans un mémoire sur le calorique..	8
7142	30 septem. Paris.	Regnier.	Mesures à prendre afin de saisir les correspondances avec des ennemis de l'État.	9
7143	30 septem. Paris.	Berthier.	Chevaux à faire revenir à Douai. Direction des travaux de Boulogne à confier au général Bertrand.............	9
7144	30 septem. Paris.	Soult.	Avis. Troupes en marche pour le camp de Saint-Omer. Ordre de faire exercer les soldats de la flottille.............	10
7145	1er octobre. Paris.	....	Arrêté pour l'érection, sur la place Vendôme, d'une colonne semblable à la colonne Trajane.............	10
7146	1er octobre. Paris.	....	Arrêté : écharpe d'honneur décernée au maire de Granville; destitution de ses deux adjoints.............	11
7147	1er octobre. Paris.	....	Arrêté : biens réservés dans le duché de Parme pour être distribués à titre d'indemnités.............	11

Nos des pièces	DATES	DESTINATAIRES	SOMMAIRE DES PIÈCES	PAG.
	1803.			
7148	1er octobre Paris.	....	Décision au sujet de réclamations pour le remboursement d'emprunts contractés en Égypte...............................	12
7149	1er octobre Paris.	....	Décision sur un projet d'organisation des hôpitaux militaires et du service de santé.	12
7150	1er octobre Paris.	Bruix.	Compliments des succès dus aux combinaisons de cet amiral. Avis et ordres......	12
7151	3 octobre. Paris.	Regnier.	Ordre de faire arrêter et interroger deux anciens militaires dont les liaisons paraissent suspectes...................	13
7152	3 octobre. Paris.	Le même.	Injonction à faire à Mme de Staël, rentrée en France, de repasser sur-le-champ la frontière........................	13
7153	3 octobre. Paris.	Cretet.	Envoi d'une lettre confidentielle au citoyen Forfait relativement aux travaux de Cherbourg..........................	14
7154	3 octobre. Paris.	Berthier.	Refus de transférer à Casal le lycée d'Alexandrie; motif politique. Importance d'Alexandrie.......................	14
7155	3 octobre. Saint-Cloud.	Decrès.	Construction de bâtiments pour la flottille; essais à faire à Paris pour leur installation et leur armement.............	14
7156	4 octobre. Saint-Cloud.	Regnier.	Avis signalant à Lyon l'existence de sectaires nommés convulsionnaires ou flagellants; ordre à ce sujet.................	16
7157	4 octobre. Saint-Cloud.	Berthier.	Instructions à donner pour la défense des côtes en Normandie, en Bretagne et en Vendée.............................	16
7158	4 octobre. Saint-Cloud.	Le même.	Ordres à donner pour réunir et camper deux demi-brigades à Étaples........	19
7159	4 octobre. Saint-Cloud.	Soult.	Dispositions à concerter au sujet de l'emplacement réservé aux chevaux sur les bâtiments de la flottille...............	20
7160	4 octobre. Saint-Cloud.	Decrès.	Total des bâtiments composant la flottille; constructions et armements à activer....	20
7161	4 octobre. Saint-Cloud.	Bruix.	Ordres pour l'aménagement et les manœuvres de la flottille; incursions à faire sur les côtes d'Angleterre...............	21
7162	4 octobre. Saint-Cloud.	....	Décision : recommandation pour un ancien sergent demandant une place dans les douanes à Anvers...................	22
7163	5 octobre. Saint-Cloud.	Barbé-Marbois.	Ordre d'assurer le payement des ordonnances délivrées pour les camps de Bruges et de Saint-Omer.......................	22
7164	5 octobre. Saint-Cloud.	....	Décision concernant le payement des hautes et doubles payes attachées aux brevets d'honneur........................	23
7165	5 octobre. Saint-Cloud.	....	Arrêté : formation d'une compagnie de guides-interprètes attachés à l'armée d'Angleterre.	23
7166	5 octobre. Saint-Cloud.	Regnier.	Envoi d'un rapport signalant des correspondances avec les ennemis. Ordre d'arrêter un agent de Georges...............	24

TABLE DES PIÈCES.

Nos des pièces	DATES	DESTINATAIRES	SOMMAIRE DES PIÈCES	PAG.
	1803.			
7167	5 octobre. Saint-Cloud.	Moncey.	Ordre de tenir au secret et d'interroger des individus arrêtés..................	24
7168	5 octobre. Saint-Cloud.	Davout.	Mesures à concerter avec Émériau pour exercer en rade la flottille d'Ostende. Avis et ordres................	25
7169	5 octobre. Saint-Cloud.	....	Ordre motivé de poursuivre la punition d'un faux commis en France contre la banque de Vienne.................	25
7170	5 octobre. Saint-Cloud.	....	Décision ordonnant de retenir des individus en prison nonobstant leur acquittement par un tribunal................	26
7171	6 octobre. Saint-Cloud.	Soult.	Projets approuvés. Demande de renseignements. Plaintes au sujet de la prise d'un sloop français..............	27
7172	6 octobre. Saint-Cloud.	Davout.	Perte d'un navire français entre Calais et Dunkerque par suite de l'inexécution d'ordres donnés.................	28
7173	6 octobre. Saint-Cloud.	Bruix.	Même sujet. Avis d'un engagement entre la flottille de Brest et les Anglais. Projet sur Wimereux.............	29
7174	8 octobre. Saint-Cloud.	Chaptal.	Rapport à faire sur les indemnités dues depuis l'an VIII à la ville d'Aoste. Intentions bienveillantes.............	30
7175	8 octobre. Saint-Cloud.	Barbé-Marbois.	Payements arriérés à Boulogne. Envoi immédiat d'argent pour les dépenses de la guerre et de la marine............	30
7176	8 octobre. Saint-Cloud.	Berthier.	Importance militaire de la ville d'Aoste; projet d'y établir une garnison........	31
7177	8 octobre. Saint-Cloud.	Le même.	Demande d'un état des pièces de 3 et des pièces à la Rostaing existant dans les arsenaux. Ordre.............	31
7178	8 octobre. Saint-Cloud.	Le même.	Expérience faite à Granville de la portée d'un mortier; renseignement demandé à ce sujet.................	32
7179	8 octobre. Saint-Cloud.	Dejean.	Mauvais état des administrations de la guerre à Boulogne; hôpitaux; effets militaires; vivres.................	32
7180	8 octobre. Saint-Cloud.	Soult.	Avis d'envois. Inconvénients de l'évacuation des malades qui sont à Boulogne......	32
7181	8 octobre. Saint-Cloud.	Bruix.	Avis et ordres. Recommandation de faire exercer les soldats à ramer. Port d'Étaples à organiser..............	33
7182	8 octobre. Saint-Cloud.	....	Ordre du jour pour la flottille de Boulogne; troupes affectées aux diverses sections de la flottille.................	34
7183	9 octobre. Saint-Cloud.	Berthier.	Ordre de faire placer des garnisons sur les bâtiments qui, dans les ports, sont prêts à mettre à la voile............	36
7184	10 octobre. Saint-Cloud.	Decrès.	Observations sur des états. Renseignements tirés de la correspondance des ports; ordres en conséquence............	36

36.

Nos des pièces	DATES	DESTINATAIRES	SOMMAIRE DES PIÈCES	PAG.
	1803.			
7185	11 octobre. Saint-Cloud.	Soult.	Punition sévère méritée par le payeur de Boulogne pour n'avoir pas soldé des ordonnances. Avis.	38
7186	11 octobre. Saint-Cloud.	Le même.	Envoi des instructions ci-après. Ordres et avis divers. Urgence de renforcer une batterie près de Wissant.	39
7187	11 octobre. Saint-Cloud.	....	Annexe à la pièce précédente : instructions pour les équipages des péniches.	41
7188	11 octobre. Saint-Cloud.	Decrès.	Dispositions à prescrire pour les garnisons et l'armement des péniches allant d'un port à un autre. Avis.	48
7189	11 octobre. Saint-Cloud.	Le même.	Ordre de faire venir à Boulogne des bateaux canonniers qui sont à Ostende et à Flessingue.	48
7190	11 octobre. Saint-Cloud.	Le même.	Intention de ne faire construire que dans les ports les bâtiments pour la flottille ; motifs.	49
7191	11 octobre. Saint-Cloud.	....	Décision : corsaires à armer pour inquiéter les côtes d'Angleterre et pour s'y renseigner.	49
7192	12 octobre. Saint-Cloud.	Berthier.	Note : mauvaise mesure adoptée pour les charrois. Ney à consulter sur le retrait des troupes de la Suisse.	50
7193	12 octobre. Saint-Cloud.	....	Arrêté pour établir des batteries à Saint-Germain et à Surtainville, dans le département de la Manche.	50
7194	12 octobre. Saint-Cloud.	Davout.	Rappel d'instructions pour la surveillance des côtes. Ordre d'armer une division de corvettes de pêche.	50
7195	12 octobre. Saint-Cloud.	Decrès.	Observations sur des lettres et des états envoyés par le ministre de la marine.	51
7196	12 octobre. Saint-Cloud.	Bruix.	Avis et et ordres. Projet d'expédition pour une flottille sortant de l'Escaut ; questions diverses sur ce projet.	52
7197	12 octobre. Saint-Cloud.	Portalis.	Invitation à l'archevêque de Paris d'interroger un prêtre qui ne porte point l'habit ecclésiastique.	54
7198	12 octobre. Saint-Cloud.	Berthier.	Conduite d'un officier approuvée ; ordres concernant les batteries de Saint-Germain et de Surtainville.	54
7199	13 octobre. Saint-Cloud.	Talleyrand.	Question de préséance à Florence. Demandes inconvenantes faites par le chargé d'affaires à Lucques.	55
7200	14 octobre. Saint-Cloud.	....	Décision prescrivant de rechercher l'auteur d'une chanson de circonstance sur l'expédition d'Angleterre.	55
7201	14 octobre. Saint-Cloud.	....	Arrêté ordonnant de placer le buste de Jean-Bart dans la grande salle de l'hôtel de ville de Dunkerque.	55
7202	14 octobre. Saint-Cloud.	....	Décision autorisant le gouvernement batave à recruter dans le Hanovre.	56
7203	14 octobre. Saint-Cloud.	....	Décision au sujet de la construction des bâtiments offerts en dons volontaires.	56

TABLE DES PIÈCES.

Nos des PIÈCES	DATES	DESTINATAIRES	SOMMAIRE DES PIÈCES	PAG.
	1803.			
7204	15 octobre. Saint-Cloud.	Regnier.	Mesures de police. Ordre de faire interroger des individus soupçonnés d'être les agents des Anglais.................	56
7205	15 octobre. Saint-Cloud.	Berthier.	Ordre au colonel Lahoussaye de faire exercer les garde-côtes et les cavaliers à la manœuvre du canon.............	57
7206	15 octobre. Saint-Cloud.	....	Arrêté ordonnant d'établir à Boulogne, Ostende et Montreuil des dépôts de convalescents..................	57
7207	15 octobre. Saint-Cloud.	Decrès.	Refus de donner de l'avancement à des officiers rentrés depuis peu au service.....	58
7208	16 octobre. Saint-Cloud.	Le même.	Demande d'avis sur le projet d'amener des bateaux canonniers à Paris au moyen du canal de Briare..................	58
7209	17 octobre. Saint-Cloud.	Regnier.	Fonds restant de l'an XI donnés à ce ministre pour achat d'actions de la banque de France....................	59
7210	17 octobre. Saint-Cloud.	Decrès.	Avis des marins pour la répartition des bâtiments de la flottille; détermination à prendre...................	59
7211	18 octobre Saint-Cloud.	Regnier.	Ordre de faire arrêter et interroger un nommé Primevasi, agent de l'Angleterre.	59
7212	18 octobre. Saint-Cloud.	Moncey.	Envoi de brigades de gendarmerie à Verneuil, pour arrêter des brigands aux environs de cette ville.............	60
7213	18 octobre. Saint-Cloud.	Decrès.	Armement des péniches avec des obusiers. Lenteurs des travaux et des préparatifs à Étaples et Ostende.............	60
7214	19 octobre. Saint-Cloud.	Regnier.	Défense de laisser publier les dédicaces d'ouvrages qui n'ont pas été agréées par le Premier Consul.............	61
7215	19 octobre. Saint-Cloud.	Berthier.	Avis ; garnisons à faire placer sur des bâtiments qui ont reçu l'ordre de partir...	61
7216	20 octobre. Saint-Cloud.	Le même.	Évasion des prisonniers anglais ; plaintes au sujet de la mauvaise organisation du service de surveillance.............	61
7217	20 octobre. Saint-Cloud.	Regnier.	Demande d'un projet d'arrêté instituant des commissions pour juger les prévenus d'espionnage...................	61
7218	21 octobre. Saint-Cloud.	....	Arrêté ordonnant l'ouverture d'un port à l'embouchure du Wimereux..........	62
7219	22 octobre. Saint-Cloud.	....	Arrêté : indemnité accordée à Valenciennes pour les pertes éprouvées dans le bombardement de 1793............	62
7220	22 octobre. Saint-Cloud.	Berthier.	Disposition à prescrire pour la surveillance des îles et des côtes, de la Loire à la Gironde....................	63
7221	23 octobre. Paris.	Melzi.	Consolations à Melzi atteint de la goutte. Ordre de hâter le départ de la division Pino.	64
7222	23 octobre. Paris.	Berthier.	Ordres à donner pour le départ et l'itinéraire de la division Pino devant se rendre à Saint-Omer................	64

Nos des pièces	DATES	DESTINATAIRES	SOMMAIRE DES PIÈCES	PAG.
	1803.			
7223	26 octobre. Saint-Cloud.	Barbé-Marbois.	Reproche de l'inexécution d'un ordre; fonds à envoyer le plus tôt possible à Boulogne.	64
7224	26 octobre. Saint-Cloud.	Talleyrand.	Ordre de rédiger une note pour demander le désarmement de la Calabre.	65
7225	26 octobre. Saint-Cloud.	....	Décision : tribunal mixte à créer pour juger les soldats français qui traversent isolément le Valais.	65
7226	29 octobre. Saint-Cloud.	....	Décision : refus de passer une convention pour l'échange des déserteurs prussiens et français.	65
7227	29 octobre. Saint-Cloud.	Louis d'Affry.	Satisfaction des heureux effets du traité d'alliance et de la capitulation militaire signés avec la Suisse.	65
7228	29 octobre. Saint-Cloud.	Bruix.	Prochaine réunion des divisions de la flottille. Contentement du bon esprit des troupes.	66
7229	30 octobre. Saint-Cloud.	Regnier.	Menace à faire au rédacteur d'un article publié dans *le Mercure* sur les affaires de France.	66
7230	30 octobre. Saint-Cloud.	....	Décision approuvant un ordre donné par le ministre de la guerre, au sujet du contingent batave.	66
7231	30 octobre. Saint-Cloud.	....	Décision chargeant le ministre Dejean de faire des améliorations à l'hôpital du Val-de-Grâce.	67
7232	30 octobre. Saint-Cloud.	Davout.	Nouvelle recommandation pour la surveillance des côtes et la protection des bâtiments français.	67
7233	30 octobre. Saint-Cloud.	Decrès.	Ordre de rassembler à Rochefort et à Brest des transports pour une expédition en Irlande.	68
7234	30 octobre. Saint-Cloud.	Bruix.	Demande de renseignements. Observations sur l'installation d'un bâtiment de la flottille. Avis et ordre.	68
7235	31 octobre. Saint-Cloud.	Berthier.	Avis à Augereau d'une convention signée avec l'Espagne; ordre relatif à son corps d'armée.	69
7236	31 octobre. Saint-Cloud.	Le même.	Énumération des pièces d'artillerie et des obusiers à mettre à la disposition de la marine.	69
7237	31 octobre. Saint-Cloud.	Le même.	Ordre à Augereau de fournir des garnisons aux bâtiments armés à Bordeaux, Bayonne et Rochefort.	71
7238	31 octobre. Saint-Cloud.	Monge.	Demande d'avis sur l'état des travaux à la fonderie de canons récemment établie à Liége.	72
7239	31 octobre. Saint-Cloud.	Decrès.	Avis d'ordres donnés au ministre de la guerre. Projet à présenter pour régler définitivement l'armement.	72
7240	1er novem. Saint-Cloud.	Regnier.	Surveillance à exercer autour de Drake; piège à tendre à cet agent anglais.	73
7241	1er novem. Saint-Cloud.	....	Annexe à la pièce précédente : renseignements sur le portefeuille et les papiers secrets du Premier Consul.	74

Nos des PIÈCES	DATES	DESTINATAIRES	SOMMAIRE DES PIÈCES	PAG.
	1803.			
7242	2 novemb. Saint-Cloud.	Talleyrand.	Suppression d'un journal étranger à demander. Français en relation avec Drake à faire surveiller..................	75
7243	2 novemb. Saint-Cloud.	Le même.	Ordre de demander la suppression d'un autre journal publié à Ratisbonne par un émigré......................	75
7244	2 novemb. Saint-Cloud.	Soult.	Note indiquant les différents outils que les soldats doivent embarquer avec eux.....	75
7245	5 novemb. Boulogne.	Cambacérès.	Nouvelles; inspection des préparatifs de l'expédition de Boulogne; combat en rade de Boulogne..................	76
7246	6 novemb. Boulogne.	....	Ordre : garnison des bâtiments restant en rade; commandement des batteries de la rade de Boulogne..................	76
7247	7 novemb. Boulogne.	Cambacérès.	Inspection des ports d'Ambleteuse et de Wimereux par le Premier Consul. Plaintes contre la marine..................	77
7248	7 novemb. Boulogne.	....	Ordre du jour; transformation d'une caserne en arsenal pour la marine............	78
7249	7 novemb. Boulogne.	Dejean.	Dénûment d'une demi-brigade; ordre de pourvoir à son habillement............	79
7250	8 novemb. Boulogne.	Cambacérès.	Ordre de traiter sévèrement les Français qui, arrêtés, se recommandent des ambassadeurs étrangers................	79
7251	8 novemb. Boulogne.	Lavallette.	Plainte contre l'administration des postes, qui laisse circuler des bulletins hostiles au gouvernement..................	79
7252	8 novemb. Boulogne.	Talleyrand.	Décision sur des dépêches. Réponse à faire au ministre Alquier au sujet d'une prétendue conspiration..................	79
7253	8 novemb. Boulogne.	Bruix.	Essai à faire en plaçant sur une péniche un obusier prussien..................	80
7254	8 novemb. Boulogne.	Truguet.	Avis de la réception d'une lettre. Circonspection des Anglais en présence de la flottille de Boulogne..................	81
7255	9 novemb. Boulogne.	Cambacérès.	Exercices de nuit commandés par le Premier Consul. Arrivée de plusieurs détachements de la flottille..................	81
7256	9 novemb. Boulogne.	Talleyrand.	Explications à demander pour connaître les motifs qui portent la Prusse à proposer un traité..................	81
7257	9 novemb. Boulogne.	Le même.	Intention de ratifier la convention avec la Suisse. Indécision du roi de Suède.....	82
7258	9 novemb. Boulogne.	Berthier.	Ordre de faire arrêter un officier anglais et de le traiter comme le général Boyer est traité à Londres..................	82
7259	9 novemb. Boulogne.	Le même.	Intrigue à déjouer à Naples par l'arrestation d'un agent secret d'Acton et de Lechi...	82
7260	9 novemb. Boulogne.	Le même.	Ordres pour des mouvements de troupes. Chevaux et artillerie à mettre à la disposition de la marine..................	82

Nos des pièces	DATES	DESTINATAIRES	SOMMAIRE DES PIÈCES	PAG.
	1803.			
7261	9 novemb. Boulogne.	Monge.	Besoin urgent de canons à Boulogne ; ordre de faire savoir le nombre des pièces disponibles à Liège.	83
7262	9 novemb. Boulogne.	Fleurieu.	Ordre d'envoyer à Boulogne des outils de toute espèce et les affûts non utilisés à Paris.	84
7263	9 novemb. Boulogne.	Le même.	Avis de l'arrivée à Boulogne de la flottille du Havre. Opérations contrariées par les vents du sud.	84
7264	9 novemb. Boulogne.	Bruix.	Augmentation du nombre des ouvriers à Boulogne et Ambleteuse ; mesures à prendre pour les loyers.	85
7265	9 novemb. Boulogne.		Décision ordonnant de prendre les dispositions nécessaires pour éloigner des côtes les espions anglais.	85
7266	9 novemb. Boulogne.	Bruix.	Concours que l'artillerie de terre doit prêter à la marine ; bois à prendre dans la forêt de Boulogne.	85
7267	10 novem. Boulogne.	Cambacérès.	Articles à faire pour ridiculiser les gens qui ont annoncé qu'un régiment a été pris par des vaisseaux.	86
7268	11 novem. Boulogne.	Le même.	Nouvelles. Arrivée du ministre de la marine attendue pour arrêter diverses dispositions.	86
7269	12 novem. Boulogne.	Le même.	Activité du Premier Consul, malgré les pluies. Refus de laisser rentrer en France l'abbé de Montesquiou.	87
7270	12 novem. Boulogne.	Regnier.	Mesures de police. Ordre de faire imprimer le projet de code criminel.	87
7271	12 novem. Boulogne.	Talleyrand.	Ordre pour l'arrestation d'un agent royaliste. Explication à demander sur les armements en Calabre.	88
7272	12 novem. Boulogne.	Soult.	Ordre de faire livrer aux soldats les objets de fourniment qui leur manquent.	89
7273	12 novem. Boulogne.	Augereau.	Avis relatif à l'expédition d'Irlande confiée à ce général. Désertion à réprimer.	89
7274	12 novem. Boulogne.	Moncey.	Envoi d'un état des déserteurs ; ordre de mettre la gendarmerie à leur recherche.	89
7275	12 novem. Boulogne.	Bruix.	Conseil à réunir pour déterminer ce qui doit être placé sur les chaloupes et bateaux canonniers.	90
7276	12 novem. Boulogne.	Le même.	Avis des demandes d'ouvriers et de matériel faites pour les travaux de la marine ; ordre.	90
7277	12 novem. Boulogne.		Décision : demande d'un rapport faisant droit à la réclamation d'un officier. (V. pièce n° 6424).	91
7278	15 novem. Boulogne.	Marescot.	Ordre de réunir à Boulogne des outils de pionniers, qui doivent être placés sur la flottille.	91
7279	16 novem. Boulogne.	Cambacérès.	Nouvelles. Le Premier Consul observe les côtes d'Angleterre des hauteurs d'Ambleteuse.	92

TABLE DES PIÈCES.

N°s des PIÈCES	DATES	DESTINATAIRES	SOMMAIRE DES PIÈCES	PAG.
	1803.			
7280	16 novem. Boulogne.	Talleyrand.	Instruction au sujet d'une note du ministre de Suède. Doute sur l'entente de la Prusse et de la Russie..................	92
7281	16 novem. Boulogne.	Le même.	Ministre français à Lucques blâmé. Instructions pour le retour de Jérôme Bonaparte en France...................	93
7282	16 novem. Boulogne.	Berthier.	Ordre de faire hypothéquer sur les biens du roi d'Angleterre un emprunt fait en Hanovre...................	93
7283	16 novem. Boulogne.	Dejean.	Ordres divers. Satisfaction des améliorations apportées dans le service de l'habillement et des vivres..............	94
7284	16 novem. Boulogne.	Fleurieu.	Affûts à envoyer à Boulogne ; ordres relatifs aux batteries de l'île d'Aix. Nouvelles...	94
7285	16 novem. Boulogne.	Chaptal.	Importance d'assurer le bon état des routes de Boulogne ; ordre d'y consacrer les fonds nécessaires.............	95
7286	17 novem. Boulogne.	Barbé-Marbois.	Avis rassurant donné par le payeur à Boulogne. Nouvelles ; commencement d'organisation.................	95
7287	17 novem. Boulogne.	Cambacérès.	Nouvelles. Arrivée à Boulogne d'une division de la flottille venant du Havre.....	95
7288	17 novem. Boulogne.	Talleyrand.	Peu d'attention à porter à une prétendue découverte. Intentions de la Prusse à pénétrer....................	96
7289	17 novem. Boulogne.	....	Ordre du jour témoignant aux soldats de terre et de mer la satisfaction du Premier Consul..................	96
7290	17 novem. Boulogne.	Berthier.	Regret qu'un embaucheur hanovrien n'ait pas été puni comme recrutant pour l'ennemi..................	96
7291	17 novem. Boulogne.	Petiet.	Dispositions relatives aux divers services des camps de Boulogne, Saint-Omer et Bruges...................	97
7292	18 novem. Saint-Cloud.	Chabrol.	Mission pour vérifier si des travaux ordonnés par le Premier Consul ont été exécutés	97
7293	18 novem. Saint-Cloud.	Davout.	Voyage à Bruges différé jusqu'à l'achèvement des préparatifs de la flottille batave....	97
7294	19 novem. Saint-Cloud.	Talleyrand.	Ordre de mettre au *Moniteur* des détails sur la guerre des Anglais contre les Mahrattes.	98
7295	19 novem. Saint-Cloud.	Berthier.	Demande d'une explication sur les termes employés dans des états de la conscription	98
7296	19 novem. Saint-Cloud.	Le même.	Avis à donner à Mortier d'intrigues anglaises dans le Hanovre ; surveillance à lui prescrire.................	98
7297	21 novem. Paris.	Le même.	Ordre de s'occuper de la formation et de la composition du bataillon irlandais......	99
7298	21 novem. Paris.	Monge.	Plainte des retards mis par la fonderie de Liége à livrer des canons............	99
7299	21 novem. Paris.	Fleurieu.	Ordre de placer des tentes sur les bâtiments de la flottille pour garantir les soldats de la pluie.................	99

Nos des pièces	DATES	DESTINATAIRES	SOMMAIRE DES PIÈCES	PAG.
	1803.			
7300	22 novem. Paris.	Regnier.	Invitation à faire poursuivre la correspondance de certains agents avec Drake....	100
7301	22 novem. Paris.	Bruix.	Modifications à faire dans la répartition et l'organisation de la flottille. Avis et ordres.	100
7302	22 novem. Paris.	Pino.	Invitation à ce général de se rendre au plus tôt à Boulogne avec la division italienne.	101
7303	23 novem. Paris.	....	Décision ordonnant diverses mesures pour l'arrestation des déserteurs et des conscrits réfractaires............	101
7304	23 novem. Paris.	....	Arrêté désignant les places où seront renfermés les Anglais prisonniers de guerre...	102
7305	23 novem. Paris.	Dejean.	Sabots donnés en gratification aux soldats des camps de Saint-Omer, Compiègne et Montreuil............	103
7306	23 novem. Paris.	Davout.	Ordre de livrer un espion à une commission militaire pour qu'il en soit fait un exemple. Avis............	103
7307	23 novem. Paris.	Soult.	Avis de l'ordre donné ci-dessus à Dejean pour une distribution de sabots.......	103
7308	23 novem. Paris.	Rapp.	Mission à Toulon et aux îles d'Hyères; escadre, troupes; administration, côtes à inspecter............	104
7309	23 novem. Paris.	Ganteaume.	Renseignements à fournir sur l'escadre de Toulon. Avis demandé sur les préparatifs de Boulogne............	104
7310	24 novem. Paris.	Perregaux.	Intentions du gouvernement en faveur de la Banque; objet et avenir de cet établissement............	105
7311	24 novem. Paris.	Talleyrand.	Mesures à prendre pour mettre l'Espagne en demeure de tenir les engagements qu'elle a contractés............	106
7312	24 novem. Paris.	Le même.	Lettre à écrire au citoyen Lesseps; assurance qu'il doit donner aux Mameluks et à la veuve de Mourad-Bey............	106
7313	24 novem. Paris.	Le même.	Instructions pour le citoyen Lesseps au sujet des beys d'Égypte. Promesses à leur faire............	107
7314	24 novem. Paris.	Le même.	Appui que doit prêter Semonville à l'amiral Ver Huell, commandant en chef la flottille batave............	107
7315	24 novem. Paris.	Berthier.	Colonnes mobiles sous les ordres de Gouvion pour pacifier le département de Maine-et-Loire............	108
7316	24 novem. Paris.	Savary.	Informations à prendre sur des mouvements dans la Mayenne............	109
7317	24 novem. Paris.	....	Décision : défense de laisser sortir des armes du territoire batave............	110
7318	24 novem. Paris.	....	Décision approuvant la proposition d'établir un dépôt de poudres à Gênes............	110
7319	24 novem. Paris.	....	Décision recommandant de traiter avec bienveillance les anciens chirurgiens qui ont fait la guerre............	110

Nos des pièces	DATES	DESTINATAIRES	SOMMAIRE DES PIÈCES	PAG.
	1803.			
7320	24 novem. Paris.	Fleurieu.	Observations sur une instruction déterminant l'arrimage des bâtiments de la flottille	110
7321	24 novem. Paris.	Ver Huell.	Demande de renseignements sur les préparatifs de la flottille batave............	111
7322	25 novem. Paris.	Talleyrand.	Indemnité à réclamer au Danemark pour avoir laissé prendre dans ses eaux un navire français................	112
7323	25 novem. Paris.	Melzi.	Blâme de la conduite d'Aldini. Condition à la réunion de Parme et de Plaisance à la République italienne............	112
7324	25 novem. Paris.	La Consulte italienne.	Espoir que le concordat conclu avec le Saint-Siége sera pour l'Italie un gage de tranquillité................	113
7325	25 novem. Paris.	Le Corps législatif italien.	Réponse à un message : heureux résultats attendus des travaux de la session.....	113
7326	25 novem. Paris.	Berthier.	Envoi du projet ci-dessous, dispositions relatives à l'organisation de la Garde....	113
7327	25 novem. Paris.	....	Projet d'arrêté pour le recrutement de la Garde par des conscrits choisis dans les départements..................	114
7328	25 novem. Paris.	Berthier.	Ordre pour placer dans l'armée active, avant la fin de leurs études, des élèves des écoles militaires............	114
7329	25 novem. Paris.	....	Arrêté : envoi à Boulogne des ouvriers employés aux constructions navales de Paris.	115
7330	26 novem. Paris.	Berthier.	Formation de corps d'éclaireurs sous les ordres de Lagrange pour réprimer des troubles dans l'Ouest............	116
7331	28 novem. Paris.	Le même.	Projet de dissoudre le camp de Bayonne et de former des cantonnements à Toulon, Saintes et Brest..............	117
7332	28 novem. Paris.	Soult.	Demande de renseignements sur l'état des travaux à Boulogne et Ambleteuse. Avis divers.	118
7333	29 novem. Paris.	Chaptal.	Ordre de faire faire des chants et des comédies de circonstance sur la descente en Angleterre..................	119
7334	29 novem. Paris.	Talleyrand.	Demande d'un rapport sur l'emprunt fait en Hanovre; assurance à donner à ce sujet en Allemagne................	119
7335	29 novem. Paris.	Le même.	Note à remettre au ministre batave relativement aux expéditions de Flessingue et du Texel.................	120
7336	29 novem. Paris.	Berthier.	Mécontentement du procédé suivi pour l'emprunt en Hanovre; renseignements à réunir	120
7337	29 novem. Paris.	Le même.	Mesures indiquées pour faire apprendre l'exercice du canon à des détachements de dragons.................	121
7338	29 novem. Paris.	Ver Huell.	Ordres relatifs à la flottille batave; réduction consentie; préparatifs à presser....	121
7339	29 novem. Paris.	Decrès.	Ordre d'envoyer des péniches à Compiègne et à Saint-Valery pour y exercer des soldats aux manœuvres................	123

Nos des PIÈCES	DATES	DESTINATAIRES	SOMMAIRE DES PIÈCES	PAG.
	1803.			
7340	30 novem. Paris.	Talleyrand.	Instructions à donner à Reinhard au sujet de l'emprunt de Hanovre ; refus de le ratifier.	123
7341	30 novem. Paris.	Berthier.	Ordres à donner pour que l'emprunt de Hanovre soit garanti par la France, mais non contracté par elle............	124
7342	30 novem. Paris.	Dejean.	Note ordonnant de faire faire le décompte des fourrages que les départements ont fournis sur réquisition............	124
7343	1er décem. Paris.	Lacuée.	Envoi d'un projet pour le recrutement de la Garde au moyen de conscrits.........	125
7344	2 décemb. Paris.	Regnier.	Note relative à la répression d'une révolte de conscrits à Beaupréau............	125
7345	2 décemb. Paris.	Berthier.	Ordre de presser l'organisation d'une légion piémontaise ; bataillons à réunir à Montpellier et à Auxonne............	126
7346	3 décemb. Paris.	....	Décision ordonnant de différer le payement d'indemnités réclamées par le duc d'Oldenbourg............	126
7347	3 décemb. Paris.	Decrès.	Motifs qui rendent utile la présence de Cretet à Boulogne pour inspecter différents travaux............	126
7348	3 décemb. Paris.	Le même.	Frégates envoyées à Cayenne, à la Martinique, et chargées de ramener en France Jérôme Bonaparte............	127
7349	3 décemb. Paris.	Le même.	Somme à mettre à la disposition de l'amiral Ver Huell pour des achats de chaloupes baleinières............	127
7350	3 décemb. Paris.	Ver Huell.	Avis et ordres. Crédit ouvert pour acheter des bâtiments baleiniers............	128
7351	3 décemb. Paris.	Bruix.	Bateaux à réunir à Boulogne. Ordre pour les paquebots destinés au service du Premier Consul............	129
7352	5 décemb. Paris.	Monge.	Avis et demande de renseignements. Plainte des retards de la fonderie de Liége à livrer des canons............	129
7353	5 décemb. Paris.	Regnier.	Obligations qu'imposent aux préfets les lois sur la conscription ; circulaire à leur adresser............	130
7354	5 décemb. Paris.	Portalis.	Observations sur un aperçu des dépenses des cultes en l'an XII............	130
7355	6 décemb. Paris.	Berthier.	Ordre pour le payement des gratifications dues aux gendarmes qui arrêtent des déserteurs............	130
7356	6 décemb. Paris.	Talleyrand.	Projet de lettre à l'Empereur de Russie à l'occasion du rappel de M. de Markoff..	131
7357	6 décemb. Paris.	Berthier.	Demande au sujet d'une nomination de chef de bataillon faite par le général Belliard.	131
7358	7 décemb. Paris.	Rapp.	Compte détaillé à rendre de la mission que lui a confiée le Premier Consul......	131
7359	7 décemb. Paris.	Ganteaume.	Vues secrètes sur la coopération des diverses escadres françaises à l'expédition préparée à Boulogne............	132

TABLE DES PIÈCES.

Nos des pièces	DATES	DESTINATAIRES	SOMMAIRE DES PIÈCES	PAG.
	1803.			
7360	8 décemb. Paris.	Davout.	Demande de renseignements sur les bâtiments hollandais réunis à Flessingue et à Ostende....................	133
7361	8 décemb. Paris.	Marmont.	Observations sur un état de l'artillerie; intention d'augmenter le personnel; ordres en conséquence................	134
7362	8 décemb. Paris.	Moncey.	Recommandation de surveiller les articles publiés par les journaux des départements	135
7363	8 décemb. Paris.	Decrès.	Ordre pour activer la construction des prames; avantages que présente cette espèce de bâtiment...................	136
7364	8 décemb. Paris.	Bruix.	Craintes et projets des Anglais. Urgence de s'occuper du port d'Étaples........	136
7365	8 décemb. Paris.	Ver Huell.	Rappel d'instructions pour l'armement des chaloupes canonnières. Avis et ordres...	137
7366	8 décemb. Paris.	Portalis.	Avis de mouvements excités dans la Vendée; étonnement du silence de l'abbé Bernier à ce sujet.............	137
7367	8 décemb. Paris.	Berthier.	Ordre à Mortier de présenter un compte général de tout ce qui a été fourni par le Hanovre...................	138
7368	8 décemb. Paris.	Le même.	Dispositions à prescrire aux colonnes mobiles de la Vendée sous les ordres de Gouvion...................	138
7369	9 décemb. Paris.	Regnier.	Ordre de tenir Bourmont au secret et d'interroger sa femme sur la visite que lui a faite un étranger..............	139
7370	11 décem. Paris.	....	Décision : lutte des lycées et des écoles centrales; intention de supprimer ces dernières écoles.................	139
7371	11 décem. Paris.	Davout.	Ordre pour la prompte arrivée à Boulogne de bâtiments qui ont relâché à Ostende.	139
7372	11 décem. Paris.	Bruix.	Ordres pour la flottille de transport, les travaux de Calais et de Boulogne; avis.....	139
7373	11 décem. Paris.	Ver Huell.	Ordre d'acheter des chaloupes baleinières; préparatifs de la flottille batave à presser.	141
7374	12 décem. Paris.	Chaptal.	Notes particulières à prendre sur des candidats présentés pour le Sénat et le Corps législatif.................	141
7375	12 décem. Paris.	Talleyrand.	Ordre de réclamer près la cour de Saxe le renvoi de M. d'Entraigues; raisons à faire valoir.................	141
7376	12 décem. Paris.	Le même.	Mesure contre un ancien évêque retiré en Espagne et excitant la Vendée à la guerre civile...................	142
7377	12 décem. Paris.	....	Ordres généraux relatifs à l'état-major et aux quatre corps formant l'expédition de Boulogne.................	142
7378	12 décem. Paris.	Berthier.	Ordres à donner; troupes à la disposition de Gouvion pour opérer dans la Vendée....	145
7379	12 décem. Paris.	Le même.	Même sujet : instructions pour les officiers qui doivent seconder Gouvion........	146

Nos des pièces	DATES	DESTINATAIRES	SOMMAIRE DES PIÈCES	PAG.
	1803.			
7380	13 décem. Paris.	Regnier.	Réponse à faire au préfet de Maine-et-Loire en l'engageant à vivre d'accord avec les autorités militaires..................	148
7381	13 décem. Paris.	Le même.	Avis à donner à Gouvion des mesures militaires ordonnées pour le soutenir......	149
7382	13 décem. Paris.	Berthier.	Ordres relatifs à la formation d'un corps d'artillerie destiné à l'expédition de Boulogne.	149
7383	13 décem. Paris.	Soult.	Avis du naufrage d'un navire anglais près de Calais; activité et vigilance à prescrire sur les côtes........................	150
7384	13 décem. Paris.	Decrès.	Ordre à Villeneuve d'expérimenter la portée des différents mortiers à l'île d'Aix. Avis.	150
7385	14 décem. Paris.	Bruix.	Avis. Perte d'un bâtiment compensée par la prise d'une frégate ennemie..........	151
7386	16 décem. Paris.	Chaptal.	Avis de la cessation des travaux dans quelques fabriques de la Vendée; renseignements à prendre.................	151
7387	16 décem. Paris.	....	Décision relative à la nomination d'officiers dans les guides-interprètes de l'armée d'Angleterre...................	152
7388	16 décem. Paris.	....	Décision en faveur de la veuve et des fils du général noir Laplume, mort à Cadix....	152
7389	16 décem. Paris.	Bernier.	Remercîment de détails donnés sur les troubles en Vendée; demande de nouveaux renseignements.................	152
7390	16 décem. Paris.	Berthier.	Avis de l'inexécution des mesures prescrites pour la translation des prisonniers anglais.	153
7391	17 décem. Paris.	Regnier.	Reproche au préfet de Maine-et-Loire cherchant à expliquer les troubles de ce département...................	153
7392	17 décem. Paris.	Chaptal.	Ordre d'interroger deux fonctionnaires sur leur refus de concourir à la levée des conscrits........................	154
7393	17 décem. Paris.	Berthier.	Ordre pour l'armement des rades d'Étaples, d'Ambleteuse et de Wimereux; mortiers à faire fondre.................	154
7394	17 décem. Paris.	Bruix.	Ordre à maintenir entre les divisions de la flottille; bâtiments à rassembler dans le port d'Étaples.................	155
7395	17 décem. Paris.	Davout.	Dispositions relatives aux approvisionnements d'une flottille de transport préparée à Ostende.................	155
7396	18 décem. Paris.	Talleyrand.	Ordre de demander le renvoi des embaucheurs espagnols et suisses qui sont dans le Valais.	156
7397	18 décem. Paris.	Decrès.	Avantages que présente le port d'Étaples pour le mouillage d'une flottille........	156
7398	19 décem. Paris.	Regnier.	Ordre de faire dresser par les préfets de l'Ouest une liste des brigands et gens suspects........................	157
7399	19 décem. Paris.	Le même.	Ordre pour la mise en liberté d'un journaliste et pour la suppression de la gazette de Namur....................	157

Nos des PIÈCES	DATES	DESTINATAIRES	SOMMAIRE DES PIÈCES	PAG.
	1803.			
7400	19 décem. Paris.	Berthier.	Ordre de faire un appel de dix mille conscrits de la réserve ; départements exemptés de cette mesure....................	157
7401	19 décem. Paris.	....	Projet d'arrêté pour la formation de deux corps de vélites faisant partie de la Garde.	158
7402	19 décem. Paris.	Berthier.	Mesures à prendre pour s'assurer de la régularité du payement des ordonnances..	159
7403	19 décem. Paris.	Le même.	Demande d'un rapport sur des gratifications accordées par le Premier Consul et non encore payées.....................	160
7404	19 décem. Paris.	Soult.	Enquête à faire chez le payeur de Boulogne au sujet d'ordonnances non payées.....	160
7405	19 décem. Paris.	Decrès.	Attributions et rapports à déterminer entre les officiers de terre et de mer. Vivacité oubliée............................	161
7406	19 décem. Paris.	Le même.	Pièces de canon destinées précédemment pour Toulon à faire transporter au Havre.	162
7407	19 décem. Paris.	Bruix.	Installation des paquebots devant servir à la maison du Premier Consul. Bâtiments à classer............................	162
7408	19 décem. Paris.	Ver Huell.	Recommandation d'activer les préparatifs à Flessingue conformément au traité conclu avec la Hollande...................	163
7409	20 décem. Paris.	Gaudin.	Dispositions principales d'un projet d'arrêté relatif aux biens séquestrés sur la rive gauche du Rhin...................	163
7410	20 décem. Paris.	Barbé-Marbois.	Plainte du service de la trésorerie ; solde, gratification, ordonnances non payées...	164
7411	21 décem. Paris.	....	Décision : fourrages à préparer au camp de Bruges pour l'expédition d'Angleterre...	166
7412	22 décem. Paris.	Regnier.	Ordre de faire connaître qui a autorisé le gendre de M. Livingston à passer de Dieppe en Angleterre.....................	166
7413	22 décem. Paris.	Le même.	Avis importants donnés par le préfet d'Angers ; récompense promise pour l'arrestation de Préjean....................	166
7414	22 décem. Paris.	Chaptal.	Demande au sujet d'un travail sur les gardes champêtres et les gardes municipaux....	167
7415	22 décem. Paris.	Berthier.	Projet de créer dans les bataillons d'infanterie légère une compagnie spéciale de tirailleurs.........................	167
7416	22 décem. Paris.	Le même.	Défense de faire passer d'un corps dans un autre les officiers de cavalerie.......	168
7417	22 décem. Paris.	Soult.	Demande d'explications sur la perte d'un bateau canonnier et sur les travaux d'un atelier de réparation................	168
7418	22 décem. Paris.	Monge.	Plaintes au sujet de la fonderie de canons à Liége. Construction de chaloupes canonnières à presser....................	168
7419	22 décem. Paris.	Portalis.	Ordre d'écrire à l'évêque d'Orléans au sujet d'un nommé Lecocq et de Préjean.....	169

Nos des PIÈCES	DATES	DESTINATAIRES	SOMMAIRE DES PIÈCES	PAG.
	1803.			
7420	22 décem. Paris.	Bruix.	Bâtiments à remettre à l'artillerie de terre, qui doit les réparer. Demande de plans des rades....................	169
7421	23 décem. Paris.	Talleyrand.	Demande d'un précis des campagnes de Gustave III contre les Russes, en 1790.	170
7422	23 décem. Paris.	Maret.	Papiers de d'Entraigues à faire rechercher dans les archives du Gouvernement.....	170
7423	24 décem. Paris.	....	Décision relative à une demande de transit pour des marchandises expédiées de Brême en Westphalie....................	170
7424	25 décem. Paris.	Regnier.	Ordre à donner à Gouvion pour qu'il soit fait un exemple des principaux rebelles de l'Ouest........................	171
7425	25 décem. Paris.	Pino.	Condoléances pour un accident arrivé à ce général; précautions conseillées........	171
7426	25 décem. Paris.	Teulié.	Exemple de bon ordre que doit donner en France la division italienne............	171
7427	26 décem. Paris.	Regnier.	Menaces à faire aux frères Bertin, éditeurs du *Journal des Débats*, et au rédacteur du *Mercure*....................	172
7428	26 décem. Paris.	Talleyrand.	Conduite que doit tenir Reinhard à l'égard des espions que le Gouvernement entretient à Hambourg...................	172
7429	26 décem. Paris.	Berthier.	Recommandation à faire de réprimer sévèrement une rébellion dans le département des Deux-Sèvres..................	173
7430	26 décem. Paris.	Davout.	Satisfaction de la conduite des troupes dans un petit combat contre des bâtiments anglais........................	173
7431	26 décem. Paris.	Decrès.	Travaux entrepris à Boulogne contre la volonté du Premier Consul; mécontentement à exprimer....................	174
7432	27 décem. Paris.	Regnier.	Défense à renouveler à tous les journaux de publier les mouvements des escadres....	174
7433	27 décem. Paris.	Le même.	Ordre au préfet de l'Orne d'envoyer la note des individus qu'il est nécessaire d'éloigner du département................	174
7434	27 décem. Paris.	Berthier.	Avis du colonel Lahoussaye à suivre pour l'établissement de batteries au cap la Hogue.	175
7435	27 décem. Paris.	Decrès.	Mission de Latouche-Tréville pour hâter les préparatifs et le départ des bâtiments de la flottille....................	175
7436	28 décem. Paris.	Chaptal.	Assurances à donner à M. de Rumford qui désire s'établir en France.............	175
7437	28 décem. Paris.	Berthier.	Plaintes élevées en Italie contre le général Lacombe-St-Michel; demande d'un rapport.	176
7438	28 décem. Paris.	Caffarelli.	Mission à terminer par l'inspection des travaux d'Alexandrie et de la route du Simplon........................	176
7439	28 décem. Paris.	Decrès.	Blâme d'une lettre de Ganteaume à Cervoni. Demande d'un état de la flottille de transport........................	176

TABLE DES PIÈCES.

Nos des PIÈCES	DATES	DESTINATAIRES	SOMMAIRE DES PIÈCES	PAG.
	1803.			
7440	28 décem. Paris.	Bruix.	Expéditions approuvées; renseignement à prendre sur le nombre des vaisseaux anglais mouillés aux Dunes............	177
7441	29 décem. Paris.	Cambacérès.	Annonce de prochain départ. Travaux à préparer en l'absence du Premier Consul...	177
7442	29 décem. Paris.	Ganteaume.	Ordre d'équiper au plus tôt à Toulon une escadre destinée à une opération urgente.	177
	1804.			
7443	1er janvier. Boulogne.	Lebrun.	Mission à Saint-Valery-sur-Somme; notes à prendre sur l'état des bâtiments en construction...............	179
7444	1er janvier. Boulogne.	Decrès.	Ordres. Dispositions à prescrire pour une inspection de la flottille par le Premier Consul............	179
7445	2 janvier. Étaples.	Cambacérès.	Portefeuille de la marine confié par intérim au citoyen Fleurieu. Nouvelles.........	181
7446	3 janvier. Boulogne.	Le même.	Occupations du Premier Consul; son intention de visiter Ambleteuse, Wimereux et peut-être Calais............	181
7447	3 janvier. Boulogne.	Regnier.	Mesure contre deux étrangers. Mauvaise direction donnée à l'esprit public par le préfet d'Angers............	181
7448	4 janvier. Boulogne.	Cambacérès.	Observations pour l'ouverture du Corps législatif et sur des affaires du jour à mettre au *Moniteur*............	182
7449	4 janvier. Boulogne.	Davout.	Affaire qui empêche le Premier Consul d'aller en Hollande. Ordre au sujet d'un espion.	183
7450	4 janvier. Boulogne.	Decrès.	Notes: travaux d'Ambleteuse; constructions navales; mesures diverses............	183
7451	5 janvier. Boulogne.	Cambacérès.	Entrée à Boulogne d'un convoi de cent voiles venant de Hollande, d'Ostende et de Calais............	185
7452	5 janvier. Boulogne.	Davout.	Ordre de remplacer un régiment se rendant de Calais à Wimereux; garnisons à mettre sur des prames............	185
7453	5 janvier. Boulogne.	Savary.	Mission à Flessingue, Bruges, Liége et Mézières; ordre d'inspecter la flottille batave.	185
7454	5 janvier. Boulogne.	....	Décision: remerciment à un prêtre offrant de dire, tous les mardis, une messe pour le Premier Consul............	186
7455	7 janvier. Boulogne.	Bruix.	Intentions exprimées par le Premier Consul pour le prompt armement de la flottille..	186
7456	8 janvier. Paris.	Champagny.	Protection à donner au citoyen Devilliers pour faciliter le succès de son voyage à Vienne............	187
7457	8 janvier. Paris.	Berthier.	Régiments appelés à servir au camp d'Amiens; reconstitution des colonnes mobiles de la Vendée............	187
7458	8 janvier. Paris.	....	Décision: mesures à prendre pour assurer la subsistance des troupes venant du Hanovre en Hollande............	188

Nos des pièces	DATES	DESTINATAIRES	SOMMAIRE DES PIÈCES	PAG.
	1804.			
7459	8 janvier. Paris.	Fleurieu.	Fâcheuse situation dans laquelle se trouve la Martinique; nécessité d'y envoyer des troupes..................	188
7460	9 janvier. Paris.	....	Décision relative à une mesure prise à l'égard des conscrits réfractaires en Corse.....	189
7461	9 janvier. Paris.	Bruix.	Ordre de tenir la main à l'exécution des règlements relatifs aux mouvements des convois..................	189
7462	11 janvier. Paris.	Berthier.	Mesures rigoureuses à prendre à Gênes et à Livourne contre des Italiens espions des Anglais..................	190
7463	11 janvier. Paris.	Le même.	Refus d'augmenter le nombre des canons composant l'équipage de campagne du camp de l'Océan..................	190
7464	11 janvier. Paris.	....	Décision : inconvénients d'une mesure proposée par le ministre de la guerre......	190
7465	11 janvier. Paris.	....	Décision défendant de déplacer, sans ordre formel, les magasins des régiments qui sont en marche..................	190
7466	11 janvier. Paris.	Fleurieu.	Explication d'un système très-simple d'affûts pour les obusiers des chaloupes canonnières..................	191
7467	11 janvier. Paris.	Le même.	Ordre pour des envois d'artillerie à Calais. Canons nouvellement fondus à Liége, à faire essayer..................	191
7468	12 janvier. Paris.	Daugier.	Ordre de parcourir les ports de l'Océan et de hâter le départ des bâtiments de la flottille..................	192
7469	13 janvier. Paris.	Louis d'Affry.	Compliments et assurances bienveillantes au landamman de la Suisse sortant de charge.	192
7470	13 janvier. Paris.	Melzi.	Nomination de Fontanelli comme aide de camp du Premier Consul; avis.........	193
7471	13 janvier. Paris.	Tascher.	Mission à Rome : lettre du Premier Consul à remettre au Pape en main propre.....	193
7472	13 janvier. Paris.	Le Pape.	Affaires traitées à Ratisbonne. État prospère du clergé français. Souffrances des catholiques irlandais..................	193
7473	13 janvier. Paris.	Fesch.	Avis de la mission de Tascher; ordre de le présenter au Pape comme officier de la Garde..................	195
7474	13 janvier. Paris.	Le même.	Ordre d'envoyer l'émigré Vernègues à Paris, sans écouter les réclamations de la légation de Russie..................	195
7475	13 janvier. Paris.	Berthier.	Engagements que prend le Premier Consul envers les Irlandais combattant pour leur indépendance..................	195
7476	13 janvier. Paris.	Talleyrand.	Réponse à un cartel d'échange proposé par la Grande-Bretagne et contraire aux droits des gens..................	196
7477	13 janvier. Paris.	....	Décision : officier français considéré comme échangé contre un colonel anglais qui s'est évadé..................	197

TABLE DES PIÈCES.

Nos des pièces	DATES	DESTINATAIRES	SOMMAIRE DES PIÈCES	PAG.
	1804.			
7478	13 janvier. Paris.	....	Décision : corsaires autorisés sous condition de transporter des troupes et des armes à la Martinique..................	197
7479	13 janvier. Paris.	Davout.	Réponse bienveillante à une demande de Davout. Accusé de réception de divers états.	198
7480	13 janvier. Paris.	Fleurieu.	Demande d'un état où plusieurs colonnes des bâtiments mis en construction pour la flottille................	198
7481	15 janvier. Paris.	....	Décision prescrivant d'achever la route d'Ajaccio à Bastia, avant tous autres travaux en Corse.......................	199
7482	16 janvier. Paris.	....	Message au sénat conservateur : exposé de la situation de la République..............	199
7483	16 janvier. Paris.	Decrès.	Envoi d'équipages de la Garde à Rouen et au Havre pour y servir sur deux sections de la flottille..................	209
7484	18 janvier. Paris.	....	Décision pour soumettre à la conscription tout étranger possédant des immeubles en France........................	210
7485	18 janvier. Paris.	....	Décision au sujet d'un projet de loi sur les mariages contractés sans le consentement des ascendants.................	210
7486	18 janvier. Paris.	....	Disposition à comprendre dans un projet réglant la compétence du tribunal criminel de la Seine...................	210
7487	18 janvier. Paris.	Berthier.	Lenteur mise à convertir des bâtiments de transport en écuries; ouvriers à faire venir à Boulogne................	211
7488	18 janvier. Paris.	....	Décision sur une demande en grâce adressée par le général Morand en faveur de conscrits réfractaires...............	211
7489	19 janvier. Paris.	Berthier.	Notes : dispositions relatives à un envoi de troupes, par mer, à Tarente...........	211
7490	20 janvier. Paris.	Regnier.	Réprimande à faire à un magistrat au sujet de querelles élevées entre le tribunal et le préfet	213
7491	20 janvier. Paris.	Rapp.	Ordre de faire connaître si les préparatifs d'une escadre seront finis à l'époque fixée par Ganteaume..................	213
7492	20 janvier. Paris.	Decrès.	Intention du Premier Consul sur la destination d'un vaisseau à Cadix et de deux vaisseaux au Ferrol...............	214
7493	21 janvier. Paris.	....	Décision pour juger militairement des individus accusés d'avoir voulu assassiner le Premier Consul.................	214
7494	21 janvier. Paris.	Davout.	Avis de mesures prises pour envoyer des ouvriers à Ostende. Ordre pour la presse des marins....................	214
7495	21 janvier. Paris.	Bruix.	Réponse aux lettres de Bruix différée jusqu'au rétablissement de cet amiral......	215
7496	21 janvier. Paris.	Talleyrand.	Plaintes contre l'évêque de Quimper, protégé de Talleyrand; démission volontaire à lui demander..................	215

37.

Nos des PIÈCES	DATES	DESTINATAIRES	SOMMAIRE DES PIÈCES	PAG.
	1804.			
7497	24 janvier. Paris.	Regnier.	Sommaire d'un bulletin sur l'expédition d'Angleterre. Intrigue de police avec Drake...	216
7498	24 janvier. Paris.	Le Pape.	Remerciment de l'accueil fait à M. de Clermont-Tonnerre. Répression des Barbaresques différée....................	217
7499	24 janvier. Paris.	Soult.	Ordre de faire remettre à l'artillerie des bâtiments de transport pour les transformer en écuries........................	218
7500	25 janvier. Paris.	Barbé-Marbois.	Observation sur un article des statuts de la Banque ; objet de son institution rappelé..	218
7501	25 janvier. Paris.	Berthier.	Demande d'un état faisant connaître la force des corps, en y comprenant les conscrits de l'an XI et de l'an XII..........	219
7502	27 janvier. Paris.	Le même.	Instruction pour organiser quatre nouveaux régiments suisses devant remplacer ceux qui existent déjà.................	220
7503	27 janvier. Paris.	Soult.	Désignation des bâtiments à convertir en écuries ; travail à faire en conséquence pour leur classement..................	221
7504	27 janvier. Paris.	Decrès.	Même sujet : nouvelle classification des bâtiments de petite, grande et moyenne pêche............................	222
7505	27 janvier. Paris.	....	Décision : conditions exigées pour la validité des lettres de change tirées des colonies sur le trésor.................	223
7506	29 janvier. Paris.	Berthier.	Envoi de troupes au Havre et à Saint-Valery, destinées à former la garnison des bâtiments de la flottille.............	224
7507	29 janvier. Paris.	Portalis.	Proposition à faire à un ancien chouan par l'intermédiaire de l'évêque d'Orléans....	225
7508	30 janvier. Paris.	Soult.	Ordres divers relatifs à la flottille de transport et à l'armement des chaloupes canonnières de Boulogne................	225
7509	30 janvier. Paris.	Decrès.	Ordre pour l'armement de chaloupes à Boulogne ; bâtiments à préparer au Havre...	226
7510	31 janvier. Paris.	Regnier.	Observation sur un interrogatoire subi par un conspirateur ; mesures contre ses complices............................	227
7511	31 janvier. Paris.	Berthier.	Ordre relatif à la garde de Murat, général en chef de l'armée d'Italie. Avis et ordres..	227
7512	31 janvier. Paris.	Davout.	Affaires diverses. Dispositions générales pour l'embarquement des troupes sur la flottille batave........................	228
7513	1er février. Paris.	Regnier.	Ordre d'attacher à la police un ancien chouan compromis pour des services rendus à l'État............................	230
7514	1er février. Paris.	....	Décision recommandant au ministre de l'intérieur un projet sur l'organisation des gardes champêtres................	230
7515	1er février. Paris.	Marescalchi.	Mesures inconstitutionnelles de Melzi cherchant à vaincre l'hostilité du Corps législatif italien.......................	231

TABLE DES PIÈCES.

N°s des PIÈCES	DATES	DESTINATAIRES	SOMMAIRE DES PIÈCES	PAG.
	1804.			
7516	1er février. Paris.	Davout.	Attente d'une prompte guérison. Demande de renseignements sur la situation de la flottille batave....................	231
7517	1er février. Paris.	Soult.	Demande d'un rapport sur les ports de Boulogne, Wimereux, Ambleteuse, et sur la flottille.......................	231
7518	2 février. Paris.	Ver Huell.	Dispositions arrêtées pour l'organisation de la flottille batave. Avis des ordres donnés à Davout...................	232
7519	3 février. Paris.	Regnier.	Ordre de faire arrêter un individu venant d'Angleterre et agent de Georges Cadoudal.	233
7520	3 février. Paris.	Gaudin.	Demande de renseignements sur la prise de possession des sénatoreries............	234
7521	3 février. Paris.	Barbé-Marbois.	Intention de faire connaître la dépréciation des fonds anglais et du papier de banque en Angleterre...................	234
7522	3 février. Paris.	Monge.	Autorisation de revenir à Paris. Observations sur les travaux tentés à Liége par Perrier et Monge......................	234
7523	3 février. Paris.	....	Décision ordonnant de lever les obstacles qui s'opposent à l'établissement d'un camp de vétérans...................	234
7524	4 février. Paris.	Saliceti.	Convention à conclure avec Gênes pour l'engager à s'unir à la France dans la lutte contre l'Angleterre................	235
7525	4 février. Paris.	Soult.	Dispositions relatives aux bâtiments servant d'écuries; ordre d'exercer à l'embarquement des chevaux................	236
7526	5 février. Paris.	Berthier.	Commandements confiés à divers généraux, ordres en conséquence.............	238
7527	6 février. Paris.	....	Décision : refus de récompenser par de l'argent des actes de dévouement accomplis par des soldats.................	239
7528	6 février. Paris.	Decrès.	Défense expresse d'arrêter la marche des bâtiments destinés à la flottille.........	239
7529	8 février. Paris.	....	Décision : le commandement d'un régiment est la première place pour un colonel...	239
7530	8 février. Paris.	Regnier.	Chapitres à retrancher d'un projet de code criminel pour le communiquer aux tribunaux d'appel...................	239
7531	10 février. Paris.	Le même.	Instructions contre les colporteurs de mandements envoyés de l'étranger par des évêques rebelles.................	240
7532	10 février. Paris.	Réal.	Indication d'une maison servant de repaire à des chouans; ordre d'y faire une visite domiciliaire...................	241
7533	10 février. Paris.	Barbé-Marbois.	Réponse aux régents de la Banque au sujet de l'escompte des obligations du Gouvernement......................	241
7534	10 février. Paris.	Talleyrand.	Plaintes et menaces à faire à l'Espagne protégeant d'anciens évêques réfugiés......	242

Nos des pièces	DATES	DESTINATAIRES	SOMMAIRE DES PIÈCES	PAG.
	1804.			
7535	10 février. Paris.	Decrès.	Recommandation au sujet d'une espèce particulière de bateaux à envoyer à Boulogne.	243
7536	13 février. La Malmaison.	Réal.	Lettre à remettre à Moncey: envoi de détachements en divers endroits, à la poursuite des brigands.	243
7537	13 février. La Malmaison.	Moncey.	Ordre d'envoyer des détachements de gendarmerie à Gournay, Forges et Lyons.	244
7538	13 février. La Malmaison.	Le même.	Mesures à prendre pour arrêter les bandes de brigands dans les forêts du département de l'Eure.	244
7539	13 février. La Malmaison.	Le même.	Rappel d'ordres : gendarmes à envoyer à Dieppe. Demande d'une note des troupes en mouvement.	245
7540	13 février. La Malmaison.	Berthier.	Détachements de cavalerie à mettre en marche à la poursuite des brigands.	245
7541	13 février. La Malmaison.	Soult.	Conspiration de Georges. Attente d'un débarquement des conjurés à Biville. Renseignements à prendre.	246
7542	14 février. Paris.	Davout.	Avis pour l'embarquement de deux divisions d'une partie de la flottille batave. Conspiration découverte.	247
7543	15 février. Paris.	Regnier.	Ordre de faire arrêter le général Moreau et mettre les scellés sur ses papiers.	248
7544	15 février. Paris.	Lavallette.	Mesures pour intercepter les lettres écrites au général Moreau sous le couvert d'un directeur des postes.	248
7545	15 février. Paris.	Ver Huell.	Ordre de conduire à Ostende une partie de la flottille batave et de retourner ensuite à Flessingue.	248
7546	16 février. Paris.	Regnier.	Mandat d'arrêt à lancer contre les généraux Souham et Liébert, prévenus de complicité avec Moreau.	249
7547	16 février. Paris.	Le même.	Ordre de faire placer Mme Damas en surveillance à trente ou quarante lieues de Paris.	249
7548	16 février. Paris.	. . . .	Réponse du Premier Consul à des félicitations de l'état-major de la division de Paris.	250
7549	16 février. Paris.	Cretet.	Demande de renseignements sur l'état des routes en Corse; travaux à faire.	250
7550	18 février. Paris.	. . . .	Réponse du Premier Consul à des félicitations du Sénat sur l'issue de la dernière conspiration.	251
7551	18 février. Paris.	Regnier.	Ordre de faire remplacer par une personne sûre une femme tenant une auberge au Mans.	251
7552	19 février. Paris.	. . . .	Décision : obligation du royaume de Toscane de contribuer à la guerre contre l'Angleterre.	252
7553	19 février. Paris.	Soult.	Avis et ordres. Participation du général Moreau dans la conspiration de Georges et de Pichegru.	252
7554	19 février. Paris.	Davout.	Preuves de la culpabilité de Moreau. Recommandation au sujet d'une partie de la flottille batave.	253

Nos des pièces	DATES	DESTINATAIRES	SOMMAIRE DES PIÈCES	PAG.
	1804.			
7555	20 février. Paris.	Regnier.	Sommes à remettre aux comités de bienfaisance afin de secourir les pauvres dans la saison rigoureuse....................	254
7556	20 février. Paris.	Murat.	Traitement à faire à un agent secret chargé de découvrir des chouans complices de Georges, à Paris...................	254
7557	20 février. Paris.	Decrès.	Demande d'un arrêté pour réprimer les désertions des marins. Ordre à donner ; reproche à faire...................	254
7558	21 février. Paris.	Davout.	Rappel d'ordres et d'avis au sujet de la flottille batave d'Ostende. Préparatifs à concerter avec Ver Huell...............	255
7559	21 février. Paris.	Junot.	Demande de renseignements sur l'état de l'habillement et de l'équipement des grenadiers de la réserve............	256
7560	22 février. Paris.	Regnier.	Importance de la commune de Saint-Jean-de-Mont, dans la Vendée ; autorités à y instituer...............	256
7561	22 février. Paris.	Chaptal.	Même objet : intention d'instituer à Saint-Jean-de-Mont une école spéciale pour le Marais..................	256
7562	22 février. Paris.	Talleyrand.	Subsides espagnols non payés ; explication à demander au chargé d'affaires d'Espagne.	256
7563	24 février. Paris.	Songis.	Note : renseignements à donner sur l'approvisionnement en artillerie et en munitions.	257
7564	25 février. Paris.	....	Projet de sénatus-consulte pour suspendre le jury en matière de trahison et de crimes contre l'État................	258
7565	25 février. Paris.	Portalis.	Sommes à faire remettre aux évêques de Coutances et de Meaux, et aux différentes églises de Paris.................	258
7566	25 février. Paris.	Berthier.	Formation d'un camp à Brest sous le commandement d'Augereau, chargé de l'expédition en Irlande................	259
7567	27 février. Paris.	....	Décision : demande d'un projet d'arrêté modifiant la compétence ministérielle en matière d'octroi..................	259
7568	27 février. Paris.	Denon.	Note : projet de monuments pour rappeler les victoires et les actes politiques du Premier Consul.................	260
7569	27 février. Paris.	....	Décision sur un aperçu des dépenses à faire pour monter l'opéra des Bardes........	261
7570	27 février. Paris.	Decrès.	Fixation de la quantité de vivres à embarquer sur les bâtiments de la flottille de transport..................	261
7571	28 février. Paris.	....	Ordre pour la fermeture des barrières de Paris pendant la nuit...............	261
7572	28 février. Paris.	Dubois.	Mesures à prendre à Paris pour que Georges et ses complices ne puissent pas s'échapper.	261
7573	28 février. Paris.	Murat.	Même sujet. Ordres pour la surveillance de la Seine, des barrières et des murs de Paris....................	262

Nos des PIÈCES	DATES	DESTINATAIRES	SOMMAIRE DES PIÈCES	PAG.
	1804.			
7574	28 février. Paris.	....	Ordre pour interdire la circulation sur la Seine à l'entrée et à la sortie de Paris..	263
7575	28 février. Paris.	Bessières.	Ordre pour la surveillance des murs de Paris par des postes de la Garde à cheval.....	263
7576	28 février. Paris.	....	Décision : reproche à faire de la surveillance peu active établie dans la rade de Boulogne............................	264
7577	1er mars. Paris.	Soult.	Arrestation de Pichegru. Demande de renseignements sur l'état de la flottille. Magasins à inspecter..................	264
7578	1er mars. Paris.	Decrès.	Ordres à faire promptement exécuter pour la formation d'une flottille de péniches..	266
7579	2 mars. Paris.	Réal.	Renseignements pour faire arrêter M. de la Rochefoucauld et saisir ses papiers.....	266
7580	2 mars. Paris.	....	Décision : établissement d'un poste français à Meppen, afin de saisir les marchandises anglaises............................	266
7581	2 mars. Paris.	....	Décision : ordre relatif à la compagnie franche du Liamone dirigée sur le camp d'Ambleteuse............................	267
7582	2 mars. Paris.	Soult.	Dispositions concernant les écuries de la flottille; calcul du nombre de chevaux qu'elles peuvent porter................	267
7583	2 mars. Paris.	Decrès.	Lettre à écrire à Latouche-Tréville; défense de recevoir des parlementaires anglais à Toulon.............................	268
7584	3 mars. Paris.	Réal.	Ordre de faire arrêter M. Valcour, agent de l'armée de Condé, habitant près de Thionville...............................	269
7585	4 mars. Paris.	Le même.	Renseignements à faire prendre sur le bailli de Crussol, ses précédents et ses relations............................	269
7586	4 mars. Paris.	....	Décision chargeant Caffarelli d'ordonner au frère de Moreau de se rendre dans sa famille.............................	269
7587	4 mars. Paris.	....	Décision : proposition d'établir à Carteret un port où l'on préparerait une expédition contre Jersey......................	269
7588	4 mars. Paris.	Soult.	Permission de mettre des pêcheurs en liberté. Demande de renseignements sur un officier de marine.................	270
7589	4 mars. Paris.	Decrès.	Autorisation à Truguet de prendre le titre d'amiral; fonds à sa disposition pour dépenses extraordinaires................	270
7590	5 mars. Paris.	Berthier.	Ordre d'éloigner de Paris les vélites actuellement à Saint-Germain; autre emplacement à proposer...................	270
7591	6 mars. Paris.	Melzi.	Notification des derniers événements de Paris; sentiments du Premier Consul......	271
7592	6 mars. Paris.	Berthier.	Demande de faire rechercher au ministère de la guerre la correspondance de Moreau en l'an V........................	271

TABLE DES PIÈCES.

Nos des pièces	DATES	DESTINATAIRES	SOMMAIRE DES PIÈCES	PAG.
	1804.			
7593	7 mars. Paris.	....	Décision : envoi d'un officier dans les États autrichiens pour y observer des mouvements de troupes......................	272
7594	7 mars. Paris.	Soult.	Exemples à faire des espions. Ordres concernant la flottille. Nouvelles ; prises faites sur les Anglais.................	272
7595	7 mars. Paris.	Le même.	Réponse à plusieurs observations de Soult ; ordres et avis divers................	273
7596	8 mars. Paris.	....	Décision : mécontentement à témoigner au sujet des divisions entre les nobles et les roturiers à Turin.................	273
7597	8 mars. Paris.	....	Décision : renvoi à l'examen du ministre de l'intérieur d'un mémoire sur le régime intérieur de la Russie...............	274
7598	8 mars. La Malmaison.	Dessolle.	Ordre de surveiller les intrigues anglaises. Affectueuses assurances à ce général, ami de Moreau....................	274
7599	8 mars. Paris.	....	Décision chargeant le ministre de la marine de faire des instructions pour le service des marins de la Garde...........	274
7600	9 mars. Paris.	Decrès.	Compte à faire examiner par une commission du Conseil d'État ; dépenses à diminuer.	275
7601	9 mars. Paris.	....	Décision : refus de nommer professeur au Muséum Vauquelin, déjà titulaire de deux chaires.....................	275
7602	9 mars. Paris.	Dejean.	Ordre de faire faire des drapeaux ; intention du Premier Consul de les distribuer lui-même aux troupes..............	275
7603	9 mars. Paris.	Soult.	Demande des plans des ports d'Ambleteuse, Wimereux et Boulogne ; travaux à faire ; ordres.......................	276
7604	9 mars. Paris.	Moncey.	Ordre de faire surveiller les côtes du Havre, où des rebelles cherchent à se rembarquer.....................	276
7605	9 mars. Paris.	Rapp.	Mission : renseignements à prendre à Toulon, Marseille, Toulouse et Lyon......	276
7606	9 mars. Paris.	Davout.	Rappel d'ordres pour la surveillance des côtes par les batteries mobiles ; dispositions diverses ; nouvelles............	277
7607	9 mars. La Malmaison.	Ver Huell.	Compliment. Ordre de faire passer les bateaux canonniers par mer et non par les canaux.....................	278
7608	10 mars. Paris.	Berthier.	Instruction à donner aux généraux Ordener et Caulaincourt pour l'enlèvement du duc d'Enghien...................	279
7609	10 mars. Paris.	Ney.	Instructions détaillées pour ce général commandant le camp de Montreuil........	281
7610	11 mars. La Malmaison.	Réal.	Ordre d'envoyer à Maret, pour être imprimée, une lettre de Drake, en y joignant des notes explicatives.............	283
7611	12 mars. Paris.	Le même.	Avis du départ du Premier Consul se rendant à la Malmaison...............	283

Nos des PIÈCES	DATES	DESTINATAIRES	SOMMAIRE DES PIÈCES	PAG.
	1804.			
7612	12 mars. La Malmaison.	Réal.	Autre avis prévenant Réal de se rendre le soir à la Malmaison, où l'attend le Premier Consul.	283
7613	12 mars. Paris.	Caulaincourt.	Mission à Strasbourg. Arrestations à faire; avis à donner aux autorités de la rive droite du Rhin.	283
7614	12 mars. La Malmaison.	Soult.	Ordres divers pour la flottille; mesures de sûreté et de surveillance nécessaires à Boulogne. Nouvelles.	284
7615	12 mars. La Malmaison.	Davout.	Demande de détails sur les préparatifs de l'expédition. Renseignements à prendre sur Dumouriez.	285
7616	12 mars. La Malmaison.	Marmont.	Recommandation de faire manœuvrer les troupes et de s'enquérir de leurs besoins. Ordres et avis.	286
7617	13 mars. Paris.	....	Arrêté pour la création d'une compagnie de voltigeurs dans chaque bataillon d'infanterie.	287
7618	13 mars. La Malmaison.	Le Pape.	Prière d'accueillir avec bonté Lucien Bonaparte, qui désire se fixer à Rome.	289
7619	14 mars. La Malmaison.	Brune.	Mission de Jaubert à Constantinople. Politique du Premier Consul au sujet de la Turquie. Nouvelles.	290
7620	15 mars. La Malmaison.	Réal.	Envoi de renseignements et d'ordres au sujet de la conspiration.	291
7621	15 mars. La Malmaison.	....	Décision au sujet de l'arrestation d'un émigré à Boulogne.	291
7622	16 mars. La Malmaison.	....	Décision sur une réclamation contre la défense de sortir de Paris après sept heures du soir.	292
7623	16 mars. La Malmaison.	Soult.	Réponse à des objections contre des travaux au port de Boulogne. Promotions; gratifications accordées.	292
7624	16 mars. La Malmaison.	....	Décision approuvant les mesures prises par Soult contre un bâtiment danois visité par les Anglais.	293
7625	16 mars. La Malmaison.	Ver Huell.	Demande d'un rapport sur le combat soutenu par la flottille batave. Avis.	293
7626	17 mars. La Malmaison.	Berthier.	Mécontentement au sujet de la prise d'une patache française par les Anglais.	294
7627	17 mars. Paris.	Davout.	Susceptibilités de la marine à ménager. Demande de détails sur la prise d'une patache.	294
7628	18 mars. Paris.	Decrès.	Envoi de bateaux canonniers à Wimereux et Ambleteuse pour y rester en station.	295
7629	18 mars. La Malmaison.	Barbé-Marbois.	Assurances bienveillantes à ce ministre, soupçonné de complicité dans les derniers événements.	295
7630	18 mars. La Malmaison.	Talleyrand.	Demande d'un état des émigrés résidant à Francfort et à Hambourg.	296
7631	19 mars. La Malmaison.	Réal.	Envoi des papiers du duc d'Enghien; mesures de police à prendre à Wissembourg et contre les émigrés.	297

TABLE DES PIÈCES.

Nos des PIÈCES	DATES	DESTINATAIRES	SOMMAIRE DES PIÈCES	PAG.
	1804.			
7632	19 mars. La Malmaison.	Murat.	Refus de faire surveiller les ministres d'Autriche et de Naples, cachant, dit-on, des princes français..................	298
7633	20 mars. La Malmaison.	Talleyrand.	Ordre de demander la suppression d'un journal qui se publie en Hollande......	299
7634	20 mars. La Malmaison.	Soult.	Demande de renseignements sur Boulogne; décision relative aux préparatifs de l'expédition..........................	299
7635	20 mars. La Malmaison.	Ney.	Ordre de vérifier s'il se trouve du poison dans les ballots de coton jetés sur les côtes par les Anglais...............	300
7636	20 mars. Paris.	....	Arrêté livrant à une commission militaire le duc d'Enghien, prévenu de crimes contre l'État................................	301
7637	20 mars. La Malmaison.	Murat.	Ordre de faire prendre toutes les mesures que nécessite l'arrivée du duc d'Enghien à Vincennes.......................	301
7638	20 mars. La Malmaison.	Harel.	Avis de l'arrivée à Vincennes d'un personnage inconnu qui doit être tenu au secret.............................	301
7639	20 mars. La Malmaison.	Réal.	Ordre de se rendre à Vincennes; interrogatoire à faire subir au duc d'Enghien....	302
7640	21 mars. La Malmaison.	Davout.	Projet pour la défense de la rade de Dunkerque; forts à faire armer.........	303
7641	22 mars. La Malmaison.	....	Décision : demande d'emploi par Dumolard favorablement accueillie par le Premier Consul...........................	304
7642	22 mars. Paris.	Talleyrand.	Ordre de rendre publique la correspondance de Drake et de demander son expulsion de Munich.....................	304
7643	22 mars. La Malmaison.	Decrès.	Défense de rien changer à l'organisation de la flottille de Boulogne.............	305
7644	23 mars. La Malmaison.	Talleyrand.	Réponse à faire au sujet d'un individu compromis dans l'affaire de Drake et réclamé par la Russie...................	305
7645	23 mars. La Malmaison.	Moncey.	Compte à rendre de l'inexécution d'ordres prescrivant d'arrêter des prêtres à la Rochelle et à Blois...............	306
7646	23 mars. La Malmaison.	Decrès.	Demande d'un rapport détaillé indiquant les points de la rade de Brest susceptibles d'être fortifiés..................	306
7647	27 mars. La Malmaison.	Regnier.	Demande d'un rapport sur Hyde de Neuville. Envoi d'une note secrète sur le gîte de plusieurs brigands...............	306
7648	27 mars. La Malmaison.	Le même.	Demande d'un état des dépenses secrètes du préfet de police; intention de les arrêter chaque mois.....................	307
7649	27 mars. La Malmaison.	Le même.	Circulaire à envoyer aux tribunaux pour la répression des prêtres dissidents......	307
7650	28 mars. La Malmaison.	Berthier.	Armement de la côte de Boulogne trouvé insuffisant; ordre d'augmenter le nombre des mortiers.....................	308

Nos des PIÈCES	DATES	DESTINATAIRES	SOMMAIRE DES PIÈCES	PAG.
	1804.			
7651	28 mars. La Malmaison.	Soult.	Points désignés pour emplacement de mortiers à Boulogne; ordre relatif aux bâtiments-écuries.	308
7652	28 mars. La Malmaison.	Decrès.	Dispositions relatives aux préparatifs de la flottille, depuis Flessingue jusqu'à Étaples.	309
7653	30 mars. La Malmaison.	Portalis.	Prêtres à dégrader. Ordre de demander aux évêques la liste des prêtres rebelles au concordat.	310
7654	31 mars La Malmaison.	. . . .	Décision : demande d'un travail sur les routes militaires à ouvrir dans les départements du Nord.	311
7655	31 mars. La Malmaison.	Talleyrand.	Réponse à faire aux prétentions de la Russie défendant à Rome M. de Vernègues, émigré.	311
7656	31 mars. La Malmaison.	Le même.	Envoi d'une lettre de Hanovre; attention à porter sur des mouvements de troupes en Prusse.	312
7657	31 mars. La Malmaison.	Berthier.	Ordre de donner en secret une gratification aux troupes qui ont fait un service aux barrières de Paris.	313
7658	31 mars. La Malmaison.	Ver Huell.	Dispositions qui auraient empêché la prise d'une chaloupe canonnière par les Anglais.	313
7659	4 avril. Paris.	Regnier.	Informations à prendre sur les employés aux postes des frontières du Rhin.	314
7660	4 avril. Paris.	Le même.	Injonction à un commissaire de police d'adresser ses rapports au ministre et non au Premier Consul.	314
7661	4 avril. Paris.	Le même.	Ordres relatifs à divers individus présumés complices de Pichegru et de Georges.	314
7662	4 avril. Paris.	Le même.	Récompenses à donner pour l'arrestation des frères Gaillard, de Tamerlan, Georges et d'Hozier.	315
7663	4 avril. Paris.	Chaptal.	Dispositions en faveur de la commune de Mériel, où ont été arrêtés des complices de Georges.	315
7664	4 avril. Paris.	Le même.	Note : réclamations d'un préfet non fondées; pouvoirs de la gendarmerie.	316
7665	4 avril. Paris.	Talleyrand.	Note attribuée à Champagny sur l'affaire de Georges; reproches à faire à ce ministre.	316
7666	4 avril. Paris.	Berthier.	Note pour le ministre de la guerre; règlement de la solde du corps des vélites de la Garde.	316
7667	4 avril. Paris.	. . . .	Décision déclarant de bonne prise un vaisseau suédois appartenant à un Anglais.	317
7668	5 avril. Paris.	Livingston.	Titre de membre de l'académie des arts de New-York accepté avec plaisir par le Premier Consul.	317
7669	5 avril. Paris.	Talleyrand.	Lettres compromettantes pour Spencer Smith à publier en même temps qu'un rapport sur Drake.	317
7670	5 avril. Paris.	Berthier.	Ordre de faire graver aux frais de l'État, et de vendre au profit de l'auteur, des tableaux de batailles.	318

TABLE DES PIÈCES.

N^{os} des PIÈCES	DATES	DESTINATAIRES	SOMMAIRE DES PIÈCES	PAG.
	1804.			
7671	5 avril. Paris.	....	Décision demandée par le ministre de la guerre, renvoyée à une époque plus éloignée..................................	318
7672	6 avril. Paris.	Berthier.	Troupes à retirer des endroits malsains en Italie et en Hollande; ordres à Saint-Cyr et à Marmont.......................	318
7673	6 avril. Paris.	....	Décision : réponse à faire à Desolle signalant l'établissement d'un camp prussien à Warendorf...........................	319
7674	6 avril. Paris.	Pauline Borghèse	Conseils affectueux; exhortation à se conformer aux mœurs et aux habitudes de la ville de Rome............................	319
7675	7 avril. Paris.	Regnier.	Mesures contre des prêtres prévenus d'insubordination; intention de punir les prêtres dissidents.......................	320
7676	7 avril. Paris.	Portalis.	Question sur les peines applicables aux curés manquant à la soumission jurée par eux au concordat....................	320
7677	7 avril. Paris.	Decrès.	Envoi d'une correspondance de l'Inde; nécessité d'approvisionner l'île de France par l'Amérique........................	321
7678	10 avril. La Malmaison.	Fesch.	Lettre à remettre à Mme Borghèse en l'accompagnant de représentations et de conseils affectueux....................	321
7679	10 avril. Saint-Cloud.	Junot.	Invitation à mettre en oubli des griefs contre le général Dupas; conseils.............	322
7680	12 avril. Saint-Cloud.	Regnier.	Ordres pour l'arrestation de divers individus signalés dans les bulletins de la police..	322
7681	12 avril. Saint-Cloud.	Moncey.	Notes à prendre sur les gardes nationaux, les conseillers généraux et de préfecture et les maires de Caen...............	322
7682	14 avril. Saint-Cloud.	Chaptal.	Jonction du Rhône et du Rhin par un canal; observations; moyens de pourvoir aux dépenses de ce projet...................	323
7683	14 avril. Saint-Cloud.	Soult.	Vœux de l'armée à faire connaître. Joseph Bonaparte nommé colonel, Stanislas Girardin capitaine.......................	323
7684	14 avril. Saint-Cloud.	Ney.	Construction d'un fort à différer. Avis. Agents et gendarmes à envoyer à Cayeux.......	324
7685	14 avril. Saint-Cloud.	Decrès.	Renseignements à prendre en secret à Gênes pour des travaux de marine projetés par le Premier Consul....................	325
7686	14 avril. Saint-Cloud.	Ver Huell.	Rupture des négociations avec l'Angleterre pour un échange de prisonniers; avis à ce sujet................................	326
7687	16 avril. Saint-Cloud.	Regnier.	Actes reprochés au préfet de Loir-et-Cher et contraires au concordat; ordres à donner.	326
7688	16 avril. Saint-Cloud.	Gaudin.	Dilapidations commises dans la succession de Latour d'Auvergne; scandale à faire cesser.................................	327
7689	16 avril. Saint-Cloud.	Lannes.	Satisfaction d'un traité fait avec le Portugal et de la conduite de Lannes à Lisbonne.	328

Nos des PIÈCES	DATES	DESTINATAIRES	SOMMAIRE DES PIÈCES	PAG.
	1804.			
7690	17 avril. Saint-Cloud.	Talleyrand.	Information à faire prendre en Allemagne pour connaître les auteurs de bulletins politiques................	329
7691	17 avril. Saint-Cloud.	Marmont.	Avis et ordre. Refus de former des camps en Hollande. But de la réunion de chaloupes à Helvoet-Sluys........	329
7692	17 avril. Saint-Cloud.	Decrès.	Ordres à donner pour la réunion à Helvoet-Sluys des chaloupes construites sur le Rhin.	330
7693	18 avril. Saint-Cloud.	Le Sénat.	Message : nomination de Joseph Bonaparte dans l'armée motivant son éloignement du Sénat........	330
7694	18 avril. Saint-Cloud.	Melzi.	Oubli des fautes de Cicognara en considération des services qu'il a rendus à la République italienne........	331
7695	18 avril. Saint-Cloud.	Berthier.	Reproches à Gardanne. Demande de renseignements sur un colonel adonné au jeu. Ordre........	331
7696	18 avril. Saint-Cloud.	Le même.	Objections des autorités italiennes contre les fortifications projetées à Mantoue; commission à réunir........	332
7697	18 avril. Saint-Cloud.	....	Décision autorisant la mise en liberté du général Souham, impliqué dans le procès Moreau........	332
7698	19 avril. Saint-Cloud.	Regnier.	Mesures contre un ex-ministre du roi de Sardaigne et diverses personnes soumises à la surveillance........	333
7699	20 avril. Saint-Cloud.	....	Paroles du Premier Consul à l'occasion du mariage de Jérôme Bonaparte en Amérique........	333
7700	20 avril. Saint-Cloud.	Talleyrand.	Ordre à Alquier de s'opposer à l'entrée d'un corps d'Albanais dans le royaume de Naples........	334
7701	21 avril. Saint-Cloud.	Regnier.	Demande de renseignements sur les propriétaires d'un château signalé comme un repaire de chouans........	334
7702	21 avril. Saint-Cloud.	Berthier.	Faiblesse de plusieurs régiments ; ordre de prendre des mesures pour les porter au complet........	334
7703	21 avril. Saint-Cloud.	Dejean.	Observations sur une note relative aux biens de la Légion d'honneur dans les départements du Rhin........	335
7704	21 avril. Saint-Cloud.	Decrès.	Projets du Premier Consul pour restaurer la marine française; arsenal d'Anvers; constructions........	336
7705	21 avril. Saint-Cloud.	Le même.	Manœuvres employées par les Anglais pour avoir des espions dans les postes français; ordre à ce sujet........	337
7706	21 avril. Saint-Cloud.	Sainte-Suzanne.	Mesures prises pour indemniser la famille de ce général de pertes éprouvées pendant la révolution........	338
7707	21 avril. Saint-Cloud.	Decrès.	Rassemblement de chaloupes canonnières à Dordrecht; destination à leur donner....	338

TABLE DES PIÈCES.

Nos des pièces	DATES	DESTINATAIRES	SOMMAIRE DES PIÈCES	PAG.
	1804.			
7708	22 avril. Saint-Cloud.	Le Pape.	Affaire du concordat italien. Prière de bien accueillir la mère du Premier Consul...	339
7709	24 avril. Saint-Cloud.	Regnier.	Ordre d'envoyer en poste un brigadier de gendarmerie à Blois pour arrêter un prêtre rebelle....................	339
7710	24 avril. Saint-Cloud.	Decrès.	Note : réponse à des objections contre la construction de vaisseaux au Havre.....	340
7711	24 avril. Saint-Cloud.	Cretet.	Ordre de mettre toute l'activité possible dans les travaux d'un pont et des quais Desaix et Bonaparte..................	340
7712	24 avril. Saint-Cloud.	Soult.	Information à prendre pour connaître la cause de la faiblesse d'un régiment de ligne...	340
7713	25 avril. Saint-Cloud.	Le Sénat.	Message invitant le Sénat à faire connaître ses vœux pour l'établissement de l'Empire héréditaire..................	341
7714	25 avril. Saint-Cloud.	Le même.	Message au sujet de la nomination du sénateur Serurier au gouvernement des Invalides...................	342
7715	25 avril. Saint-Cloud.	....	Décision ajournant la ratification d'un traité avec une maison de banque..........	342
7716	25 avril. Saint-Cloud.	....	Note annexée à la pièce précédente : explication des motifs de la décision ci-dessus.	342
7717	27 avril. Saint-Cloud.	Regnier.	Mesures de police ; intention de sévir contre un ancien émigré devenu agent des Anglais.	343
7718	27 avril. Saint-Cloud.	Talleyrand.	Griefs contre le Gouvernement batave ; nécessité d'intervenir ; rapport à présenter.	344
7719	27 avril. Saint-Cloud.	....	Décision au sujet de conscrits réfractaires dans le département du Mont-Blanc.....	346
7720	27 avril. Saint-Cloud.	Davout.	Désignation du calibre des pièces qui doivent être employées à l'armement des prames. Avis...................	346
7721	27 avril. Saint-Cloud.	Marmont.	Renseignements à compléter par des notes sur différents fonctionnaires bataves....	346
7722	27 avril. Saint-Cloud.	Decrès.	Avis de l'arrivée d'espions anglais à Toulon. Possibilité de forcer le passage d'Audierne à Brest..................	347
7723	28 avril. Saint-Cloud.	Duroc.	Ordre d'acheter un château près de Bruxelles et de le faire disposer pour recevoir le Premier Consul.................	347
7724	28 avril. Saint-Cloud.	Regnier.	Dispositions relatives aux dépenses extraordinaires et secrètes pour la police......	348
7725	28 avril. Saint-Cloud.	Portalis.	Compliment à l'occasion de la naissance d'un petit-fils dont le Premier Consul consent à être parrain................	348
7726	28 avril. Saint-Cloud.	Gaudin.	Ordre de faire remettre une somme de cent mille francs au prince de Conti........	349
7727	28 avril. Saint-Cloud.	Berthier.	Erreur remarquée sur des états de situation ; intérêt que le Premier Consul prend à leur lecture.................	349
7728	28 avril. Saint-Cloud.	Le même.	Revue extraordinaire à prescrire pour constater l'état de plusieurs régiments......	349

N°s des pièces	DATES	DESTINATAIRES	SOMMAIRE DES PIÈCES	PAG.
	1804.			
7729	28 avril. Saint-Cloud.	Berthier.	Recommandation à Dessolle de faire payer exactement les dépenses de l'armée française en Hanovre..................	350
7730	28 avril. Saint-Cloud.	Soult.	Renseignements sur l'exécution de l'ordre, déjà donné, de munir d'avirons la flottille de transport.......................	350
7731	28 avril. Saint-Cloud.	Decrès.	Volontés formelles du Premier Consul relativement à la restauration de la marine française........................	350
7732	28 avril. Saint-Cloud.	Le même.	Demande de renseignements sur des vaisseaux en armement; ordre...........	351
7733	28 avril. Saint-Cloud.	Le même.	Ordre à donner pour que toute la flottille de transport soit armée d'avirons........	351
7734	29 avril. Saint-Cloud.	Martin.	Équipage d'un vaisseau à former promptement. Zèle à montrer en activant les constructions navales........................	352
7735	2 mai. Paris.	Talleyrand.	Résumé d'une conférence avec M. de Cobenzl; intervention de la France demandée par l'Autriche.................	352
7736	6 mai. Saint-Cloud.	Regnier.	Demande d'une liste alphabétique des agents qui ont été employés par les étrangers contre la France.................	353
7737	6 mai. Paris.		Réponse du Premier Consul à une députation du collége électoral du département de la Vendée........................	353
7738	6 mai. Saint-Cloud.	Berthier.	Reproche à Certoni au sujet de tentatives faites par les Anglais sur les îles d'Hyères; ordre............................	353
7739	8 mai. Saint-Cloud.	Regnier.	Preuves à réunir contre M. Taylor, ministre de Hesse-Cassel. Rapport à faire sur l'*Ordre de la Foi*.................	354
7740	9 mai. Saint-Cloud.		Décision donnant l'autorisation de fabriquer un nouveau mortier sur les plans du général Levavasseur.................	354
7741	11 mai. Saint-Cloud.		Décision approuvant un projet de code diplomatique présenté par l'Institut.......	354
7742	11 mai. Saint-Cloud.	Decrès.	Ordres détaillés pour les constructions navales, la formation d'escadres, l'exercice des marins, etc.................	355
7743	12 mai. Saint-Cloud.	Le même.	Plainte du peu d'activité que l'on remarque dans les constructions navales à Toulon..	358
7744	12 mai. Saint-Cloud.	Le même.	Avantages résultant de l'emploi des obusiers pour l'armement des vaisseaux et des frégates............................	358
7745	13 mai. Saint-Cloud.	Talleyrand.	Ordre à Hédouville de quitter Saint-Pétersbourg sous prétexte de santé; langage qu'il doit tenir..................	358
7746	13 mai. Saint-Cloud.	Le même.	Difficultés survenues entre la France et la Russie à faire connaître au ministre de Prusse.	359
7747	14 mai. Saint-Cloud.	Lacépède.	Assurance à Lacépède, craignant de perdre le titre de grand chancelier de la Légion d'honneur.....................	360

TABLE DES PIÈCES.

Nos des pièces	DATES	DESTINATAIRES	SOMMAIRE DES PIÈCES	PAG.
	1804.			
7748	14 mai. Saint-Cloud.	....	Décision sur un devis de réparations à faire à l'hôtel de Salm, affecté à la Légion d'honneur....................	360
7749	16 mai. Saint-Cloud.	Decrès.	Demande d'un rapport exposant la belle conduite d'un officier dans un combat contre un vaisseau anglais...........	361
7750	17 mai. Saint-Cloud.	....	Décision en faveur du citoyen Bralle, inventeur de procédés nouveaux pour rouir le chanvre....................	361
7751	18 mai. Saint-Cloud.	Cambacérès, Lebrun.	Lettre annonçant à ces Consuls la nouvelle dignité dont ils vont être revêtus......	361
7752	18 mai. Saint-Cloud.	....	Ordres divers : titres, costumes, serment des grands dignitaires et des grands corps de l'État...................	362
7753	18 mai. Saint-Cloud.	....	Ordres relatifs à la prestation du serment à Paris et dans les départements........	362
7754	18 mai. Saint-Cloud.	....	Réponse au Sénat venant de proclamer Napoléon Bonaparte Empereur des Français.	363
7755	18 mai. Saint-Cloud.	....	Ordres relatifs aux cérémonies pour la proclamation solennelle de l'Empire.......	363
7756	21 mai. Saint-Cloud.	Cambacérès, Lebrun.	Traitement supplémentaire accordé sur la liste civile aux ex-consuls Cambacérès et Lebrun....................	364
7757	21 mai. Saint-Cloud.	Regnier.	Ordre pour l'arrestation de plusieurs prêtres rebelles du département des Deux-Sèvres.	364
7758	21 mai. Saint-Cloud.	Cretet.	Mauvais état de la route de Saint-Quentin à Cambrai ; réparations urgentes au canal de Chauny....................	365
7759	21 mai. Saint-Cloud.	Decrès.	Avis à demander sur les qualités de marche du vaisseau le Brutus, au Texel........	365
7760	21 mai. Saint-Cloud.	Le même.	Ordre à réitérer pour que la flottille soit fournie de munitions de guerre. Mission de Daugier au Havre...............	365
7761	21 mai. Saint-Cloud.	Daugier.	Ordre de se rendre au Havre, d'y rallier les bâtiments de la garde et de les conduire à Boulogne....................	366
7762	21 mai. Saint-Cloud.	Talleyrand.	Réponse à faire au ministre suisse au sujet des troubles de Zurich ; intentions de l'Empereur....................	366
7763	21 mai. Saint-Cloud.	Le même.	Projet approuvé : apparence d'un voyage scientifique à donner à une mission dans la Perse....................	367
7764	21 mai. Saint-Cloud.	Berthier.	Demande d'un rapport sur les prérogatives et marques distinctives à conférer aux maréchaux....................	367
7765	21 mai. Saint-Cloud.	Le même.	Observations sur un état de situation de l'armée des côtes ; régiments à compléter.	367
7766	21 mai. Saint-Cloud.	Ver Huell.	Recommandations pour l'armement et l'approvisionnement de la flottille ; éloges et félicitations....................	368
7767	21 mai. Saint-Cloud.	Portalis.	Direction du diocèse de Poitiers à confier temporairement à l'évêque de Meaux....	369

IX.

38

Nos des PIÈCES	DATES	DESTINATAIRES	SOMMAIRE DES PIÈCES	PAG.s
	1804.			
7768	22 mai. Paris.	....	Réponse faite par l'Empereur à une députation du Tribunat.................	370
7769	22 mai. Saint-Cloud.	Lacépède.	Ordre d'envoyer le brevet de légionnaire au contre-amiral Ver Huell et à MM. Dutaillis et Letourneur.................	370
7770	23 mai. Saint-Cloud.	Berthier.	Expression de sentiments sympathiques au maréchal Berthier venant de perdre son père.................	370
7771	24 mai. Saint-Cloud.	Chaptal.	Mécontentement d'un discours prononcé par le général Chabran au conseil électoral de Vaucluse.................	370
7772	24 mai. Saint-Cloud.	Forfait.	Ordres divers pour des mouvements de navires, des constructions navales, des avis à donner.................	371
7773	25 mai. Saint-Cloud.	Chaptal.	Projets à présenter pour la fête du 14 juillet et pour les costumes à porter dans les cérémonies.................	373
7774	25 mai. Saint-Cloud.	Le même.	Demande d'une note de tous les travaux publics ordonnés depuis vendémiaire an VIII.	373
7775	25 mai. Saint-Cloud.	Le même.	Travaux prescrits en l'an X, à Pontivy, et non encore exécutés; mesures ordonnées pour la Roche-sur-Yon.................	373
7776	25 mai. Saint-Cloud.	Berthier.	Même sujet; recommandations de faire exécuter les ordres donnés pour la Roche-sur-Yon.................	373
7777	25 mai. Saint-Cloud.	Soult.	Ordre de passer la revue des bâtiments de la Garde qui doivent se rendre de Calais à Boulogne.................	374
7778	25 mai. Saint-Cloud.	Decrès.	Rassemblement de chaloupes à Boulogne. Dispositions à prendre pour ravitailler la Martinique.................	374
7779	25 mai. Saint-Cloud.	Latouche.	Exécution d'un projet retardée; avis demandé sur la possibilité d'échapper à Nelson...	375
7780	25 mai. Saint-Cloud.	Truguet.	Reproches à cet amiral dont l'escadre, à Brest, reste inactive dans son mouillage.	376
7781	26 mai. Saint-Cloud.	Belleville.	Ordre de seconder la formation des équipages d'une frégate à Rochefort; demande d'avis.................	376
7782	26 mai. Saint-Cloud.	Le Landamman de la Suisse.	Recommandation de maintenir la constitution de la Suisse et l'indépendance des cantons.................	377
7783	26 mai. Saint-Cloud.	Decrès.	Observations sur un état de situation de la marine; ordres divers; renseignements à donner.................	377
7784	26 mai. Saint-Cloud.	Le même.	Projet de former le tiers des équipages de la marine avec des soldats de terre; avantages de cette mesure.................	378
7785	26 mai. Saint-Cloud.	Le même.	Arrangement conclu au sujet des bâtiments que doit fournir la République italienne.	379
7786	26 mai. Saint-Cloud.	Martin.	Avis et recommandations. Ordre de mettre promptement en rade un vaisseau et une frégate.................	379

TABLE DES PIÈCES.

Nos des PIÈCES	DATES	DESTINATAIRES	SOMMAIRE DES PIÈCES	PAG.
	1804.			
7787	26 mai. Saint-Cloud.	Caffarelli.	Escadre de Brest à renforcer. Avantage des caronades et des obusiers pour l'armement des navires...............	380
7788	27 mai. Saint-Cloud.	Lebrun.	Instructions pour une mission à Bordeaux, à Bayonne, au Ferrol, à la Corogne et à Madrid..................	381
7789	27 mai. Saint-Cloud.	Thévenard.	Ordre de faire terminer promptement des vaisseaux en construction à Lorient.....	382
7790	28 mai. Saint-Cloud.	Talleyrand.	Insinuations à faire pour demander le rappel de deux ministres étrangers.......	382
7791	28 mai. Saint-Cloud.	Le même.	Ordre d'indemniser M. Racault de Reuilly des frais de son voyage sur les côtes de la mer Noire...............	383
7792	28 mai. Saint-Cloud.	Berthier.	Demande d'un rapport pour répartir la conscription de l'an XIII entre les différents corps de l'armée.............	383
7793	28 mai. Saint-Cloud.	....	Décision approuvant qu'il soit donné un traitement à l'ancien ministre de la guerre Bouchotte..................	384
7794	28 mai. Saint-Cloud.	....	Décision ordonnant de réintégrer Donnadieu dans son grade et de l'employer à l'armée de Brest.................	384
7795	28 mai. Saint-Cloud.	Decrès.	Ordre de faire connaître le résultat d'une levée de marins ordonnée à Gênes......	384
7796	28 mai. Saint-Cloud.	Le même.	Ordres à donner pour rassembler des bâtiments à Boulogne et achever leur armement.....................	384
7797	29 mai. Saint-Cloud.	Berthier.	Ordre de porter au complet les escadrons de dragons des divisions Baraguey d'Hilliers et Klein...............	385
7798	29 mai. Saint-Cloud.	Le même.	Envoi de troupes au Havre pour former les garnisons de bâtiments près de partir...	386
7799	30 mai Saint-Cloud.	Talleyrand.	Circulaire pour les agents diplomatiques au sujet d'une note inconvenante de lord Hawkesbury................	386
7800	31 mai. Saint-Cloud.	Decrès.	Plainte de l'inaction de l'escadre de Brest; Truguet remplacé; instructions pour son successeur...............	388
7801	3 juin. Saint-Cloud.	Soult.	Ordres. Nouvelles politiques; rapports avec le continent; état redoutable des armées françaises................	389
7802	6 juin. Saint-Cloud.	....	Décision : don à l'église métropolitaine de Paris de vases sacrés provenant de l'église de Tournay...............	390
7803	8 juin. Saint-Cloud.	Ver Huell.	Ordre de faire venir à Ostende une partie de la flottille batave et toute la flottille de transport.................	390
7804	9 juin. Saint-Cloud.	Cambacérès.	Révélations faites par les complices de Moreau; délibérations des juges à suspendre.	391
7805	11 juin Saint-Cloud.	Regnier.	Intention d'user du droit de faire grâce en faveur de M. Armand de Polignac......	392

38.

Nos des PIÈCES	DATES	DESTINATAIRES	SOMMAIRE DES PIÈCES	PAG.
	1804.			
7806	12 juin. Saint-Cloud.	Regnier.	Décisions prises par l'Empereur relativement aux détenus de la maison de répression de Saint-Denis..................	393
7807	13 juin. Saint-Cloud.	Decrès.	Avis demandé sur les travaux à faire à la Déroute pour y préparer une expédition contre Jersey........................	393
7808	13 juin. Saint-Cloud.	....	Décision : garanties de la liberté individuelle non applicables aux comptables accusés............................	394
7809	14 juin. Saint-Cloud.	Le Roi d'Espagne.	Notification de l'avénement de Napoléon à l'Empire héréditaire................	394
7810	15 juin. Saint-Cloud.	Mollien.	Mesure à proposer pour démentir à la Bourse les nouvelles que font circuler les Anglais.	395
7811	16 juin. Saint-Cloud.	Le même.	Décision approuvant l'arrestation faite en Étrurie d'émigrés corses soldés par l'Angleterre........................	395
7812	18 juin. Saint-Cloud.	Soult.	Avis divers. Fin du procès contre Moreau et ses complices ; faiblesse des juges....	396
7813	20 juin. Saint-Cloud.	Le même.	Travaux à terminer avant d'entreprendre la construction d'une seconde batterie.....	396
7814	23 juin. Saint-Cloud.	Melzi.	Promesse de maintenir l'indépendance et l'unité de la République italienne......	397
7815	23 juin. Saint-Cloud.	Jourdan.	Accusé de réception d'une lettre remise par le général Solignac ; assurance de haute estime............................	398
7816	23 juin. Saint-Cloud.	Chasseloup-Laubat.	Réponse à ce général se plaignant d'être oublié dans la distribution des faveurs impériales........................	398
7817	23 juin. Saint-Cloud.	Decrès.	Ordre d'envoyer des feuilles de cuivre à Lorient pour servir à doubler un vaisseau..	398
7818	23 juin. Saint-Cloud.	Ganteaume.	Conseils pour le commandement de l'escadre de Brest ; bons rapports à maintenir avec Missiessy........................	398
7819	23 juin. Saint-Cloud.	Missiessy.	Témoignage de satisfaction ; nouvelles preuves de talent à donner................	399
7820	24 juin. Saint-Cloud.	Decrès.	Ordre à Bruix de rassembler à Étaples trois divisions de chaloupes, bateaux canonniers et péniches..................	399
7821	25 juin. La Malmaison.	Regnier.	Mesures à prendre envers les individus soit condamnés, soit compromis dans la conspiration Moreau..................	400
7822	25 juin. La Malmaison.	Ver Huell.	Impossibilité de fournir des matelots à la flottille batave ; urgence de s'en procurer en Hollande.......................	400
7823	25 juin. La Malmaison.	Decrès.	Ordre de faire venir à Boulogne des bâtiments qui sont à Saint-Malo et au Havre.	401
7824	26 juin. Saint-Cloud.	Davout.	Ordre de placer des garnisons sur des corvettes de pêche et sur une partie de la flottille batave....................	401
7825	27 juin. Saint-Cloud.	....	Décision défendant à l'avenir le cumul de plusieurs pensions sur le trésor public..	402

TABLE DES PIÈCES.

Nos des pièces	DATES	DESTINATAIRES	SOMMAIRE DES PIÈCES	PAG.
	1804.			
7826	1er juillet. La Malmaison.	Lacépède.	Changement à faire dans la rédaction de la formule du serment que prêtent les légionnaires..................	402
7827	1er juillet. La Malmaison.	Barbé-Marbois.	Intention que le traitement des grands dignitaires soit payé sur le budget de leur département.................	402
7828	1er juillet. La Malmaison.	Talleyrand.	Instances à faire en Hollande pour la flottille. Réprimande à l'administrateur général de Parme................	403
7829	1er juillet. La Malmaison.	Berthier.	Ordres à donner pour renforcer les garnisons des escadres à Toulon et à Brest......	403
7830	1er juillet. La Malmaison.	Decrès.	Somme à verser au trésor. Demande d'un compte trimestriel des dépenses de la marine................	404
7831	2 juillet. La Malmaison.	Berthier.	Mauvais état de défense des îles d'Hyères; généraux inspecteurs des côtes à changer; instructions...............	404
7832	2 juillet. La Malmaison.	Latouche-Tréville.	Importance de l'opération navale confiée à Latouche-Tréville; moyens d'exécution à méditer.................	405
7833	2 juillet. La Malmaison.	Decrès.	Matelots à presser à Brest. Ordre pour l'approvisionnement des îles d'Hyères.....	407
7834	2 juillet. La Malmaison.	Le même.	Batteries à faire construire sur différents points de la baie de Douarnenez......	408
7835	2 juillet. La Malmaison.	Daugier.	Opérations à tenter contre les forces anglaises en quittant le port du Havre; demande d'avis................	409
7836	3 juillet. La Malmaison.	Lezay.	Assurances à donner à M. Manfredini et à l'ex-grand-duc de Toscane........	410
7837	3 juillet. La Malmaison.	Berthier.	Ordre au général Morand, commandant en Corse, de réunir les troupes pour les exercer.................	410
7838	3 juillet. La Malmaison.	Davout.	Avis des instances faites pour armer la flottille batave. Satisfaction à témoigner au 48e de ligne..............	411
7839	3 juillet. La Malmaison.	Marmont.	Demande de renseignements sur la situation de la marine batave et du camp d'Utrecht.	412
7840	3 juillet. La Malmaison.	Bruix.	Explication de la pièce ci-après; opinion demandée sur diverses questions.......	412
7841	....		Annexe à la pièce précédente: projet d'organisation des flottilles de guerre et de transport...............	414
7842	3 juillet. La Malmaison.	Decrès.	Mesures ordonnées pour compléter l'escadre du Ferrol; sa destination.........	419
7843	3 juillet. La Malmaison.	Ganteaume.	Troupes de ligne destinées à compléter les équipages de l'escadre de l'Océan.....	419
7844	4 juillet. La Malmaison.	Regnier.	Réclamations du Légat au sujet de nouvelles publiées dans les journaux; journalistes à interroger...............	420
7845	5 juillet. La Malmaison.	Le même.	Somme de cent mille francs à remettre à M. Rémusat pour être distribuée à divers théâtres................	420

Nos des PIÈCES	DATES	DESTINATAIRES	SOMMAIRE DES PIÈCES	PAG.
	1804.			
7846	5 juillet. La Malmaison.	Berthier.	Plans de défense pour Anvers et Ostende approuvés; premiers travaux à faire....	420
7847	5 juillet. La Malmaison.	Lacuée.	Demande d'un arrêté pour maintenir dans les corps les vieux soldats sans exiger d'engagement..........	421
7848	6 juillet. La Malmaison.	Barbé-Marbois.	Affectation de sommes d'argent offertes en don volontaire par la République italienne.	421
7849	6 juillet. La Malmaison.	Talleyrand.	Demandes faites par le maréchal Brune relativement au personnel de son ambassade.	421
7850	6 juillet. Saint-Cloud.	Le même.	Avis de différentes lettres apportées de Constantinople par M. Jaubert........	422
7851	7 juillet. Saint-Cloud.	....	Décision en faveur d'un vieux soldat demandant à conserver un vêtement d'uniforme.	422
7852	9 juillet. Saint-Cloud.	Talleyrand.	Bruits de guerre à démentir en faisant connaître aux ambassadeurs les projets de la maison d'Autriche..............	422
7853	11 juillet. Saint-Cloud.	....	Décision : réponse à faire aux Anglais réclamant en faveur de leurs compatriotes prisonniers en France................	423
7854	11 juillet. Saint-Cloud.	....	Décision : ordre de réunir sous la direction de Sugny le personnel et le matériel de l'artillerie de marine.............	424
7855	12 juillet. Saint-Cloud.	Champagny.	Intention de rappeler de Vienne M. de Champagny pour lui confier le portefeuille de l'intérieur.....................	424
7856	12 juillet. Saint-Cloud.	Otto.	Renseignement à prendre avec discrétion sur les projets de famille de l'électeur de Bavière.....................	424
7857	12 juillet. Saint-Cloud.	Soult.	Voyage de l'Empereur à Boulogne retardé par la fête du 14 juillet. Envoi d'argent.	425
7858	17 juillet. Saint-Cloud.	Barbé-Marbois.	Ordre de faire monter en parures pour l'Impératrice des joyaux appartenant au trésor.	425
7859	18 juillet. Saint-Cloud.	Berthier.	Instructions à donner à Sebastiani pour une mission en Suisse, en Bavière et en Autriche.........................	425
7860	18 juillet. Saint-Cloud.	....	Décision : rappel des règlements sur les nominations et sur les confirmations de grades.	426
7861	21 juillet. Pt-de-Briques	L'Impératrice.	Nouvelles. Impressions de l'Empereur pendant une nuit d'orage à Boulogne......	426
7862	21 juillet. Pt-de-Briques	Cambacérès.	Avis et nouvelles. Emploi peu convenable donné à un ancien militaire décoré.....	427
7863	21 juillet. Pont-de-Briques.	Fouché.	Craintes au sujet du port de la décoration. Instructions à préparer pour les conseillers d'État en mission...........	427
7864	24 juillet. Pt-de-Briques	Cambacérès.	Défense à faire de donner des emplois inférieurs aux anciens militaires décorés....	428
7865	24 juillet. Pt-de-Briques	Regnier.	Liste à faire des demandes en grâce qui n'ont pas été soumises au conseil privé..	428
7866	24 juillet. Pont-de-Briques.	Barbé-Marbois.	Destination probable des fonds extraordinaires demandés par Pitt. Invitation à venir à Boulogne...................	428

TABLE DES PIÈCES. 599

Nos des PIÈCES	DATES	DESTINATAIRES	SOMMAIRE DES PIÈCES	PAG.
	1804.			
7867	24 juillet. Pont-de-Briques.	Fouché.	Mesures à prendre pour éloigner de Paris et mettre en surveillance des individus suspects................	429
7868	25 juillet. Pont-de-Briques.	Bruix.	Modifications dans l'armement et l'installation des péniches; ordre pour une revue générale................	429
7869	26 juillet. Pont-de-Briques.	Berthier.	Emplacement à désigner près du bassin de Boulogne pour y faire camper des grenadiers de la réserve................	430
7870	27 juillet. Pont-de-Briques.	Cambacérès.	Avis divers et nouvelles. Ordre de faire connaître si les récoltes ont souffert de la pluie................	430
7871	27 juillet. Pt-de-Briques	Le même.	Offres à faire à Chaptal, que Champagny doit remplacer au ministère de l'intérieur.	431
7872	27 juillet. Pont-de-Briques.	Lebrun.	But officiel à donner à un voyage de l'architrésorier dans la Manche : travaux de Cherbourg à visiter................	431
7873	27 juillet. Pt-de-Briques	Garat.	Instructions pour une mission en Hollande et dans les quatre départements du Rhin...	431
7874	27 juillet. Pt-de-Briques	Brune.	Éveil à donner au Sultan sur les projets des Russes en Grèce. Avis divers.........	432
7875	27 juillet. Pt-de-Briques	Berthier.	Mesures à prendre pour recruter avec des Piémontais le bataillon des tirailleurs du Pô	434
7876	27 juillet. Pt-de-Briques	Le même.	Changements à faire aux drapeaux de l'armée ; intentions de l'Empereur à ce sujet.	434
7877	27 juillet. Pt-de-Briques	Decrès.	Ordre pour l'armement d'anciens bateaux canonniers avec des pièces de petit calibre.	435
7878	27 juillet. Pt-de-Briques	Forfait.	Ordre d'activer le départ de tous les bâtiments qui doivent se réunir à Boulogne..	435
7879	27 juillet. Pont-de-Briques.	Portalis.	Nouvelle apprise avec satisfaction. Demande au sujet d'un abbé proposé pour être évêque................	436
7880	28 juillet. Pont-de-Briques.	Fouché.	Ordre de publier des faits contenus dans le rapport d'un agent à Londres. Mesures de police................	436
7881	28 juillet. Pont-de-Briques.	....	Décision sur la réclamation d'un soldat frustré d'une succession pendant qu'il était à l'armée................	436
7882	28 juillet. Pt-de-Briques	....	Décision en faveur d'un déserteur implorant le pardon de sa faute................	437
7883	29 juillet. Pt-de-Briques	Hauterive.	Brochure à faire sous le titre de *Changements survenus en Europe depuis vingt-cinq ans*.	437
7884	30 juillet. Pt-de-Briques	Talleyrand.	Instructions à donner aux ministres français en Allemagne. Réponse à une note russe.	438
7885	30 juillet. Pont-de-Briques.	Berthier.	Lord Tweedale, prisonnier en France, autorisé à retourner à Londres, sur la demande de M. Fox................	439
7886	30 juillet. Pt-de-Briques	François, de Neufchâteau.	Avis. Intention de régler en conseil privé des questions intéressant le Sénat......	439
7887	31 juillet. Pont-de-Briques.	Cambacérès.	Ordre relatif aux avocats du Conseil d'État ; première nomination à réserver à l'Empereur................	439

Nos des pièces	DATES	DESTINATAIRES	SOMMAIRE DES PIÈCES	PAG.
	1804.			
7888	31 juillet. Pt-de-Briques	Talleyrand.	Ordre d'insister près de la Porte au sujet du titre qu'elle doit donner à l'Empereur...	440
7889	1er août. Pt-de-Briques	Cambacérès.	Nouvelles. Préoccupation de l'effet produit sur les récoltes par les dernières pluies.	440
7890	1er août. Pt-de-Briques	Gaudin.	Invitation à préparer le budget de l'an XIII; travail à faire avec l'Empereur.........	440
7891	1er août. Pont-de-Briques.	Fouché.	Ordre d'arrêter à Brest et à Toulon des emboucheurs anglais excitant les marins à déserter.......................	440
7892	1er août. Pont-de-Briques.	Talleyrand.	Lettres à écrire aux agents diplomatiques sur le voyage de Leurs Majestés. Nouvelles à répandre......................	441
7893	1er août. Pont-de-Briques.	Cambacérès.	Décision à prendre au sujet d'un manteau de cérémonie réclamé par les députés et les tribuns.....................	441
7894	2 août. Pont-de-Briques.	Talleyrand.	Intention de conclure un traité avec la République ligurienne; principales stipulations............................	442
7895	2 août. Pt-de-Briques	Le même.	Affaires de la Suisse. Communications à faire à la Prusse sur des projets de la Russie...	443
7896	2 août. Pont-de-Briques.	Decrès.	Ordre à Latouche de retarder d'un mois ses opérations; vaisseaux à terminer pendant ce délai............................	445
7897	3 août. Pont-de-Briques.	Ségur.	Observations de l'Empereur sur un projet de décret pour le cérémonial du couronnement...........................	446
7898	3 août. Pt-de-Briques	Le Pape.	Craintes à bannir au sujet d'une concentration de troupes russes à Corfou.........	447
7899	3 août. Pt-de-Briques	Le même.	Assurances bienveillantes à l'occasion d'un décret pour l'exécution du concordat italien	448
7900	3 août. Pont-de-Briques.	Champagny.	Conduite ambiguë de l'Autriche différant de reconnaître l'Empereur des Français; instructions..........................	448
7901	4 août. Pont-de-Briques.	Cambacérès.	Avis. Projet de distribuer solennellement des décorations de la Légion d'honneur à la fête du 15 août................	450
7902	6 août. Calais.	Le même.	Arrivée de l'Empereur à Calais. Avis d'une opération de finances faite irrégulièrement.	450
7903	6 août. Calais.	Chaptal.	Témoignage de regret et invitation à remettre le portefeuille de l'intérieur à M. Portalis.	450
7904	6 août. Calais.	Mollien.	Éclaircissements demandés sur un bulletin exposant la situation financière de l'Empire	451
7905	6 août. Calais.	Fouché.	Intrigues à découvrir en arrêtant l'abbé David; mesures diverses de police........	451
7906	6 août. Calais.	Talleyrand.	Affaires d'Allemagne; note à remettre à la diète de Ratisbonne et à M. de Cobenzl..	452
7907	6 août. Calais.	L'Impératrice.	Expression de sentiments affectueux; nouvelles de voyage et de famille........	453
7908	7 août. Calais.	Fouché.	Ordre de vérifier une nouvelle soupçonnée d'être une plaisanterie contre la Légion d'honneur......................	455

TABLE DES PIÈCES.

N°s des PIÈCES	DATES	DESTINATAIRES	SOMMAIRE DES PIÈCES	PAG.
	1804.			
7909	7 août. Calais.	Talleyrand.	Instructions pour les ministres français au sujet de la conduite de la Russie à Ratisbonne..................	456
7910	7 août. Calais.	Le même.	Envoi d'un ministre à Vienne, différé jusqu'à l'arrivée des lettres de créance de M. de Cobenzl................	457
7911	7 août. Dunkerque.	Berthier.	Ordre à Bernadotte de demander le rappel de M. de Reden, ministre de Hanovre à Ratisbonne...............	457
7912	8 août. Dunkerque.	Le même.	Représentations à faire par circulaire aux conseils de recrutement............	458
7913	10 août. Dunkerque.	Cambacérès.	Plainte au sujet d'une négociation d'obligations faite sans l'autorisation préalable de l'Empereur...................	458
7914	10 août. Dunkerque.	Le même.	Prochain départ pour Ostende. Recommandation de veiller aux préparatifs du couronnement................	458
7915	10 août. Dunkerque.	Gaudin.	Explications demandées sur l'émission des obligations de l'an XIV............	459
7916	10 août. Dunkerque.	Fouché.	Ordres; enquêtes à faire. Mesure contre un individu vendant son crédit près des bureaux de la guerre..............	459
7917	10 août. Dunkerque.	Talleyrand.	Réponse aux notes impérieuses de la Russie. Conditions de la France pour le maintien de la paix.................	460
7918	10 août. Dunkerque.	Lacuée.	Projets à faire pour modifier les conseils de recrutement et prévenir la désertion des remplaçants.................	462
7919	11 août. Boulogne.	Dejean.	Mauvaise qualité des effets d'habillement fournis aux corps; abus à réprimer.....	463
7920	13 août. Ostende.	Cambacérès.	Affaire des obligations à terminer; plainte vive contre la compagnie des agents de change................	463
7921	13 août. Ostende.	Portalis.	Éloge des évêques d'Orléans et de Meaux, qui convertissent par la persuasion les esprits égarés................	464
7922	13 août. Ostende.	De Belloy.	Avis des plaintes élevées contre l'administration d'un hospice; compte à rendre à l'Empereur.................	464
7923	13 août. Ostende.	Fouché.	Instructions à donner à un agent secret en Allemagne. Mesures diverses de police..	464
7924	13 août. Ostende.	Melzi.	Observations sur le mauvais état de la division italienne. Pino remplacé par Trivulzi.	465
7925	13 août. Ostende.	Berthier.	Réponse à Gouvion Saint-Cyr au sujet des troupes russes. Destitution d'un commandant de citadelle................	466
7926	13 août. Ostende.	Le même.	Mission du premier inspecteur du génie à Anvers; mesures en faveur du commerce de cette ville...............	466
7927	13 août. Ostende.	Bessières.	Rappel d'ordre pour l'habillement à neuf de toute la Garde au 18 brumaire an XIII..	467

Nos des PIÈCES	DATES	DESTINATAIRES	SOMMAIRE DES PIÈCES	PAG.
	1804.			
7928	14 août. Ostende.	Barbé-Marbois.	Préoccupations de l'Empereur au sujet des nouvelles de Bourse et des opérations du trésor..................................	467
7929	14 août. Ostende.	Talleyrand.	Diverses réponses à faire. Refus d'échanger comme prisonnier de guerre l'officier anglais Wright..........................	468
7930	14 août. Ostende.	Berthier.	Demande faite par l'armée pour des modifications à l'uniforme; ordre à ce sujet...	469
7931	14 août. Ostende.	L'Impératrice.	Plainte de ne pas recevoir des nouvelles de la santé et des occupations de l'Impératrice.	470
7932	15 août. Ostende.	Cambacérès.	Erreur de Barbé-Marbois, qui se refuse à croire à une négociation irrégulière des obligations de l'an XIV...............	470
7933	15 août. Ostende.	Fouché.	Opinion sur une brochure politique. Renseignement demandé sur la disparition de M. de Ségur........................	471
7934	15 août. Ostende.	Jaubert.	Défiances à inspirer à l'ambassadeur turc au sujet des opérations que la Russie prépare.	471
7935	15 août. Ostende.	Murat.	Blâme d'avoir fait part à un officier d'une observation confidentielle de l'Empereur.	471
7936	15 août. Ostende.		Décision : refus de modifier la liste du collége électoral du département du Pô....	471
7937	16 août. Pt-de-Briques.	Durutte.	Réponse à ce général craignant d'avoir été l'objet de rapports malveillants........	472
7938	17 août. Pt-de-Briques.	Cambacérès.	Nouvelles : spectacle imposant d'une fête militaire à Boulogne...................	472
7939	17 août. Pont-de-Briques.	Barbé-Marbois.	Affaires de finances : arrêté donnant lieu à de fausses interprétations; craintes exprimées.............................	472
7940	17 août. Pont-de-Briques.		Décision en faveur d'un sergent qui réclamait une part de succession dont il avait été frustré...........................	473
7941	18 août. Pt-de-Briques.	Fouché.	Mesures diverses de police. Ordres à Marmont pour des arrestations à faire en Hollande.	473
7942	18 août. Pont-de-Briques.	Le même.	Ordres. Mesures contre les prêtres à concerter avec M. Portalis. Plaintes d'un préfet à vérifier.............................	474
7943	18 août. Pt-de-Briques.	Talleyrand.	Représentations à faire aux villes hanséatiques au sujet d'écrits injurieux pour la France.	475
7944	18 août. Pont-de-Briques.	Le même.	Approbation d'un projet de traité avec Gênes; renseignements à prendre avant de conclure.................................	476
7945	20 août. Pt-de-Briques.	Portalis.	Ordre d'envoyer une circulaire aux préfets pour défendre l'exportation des blés....	476
7946	20 août. Pont-de-Briques.	Talleyrand.	Plaintes contre la Batavie et Hambourg. Desseins suspects de l'Autriche. Observation sur le titre de roi....................	476
7947	20 août. Pt-de-Briques.	Berthier.	Dispositions relatives aux troupes formant le camp d'Ostende; avis et ordres à donner.	477
7948	20 août. Pont-de-Briques.	Mme C. Bressieux.	Réponse affectueuse à cette dame demandant pour son frère la protection de l'Empereur.	478

TABLE DES PIÈCES.

Nos des pièces	DATES	DESTINATAIRES	SOMMAIRE DES PIÈCES	PAG.
	1804.			
7949	20 août. Pt-de-Briques	Berthier.	Question sur une différence de formalité pour des nominations militaires........	478
7950	20 août. Pt-de-Briques	Decrès.	Ordre à Ver Huell de conduire à Dunkerque deux sections de la flottille batave......	479
7951	21 août. Etaples.	Fouché.	Ordre de ne pas laisser Barras séjourner longtemps à Paris. Avis et ordres.......	479
7952	21 août. Etaples.	Murat.	Promesse en faveur d'un protégé de Murat. Mesure concernant les frais d'une fête militaire à Paris...............	480
7953	22 août. Etaples.	Berthier.	Permission à donner pour le transport en Angleterre des restes de lord Tweedale, mort à Verdun...............·	480
7954	23 août. Pt-de-Briques	Cambacérès.	Demande d'avis sur la situation du service du trésor et sur la baisse des fonds publics...	480
7955	23 août. Pont-de-Briques.	Fouché.	Observations sur de prétendues allusions faites au théâtre de Nevers; blâme de la légèreté du préfet	481
7956	24 août. Pt-de-Briques	Portalis.	Ordre de faire connaître le résultat total des votes pour l'hérédité de l'Empire......	482
7957	24 août. Pont-de-Briques.	Talleyrand.	Blâme de la conduite de M. Pichon à Saint-Domingue. Rappel du chargé d'affaires à Stockholm	482
7958	24 août. Pont-de-Briques.	Le même.	Approbation d'un projet de lettre à M. de Gravina; moment à attendre pour remettre cette lettre................	483
7959	24 août. Pt-de-Briques	Le même.	Note à remettre à M. d'Oubril; ordre de lui donner ses passe-ports s'il les demande..	483
7960	25 août. Pont-de-Briques.	Le même.	Prérogatives à maintenir en reconnaissant la Maison impériale d'Autriche; arrangement à proposer...............	485
7961	25 août. Pont-de-Briques.	Le même.	Ordre de se rendre à Aix-la-Chapelle. Instructions à donner à Champagny, rappelé de Vienne................	486
7962	25 août. Pt-de-Briques	Lacépède.	Motifs pour ajourner la restauration de l'Hôtel de Salm acquis par la Légion d'honneur.	487
7963	26 août. Pont-de-Briques.	Berthier.	Demande d'un travail sur les élèves des écoles militaires susceptibles d'être placés dans l'armée active...............	487
7964	27 août. La Tour d'Ordre.	Barbé-Marbois.	Ordre de vérifier les dépenses de la solde, qui ne doivent pas excéder quatre-vingt-seize millions...............	488
7965	27 août. La Tour d'Ordre.	Talleyrand.	Envoi de la note ci-après. Permission à M. de Gallo de se rendre à Aix-la-Chapelle....	489
7966	....	....	Projet de réponse au comte de Cobenzl au sujet de la reconnaissance de l'Empire d'Autriche	489
7967	28 août. Saint-Omer.	Fouché.	Éloge d'un travail sur la Russie; ordre de le faire imprimer; désir d'en connaître l'auteur...............	490
7968	28 août. Saint-Omer.	Marescalchi.	Intention de ne pas répondre aux doutes de Melzi sur le patriotisme de la Lombardie.	490

Nos des pièces	DATES	DESTINATAIRES	SOMMAIRE DES PIÈCES	PAG.
	1804.			
7969	28 août. Saint-Omer.	Talleyrand.	Ordre réitéré de demander à l'électeur de Bade le renvoi d'un directeur des postes.	490
7970	28 août. Saint-Omer.	Decrès.	Nécessité de nommer au commandement de l'escadre de Toulon. Levée de matelots à faire.	491
7971	29 août. Saint-Omer.	. . . .	Décision au sujet de la lettre d'un magistrat relative à des questions de doctrine religieuse.	491
7972	30 août. Arras.	Cambacérès.	Projets de loi à préparer pour exonérer le trésor des frais de poste et diminuer les frais de justice.	492
7973	30 août. Camp d'Arras	Le Roi de Prusse.	Comparaison de la conduite de la Prusse et de l'Autriche au sujet de la reconnaissance de l'Empire.	492
7974	31 août. Arras.	Fouché.	Ordre d'éloigner de Paris des chouans amnistiés; mesures contre quelques terroristes.	493
7975	31 août. Mons.	Cambacérès.	Loi à proposer pour contraindre les acquéreurs d'édifices nationaux à les démolir promptement.	494
7976	31 août Mons.	Gaudin.	Conseil convoqué à Aix-la-Chapelle pour régler l'indemnité des biens de la rive gauche du Rhin.	495
7977	1er septem. Mons.	Fouché.	Ordre de faire arrêter des Russes ayant des passe-ports de M. d'Oubril pour visiter les ports de la Manche.	495
7978	1er septem. Mons.	Le même.	Satisfaction de l'esprit du département de Jemmapes. M. de Pradt mandé à Aix-la-Chapelle.	496
7979	3 septemb. Aix-la-Chapelle	Gaudin.	Intention de donner l'abbaye de Saint-Waast à la ville d'Arras, dont la cathédrale est détruite.	496
7980	3 septemb. Aix-la-Chapelle	Fouché.	Avis. Ordre de veiller à l'exécution d'une circulaire défendant l'exportation des blés.	496
7981	3 septemb. Aix-la-Chapelle	Berthier.	Ordre à Gouvion Saint-Cyr et Jourdan de réunir leurs forces en cas d'un mouvement des Russes sur Naples.	497
7982	3 septemb. Aix-la-Chapelle	Decrès.	Ordre aux amiraux Villeneuve et Missiessy de se rendre à Paris p' y recevoir des missions	498
7983	4 septemb. Aix-la-Chapelle	Portalis.	Prudence recommandée pour ne pas exciter les discussions théologiques et le fanatisme religieux.	499
7984	4 septemb. Aix-la-Chapelle	Fouché.	Ordre de transférer le frère de Georges dans une ville du Piémont et de faire arrêter Laborie.	499
7985	4 septemb. Aix-la-Chapelle	Talleyrand.	Ordre de présenter à la signature de l'Empereur des réponses aux félicitations de différents princes.	499
7986	4 septemb. Aix-la-Chapelle	Berthier.	Vieux officiers de la Garde à placer à l'École polytechnique. Régiments à réorganiser.	500
7987	4 septemb. Aix-la-Chapelle	Decrès.	Nécessité de prendre des mesures de précaution en prévision d'une rupture avec la Russie.	500

TABLE DES PIÈCES.

Nos des pièces	DATES	DESTINATAIRES	SOMMAIRE DES PIÈCES	PAG.
	1804.			
7988	5 septemb. Aix-la-Chapelle	Fouché.	Suites du complot de Georges; pièces du procès à publier; mesures contre les parents de Moreau....................	500
7989	5 septemb. Aix-la-Chapelle	....	Décision sur un rapport du capitaine Daugier, commandant les marins de la Garde....	501
7990	6 septemb. Aix-la-Chapelle	Cretet.	Demande d'un rapport sur la démolition projetée des fortifications de Bruxelles...	502
7991	6 septemb. Aix-la-Chapelle	....	Décision au sujet des honneurs réclamés par Jourdan en qualité de général en chef de l'armée d'Italie................	502
7992	6 septemb. Aix-la-Chapelle	Decrès.	Projet de compléter avec des obusiers l'armement des vaisseaux de guerre; objections à faire connaître.............	503
7993	6 septemb. Aix-la-Chapelle	Le même.	Troupes de ligne destinées à l'escadre de Brest. Projet pour augmenter la population maritime.....................	503
7994	6 septemb. Aix-la-Chapelle	Le même.	Demande de rapports sur la colonie de Surinam et sur l'expédition d'Irlande projetée; ordres....................	504
7995	6 septemb. Aix-la-Chapelle	Le même.	Ordres relatifs à l'armement ou à la réparation de navires à Nantes, Brest, Gênes et Flessingue...................	505
7996	6 septemb. Aix-la-Chapelle	Ganteaume.	Terreur inspirée aux Anglais par l'escadre de Brest; ordre d'exercer les marins; avis divers....................	506
7997	7 septemb. Aix-la-Chapelle	Fouché.	Demande de renseignements sur un officier destitué pour avoir été espion de l'ennemi.....................	508
7998	8 septemb. Aix-la-Chapelle	Soult.	Alarmes causées à Londres par les opérations de Boulogne. Compliment sur la naissance d'une fille.................	509
7999	9 septemb. Aix-la-Chapelle	....	Ordre permettant d'exporter des blés à Vevay pour nourrir des ouvriers travaillant à une route...................	509
8000	9 septemb. Aix-la-Chapelle	Gaudin.	Emplois à réserver aux habitants du pays dans la Belgique et les départements du Rhin..	509
8001	9 septemb. Aix-la-Chapelle	Fouché.	Mesures contre des chouans. Jugement sur une lettre à l'armée publiée par Barère.	510
8002	9 septemb. Aix-la-Chapelle	Berthier.	Ordre à la légion hanovrienne de se rendre à Lyon. Mesures à exécuter pour armer les côtes de Brest.................	511
8003	9 septemb. Aix-la-Chapelle	Le même.	Ordre en faveur d'une dame Pinon; gratification en dédommagement d'une perte d'argent....................	512
8004	9 septemb. Aix-la-Chapelle	Bruix.	Motifs qui ont fait adopter à l'Empereur les dispositions du décret ci-dessous.......	512
8005	9 septemb. Aix-la-Chapelle	....	Projet de décret pour l'organisation de la flottille de guerre et de transport.......	513
8006	10 septem. Aix-la-Chapelle	Cambacérès.	Réponse à Cambacérès objectant la nécessité d'une loi pour modifier des dispositions en vigueur....................	516

Nos des pièces	DATES	DESTINATAIRES	SOMMAIRE DES PIÈCES	PAG.
	1804.			
8007	10 septem. Aix-la-Chapelle	Decrès.	Avis de l'arrivée d'une corvette venant de l'île de France; nouvelles impatiemment attendues...............................	516
8008	10 septem. Aix-la-Chapelle	Gaudin.	Demande d'un projet de décret pour annuler des actes du gouvernement provisoire du Piémont.....................	516
8009	10 septem. Aix-la-Chapelle	Fouché.	Indices de troubles dans la Vendée à surveiller en ménageant Mmes Lescure et Larochejaquelein.................	517
8010	10 septem. Aix-la-Chapelle	Le même.	Ordre de faire connaître les mesures prises contre des matelots convaincus d'espionnage.............................	517
8011	10 septem. Aix-la-Chapelle	Berthier.	Demande d'un relevé des casernes dont l'entretien doit être à la charge des villes...	518
8012	10 septem. Aix-la-Chapelle	Le même.	Reproches à faire à un général pour n'avoir pas inspecté le dépôt d'un régiment....	518
8013	10 septem. Aix-la-Chapelle	Bernadotte.	Remerciment d'une médaille. Aides de camp et adjudants à former au commandement des bataillons..................	519
8014	10 septem. Aix-la-Chapelle	Decrès.	Réponse à des mesures proposées. Dispositions à prendre pour diminuer les dépenses de la flottille..................	519
8015	11 septem. Aix-la-Chapelle	....	Décret établissant des prix décennaux pour les sciences, la littérature, les arts et l'industrie.............................	521
8016	11 septem. Aix-la-Chapelle	Fouché.	Reproches à faire à l'agent du gouvernement à Turin intriguant contre Menou......	523
8017	12 septem. Château de la Haye.	Cambacérès.	Utilité du voyage de l'Empereur en Belgique au point de vue administratif et militaire.	523
8018	12 septem. Château de la Haye.	Decrès.	Mécontentement contre Linois et le capitaine Larue; rapport de Decaen et dépêches à publier.............................	524
8019	14 septem. Cologne.	Fouché.	Événement à ne pas divulguer. Mesures relatives à des individus en surveillance à Paris.............................	525
8020	15 septem. Cologne.	Le Pape.	Prière au Saint-Père de venir sacrer à Paris le premier Empereur des Français......	525
8021	15 septem. Cologne.	Fouché.	Renseignements à prendre en secret sur un prêtre soupçonné d'intrigues..........	526
8022	15 septem. Cologne.	Le même.	Ordre de limiter les dépenses des bureaux de la police aux ressources du budget. Avis.	526
8023	15 septem. Cologne.	Berthier.	Ordres relatifs au 58e de ligne; officier suspendu de ses fonctions pour ignorance des manœuvres.....................	526
8024	15 septem. Cologne.	Decrès.	Blâme sévère de la conduite du contre-amiral Linois et du capitaine Larue.........	527
8025	15 septem. Cologne.	Le même.	Ordre de mettre l'embargo sur la côte depuis la Somme jusqu'à l'Escaut............	528
8026	16 septem. Cologne.	Gaudin.	Demande sur les obligations pour le rachat du droit de passe. Ordre pour le budget de l'an XIII........................	528

TABLE DES PIÈCES.

Nos des PIÈCES	DATES	DESTINATAIRES	SOMMAIRE DES PIÈCES	PAG.
	1804.			
8027	16 septem. Cologne.	Fesch.	Dispositions relatives au voyage du Pape. Le roi de Sardaigne à éloigner de Rome....	529
8028	19 septem. Coblentz.	Portalis.	Mission de confiance donnée au général Carteaux en l'envoyant à Piombino.....	529
8029	19 septem. Coblentz.	Berthier.	Erreurs signalées sur un état de la solde de l'armée; vérification à faire.........	530
8030	19 septem. Coblentz.	Barbé-Marbois.	Même sujet : différences entre les comptes du ministère de la guerre et ceux du trésor; recommandation	530
8031	19 septem. Coblentz.	Berthier.	Examen du système de défense des places de Juliers et de Venloo ; travaux et fortifications à ordonner................	531
8032	19 septem. Coblentz.	Decrès.	Réponse à faire à des propositions du cabinet de Londres au sujet des prisonniers de guerre..........................	534
8033	19 septem. Coblentz.	Le même.	Bâtiments de la flottille affectés à la Garde. Mesures à discuter et préparer........	535
8034	21 septem. Mayence.	Cambacérès.	Envoi d'une traduction du pontifical romain sur le sacre; modifications à proposer..	536
8035	21 septem. Mayence.	Berthier.	Observations sur un état des garnisons de la flottille impériale; rectification à faire...	536
8036	21 septem. Mayence.	....	Décision relative à des travaux dans la galerie du Muséum qui doit être réservée pour le Pape	537
8037	21 septem. Mayence.	....	Décision sur un projet de décret pour liquider les comptes de la compagnie Rousseau.	537
8038	22 septem. Mayence.	Portalis.	Sommes à remettre aux évêques d'Aix-la-Chapelle, d'Arras et de Mayence, à titre d'indemnité	538
8039	23 septem. Mayence.	L'Empereur d'Autriche.	Félicitations de l'érection de la Maison de ce prince en Maison impériale héréditaire d'Autriche......................	538
8040	24 septem. Mayence.	Portalis.	Évêques à nommer membres des divers comités de bienfaisance de leur résidence..	538
8041	25 septem. Mayence.	....	Décision : capitaine russe à mettre en prison pour refus d'assistance à un bâtiment en détresse.........................	539
8042	26 septem. Mayence.	Crétet.	Intention d'affecter à des travaux d'édilité le produit des droits sur les jeux.........	539
8043	27 septem. Mayence.	François, de Neufchâteau.	Prudence à mettre dans le choix des hommes illustres à qui des statues seront élevées au Sénat...........................	539
8044	27 septem. Mayence.	....	Décision pour accepter la dédicace de l'*Histoire de France*, d'Anquetil...........	540
8045	27 septem. Mayence.	Fouché.	Attributions des conseillers d'État attachés à la police générale; leur subordination au ministre........................	540
8046	27 septem. Mayence.	Le même.	Intention de mettre fin à des abus dans l'affectation du produit des jeux ; mesures de police.........................	540
8047	27 septem. Mayence.	Le même.	Pièces à réunir et brochure à faire pour mystifier un agent secret du roi de Suède à Paris	541

Nos des pièces	DATES	DESTINATAIRES	SOMMAIRE DES PIÈCES	PAG.
	1804.			
8048	27 septem. Mayence.	Berthier.	Expédition d'Irlande résolue et devant s'effectuer en même temps que celle de Boulogne.	542
8049	27 septem. Mayence.	Le même.	Recommandations à Chasseloup pour l'emploi des fonds affectés aux travaux d'Alexandrie.	542
8050	27 septem. Mayence.	Le même.	Observations sur la forme d'un projet de décret relatif à l'organisation générale de l'armée.	543
8051	27 septem. Mayence.	Decrès.	Maintien de la décision relative à Larue; nouveaux reproches à faire à Linois; instructions.	544
8052	27 septem. Mayence.	Le même.	Ordre de prendre des mesures pour que des bois destinés à la marine ne se perdent pas.	545
8053	28 septem. Mayence.	Cretet.	Projets et renseignements à réunir pour différentes mesures d'édilité nécessaires à Mayence.	546
8054	28 septem. Mayence.	Fouché.	Approbation d'un projet de faire publier quelques brochures relatives au couronnement.	546
8055	28 septem. Mayence.	Decrès.	Autorisation de vendre deux bâtiments, excepté toutefois les canons et les armes.	547
8056	29 septem. Mayence.	Talleyrand.	Défense de voir M. d'Oubril; intermédiaires à prendre s'il est nécessaire de communiquer avec lui.	547
8057	29 septem. Mayence.	Berthier.	Importance de la place de Mayence; instructions pour des travaux de fortification et d'assainissement.	547
8058	29 septem. Mayence.	Le même.	Demande d'un état des sommes que doit dépenser le génie en l'an XIII. Ordre pour Mayence.	549
8059	29 septem. Mayence.	Le même.	Ordre pour réunir à Toulon deux colonnes de troupes devant s'embarquer sur l'escadre de Villeneuve.	549
8060	29 septem. Mayence.	Decrès.	Projet de trois grandes expéditions à la Martinique, à Surinam et à Sainte-Hélène.	551
8061	....	....	État présentant l'ensemble des moyens des trois expéditions de la Martinique, Surinam et Sainte-Hélène.	555
8062	29 septem. Mayence.	Decrès.	Généraux désignés pour commander ces trois expéditions; secret à garder sur l'une d'elles.	556
8063	29 septem. Mayence.	Le même.	Examen des opérations que doit exiger l'expédition d'Irlande.	556
8064	29 septem. Mayence.	Le même.	Désignation des bâtiments à désarmer pour employer leurs équipages sur l'escadre de Brest.	557
8065	29 septem. Mayence.	Le même.	Dispositions relatives aux divers services administratifs de la flottille de Boulogne.	559

FIN DE LA TABLE.

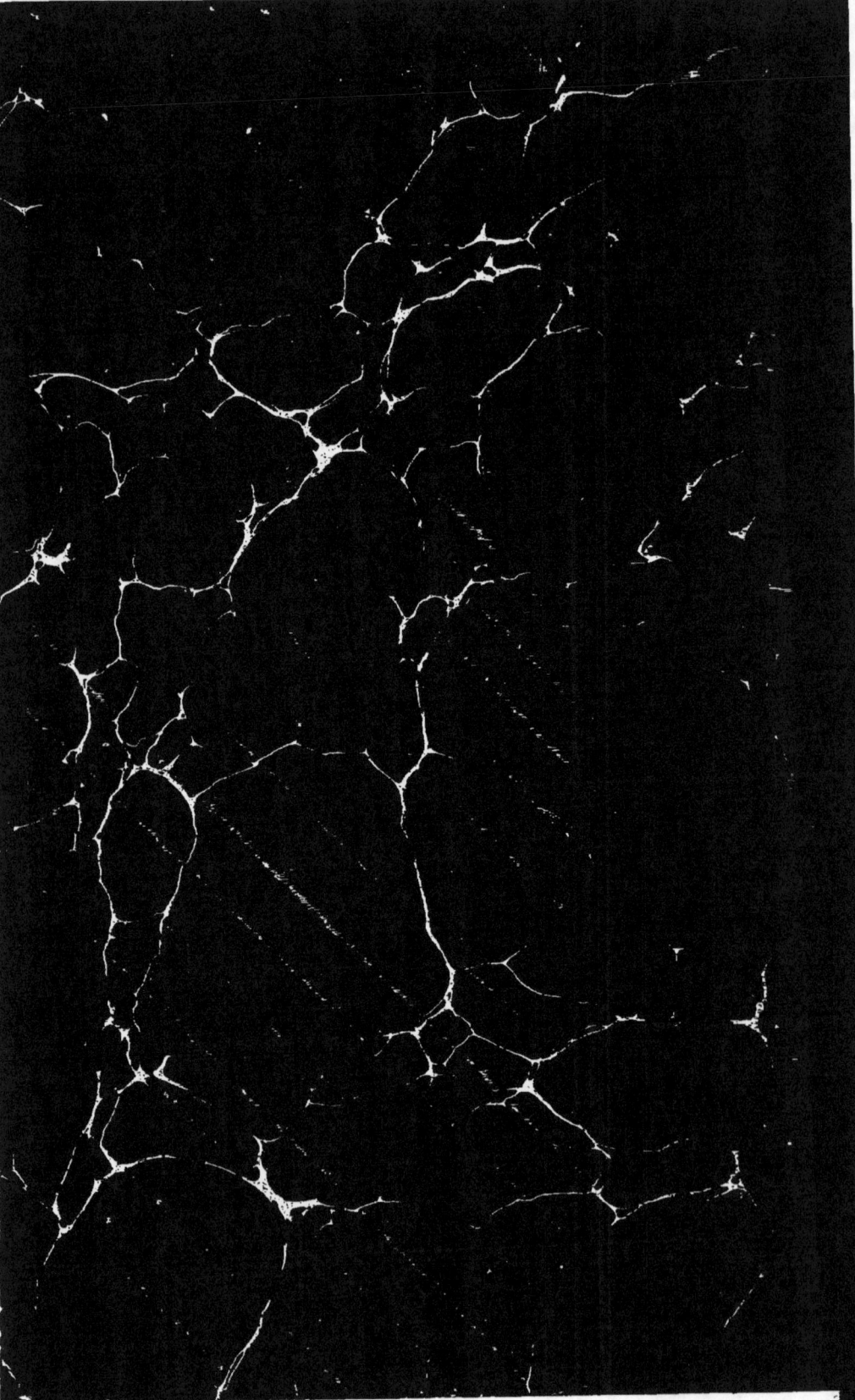

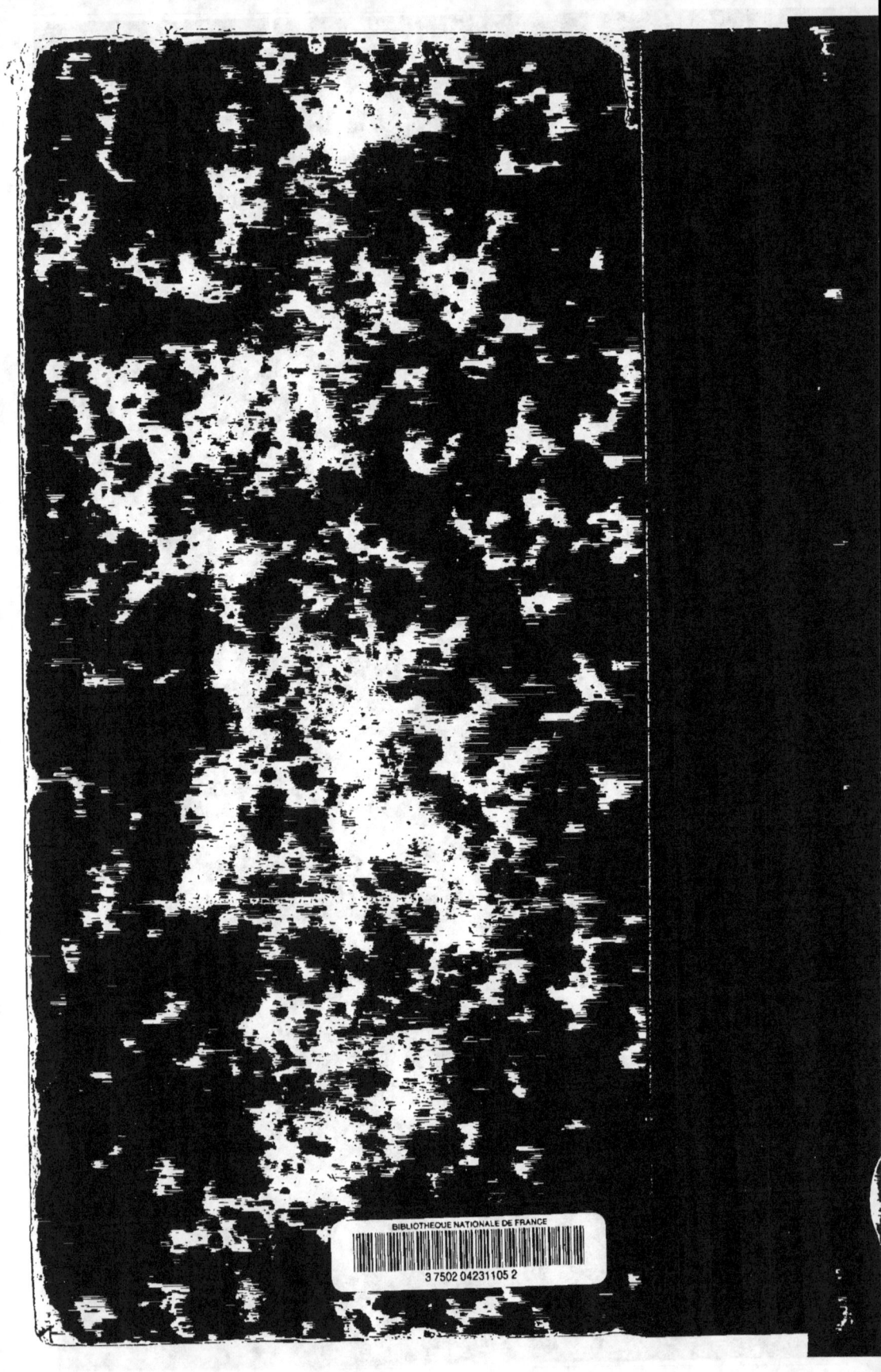

www.ingramcontent.com/pod-product-compliance
Lightning Source LLC
Chambersburg PA
CBHW051328230426

4366 8CB00010B/1190